中國近代史研究叢書 2

# 兩岸新編中國近代史
## ——民國卷（上）

王建朗、黃克武 編

蘭臺出版社

# 本卷作者

（以姓氏拼音為序）

| 步　平 | 中國社會科學院近代史研究所 | 北京 |
| 陳進金 | 東華大學歷史系 | 花蓮 |
| 陳謙平 | 南京大學歷史學院 | 南京 |
| 馮筱才 | 華東師範大學歷史系 | 上海 |
| 黃道炫 | 中國社會科學院近代史研究所 | 北京 |
| 黃自進 | 中研院近代史研究所 | 臺北 |
| 金以林 | 中國社會科學院近代史研究所 | 北京 |
| 李培德 | 香港大學經濟及工商管理學院 | 香港 |
| 廖大偉 | 東華大學人文學院 | 上海 |
| 林美莉 | 中研院近代史研究所 | 臺北 |
| 林桶法 | 輔仁大學歷史系 | 臺北 |
| 劉維開 | 政治大學歷史系 | 臺北 |
| 邵銘煌 | 政治大學圖書資訊與檔案學研究所 | 臺北 |
| 唐啟華 | 東海大學歷史系 | 臺中 |
| 陶飛亞 | 上海大學歷史系 | 上海 |
| 汪朝光 | 中國社會科學院近代史研究所 | 北京 |
| 王建朗 | 中國社會科學院近代史研究所 | 北京 |
| 王奇生 | 北京大學歷史系 | 北京 |
| 吳景平 | 復旦大學歷史系 | 上海 |
| 吳翎君 | 東華大學歷史系 | 花蓮 |
| 謝國興 | 中研院臺灣史研究所 | 臺北 |
| 忻　平 | 上海大學歷史系 | 上海 |
| 楊奎松 | 華東師範大學歷史系 | 上海 |

| | | |
|---|---|---|
| 楊天宏 | 四川大學歷史文化學院 | 成都 |
| 楊維真 | 中正大學歷史系 | 嘉義 |
| 張瑞德 | 中研院近代史研究所 | 臺北 |
| 章　清 | 復旦大學歷史系 | 上海 |
| 鄭大華 | 中國社會科學院近代史研究所 | 北京 |
| 鄭會欣 | 香港中文大學中國文化研究所 | 香港 |
| 卓遵宏 | 「國史館」 | 臺北 |

# 序　一

王建朗

　　在不同人的眼中，有不同的近代。我們常說的中國近代，起於 1840 年，迄於 1949 年，幾近 110 年的時間，在中國有文字以來的漫長的歷史中，只是一個短暫的階段。然而這百年之變，卻是前所未有之巨大，它改變中國發展進程，調整中國發展方向，影響既深且巨，其波瀾之餘浪及今仍未平息。

　　如此波瀾迭起的近代史，演繹出不同的解讀，就毫不奇怪了。即使在大陸學者的筆下，也有多種不同版本的近代史。悲情與豪情、苦悶彷徨與探索爭辯以不同的方式流淌於研究者的筆端，海峽兩岸的史家對於近代史認知的差距則更曾有天壤之別。隨著這段歷史的遠去（距離是觀察者保持客觀的重要前提）與時代的進步，隨著海峽兩岸交流的密切，兩岸對於近代史的認識在不斷接近。在高頻率的交流中，瞭解、借鑑與吸收彼岸的學術成果已成為學術研究的必備前提，兩岸學術交流與交融達到了新的高度。可以說，「學術自由行」早已成為兩岸學術交流的常態。

　　正是在這樣的背景下，我們開始考慮由兩岸學者共同撰寫一部中國近代史，全面展示兩岸對於近代史研究的最新思考和成果。我們的設想獲得了兩岸學者的積極響應。《兩岸新編中國近代史》採取專題架構，約請活躍在近代史研究領域的卓有研究的學者各自承擔其專長議題。中國社會科學院近代史研究所承擔了該書的組織工作。值此《兩岸新編中國近代史》付梓之際，略陳陋見一二，以為序。

# 一

經歷了「康乾盛世」後的中國是在一種漫不經心中進入近代的。中國所面臨的危機，起初並不像歷史上曾多次發生過的異族武裝大規模入侵中原那樣急迫。在統治者看來，似乎無非是利益之爭、貿易之爭，進而有些「邊釁」而已。然而，在國門被不情願地打開再打開之後，人們才漸漸意識到，中國將要發生的變化是翻天覆地的，可謂「數千年未有之大變局」也。

近代中國所闖入的外來者具有兩重性：其一，它是入侵者，它對中國權益的不斷侵犯和奪取，使中國失去了諸多主權，失去了獨立與平等地位；其二，它是較農業文明更為先進的工業文明的傳入者。歷史上，處於較高發展階段的中原文明曾經多次同化了征服者。而此次，面對著更高發展階段的文明，中國社會喪失了數千年來未曾喪失的文化優越感，面臨著如何向入侵者學習的問題。

簡單說來，近代中國主要在做兩件事：一是中國社會的全面近代化，從農業社會向工業社會轉型，這是世界上其他國家也要行走的歷程，向外部世界學習則是後進國家的必經之路；二是爭取中國在國際社會中的平等地位，中國在原有的地區性國際體系中占有中心地位，近代以來逐漸淪落為一個失去諸多主權的弱國，中國要努力恢復平等地位，這一過程並非每個國家所必經。這兩件事中，原應以第一件事為根本，為要務。但在近代中國（也不限於中國，若干後進國家也經歷了這一過程），這兩件事緊密地交織在一起，第二件事成為第一件事的前提條件，不解決好第二件事，第一件事就無從做好。因此，在相當長的時間內，努力去做第二件事竟成為歷史發展主線，爭取國家的獨立平等被置於比爭取社會發展更為優先的地位。

第一次鴉片戰爭打開了中國的國門，屢戰屢敗使清政府意識到了中外軍力的差距。江寧條約及其後一系列條約的簽訂，使清政府經歷了入主中原以來未曾有過的屈辱。一些有識之士看到了危機，主張睜眼看世界，「師夷之長技以制夷」。然而，這樣的呼聲並未撼動社會，撼動中樞。鴉片戰爭後的十餘年間，除了在幾個口岸增設了租界，增加了一些經商的洋人和布道的傳教士外，中國社會並沒有感受到更大的壓力和危機，也沒有產生只有在危機之下才能出現的學習西方趕超西方的強烈訴求。中國社會基本上仍在按照自己的邏輯和節

奏緩慢地發展著。

　　第二次鴉片戰爭給了中國猛烈一擊。如果說第一次鴉片戰爭因其戰場偏於南方，且畢竟朝廷未以全力與之死拚，其結果尚不足以警醒國人的話，第二次鴉片戰爭中，清軍的抵抗不可謂不英勇，然而卻無法抵禦只有 2.5 萬人的英法遠征軍，這一事實迫使國人無法繼續閉眼沉浸於往日的輝煌。承認技不如人，「師夷之長技以制夷」已不只是少數人的認識。

　　在這前後，中國社會內部正經歷著一場狂風暴雨，中國歷史上最後一次大規模的舊式農民戰爭在它謝幕式的演出中，再一次展現了農民戰爭所具有的巨大能量，使一個已近末世的封建王朝的弱點充分地暴露出來。與舊時農民戰爭稍有不同的是，太平天國對西方宗教的思想資源進行了改造，構建了自己的造反理論，並明確地宣布與傳統文化體系為敵。太平天國甚至提出了一個令人耳目一新的《資政新編》，儘管這個政綱看起來與太平天國體系格格不入，也並未付諸實施（或者說並無實施的可能），但它的提出終究顯示出西風已經吹進了東方大國的不同角落。《資政新編》的超前性使同時代的士大夫陣營相形見絀，甚至令人納悶，如此政綱何以能在此時的造反陣營出現？觀察太平天國兩大未能實現的政綱《天朝田畝制度》和《資政新編》，或許不必過於在意它的設計是否合理，是否具有操作性。它的出現，猶如長夜中的一星火花，體現了中國人對於平等的追求，對於現代的追求。遺憾的是，太平天國雖有火花閃現，但其實質與以往的農民戰爭並無太大不同，依然循著舊日農民戰爭的軌跡走向了敗亡。

　　內憂外患之中，清政府終於走上了改革之路。這場改革運動的強有力的推動者正是那些在平定造反的戰場上建立了戰功的將領。一方面，他們在戰場上深切地體驗到現代武器的威力，發展近代工業是他們的合理選擇與要求；另一方面，他們的戰功也為其在政治上的發言權提供了強有力的支持。儘管不斷面臨著質疑與反對，但在這些務實且握有實權者的推動下，洋務運動還是拉開了帷幕，並一步步向前推進。

　　洋務運動經歷了一個從「自強」到「求富」的發展過程，從最初興辦急用的軍事工業到注意發展民用工業，這是一個自然的發展過程，誠如李鴻章所說，「必先富而後能強」。經歷了三十餘年的洋務運動，晚清似乎出現了重新

振奮的新氣象。社會的相對穩定、大機器生產的出現和發展、社會生產力的迅速提升、新式海軍的建成等，給當政者及相當一批人造成「中興」之感，「同光中興」之說應時而生。殊不知，危機正悄悄逼近。

洋務運動將自己的範圍限定於「洋務」，而遠離「洋制」。「中體西用」是洋務運動的根本原則，體用之分的意識十分清晰：用可學取西洋技藝，體必堅持祖宗之制。幾乎洋務運動一開始，中體西用論便已出現，可說是利弊兼存。在早期階段，它是主張學習西方者的理論武器，為突破頑固派的反對，開展洋務運動提供了理由。當京師同文館擬開設天文、算學館並聘洋人教習西方科學時，便曾遭到守舊者的強烈反對，將引進西方科學上升到「用夷變夏」的高度，中體西用說則提供了可以抵禦頑固派攻擊的另一種解說。另一方面，中體西用說也為洋務運動的演進與深化設立了限制。隨著時間的推移，隨著洋務運動的發展，這種局限更進一步地顯現出來。

與中國同受西方壓迫的日本，以斷然之心走上了學習西方的道路，進行了比中國更為堅決更為廣泛的改革，成效大顯，很快就走到了中國這個昔日老師的前頭。不幸的是，決心「脫亞入歐」的日本走上了一條擴張的道路，並將矛頭指向了中國。中國是它在東亞擴張不可繞過的障礙，只有打垮中國，才能成就其擴張之夢。當中國仍沉浸在中興的虛假景象中時，日本已經開始了打垮中國的謀劃。甲午一戰，戳破了中興的虛幻，國人痛定思痛，重新審視體用之說。

其實，在辦理洋務過程中，一些人已經意識到了中體西用論的弊端。曾任兩廣總督的張樹聲在 1884 年去世前留下的〈遺摺〉中，言生前所不敢言，指出：「（西人）育才於學堂，論政於議院，君民一體，上下一心，務實而戒虛，謀定而後動，此其體也。輪船、大礮、洋槍、水雷、鐵路、電線，此其用也。中國遺其體而求其用，無論竭蹶步趨，常不相及，就令鐵艦成行，鐵路四達，果足恃歟？」[1]

甲午戰爭被視為洋務運動破產的明證。甲午戰敗後，更多的人終於意識到，僅僅限於器物層面的學習洋務是遠遠不夠的。社會上要求變法的呼聲四

---

1　何嗣焜編《張靖達公（樹聲）奏議》卷 8，收入沈雲龍主編《近代中國史料叢刊》第 23 輯第 222 冊，臺北，文海出版社，1968，第 559 頁。

起。作為傳統社會精英階層的應試舉人，懷著歷史傳承的使命感，發出了變法的呼聲。千餘名應試舉人聯名上書朝廷，史稱「公車上書」，構成了戊戌變法的前奏。變法呼籲獲得了社會的廣泛回應，新式報刊、新式學堂、新式社團廣為宣揚，一時蔚為風氣，並終獲朝廷認可。值得注意的是，「公車上書」及隨後開展的變法宣傳，衝破了傳統社會對「士人干政」的禁令，開了近代知識分子作為一個整體參與國家事務的先河，20 世紀綿延不絕且威力巨大的學生運動，可以說由此而發端。這一集體性的政治參與方式，也為其他社會階層參與政治提供了示範。由此，對國家事務的議論走出了廟堂。

　　戊戌變法的實質是痛下決心以西人之法來取代祖宗之法。戊戌變法的核心人物康有為向光緒皇帝上呈了《日本變政考》和《俄彼得變政記》，且毫不諱言變法若採鑑日本，一切已足。不幸，戊戌變法因諸種因素而未成功。主事者或流亡海外，或血濺鬧市，光緒皇帝失去權力，處於軟禁狀態中。

　　戊戌變法失敗後，曾經有所開放的社會出現了倒退，守舊與排外的思潮進一步發展。終於，在世紀之交爆發了義和團運動。就民眾而言，這雖說是一場自發的樸素的反帝愛國運動，但就朝廷和官府而言，卻是一種愚蠢的無知的倒退行為。盲目的排外主義被縱容和鼓動起來，清政府同時對若干個世界一流國家宣戰，將國家陷於劫難之中。戰爭的勝負毫無懸念，中國為此付出了慘重代價。除了接受有損國家主權的道歉、懲凶、駐軍等條件外，僅是賠款一項，中國便要支付 4.5 億兩的白銀。

　　經歷了如此沉重的打擊後，清政府終於意識到中國與世界的巨大差距，社會上要求變革的呼聲再起。清末新政拉開了大幕。1905 年，清廷頒布上諭，宣布派遣五大臣出洋考察政治。1906 年 9 月發布詔書，宣布「仿行憲政」，實施政治體制改革。

　　清末十年的改革不能說毫無成就，改革官制、修訂律例、編練新軍、振興實業、廢除科舉、興辦學堂、設諮議局資政院等，確有諸多進展。然而，在改革的速度和方向上，清政府和社會期待逐漸顯現出巨大的落差。社會所期望的改革，是要限制君權，擴大民權，建立起現代的君主立憲體制。而清政府的目標則相反，它期望通過改革，將過去模糊的無所不包的君權明確化、法制化。它並不想通過改革來放權，而是要通過改革將專制君權披上現代的外衣。

1908年8月頒布的《欽定憲法大綱》便顯示了清廷的這一意圖。大綱規定「大清皇帝統治大清帝國，萬世一系，永永尊戴」。君主將掌握頒行法律、召集及解散議院、設官制祿、統率陸海軍、宣戰媾和、訂立條約、宣布戒嚴、司法等大權。1911年5月，責任內閣建立。在清政府公布的13名國務大臣中，滿族9人，其中皇族7人，漢族僅4人，這一責任內閣被時人譏稱為「皇族內閣」。其內閣名單的頒布，向社會公開了清廷皇族的集權之心，使人們對預備立憲的前途失去信心。各省諮議局聯合會兩次上書朝廷，指出由近支王公充當內閣總理大臣，不符立憲國通例，要求另選賢能，組織名副其實的責任內閣，但遭清廷申斥。

清政府如此拒絕改革，終於使立憲派拋棄幻想，走向清廷的對立面，而成為革命派的同路人。曾與革命派展開大論戰的梁啟超精闢地指出，是清廷製造了革命黨，「偽改革者，革命之媒」，「現政府者，製造革命黨之一大工廠也」。晚清的政治腐敗、民生凋敝與清廷的拒絕改革，使社會對革命派的態度也發生了變化，從不解與反對轉化為同情與期待。孫中山回憶說，當1895年廣州起義失敗時，舉國輿論莫不視其為亂臣賊子，大逆不道，詛咒謾罵之聲，不絕於耳，但1900年惠州起義失敗後，則鮮聞一般人之惡聲相加，而有識之士，則多為其扼腕歎息，恨其事之不成矣。

清末十年，圍繞著中國應走革命還是改良的道路，革命派和改良派爭論激烈，甚至彼此惡語相向。這一爭論影響深遠，以至百年之後革命與改良優劣之爭依然餘波不斷。後來人可以而且應該站在歷史的高度來觀察那一段歷史，釐清革命與改良的糾結。至少，下列兩點意見值得我們注意。

其一，革命與改良並不是完全背道而馳的對立選擇，革命派和立憲派都是要在中國建立起近代民主政體，要實現國家的獨立和富強，只是在實現的手段上存有分歧。兩者都主張擴大民權，但一個要限制君權，一個要徹底取消君權。應該看到，儘管革命派與立憲派爭吵不斷，但在全域上卻存在互動互利關係。兩者之間的論戰，使民主思想前所未有地普及開來。立憲派主導的國會請願活動和收回利權運動為辛亥革命創造了有利條件。革命黨人也對國會請願運動和收回利權運動給予了聲援和支持。

其二，革命與改良的發生皆有其深刻的社會原因，並不取決於個人願望。

對於社會的轉型，一般而言，改良總是比革命付出的代價要小得多。因此，以改良為首要選擇、避免公開的暴力對抗應為常情。可以說，改良是社會發展的常態，暴力革命則是非常態。然而，古今中外的歷史表明，革命與改良的發生是不依據於個人或群體的良好願望的，它完全取決於社會矛盾的發展狀態。當社會矛盾尖銳到改良不足以應對時，革命便不可避免地發生了。當社會矛盾相對緩和之時，革命又絕非任何好事者所能煽動。

由於清政府阻塞了改良之路，社會普遍瀰漫著革命情緒，只是等待著有人出來登高一呼。

辛亥之年，武昌首義，各地紛紛揭竿而起。數月之間，江山易色。從1911年10月10日武昌新軍起義，到1912年1月1日中華民國臨時政府成立，再到2月12日清帝頒布退位詔書，短短的四個月中，並沒有經過特別重大的戰役，清廷退出了歷史舞臺。可見，清廷的統治根基早已鬆散。

## 二

辛亥革命推倒了皇帝，建立了當時在世界上還不多見的共和政體，中國成為亞洲唯一的共和國，成為世界上繼美、法之後第三個實行民主共和制的大國。無論人們如何看待這場革命，又無論這一革命本身具有怎樣的不成熟性，在歷史發展的長河中，辛亥革命都是一件劃時代的重大事件。中國歷史上的王朝更替屢見不鮮，短或數年、數十年，長或數百年，然周而復始，無非是王朝易姓而已。辛亥革命所終結的，不僅僅是一個王朝，更是一個漫長的時代，一個長達數千年的王朝時代。

辛亥革命後六年間，兩次帝制復辟來去匆匆，一方面顯示了專制思想的頑固性，一方面也告訴人們，封建帝制確實被掃進了垃圾堆，民主取代君主，成為社會不可挑戰的共識。此前數十年，在一般人的心目中，提倡無君無父的民主，簡直是大逆不道。即使在十餘年前，在先進的中國人中，能否實施民主也還是一個爭論不休的問題。歷史的變化竟是如此之迅速。

共和制度並不是一帖立竿見影的靈丹妙藥。民國初建，並未立時給中國社會帶來穩定，帶來繁榮，甚而接引了一個持續的政治動盪時期，但它開闢了在專制制度下難以出現的新的發展的可能性則是無可置疑的。從思想到制

度的大解放，為社會發展提供了新的空間。研究表明，北京政府統治時期並非像以前所描述的那樣黑暗和低效。儘管這一時期呈現出轉型期的動盪不安，但還是出現了經濟的較快增長，有學者稱之為中國資本主義經濟發展的「黃金時代」，而這一時期思想與學術的百家爭鳴，則更是常常為後世所稱道。

辛亥之後，中國經歷了一個由「宮廷政治」向「議會政治」的轉向。然而，這一轉向未能成功。在經歷了十餘年的持續動盪後，人們對議會政治失去了信心，轉而尋求更具效率的政治體制。於是，一個融合了傳統因素與現代政治觀念、融合了中國因素與外國範例的政治方式產生了。1920 年代，一種新的與西方迥然不同的「政黨政治」出現了，由「議會政治」向「政黨政治」的轉向由此而發生。接受了蘇俄理念的政黨—中國國民黨與中國共產黨，開始在政治舞臺上扮演重要角色。這種政黨並不是作為一個選舉組織而存在，而是作為一個有著共同信仰的有著嚴格紀律的實行高度集權的政治組織而存在。這種政黨一出現，便顯示了它與眾不同的整合能量，開始主導此後的中國歷史進程。從 1921 年中國共產黨成立，從 1924 年中國國民黨改組並實行國共合作，到 1928 年北京政府垮臺，短短數年間，新型政黨顯示了它強大的作戰力。中國共產黨在動員民眾組織民眾方面，展現出巨大的能量。作為一個有信仰有主義的政黨，它在動員社會方面展現出前所未有的非凡能力。中國由此而走上了一條具有中國特色的政黨治國或政黨革命的道路，政黨（或作為政黨領袖的個人）在國家事務中成為中心角色。

人們常說，俄國十月革命一聲炮響，給中國送來了馬克思列寧主義。但中國民眾之所以能接受馬列主義，接受蘇俄道路，不只在於蘇俄政權的示範，還在於西方列強的冷漠。十月革命勝利後，蘇俄主動宣布廢除沙俄政府在中國取得的若干特權，三次對華宣言展示了蘇俄外交的公開性與正義性，獲得中國社會的歡呼。人們認為蘇俄是中國的好朋友，中國應該走蘇俄的道路。與英美法冷漠對待中國恢復國家主權的要求相比，蘇俄主動放棄不平等特權的宣言表現出他們同情弱小民族的姿態，對比十分強烈。這對馬克思列寧主義在中國的傳播起到了促進作用。孫中山在求助於英美援助而不可得時，把目光轉移到蘇俄身上。中國共產黨的建立與國共合作的形成，極大地影響了此後的中國走向。

　　這一時期的中國外交，也經歷著一場變革。民國的建立，並未能即刻緩解中國外交的困境，並繼續延續著晚清外交的某些慣性。第一次世界大戰爆發後，日本利用列強在歐洲作戰的機會在東方採取行動，藉口對德宣戰占領了中國膠東半島，在此基礎上向中國提出了「二十一條」。在日本發出最後通牒後，北京政府不得不簽署了一系列《民四條約》。這是進入民國後所訂立的新的不平等條約。

　　第一次世界大戰同時給了中國外交一個緩慢抬頭的機會，這個機會之源便是中國的參戰。對於參戰與否，中國內部產生了很大的爭議，甚至出現了張勳復辟之類的鬧劇。最終，北京政府決定對德宣戰。通過宣戰，中國廢除了與德國訂立的不平等條約，取消了德國在華治外法權，德國在華軍隊也被解除武裝。宣戰還使中國獲得了以戰勝國身分參加戰後和會的機會。宣布參戰是中國第一次主動地參與世界事務，是近代以來中國外交政策從消極回避轉向主動參與的一個標誌性事件，意義重大。

　　對戰後巴黎和會，中國政府和民眾都懷有較高期待。中國不僅要求收回德國的租借地及德國在山東享有的特權，還要求廢除中國與日本簽訂的《民四條約》，廢除列強在華享有的若干不平等特權。但和會結果令人大失所望，就連收回德國租借地這樣的基本要求也未被和會所接受。巴黎和會的這一消息傳回國內後，引起軒然大波，激發了五四愛國運動。中國代表團最終沒有在和約上簽字。這一大聲說「不」的舉動在近代中國外交史上十分罕見，它擺脫了以往中國外交始爭終讓的規律。在此後召開的華盛頓會議上，中國再次提出廢除不平等特權的要求。巴黎和會和華盛頓會議雖未能如中國所願，但它觸發了中國的反帝愛國運動，對 1920 年代中國民族主義運動的高漲產生了巨大影響。

　　1925 年，北京政府發起修訂不平等條約運動。修約活動大致有兩種形式，一是召開關稅會議和法權會議這樣的多邊會議，一是與單個國家展開雙邊交涉。關稅會議初步達成協議，列強同意中國在 1929 年實現關稅自主，中國政府承諾取消釐金制度。但關稅會議進行之時，中國政局動盪不安，會議遂不了了之。法權會議則未有進展。會議對中國司法狀況進行了調查，認為中國的司法狀況不如人意，須待中國現代司法制度比較完善時方可討論廢除治外法權問題。與此同時，中國政府向條約到期國家發出照會，要求訂立平等新約。在修

約談判中，面對抵制與拖延，北京政府曾單方面宣布廢除與比利時、西班牙的條約。中國敢於單方面廢除不平等條約，這在中國近代史上前所未有。

當北京政府致力於通過談判來修訂不平等條約之時，南方的革命政府已經走得更遠。孫中山改行聯俄外交後，確立了反帝外交政策。孫中山去世後，國共合作的廣州政府於 1926 年發起了北伐戰爭。北京政府此時開展的修約外交在南方政府看來遠遠不夠。他們認為不平等條約不應該談判修訂而應該直接宣告廢除，應斷然實行「革命外交」。南方政府提出了兩大口號：「打倒軍閥」，「打倒列強」，採取了比北方政府激進的外交方針。以群眾運動為前導，以北伐軍部隊為後盾，漢口、九江的英租界通過街頭衝突、中國軍警開進、談判解決的三部曲而收回。在鎮江，英國在北伐軍到來之時主動提出交還鎮江英租界。

正當北伐戰爭勝利進行之時，國共合作的革命陣營發生分裂。以四一二政變為標誌，國民黨發起「清黨」運動，將昔日的盟友推向血泊之中。共產黨舉起了武裝鬥爭的旗幟，從城市到鄉村，開始了長達十年的國內戰爭。

日本全面侵華戰爭的爆發，促使國共開始了第二次合作。在攸關民族存亡的危機面前，國共兩黨結成抗日民族統一戰線，分別承擔起正面戰場和敵後戰場的作戰任務，形成戰略合作關係。儘管抗戰期間國共摩擦不斷，有時甚至發生很嚴重的軍事衝突，但國共合作大局仍得以維持，這為中國抗戰能夠堅持下去提供了基本保證。

嚴重的民族危機，激發了中華民族的活力。中國在外交舞臺上展現了前所未有的主動性。抗戰前期，中國積極爭取國際社會的支持，促使德國保持了一段時期的中立，從而繼續獲得德國的軍事物資，促使蘇聯提供了最大規模的對華援助，促使戰爭初期保持中立的英美逐步走上援華制日的道路。太平洋戰爭爆發後，中國積極推動國際反法西斯陣線的形成。中國兩度派出遠征部隊入緬作戰，最終解放了緬北大片地區。中國積極支持鄰國的抗日活動，成為朝鮮和越南抗日力量的庇護所和大本營。中國在國際政治舞臺上嶄露頭角，積極參與戰時問題的討論和戰後秩序的設計，為創立聯合國和建立公平合理的戰後秩序做出了獨特的貢獻。

抗日戰爭不只是一場抵抗日本侵略的戰爭，還是一場更廣泛意義上的民

族解放戰爭。經此一戰，中國的國際地位有了極大提高。中國不僅廢除了束縛百年之久的不平等條約，成為在世界民族之林中享有平等地位的國家，還擔任了新成立的國際安全組織聯合國安理會的常任理事國，成為對國際事務享有重要發言權的國家。近代以來，中國長久徘徊於國際舞臺的邊緣地帶，抗日戰爭使中國重返中心舞臺。這樣的巨大變化，即使是最大膽的預言家在戰爭爆發前也是難以想像的。

抗日戰爭對中國的內政發展也產生了深遠影響。中國的政治格局在戰爭中悄然發生了重大變化，埋下了變革的種子。全面抵抗戰爭，迫使國民黨實際上開放黨禁，中國共產黨獲得合法地位，各民主政團也得以開展活動。抗戰中發生了兩次民主憲政運動，尤其是第二次運動，浪捲朝野，波及社會各個階層。在城市，無論是在知識界，還是在工商階層，實行民主政治已經成為各界的共同要求。可以說，到抗戰後期，國民黨一黨統治的理論基礎和社會基礎已經開始崩塌，繼續實施專制統治已經失去了合法性。於是，當中國共產黨提出建立新的民主協商制度時，社會充滿著期待。抗戰已經為此後的政局變化做好了思想觀念和輿論上的準備。抗日戰爭開啟了中國政治變革的大門，這扇大門一旦打開，國民黨已無力再行關閉。

在抗戰前期和太平洋戰爭爆發後的一段時期，中美關係有極大改進，美國成為中國最重要的盟友，中國也成為美國的重要夥伴。然而，隨著美國越來越深入地走進中國，它更多更清楚地看到了國民黨的黑暗面，對國民黨日益失望。對抗戰後期的民主運動，美國持一定程度的同情、肯定與支持態度，並一再敦促國民黨政府做出響應。史迪威事件是中美矛盾發展的集中體現，一位上將級將領被盟國「驅逐」，這在美國歷史上是前所未有的。為了緩和矛盾，美國做了妥協和退讓，召回了史迪威。然而，美國對於國民黨和蔣介石的失望是深入骨髓的。一個為維護統治而拒絕改革的頑固形象已深深地刻在美國人的心中。這對戰後美國對國民黨政府的支持的堅定程度，不能不產生消極影響。

戰後，美國前參謀總長馬歇爾奉命來華，試圖調解國共軍事衝突。儘管馬歇爾做出了一些努力，但他最終仍無功而返，國共全面內戰爆發。為了對抗蘇聯，阻止中國共產黨獲勝，美國選擇支持國民黨。然而，美國對蔣介石的支持是有條件有限度的。國民黨難挽頹勢，最終在國共較量中敗下陣來。

抗戰結束之時，國民黨的軍事力量貌似仍占有巨大的優勢，何以戰後短短的三四年中國共力量對比就發生了根本性的變化？中國共產黨何以能如此迅速地奪取全國性勝利？人們對此有著不同角度的探討，一個根本性的原因不可忽略：民心所向。當成千上萬的獲得了土地的農民組成了浩蕩的支前大軍時，當成千上萬的失去了希望的市民為溫飽為自由而走上街頭時，民心的指向已十分清晰。人心思變，人們嚮往著一個新制度的到來。

## 三

近代中國的巨變是在世界巨變中發生的。19 世紀，西方列強以前所未有的力量和速度向世界擴張，向東方擴張。這是一個奉行社會達爾文主義的世紀，適者生存、弱肉強食被視為極為正常的規則，在列強的擴張浪潮中，古老而落後了的中國不幸成為其侵食對象，國家主權紛紛流失，國家地位一落千丈。中國人民為此進行了長期的艱難的抗爭，力圖恢復失去的國家主權，恢復在國際上的平等地位。這一抗爭綿延百年，最終，在一次國際秩序的大變動中，中國抓住了機會，恢復了平等地位，並獲得新的大國地位。

如何面對外部世界一直是近代以來橫亙在中國人面前的一道難題。對於中國人來說，列強是入侵者，又是先進文明的傳入者，排拒還是學習，一直是中國人爭論不休的話題。屈辱的經歷，使包藏亡我之禍心的異族形象長久地存在於數代中國人的記憶中，揮之不去。在與入侵者的鬥爭中，在向西方文明的學習中，中國改造了自己，走上了一條既與自己的過去不同又與外國有別的獨特的發展道路。曾有學者以「改變自己，影響世界」來概括近代中國與世界的關係，這或許是我們從近代歷史中獲得的極為重要的教益。

《兩岸新編中國近代史》得到海峽兩岸學者的積極響應和大力支持，在此表示衷心的感謝。我的同事汪朝光先生承擔了本書的各種事務性工作，我雖列名為主編之一，但貢獻甚少，在此謹向汪朝光先生表示特別的感謝。徐思彥女士為本書的編審和出版工作付出巨大努力，使本書得以高品質地呈現於讀者面前，在此一併表示由衷的感謝。

二〇一六年二月

# 序　二

黃克武

　　這本書是海峽兩岸中國近代史學者攜手合作的一個心血結晶，是一個劃時代的創舉。本書由中國社會科學院近代史研究所規劃，並由大陸、臺灣、香港學者撰稿，歷經五年多的時間才完成。全書採取專題研究方式，類似西方的劍橋史之體例，大體以時間和事件為經，社會發展面向為緯，分章探討清末民國時期最為關鍵的一些歷史課題。全書共 57 章，是目前學界對於這些課題的歸納與總結，約略統計，其中大陸學者撰寫 34 章、臺灣學者撰寫 21 章、香港學者撰寫 2 章，為中文學界在中國近代史領域多年研究成果的系統展現。讀者閱讀此書，可以最有效地掌握學界最新的關於中國近代變遷的重要觀點。

　　在時間斷限上，本書從鴉片戰爭開始，描述了洋務與變法運動、立憲運動、清朝的覆滅、民國的肇建，乃至其後內憂外患之紛擾、國際關係之演變、內政外交之調適、國民黨內部的派系紛爭、國共兩黨之發展，下至 20 世紀中葉而止。大致上包括了晚清史與 1949 年之前的民國史，也同時討論了清季臺灣社會、經濟、文化的變遷與日本殖民統治時期至光復初期臺灣人的「祖國經驗」。結構上本書分為晚清卷與民國卷，每一卷又有上冊與下冊。上冊依時序與事件勾勒歷史發展之主軸，下冊則包含了政治、社會、財政、經濟、外交、宗教、生活世界與文化思想等諸多面向，因而同時包含了歷史變遷與社會結構的兩個面向。

　　此書名為「新」編中國近代史，主要希望能突破過去之窠臼，在歷史論述上展現出新的特質。近年來因新史料之出現（如檔案、報刊資料、日記與

回憶錄等）、新研究之進展、兩岸的學術互動，以及對「研究典範」之反省，過去的不少成說都得以修正或重評。本書最大的特色，就是在很大程度上擺脫了過去受到各種主客觀因素影響的歷史論述，各章均避免「以論代史」、「論在史先」，而能依據新的史料、以關鍵性的細節，平實地、客觀地描述中國近代曲折、複雜之歷程，其間既有革命歷程之艱辛曲折，也有現代轉型的逐漸開展。歷史不再是單一的線性演進過程，而是千迴百轉、多重面向的發展；歷史中有黑暗與光明、邪惡與正義的對峙，但也不全是黑白分明、成王敗寇之敘事。歷史視野的開闊，造就了歷史論述的變化。

歷史未必是截然兩分的。革命在現代中國的形塑之中曾被賦予歷史的正當性與崇高感，然其反對者或對立面如「改良」者，在歷史中也自有其存在的合理性及其意義。1970 年代後期，隨著改革開放的展開，大陸學界開始重新評估中國近代史的各樣問題和主題，「革命」與「改良」都被給予歷史的合理定位，兩者各有其成就與限制，也據此重新思索改良派思想家如嚴復、梁啟超、杜亞泉、張謇等提出之「調適的智慧」，史家的史觀逐漸走向多元化。

首先在晚清史部分，過去的主流論述是以革命黨為中心的歷史書寫。此一觀點環繞著孫中山所領導的興中會、同盟會與革命黨的革命事業，如何歷經多次起義慘遭挫敗最終在武昌起義後得到成功。這種論述強調革命黨人之角色，忽略了革命黨內部的分歧，尤其是湖南與江浙革命志士之地位，以及改革派（開明士紳）對辛亥革命的重要貢獻，更將清廷視為顢頇無能、一無是處的統治者。

新的歷史視野並不忽略革命之重要，而是將革命置於長期多元發展、曲折角力的歷史背景中，來考察國人如何在政治、經濟、社會、思想等方面走向近代，具體呈現出除了革命之外當時還有哪些選擇，以及為何最後革命成為唯一的選擇。本書所描述的辛亥革命不再是單一的「驅除韃虜，恢復中華」的軍事行動與族群鬥爭，也不再爭辯此一革命乃「資產階級革命」或「全民革命」的問題，而是將之視為長期醞釀的思想動員、社會動員的結果。其中道咸以來如魏源、徐繼畬等趨新士人與馬禮遜、傅蘭雅等歐美傳教士對西方地理、歷史、思想、政體之引介，新學書刊之翻譯，立憲派報刊對思想啟蒙、國家想像與政治改革之提倡，乃至清廷的改革措施如科舉廢除、新政等所造成的結構

性的影響等，這些因素與革命派的努力相交錯，使人們敢於構思一個以民主科學為基礎的新體制，而「踐行政治民主化」。由此觀之，各種因素有如積涓滴而成之洪流，方導致革命之成功。同時清廷也不再全是革命宣傳中的「顢頇」、「腐敗」與「缺乏改革誠意」之形象，而是努力肆應、積極變革，卻因「小政府」的格局與心態，在新政期間企圖有大作為而觸發「結構性」的困境，在缺乏體制變革與倫理更新之下，黯然退出歷史舞臺。本書對於清廷與立憲派的研究與重新評估，與過去對兩者所做完全負面的道德判斷顯然有別。

　　本書的主體結構雖分為晚清與 1949 年前的民國兩個部分，然多位學者均意識到兩者非斷為兩截，而是有著千絲萬縷的連帶關係。無論是從王德威所說「沒有晚清，何來五四」還是從張灝提出的「近代中國思想轉型期」的觀點來探究思想與社會的變遷，都強調兩者之間的連續性關係，以及新因素與舊根底如何交融互釋，從而開創出一番新的局面。從晚清到民國思想界的趨新或守舊、行動界的保守或進取，都要利用新式報刊、學校、結社等來做宣傳。

　　以民族意識來說，中國傳統主張華夏夷狄之辨的「族類思想」（亦即《左傳》所謂「非我族類，其心必異」的觀念）同時具有「種族的民族主義」與「文化的民族主義」之元素，成為革命黨「黃帝」形象與康有為「孔子」形象之根基。前者發展成革命黨以漢族為中心種族革命之象徵符號，以此推動反滿大業；後者則凝聚為康有為、梁啟超等團結諸民族以成一大「國民國家」的理想，以此融合滿漢。辛亥革命最後以高舉種族革命之大旗獲得國人認同而竟其功，然而民國成立以後，革命黨人立即一改種族革命之初心，宣示「五族共和，漢、滿、蒙、回、藏一律平等」，復又制定約法、召開國會，此一做法大體上仍承襲梁啟超等人「政治民族主義」的未竟之業。民族主義從建立單一的漢人政權向建立以五族共和為主體的多民族現代民族國家的轉變，是辛亥革命最重要的成果之一。不過民族問題在民國初年以後的內外環境中未得完全妥善的解決，其後各種爭端繼續出現，如何既尊重多元又能維繫一體，以摶成「共和」，成為新的問題與挑戰。

　　民族主義以及由此而出現的追求「民族國家」之建立，是影響中國近代歷史走向的一個關鍵因素。傳統中國的族類觀念雖提供了民族思想之基礎，然近代中國民族主義之出現卻主要依賴從古代以朝貢制度為主之天下秩序轉移

到以國際公法、世界格局為主之國家體制。亦即「天下觀之破滅」和「個人與國家關係的改變」，國人逐漸建立起「反帝救亡」、「捍衛主權」的現代國家觀念，並以契約、參與等民主思想與選舉機制改造傳統君臣尊卑觀念，重構國家與國民之關係。辛亥革命所促成「帝制」到「共和」的轉變即體現了此一現代民族國家之追求。此一轉變極為複雜，有思想文化的面向，政治外交的面向，亦有財政金融的面向。革命爆發後，經由北方總代表唐紹儀和南方總代表伍廷芳的南北議和，促成和平的政權轉移，其後孫中山讓位、袁世凱主政，為解決共和肇建之困局，在唐紹儀、熊希齡和周學熙等人的主持下，進行與國際銀行團協商籌借外債工作。此次所謂「第一次善後大借款」，解決了推翻清朝之後共和國的國際外交承認問題，也為北京政府處理後續對外賠償及整編內政提供了理財基礎。此後以革命方式建立之民國，在「政府」與「國家」兩方面建立起從清朝至民國之繼承關係，才能逐漸站穩腳跟。不過借款過程中列強的強勢作為則埋下五四以後反對帝國主義的民族情緒。對內而言，民族主義則影響到此後不同政治勢力之消長，「誰最有能力調動最大多數社會力量，誰就更容易統一中國；誰能有效地統一中國，成就民族獨立，誰往往也就最容易受到歷史的青睞」。

在經濟發展上，我們也可以看到晚清與民國的連續性。晚清以來雖在農、商、工業等方面有所進展，然因幅員廣大，人口與區域發展之不均衡（19世紀初年90％以上的人口集中在1/3左右的地方，約90％農村人口而10％為城市人口），形成「雙元經濟」。其後，由於革命動盪、內戰不斷，中國無法像其他國家一樣，進入經濟發展的第二階段，而使雙元經濟的情況有所改善，反而更加惡化。到了抗戰時期，全國精華地區的淪陷，使政府更難負荷戰時的財政負擔，雖賴國際援助而紓困，但戰時及戰後通貨膨脹亦隨之爆發。雙元經濟問題成為近代中國的一個根本問題。同時，究竟要以資本主義的方法來提高生產，還是以社會主義的方式來宏觀調控並解決分配，也成為反覆思慮的核心關懷。

在民國史方面本書也和晚清史一樣，避免過去單一的論述模式和敘事路徑。首先是對北洋時期的重新評估，這是最近十多年來史學界提出的新觀點。書中有幾章討論北洋政府時期，或談內政中的亂與治，或談外交。這幾章都改變了過去將北洋視為「中國近代歷史上最動盪、最黑暗的時期，其間外患頻

仍，內亂不斷，兵連禍結，民不聊生」的刻板印象。在內政方面，北洋時期雖
有亂，亦有治，其中尤其體現在「國家制度的建設上」，在「自治」和「聯治」
的衝擊下，統一的中央政權受到衝擊。然而這種衝擊，卻又為政治家在另外的
政治框架內尋求國家統一創造了有利條件。在一定程度上，北洋政府是被「聯
治」運動及其內部之分裂所打倒的。因此「聯省自治」的「分」反倒成為國民
黨走向新的統一的促成因素。北洋時期在制度建設上的成就也包括司法方面的
改革。近年來有關北洋時期直隸、江蘇、浙江等地方的研究顯示，各地分權制
衡體制之設立、司法獨立之追求，如法官、法院制度之建立等，跨出司法近代
化的一步。這些現象顯示北洋之亂雖毋庸置疑，然北洋之治也是客觀存在的。
北洋時期在外交方面也有較突出的表現，不但外交官具有專業素質，其「修約
外交」尤具正面之貢獻，與廣州政府「廢約」的努力同樣重要。從長遠的角度
來觀察，近代中國外交主要目標是擺脫不平等條約束縛，恢復中國主權完整及
國際地位平等，「修約」與「廢約」都是達成此一目標的手段，「修約」循法
律路線，依據法理要求改訂平等條約；「廢約」則走政治路線，訴諸革命及民
意擺脫舊約束縛，兩者相輔相成。總之，北洋政府利用外交和國際法的合法手
段，力圖改變中國國際地位的努力，應予肯定。

　　民國史之中國共發展與抗戰等議題一直難以避免各種偏見，兩岸各自主
導一類型之論述。本書則主要依賴史實做深度的描寫、分析與比較。其中國民
黨史部分主要由臺灣學者負責，少數由大陸學者撰寫，共產黨史部分則由大陸
學者操刀，其觀點相互補足，而拼成一個較為公允而完整之歷史圖像。這樣的
合作方式與近年來兩岸學者組成研究團隊研究蔣介石的經驗也相符合。雖雙方
學者均依史料來撰述，然臺灣學者更能呈現蔣的成功之處，大陸學者則更能客
觀分析蔣的派系屬性，發掘蔣的個性與統治缺失之處，因而相互補足各自可能
有的局限。

　　抗戰史方面也是如此，大陸學者肯定蔣介石在對日抗戰中的貢獻，堅持
了中國領土與主權的完整，在正面戰場抵禦日軍，並取得最終之勝利，收回臺
灣、澎湖與南海諸島，恢復了中國之版圖。臺灣學者也同意中共「提倡抗日統
一民族戰線」，促成國共合作、共同抗日，同時建立抗日根據地，並在敵後游
擊戰中牽制大量日軍的成就。這樣一來抗戰的成功是中華民族各成員共同之成
就，日本統治下的臺灣民眾與海外各地中國僑胞也不缺席。抗日戰爭是中華民

族浴火重生、走向復興的轉捩點，戰後中國能躍居大國地位，成為聯合國常任理事國，其中的一個主要原因是中國在「世界反法西斯戰爭」中所發揮的作用得到各國的肯定。

本書也從不同層面介紹了抗戰至國共內戰期間蔣介石、執政的國民黨與國民政府之表現，描述蔣汪、國共之分合，並剖析蔣最後遭到潰敗之因素。以國方軍隊的發展來說，從黃埔軍校開始模仿蘇俄紅軍，建立黨政制度與軍隊「標準化」，組成國民革命軍，使其完成北伐，並在抗戰之時抵禦日軍。其缺點則是軍民關係之經營較為忽略，違紀擾民之事頗多，因而「在後勤補給、醫藥衛生方面，或是戰地情報的搜集上，均無法獲得民眾的支持」。此一情況與中共軍隊政治工作之成功形成對比。

抗戰時期的對日和戰問題及蔣介石、汪精衛分裂在本書中也予以詳細著墨，分析汪如何誤信日本有謀和誠意、誤判中日雙方之實力與國際局勢，企圖以和談來解決中日問題而走上絕路；並注意到國共之間的複雜關係。在外敵入侵之際，國人內部無法完全團結，彼此牽制，對局勢之發展影響甚巨。

抗戰也影響到國共勢力之消長。抗戰八年，因為種種原因，國民黨的統治力量被嚴重削弱，國民黨中央的統治範圍越縮越小，軍心、戰力日漸萎靡，各種內在矛盾遂逐漸滋生發酵並蔓延開來。與此形成鮮明對照的，是中共軍事力量在戰爭中的迅速發展和壯大，中共軍隊向敵後農村拓展，獲得了巨大的發展空間。中共開戰後長期把對日抗戰的工作重心放在創造根據地和發動群眾兩方面，在此基礎上發展武裝力量，使其政治影響力全面提升。

在國共內戰期間，蔣介石又在「經濟、軍事、政治等方面遭遇重大挫折」，如「行憲」引發政治亂局與派系鬥爭，以金圓券取代法幣之幣制改革造成經濟崩潰，並「激怒了中國民眾」，而在幣改失敗的同時，其軍隊又在三大戰役之中慘敗，此後「國共實力對比發生了根本的變化，國民黨由強而弱，共產黨由弱而強，國民黨統治由衰頹而走向終結」，最終失去江山。這些描寫與分析都是依據史實所做的中肯論斷。

從 1840 年到 1949 年的一百多年間，是中國面對世界與走向共和的關鍵時代，其間內憂外患不斷，私心與公義糾葛，政治團體或分或合，時而起高樓，時而樓塌了，這些經緯萬端的風雲變化是 1949 年後海峽兩岸分途發展的重要

原因。如何深入認識這一段史實，並藉此觀察現狀與思索未來，是所有關心中華民族未來的人應該思考的嚴肅課題。

　　本書的出現有深遠的歷史背景，它反映的不但是北京、臺北兩個近史所之間深厚的情誼，也是海峽兩岸二十多年來學術互動的結果。兩岸學者從陳三井先生所謂「境外相遇，猶抱琵琶半遮面」，到「輕舟已過，兩岸猿聲啼不住」，再到今日「海峽春潮，從此千山可任行」，是一個很可喜的發展。的確，現在海峽兩岸的學術、文化交流順暢，互動頻繁。以往臺灣學者去大陸較為方便，在臺灣開放「自由行」之後，大陸學者臺也變得更為容易。中研院近史所每年都接待許多大陸學者來臺訪問、調閱民國檔案、參與臺灣學界的學術活動；在我所任教的大學每一學期都有許多大陸來臺的交換學生選修我的課，在課堂上與臺灣學生一樣暢所欲言。這一種海峽兩岸之間多層次、多方位的學術交流，讓許多過去因海峽兩岸的阻絕、因政治意識形態干擾、因個人黨派立場而有的偏見及產生的誤解，逐漸掃去。本書一面見證了兩岸學者因交流而建立起共識，兩岸史學由分而合的過程；同時也證實了近代史雖與現實糾葛，然它不是政治的附庸，也不是社會科學的腳註。在歷史學家努力找尋真相之下，本書提供讀者一幅貼近真實的歷史圖像，也是對抗戰勝利七十週年的一份重要賀禮。

二〇一五年十一月

# 目　錄

## 上

# 第一章　辛亥革命：「低烈度」與大業績

　　當歷史跨入 20 世紀，清王朝的覆滅已經成為遲早的問題。本來就已是眾矢之的，而貪婪與虛偽更讓它變得回天無力。相反它的反對者愈挫愈勇，愈來愈強大，不斷加重的民族危機和社會矛盾讓革命變得義無反顧，成了 20 世紀開局的中國主旋律，以致利害兩顧，各種勢力也不得不順勢站隊，以免與腐朽一起沉淪。大風暴行將到來，至於何時到來，何地先起，一時還難以預測。值得注意的是，當風暴捲起，大廈將傾之際，從它那裡分過利益得過好處的列強卻宣布「中立」，拒絕伸出援手，即便統治者內部也迅速紛生異心，眾叛親離，這一曾經虎虎生威的天朝終於走到歷史盡頭。走到這一步，歸根結底在於皇權專制制度已經悖時沒落，在於廟堂之上的那些人患得患失，私心過重。歷史由過程中無數細枝節點演繹而成，每個節點、每次演繹和每段過程，都是奔向那一結果大大小小的累積與匯流。

　　辛亥革命絕非簡單的舊式革命，它有歐美式的座標和現代化的成分，因此具有時代性和世界性。辛亥革命強調暴力，堅持暴力，但暴力的程度並非想像得那麼激烈，那麼死板，相反辛亥革命在實行暴力的同時，實際上對分寸、階段的把握還是比較準確，也就是說它對為什麼實行暴力有所考量，並且在實行過程中富有理性。因為問題錯綜複雜，關係到方方面面，比如對勝與敗的理解，破與立的轉換，局部與大局的處理，效果與成本的比較，目標與可能性的衡量，革命與列強態度的變化，內部凝聚與動力保持問題等，應該說革命黨人基本做到了保持清醒，審時度勢，有原則有鬥爭，同時也有理性適度的妥協讓步，而這一切的轉換全取決於實力以及實力的轉換。從帝制到共和，辛亥人鑄

---

\* 本章由廖大偉撰寫。

造的是千年壯舉，開啟的是亞洲先河，說到底，這是一次全新的探索，一種曠古未有的嘗試，而先驅們之所以百折不撓，實緣於救亡圖存的迫切，為了世界之林能有中華一席，為了民族振興能夠實現。辛亥革命勝利了，它終結了千年不變的王朝輪回，埋葬了腐朽沒落的專制皇權，建立了模式一新的中華民國，開創了順應潮流的共和時代，在政治、文化、經濟、社會等領域譜寫了輝煌業績，從思想意識、制度模式、經濟發展和國家走向等諸多方面做出了不可磨滅的歷史貢獻，為後世留下了非常寶貴的經驗教訓和思考啟迪。誠然辛亥革命沒有能夠走到底，走到它希望到達的那一步，誠然革命後的共和時代瞬息夭折，現代化的進程受到影響，但是如果設身處地地想一想，難道不覺得「畢其功於一役」的標準實在強人所難，難到近乎苛求前人。辛亥革命的主要功績究竟是什麼？那就是為中國社會的精神面貌和價值理念帶來了巨變，創造了民主政治的先決條件和良好契機，由此可言，它不只是打落一頂皇冠，而且開闢了中華民族振興有為的希望之路。

## 一、大風暴的偶然與必然

　　辛亥革命從武昌起義到清帝退位，歷時 125 天，如果從運動的角度和廣義的概念上看，又得從興中會成立算起，一直到二次革命。

　　1911 年 10 月 10 日晚，武昌城內新軍起義。次日拂曉，黃鶴樓升起紅底十八星大旗，武昌首義宣告成功，以黎元洪為都督的湖北軍政府隨之成立。很快漢陽、漢口光復，鄂省各屬也紛紛發難。10 月 22 日，鄰省湖南響應，長沙不久被占領。湖南起義的第二天，江西九江又告獨立，其省會南昌也順利易手。截至 12 月下旬，內地十八省除了直隸、甘肅、河南均已脫離清政府。1912 年元旦，當選臨時大總統的孫中山在南京宣布中華民國就此成立，幾天以後南京臨時政府組建，統一行使獨立各省的民主政治權力。這期間除了革命的洶湧，民心的向歸，也演繹著清政府的出兵圖救，立憲黨人的觀望兩端，袁世凱的手段心計，以及列強的對華態度，所幸的是，經過南北交戰又妥協和談，歷史最終有驚無險，走到了理性了結的那一步。2 月 12 日，清帝明詔退位，「將統治權歸諸全國，定為共和立憲國體」。[1] 袁世凱公開表態：「共和為最

---

1　《清實錄‧宣統政紀》卷 70，中華書局，1986，第 1293 頁。

良國體」,「永不使君主政體再行於中國」,[2] 由是遜帝與皇室的優待條件得到確認。

武昌起義是個爆炸性的新聞,敏感者立刻想到「革命」一詞。10 月 11 日,英國《泰晤士報》駐華記者莫理循(G. E. Morrison)向報社發出武昌突變的電訊,只是《泰晤士報》編輯部在處理和刊發來稿時出於謹慎,將「革命」改成了「起義」(rising)。[3] 最早明確用「革命」來稱謂並且連續密集報導的是《民立報》,10 月 12 日該報設置「武昌革命大風暴」等多個專欄,並且從此每天多版面大容量地跟蹤報導革命進展與相關資訊,應該說這樣明確的定性和這樣快速的發稿在當時事發突然及通信手段、出版技術之下頗為不易。考慮到《民立報》係革命黨人機關報,由立場而決定的表現似屬特例,那麼一向嚴謹中立的《申報》當可代表社會一般的反應和判斷。事實上在 10 月 13 日,《申報》也刊登了〈武昌革命〉等 4 篇報導,而且之後熱情不減,天天都高度關注事態的發展,顯然作為「把關人」,《申報》的編輯已經嗅到武昌一舉已非一般意義上的動亂與反叛,而是一場非同尋常並將持續發酵的革命風暴。尤其不可思議的是,距事發大約一個月後,一本專記此事的《中國革命史》便在上海編成出版。編者寫道:「中國革命自古有之,惟在本朝以今歲為烈」,「此次革命甫越數星期,響應之地已非一處,國民對於此事莫不十分注意」。[4] 又過未久,署名渤海壽臣的人也編寫出版了一本《辛亥革命始末記》,[5] 從此「辛亥革命」約定俗成,一直沿用到如今。

武昌起義有基礎有條件有準備,尤其文學社和共進會扎實努力,醞釀多時,「運動新軍」卓有成效。當這兩個革命團體實行聯合統一步調後,一切似乎順理成章,指日可待,可是歷史恰恰常有偶然和意外。1911 年 9 月 24 日,文學社與共進會開會制訂起義計畫,議決實行聯合指揮的原則,約定 10 月 6 日(農曆中秋)舉行起義,[6] 不料南湖炮隊事件卻突發而至。23 日晚,駐武昌

2 〈袁世凱致南京孫大總統、參議院、各部總長、武昌黎副總統電〉,《近代史資料》總第 25 號,中華書局,1961,第 117 頁。

3 〈達·狄·布拉姆來函〉(倫敦 1911 年 10 月 13 日),〔澳〕駱惠敏編《清末民初政情內幕——《泰晤士報》駐北京記者袁世凱政治顧問喬·厄·莫理循書信集》(上),劉桂梁等譯,知識出版社,1986,第 761 頁;"Serious Rising at Wuchang," *The Times*, Oct 12, 1911, p. 8.

4 蘇生:《中國革命史》,辛亥年九月,上海:出版者不詳,原書無頁碼。

5 渤海壽臣輯《辛亥革命始末記》,五族民報社,1912。

6 李春萱:〈辛亥首義紀事本末〉,中國人民政治協商會議湖北省委員會編《辛亥首義回憶錄》

南湖的新軍第八鎮炮隊八標三營左隊幾名已為共進會的士兵為幾位退伍戰友置酒餞行，酒酣失言，與值班排長發生衝突。由於事發突然，毫無思想準備，所以一時十分糾結，[7] 所幸革命黨人最後冷靜下來，覺得祕密並未徹底暴露，一切還是按原計劃進行為好。事發之後，各級軍官也怕承擔責任，所以最終以「酗酒滋事」敷衍了過去。但這件事產生了嚴重後果，當局變得警覺起來，加強了軍隊管制和人員防範，並宣布中秋節這天實行戒嚴。[8] 這樣一來，原定10月6日的起義因為風險陡然增加，不得不向後推延。

起義時間延後，革命黨人仍繼續準備。不料這時又一件事情突發而至，原來10月9日革命黨人在漢口俄國租界寶善里14號祕密機關配製炸彈，打算起義時以此炸毀敵方軍事指揮所。[9] 下午3時許，擔任過共進會會長的劉公的弟弟劉同來到該處，他一邊抽著紙菸，一邊漫不經心地一旁觀看。就在一時疏忽之際，突然紙菸的火星碰著了火藥，瞬時大火燃起，在場的人見撲滅不成，紛紛迅速逃離。當租界巡警趕到時，現場殘留的文件、票據、火藥和炸彈暴露了革命黨人準備行動的祕密。俄國租界當局立刻通告了湖北官員。湖廣總督瑞澂聞之大怒，下令嚴加搜捕，於是從這天傍晚到次日凌晨，武漢地區所有的祕密機關均被查獲，先後數十人被抓捕，其中楊洪勝、劉復基、彭楚藩三人慘遭處決。暴露身分的革命黨人紛紛躲避，尚未暴露的心急如焚，想鋌而走險，可是這時聯絡已經不暢，命令已經無法送達，革命黨人群龍無首，指揮系統陷入癱瘓。

經過一整夜的搜捕，似乎局勢已控，此時又搜到一份革命黨人名冊，瑞澂當即下令「按名捕殺」。可是就在瑞澂得意之際，情形突然又變，局勢頓時逆轉。10日晚8時半許，一聲槍響劃破夜空，槍聲來自武昌城內，開槍的是新軍第八鎮工程八營士兵程正瀛。原來該營二排排長陶啟勝晚上查房，見士兵金兆龍正在擦槍，由是惡聲責問晚上為何擦槍，難道想要「造反」。[10] 金兆龍確實是個革命黨，見其責問索性大聲呼喊「動手」，一旁的戰友程正瀛應聲而

第2輯，湖北人民出版社，1957，第190頁。
7　李西屏：〈武昌首義紀事〉，《辛亥首義回憶錄》第4輯，湖北人民出版社，1961，第24頁。
8　章裕昆：《文學社武昌首義紀實》，三聯書店，1952，第31頁。
9　鄧玉麟：〈辛亥革命起義經過〉，《革命文獻叢刊》第7期，1947年，第16頁。
10　周占奎：〈工程第八營發難紀實〉，《辛亥首義回憶錄》第1輯，湖北人民出版社，1957，第172頁。

起，舉槍便射，陶啟勝見勢不妙，拔腿便逃。[11] 結果這槍響就像約定的信號，八營等待起義已久的官兵紛紛持槍奔出營房，開始行動。瞬時武昌城內城外槍炮齊鳴，起義在不經意間突然變成了現實。

曹汝霖將武昌起義爆發歸咎於瑞澂，說「鄂督瑞澂搜得叛軍名冊，牽涉新軍士官很多，士官恐株連，遂先發響應。假使瑞澂處以鎮定，將名冊銷毀，即可使反側者安心，徐圖處置，何至釀成大禍。乃瑞澂操切從事，不查真偽，一律按冊嚴捕；遂使未變之軍，全部叛變」。[12] 孫中山也說過：「武昌之成功，乃成於意外，其主因則在瑞澂一逃；倘瑞澂不逃，則張彪斷不走，而彼之統馭必不失，秩序必不亂也」。[13] 確實瑞澂的處置方法和逃避行為激化了矛盾，助長了事態，但這種影響並不能達到改變根本的程度。分析武昌起義之成因，當然可以探討一些個人因素，比如瑞澂的行為表現所起的作用，不過如果過分放大個人因素，而不考慮歷史的「合力」和已然的趨勢，以為非如此歷史將走向另一面，結局可能截然相反，那歷史的運動創造就會陷入虛幻與無常的境地。然而事隔多年，辛亥百年之際，仍有人稱武昌起義是一場意外，革命成功純屬偶然，偶然成就武昌起義。[14] 武昌起義會不會爆發，歷史已經有了答案。辛亥革命該不該，屬於主觀價值判斷題。從總結歷史經驗教訓和探索社會發展規律的角度出發，任何歷史評價和是非判斷當然都可以「百花齊放」，但是這樣的評價與判斷必須尊重歷史，尊重那個時代和具體背景，尊重歷史的發展邏輯和形成的結果。如果強調一點而不及其他，看到一隅而輕率結論，甚至為了標新立異故意混淆主次，肢解歷史細節，顛覆歷史主流，顯然不符合歷史唯物主義和辯證唯物主義。

武昌起義為什麼會爆發，歸根結底是時代變了，社會變了，變了的時代，變了的社會訴求，勢必引起整個社會的更大變化，而且將一切矛盾聚矢於清王朝的專制統治。歷史為什麼會在這個時候出現革命高潮這一幕，因為時機與條件已經具備。

---

11　熊秉坤，〈武昌起義談〉，《中國近代史資料叢刊‧辛亥革命》（以下簡稱《辛亥革命》）第 5 冊，上海人民出版社，1957，第 90 頁。
12　《曹汝霖一生之回憶》，中國大百科全書出版社，2009，第 92 頁。
13　《建國方略》（1917 年至 1919 年），《孫中山全集》第 6 卷，中華書局，1985，第 243 頁。
14　李澤厚：〈告別辛亥革命〉，《信睿》總第 6 期，2011 年；張鳴：〈辛亥革命，偶然發生的〉，《書摘》2011 年第 5 期；陸建國：《1911：辛亥》，知識出版社，2011。

　　1840 年英國的堅船利炮率先撞擊中國大門，得勝後逼迫清政府割地賠款和五口通商，並獲得領事裁判權和最惠國待遇，接著其他國家援引此例，也紛紛前來強索特權利益。中西碰撞，國門洞開，「天下」裂變成「萬國」，而新對手不僅強悍還很貪婪。世界一下子變了，變得陌生，以前朝貢體系中的天朝上國，忽然成了新的世界弱肉強食的對象。然而列強仍不滿足，19 世紀末掀起一輪瓜分狂潮，20 世紀初乾脆駐軍於華北與各個租界。駐京公使團成了清政府的「太上皇」，中國的財政經濟大權也被控制，甚至為了搶奪地盤和勢力範圍，為了進一步加大對華投資和商品傾銷，為了強取路權、礦權和政治貸款權，列強之間也展開角逐，日俄兩國在中國東北就不惜交戰。列強之所以能對中國稱王稱霸，步步進逼和滲透，一是差距確實存在，二與清政府腐朽無能、媚外求安分不開。兩千多年來中國實行封建王朝君主專制統治，皇權神聖不可侵犯，老百姓飽受壓迫與剝削，卻被要求逆來順受。小農經濟的生產模式，儒家文化的保守主義傾向，高度集權和差別有序的社會狀況，既束縛了人們的思想、個性和社會活力，也限制了農業文明向高層次文明發展，加上土地等財富資源的高度集中，權貴寄生階層的日益龐大，王朝輪回的周而復始，以及「家國同構」與家國之間的實際脫節，這一切在不與西方發生衝撞時還可維持，一旦碰撞和較量，劣勢和弊端就會暴露無遺。這樣的王朝在鼎盛時期尚可政令四方，威儀周邊，但在沒落時期則無力應對內憂外患。

　　可怕的是，封建專制統治者對此木然無知，一直沾沾自喜於天朝上國的認知裡。1840 年以後，皇權專制遭到西方直面挑戰，腐朽無能的清王朝卻屢屢喪權辱國以求偏安。《辛丑條約》簽訂後西太后竟然要「量中華之物力，結與國之歡心」，[15]「洋人的朝廷」已不再猶抱琵琶半遮面，甘心綁上外國勢力的馬車。中國半殖民地半封建的境遇是帝國主義與封建專制勢力共同造成的，帝國主義和封建專制勢力成了中華民族前進道路上的障礙，而其中最直接的障礙便是封建專制勢力的代表清王朝。從這個意義上說，清王朝作為中國末代封建王朝受社會衝擊，遭人民唾棄，被時代淘汰，被歷史埋葬，那是註定的事，辛亥革命正是清王朝封建專制統治下各種矛盾激化的產物。托克維爾在論述法

---

15　故宮博物院明清檔案部編《義和團檔案史料》下冊，中華書局，1959，第 945—946 頁。有學者認為「量中華之物力，結與國之歡心」言有語境，意有前提，「量」的意思並非無限量和無條件，而是限定在確保清王朝統治的範圍之內。詳見王開璽〈「量中華之物力，結與國之歡心」新解〉，《近代史研究》2006 年第 4 期。

國大革命時說，路易十六統治時期作為法國末代王朝被推翻，在於它自身難以
解脫困境，法國大革命的確「使世界措手不及，然而它僅僅是一件長期工作的
完成，是十代人勞作的突然和猛烈的終結。即使它沒有發生，古老的社會建築
也同樣會坍塌」，只是緩慢地一塊一塊地塌落，而「大革命通過一番痙攣式的
痛苦努力，直截了當、大刀闊斧、毫無顧忌地突然間便完成了需要自身一點一
滴地、長時間才能成就的事業」。[16] 法國大革命絕非偶然，它是舊制度下社會
演進和矛盾激化的必然結果。同樣武昌起義的爆發，革命風暴的到來，也是同
樣的道理。

　　在國勢日仄、西學東漸的背景下，先進知識分子曾有過如何通過現代化
而拯救民族的一些思考，那些開明官紳也曾有過求富求強的努力與實踐，但
最終都因為沒有觸及根本而不是收效甚微就是曇花一現。直至甲午戰爭，「泱
泱大國」竟輸給「蕞爾小邦」的日本，震驚和劇痛才使更多人真切認識到政治
體制非改變不可，因為不變中國已無出路。此後中國政治舞臺崛起了兩股嶄新
的力量，一股是主張變法圖存的維新改良派，一股是力行反清共和的徹底革命
派。兩股社會政治力量大多是知識分子，都代表了新興民族資產階級的利益訴
求。不同的是，前者還寄望於朝廷，走溫和道路；後者則不抱幻想，採取暴力
行動。

　　自從 1894 年興中會成立及次年在廣州舉行起義，革命黨人便表現出屢仆
屢起、百折不回的英雄品格和氣概。19 世紀這樣的暴力革命不受歡迎也不被
理解，但是隨著民族資本主義進一步發展和民族矛盾、階級矛盾的錯綜交織及
尖銳加劇，漸漸地這樣的舉動獲得了社會愈來愈多的認可。孫中山在回憶中曾
有這樣的描述：

> 當初次之失敗也，舉國輿論莫不目予輩為亂臣賊子，大逆不道，咒詛謾
> 罵之聲，不絕於耳；吾人足跡所到，凡認識者，幾視為毒蛇猛獸，而莫
> 敢與吾人交遊也。惟庚子失敗之後，則鮮聞一般人之惡聲相加，而有
> 識之士且多為吾人扼腕嘆惜，恨其事之不成矣。前後相較，差若天淵。
> 吾人睹此情形，中心快慰，不可言狀，知國人之迷夢已有漸醒之兆。
> 加以八國聯軍之破北京，清后、帝之出走，議和之賠款九萬萬兩而後，

---

16　〔法〕托克維爾：《舊制度與大革命》，馮棠譯，商務印書館，1992，第 60 頁。

則清廷之威信已掃地無餘，而人民之生計從此日蹙。國勢危急，岌岌
不可終日。有志之士，多起救國之思，而革命風潮自此萌芽矣。[17]

確實如孫中山所述，20世紀一開始情形就變得不一樣，便迎來革命的新
時代。1902年梁啟超曾有過感歎，他說：「二十年前，聞西學而駭者比比然
也，及言變法者起，則不駭西學而駭變法矣；十年以前，聞變法而駭者比比然
也……及言民權者起，則不駭變法而駭民權矣；一二年前，聞民權而駭者比比
然也，及言革命者起，則不駭民權而駭革命矣。今日……駭革命不駭民權者，
百而得一焉，若駭變法駭西學者，殆幾絕矣。」[18]

革命黨人以民主共和為訴求，以暴力行動為手段，宣傳「民而無權，國
權何有」的邏輯理念，[19] 疾呼非革命不可的理由。他們認為：「我中國今日不
可不革命，我中國今日欲脫滿洲人之羈縛，不可不革命；我中國欲獨立，不可
不革命；我中國欲與世界列強並雄，不可不革命；我中國欲長存於二十世紀新
世界上，不可不革命；我中國欲為地球上名國、地球上主人翁，不可不革命。」[20]
20世紀最初幾年祕密革命團體在國內開始湧現，1905年華興會、興中會、光
復會等團體中的精英在東京成立了以孫中山為領袖的中國同盟會，實現了革命
政黨的統一領導，制定了「驅除韃虜，恢復中華，創立民國，平均地權」的政
治綱領。同盟會成立，大大增強了革命力量，顯著促進了革命的發展。自同盟
會成立到武昌起義前，同盟會暨其他祕密革命團體先後共發動了十多起武裝暴
動，儘管這些努力均失敗了，但它們動搖了清王朝的統治，進一步擴大了革命
的影響，為以後革命高潮的到來創造了有利條件。

清末最後十年，清王朝並非無動於衷，清政府也在進行改革，從1901年
「新政」，到1906年「預備立憲」。其間雖有快慢，甚至進中有退，但朝向
基本沒變，軌跡還算清晰。問題是清政府控制的改革，總是不能滿足社會朝
前走的步伐，總是遲緩於社會需求和民眾心理所期待的節拍。尤其到了後期，
滿漢畛域的悄然強化，政改過程進進退退，結果不僅民眾抱怨，革命黨人造反
如常，甚至立憲派暨不少漢族大員也心寒失望。清政府改革是失敗的，為什麼

---

17　《建國方略》（1917年至1919年），《孫中山全集》第6卷，第235頁。
18　梁啟超：〈敬告我同業諸君〉，《新民叢報》第17號，1902年。
19　〈二十世紀之中國〉，《國民報》第1期，1901年。
20　鄒容：《革命軍》（1903年5月），華夏出版社，2002，第8頁。

失敗，一是來遲了，二是遲了以後還缺乏誠意，一心只想要消弭革命，一心只考慮皇權永固。閻錫山曾言：「戊戌立憲，成世帝王。丙午立憲，國破家亡。」[21] 意思是國家大舉不可誤時，一旦錯過，則此一時彼一時，結果完全不同。誠如斯言，雖然前後相差數年，但時代氛圍和社會認知已不同，既然時代社會已不同，那麼改革更要在真誠的路上按著承諾切實進行，否則可能招致滅頂。

知識分子及社會各界大受刺激，初發於甲午戰敗，再引於日俄戰爭。兩國在中國東北交戰，清政府竟然不敢多言，其交戰結果，也出乎意料。經過明治維新的日本能於十年間既戰勝中國又戰勝強俄，頓使朝野輿論大譁，「恍然知專制昏亂之國家，不足容於廿祺清明之世界，於是立憲之議，主者漸多」，不僅康有為、梁啟超等人在海外鼓吹，張謇等人倡導於國內，甚至政府官員如盛宣懷、袁世凱等也有奏請，更甚至樞臣懿親「亦稍稍有持其說者」。[22] 感覺新政已難應對時局，1906 年西太后不得不宣布「預備立憲」，但同時又以「目前規制未備，民智未開，若操切從事，塗飾空文，何以對國民而昭大信」為由，不確定「立憲實行期限」。[23] 只是看到依然不妙，清政府才於 1908 年頒布《欽定憲法大綱》，確定預備期限為九年，然而還是強調「皇帝統治大清帝國，萬世一系，永永尊戴」，「君上神聖尊嚴，不可侵犯」。《大綱》體現了三權分立精神，明確規定：「按君主立憲政體，君上有統治國家之大權。凡立法、行政、司法，皆歸總攬，而以議院協贊立法，以政府輔弼行政，以法院遵律司法」。[24] 可是當西太后一死，改革不僅沒有加速反而出現了倒退，親貴們不僅排斥漢族大員，更在 1911 年 5 月推出了「皇族內閣」。耐心沒了，期許失望，於是立憲派和部分官員開始動搖甚而轉向。

1911 年歷史到了轉折關頭，這一年形勢確實已經「大非昔年可比」。[25] 是年 4 月經過精心準備，革命黨人再度發難於廣州。儘管過程慘烈，結果還是失敗，但「事雖不成，而黃花崗七十二烈士轟轟烈烈之概已震動全球，而國

---

21　《閻錫山日記》，1947 年 1 月 1 日，九州出版社，2011，第 217 頁。

22　〈立憲紀聞〉，《辛亥革命》第 4 冊，第 12 頁。

23　〈宣布預備立憲進行釐定官制諭〉，故宮博物院明清檔案部編《清末籌備立憲檔案史料》上冊，中華書局，1979，第 44 頁。

24　《光緒朝東華錄》，中華書局，1958，總第 5979 頁。

25　〈覆宗方小太郎函〉（1911 年 7 月 16 日），《孫中山全集》第 1 卷，中華書局，1981，第 524 頁。

內革命之時勢實以之造成」。[26] 黃花崗之役失敗後，新成立於上海的同盟會中部總會又策劃長江流域的起義。中部總會「置本部於上海，置分會於各處」，[27] 確定湖北首義、四方響應之戰略，派人到湖北、湖南、安徽、四川、江西等地進行聯絡。中部總會的努力，促進了文學社和共進會的聯合，加速了湖北首義的進程。這一年遠在美國的孫中山也非常自信，因為國內的情報不斷表明南北方軍人都人心思動，各省軍隊都有革命的同志，只要有一定經費，國內即「可成蜂起之勢」，[28] 所以孫中山欣喜認為「吾黨無論由何省下手，一得立足之地，則各省望風歸向矣」。[29] 然而風暴來得比他判斷的還要快，同時最先「得手」的不是四川或者兩廣，而是不曾料想到的湖北武漢。

其實首義起於武昌毫不奇怪，「九省通衢」的武漢開風氣較先，群眾愛國熱情和進步思想也較濃烈。整個武昌起義過程中，無論是爆發之初、戰時支援、戰後維護，都得到人民大眾的積極擁護和支持，除捐助錢物外，有的人還直接加入起義軍。武漢也向有革命傳統，1904 年有了革命團體科學補習所，1905 年、1908 年漢口手工業工人罷工和群眾反抗鬥爭，1907 年又進一步成立文學社和共進會。革命需要長期準備和精細安排，文學社、共進會祕密經營多年，成功策反占半數以上的湖北新軍，使新軍成了武昌起義的主力，清王朝的軍隊竟然變成它自己的掘墓人。除了當地已有的革命條件和基礎，國會請願尤其是保路運動又及時提供了有利契機。辛亥這年清政府忽然宣布廣州、四川、兩湖商辦鐵路收歸國有，實際是要將其賣給外國人，於是激起了保路運動。川漢築路的錢，主要來自紳商、地主甚至農民階層，政府既要收回國有又不將股金變現歸還，因此釀成了民變暴動。為了鎮壓川民暴動，清政府遂從湖北調兵，如此造成武漢地區兵力虛空，這個時機被革命黨人及時抓住了。

由上可見，當年武昌起義之爆發絕非偶然，當年捲起革命風暴也不屬於意外，因為歷史的合力已經匯流成河到達了那一步，所以即使不在這裡發生也一定會在那裡發生，即使不在這個時候也一定會在那個時候，總之一定會發

26　《建國方略》（1917 年至 1919 年），《孫中山全集》第 6 卷，第 242 頁。

27　上海社會科學院歷史研究所編《辛亥革命在上海史料選輯》，上海人民出版社，1981，第 7、9 頁。

28　〈胡漢民致孫中山函〉（1911 年 6 月 21 日），黃彥、李伯新編《孫中山藏檔選編——辛亥革命前後》，中華書局，1986，第 41 頁。

29　〈覆鄧澤如函〉（1911 年 8 月 21 日），《孫中山全集》第 1 卷，第 534 頁。

生，不會因為某個人的做法、某件事情的突發所能遏制、避免和扭轉。辛亥革命出現諸多意外和偶然，只能說明整個過程極其複雜與驚險，它並不能否認必然性在其中所擁有的支配地位和主導作用。

## 二、革命的情勢與理性的革命

用暴力求達推翻清王朝，革命黨人先後發動起義十數起，這還不計暗殺、爆炸諸行為。但革命不是最終目的，暴力實屬情不得已，1905 年孫中山曾經談到過這個問題，他說：「當今之世，中國非改革不足以圖存。但與清政府談改革，無異於與虎謀皮。因此，必須發動民主革命，推翻這個昏庸腐朽的政府，為改革政治創造條件。」[30] 顯然一方抱定「推翻」之旨，那註定較量為你死我活。可是既然屬於暴力革命，又為何說其有理性，關鍵在於暴力革命是否一味暴力，革命到了一定火候是否收放及時，事實上當革命初具話語權不久，革命黨人便已採取暴力與和平兼備的方法來爭取實現預期目的，從而減少因戰爭帶來的破壞力。

武昌起義不久，袁世凱便開始試探議和罷兵的可能性，他看出事態嚴重，主張「剿撫兼施」。袁急迫提出議和，是基於對情勢的判斷。在其看來，「在此潮流轉變之下，民心思動，已非一朝，不是單靠兵力所能平定」，[31] 何況「亂黨頗有知識，與尋常土匪為亂，情勢迥有不同。且占據武漢，是負隅之勢已成。又兼廠工未停，火器日出不窮，勢力如此之大，誠有不可輕視者」。[32] 袁如此執著議和，也是出於對列強旨意的迎合與順服。當時列強大多傾向中國內部實行和解，因為穩定的中國更符合它們的根本利益。也因為如此，列強希望袁世凱能夠扮演和平使者，而不是一個武夫，他們認為：「在中國人民與滿清王朝之間，沒有任何人能夠比袁世凱更適於充當調停者的角色」。[33] 此外袁世凱還有自我保護的盤算。自從詔請其出山，袁之左右均紛紛「力勸」不要倉促「應命」。袁本人也不無顧慮與擔憂，回想當年無辜被黜，如今復出又將如何，

---

30　〈與楊度的談話〉（1905 年 7 月下旬），郝盛潮編《孫中山集外集補編》，上海人民出版社，1994，第 27—28 頁。

31　張國淦編《辛亥革命史料》，龍門聯合書局，1958，第 269 頁。

32　《馮國璋致壽勳函》（1911 年 10 月 25 日），中國第二歷史檔案館編《中華民國史檔案資料彙編　第一輯　辛亥革命》，江蘇古籍出版社，1991，第 189—190 頁。

33　〈朱爾典爵士致格雷爵士函〉（1911 年 10 月 30 日），《英國藍皮書有關辛亥革命資料選譯》上冊，胡濱譯，中華書局，1984，第 5 頁。

清廷一旦得救，是否覆轍重蹈，經驗最後讓袁世凱認定議和是一條爭取主動、保護自我最有利的途徑，只有開闢此道，形成議和之局，才能造成捨我不能、立於不敗的境地。袁世凱的這番心思，時人少有窺探，唯其密友徐世昌知人知心，他說：「以項城才略經歷，自屬過人，其對於時局，言剿改而言撫，言撫進而言和，純出項城之主持。漢口、漢陽以兵力威脅南北，攻占以後，決定不再進兵，只清理河淮南北一帶，以鞏固北方，即南京亦不派重兵往援。所有諭旨，均從宣布德意著筆，而資政院迎合民意，亦供項城之利用，經此醞釀，乃促成南北議和之局，此中運用，則非旁觀者所能盡知也。」[34]

議和倡自袁世凱，重要的是革命黨人的反應以及這樣的反應基於怎樣的考慮。起先武昌方面並不在意，因為士氣正旺，又有各地響應。可是 10 月底情勢突然嚴峻，一是武漢戰事發生逆轉，二是袁世凱即將北上組閣。戰事變化和袁氏動向使武昌方面不得不加以正視。當時革命黨人的心態頗為複雜，既有估計「袁此次出山無甚關係，彼既是漢人，如有一線天良，決不能為滿奴出力，若能奪蔭昌兵權，與民軍一致，我輩亦可利用」；也有認為「袁世凱是個野心梟雄，自小站練兵即得軍心，北方人只知袁宮保，不知其他，彼之聲勢，非蔭昌可比」。[35] 利用之畏懼之，矛盾心狀交織一起，反而加重了盼其「來歸」的急切。黎元洪終於承諾：「公果能來歸」，「將來民國總統選舉時，第一任中華共和大總統，公固不難從容獵取。」[36] 黃興也表示，望「建拿破崙、華盛頓之事功」，「翻然速來」。[37]

互相試探往返拉近了距離，11 月 7 日袁氏派人直接來武昌溝通。使者帶來「君主立憲」方案，竭力說服武昌方面接受虛君共和。黎元洪拒絕了，明確表示「不將皇上推倒」便無從議和。[38] 推翻帝制，建立民國，本革命宗旨，係基本原則，因此君主立憲不可能被接受。但是要實現革命宗旨，完成歷史使命，事實上又必須面對袁世凱這道難題，繞不過現實中的這道坎。革命陣營為什麼會接受袁世凱的議和倡議，除了戰場的因素，更主要的在於袁世凱的

---

34  張國淦編《辛亥革命史料》，第 269 頁。

35  楊玉如：《辛亥革命先著記》，科學出版社，1958，第 138 頁。

36  張國淦編《辛亥革命史料》，第 281 頁。

37  〈致袁世凱書〉（1911 年 11 月 9 日），湖南省社會科學院編《黃興集》，中華書局，1981，第 82 頁。

38  〈閔爾昌舊存有關武昌起義的函電〉，《近代史資料》1954 年第 1 期。

個人因素，因為他不僅深得列強的青睞，而且擁有強大的實力，所以他的向背將直接影響時局的發展變化。時人普遍認為，如果袁氏矢忠清廷，堅持與革命為敵，戰爭勢必曠日持久，如果相反，革命就能迅速成功。人們也普遍擔心，一旦戰事拖延，將會出現列強干涉的局面。回國途中的孫中山在與胡漢民、廖仲愷談話時指出：「革命軍驟起，有不可向邇之勢，列強倉猝，無以為計，故只得守其向來局外中立之慣例，不事干涉。然若我方形勢頓挫，則此事正未可深恃。戈登、白齊文之於太平天國，此等手段正多，胡不可慮？」[39] 普遍的憂慮和擔心說明一個很現實的問題，那就是革命尚未有足夠的實力和絕對勝利的把握，假如有足夠的實力和絕對的把握迅速推翻清王朝並能夠戰勝袁世凱，那麼議和之舉就不會發生，妥協也就無從談起。況且革命陣營內部也矛盾重重，其中既有地域集團間的爭鬥，也有同盟會與原立憲黨的攘奪。錯綜複雜的明爭暗鬥，難免「諸軍步調不一」，多少也損耗了原本就不足夠的實力，這也是導致議和既成事實的一個因素。

　　雙方均有議和的需求，但不意味道路平坦。書信往來到人員溝通，有了進展但又停頓了，袁世凱於是請列強出面斡旋。11 月中旬經漢口俄國總領事的撮合，雙方又進行了數次會談。由於各自堅持原有方案，談判依舊無果。[40] 看借外力仍不成，袁又試圖從革命內部打開突破口。13 日袁抵北京，旋約見剛釋放出獄的汪精衛，說服他與楊度合作，以「國事共濟會」名義提出停戰，及將「君主民主」付諸「國民會議」公決的主張。[41] 可是這些主張南北均不認可，「資政院不力議決，內閣不為代奏，而武昌軍政府亦無回電，上海回電只承諾國民會議，於停戰與否並未提及」。見「和平」攻勢一挫再挫，袁世凱轉而又求助軍事行動，認為「若不挫其銳氣，和談固然無望，余半世威名亦將盡付東流」，[42] 由是下令清軍強渡漢水，27 日攻陷漢陽，迫使武昌方面接受英國調停，簽署了武漢臨時停戰協定。

　　攻陷漢陽的前一天，袁氏便請英國調停，袁所以忽戰忽和，如其子袁克

39　〈與胡漢民廖仲愷的談話〉（1911 年 12 月 21 日），《孫中山全集》第 1 卷，第 569 頁。
40　《李國鏞自述》，《近代史資料》1961 年第 1 期；〈關於停戰的清方檔案〉，《辛亥革命》第 8 冊，第 193、194 頁。
41　〈國事共濟會宣言書附簡章〉，劉晴波主編《楊度集》（湖湘文庫甲編），湖南人民出版社，2008，第 538 頁。
42　〈與弟世彤書〉，《袁世凱家書》，中研院近代史研究所編印，1990，第 61—62 頁。

定所言：「武昌力弱，攻取尚易，惟東南各省代表已集該處，即兵力能得，而東南人心恐失，不如暫留以為政治發達之具。如武昌停戰，我可停攻。英使調停期間，必得好果。」[43] 果然英國公使朱爾典（J. N. Jordan）立刻指令漢口代總領事葛福（Herbert Goffe）派人乘機幹旋，結果在漢陽易手日得到了雙方畫押。[44] 事實上自協定簽訂之日起，武漢地區便實行了停戰。12 月 4 日，袁世凱又提出建議：延長停戰時間，擴大停戰範圍，同時雙方指定全權代表並組成代表團來全面深入「討論大局」。[45] 該建議獲得滯留漢口租界各省代表的首肯，他們決定以「推倒滿洲政府」等四項條件為談判原則，「請伍廷芳來鄂，與北使會商和平解決」。[46] 相隔兩天，清廷也正式認可議和，隆裕旨令由袁委派全權代表「馳赴南方，切實討論，以定大局」，[47] 當日袁遵旨派唐紹儀為全權，並指定代表各省的議和人員。

事情變得順利，可是革命陣營內部又出現問題。事關陣營格局，因為革命重心東移。革命重心取決於各省代表，而代表抵鄂，正逢漢陽失守，武昌告急。代表們正當坐困租界愁雲密布之際，12 月 4 日忽然傳來攻克南京的消息，大為振奮，於是立刻決定「臨時政府設於南京」，並電告留滬代表一週內赴寧，共同選舉臨時大總統。[48] 南京是六朝古都，一向為東南政治中心，關鍵是南京光復的現實意義，不僅東南一片從此底定，而且及時扭轉武漢戰局形成的頹勢，使信心重歸，大局「益振」。[49] 緣於戰事而產生的地位消長和重心東移，自然而然牽帶出議和是否易地之問。其實地點不過為問題表象，名分才是爭持關鍵，由地點而賦予的名分，意味著領先與主動，意味著把舵領航的名正言順，意味著得到權益分配中的優勢。

12 月 9 日，唐紹儀等離京南下，與此同時，各省代表也正式推定伍廷芳

43　轉引自陳旭麓〈辛亥革命史的分期和研究中的若干問題〉，《學術月刊》1961 年第 10 期。

44　關於停戰日期認定，見章開沅、林增平主編《辛亥革命史》下冊，人民出版社，1981，第 260 頁。另 1911 年 12 月 3 日英國駐華公使朱爾典致外相格雷（E. Grey）電中「從現在到 12 月 6 日晨八時停戰終止」一語可資佐證。見《英國藍皮書有關辛亥革命資料選譯》上冊，第 105 頁。

45　〈朱爾典爵士致格雷爵士電〉（1911 年 12 月 4 日發自北京，同日收到），《英國藍皮書有關辛亥革命資料選譯》上冊，第 133 頁。

46　劉星楠：〈辛亥各省代表會議日誌〉，《辛亥革命回憶錄》第 6 集，第 246 頁。

47　〈宣統三年十月十七日旨〉，《辛亥革命》第 8 冊，第 200 頁。

48　《時報》1911 年 12 月 11 日；劉星楠：〈辛亥各省代表會議日誌〉，《辛亥革命回憶錄》第 6 集，第 246 頁。

49　《孫中山全集》第 6 卷，第 244 頁。

為民軍議和全權總代表。黎元洪立刻電告伍廷芳，並派江蘇代表雷奮專程赴滬「迎迓」。[50] 就在這一天，上海公共租界董事、英國商人李德立（E. S. Little）致黎元洪一份電報引燃了爭端。電云：「德立僑華已三十年，曾歷二十二省，故不忍坐視糜爛。因特屢電商准袁內閣派員議和，民政府已允可，屆期有代表磋商。滬上為公共保護中立地，於議和最屬相宜。」黎覆電稱地點已商定，「唐使早晚可到」漢口，[51] 顯然在黎看來，只要唐使沿京漢線抵達武漢，一切都會迎刃而解，可是不曾想到，伍廷芳隨即也提出同樣要求。12 月 10 日，伍正式覆電履職，不過他說東南正籌組臨時政府，「各省留滬代表，未許廷芳一日遠離，又交涉甚繁，實難遵召」，他懇請黎元洪「轉致唐公，速來滬上，公同談判」。[52] 上海是列強在華重要基地，考慮到在滬議和更有利於施加影響，因此英國公使朱爾典便以駐華公使團領袖公使的名義要求袁世凱「對唐紹儀發出指示，要他前往上海會談」。朱爾典明朗表白，讓袁世凱不得不改變打算。[53] 南下代表團於 12 月 11 日行抵漢口，唐隔日渡江與黎會晤。由於各方態度明朗，黎也順水推舟，表示理解。14 日由湖北軍政府王正廷、胡瑛及譚人鳳等陪同，北方代表團乘船東下於 17 日抵滬，[54] 至此地點之爭塵埃落定。

　　在漢議和固屬不宜，但何以最終落實上海，而沒有考慮南京，這是由多種因素促成。上海雖屬江蘇省轄地，行政級別不高，但開埠以來便以工商經貿及文化交流而聞名，尤其進入 20 世紀後，又於政壇崛起，張園國會、蘇報案、民立報、同盟會中部總會等，均表明這個城市已躋身於政治場域，享有一定盛譽。上海也是中外公認的「中立地」，租界及其周圍可以確保安全，況且上海交通便利，通信發達，影響也大，誠如各省都督府代表聯合會成立宣言稱：「吾國上海一埠，為中外耳目所寄，又為交通便利、不受兵禍之地」。[55] 另外漢陽之失讓武昌陷入窘境，南京之得更使它威望再跌，反之上海卻於一得一失間獲取了政治上的有利地位。再者辛亥革命前上海已聚集了一大批政治精英和社會

50　曹亞伯：《武昌革命真史》下冊，中華書局，1930，第 408 頁。
51　曹亞伯：《武昌革命真史》下冊，第 411 頁。
52　曹亞伯：《武昌革命真史》下冊，第 409 頁。另伍廷芳前一份回電日期一般均以張國淦《辛亥革命史料》所載 12 月 10 日為準，然伍後一份回電有「已詳皓電」句，故當認定直接當事人所記 12 月 9 日為準。
53　〈朱爾典爵士致格雷爵士電〉（1911 年 12 月 12 日），《英國藍皮書有關辛亥革命資料選譯》上冊，第 160 頁。
54　郭孝成：〈議和始末〉，《辛亥革命》第 8 冊，第 68 頁。
55　〈程德全、湯壽潛致陳其美電〉，《民立報》1911 年 11 月 14 日。

名流,「一市三治」的特別市政保障了政治活動家的安全,提供了組織、策劃、宣傳革命的種種便利。及武昌起義爆發,上海追隨獨立,更多的精英名流雲集於此,結果利益趨同結成區域同盟,蘊含的能量交輝迸發,其中既有同盟會中樞人物陳其美、宋教仁及後來的黃興等,也包括江浙巨紳和滬上寓公張謇、湯壽潛、趙鳳昌、伍廷芳及章太炎、程德全、熊希齡等。圈子裡雖也時有不諧和之聲,然而對外基本還能保持一致。其後臨時政府設定南京,但由於許多準備還未就緒,故有望進入政府之人仍大多滯留上海,他們打算待基本成熟後才一同赴寧。如此,與南京近在咫尺,尤其有大批精英名流雲集的上海,便成了最大的得勢者。正是由於這批人的一時雲集和結盟,才使得上海的地位聲望急劇飆升,才使得上海於革命重心由武漢向南京轉移過程中有可能扮演臨時大本營的角色,從而在議和易地爭持中最終被認可。

立足上海的革命黨人對「政府設鄂」本來就有想法,他們認為黎元洪權力過大不利於同盟會,因此派人專程赴鄂勸說黃興返滬另創局面。12月1日黃興果然返滬,於是上海方面立刻電請各省代表迅速由鄂「折回」,表示「組織臨時政府之議,決不因漢陽之失而阻」。[56] 隔日又傳來南京光復的消息,上海的信心更大,步伐更快。滬軍都督府隨即出面召集緊急會議,連續兩天討論時局問題,與會者有留滬各省代表及黃興、陳其美、宋教仁、章太炎、程德全、湯壽潛等,還有從蘇州急電召來的張謇。12月4日上海方面又舉行規模更大的「聯合」大會,投票選舉黃興為大元帥,黎元洪為副元帥,一致決議將臨時政府設於南京。會後發出通電:「臨時政府前經議定武昌,現在南京光復,鄂軍務適緊,援鄂之師、北伐之師待發,急需統一。今同人公議,不如暫定南京為臨時政府所在地,舉黃君興為暫定大元帥,黎君元洪為暫定副元帥,兼任鄂軍都督,藉免動搖,而牽大局。俟赴鄂代表返滬,同到南京,再行發表。所有編制,日內併力準備,俾得進行無滯。事機緊急,不得不從權議決,務乞鑑原,並懇轉達到鄂各省代表,請即日來滬會議。」[57] 按照規定,留滬各省代表只是承擔通信聯絡,「以為鄂會後援」,並不具有臨時政府首腦的選舉權和臨時政府所在地的決定權,至於非代表的各方人士,更無這樣的權利,所以12月

56 〈致各省諮議局電〉(1911年12月1日),陳旭麓主編《宋教仁集》上冊,中華書局,1981,第369頁。
57 〈選舉假定大元帥〉,《時報》1911年12月5日。

4 日上海「聯合」大會做出的決定，立刻遭到在鄂各省代表的反對和譴責，他們認為此舉「既不合理，又不合法」，決定由黎元洪「電滬都督予以查實」，「請其宣告取消」。[58] 黎元洪當然更加惱火，也更希望這一決定上海能夠聲明取消，[59] 可是儘管通電各地，表明自己反對的立場，無奈此時已不似從前，通電毫無效果。在鄂各省代表鑑於「臨時政府設於南京」的事實，所以也沒有對上海方面做進一步的追究，結果上海方面不合法的決定實際上得到了大家認同。

1911 年 12 月 18 日下午，雙方代表在上海公共租界市政議事大廳正式開談，出席和談的有民軍議和全權總代表伍廷芳，湖北軍政府代表王正廷，議和參贊溫宗堯、王寵惠、汪精衛、鈕永建，代表袁內閣出席的有全權代表唐紹儀，議和參贊楊士琦，隨員歐庚祥、許鼎霖、馮懿同、趙椿年，參加會議的還有英、日、美、德、法、俄駐滬總領事以及外商代表李德立。此為第一次會議，達成停戰為先、各自下令的一致意見。[60]

12 月 20 日下午，雙方又舉行第二次會議。因停戰期將滿，雙方同意繼續停戰 7 天，時間為 12 月 24—31 日，這次停戰將陝、晉、川「皆包括在內」，[61] 是為第一個全國範圍的停戰協議。停戰問題談妥，雙方又轉入實質性談判。伍廷芳聲明：「今日人心傾向共和，若非承認共和，別無議和之法。」唐紹儀表示贊同，並說「袁氏亦贊成，不過不能出口耳」。唐認為，目前需要「籌一善法，使和平解決」，「自武昌起事以後，我曾擬一摺，請國民大會決定君主民主問題，服從多數之取決，清廷不允。現時我尚持此宗旨，蓋此辦法，對於袁氏非此法不行也。其軍隊必如此乃可解散。開國會之後，必為民主，而又和平解決，使清廷易於下臺，袁氏易於轉移，軍隊易於收束。竊以為和平解決之法，無逾於此也」。對此建議，伍最初認為沒有必要，理由是漢口各省代表早有議決，但唐認為漢口各省代表會不能代表全國，未獨立各省「亦須到矣」，他還暗示國民大會的結果「非共和政體不可」，對此無須多慮。在唐的堅持下，伍最終原則上接受了這一方案。[62]

58　劉星楠：〈辛亥各省代表會議日誌〉，《辛亥革命回憶錄》第 6 集，第 247 頁。
59　曹亞伯：《武昌革命真史》下冊，第 404 頁。
60　觀渡廬：《共和關鍵錄》，《辛亥革命》第 8 冊，第 82 頁。
61　曹亞伯：《武昌革命真史》下冊，第 476 頁。
62　觀渡廬：《共和關鍵錄》，《辛亥革命》第 8 冊，第 77、79、81 頁。

　　召開國民大會，並不是一個新的主張，唐紹儀此次如此堅持，意不在於它的結局是民主還是君主，而是借助它的形式，「使清廷易於下臺，袁氏易於轉移」。唐紹儀對自己的使命十分清楚，就是實現袁的內心願望，使他順利而又體面地當上大總統。

　　袁世凱當初是主張「君主立憲」的，儘管他的「君主立憲」實際等於「虛君共和」，用其本人話說，即「欲保存清室，剝奪其實權，使僅存虛名」，[63]但畢竟是要保留大清皇帝。袁世凱一度如此主張，並非如有人所說的那樣，是把它作為同革命方面討價還價、「意固別有所在」的籌碼，而是確實認為這個方案「實為經常之計」，適用於國情，也比較穩妥，能兼顧三方，既照顧清廷的面子，又達到革命的一般要求，而自己則享受最大的實惠。可是經過一番試探之後，袁世凱明白這個辦法不容易實現。革命黨人願意做出讓步，推袁為臨時大總統，但前提是清帝必須下臺，袁必須放棄「君憲」擁護共和。對袁世凱來說，政體問題本來就不是第一位的，關鍵是自己的勢位，「無論政體如何解決，總期權操於我」。[64]現在的問題是，不贊成共和就不能達到個人的目的，而要公開贊成共和又難以啟口，正如一位當事人所說的那樣：「項城之權，全由保護滿廷而得，既已顯膺重寄，即不能不故作聲勢，以掩眾目。一旦而欲反其所為，萬無此理。且貴族雖已引避，挾制之習未除，項城勢處兩難，動輒得咎。」[65]袁世凱的微妙心理和尷尬處境，唐紹儀當然清楚，他之所以堅持召開國民大會，就是要以「國民公意」給袁從容「轉移立場」製造一個臺階，尋找藉口，使袁既能當上民國的總統，又不致落下篡奪清政權和忘恩負義、欺侮孤兒寡婦的惡名。

　　唐、伍正式談判，更多採取的是私下密商，幕後交易。袁內閣指派的湖北談判代表張國淦曾說：「伍、唐同鄉老友，共和主張，又同在一條路線。有趙鳳昌者，曾在張文襄幕，與伍、唐俱舊識，有策略，此次革命，活動甚力。趙住上海南洋路，伍、唐遂借其寓所，每夜同往聚談。在議場時，板起面孔，十足官話，及到趙處，即共同研究如何對付北方，以達目的。趙在滬久，革命

---

63　1911 年 11 月 20 日莫理備致《泰晤士報》電，轉引自白蕉《袁世凱與中華民國》，上海人文月社，1936，第 379 頁。

64　〈張廣建致郵傳部電〉，《近代史資料》1958 年第 4 期。

65　廖少遊：《新中國武裝解決和平記》，中國社會科學院近代史研究所近代資料編輯組編《辛亥革命資料類編》，中國社會科學出版社，1981，第 350 頁。

黨人及江浙知名人士，尤其張、湯等，皆能聯絡。據魏宸組告余，所有和議中主張及致北方電，俱是夜間在趙寓雙方商洽，精衛與本人常到彼處。」[66]

幕後穿針引線出謀劃策的關鍵人物是趙鳳昌，袁世凱所以委託唐紹儀為總代表，不僅因為「與唐自朝鮮同患難，以至北洋為堂屬，北京為官僚，故能如身使臂，如臂使指」；[67] 還因為「紹儀甲午以後，在上海作寓公時，曾與鳳昌相識，極為投契」。[68] 關於這個「趙老頭子」在當時所扮演的角色和所發揮的作用，到滬以後同唐紹儀「每日盤桓在一起」的馮耿光事後曾有過比較詳細的敘述：當時北京來電，唐紹儀往往看過後就去打電話，「我們總以為是找伍廷芳商量，卻不料是找趙鳳昌」。「我覺得奇怪，就問他：『你有要事不找伍秩老，為什麼先打電話給他？』他說：『秩老名義上是南方總代表，實際上作不出什麼決定，真能代表南方意見，能當事決斷的倒是這個趙老頭子。趙曾在張南皮任兩廣總督的時候，做過他多年的親信幕府，後來又跟張到湖廣總督衙門做幕，可以說是參與機密，言聽計從的。他官名鳳昌，字竹君，江蘇常州人，讀書很多，不僅對新學很有研究，由於隨張多年，國內情形、政治軍事瞭若指掌。由於後來張推薦趙到滬舉辦洋務，接觸江浙兩省的時人很多，尤其為張季老所尊重，張、趙交亦篤厚。現在江浙的程雪樓、湯蟄仙和南方的幾個都督同趙都有交情。民黨中人對國內情形並不怎麼熟悉，張是提倡實業救國的新人物，孫、胡、汪等民黨領袖對張不僅慕名，而且很佩服很重視。他們為了熟悉情形，有不少事要請教張，而張往往趨而謀之於趙，張每自南通來滬，必住趙家，這樣民黨中人自然尊敬趙了。因此，南方要人如孫、汪、陳其美、程雪樓等有重要的事也來決策於趙。又因他長年病足，不能下樓，大家為了遷就他，就到他南陽路私邸惜陰堂去會見或開會，在和議過程中每星期當中總有一天或兩天，程德全、湯壽潛、張謇、汪兆銘、陳其美等曾在趙家聚會。所以他實際是眾望所歸、洞悉全盤局勢的南方策士，通過他反而好辦事了。』經他這一席話，我才恍然理解。我在唐處所見，差不多天天唐要與趙通電話，趙在當時和議中的重要性，由此可見了。」[69]

66　張國淦編《辛亥革命史料》，第 292 頁。
67　陳旭麓等主編《辛亥革命前後》（盛宣懷檔案資料選輯之一），上海人民出版社，1982，　　第 265—266 頁。
68　劉厚生：《張謇傳記》，上海書店出版社，1985，第 194 頁。
69　馮耿光：〈蔭昌督師南下與南北議和〉，《辛亥革命回憶錄》第 6 集，第 362—363 頁。

除了趙鳳昌，還有一位重要幕後人物張謇。袁世凱知道，在革命陣營中，除孫中山、黃興等外，「張謇亦有一部分之潛勢力」，這就是原江浙立憲派人，所以他面囑唐紹儀南下後必須設法「先晤張謇探其意旨」，「必尊重他的意見而行事」。[70]唐紹儀動身南下前即致電趙鳳昌：「請公約同東南人望如張季老、湯蟄老赴漢會議為幸。」[71]及抵上海，唐果然立即通過趙與張約見。「紹儀第一次晤謇，先代世凱致殷拳之意，並詢問整個局面，應如何措理，願聽張的指示。紹儀口風已露出：若推舉袁世凱為總統，則清室退位，不成問題。張謇答言：『所謂南北議和也者，依照現在形勢，乃是項城與同盟會要人之談判，與蘇、浙兩省，並無多大關係。蘇、浙之獨立，乃被動而非主動！目的只在不遭戰爭。尤其是蘇省各地軍隊複雜，號稱都督者有八人之多，若不擁戴程德全，不知如何收拾。因此原因，對於項城根本無所要求。但我只能代表蘇、浙兩省人民貢獻意見，而不能保證同盟會之必能聽從。此事全仗你的手腕及能力如何。』紹儀聽了，對張謇說：『四先生所說，開門見山。我當聽從指示，盡力為之。』」[72]張謇與袁世凱原本關係就不一般，辛亥革命爆發後，以張謇為代表的原江浙立憲派更是希望「強有力」的袁世凱能夠掌握最高權力，以使社會不發生更大的動盪，因此，他們願意配合唐紹儀，努力使這場談判朝著有利於袁世凱的方向發展。不過張謇說的也是事實，他們只是配角，並不能左右大局，如果得不到革命黨人的同意，要使議和成功是不可能的。

至於列強，不僅竭力撮成雙方在上海談判，而且還公開干預。12月20日，日、美、德、法、俄、英駐滬領事各遵照本國政府的訓令向談判雙方發出照會：「中國目前的戰事如繼續進行，不僅使該國本身，而且也使外國人的重要利益和安全，容易遭到嚴重的危險。」「籲請雙方代表團注意，必須儘快達成一項協議，以便停止目前的衝突。」[73]表面上看，列強似乎不偏不倚，但實際上是向革命方面施加壓力，要他們向袁世凱妥協，依從袁的條件儘快達成協議。英國駐華公使朱爾典曾特地指示駐滬總領事傅磊斯（H. Fraser）「盡可能同唐

70　劉厚生：《張謇傳記》，第194頁；〈張謇與辛亥革命〉，《辛亥革命回憶錄》第6集，第265頁。

71　《趙鳳昌藏札》，《辛亥革命在上海史料選輯》，第1070頁。

72　劉厚生：《張謇傳記》，第194頁。

73　〈朱爾典爵士致格雷爵士電〉（1911年12月15日），《英國藍皮書有關辛亥革命資料選譯》上冊，第167頁。

紹儀保持密切接觸」，「盡最大努力協助雙方達成協議」。[74]

　　經過兩次正式會談和一系列緊張的幕後活動，談判議和的基調定了下來。但是唐、伍之間並沒有馬上舉行第三次會談，而是整整拖了 10 天，原因是北京尚無確切的答覆。12 月 24 日，袁與奕劻會晤朱爾典，表示將電告唐紹儀，即在今後的三個月內各省選舉代表，按照雙方商定的辦法組織國民大會，由此決定政體問題。25 日，袁世凱召開內閣會議，決定「對於共和，已可承認」。[75] 27 日，唐紹儀致電袁世凱請代上奏，電曰：「民軍宗旨以改建共和政體為目的，若我不認共和，即不允再行開議。默察東南各省，主張共和已成一往莫邊之勢。」而「和議一輟，戰端再起，度支之竭蹶可虞，生民之塗炭愈甚，列強之分裂興乘，宗祀之存亡莫卜」，故請「明降諭旨」，召集國民大會以公決君主民主，「以定指歸」，如此「使皇上公天下之心昭然共喻，則皇室必能優遇，宗祀得以永存」。[76] 袁世凱接電後立刻與徐世昌、奕劻分別密商，並約請部分王公親貴討論，決定由內閣奏請隆裕太后召集王公大臣會議。28 日，袁與各國務大臣具名上奏，內稱唐紹儀計無所出，苦心焦思，以為只有速開國民大會，徵集各省代表，將君主共和問題付之公決之一法，曰：「臣等接閱之下，憂心如焚。內察民情，外觀大勢，實逼處此，無可轉圜。言和則詞說已窮，言戰則餉械兩絀。即俯如唐紹儀國會公決之請，而用正當選舉之法，選合格代表之人，其手續與時期均非旦夕所能蒇事。革黨迫不及待，尚不知能否聽從？而決定如何政體亦難預料。事關存亡解決，非閣臣所敢擅專。惟有籲懇召集宗支王公，速行會議，請旨裁奪，以定大計。」[77] 在袁世凱的逼迫下，隆裕太后於當天召集王公會議討論，並頒下懿旨：「予惟我國今日於君主立憲、共和立憲二者以何為宜？此為對內對外實際利害問題，固非一部分人民所得而私，亦非朝廷一方面所能專決，自應召集臨時國會，付以公決。」[78] 12 月 29—31 日，唐、伍接連舉行了三次會談，就停戰具體執行、清帝遜位待遇和滿蒙回藏待遇

74　〈朱爾典爵士致格雷爵士電〉（1912 年 1 月 15 日），《英國藍皮書有關辛亥革命資料選譯》
　　上冊，第 209 頁。
75　胡祖舜：《武昌開國實錄》（下），武昌久華印書館，1948，第 39 頁；楊玉如著記》，第 256 頁。
　　命先著記》，第 256 頁。
76　〈宣統三年十一月初八日清議和總代表唐紹儀致內閣總理袁世凱電〉，《辛亥革命》第 8 冊，
　　第 222—223 頁。
77　〈宣統三年十一月初九日致內閣總理袁世凱等奏摺〉，《辛亥革命》第 8 冊，第 225—226 頁。
78　〈宣統三年十一月初九日懿旨〉，《辛亥革命》第 8 冊，第 155 頁。

等問題進行討論，特別對國民會議代表組成和開會地點反復磋商，決議移入上海租界。不料袁世凱電令「仍主北京」，並堅持各省代表重新選舉。因所議條款不被認可，於是 1912 年 1 月 1 日唐紹儀電請辭任。1 月 2 日，袁世凱電准唐紹儀辭任，並電告伍廷芳，此前唐所簽訂的各條約因「未先與本大臣商明」，故有「必須聲明及礙難實行」之處，現唐已卸任，「嗣後應商事件，先由本大臣與貴代表直接往返電商」。[79] 袁世凱一紙電文從根本上否認了唐、伍達成的協議，頓使議和瀕臨破裂。

袁世凱緣何突然有如此大的變化？除了唐、伍達成的國民會議代表組成和開會地點的協議顯然有利於獨立各省，使其不能操縱自如外，主要在於南京臨時政府宣告成立，孫中山當上了中華民國臨時大總統。於是他一邊撕毀雙方業已達成的協議，一邊公開質問對方「選舉總統是何用意」，並暗中授意段祺瑞、馮國璋聯絡北洋軍官，通電反對共和，表示要為君主立憲「奮力戰鬥」。革命黨方面並無意與袁決裂，成立南京臨時政府是因為「東南諸省久缺統一之機關，行動非常困難，故以組織臨時政府為生存之必要條件」。而孫中山出任臨時大總統也只是「暫時承乏」，一旦時機成熟，即辭待袁。[80] 孫中山不僅在當選之日對袁世凱有此解釋，而且在 1912 年 1 月 2 日再次電告袁世凱：「文不忍南北戰爭，生靈塗炭，故於議和之舉，並不反對。雖民主、君主不待再計，而君之苦心，自有人諒之。倘由君之力，不勞戰爭，達國民之志願，保民族之調和，清室亦得安樂，一舉數善，推功讓能，自是公論。文承各省推舉，誓詞具在，區區此心，天日鑑之。若以文為有誘致之意，則誤會矣。」[81] 儘管孫中山一再坦誠相告，可是袁世凱仍不相信，進一步探詢清帝退位後自己當選總統「有何把握」。針對袁世凱的擔心，孫中山於 1 月 15 日再次公開表示：「如清帝實行退位，宣布共和，則臨時政府決不食言，文即可正式宣布解職，以功以能，首推袁氏。」[82] 與此同時，張謇也致電告袁「甲日滿退，乙日擁公，東南諸省，一切通過」。[83] 經過一番摸底證實，尤其得到孫中山明確保證後，袁世凱唯恐夜長夢多，一改「猶抱琵琶半遮面」的姿態，急忙指示袁克定、梁

79　觀渡廬（伍廷芳）：《共和關鍵錄》，《辛亥革命》第 8 冊，第 102 頁。
80　〈致袁世凱電〉（1911 年 12 月 29 日），《孫中山全集》第 1 卷，第 576 頁。
81　〈覆袁世凱電〉，《孫中山全集》第 2 卷，第 5 頁。
82　〈覆伍廷芳電〉，《孫中山全集》第 2 卷，第 23 頁。
83　〈勸告袁內閣速決大計電〉，《張季子九錄·政聞錄》卷 4，中華書局，1931，第 1 頁。

士詒：「為我電致少川（唐紹儀）、杏城（楊士琦）、精衛，並轉秩庸，謂勢在必行，義無反顧，惟不能自我一人先發。已將斯旨，訓示北洋諸鎮將及駐外專使，旅滬疆吏，令聯銜勸幼帝退位，以國讓民。」[84] 從此袁加快了逼宮的步伐。

　　表面上議和一度陷於停頓，雙方甚至劍拔弩張，大有「用戰爭來解決問題」之勢，實際上彼此始終無意將議和的大門徹底關閉，戰爭的架勢「僅在於裝飾外表」，「並無進一步從事戰爭的熱情」。唐紹儀雖已不具全權代表之名，但仍奉命留在上海斡旋折衝。唐、伍公開和談雖已取消，但惜陰堂裡的祕密交易仍在繼續。南京臨時政府成立，逼使袁世凱必須在君主民主問題上迅速表明態度，現在他最關心的是清帝如何退位，自己如何出任大總統。袁世凱希望清帝自行退位而南京臨時政府同時取消，由他在天津另立一個統一臨時政府，從而「撇開北京與南京」，不受「挾持」，將支配局勢的主動權完全掌握在自己手中。1 月 19 日，袁世凱正式致電伍廷芳向南京臨時政府提出這一方案，當即遭到嚴正拒絕。孫中山令伍廷芳電告袁世凱：（1）清帝退位，放棄一切主權；（2）清帝不得干預臨時政府組織之事；（3）臨時政府地點，須在南京；（4）孫總統須俟列國承認臨時政府，國內改革成就，和平確立，方行解職，袁世凱在孫總統解職以前，不得干預臨時政府一切之事。[85]

　　1 月 22 日，孫中山又公開發表聲明：「若袁能實行斷絕滿政府關係，變為民國國民之條件，則文當仍踐前言也。」他提出解決問題的具體辦法：（1）清帝向中外宣布退位；（2）袁世凱同時宣布政見，絕對贊成共和主義；（3）孫中山辭職；（4）由臨時參議院選舉袁世凱為臨時總統；（5）袁世凱宣誓遵守臨時參議院所定之憲法。他表示「此為最後解決辦法，如袁並此而不能行，則是不願贊同民國，不願為和平解決，如此則所有優待皇室八旗各條件，不能履行。戰爭復起，天下流血，其罪當有所歸」。[86] 由於孫中山等革命黨人的堅決抗爭，袁世凱不得不放棄在天津另立臨時政府的計畫，不得不同意按照上述五項具體辦法進行磋商。雙方最終在清帝退位的優待問題上達成協議。2 月 6 日，南京臨時參議院通過《清室優待條例》。12 日，清廷被迫接受優待

---

84　甘簃：〈辛亥議和之祕史〉，《辛亥革命》第 8 冊，第 118 頁。
85　張國淦編《辛亥革命史料》，第 311 頁。
86　〈致伍廷芳及各報館電〉，《孫中山全集》第 2 卷，第 34—35 頁。

條件，並頒布皇帝退位詔書，至此辛亥議和終獲成功。

因為辛亥革命最終收官於議和，故有人認為低烈度，不徹底，甚至以此否定革命。其實低烈度屬實，不徹底未必，以此否定革命則令人費解。曾有親歷者批評道：「在今日視之，或議當時同志，毫無反帝國主義思想，實則時代相距三十餘年，不審當時情事，率議前人是非，未有當也。」[87]

辛亥革命低烈度，從戰事角度也可以成立。一是真正交戰的地區有限，實打實的僅出現在武漢地區與南京地區，其他不是規模很小就是呈現一邊倒。二是時間跨度不長，前後不過 125 天，其中武漢之戰斷斷續續 49 天，南京之戰忽頓忽起才 26 天。三是傷亡程度不算大，以最慘烈的武漢之戰為例，據統計武漢之戰 49 天裡，起義軍戰死 4300 餘人，受傷 4100 餘人，加起來傷亡不到 8500 人。[88] 清軍方面傷亡估計更少，因為南下參戰的北洋軍武器裝備和作戰素養都要明顯優越。所以誠如有學者所指出的，辛亥革命是一場低烈度的革命，革命的破壞性並不大。[89] 但是低烈度不等於不革命，暴力僅僅是革命的手段與方法之一，它不代表革命的全部，更不意味暴力程度越高對抗程度越強革命就變得越徹底，相反低烈度恰恰說明辛亥革命是理性的，不盲目，不衝動，審時度勢，適可而止。革命不代表一往無前，迂迴轉移未必不是一種策略。辛亥革命除了暴力行動，還包括談判妥協等和平方式，但前提是實現共和，推翻帝制。再說革命絕非僅有戰場的刀槍，還有文宣的筆墨，革命黨人在輿論陣地同樣表現卓越，富有智慧，前前後後如春筍般湧現的報刊書籍起了很大作用，關於「反清和民權」的鼓動，關於革命正當性的宣傳，孫中山不僅具體指導了《民報》的創辦和前期的編輯工作，還明確了《民報》的使命是將革命的主義「灌輸於人心」。該時期著名的報刊還有陳少白主編的《中國日報》、章士釗主編的《蘇報》和于右任主編的《神州日報》與「豎三民」（《民呼日報》、《民籲日報》、《民立報》）等。

其實低烈度也有實際顧慮，情非得已，因為要考慮列強的態度，擔心革命時間過長會引起國際干涉，所以武昌起義一開始就以中華民國鄂軍都督黎元洪的名義向各國領事發出照會，聲明革命旨在推翻專制政府，建立民國，無排

87　李廉方：《辛亥革命首義記》，湖北通志館，1947，第 127 頁。
88　張難先：《湖北革命知之錄》，商務印書館，1946，第 379 頁。
89　張鳴：〈由低烈度的辛亥革命說起〉，《中國民營科技與經濟》2013 年第 2 期。

外性質，希望各國應嚴守中立。[90]列寧曾指出：「對於一個真正的革命家來說，最大的危險，甚至也許是唯一的危險，就是誇大革命性，忘記適當地和有成效地運用革命方法的限度和條件。真正的革命家如果開始用大寫字母開頭寫『革命』二字，把『革命』奉為幾乎是神聖的東西，喪失理智，不能最冷靜最清醒地考慮、權衡和檢查一下究竟應該在什麼時候、什麼環境、什麼場合採取革命行動，應該在什麼時候、什麼環境、什麼場合轉而採取改良主義的行動，那他們就最容易為此而碰得頭破血流。真正的革命家，如果失去清醒的頭腦，一心設想什麼『偉大的、勝利的、世界性的』革命，在任何場合、任何情況下都能夠而且應該用革命方式來解決種種任務，那他們就會毀滅，而且一定會遭到毀滅（不是指他們事業的表面的失敗，而是指內部的破產）。」[91]

## 三、革命的世界性和現代性

社會變遷到一定程度，必然要解決政治體制問題。解決這一問題，歷史上一般有兩種方式，一種是政府主導並控制下的改良漸進方式，一種是推翻政府重建新體制的暴力激進方式。清末的時候，第一種方式已在運行，然而不久就被革命黨發動的武裝起義所終結。正因如此，學術界對辛亥革命的評價總是存在分歧，有著不同的見解和觀點。其實暴力革命儘管產生社會陣痛，需要付出相當大的代價，但有時實屬迫不得已，不得不採取這種方式。因為不採取這種方式，付出的代價將會更大，社會疼痛將會持續甚至加劇。所謂長痛不如短痛，道理是也。對辛亥革命的評價，必然涉及清政府對政治體制改革是否真正有誠意。事實表明，掌握清政權的親貴集團不僅心胸狹隘，不捨私利，而且行為舉措越發與時代要求拉大距離。專制皇權不除，親貴集團不倒，政體改革便難有成效，中華民族也難以振興，因此採用革命的方式，顯然有它的必要性。

評價辛亥革命，主要看其結果，革命是否推動了國家與社會的進步，或者是否為國家與社會的進步創造了更好的條件和契機。事實證明，辛亥革命的座標設定是世界的和現代化的，它為中國社會的精神面貌和價值理念帶來了巨大變化，創造了民主政治建設的必要條件和良好契機。由此它並非只是打落了

---

90　曹亞伯：《武昌革命真史》中冊，第 67 頁。另，該照會早在起義前就已擬定，見《紅檔雜誌有關中國交涉史料選譯》，張蓉初譯，三聯書店，1957，第 329 頁。

91　〈論黃金在目前和在社會主義完全勝利後的作用〉（1921 年 11 月 5 日），《列寧選集》第 4 卷，第 575—576 頁。

一項皇冠，而是開闢了中華民族振興有為的希望之路。

辛亥革命爆發後的中國，即刻踐行政治民主化。臨時國會立法權與臨時大總統行政權的分立制衡，集中呈現民主政體的性質構成與民主政治的創試成效，政治民主與否，關鍵在於事實認定。民主政治應當是個完整的形態，即既存在於整個過程，包括政治的決定過程和實踐過程，也體現於各個環節，包括制度的制定、確立和執行、監督。

各省都督府代表聯合會 1911 年 11 月 15 日成立於上海，後遷漢口、南京，南京臨時政府成立後代行臨時參議院職權，迨 1912 年 1 月 28 日臨時參議院正式組成，宣告解散。辛亥革命爆發後的民主政治創試階段，一直採用一院制議會制度，由單一議院承擔臨時國會職能，而冠以「臨時」，是因為它的組成，所有的代表或參議員均屬各省委派，而非大選直接產生。中華民國建國之前，各省都督府代表聯合會就已經在行使立法權，其不僅扮演著臨時國會的角色，事實上也起到了臨時國會的作用。東南社會精英最初發起該會，原本就是想讓它成為臨時國會，[92] 希望能聯合獨立各省，發揮臨時國會議政立法的作用，擔負起「議建臨時政府，總持一切，以立國基」的重任。[93] 當發起者的用意告白天下之後，也確實得到反清陣營的迅速響應和支持，由此使之能夠如期成立，並且不斷得到加強和完善。

由於武漢方面的堅持，各省都督府代表聯合會 11 月下旬決定遷鄂。至 12 月初，已有 11 省代表共 23 人實際到會。[94] 聯合會在漢口期間，實施立法創制和議政功能。

首先看具體行事。11 月 30 日，各省都督府代表聯合會召開在鄂第一次會議，公推譚人鳳為臨時議長。12 月 2 日，議決制定臨時政府組織大綱，並委託雷奮、馬君武、王正廷負責起草。12 月 3 日，表決通過《中華民國臨時政府組織大綱》，由獨立各省代表 22 人簽名，當日予以公布。時尚未獨立的直隸省、河南省已有諮議局代表與會，但會議決定未獨立各省代表不具正式代

---

92　〈宣布臨時國會成立計畫〉、〈江浙兩省代表雷奮等致各省電〉，《辛亥革命在上海史料選輯》，第 1052、1063 頁。

93　〈程德全、湯壽潛致陳其美電〉、〈滬軍都督陳通電各省都督文〉，《民立報》1911 年 11 月 14 日。

94　具體名單見張玉法〈民國初年的國會〉，《中央研究院近代史研究所集刊》第 13 期，1984 年。

表法律資格，故其與會者沒有表決權，也不能在正式文件上簽名。12月4日，議決臨時政府設於南京，並各省代表選舉臨時大總統也在南京，「有十省以上之代表到南京，即開選舉會，臨時大總統未舉定以前，仍認鄂軍都督府為中央軍政府，有代表各省軍政府之權」。時內地共18省，10省以上代表到會，即超過半數，達到舉行選舉的有效規定。12月5日，議決「如袁世凱反正，當公舉為臨時大總統」，暨議決與袁世凱所派代表的和談條件：「一、推倒滿清政府；二、主張共和政體；三、禮遇舊皇室；四、以人道主義待滿人。」[95] 從以上主要日程來看，各省都督府代表聯合會在權力行使的各個環節，注意行事公正和程序民主，凡決定的人選，均經過「公推」，採用多數意願，凡設定的文本及做出的規定，均經過「議決」，服從多數主張。

　　再看文本設定。各省都督府代表聯合會制定、通過並頒布的《中華民國臨時政府組織大綱》，是一個關於國家政權如何組建、行政權和立法權如何分割制衡的法律性文件。全文共分4章21條，分別對構成國家權力的總統、議會、行政各部產生辦法、責權界際及互相關係做了較為明確的規定。具體內容可概述為：第一，關於臨時大總統。臨時大總統由各省都督府代表選舉產生，「以得票滿投票的三分之二以上者當選」，投票權每省以1票為限。臨時大總統有「統治全國」、「統率海陸軍」之最高行政權，經參議院同意，還有宣戰、媾和、締約及任用各部部長、派遣外交使節、設立臨時中央審判所等權力。第二，關於參議院。參議院為立法機關，享有最高立法權。參議院由各省都督府選派3名（最高限額）參議員組成，每人均有表決權。參議院有半數參議員到會，即有議決政府預算、稅法、幣制、發行公債、暫行法律及各部部長人選之權力，並有權檢查政府出納，但有關宣戰、媾和、締約，須到會參議員2/3以上同意才可議決。參議院議長由參議員以記名投票法互選，過半數以最高得票者當選。參議院未成立前，暫由各省都督府代表聯合會代行職權，但表決權每省1票。第三，關於立法權與行政權的關係。參議院有義務議決臨時大總統交議事項，有義務答覆臨時大總統諮詢事項。參議院議決事項，臨時大總統「如不以為然」，可於10天內交參議院覆議，如到會參議員過2/3仍持

---

95　劉星楠：〈辛亥各省代表會議日誌〉，中國人民政治協商會議全國委員會文史資料研究委員會編《回憶辛亥革命》，文史資料出版社，1981，第349—352頁；張難先：《湖北革命知之錄》，第391、394頁。

原議，臨時大總統應照執行。第四，關於政府行政各部。行政機關設立外交、內務、財政、軍務、交通 5 部，各設部長 1 人。各部所屬職員編制及其權限，由部長規定，經臨時大總統批准施行。[96]

按照上述規定，未來的臨時政府，是由立法機關參議院和行政機關臨時大總統、各部部長組成，臨時大總統由參議院選舉產生，並對參議院負責，既是國家元首，又是政府首腦。這個文本並非盡善盡美，[97] 但顯然盈溢著民主精神，高度表達了對民主政治的追求。其所設定的國家公權力的組成模式和分權制衡的關係原則，尤其對立法權和行政權的責權確立與界際，在中國的法律文本史上無疑為首創，從而從制度上規定了中國民主政治的基本方向和主要模式，孕育了民初的民主政體，而該文本如此制定與得以頒布，本身也折射了民主政治和法制原則在時代呼喚中的價值伸張。

作為同盟會總理、革命黨領袖，孫中山一開始便對各省都督府代表聯合會予以認同和尊重。1911 年 11 月 16 日，各省都督府代表聯合會在上海成立後的第二天，孫中山即於倫敦獲得消息，隨致電《民立報》並轉各地軍政府，表示「欣慰」，[98] 公開表明態度。固有政治理念往往決定政治家的眼光。仿效歐美，設立國會，一直是孫中山共和理念和建國模式中的主要基點，也是他孜孜以求政治民主化的一大願景。此前他向法國記者還談到這個問題，說：「吾意擬於他日試行聯邦之中國，另設中央之上、下議院，統籌全局。」[99] 因此，雖然「上海議會之組織」未能親歷其中，但它的問世還是讓他感到高興。還有，孫原本擔心國內革命「太過迅速、容易」，反會遺留一些後患，[100] 而且也憂慮國內革命至此仍缺乏一個應有的中心。在他看來，黎元洪或許有這樣的想法，遺憾的是此人「缺乏將才，無法久持」。[101] 正因為有這些擔心和憂慮，所以當獲悉有「上海議會之組織」，孫中山自不免喜從心來。

孫中山如此迅速地獲得這一消息，唯一的可能是來自國內的電報。那麼

---

96　張難先：《湖北革命知之錄》，第 391—393 頁；劉星楠：〈辛亥各省代表會議日誌〉，《回憶辛亥革命》，第 350—352 頁。

97　參見廖大偉〈南京臨時政府的籌建及其民主模式的設定〉，《國父紀念館館刊》2004 年第 12 期。

98　〈致民國軍政府電〉（1911 年 11 月 16 日），《孫中山全集》第 1 卷，第 546—547 頁。

99　〈駐美使館書記生周本培報孫中山與法國記者談話記錄〉，《歷史檔案》1985 年第 1 期。

100　〈孫中山三赴紐約〉，《近代史資料》總第 64 號，中國社會科學出版社，1987。

101　〈致咸馬里電〉（1911 年 10 月 31 日），《孫中山全集》第 1 卷，第 544 頁。

是誰發了電報，傳遞了這個消息，現有史料未能給予確鑿答案。可能是《民立報》中的某人以個人或報社名義拍發，因為孫中山電致《民立報》請轉致各地軍政府，因此不排除係此來電的覆電。另有說該電為「攻克上海、蘇州和杭州的將軍」所發，如是此人則為陳其美。不過此說所依據的資料使人難以比對判斷，[102] 因此同樣只能存疑。由此便牽帶出一個問題，當時身處海外的孫中山如何與國內保持聯繫，是否有固定的管道，緊密度如何，這一問題的解答關係到這段時期孫中山在同盟會以及國內真正地位和影響的評估，關係到對其人際網路的判斷，很遺憾，根據現有資料，尚不能做出清晰的答案。

孫中山是將各省都督府代表聯合會認同於國會而加以尊重的。11 月中旬他曾向英國記者表示：「已草定一共和憲法條文」，擬「請其友商校，然後呈諸國會」，相信「其中條文當為全國所讚許」，另外還將「前往上海，專為聯合各省回復秩序」。[103] 顯然他認為他所起草的「共和憲法條文」，必須經過國會，即各省都督府代表聯合會的審議通過才能產生法律效應，而他所以擬往上海，正是因為國會在那裡，他相信彼此一旦合作，目前國內革命的無序狀態一定會迅速得到改善。

孫中山對各省都督府代表聯合會認同與尊重，既是對國會地位、權力的認同與尊重，更是對民主政治的認同與尊重。這種基於理念的認同與尊重，不僅對聯合會的大膽行事至為重要，而且對以後政治運作和權力規範，尤其是臨時大總統與臨時國會的實際關係處理，奠定了良好的基礎。

孫中山經選舉而成為中華民國首任臨時大總統，不過不是全體公民直接投票選舉，而是由內地 18 個省的代表以每省一票的投票方式在 3 名候選人中選舉產生。這樣的選舉程序，通過這種選舉方法產生國家元首，在當時不僅屬於空前，而且相當了不起。道理很簡單，當時尚不具備全體公民直接「通過競爭性的選舉來挑選領袖」的客觀條件，只能通過各省代表按照可能的民主程序來投票選擇，做到間接民主選舉。而具體落實，諸如候選人產生、選舉程序和規則設定、最後投票等，也只能由已經行使臨時國會權力的各省都督府代表聯合會來完成。

---

102　轉見張振鵾〈辛亥革命時期的孫中山與法國〉，《辛亥革命七十週年學術討論會論文集》中冊，中華書局，1983，第 1457—1478 頁。

103　〈與英國記者的談話〉（1911 年 11 月中旬），《孫中山全集》第 1 卷，第 559 頁。

　　一心籌建臨時政府的各省都督府代表聯合會，起先並未考慮孫中山為臨時大總統的人選，因為他在海外，遠水解不了近渴。但當接到上海來電，獲悉孫中山行將抵滬時，時已聚集南京的各省代表則一片欣喜。原來 12 月 21 日晚，廣東都督胡漢民致電滬軍都督陳其美和時在上海的黃興，告知與孫中山即將由香港「同英郵船來申」，[104] 隨即陳其美將此消息轉致了南京，請各省都督府代表聯合會「派代表赴滬歡迎」。23 日各省都督府聯合會全體會議上通報了這一情況，於是決定由代理議長景耀月指定馬伯援、王有蘭、許冠堯作為代表赴滬迎接孫中山。[105]

　　為什麼獲悉孫中山歸來，各省都督府代表聯合會便立刻顯示出如此熱情，因為孫中山是全國公認的革命領袖，如果他能擔任臨時大總統，則名正言順，眾望所歸。再者，此時臨時政府組建因黃興、黎元洪大元帥、副元帥之爭正臨難產，故各代表「聞中山先生返國，皆欣然色喜，以為此問題可順利解決也」。[106] 另外，這一時期要求孫中山出任臨時大總統的社會呼聲此起彼伏，尤其同盟會機關報《民立報》上的系列文章雖未明確主張，但字裡行間無不潛含造勢之意。如 12 月 15 日刊登的〈孫中山之歸訊〉，稱孫已在歸國途中，不日可到上海，「聞此處民主黨（指同盟會——引者註）擬舉為大總統，然孫意不肯就職」。[107] 20 日發表馬君武撰寫的社論〈記孫文之最近運動及其人之價值〉，文章先解釋孫中山為籌款而滯留國外，然後大段寫道：「孫君具一種魔力，能使歐美人士，無論其居何等地位，一接談之後，即傾倒、讚美之。故歐人前此惟知中國有李鴻章，李死惟知有袁世凱，今者有孫逸仙，而袁世凱次之。外人之敬重孫君，非為其為革命黨首領之故也，以為有孫君之熱忱、忍耐、博學、遠謀、至誠、勇敢及愛國心，而復可以為革命黨首領。」「孫君雖非軍事專門家，然其最近十年間所專研究者為戰術學，又屢起舉行革命，富於經驗。至財政及外交問題，則吾敢斷言，通計中國人才，非孫君莫能解決矣。孫君之真價值如此，日人宮崎至謂其為亞洲第一人。」[108] 25 日孫中山抵滬，《民立報》即又發布了〈孫中山歸國記〉、〈訪問孫中山先生〉等系列消息。

104　〈廣東胡督來電〉，《申報》1911 年 12 月 23 日。
105　劉星楠：〈辛亥各省代表會議日誌〉，《回憶辛亥革命》，第 357 頁。
106　王有蘭：〈迎孫中山先生選舉總統副總統親歷記〉，尚明軒、王學莊、陳崧編《孫中山生平事業追憶錄》，人民出版社，1986，第 779 頁。
107　〈孫中山之歸訊〉，《民立報》1911 年 12 月 15 日。
108　馬君武：〈記孫文之最近運動及其人之價值〉，《民立報》1911 年 12 月 20 日。

也許各省都督府代表聯合會還不十分知曉，此時孫中山前來滬寧，已準備「身當其衝」，希望能「主持大計」。[109] 12月25日孫中山一行抵達上海，第二天各省都督府代表聯合會便獲得一個一聽即明的資訊：「王正廷報告，前數日黃克強君已允來寧組織政府，迨孫中山先生抵滬後，黃君又變更主張，請速由代表會議選舉臨時大總統」。來自同盟會的暗示恰好與聯合會的設想契合，於是會議當即做出決定：「十一月初十日（12月29日——引者註），開會選舉臨時大總統」。[110] 而在同一天，同盟會高層已在討論另一個問題，即選舉出來的這個總統應該具有怎樣的權力。包括孫中山在內，多數人主張總統制，將國家元首與政府首腦合而為一，於是決定分頭推動，照此努力。

12月27日，各省都督府代表聯合會的迎孫代表到達上海並拜訪了孫中山。經過會談，雙方就如下問題達成一致：一是選舉大總統，不稱大元帥；二是袁世凱擁護共和，就讓位給袁；三是究竟稱大總統還是臨時大總統，是否大總統就職之日即宣布改用陽曆，因事關重大，由聯合會討論決定。

茲錄迎孫代表之一王有蘭回憶，可見詳細：

歡迎代表，於辛亥年十一月初七日（12月26日——引者註）晚乘火車赴滬，初八日晨八時到滬，寓三馬路孟淵旅社，即驅車訪英士於龍華都督府，旋偕謁中山先生於靜安寺路斜橋總會後小洋房內。首由君武申述歡迎之意後，即談到組織政府問題，茲當時談話要點，略志如下：

「同人謂：代表團擬舉先生為臨時大元帥，先生之意如何？

先生答：要選舉，就選舉大總統，不必選舉大元帥，因為大元帥的名稱，在外國並非國家之元首。

同人謂：在代表會所議決的臨時政府組織大綱，本規定選舉臨時大總統，但袁世凱的代表唐紹儀，到漢口試探議和時，曾表示如南方能舉袁為大總統，則袁亦可贊成共和。因此代表會又議決此職暫時留以有待。

先生答：那不要緊，只要袁真能擁護共和，我就讓給他。不過，總統就是總統，臨時字樣，可以不要。

同人謂：這要發生修改組織大綱問題，俟回南京與代表會商量。

109　〈與胡漢民廖仲愷的談話〉（1911年12月21日），《孫中山全集》第1卷，第569—570頁。
110　劉星楠：〈辛亥各省代表會議日誌〉，《回憶辛亥革命》，第358頁。

先生又謂：本月十三日（農曆十一月）為陽曆一月一日，如諸君舉我為大總統，我就打算在那天就職，同時宣布中國改用陽曆，是日為中華民國元旦，諸君以為如何？

同人答：此問題關係甚大，因中國用陰曆，已有數千年的歷史習慣，如毫無準備，驟然改用，必多窒礙，似宜慎重。

先生謂：從前換朝代，必改正朔、易服色，現在推倒專制政體，改建共和，與從前換朝代不同，必須學習西洋，與世界文明各國從同，改用陽曆一事，即為我們革命成功第一件最重大的改革，必須辦到。

同人答：茲事體大，當將先生建議，報告代表團決定。」

是日談話，約三小時。[111]

這次會談，是孫中山與各省都督府代表聯合會的代表第一次正式接觸，也是孫中山與聯合會第一次發生直接關係，雙方當事人以選舉人代表與候選人的身分進行了會談。會談中既有各自想法的提出，也有對方的認可或存異，不過顯而易見的是，雙方的務實和彼此尊重，雙方對民主原則、民主程序和民主權利的共同認同與尊重。民主的體現，在於規定的程序和原則的權威性，看能不能對必要的程序和規定的原則予以堅持。

迎孫代表當晚返寧，第二天由馬君武向聯合會彙報了與孫中山會談的內容。經討論，會上決定不必將總統位置繼續留待袁世凱，「惟臨時大總統名稱，除去臨時字樣，因各省有未獨立者，正式憲法，尚未制定，正式總統亦無從產生」，故「仍須冠以臨時字樣」，同時決定次日即舉行臨時大總統選舉，並接受孫中山改用陽曆的建議。[112]

當天晚上，臨時大總統選舉程序啟動，先進行候選人投票。無記名「投票後，並未開箱」，候選人名單留待次日正式選舉時揭曉。12 月 29 日舉行正式選舉，湯爾和為會議主席，王寵惠為副主席，袁希洛為書記，劉之潔為監選員。據會議代表谷鍾秀 1914 年的回憶，當日到會者共 43 人，代表著 17 個

---

111　王有蘭：〈迎孫中山先生選舉總統副總統親歷記〉，尚明軒等編《孫中山生平事業追憶錄》，第 779—780 頁。
112　王有蘭：〈迎孫中山先生選舉總統副總統親歷記〉，尚明軒等編《孫中山生平事業追憶錄》，第 780 頁。

省。[113] 首先開箱揭曉臨時大總統候選人，結果分別為孫中山、黃興、黎元洪。按規定，本次投票選舉每省一票共 17 票，以得票 2/3 以上為當選，果不出意料，孫中山以 16 票當選，另一票由浙江代表投給了黃興。臨時大總統選定之後，聯合會又做出 3 項決議：（1）各省代表具簽名書，交正副議長赴滬歡迎孫中山來寧就職。（2）通電各省都督府，請派參議員 3 名來寧組織參議院；未到任前，暫由現各省代表 1－3 人代行參議員職務。（3）參議員由各省都督府選派，至各省諮議局所派代表，仍稱某省代表，但只得列席參議院會議。接下來的兩天內，聯合會又做出 3 項決議：一是由伍廷芳轉告唐紹儀選舉結果；二是自陰曆十一月十三日起改用陽曆，以中華民國紀年，稱中華民國元年 1 月 1 日；三是擇日修正《中華民國臨時政府組織大綱》。

1912 年 1 月 1 日，孫中山在各省都督府代表聯合會特派代表陪同下，偕胡漢民、莊思緘、荷馬李（Homer Lea）一行乘專列離滬赴寧，當晚 10 時許在臨時大總統府內舉行了宣誓就職儀式。

各省都督府代表聯合會代理議長景耀月首先致辭：「今日之舉為五千年歷史所未有，我國民所希望者在共和政府之成立及推倒滿洲專制政府使人人享自由、幸福。孫先生為近代革命創始者，富有政治學識，各省公民選取定後，今日任職，願孫先生始終愛護國民自由，毋負國民期望」，並在此「向全國國民宣誓」。[114] 孫中山遵行宣誓道：「顛覆滿洲專制政府，鞏固中華民國，圖謀民生幸福，此國民之公意，文實遵之，以忠於國，為眾服務」，並再次承諾：「至專制政府既倒，國內無變亂，民國卓立於世界，為列邦公認，斯時文當解臨時大總統之職。」[115] 接著由景耀月代表各省都督府代表聯合會將中華民國臨時大總統印授予孫中山。

孫中山是中國歷史上第一位經各省代表選舉產生的國家元首暨政府首腦，就職伊始，即向「全國國民宣誓」。這樣的方法產生這樣的領袖，這樣的領袖做這樣的宣誓，一切都屬於中國前所未有的創舉，而且含義巨大，影響深遠。在民主國家，通過投票選舉的方法來公開、自由、公平地選擇自己的領袖，既是民主權利的行使，也是民主政治的表達。國家領袖既由各省代表選舉產生，

---

113　關於出席人數有多種說法，此據谷鍾秀《中華民國開國史》，文星書店，1962，第 34 頁。
114　蔡寄鷗：《鄂州血史》，龍門聯合書局，1958，第 165 頁。
115　〈臨時大總統誓詞〉（1912 年 1 月 1 日），《孫中山全集》第 2 卷，第 1 頁。

則必須向選舉者負責，受選舉者制定的法律規章的制約。而各省代表的選舉，又意味著國民意志的選擇，所以臨時大總統不僅要向各省代表負責，還要向全國國民負責，因為他由選舉而獲得的權力歸根結蒂來自全國國民。

對於代行臨時參議院，作為臨時大總統的孫中山有自己的基本態度和價值認同，1912 年 1 月上旬在覆中華民國聯合會函中曾經談到這個問題。孫中山認為，民選參議院固然必要，「唯勢有緩急，有先後，臨時參議院由各省都督派員組織，原不過一時權宜」，但有它的存在價值，需要它在立法及政權建設規劃上做出貢獻，因為光復各地軍政剛剛起步，各端頭緒繁多，此刻「欲召集省議會選舉議員，機關、手續俱無從著手」，而如果等到民選參議院成立再「議立法」，則不利「臨時政府建設」，故舉行民選參議院「在此時不特理有不可，蓋於勢有不能也」。[116] 1 月 24 日他在給國民協會的覆函中再次陳述了自己的看法。他指出：「方今虜氛未靖，戰禍方延，執行政務，首貴敏速。若組織民選議事機關，必先定選舉制度及組織選舉機關。而各地秩序未復，計即今日開辦，至速非數月之久不能成立，揆之時勢，似嫌太慢。參議院由各省都督派員組織，本一時權宜辦法，而在此過渡時代，力取簡易，不遑他計也。」[117] 從這些覆函中可以看出，孫中山雖然認為代行臨時參議院為非直接民選機關，但在此特殊「過渡時代」卻有著不可替代的價值，時代需要有這麼個機構來行施立法權，代表民意。由此，孫中山對代行臨時參議院的尊重，實際上是對民意的尊重。

那麼經過選舉而當上臨時大總統的孫中山，是否能與代行臨時參議院職權的各省都督府代表聯合會分享權力而保持制衡？彼此究竟如何處理臨時國家元首所擁有的行政權與臨時國會所擁有的立法權？由於彼此幾乎天天發生關係，此處選擇兩則個案加以考察。

其一，臨時政府各部行政長官的產生。

臨時大總統就職之日，南京臨時政府行政各部尚未組建。關於行政各部組建，《中華民國臨時政府組織大綱》已有規定：其一，政府行政機關，設外交、內務、財政、軍務、交通 5 部，各設部長 1 人。其二，各部部長，由臨

---

116　郭漢民：〈孫中山佚文輯錄〉，《辛亥革命史研究會通訊》第 30 期，1987 年。
117　〈復國民協會函〉，《民立報》1912 年 1 月 25 日。

時大總統任命，但須經參議院同意。其三，各部所屬職員編制及其權限，由部長規定，經臨時大總統批准施行。

　　政府行政機關只設 5 部，顯然無法滿足實際需要，行政各部的權限如何，《中華民國臨時政府組織大綱》也未有明確規定。然而要改變原來的設置，明確行政各部的權限，則必須說服代行臨時參議院啟動對《中華民國臨時政府組織大綱》重新審議程序，使之能夠得以修改和補充。非經這一程序，則不能改變原定的設置，也不能明確行政各部的權限，這是一個涉及法律規定的原則問題。事實上，仿照美國模式而制定的《中華民國臨時政府組織大綱》確實存在明顯的缺陷，因為美國不僅設置一個總統職位，還設置一個副總統職位，美國政府的行政機關也遠遠不止 5 個部。所以 1912 年 1 月 2 日，各省都督府代表聯合會以代行臨時參議院身分首次開會，便通過了《中華民國臨時政府組織大綱修正案》，對原來的大綱做了適當的修正和補充。[118]

　　修正案通過的第二天，代行臨時參議院即舉行臨時副總統的投票選舉，結果缺席的黎元洪以滿票當選。這一天孫中山列席了會議，待臨時副總統選舉結束後，他向會議提交了《中華民國臨時政府中央行政各部及其權限》案，請求審議通過。《中華民國臨時政府中央行政各部及其權限》共 5 項條款，內容主要為：（1）臨時政府設陸軍、海軍、外交、司法、財政、內務、教育、實業、交通 9 部，各部設總長、次長各 1 名，次長由臨時大總統簡任。各部次長以下行政人員由總長酌情確定人數，並分別薦任、委任。（2）陸軍總長管理陸軍，經理軍事教育、衛生、員警、司法，並編制軍隊事務、監督所轄軍人軍佐；海軍總長管理海軍一切軍政事務，監督所轄軍人軍佐；外交總長管理外交及外人事務，並在外僑民事務，保護在外商業，監察外交官及領事；司法總長管理民事、刑事訴訟事件，及戶籍、監獄、保護出獄人事務，並其他一切司法行政事務，監督法官；財政總長管理會計、庫帑、賦稅、公債、錢幣、銀行、官產事務，監督所轄各官署及府縣與公共之會之財產；內務總長管理員警、衛生、宗教、禮俗、戶口、田土、水利工程、善舉公益及地方行政事務，監督所轄各官署及地方官；教育總長管理教育、學藝及氣象事務，監督所轄各官署、學校統轄學士、教員；實業總長管理農、工、商、礦、漁、林、牧、獵及度、量、

118　詳見〈修正中華民國臨時政府組織大綱〉，《中華民國史檔案資料彙編　第二輯　南京臨時政府》，江蘇人民出版社，1981，第 8 頁。

衡事務，監督所轄各官署；交通總長管理道路、鐵路、航路、郵信、電報、船舶、造船事務，監督所轄各官署。（3）次長輔助總長管理部務，監督各局職員。[119] 該議案順利獲得通過。

通過上述文本之後，臨時大總統孫中山又依法向代行臨時參議院提交了臨時政府各部總長的人選名單。最初提交的名單是：陸軍總長黃興、海軍總長黃鍾英、外交總長王寵惠、內務總長宋教仁、財政總長陳錦濤、司法總長伍廷芳、教育總長章太炎、實業總長張謇、交通總長湯壽潛。這份名單是經過深思熟慮、平衡方方面面而提出的，然而遭到了代行臨時參議院的否決。代理臨時參議員們多數對內務、教育、外交三總長持反對態度，他們認為宋教仁年輕氣盛，鋒芒畢露，章太炎標新立異，好唱反調，王寵惠資格尚嫩，不足以執掌外交。最初的名單未獲通過，孫中山一時對代行臨時參議院頗有微詞。但儘管如此，孫中山及其黨內同人還是持有清醒的民主意識，堅守憲政至上的原則和立場。《中華民國臨時政府組織大綱》明確規定，行政各部部長人選必須獲得參議院審議通過，才能由臨時大總統加以任命，這是法律規定，任何人都必須遵守。這中間經過黃興的溝通，做了大量的解釋工作，隨後孫中山還是遵循代行臨時參議院的意見，又提交第二份各部總長的人選名單，他們是：陸軍總長黃興、海軍總長黃鍾英、外交總長王寵惠、內務總長程德全、財政總長陳錦濤、司法總長伍廷芳、教育總長蔡元培、實業總長張謇、交通總長湯壽潛。這份名單最後獲得了通過。

其二，關於戰和問題的質詢與覆咨。

此事緣於宣布獨立的山西、陝西兩省在南北停戰期間受到清軍攻擊。1月19日代行臨時參議院就此做出決議：（1）質問政府繼續停戰14日事，不特未得參議院同意，且未通知參議院，實為違背臨時政府組織大綱。（2）繼續停戰事，無論已否實行，仍當立即進兵，救援山陝。山陝屬我民國範圍，自由進兵，與和議條款並無違背。（3）停戰期間，江皖所有進行軍隊，當與武昌援山陝之軍，同時並進。

為了鄭重起見，代行臨時參議院還特向臨時政府移送了〈咨大總統文〉：

---

119　〈中華民國臨時政府中央行政各部及其權限〉，《中華民國史檔案資料彙編　第二輯　南京臨時政府》，第6頁。

自議和以來，清軍陰施其遠交近攻之手段，既攻陷山西，復集兵河南，以為大犯陝西之舉；近且聞清軍由甘肅進兵，與駐豫清軍成夾攻陝西之勢，危險萬狀。陝西果失，則清軍即長驅窺我南京。觀袁世凱致段祺瑞電，有陝西土匪不在停戰之內等語，其陰險狡猾之戰略，已於言外；且將唐紹儀所簽之約，任意推翻，有何和約之餘地。我臨時政府趑趄觀望，竟冒冒然將議和日期一再繼續，殊不可解；亦未聞有統籌全局之計畫，甚至繼續停戰之約，並不通告本院，尤為駭異，茲本院於本日開會，議決辦法三條，除推舉參議員趙士北、王正廷、陳承澤三員面陳外，抄祈查照辦理，並希先行見得施行，此咨。[120]

孫中山接到咨文後，當日複咨加以說明：

查此時和局未終，停戰期滿。敵之一方電求停戰，不欲遽與決裂，故未及提出。且議和一事，早經公認，此次展期，乃由此一事發生，並非另生一事，似與臨時政府組織大綱尚無違反。至議和成否，於數日內解決。現在用兵方略，當以鄂、湘為第一軍，由京漢鐵道前進，寧、皖為第二軍，向河南前進，與第一軍會合於開封、鄭州之間；淮、揚為第三軍，煙臺為第四軍，向山東前進，會於濟南、秦皇島；合關外之軍為第五軍，山、陝為第六軍，向北京前進。一、二、三、四軍既達第一之目的，復與第五、六軍會合，共破虜巢。和議一破，本總統當親督江、皖之師，此時毋庸另委他員。[121]

兩則個案，清晰地呈現出立法權與行政權的分立制衡。

從上述孫中山與各省都督府代表聯合會的實際關係，可以認定辛亥革命爆發後中國民主政治創試的這一事實存在。那麼那時為什麼能夠創試，根本在於世界潮流與時代精神的要求及賦予。

正如熊月之所言：「近代以來，民主制度逐漸推廣，以致成為世界潮流。在 19 世紀，民主還主要是是否實行、能否實行的問題；到 20 世紀，民主已是如何實行、如何改善的問題」。[122] 辛亥革命既是一場推翻少數專制的反清革命，更是一場適應世界潮流的共和革命，其宏偉追求是實現民主，從政治到社會爭

---

120　劉星楠：〈辛亥各省代表會議日誌〉，《回憶辛亥革命》，第 363—364 頁。
121　《臨時政府公報》第 2 號，1912 年 1 月 30 日。
122　熊月之：《中國近代民主思想史（修訂本）》，上海社會科學院出版社，2002，第 1 頁。

取徹底的變革。這種民主的意識和呼喚，早在革命爆發之前醞釀已久，呼之欲出。迨革命爆發之後，人們渴望民主進步和被壓抑了多年的政治熱情一下子噴湧而出，「此間輿論已大張一種主義，謂將來中國必立共和政體之新政府，其總統大約孫逸仙充之」。[123] 在此基礎之上，辛亥革命爆發後中國民主政治的創試，首先，與各階層尤其是資產階級急迫的參政議政欲望和意識有關，與時代民主氛圍有關，與當時政治寬鬆有關，各階層迫不及待要通過民主政治獲得自己的政治保護和政治權利。各省都督府代表聯合會立法權的行使和臨時大總統孫中山行政權的運行，實現了現代政治民主分權和制衡這兩大原則，無論是原動或者被動，具有話語權的政治勢力或政治精英——革命黨人、光復各省領袖、東南原立憲派人士等均公開贊同政治民主的走向。即使代表北方官僚暨軍人利益的袁世凱，迫於潮流的壓力，也於民國創建前夕表達了對共和政體的接受。[124] 當時整個政治氛圍、社會心理以及力量條件，均為創試政治民主添夯了基礎，資供了可能。其次，一定程度地代表民意，具有臨時議會性質的各省都督府代表聯合會適時應運而生，並且迅速規範有效地行使立法職能，其地位和權力不久獲得各政治勢力的實際尊重和普遍認可。最後，法律文本的制定，使新政權的創建程序、政府模式、人選產生、權力結構和國家性質等得到了相應的保證。

　　儘管這段時期中國民主政治的創試還不那麼完善，而且可謂曇花一現，但畢竟這事實的存在還是令人欣喜感歎，給後世留下了豐碑，提供了回味。對歷史的評價，前段歷史所提供基礎與這段歷史所取得成效彼此之間距離的大小是重要依據，而當時如何民主、進步，最簡捷的辦法就是學習和模仿西方先進的政治。因此，辛亥革命爆發後中國民主政治的取向和踐行，外在的是世界潮流的吸引，內在的是中國社會的公共需求和來自民眾的內心動力，所以自然而然地成了一種政治時尚。

　　辛亥革命的爆發，激發了近代中國早已有之的民主意識和呼喚，反專制的革命本身又加重了社會對一切事物之民主價值的認同和評判，離開民主的價值，就得不到社會的擁護。而世界範圍內第一波民主政治的浪潮，歐美乃至日

---

123　〈歐洲關於中國變亂之要電〉（1911 年 10 月 15 日），《民立報》1911 年 10 月 16 日。
124　1911 年 12 月 25 日袁世凱召開清政府內閣會議，決定「對於共和，已可承認」。見胡祖舜《武昌開國實錄》（下），第 39 頁；楊玉如《辛亥革命先著記》，第 256 頁。

本民主政治所煥發出的先進，同樣具有鼓舞性和誘發性，所以那時中國能夠如此創試，其中也有所謂的「滾雪球」效應。

　　當然，辛亥革命爆發後中國民主政治得以創試，同當時的政治精英，尤其與孫中山這位主要當事人自身具有的民主思想和意識密切關聯。孫中山最突出的優點，就是不斷地向世界上最先進的東西學習，並能消化吸收，這其中就包括西方先進的政治制度。他曾說道：「我們為志士的，總要擇地球上最文明的政治法律來救我們中國，最優等的人格來對待我們四萬萬同胞。」[125]

　　特殊的人生經歷，使得孫中山的民本、民主意識比當時一般中國人更加強烈。早在投身革命之前，他即有「國以民為本」的思想，投身革命以後，「民為邦本，本固邦寧」的思想更加堅定。[126] 至於未來的政治模式，孫中山在興中會創建時提出「創立合眾政府」，即已不是泛泛的「民權」、「民主」，而是具體到政權性質、政府模式層面。辛亥革命爆發前，1910 年 4 月孫中山在美國芝加哥曾經談到他此生有「三個目的：推翻滿清政府；創立共和政體和按照美國政府一樣的方針組織國家」。[127] 當獲悉革命爆發，1911 年 11 月 1 日發表「對外宣言」時孫更明確表示以後的中國要建立「聯邦共和政體」。[128] 其實早期革命時，他已立志「余以人群自治為政治之極則，故於政治之精神，執共和主義」。革命進行中他「希望在中國實施的共和政治，是除立法、司法、行政三權外還有考選權和糾察權的五權分立的共和政治」。他還說道：「革命成功之日，效法美國選舉總統，廢除專制，實行共和。」他批評所謂中國人不能實行民主政治這一說法：「吾儕不可謂中國不能共和，如謂不能，是反夫進化之公理也，是不知文明之真價也。且世界立憲，亦必以流血得之，方能稱為真立憲。同一流血，何不為直截了當之共和，而為此不完不備之立憲乎？語曰：『取法於上，僅得其中。』擇其中而取法之，是豈智者所為耶？鄙人願諸君於是等謬想淘汰潔盡，從最上之改革著手，則同胞幸甚！中國幸甚！」[129] 正是有

125　〈在東京中國留學生歡迎大會的演說〉（1905 年 8 月 13 日），《孫中山全集》第 1 卷，第 281 頁。

126　〈上李鴻章書〉（1894 年 6 月）、〈香港興中會章程〉（1895 年 2 月 21 日），《孫中山全集》第 1 卷，第 17、22 頁。

127　英國《每日電訊報》1911 年 10 月 15 日，轉見〈孫逸仙在美國〉，《參考消息》1981 年 9 月 24 日。

128　〈孫中山的外交觀點與實踐〉，《國外中國近代史研究》第 4 輯，中國社會科學出版社，1983，第 16—17 頁。

129　〈與宮崎寅藏平山周的談話〉（1897 年 8 月中下旬）、〈與該魯學尼等的談話〉（1906

此根深蒂固的民主意識和共和思想，所以他才有「人民那是主人，官府即是公僕」的思想境界和行為規範，才有「國家既為大家所有……國政百端，絕非少數人所能辦理，必合全國」及「義務、權利兩相對待，欲享權利必先盡義務」的清晰理念，才有「乃期為全國人民負責任，非為一己攘利權」的服務意識。[130] 對於議會、政府與法律之間的關係，他認為：「法律者，治之體也，權勢者，治之用也，體用相因，不相判也。」[131] 議會與政府的權力行使，都必須合乎法律規定。

民國醞釀，起先是一個一元制權力過渡結構，即各省都督府代表聯合會實際行使中央權力，迨民國開局則形成二元制權力結構，即行使行政權的臨時大總統與行使立法權的代行臨時參議院分享國家權力。民主政治在辛亥革命爆發後的中國得以創試，正是基於它尚不成熟和完善，但絕不能輕估這一創試的意義，因為它已起始，且在趨於成熟和完善中。辛亥革命創造了前所未有的大業績，給後來留下一個難得的好範例。

---

年 11 月 15 日）、〈在檀香山正埠荷梯鼇街戲院的演說〉（1903 年 12 月 13 日）、〈在東京中國留學生歡迎大會的演說〉（1905 年 8 月 13 日）附同題異文，《孫中山全集》第 1 卷，第 172、312、226、283 頁。

130  〈在石家莊國民黨交通部歡迎會的演說〉（1912 年 9 月 21 日）、〈在北京湖廣會館學界歡迎會的演說〉（1912 年 8 月 23 日），《孫中山全集》第 2 卷，第 479、423 頁。

131  〈駁保皇報書〉（1904 年 1 月），《孫中山全集》第 1 卷，第 236 頁。

# 第二章　北洋政治的「亂」與「治」

## 一、制度建構：根本法的炮製與「法統」之爭

### 《臨時約法》的制定與新舊約法之爭

　　1912 年 3 月 11 日，孫中山以臨時大總統名義頒布《中華民國臨時約法》，以取代此前制定的《臨時政府組織大綱》。兩相比較，《臨時約法》最大的不同是將已經實施的總統制改為責任內閣制。在總統之外附設「總理」是改制的標誌。但《臨時約法》規範的責任內閣制並不完備，要害在於改制之後未能確定總統府與國務院孰為最高行政中樞。約法規定臨時大總統代表臨時政府總攬政務，公布法律，統帥全國海陸軍，制定官制官規，任免文武官員；同時又規定「國務員輔佐臨時大總統，負其責任」，「國務員於臨時大總統提出法律案、公布法律及發布命令時須副署之」。從條文上看，既然作為內閣長官的國務員只是「輔佐」總統，而總統被賦予「總攬政務」之權，則總統府應為最高行政中樞。但問題並非如此簡單。蓋總統雖可「總攬政務」，國家的實際政務總是通過政府各部門來推進實施的，加之「副署」權的規定，也就賦予國務院以巨大的權力。同盟會的一份通電亦承認：「民國約法，採法國制。參議院為最高之機關，而國務院為責任之主體，總統所發布之法制、命令及一切公文，皆須國務院副署，始能發生效力，其實權握在國務員之手。」[1] 由於總統府和國務院都被賦予相當的行政權，而《臨時約法》又「並未說明內閣是對總統或是對議會承擔責任」，於是導致一國之內同時具有兩個行政中樞的政體格局。

---

* 本章由楊天宏撰寫。

1　朱宗震、楊光輝編《民初政爭與二次革命》上冊，上海人民出版社，1983，第 54 頁。

　　將總統制改為內閣制並不符合孫中山的一貫主張。居正《辛亥札記》記載說，同盟會於 1911 年 12 月 26 日聚會孫中山寓居的上海哈同花園，開會討論政府組織方案。宋教仁主張內閣制，「總理力持不可」。[2] 居正提到的這次聚會，即「討論總統制與內閣制之取捨」的同盟會「最高幹部會議」。與會者除孫中山外，尚有黃興、汪精衛、陳英士、宋教仁、馬君武、居正、張靜江等。孫中山在會上明確闡述了自己的意見：「內閣制乃平時不使元首當政治之衝，故以總理對國會負責，斷非此非常時代所宜……余亦不肯徇諸人之意見，自居於神聖贅疣，以誤革命之大計。」[3] 這次會議雖未能說服宋教仁放棄責任內閣制的主張，但同盟會核心領導層多數人的意見已經趨同。會後黃興前往南京，同正在那裡籌建臨時政府的各省代表會商推舉孫中山為臨時大總統。12 月 29 日，17 省代表開會選舉臨時大總統，孫中山以 16 票當選，3 天後宣誓就職。不久，臨時參議院在南京成立。中國歷史上第一個總統制共和國政權得以誕生。

　　但孫中山的主張很快就發生了變化。1913 年春孫氏語涉政體的一次演說，暴露出其主張的前後矛盾，他說：「至於政府之組織，有總統制，有內閣制之分。法國則內閣制度，美國則總統制度。內閣若有不善之行為，人民可以推倒之，另行組織內閣。總統制度為總統擔負責任，不但有皇帝性質，其權力且在英、德諸立憲國帝皇之上。美國之所以採取總統制度，此因其政體有聯邦性質，故不得不集權於總統，以謀行政統一。現就中國情形論之，以內閣制為佳。我的國民，莫不主張政黨內閣。」[4] 孫中山顯然不致忘了自己不久前曾說過內閣制「斷非此非常時代所宜」，此時卻又說出這番話，可見其思想中的實用主義色彩。

　　將總統制改為責任內閣制帶有限制袁世凱專權的明顯意圖，但這一舉措犯了因人立法之忌。對此，深通法律的羅文幹曾做過透闢分析，指出：「共和改創，孫不得不讓位於袁以完成統一，而孫氏之黨恐袁專擅，乃假手法約，設種種規定以束縛之，行政之權務求減削，立法之權事事擴張。袁本官僚，不知立憲，故元年參議院、二年國會初開，孫黨（席位）多，大權既操之立法，

<hr>

2　陳旭麓主編《宋教仁集》上冊，中華書局，1981，「序言」，第 9 頁。
3　陳旭麓主編《孫中山集外集》，上海人民出版社，1990，第 47 頁。
4　〈在神戶國民黨交通部歡迎會的演說〉，《孫中山全集》第 3 卷，中華書局，1984，第 44 頁。

而立法又多屬己黨，孫此時以為可以制袁之死命矣。吾人今日苟手南京約法，開卷一讀，幾皆屬意見之條。」[5]

　　《臨時約法》另一重要制度性規定是通過立法來限制行政首腦的職權發揮。其顯著特徵在於賦予立法機構——參議院以廣泛的權力，在利用立法權來束縛行政權的時候，卻沒有想到立法部門的權力也應當有所制約。這集中表現在「同意權」的設置上。《臨時約法》第 33 條規定，臨時大總統有任命文武官員的權力，但任命國務員及駐外大使、公使，須得參議院之同意。有此規定，本來屬於行政方面的人事權也就在相當程度上轉移到立法方面，但對與之對應的行政如何反過來制約立法沒有任何具體規定。這顯然是說不過去的。所謂分權制衡是雙向互動的。西方責任內閣制國家尋求立法行政制約之道，除規定議員可以對政府「動議指摘」，以及對政府提出「不信任投票」，迫使其倒閣或藉以糾正其為政之弊外，大多同時規定行政首腦在必要時有依法解散國會的權力。《臨時約法》只有「同意權」而無「解散權」，揆諸參議員之本意，大概是想操政治上之主動，制人而不受制於人。殊不知這種做法卻因與其鼓吹的分權制衡理論不相吻合，不但不能收限制行政首腦之效，反而授人以柄，引起反對派的激烈反對，認為這樣做不僅造成權力結構的「畸輕畸重」，在法理上難以成立，而且使政府喪失「獨立機關之性質」，無以發揮應有的效能。

　　對於《臨時約法》在政體規劃上的缺陷，革命派中一些有識之士也有所認識。譚人鳳就曾指出參議院被不適當地賦予「干涉軍事計畫之大權」，認為以參議員操持軍務政務，正所謂「築室謀道，安有成功之冀望」。一度比較激進的陳英士，在時過境遷以後寫信給黃興回顧革命失敗的教訓，也承認民國初建，以革命派為主體構成的參議院「時有干涉政府用人行政之態度，卒至朝野冰炭，政黨水火，既惹袁氏之忌，更起天下之疑」。已多少悟出《臨時約法》未能合理劃分立法與行政權限的問題。曾經是革命隊伍中一員的章太炎更是明確指出，臨時政府建立後，在政治建設方面無能為力，了無建樹。「政府之無能力，在參議院之築室謀道，議在錐刀，破文拆字。用一人必求同意，提一案必起紛爭，始以黨見忌人，終以攻人利己。」因而提出儘快「改定約法」的建

---

5　羅文幹：《獄中人語》，沈雲龍主編《近代中國史料叢刊》正編第 16 冊，文海出版社，出版時間不詳，第 94 頁。

議。[6]

　　由於各方大致形成這樣的認知，修改《臨時約法》，完善國家根本法的任務提上議事日程。袁世凱擔任臨時大總統後，相關工作即展開。根據《臨時約法》憲法由國會制定的規定，1913 年 4 月 8 日國會正式召開後，便按照國會組織法，由兩院各選 30 人為憲法起草委員，負責憲法起草。天壇被選作會場，起草工作歷時三月。委員分屬眾多黨派，意見歧出，爭辯激烈，最後由國民、進步兩黨「調和公意」，完成全稿，因起草地為天壇，故稱《天壇憲法草案》。起草期間，袁世凱曾向國會提出約法增修諮詢案，試圖解除國會對總統的束縛；國會議員以憲法草案正在起草，不必修訂即將廢除的臨時約法，未予採納。

　　從內容上看，《天壇憲草》較之《臨時約法》有所改進，賦予行政首腦對於國會的解散權，如草案第 75 條規定「大總統以參議院列席議員三分之二以上之同意，得解散眾議院，但同一會期，不得為第二次之解散」；與此對應，第 43 條則規定「眾議院對於國務員，得為不信任之議決」，在法理上較臨時約法更加完善。王寵惠事後評論說：昔憲法起草委員會聚於天壇，成憲法草案 113 條。「此草案萃法學鉅子於一堂，而經若干次之討論始有此結果，洵可為吾國憲法史上放一異彩。」[7]但《天壇憲草》在對《臨時約法》做出部分修改的同時，依然保留國會對於行政首腦任命官員的同意權，繼續實施責任內閣制，與袁氏之意相忤，加之所提「約法增修諮詢案」被國會否定，袁乃授意各省督軍及民政長官出面反對，有謂憲法草案「比較《臨時約法》弊害尤深」之語。

　　由於袁氏壓迫，國會不久即放棄先定憲法、後選總統的原議，制定《大總統選舉法》並「依法」選舉袁為大總統。國會議員做此妥協，是想通過選舉來緩和與袁的關係，以完成憲法的制定工作。然而，儘管多數憲法會議成員表現出對民主制度建設的執著，憲法草案全案也經過三讀，初步完成了憲章條文的草擬和審議，卻一直沒能公布。以後，隨著袁世凱解散國會，由兩院議員組成的憲法會議消弭於無形，中華民國歷史上第一部憲法的制定也隨之流產。

---

6　〈章太炎之政見〉，《時事新報》1912 年 5 月 7 日。
7　〈憲法危言〉，《王寵惠先生文集》，中國國民黨黨史會，1981，第 129—131 頁。

　　不過袁世凱似乎並無根本否定憲政的打算。按照張紹曾的判斷，袁世凱雖不滿《臨時約法》，但也認為國家不能無根本法，故解散國會後，便著手另造一個有利於自己的根本法。為此，袁組織了政治會議並由此衍生出約法會議，於 1914 年 5 月 1 日推出《中華民國約法》。該約法吸納了袁提出的《臨時約法增修案》並定有制憲程序，規定由參政院推舉委員 10 人組織憲法起草委員會。但不久帝制發生，制憲工作隨之終止。[8] 身與其事的張國淦曾將新舊約法做過仔細比較，認為新約法最明顯的特徵在於恢復總統制，並部分取消了《臨時約法》賦予國會對行政首腦的限制。一定程度上，新約法的制定有政治會議中「法律派」（如法制局局長施愚及顧鰲等人）的作用。該約法條文雖係彼等屈從袁之意旨而定，但既要經約法會議形式通過，法律派的意志也會有所表現。這主要體現在從法律的角度修正《臨時約法》中他們認為有悖法理的部分，如立法單方面制約行政，以及有關人民權利的規定無「於法律範圍內」的限制條件等。

　　袁世凱在推行帝制過程中，曾羅致包括楊度、嚴復等在內的主張君主立憲的學者為之鼓吹，也聘請包括美國憲法學家古德諾（F. J. Goodnow）在內的西人為其所為作符合國情民意的論證。這就產生一個問題，即袁世凱希望實施的究竟是專制君主制還是立憲君主制？通常認為袁的中外顧問主張的是君主立憲而袁嚮往的則是君主專制，兩者有本質區別。但何以主張君主專制的人要禮聘主張君憲的人作為自己的政治顧問呢？這顯然是說不通的。既有的解釋是：由於古氏許多言論更傾向強調君主制與共和制的區別而非立憲君主制與專制君主制的區別，所以很容易讓帝制派偷梁換柱，在君主制名義下以專制君主制替換立憲君主制。就事實而言，袁最終實施的帝制顯然更加有類前者而不是後者。但即便接受這樣的解釋，袁究竟是熱衷封建帝制復辟，還是因不能區分立憲君主制與專制君主制，並在試圖效法克林威爾和拿破崙在非常時期以非常手段集權行政的衝動下將君主立憲做成了畸形，也還需要認真論證才能給出令人信服的答案。這涉及不同政體的辨析。梁啟超認為，辨析政體屬性的關鍵不在君主還是共和（民主）而在立憲。在這一問題上，如果大多數可以視作袁統治的社會基礎和政治支撐的人都主張立憲，袁為何偏偏要與他們在政治上大異

---

8　〈民國制憲史概觀〉，楊琥編《憲政救國之夢：張耀曾先生文存》，法律出版社，2004，第72—74 頁。

其趣呢？或許袁彌留之際回答徐世昌如何接辦其身後事之垂詢時僅說出的兩個字可以回答這一問題，這兩個字是「約法」。[9]

袁世凱去世後，黎元洪繼任大總統，《臨時約法》及約法上一切機關均行恢復。鑑於《臨時約法》畢竟非同憲法，殆國會重開，乃權衡利弊，接受《天壇憲法草案》，繼續其未竟事業，制定根本法。因《天壇憲草》係倉促成篇，對最有爭議的地方政制問題未遑議及，故國會審議草案，便有議員提出有關地方制度的意見。但辯爭激烈，未有結果。再往後，因對德宣戰問題，政潮大起，督軍團壓迫國會不成，惱羞成怒，藉口憲法已議決，各條不合國情，要求解散國會，遭黎元洪拒絕。各督軍遂紛紛舉兵，以至張勳進京，擁清帝復辟，解散國會，制憲又成畫餅。

段祺瑞馬廠誓師打倒復辟之後，國會得以恢復。鑑於南方自身分裂，段決定組織被稱為「安福國會」的第二屆國會，並選出委員起草憲法，於 1919年 8 月將草案議決。草案內容與《天壇憲草》相似，無須具論。但段的政治舉措卻導致了新舊國會之爭和持續數年的「毀法」與「護法」衝突，釀成戰亂。對於孫中山領導的護法運動，既有研究大多予以正面評價，但時人楊蔭杭的認知則有所不同，他指出：「因北方武人破壞法律，於是乎有『護法』，用意至善也。然頻年護法，頻年內亂，人民怨讟，信用喪失於外，而法律破壞如故，北方武人之跋扈如故，則知所謂護法者，實未嘗有絲毫之成績。雖愛護法者，亦不能為護法者諱也。不但此也，廣西人護法，廣東人亦護法。同是護法也，何以一轉瞬間，廣西人與廣東人又互相吞噬，一若有不共戴天之仇？向者與北方不能相容，固曰法律破壞，廣西人與廣東人不能不合力以護之也。試問今之所護，又是何物？」[10]

## 中國第一部憲法的產生及夭折

1920 年夏，皖系為直系打倒，由安福系操縱第二屆國會完成的憲法草案自然不被尊重。1922 年 6 月，直系打倒奉系，「法統重光」，1917 年去職的總統黎元洪復職，被解散的第一屆國會再度恢復，但國會制憲並不順利。其間國會有減少法定出席人數避免流會以促成制憲之議，因府院之間屢起紛爭，

9　〈北洋從政錄〉，杜春和編《張國淦文集》，北京燕山出版社，2000，第 356 頁。
10　楊蔭杭：〈護法之末路〉，《申報》1920 年 10 月 5 日。

直至黎總統被迫離職，直系控制局面，政潮趨平，方致力於制憲，將 1917 年懸而未決各原案及修正案重付審議，並將審議結果交憲法起草委員會起草。此番制定的憲法共 13 章、141 條，其與此前兩稿憲草不同之處，主要是「國權」與「地方制度」兩章。「國權」一章列舉中央與各省各自權限若干條，其未經列舉事項，性質關係國家者屬之國家，關係各省者屬之各省。「地方制度」一章將地方分為省縣二級，省得自主制定省憲，惟制憲機關之構成由國憲規定。此外，民元以來爭持不休的同意權與解散權的關係問題，也以共存的方式得到解決。1923 年 10 月 10 日，憲法全案由憲法會議公布。於是，從 1913 年天壇起草，經 1916 年、1917 年的論爭，再經南方護法時代重新審議，整個制憲工作至此總算告成。從法制史的角度觀察，這是中國歷史上第一部成文憲法，價值和意義非同尋常。

　　不過憲法雖經制定公布，卻又產生了合法性的爭論並直接影響了這部憲法的命運。曹錕當選總統及制憲過程中，因議員南下者甚多，難以達到法定開會人數，為吸引議員赴會，曾發給 500 元出席費，後又填發面值 5000 元的支票，待投票結果出來後兌現。這 5000 元的支票，被視為曹錕賄選的「千古鐵證」，眾議員邵瑞彭據此向檢察機關提起控告。種種跡象表明，曹錕謀當總統期間，確有重大行賄嫌疑。但要在法律上認定為「賄選」，將授受雙方按刑律論處，需要考慮的因素尚多。根據議院法，眾議員是應領取薪俸的，標準為歲費 5000 元。但因國會時開時停，加之政府財政困難，議員薪俸，「減成發給，至多月份未有過三百廿元者」。至欠薪總數，據國會方面統計，「政府積欠民二、民六及民十一歲費旅費等項，每人應得 4600 餘元」。議員因生活困難，多次索餉，至有要求吳景濂「辭職讓賢，勿尸首席」者，對政府造成巨大壓力。直系方面此時開出 5000 元支票，是否有補發欠薪以示好議員的考慮？這顯然是應該納入思考範圍的問題。從程序上講，據有關資料記載，支票發出之前曾「疏通異黨」，並「邀集三十六政團」討論支款額度，「經兩旬期間之切實協商」，確定為 5000 元。雖然各方如何協商的具體材料未見其詳，但揆諸常理，行賄這種有違政治道德的行為是不會通過協商方式（特別是與異黨溝通方式）決定的。反過來說，既係各方協商決定，就很難認定只是曹錕及其統領的直系一方在「賄選」，但如果認定係各方共同「賄選」，則其他方面又未必有行賄的主觀動機。

　　一些官方文件曾涉及經費支出的性質。蔣雁行在給曹錕的密電中透露，為聯絡南下議員回京，政府曾許以「回京費二百、三百、四百及多數五百元者不等……此間之出席薪費，仍舊照發，以全面子；並各給以五百元之川資，即可北上，決無問題……據佩紳在滬所得資訊，奉省籌 60 萬，浙省 20 萬，以 40 萬給參議院，以 40 萬補發在滬人員正費」。[11] 從密電中可以清楚看出，所支經費的名目是「薪費」、「川資」及補發南下議員的「正費」。

　　正因為是在這樣的名目下支付，所以接受支票的議員大多能安然受之。曾經接受 5000 元支票的議員汪建剛就明確表示，自己「雖然接受了眾議院會議科所送補發的歲費五千元，但並未附帶什麼條件，也沒有在選票上寫過曹錕的名字，自認為比較乾淨，常常向人撇清」。[12] 汪氏在這裡強調了兩點：一是接受的款項係「眾議院會議科所送補發的歲費」，二是付款「並未附帶什麼條件」。關於前一點，反直人士一直將其說成是「票價」，但汪氏則強調他接受的是「補發的歲費」。這雖然帶有自我辯解的成分，但欠薪是事實，在欠薪的前提下議員將直系所開支票理解成「補發的歲費」，應該說得過去。身與其事的陳垣 30 年後檢討往事，亦稱曹錕係「利用補發欠薪的名義，凡參與選舉者就在出席時交給你五千元支票一張」；既係「補發欠薪，受之何愧」，故陳接受了支票。[13] 雖然當時官方文件中未見「補發歲費」的正式提法，但蔣雁行給曹錕的密電羅列的支款名目間接透露了支款的補欠性質。而有無附加條件對於判斷支票性質更為重要。關於這一點，吳景濂曾發表可以「出席不選曹」的談話；對此前曾「拆臺」後又出席的議員，亦曾有「投票自出，票價照付」的承諾，足證汪氏無附加條件的說法。

　　汪氏強調的兩點應為判斷曹錕是否賄賂議員以求當選的關鍵。因屬「補發歲費」，且無附加條件，故汪能問心無愧地接受支票，且能按照自己的意願不投曹錕的票。此外，還有一部分議員，以為曹氏既無袁、段之凶，亦無袁、段之才，將其推為總統，或有利於國會實施對政府的監督，並藉此完成制憲，

11　引文見〈蔣雁行致曹錕密電〉（1923 年 8 月 28 日），中國第二歷史檔案館編《中華民國史檔案資料彙編　第三輯　政治》（3），第 1413—1414 頁。

12　汪建剛：〈國會生活的片段回憶〉，《文史資料選輯》第 82 輯，中國文史出版社，1986，第 191 頁。

13　〈檢討卅年前曹錕賄選事〉，陳智超主編《陳垣全集》第 22 冊，安徽大學出版社，2009，第 627—629 頁。

將國家帶入憲政軌道，故投票支持曹錕，其投票與接受支票並不發生直接聯繫。

曹錕是在直系與反直各方鬥爭的大背景下謀當總統的。當是之時，雙方鬥爭異常激烈，手段亦無所不用其極。以北京國會多次開會未達法定人數的原因為例，姚震在致奉方重要人物楊宇霆的信中坦承：「北京三次開會未成，皆我方設計破壞」使然；又稱「直方選舉，經我方極力破壞，三月以來，各會皆未成立」。反直各方破壞北京國會開會的手段是出錢收買議員。「安福系公然在京收買不出席議員」，奉方收買議員開出的價碼「自六千元開盤以至一萬元收盤」；對南下議員的「歲費」和「從前欠發的歲費」，奉方亦全力籌發。大選「拆臺費」僅浙盧方面就提供了 300 萬，出現了與「賄選」相對應的「賄不選」行徑。就是向京師地方檢察廳提供支票作為「賄選」證據的反直議員邵瑞彭，因支票並未作廢，也從李思浩那裡以「借支」的方式兌現了 5000 元，一舉兩得，名利雙收。反直各方攻擊曹錕「賄選」，其實嚴格地說，反對派的「賄不選」才是真正的行賄，因為津滬方面雖匯聚了部分國會議員，但數量遠不夠法定人數，且國會機關及國家行政中樞不在津滬，反對派連給議員發放「歲費」的資格都沒有。反直各方如此動作，迫使直方以牙還牙，以非常手段加以應付。更有甚者，進行議會鬥爭的同時，雙方都秣馬厲兵，做軍事上打垮對方的準備。吳佩孚就明確提出了以「選費作戰費」的設想，張作霖、盧永祥亦緊張備戰。可見雙方的鬥爭已經超出合法的議會鬥爭範疇。既然爭的是政治，單純從法律立場來思考問題，也就難得要領。即便退一步言法律，由於有關「賄選」的指控主要是曹、吳的政敵提出，一些關鍵性的證據也是與直系對著幹的人所提供，真假難辨，定讞難度極大。

從國會構成來看，除了直系議員之外，反對派議員亦復不少，而支票發放對象是所有出席議員，且總統候選人不止曹錕一人，如果說發放支票是在「賄選」曹錕，豈不意味著同時也在「賄選」他人且「賄不選」曹錕？這在邏輯上顯然是說不過去的。

綜合上述因素，直系在總統選舉前夕給議員開具支票的做法不能說沒有行賄嫌疑，然而在欠薪的前提下通過各方協商公開發放支票以示好議員與祕不示人的行賄畢竟有所區別，在找到具有法律效力的切實證據證明其確屬「賄

選」之前，暫將其定性為通過兌現某種承諾以尋求支持的不規範的政治行為似乎更加妥帖。

但是在當時的語境下，此舉被反對派及輿論普遍解讀為「賄選」，並因此引發各地洶湧的反賄選風潮、奉系聯絡粵孫與浙盧倒直的戰爭及否定議會制度的思潮。雖然也有相對平和的主張，如張君勱就提議，對於曹錕當選，可「以國民投票的形式承認之」，並得到江蘇國會議員凌鴻壽的響應，但這畢竟不是主流。當是之時，激進派明顯占據上風，激進人士甚至以「娼婦不能產合法之嬰兒」為由，否定其視為「豬仔」的議員制定的憲法。本來從文本角度看，這一憲法對此前的約法及憲法草案做了諸多修改，避免了此前根本法的某些缺陷，不無可取之處。但「十年來苦心爭持的憲法，竟在這樣的時機和環境的裡頭宣布，真是憲法的大大不幸！這種憲法在當時有實權的人眼中完全等於廢紙，那更不用說了」。[14] 第二次直奉戰爭之後，隨著曹錕政權被推倒，憲法隨之廢棄，在中國僅斷斷續續實踐了不到十年的國會制度，也因議員賄選的指控而成為犧牲品。

曹、吳倒後，段祺瑞主政，不認從前一切根本法，提倡善後會議處理政局，以國民會議改造政治。在段主持下，善後會議制定國民代表會議規則，根據這個規則，組成了國憲起草委員會。到 1925 年 12 月，又草成一個《中華民國憲法案》。這個憲法案乃南京國民政府成立以前憲政運動的最後一幕，亦為民初憲法草案的最後一篇。[15]

### 時人對民初制憲經驗的分析總結

綜觀民初及北洋時期憲政史可以看到，《臨時約法》制定之後，中國政治便形成「護法」與「毀法造法」競爭的格局。關於該約法與民初政局的關係，鮑明鈐在《中國民治主義》一書中指出：「當國家從絕對專制轉為民主共和，缺乏議會民主的實踐經驗和程序，立法機構便立即獲得了任命總理、內閣部長、大使等的同意權，這給議會干涉國家行政以眾多機會。」鮑氏認為，《臨時約法》這一缺陷，「使中國付出了內戰的沉痛代價」。[16] 事實也正是如此。《臨

---

14　〈民國制憲史概觀〉，楊琥編《憲政救國之夢：張耀曾先生文存》，第 72—74 頁。

15　有關北洋時期制憲及曹錕「賄選」問題頗為複雜，非簡短篇幅能道盡內涵，楊天宏已有專文詳論。

16　Mingchien Joshua Bau, *Modern Democracy in China* (The Commercial Press, Limited, Shanghai

時約法》付諸實施後，革命派控制的立法部門與袁的行政部門衝突不斷，終至發生二次革命。以後，幾乎每次制憲，都有戰爭發生：袁世凱炮製「袁記約法」並公然稱帝，引發了護國戰爭；袁死後黎元洪繼位，恢復民元約法，又因宣戰問題府院爭持不下，張勳擁清帝復辟，導致段氏馬廠誓師起兵動武；孫中山在南方建立非常國會及護法軍政府之後，又有牽動南北的「護法」與「毀法造法」之爭，屢動干戈；逮至曹錕制憲，又觸發推倒曹、吳的直奉戰爭。整個北洋時期的制憲，可以說無一不與戰爭發生聯繫，以致時人得出這樣的結論：「憲法為不祥之物，其得之也，必先以殺人流血於前，其失之也，亦必繼以殺人流血於後。」[17]

　　不過民初政治的亂源主要並不在主導制定《臨時約法》的革命黨人。革命黨人魯莽滅裂，固然要對當時的政治動盪負一定責任，但其主觀願望是要使中國朝著他們理解的「民主共和」方向發展，儘管其所作所為能否將中國導向這一方向尚有疑問，但袁世凱卻是要將中國政治發展引至標榜「立憲」的君主制方向。本來，推翻清朝統治之初，「君憲」未嘗不可作為中國政制的一個選項，但在「共和」制度業已建立的前提下再行「君憲」也就意味著改制，而改制必然伴隨的利益調整能否為各方接受顯然是一個需要認真對待的問題。此外，由於袁自己也未必能分清「君憲」與專制帝制的區別，其形同專制的「君憲」被同樣可能弄不清兩者區別的時人普遍界定為「帝制復辟」並起而抗爭，也就十分自然了。

　　然而民初及北洋時期的主要問題並不在此，而在一黨或一派制憲，缺乏廣泛的代表性，顧及了黨派的得失卻不甚顧及國家利益，將約法或憲法做成了維護特定黨派利益的制度規範，做成了因一人或一時而定的「根本法」。王寵惠曾針對民初根本法制定過程中存在的問題強調：「憲法之制定，有二要義焉：一曰，憲法者非因一人而定，乃因一國而定也。二曰，憲法者非因一時而定，乃因永久而定也。」「憲法必依一國之恆態而定，不能依一時之特別事故而定。此特別事故，倏然而興，亦溘然而滅。若不惜以一國憲法殉之，其結果將變更時起，國無寧日。」[18] 很明顯，民初及北洋時期的根本法制定均未遵守這樣的

---

　　　 1927), p. 98.
17　〈憲法危言〉，《王寵惠先生文集》，第 129—131 頁。
18　〈中華民國憲法芻議〉，《王寵惠先生文集》，第 2—4 頁。

原則。

此外，根本法未規定現役軍人不得任總統，亦是民國制憲的重大缺陷。曹錕謀當總統並極力推進選舉之時，議員彭養光曾通電宣告其「罪狀」，其中一條是：「軍人非免役六月後，不得為總統選舉之競爭，歐美先例，限制綦嚴。錕手握重兵，何求不得，將來總統帝王，為所欲為。」[19] 但彭的指責在當時的中國並無法律依據，因作為憲法重要組成部分的總統選舉法並無這樣的限制。梁啟超意識到這一問題的重要性，在曹錕謀當總統期間，曾致函勸其不爭總統，且倡行天下，「主憲法上規定現役軍人不能當選總統」，[20] 以提倡文治，但未被採納。問題在於，不僅曹錕時代，整個北洋時期所制定的根本法，無論是約法還是憲法，也無論是臨時的還是正式的，均無此規定。總統尚且可以現役軍人擔任，地方行政由手握重兵的實力派操控，也就不可避免。

通常認為《臨時約法》體現了近代民主精神而袁記約法則處處為專制集權張本。毋庸諱言，袁記約法浸潤著很強的集權行政首腦的意識，但袁氏炮製新約法，從政治技術角度分析，只是矯枉過正，從一個極端走向另一個極端罷了。在這一問題的認知上，羅文幹的分析或可供參考，他寫道：

> 新約法內容，一言以蔽之，袁氏為己之約法也。其病與南京約法同。南京約法困袁，新約法便袁，皆非為國為民之約法也。故南京約法行政之權唯恐其大，新約法行政之權唯恐其小；南京約法立法之權唯恐不伸張，新約法唯恐不縮小。於是內閣制改而為總統制矣，議員得指派矣，總統選舉得指定矣；此走一極端，彼走一極端，前者出於私，後者亦出於私，所謂反動力者是也。[21]

《臨時約法》是同盟會議員主導炮製的，然而，不僅與同盟會處於競爭狀態的人批評其不成熟，就是孫中山也對之不滿，他曾說過，在南京所訂民國約法，內中只有「中華民國主權屬於國民全體」一條是他所主張的，其餘都不是他的意思，他「不負這個責任」。[22] 孫中山之所以擁護這個他自己都不滿意

---

19　劉楚湘：《癸亥政變紀略》，榮孟源主編《近代稗海》第 7 輯，四川人民出版社，1987，第 223 頁。

20　〈梁啟超致曹錕書〉、劉楚湘：《癸亥政變紀略》，榮孟源主編《近代稗海》第 7 輯，第 184 頁。

21　羅文幹：《獄中人語》，沈雲龍主編《近代中國史料叢刊》正編第 16 冊，第 97 頁。

22　孫中山：〈在廣東省教育會的演說〉（1921 年 4 月 4 日），《孫中山全集》第 5 卷，中華

的約法，是因為該約法將適用於袁世凱就任大總統之時，革命派普遍認為可以用來束縛袁的手腳。殊不知這樣做與袁世凱炮製新約法一樣，都將根本法做成了適用一人一事一時的制度規定。既然不是從國家長遠利益考慮來規劃根本制度，人存政存、人亡政息也就不可避免。到了 1920 年代中期，國家根本法建設的規範化問題仍然懸置。羅文幹認為，今後制定憲法欲免再蹈覆轍，必須同時具備三大要素：非為一人一時制定；合於國家的歷史、國情、人心及風俗；有制裁力，非裝飾品。[23] 羅氏所言，可謂民初及北洋時期制憲活動經驗的最好總結。

## 二、取捨變化：國會及政黨的建構與解構

### 民初國會的建構與衰亡

中華民國肇建之時成立臨時參議院，作為正式國會召開之前的立法機關，但參議院並非嚴格意義上的代議機構。按照《臨時約法》有關參議員資格及產生辦法的規定，參議院由「各地方選派之參議員組織之」，「其選派方法，由各地方自定」。「自定」出來的辦法當然不盡是公開選舉，結果參議員由推舉產生者有之，由地方行政委派者有之，甚至有按軍方意志產生者。於是，本來應該自下而上產生、代表民意的參議員在很大程度上喪失了其應有的代表性。美國公使柔克義（W. W. Rockhill）曾批評說，以這種方式產生的參議員，只是一批剛剛從美國、日本或英國留學歸來的戴著眼鏡、身穿禮服的年輕空想家，腦子裡裝滿了馬上進行全面改革的烏托邦夢想，沒有人確有經過考驗的才幹。[24]

按照該院制定的國會組織法，第一屆國會由參眾兩院構成，議員的產生與西方議會選舉一樣，基本是在各政黨之間進行。國民黨在主張議會政治路線的宋教仁主持下，對議會席位志在必得，在本部和分部均設有專門機關，強調須「停止一切運動，來專注於選舉」，謀取國會裡半數以上議席，以實現組建

---

書局，1985，第 497 頁。

23　羅文幹：《獄中人語》，沈雲龍主編《近代中國史料叢刊》正編第 16 冊，第 98 頁。

24　《清末民初政情內幕》上冊，第 962 頁。另外張朋園的研究表明，「百分之九十的同盟會成員年齡在 17 歲至 26 歲之間」（見張著 "The Background of Constitutionalists in Late Qing China," in Eto Shinkichi ed., China's Republican Revolution, Univ. of Tokyo Press, 1994, p.72），由此可推知參議院議員的年齡構成。

政黨內閣的政治抱負。其他各黨（如由中華民國聯合會改組而成、被視為中國政黨誕生標誌的統一黨及共和黨、民主黨等）也不甘落後，竭盡全力爭取兩院地方選票。選舉結果，國民黨在眾議院 596 個席位中獲得 269 席，在參議院 274 個席位中獲得 123 席，其他各黨及跨黨者分享參眾兩院剩餘的席位，國民黨雖然未能在兩院得到半數以上席位，比較其他各黨則居於明顯的優勢地位。

1913 年 4 月 8 日，中華民國第一屆國會在北京舉行開幕大典。議員到會者 682 人，其中眾議員 503 人，參議員 179 人，占議員總數 870 人的 78%。會議期間，兩院分別舉行議長及副議長選舉。國民黨議員張繼當選參議院議長，湯化龍當選眾議院議長。第一屆國會的成立是中國政治制度史上具有重大意義的事件，近代國人自甲午之後孜孜以求的被認為導致西方國家民主自由的代議政制，終於在形式上得以建立。

值得注意的是，第一屆國會開會期間政黨局勢發生了重大變化。首先是國民黨獨大的局面促成與國民黨對峙的其他各黨的合併。國會開會翌月，經梁啟超發起，共和、民主、統一三黨合併組成進步黨。合併之後的新黨在參議院中占有 69 席，在眾議院中占有 154 席，與國民黨的議席差距縮小。其次是國民黨以宋案為由武裝倒袁，削弱了其在國會內的力量。二次革命發生後，部分國民黨議員南下反袁，留在國會內從事合法鬥爭的國民黨議員數量減少，這對國民黨而言固然不是好事，但國民、進步兩大政黨對峙的議會政治格局卻因此而大致形成。

但民初國會的發展經歷了諸多坎坷。二次革命之後國民黨人仍居較多席位的國會能繼續存在的一個重要原因在於總統選舉尚未完成。當完成總統選舉後，袁世凱即以二次革命為由，命令北京軍警將二次革命發生時仍隸國民黨黨籍的 350 餘名國會議員的證書及徽章收繳。但兩院議員尚有 520 人，國會仍擁有開會的法定人數，且其中仍有一定數量的國民黨人。於是袁世凱再次下令，雖在二次革命前已脫離國民黨籍並加入他黨的議員，亦視為國民黨，其議員資格同樣取消。第二次被取消議員資格者為 80 餘人。兩次共取消 438 人，僅剩議員 432 人，已不足半數，不能舉行合法會議。11 月 13 日，兩院議長發出通告，宣布本屆國會「停止議事」。1914 年 1 月 10 日，袁政府又下令

對滯留在北京的國會議員予以遣散，「給資回籍」。袁世凱雖未宣布廢除國會制度，但至少他一直視為眼中釘的第一屆國會因此而中止。

第一屆國會中止之後，袁世凱組織了參政院，成立時間是 1914 年 7 月 3 日。按照新約法，參政院為總統的最高諮詢機關，在立法院成立之前代行立法職權。該院存在時間不長，其首次開會的議程包括議決以下法案：違令懲罰法案；訴訟法案；訴願法案；糾彈法案。袁氏組織的參政院既有代行立法機關的功能，立法機關存在之必要此時尚未被其完全否定，則可斷言。

袁世凱死後，「法統重光」。此時國家已隱然南北對峙。北方推出黎元洪接任大總統，卻因究竟是依據《臨時約法》還是依據袁氏頒行的《大總統選舉法》，導致新舊約法之爭。爭議包含了國會恢復這一更加重大的問題。南方因利益所需，主張恢復舊國會，但就法理分析，還有諸多難以解釋的疑問。蓋被袁氏解散的國會，從 1913 年 4 月 8 日開幕起，到 1916 年 4 月 8 日，已滿三年法定期限，按國會組織法，眾議院議員應當解職。即便恢復舊法統，也只應適用舊國會選舉法，重新改選。若以國會代表民意的原則而論，則民意並不恆定，故應依舊法改選方才合理。但改選需要較長時期，而此時國民黨的勢力範圍不過西南數省，改選必為北洋勢力所操縱，故堅持恢復舊議員之說。李劍農認為，北方擁戴黎氏是為政治上的方便，南方擁護舊國會也是為政治上的方便。新舊約法的爭議表面上是「護法」，實際上是政治上的勢力之爭。[25] 直到 1916 年 6 月 25 日李鼎新宣布海軍獨立，段祺瑞確定黎氏依《臨時約法》「繼任」，舊國會亦宣告復活。

但復活後的國會僅維持了一年，便因對德宣戰案引出的復辟而再度解散。其間國會改造的問題被多次提出。北方在段的操縱及研究系鼓吹下，對舊國會進行強行改造，結果造成安福系控制國會的局面，而南方根本就不承認北方對國會的改造。舊國會一被解散，海軍總長程璧光即辭職南下。孫中山亦於 1917 年 7 月 20 日抵粵，旋即發表護法宣言，並邀請國會議員南下。因不到法定開會人數，乃於 8 月 25 日召開國會非常會議，不久選舉孫中山為大元帥，正式成立護法軍政府。因孫中山與西南軍閥存在政見分歧，非常國會除了完成對孫的選舉之外，別無表現。

25　李劍農：《中國近百年政治史（1840—1926）》，復旦大學出版社，2002，第 424—425 頁。

　　迨第一次直奉戰爭以直系獲勝結束，國會才再次重開並完成制憲。但曹、吳的政治作為激起的反動對國會亦影響甚大，其直接後果就是導致國會分裂。在總統選舉緊張進行時，參眾兩院部分議員鑑於北京已成直系的勢力範圍，發起「國會南遷運動」，試圖阻止直系操縱大選。國民黨、政學系、安福系多數議員等，相繼離京至滬，以上海湖北會館為國會移滬集會籌備處，以「大壽第」為辦事處，展開政治活動。反直議員本欲使北京國會因不足法定人數而不能召開會議，以阻止直系控制的總統選舉，但因南下議員人數有限，且一些議員南下之後復被拉攏北上，未能遂願。其在南方從事政治活動的初衷亦因江浙方面的抵制而未能實現。

　　1924 年 10 月第二次直奉戰爭爆發，曹、吳政權崩潰，段祺瑞重新執政，國會的命運因此到了生死存亡的時刻。在直系的政治統治業已被推倒的形勢下，對反直各方而言，廢除舊國會乃順理成章之事，當時輿論也不乏這樣的主張。

　　國會參眾兩院為維持自身存在做了最後的努力。此時的國會實際上已分裂為留在北京的舊國會議員和因反對賄選而南下駐滬的議員兩個部分。在舉國上下對賄選的討伐聲中，拒賄議員為避免玉石俱焚，一面極力與曹錕「劃清界限」，一面積極活動反直各方實力派，尋求支持。1924 年 11 月 4 日，參眾兩院拒賄議員呂復等 80 餘人，在聚會之後發出通電，聲稱曹錕賄選，「論法律則干犯國家刑章，言道德則破壞社會廉恥，此次擅開戰禍，犧牲國家人民生命財產，更難數計，僅令退避，不足蔽辜，應行嚴加監視，依法訴追，方足以伸綱紀而正人心」。[26] 10 日，移滬國會議員召開會議，做出清除賄選分子及「偽會」等決議。23 日，國會反賄選議員在北京召開非常會議，推舉代表謁見段、張、馮等，希望能維持「民意機關」的存在，並主張由非常國會「選段為臨時總統」。北京的舊國會議員因涉嫌受賄，對於自身命運更為關注。政變不久，眾議院便召開祕密會議，討論「國會自衛」問題。

　　雖然國會為挽救自身命運做了最後的努力，仍回天乏術。1924 年 11 月 19 日，參與天津會議的反直各實力派代表議決解散舊國會，決定現在將辦未辦之選舉，一律停止，並議剝奪第一屆「賄選」議員選舉權與被選舉權。與此

26　〈時事日誌·中國之部〉，《東方雜誌》第 21 卷第 23 期，1924 年，第 139 頁；〈國會議員請監視曹錕〉，《申報》1924 年 11 月 13 日。

同時，臨時執政府司法部敕令逮捕「賄選」議員。11 月 30 日，地檢廳派出大批司法員警，分頭會同各區巡警大捕「賄選」議員。「受賄」議員人人自危，紛紛逃避。其被出票捉拿者，共有百餘名，有彭漢遺、陳家鼎等 10 餘議員被捕。12 月 8 日，地方檢查廳檢查官率同法警至眾院搜索「賄選」證據。12 月 14 日，北京臨時執政府會議正式做出推翻「法統」的決定，並擬就三項命令：（1）「去年十月所公布之偽憲法，茲撤消之」；（2）「民國元年，臨時約法，失其效力」；（3）「參眾兩院除拒絕賄選議員，參與建國大計外，所有兩院機關，應即消滅」。[27]

儘管如此，執政府的舉措，也只在廢除既存國會，並不具有廢除國會制度的含義。段祺瑞在執政之初，曾宣告將通過召開國民會議來解決國家根本建設問題，並任命林長民為憲法起草委員會委員長，負責制定新的憲法，以後又設立了參政院，作為臨時立法機構。1925 年 12 月 11 日，國憲起草委員會以逐條表決的方式，通過《中華民國憲法案》，並咨達臨時執政府，請提交國民會議討論通過。從憲法草案可知，在未來的正式國家機關中，國會制度仍將保留。未來的國會「仍採兩院制，然參議院頗近似與普通上院性質迥異之德國新憲法之聯邦參議院」。[28]然而，由於 1926 年以後段祺瑞政府面臨統治危機，國民會議沒能如願召開，新憲法無法通過，從而形成舊國會廢除，新國會的產生沒有法理依據的局面。至是議會完全消滅，民國初期之議會政治乃告一段落。

國會政治是一種民眾普遍參與的政治，當多數本應參與其中的人形成國會「萬萬不能存立」之共識，國會制度賴以生存的社會基礎即十分薄弱。民初國會政治消亡，此實關鍵因素。這種共識的形成既與民初國會政治實驗不甚成功有關，也與當時國人思想日趨激進，對於在中國僅僅試驗了 13 年的議會政治失去信心和耐心有關。在國人追求政治「新事物」的過程中，1924 年堪稱重要的轉捩點。這一年，蘇俄與北京政府簽訂《中俄解決懸案大綱協定》，表示放棄帝俄時代獲得的條約權利，贏得國人好感。列寧在部分國人（至少是知識精英）心中的地位一舉超過威爾遜，躍居「世界偉人」之首。與這一轉變幾乎同時發生的，是國人在政治上對西方的疏離和與蘇俄的接近。在主張廢除舊

---

27　〈執政府表示革命行為〉，《順天時報》1924 年 12 月 15 日。
28　〈林長民之憲法起草談話〉，《順天時報》1925 年 11 月 15 日。

國會並且對國會制度消亡應負重要責任的國民黨領袖中，相當一部分人具有親俄並效仿其制度的傾向。在蘇俄的影響下，中國政治中激進化的步伐加快，以英美作為樣板的西方的代議制度自然會被國人「重新估價」。

由於政治思想激進，在審視政治現象時，很容易簡單地將本來屬於人的問題當成制度缺陷，從根本上予以否定，不知道一種制度從建立到成熟完善需要經歷漫長的過程。不必諱言，民初國會政治弊端重重。但這種現象並非中國獨有，在世界政治史上，各國代議制的實施也都出現過許多不盡人意的現象。以選舉為例，即便代議制最為成熟的英國，也一度出現「賄賂公行」，選票「漲價」的情形。[29] 在美國，「參議院在提名方面的醜聞」更是成為「全國以極大的興趣關心、注視和討論的少數幾件事情之一」。[30] 對於議會政治中的這類現象，西方國家不少政治學者曾經從制度角度展開分析和批判。值得注意的是，儘管意識到有嚴重弊端，西方國家仍然通過改良，保留並完善了議會制度。中國政治家和民眾對議會的批評主要集中在人的道德這一層面，基本上沒有就制度的弊端做深刻分析，卻廢除了舊國會，並在事實上否定了國會制度。這種因噎廢食的做法顯然是缺乏說服力的，無怪乎當時便有人提出「此又豈制度之過哉」的質疑。[31]

正是在一般國人對國會乃近代民主最重要的制度建構缺乏認識的這一思想及政治語境下，政治家得以毫無顧忌地處置國會。國會制度在民初政治舞臺上消亡，從政治實踐角度觀察，很大程度上是實力派考慮政治利益得失的結果。

以反直各方的政治關懷為例。段祺瑞具有集權傾向，向來不喜歡國會捆綁其手腳。擔任臨時執政之後，為解決財政困難並示好各國，段曾試圖在滿足法國要求的前提下解決金佛郎案並召集關稅會議，卻遭到國會議員的反對。一些議員甚至還反對段祺瑞擔任執政，認為段氏執政「在國法上毫無依據」。

---

29 邱昌渭：《議會制度》，上海書店出版社據世界書局 1933 本影印，第 81—82 頁。
30 〔美〕威爾遜：《國會政體：美國政治研究》，熊希齡、呂德本譯，商務印書館，1989，第 45、130 頁。
31 劉以芬：《民國政史拾遺》（民國史料筆記叢刊之一），上海書店出版社，1998，第 49 頁。美國學者林霨認為，民初國會雖成效未彰，且經常不能發揮實際權能，但在整個北洋時期，卻一直是國家立法活動的中心，這是研究者不應忽略的。參見 Arthur Waldron, *From War to Nationalism: China's Turning Point, 1924-1925* (New York: Cambridge University Press, 1995), p.264.

段氏最終決定以「革命」手段解決國會問題，議員「不合作」應當是主要原因。孫中山在經歷長期「護法」之後，此時已放棄「法統」，主張召開國民會議尋求「根本解決」。孫氏之所以放棄「法統」，一個重要原因在於，此時國民黨議員在國會中的人數已十分有限，國會議席對國民黨實現自己的政治理想已無多大價值，而召開國民會議，國民黨則可用黨團操縱的方法加以控制。因此，孫中山對國會持極力否定的態度。奉張則於此問題素不十分重視，其看重的是實際政治權力，無國會故可隨心所欲，有國會亦可憑藉實力實施操縱。

反直三角同盟首腦的利益關懷，從政治上決定了舊國會的命運和國會制度的前途，而在輿論上對這種政治決策提供支持的，則是民眾業已形成的國會當廢的認知。正如國會議員劉以芬事後分析的那樣：「三角同盟之領袖，其態度既已如此，即令無賄選罪名，而國會能否保存，尚屬疑問，況自賄選以後，又為全國所共厭棄乎？」[32]

## 民初政黨的建置與蛻變

民國初年，由於結社合法化，加之內閣政治前景的引誘，各色各樣的政黨組織如雨後新筍，大量湧現。據不完全統計，當時國內新成立的公開團體共有 682 個，其中政治團體就有 312 個，政黨政治的前景開始顯現。但是，政黨太多亦難以實踐政黨政治，所謂「政黨少則國事舉，政黨多則國事廢」，說明了這層道理。中國號稱政黨的組織大多夠不上政黨資格，針對這種情況，一些政治家（如章士釗、章太炎等）曾順應政黨發展趨勢，主張「毀黨造黨」，對既有政黨加以改造，促使其朝著成熟方向發展。到第一屆國會開會之初，經分化組合，中國的政治性團體雖仍為數不少，但以相對穩健的進步黨和較為激進的國民黨為主軸的兩大主流政黨相互競爭的政治格局，已初步形成。

然而要指望民初政黨在短時間內發育成熟幾乎是不可能的。這一階段的中國政黨突出表現出以下特徵。

其一，缺乏共同的政治信仰。雖然每個政黨都標舉自己的「黨綱」，卻沒有成為黨員的共同信仰。為爭取議會中的多數席位，各黨都拚命拉人入黨。以國民黨為例，國會召開前夕，國民黨為造成大黨聲勢，千方百計拉人入黨，程德全、張謇、梁士詒、趙秉鈞、朱啟鈐等「思想政見枘鑿不相入者」，都成

---

32　劉以芬：《民國政史拾遺》，第 48—49 頁。

為爭取對象。黃興甚至「勸袁世凱出來作國民黨的領袖，說要如此，政府方有後援，政局才能安定」。袁世凱老謀深算，當然不會入其彀中，卻發現可以藉此將自己的人打入國民黨內部，使之反過來為其所用。到 1912 年 9 月趙秉鈞組閣時，終於出現「府方授意一體加入國民黨」這一政黨史上奇特的現象。[33]

其二，缺乏對異黨的寬容精神。實施政黨內閣不能只有一個黨，必須有與之對立的黨。既有對立黨，則主張、利害必有差異。在這種情況下，「政黨對於他黨，必有優容之氣量」。[34] 對此，民初不少政黨領袖均津津樂道。但在實際政治生活中，人們看到的則是完全相反的情形。國民黨罵進步黨為「官僚黨」，喋喋不休；進步黨罵國民黨為「暴民黨」，沒完沒了。兩黨議員在國會開會時經常大打出手，國會大廳成了黨人鬥毆的場所。更有甚者，則公開主張殺人。不僅袁世凱該殺，就是唐紹儀、熊希齡、章炳麟也都在該殺之列，絲毫沒有政治上寬容異己的精神，使人們對政黨政治大失所望。

其三，缺乏廣泛的社會基礎。政黨應當植根於社會，植根於民眾之中，這是政黨力量的源泉。然而，民初的政黨差不多成了「讀書紳士階級的專用品」。進步黨係舊日立憲派人士所組成，他們當中多新舊制度下的既得利益者，其疏於與社會各階層的聯繫自不待言。就連同盟會和後來的國民黨成員，除了孫中山和少數幾個人外，都相當保守。他們不僅很少關心改進下層民眾的狀況，保障婦女的權利，甚至對要求這些權利的民眾實施鎮壓。這就使民初政黨缺乏社會根基，如水上浮萍，稍遇風雨，便會被打得七零八落。

從政治運作層面觀察，與國會命運多舛相似，發育尚不成熟的中國政黨歧路亡羊般走上了與其標榜效法的西方政黨不同的發展路徑。

第一次國會召開前夕，中國的政黨政治一度呈現可能走上西方路徑的前景。在宋教仁等人努力下，同盟會做出艱苦的改建政黨的努力，通過合併友黨，組建中國國民黨，將過去的革命黨初步改造成在議會舞臺從事合法政治活動的政黨，以激進的姿態，與相對保守、後來合組成進步黨的各黨圍繞即將召開的國會席位競爭角逐。在此過程中，政治家初步形成兩黨政治的觀念。宋教

---

33　張國淦：〈中華民國內閣篇〉，《近代史資料》總第 40 號，第 159—160 頁。
34　梁啟超：〈蒞民主黨歡迎會演說辭〉，《飲冰室合集·文集之二十九》，中華書局，1989。

仁曾明確提出「政黨宜二大對峙」的主張。[35] 梁啟超亦認為兩黨制是世界政治的潮流，各國政黨皆有激進、漸進兩派，中國近年來亦大致形成兩派，不同政黨若能一心為國，各謀發達，中國之進步將不可限量。[36] 對於政黨政治不可或缺的寬容精神，宋、梁等人亦極力提倡，強調從事政黨政治須有包容異己的器量，對於他黨不可有嫉忌心，且尤必望其發達，彼此競爭角逐，共謀政治進步。

　　不幸的是，因宋教仁案發生，中國剛剛開始的政黨政治發生了方向性改變。一方面，國民黨重新回到革命黨的政治立場，另一方面，留在議會內的各黨派也越來越不成其為政黨。隨著國民黨在後來國內政治鬥爭中獲取勝利，中國的政黨政治再也沒有回到在議會舞臺上多黨運作的狀態。

　　宋案發生後，留在國會內的國民黨議員和其他各黨議員曾做出維護國會及政黨政治的積極努力。宋教仁被刺身亡，作為同樣主張議會民主制的進步黨黨魁，梁啟超不免有物傷其類之感。為維護政黨政治正常運作，經梁極力主張，進步黨開始謀求與留在國會內的國民黨人合作，以抵制政府戕殘國會的陰謀。二次革命發生後，袁世凱採取種種手段迫害留在國會內從事合法政治活動的國民黨議員，致使國民黨議員人數急劇減少，這構成了對國會本身的威脅。梁啟超對此深感憂慮，他意識到，如果問題不能在國會內部加以解決，「其勢非假院外勢力以解決之不可」。為抵制袁世凱對國民黨的進一步迫害，他甚至正告袁世凱，不要以為「兵威既振，則國會政黨不復足為輕重」，指出憑藉武力來維持的局面，終究是難以長久的。[37]

　　但梁啟超的悉心呵護並沒有讓國會逃脫厄運，依託國會而存在的政黨亦隨著國會舞臺的坍塌而星散。在袁世凱死後國會重組過程中，曾經的政黨紛紛改變名稱，是一個值得注意的現象。當時不少政黨改稱「會」，如進步黨蛻變成憲法討論會和憲法研究會，國民黨之一部組成歐事研究會，另一部組成憲法商榷會，從憲法商榷會又衍生出政學會等；有的改稱「俱樂部」，如林森、居正等在憲法商榷會中隱然獨立的丙辰俱樂部及王正廷、褚輔成脫離益友社組成的政餘俱樂部；有的成為以某些政治人物聚集場所為代稱的團體，如客廬、韜園等；有的被稱為「系」，如從進步黨演化出來的研究系以及新舊交通系、

---

35　〈致北京各報館書〉，《宋教仁集》下冊，第 421 頁。
36　梁啟超：〈蒞民主黨歡迎會演說辭〉，《飲冰室合集‧文集之二十九》。
37　丁文江、趙豐田編《梁啟超年譜長編》，上海人民出版社，1983，第 675 頁。

安福系。到曹錕時代，又有與保派聯繫緊密的憲友俱樂部、憲法學會，有吳景濂以民憲同志會為基本力量組成的誠社、匡廬，有從匡廬分裂出的南廬及民治社等。逮及段祺瑞任臨時執政，新舊交通系轉而投靠張作霖；安福系分裂為以王揖唐為首的安徽派和以曾毓雋為首的福建派，爭衡於段之左右；政學會與國民黨開始有大批黨人出入國民軍中；研究系則以 1917 年聯段淵源，對段表示同情。

　　當時幾乎所有政治團體都不再以「黨」作稱謂，應與民初政黨政治呈現亂象招致國人批評有關，而「君子不黨」的傳統觀念在民初遭到批判之後此時再度復活，亦發揮了潛在影響。從組織結構上看，與民國元年、2 年不同，這時所謂政團及結社大多沒有基層支部，其力量和影響可想而知。但這些改頭換面的政團仍不甘銷聲匿跡，最典型的是研究系。當反復辟成功、段祺瑞執政之後，脫胎於進步黨系統的研究系以為有了用武之地，希望通過改造國會，實踐政黨政治理想，卻因安福系和交通系把持，無法發揮作用。研究系是國民黨議員大部離開國會後唯一保留政黨性質的派系，其改造國會努力的失敗，標誌民初政黨政治的終結。

　　而離開國會之後的國民黨，則改變政治路線，回歸革命黨立場。以孫中山為代表的同盟會領袖在民國肇建時雖然接受了「改會為黨」的既成事實，但思想認識仍停留在革命時代，在民國已經建立的歷史條件下，表現出明顯的「繼續革命」甚至「不斷革命」的思想與行為傾向。

　　在國民黨回歸革命路線的過程中，二次革命是一大關鍵。這次革命的原因及表象十分複雜，經過政治家的詮釋和學者的研究，也就更加雲遮霧障了。曾經擔任袁世凱幕僚的張一麐在事隔 20 多年後寫道：「宋案之始，洪述祖自告奮勇謂能毀之。袁以為毀其名而已，洪即嗾武刺宋以索巨金，遂釀巨禍。袁亦無以自白。小人之不可與謀也，如是。」[38] 今天看來，當時所有針對袁世凱的懷疑都合乎情理，後來袁世凱復辟稱帝的歷史亦證明了孫中山革命倒袁的正當性。但這裡有兩個問題不應忽略：其一，所有認為袁世凱就是刺殺宋教仁主謀的判斷迄今都還沒有找到直接的具有法律效力的證據。從法律上講，嫌疑犯不等於罪犯，不能率爾認定袁是宋案主謀。其二，袁世凱雖有帝制自為傾向，

---

38　白蕉：《袁世凱與中華民國》，榮孟源等主編《近代稗海》第 3 輯，四川人民出版社，1985，第 44 頁，「紅梅閣主」眉批。

但畢竟上臺不久，尚無充分政治表現，非比後來稱帝敗露之時，反對者可以取得師出有名的主動。在這種情況下，成熟的政治家一般不會輕舉妄動，而是等待其政治敵手劣跡充分暴露後再行發難。相信「多行不義必自斃」，這是一種政治智慧。孫中山則不然，在沒有找到袁世凱就是宋案主謀的直接證據、袁帝制自為尚未充分暴露且自身力量不足以推倒袁氏的情況下貿然發動二次革命，是其政治生涯中的一次敗筆。湯化龍說：「今昔情形迥異，革專制之命，其名順；革共和之命，其名逆。」[39] 本來，孫發動二次革命是希望維護自己參與首創的共和民主制度不被踐踏，但在未能真正說服國人，甚至連身邊的多數革命黨人也還沒有被說服就貿然宣布武裝倒袁，顯然使自己陷於「革共和之命」的尷尬境地。二次革命發生後孫中山等人很少博得社會同情，旋歸失敗，是有原因可尋的。

唐德剛認為：「在民國史上，第二次革命實際上是第一次內戰。壞事怕開頭，打了第一次內戰，以後就有第二次了。如果說第一次是個偶然，第二次就是必然了。」[40] 其實，與後來頻繁發生的內戰一樣，民國「第一次內戰」的爆發亦非偶然。袁世凱的專制集權及民初政治的亂象固有以成之，但國民黨人也責任攸關：在「畢其功於一役」的革命未能立奏膚功的情形下，在「革命軍起，革命黨消」的主張備受批判的思想政治語境中，國民黨以革命手段來解決與袁世凱為代表的政治勢力的矛盾，是符合其自身思想邏輯的。而這種思想和行為傾向，又不可避免會激起本來就有「反革命」衝動的敵對一方先發制人的考慮。故當孫中山等人謀劃發動二次革命時，袁世凱很快就找到了發兵鎮壓的理由：「現在看透孫、黃，除搗亂外無本領。左又是搗亂，右又是搗亂。我受四萬萬人民付託之重，不能以四萬萬人之財產生命，聽人搗亂。自信政治軍事經驗，外交信用，不下於人。若彼等能力能代我，我亦未嘗不願，然今日誠未敢多讓。彼等若敢另行組織政府，我即敢舉兵征伐之！」[41] 於是，民初政治形成這樣的惡性互動：革命一方以極端的思想行為向反革命一方不斷提供以同樣極端的手段加以對付的合理性證明，而反革命一方的倒行逆施又反過來不

---

39　〈駁湯化龍致黃興電〉（1913 年 7 月 29 日—8 月 13 日之間），馬勇編《章太炎書信集》，河北人民出版社，2003，第 517 頁。

40　唐德剛：《袁氏當國》，廣西師範大學出版社，2004，第 83 頁。

41　〈袁總統令傳語國民黨人〉，原載 1913 年 5 月 24 日上海《時報》，收入榮孟源主編《近代稗海》第 3 輯，第 45 頁。

斷證明著革命的合理性。雙方互激互促，民初政象也就益形險惡。

二次革命更為重要的意義在於改變了國民黨的政治路線。嚴格地說，倒袁並非革命，真正賦予這一事件以革命含義的是，在這次行動中，孫中山再次改組其黨，打出「中華革命黨」旗幟，重新制定黨綱黨章，公開回到革命黨立場，在事實上摒棄了西方式的議會政治道路。孫中山特別強調中華革命黨「為祕密團體，與政黨性質不同」。在活動方式上，將以「積極武力」，組織「革命軍起義」，掃除障礙，「奠定民國基礎」。鑑於二次革命已告失敗，以武裝顛覆現政權為目標的「三次革命」主張不旋踵即已提出。中華革命黨的一份黨務報告稱：「吾黨欲圖三次革命，與袁氏反對，則吾黨所占之地位，即為先天之國家。」有了二次革命，復圖三次革命，以後又主張「四次革命」。[42]孫中山及其追隨者最終陷入「革命尚未成功，同志仍須努力」的不斷革命境地，並在很大程度上決定了其後中國政黨政治的走向。

## 三、重心失卻：北洋軍政體系的解構與重建

### 北洋淵源與袁世凱的「去北洋化」

北洋軍政體系有一個漫長的歷史形成過程。語其淵源，則始於英法聯軍之役後清政府設立南北洋大臣之時。甲午戰後，袁世凱督直，例兼北洋，在天津附近的小站設練兵處，建造兵營，北洋派軍人以此發軔。清末袁氏開府北洋，憲政黨人多為北洋幕府羅致，遂有以北洋為政治中心的主張，「北洋派」三字亦開始在時論中出現。

李鴻章死後，北洋派最高領袖是袁世凱。袁能夠在清末民初國家政治中占據重要位置，其原因有三：一是具有經濟及軍事實力，二是在統治集團中屬相對趨新一派，三是與清廷有很深的矛盾。因為與清廷有矛盾，以反滿為重要訴求的革命派在清末政制鼎革中便可與之結成暫時的政治聯盟；因為相對趨新，故在民初的政制建設中，各方都對之抱有一定期望；因為有實力，擔心在華利益在政制轉型的混亂中受到損害的外國人便普遍看好他，即便是對其懷有戒心的革命黨人，也因缺乏實力，不得不與之妥協。這一切，成為袁世凱建構並維繫北洋軍政體系的重要基礎。

---

42　〈在汕頭各界歡迎會上的演說〉，《孫中山全集》第4卷，中華書局，1985，第112—113頁。

　　憑藉這一基礎，袁世凱很快取代孫中山，成為中華民國臨時大總統。按照通常的認知，袁作為北洋最高領袖，本應固化內部，但當就任臨時大總統之後，卻悖論式地表現出「去北洋化」及尋求「新舊合作」的傾向，試圖將自己的統治拓展成代表性更強的國家政權統治形式。本此想法，袁世凱曾打算邀孫、黃、黎諸巨頭於 1912 年 10 月 10 日聚首北京，共商國是，以便簽署一個具有廣泛代表性的施政綱領。蓋民國政權雖已大體構建，卻未明確施政綱領，政局亦呈亂象，孫、黃、黎若能應邀進京，確立施政綱領，則政局將有望趨於穩定。但副總統黎元洪因張振武案發生，不敢貿然入京，四巨頭會議遂開成三巨頭會議。孫、黃、袁經幾番討論，最後確定施政大綱八條，用電報徵得黎元洪同意，於 9 月 25 日由總統府祕書廳正式通告，並根據八大政綱商定了四項實行手續。

　　袁世凱此舉意義重大，不僅以各方領袖聚首的方式象徵國家統一，也為鞏固自己的地位奠定了社會基礎。之後，袁控制的北京政府在國家基本制度建設方面做了大量工作。值得注意的是，袁世凱雖被視為北洋軍閥首領，擔任大總統期間卻鼓勵文治，並在一定程度上促成文治主義思潮的再度興起。本來，北洋集團中就有主張文治的一派。該派肇始於北洋幕府，袁世凱當政時禁止軍人干政，幕府中有政治才幹者得以登進。王士珍、徐世昌就是北洋集團中「文治派」的代表，而各級政府機關，也網羅了大量的知識精英。[43]

　　在職官制度建設方面，袁世凱的舉措對於北洋體系尤其具有解構意義。北洋中人多行伍出身，而袁政府卻通過制度建構來任用文人。以北洋政府制定的文官銓敘法規為例，從 1912 年袁世凱就職臨時大總統開始，幾年時間裡，北洋政府制定並頒布了《中央行政官官等法》、《文官考試法草案》、《典試委員會編制法草案》、《文官任職令》、《文職任用令》、《文官甄用令》、《文官高等考試令》、《文官普通考試令》、《文官高等考試典試令》、《文官普通考試典試令》等數十種法規。為防止官吏違法失職，確保國家機器正常運轉，北洋政府還頒布《文官懲戒條例》，逐步確立完備的文官銓選、任用及懲戒制度，使行政機構的運作有法可依，趨於有序，亦使北京政府在與「北洋」相反的政治軌跡上，漸行漸遠。

---

43　Odoric Y. K. Wou, *Militarism in Modern China: the Career of Wu P'ei-fu, 1916-1939* (Studies of the East Asian Institute, Columbia University, 1978 ), p.83.

　　研究者通常強調北洋時期的種種亂象，對於袁世凱執政時的作為更是不遺餘力加以抨擊。其實袁世凱主政時期，因致力於經濟法規建設，社會經濟呈現良性發展狀況。袁恪守自由發展工商業的原則，為規範經濟行為，曾指示工商部從速調查國人工商習慣，參考各國法律及成規，籌訂劃一辦法。在其大力督促下，各種經濟法規在清末修訂新律的基礎上得以繼續修訂或完善，民初經濟立法也因此呈現一段難得的「黃金時期」。從數量上看，短短幾年間制定頒布法規數十部，約占整個北洋時期所定經濟法規之半，初步形成了中國近代經濟法律體系的架構。從品質來看，中國經濟法律體系中的重要法規幾乎全部產生於 1915 年以前，其後的立法主要表現為對之前立法的補充和完善，很少重大的創新。從效果上看，民初經濟發展的速度與總量均超過晚清幾十年的總和，這與袁世凱執政時期相關法律法規的制定、頒布、實施對工商業的保護是分不開的。

　　袁的另一重要作用在於超越包括北洋在內的集團利益，在共和政權肇建時維持了中國作為多民族國家的統一和社會穩定。研究民初政治史的人談統一往往只是關注南北即外國人所說的「中國本部」的統一，忽略了多元性的民族國家的統一。有關政權轉移與社會動亂的因果關係，從來政權轉移都將冒此風險，而當國家「中心勢力之欠缺」時，這種風險會更大。當是之時，除了土匪、兵痞乘亂作惡之外，新政權面臨的離心因素尚多。清初整合到國家統一體內的蒙古、新疆、青海等地在失去大清王朝的制度維繫之後能否繼續在中國版圖內存在，成為政治家必須應對的當務之急，從長遠來看，其重要性甚至超過國內的政制轉型。章太炎等人主張在北京建都，並不是要迎合袁世凱，而是出於「五族共和」能否實現的現實考慮。迎袁專使蔡元培等遭遇的被認為係袁導演的北方兵變，即便找到袁世凱是其幕後導演的證據，也很難證明北方不存在發生大規模社會動盪和蒙古、青海、西藏離異的危險。在這種情況下，一個為各方倚重的權勢重心的存在，對於政制轉型中的中國，無疑具有非同尋常的意義，而袁世凱就是這樣的權勢重心。袁世凱致函孫中山解釋其不能遽即南下的原因，有謂「奉江兩省，時有搖動，外蒙各盟，迭來警告」，[44] 亦可見其對蒙古等「外藩」離異的嚴重關注。

44　袁世凱：〈致孫中山電〉（1912 年 2 月 21 日），《駱寶善點評袁世凱函牘》，岳麓書社，2005，第 335—336 頁。

　　毋庸諱言，袁氏執政多有違反現代民主政治原則之處。作為一個舊官僚出身的國家元首，袁缺乏民主意識，手段陳舊，難以將中國引至現代政治指引的方向。但袁的價值在於提供了許多同時代人不能提供的東西。誠如羅文幹所言：「較諸袁氏死後之執政者，則袁氏已不可及矣。袁氏之世，法令能行也，國庫裕如也，各省肯解餉不敢截留也，官制官規非毫無定制也，中央之政不必請命於軍閥也，對外尚能統一也，吏治也考績也，仕途不冗濫也，百官不能躐等也，官方尚能整肅也，登庸有考試也。」羅認為，如果將袁與華盛頓、拿破崙相比固屬非倫，但此十餘年來國家稍得安寧者，亦僅有袁氏在位之日而已。[45]

　　然而「袁氏當國」期間的作為，對於北洋來說則是近乎災難性的。蓋袁無論當總統還是做「皇帝」，都不能以派系首領而必須以「天下共主」的身分任事，否則其統治的政治基礎就會薄弱。袁就任臨時大總統之初，高調邀請孫、黃、黎三巨頭聚首北京，就是在表示自己是「天下共主」而非北洋領袖。然而，那些具有政治抱負的北洋同輩和後起之秀卻因不能從袁建構的政局中看到前途和希望，持不合作的態度。袁氏鼓勵文治，強調「軍民分治，軍人不干預政治」，主張政府官員通過考試選拔錄用，但北洋人物大多出身行伍，對其近乎排斥自己人的做法多不認同。袁積極立法，示以法制立國，而北洋武人多跋扈，能自覺接受法律約束者甚少。作為北洋最高領袖，袁世凱的所作所為並未以北洋的利益為歸依，某種意義上袁自己已在背離「北洋正統」，這使北洋軍政體系面臨解體的嚴重局面。通常認為北洋體系是袁身後才分崩離析的，其實無需等待袁死去，還在其在位之時，「北洋」就已經名存實亡了。

　　因而當袁氏稱帝時，他首先感受到的威脅並不是革命派的反對，而是北洋派內部的離心離德。被稱為「北洋三傑龍虎狗」的王士珍、段祺瑞、馮國璋，王是「龍」，在袁最需要的時候卻雲遮霧罩，見首不見尾；段是「虎」，此時已經露出獵食本性，開始覬覦袁的身後了；馮是「狗」，關鍵時刻不僅不見幫主子咬人，卻兩次密電袁，要其「敝屣尊榮」，促其退位。至於其他麾下愛將，也都個個靠不住。就是當初極力勸袁稱帝、被袁派往西南坐鎮的陳宧，受到袁器重的陝南鎮守使陳樹藩，以及袁予以「不次之擢」的湯薌銘，均反目相向，以致時人借用中藥湯頭，謔稱袁係誤服「二陳湯」致死。袁死後，北洋體系正

---

45　羅文幹：《獄中人語》，沈雲龍主編《近代中國史料叢刊》正編第 16 冊，第 74—75 頁。

式解體，某種意義上，袁世凱才是北洋體系崩壞的始作俑者。

## 北洋體系裂變與「北洋正統」幻滅

袁世凱死後，北洋體系在事實上一分為二，出現了直皖分野。本來，袁氏在時行政集權中央，軍隊統於一尊，並無派系可言。袁死後，群雄失馭，各植勢力，各曬所親，遂有強為區分直系皖系者。而被視為皖系首領的段祺瑞與被視為直系首領的馮國璋初無直皖成見，只到後來此疆彼界，儼然區分，世所公認，才不得不屈就事實，但「北洋正統」觀念，仍不時浮現。護國戰爭之後繼任大總統職位者為黎元洪，段祺瑞以總理掌握實際權力。後因對德宣戰問題府院爭持不下，引來督軍團干政和張勳擁清廢帝復辟，復引來段祺瑞馬廠誓師反復辟及復辟失敗。之後段「擁戴」馮國璋任大總統，自己以國務總理名義再度操持國政。段有「再造共和」之功，卻推舉不屬自己派系的人出任總統，說明其北洋的歸屬感尚高於皖系的身分認同。而馮國璋擔任總統、段祺瑞任總理、王士珍任陸軍總長的軍政格局，亦使北洋派人心大振，對北洋的政治前景寄予新的期望。

但北洋的解體仍不可避免。因府院權限不明，馮、段關係很快就因徐樹錚而出現裂痕。洪憲帝制失敗、國會恢復後，段出任內閣總理，徐以名士、策士身分為其謀劃。而徐剛愎自用，喜弄權術，與內務總長孫洪伊積不相能，孫乃聯絡被視為直系且與段出現關係裂痕的馮，謀制徐倒段。久之，遂有直皖派系之分別。繼直、皖兩系生成後，奉系亦逐漸坐大。1912 年袁世凱任命張作霖為第二十七師中將師長，1918 年 9 月段祺瑞任命張作霖為東三省巡閱使，被視為北洋旁支的奉系軍政勢力開始顯赫並逐漸將勢力插入關內。在北方軍政體系發生裂變的同時，南方則形成以唐繼堯為首的滇系和以陸榮廷為首的桂系。此外，還有山西的閻錫山，徐州、兗州一帶的張勳，以及四川境內分別控制不同地盤的大小實力派。在時人楊蔭杭看來，這種局勢頗與五代時的分裂氣象相仿佛。楊氏認為，斯時的北京政府好似梁、唐、晉、漢、周居於中原；督軍各有地盤，猶如南唐、吳、越、漢、蜀、楚、閩各踞一方，因而發出「嗚呼，今日之時局，五代之時局也」的感歎。[46]

---

46 楊蔭杭：〈兄弟鬩於牆〉、〈今之時局〉，《老圃遺文輯》，長江文藝出版社，1993，第53、12 頁。

　　既已裂土成「侯」，則彼此間的利益之爭不可免，而戰爭則成為解決利益衝突的重要方式。據統計，1916—1928 年共發生 140 餘次戰爭。如果把小規模武裝衝突也計算在內，則僅四川一省在這期間就發生了 400 餘次「內戰」，遑論全國！但北洋時期的戰爭規模，持續時間，所涉空間，傷亡人數似乎都被嚴重放大了。以當時規模最大的幾次戰爭為例。直皖之戰始於 1920 年 7 月 14 日，至 19 日段祺瑞辭職戰爭結束，延續不過 6 天。第一次直奉戰爭始於 1922 年 4 月 29 日，至 5 月 5 日奉軍戰敗退回關外，戰爭進程也只有 6 天。第二次直奉戰爭從 1924 年 9 月 15 日開始，到 10 月 23 日北京政變發生，也就大致結束，即便以月底吳敗退時計算，持續時間也只有一個半月。從傷亡上看，其實當時一場戰役下來，傷亡一般為幾百人，多的有幾千人。

　　羅文幹認為，戰亂並非北洋時期的時局特徵，「非戰非和」，老百姓感覺「不痛不癢」才是這一時期國家與社會的特徵。他寫道：「非戰非和，此不生不死之局，統一之最大障礙也。使其戰而一方勝也，則力勝者理強，可以統一。或使其七年之間無日不戰也，則雖勝敗未分，而其首先民窮財盡者不得不降，又可以統一。今則不然，有時戰，有時不戰，而勝敗不分，無強弱之別，因其不常戰也，人民不甚感直接之苦痛，於是不痛不癢年復一年，人民既漠然視之，當局者遂得以各逞其私欲，而私欲之難合，不待智者而知也。」[47] 所謂因其不常戰，人民不甚感直接之苦痛，故漠然視之，道出了當時國家及社會的實情。

　　然而羅的關注重心並不在此，在其論述中著重表達了國家統一的理念。他並不一味反戰，而是希望形成強勢的一方來推進統一，即便通過戰爭手段也在所不惜。所謂形成「強勢一方」就是要建構權勢重心，但這樣的重心在袁之後已經喪失。章士釗的觀察與羅相似，認為袁之後北洋政治已陷入僵局，天下重心失卻，成為中國政治面臨的最大問題，希望在「天然的重心」喪失的情況下，尋求各方「共建之重心」，以維持國家。[48]

　　其實為羅、章所憂慮者，也正是後袁世凱時代北洋軍政首領試圖解決的問題。首先被推出來建構權勢重心的是馮國璋，但因與皖段關係不諧，馮難當此任。1918 年 10 月，馮在擔任了一年零四個月的總統之後，被安福國會逼

47　羅文幹：《獄中人語》，沈雲龍主編《近代中國史料叢刊》正編第 16 冊，第 83 頁。
48　〈時評〉（1926 年 1 月 23 日），《章士釗全集》第 6 卷，文匯出版社，2000，第 77 頁。

迫下臺（一年後即死去），由徐世昌取而代之。徐之所以能夠繼任，是因為他在北洋派中具有較高地位。按照時人說法，徐乃「純粹北派主盟，對於南人絕無關係者也。其在北派，實兼為官僚、軍人兩派之領袖，世凱死，足統轄北洋文武者，徐氏一人而已」，係沒有爭議的「北洋正統」。[49] 就任之後，徐世昌標榜偃武修文，以和平、統一、發展為職志。11 月 15 日，徐發起在北京召開各省督軍會議，下令對南方停戰，並定於次年 2 月召開南北議和會議，以促成和平統一。

徐氏標榜文治的國際背景是第一次世界大戰以協約國的勝利而告結束。時美國總統威爾遜在國會演說，主張確定約章，組織國聯，以各國相互保障政治自由、領土完整及國無大小一律平等為原則，激起國人對文治、和平統一的遐想。如陳獨秀就認為：「歐戰後世界上各國的思想制度，都要大大的改變，這是逃不出的事實，人人都承認了的。」他甚至認為：「現時東洋各國的當局，像中國的徐總統，像日本的原內閣，都是文人出身，總算是東洋和平的一線光明，也就是東洋各國國民的真正親善種子。」[50] 曾任翰林院編修的教育家嚴修對徐實施文治也寄予厚望，他勸主張南北統一的黃郛去見徐，有謂：「東海是民國第一次文人當政，無論如何他不至於主戰，宜多輸以新知識，促成其文治主張。」[51] 可見時人對實施文治期待之殷。

但徐的文治不過是標榜「以文馭武」、「廢督裁兵」，試圖將軍權集中於陸軍及各省省長悉由中央改派文職官員擔任而已。曾經稱徐為「北派主盟」的警民氏寫道：「世有望徐氏就任實行民主制者，吾敢稱之曰夢囈。蓋北洋派中諸人，實無一人謂民主制可實行者，不僅徐氏為然也。徐氏對於人民及議員，必取敷衍主義，所謂面從心違，或久使自懈是也。」[52] 其實姑不論徐的文治是否具有以現代政治觀念來治理國家的含義，就是徐氏自己確定的政治目標，也並無實現之可能，原因在於缺乏軍政實力。徐氏能夠在北洋各派系激烈的角逐中一時勝出，位列總統，靠的是號稱「正統」的北洋元老身分和居間調和者的角色，其長處在善於因勢操縱。但這並不可靠，政治家需要的是實力。

---

49　警民：《徐世昌》，沈雲龍主編《近代中國史料叢刊》正編第 40 冊，第 85 頁。
50　〈歐戰後東洋民族之覺悟及要求〉，《陳獨秀著作選》第 1 卷，上海人民出版社，1984，第 430—432 頁。
51　沈亦雲：《亦雲回憶》上冊，傳記文學出版社，1968，第 155—156 頁。
52　警民：《徐世昌》，沈雲龍主編《近代中國史料叢刊》正編第 40 冊，第 75 頁。

由於缺乏實力，在 1920 年 2 月 20 日召開的南北議和會議上，徐遭遇了非同尋常的政治尷尬：一方面，因深諳段祺瑞主張武力統一，不得不聯絡直系和西南實力派以貫徹其和平統一主張；另一方面，考慮到由皖段支持的安福國會乃其膺任總統的法律依據，故當皖系主戰派破壞南北和談時，又不敢與其決裂。而因其係由安福國會推選，反皖段的一方又不予承認，甚至有視之為「私生總統」者。故整個和會期間徐都首鼠兩端，沒能表達自己的真實意圖。更有甚者，西南實力派因在和會期間受皖系干涉，不能實現自己的主張，轉而反對徐世昌標榜的文治，認為徐氏等人「以文治派自居，平時固極相宜，乃非當下可能應付一切者」。[53]

南北和議無果而終，旨在武力統一的戰爭接踵爆發。1920 年 7 月直皖之間發生戰爭，皖系敗北，由皖段推上檯面的徐世昌雖依舊坐在大總統位置上，其政治掌控力已嚴重削弱，號令不出京城。1922 年第一次直奉戰爭後，獲勝的直系控制了北京政府。不久，同樣號稱「北洋正統」的曹錕、吳佩孚幕後操縱舊國會，指徐世昌任總統為「非法」，迫其去職。隨著徐的去職，北洋「文治派」重建北洋權勢重心的努力也就宣告失敗。

從 1920 年夏與皖系開戰到 1924 年第二次直奉戰爭發生，是直系與皖奉及西南實力派角逐競雄的時期。此時的直系在北洋各派系中最具實力，其外交上親英美的路線反映了巴黎和會至華盛頓會議期間多數國人的外交取向，其在政治上打出「恢復法統」旗號，亦可暫時緩和與執意護法各方的矛盾，因而頗為國人看好，成為國家權勢重心重建及實現統一新的希望所在。

直系自身也存在諸多問題。首先是內部出現裂痕。第一次直奉戰爭後，直系把持中央政局，但隨著權勢上升，曹、吳身邊的人各有打算，各擁其主，內部開始出現保洛分別。因曹錕、吳佩孚以直魯豫巡閱使與副使身分分別駐節保定和洛陽，故二人身邊的政治集合又被稱為「保派」和「洛派」。吳雖表面上保持著對曹作為「直系盟主」地位的承認與尊重，但其自我中心主義亦不時表現出來。保洛之間這種複雜糾葛的關係，直接影響到直系控制下的北京政局。其次是「賄選」惹來的政治麻煩，致使曹、吳通過恢復舊國會所獲致的統治「合法性」喪失殆盡。加之鎮壓京漢鐵路工潮，導致國人對直系認知改變，使其統

53　丁中江：《北洋軍閥史話》(3)，中國友誼出版社，1996，第 236 頁。

治的「合道性」在國人心中失卻。直系統治的政治及社會基礎嚴重削弱，給敵對各方以聯合倒直、謀求東山再起的機會，第二次直奉戰爭由是爆發。

這次戰爭出人意料地以反直三角同盟獲勝而告結束。嗣後段祺瑞受各方推舉，出任臨時執政府執政。儘管曾有人試圖提升這次政治變動的含義，將發生在北京的政治鼎革稱為「革命」，段祺瑞亦多次主張廢除「法統」，赤地新立，但曹、吳倒後中國政治的變化不可能是一場真正意義上的革命，因為它沒有導致國體或政體的實質性變化。在並未形成一切推倒重來的政治格局下，戰爭善後只能以整合北洋軍閥政治權力體系的方式進行。而當時最嚴峻的問題，是如何將分散的各軍閥派系暫時維繫在一起，尤其是使已經退到長江、企圖捲土重來的吳佩孚表態擁護中央，不致重啟戰端。在這個問題上，反直三角同盟推出段祺瑞，打的仍然是「北洋正統」牌。奉軍將領何柱國曾分析說：「段以北洋元老的資格，對於北洋軍閥，無論哪一個，雖然都吸不住，卻都罩得下」，[54] 道明了三方的考慮。

1924 年 11 月 24 日，段祺瑞入京就臨時執政職。段氏就任後面臨的最大政治難題，是如何改變國家四分五裂的現狀，對北洋集團進行整合，使之集於自己麾下，形成新的政治共同體和權勢重心。

段祺瑞用以整合北洋體系的資格是「北洋正統」，具體手段是利用北洋各派系間的矛盾，促成或保持各派力量的「均勢」，以維持北洋舊體系的繼續存在。其苦心為馮、張分配地盤，將蘇皖界奉張，陝甘界國馮，目的全在於此。不過這種「均勢」只被段祺瑞維持了不到一年。1925 年 10 月，以孫傳芳為總司令的五省聯軍以「擁段反奉」為號召，不顧段之調停，向奉軍發起攻擊。以後各派軍政勢力懷抱不同目的，彼此大動干戈。浙奉戰爭的爆發，宣告了段祺瑞整合北洋體系努力的失敗，建立在各方「均勢」之上的段執政的政治生命，也因這場戰爭的爆發而臨近終結。

段祺瑞沒能如其所願，成功整合北洋軍政體系，當然也就沒能延續臨時執政府的命運。這樣的政治結局，與皖系實力過早衰退有關。皖系政治上可能有所作為的時代，是在袁世凱死後段以國務總理控制北洋政府時期，以及討伐

---

54  何柱國：〈孫段張聯合推倒曹吳的經過〉，《文史資料選輯》（合訂本）第 51 輯，中國文史出版社，1986，第 28 頁。

張勳，「再造共和」，繼續掌握政權的幾年內。1920 年直皖戰爭敗給曹、吳之後，其權勢的巔峰期已經過去。第二次直奉戰後段能復出，不是因為具有實力，而是因為奉張與國民軍爭執不下，撿了個政治便宜。然而依靠權力平衡推出來的政治領袖日子從來都不好過，因為平衡很容易被打破，維繫政治統治所需的是實力，而這正是段最為缺乏的。蟄居復出的段氏，已經近乎手無寸鐵，毫無憑藉。執政不到兩個月，便有人將段氏與徐世昌相比，指出他「已入十年東海境地」。[55] 在這種情況下，段祺瑞政府要想成為袁世凱那樣可以對全部北洋軍人發號施令的政治權力中心，幾乎是不可能的。

　　其實何止段祺瑞，袁世凱之後的北洋各派領袖中，沒有哪一位具有能夠整合北洋軍政體系的能力。如前所述，首先被推舉出來建構權勢重心的馮國璋因與皖段關係無法協調，難當此任，接著又有徐世昌、吳佩孚、段祺瑞等粉墨登場。徐世昌屬「文治派」，缺乏實力，欲以文馭武，不啻夢囈！吳佩孚一度擁有較強實力，又被認為是北洋嫡系，卻因支持曹錕「賄選」喪失政治號召力，復因堅持武力統一導致北洋支派離心，加之為反直三角同盟戰敗，已不足膺此重任。曹、吳之後力量相對強大的張作霖與北洋嫡傳各派關係較遠，就連在北洋中「分屬後輩」且新近戰敗的吳佩孚，也「一向不把張作霖當作北洋正統」。從直系分離出來的國民軍首領馮玉祥政治上反復無常，難以自立。至多只能算是北洋旁支的西南各軍閥陷於內爭，或不具備問鼎中原之實力，或本來就胸無大志，苟且偷安。整個後袁世凱時代，能夠為北洋各派公認的權勢重心一直沒能形成。

　　個中原因，其實就在吳佩孚蔑視張作霖時所持守的「北洋正統」上。北洋在近代歷史上曾經是一舉足輕重的政治軍事存在，但在袁世凱之後便已逐漸式微，不可復振。後袁世凱時代此伏彼起的戰爭及政治上變動不居的局勢，更是使曾經對北洋抱有希望的國人從心理上厭棄了這一軍政集團，而北洋自身亦四分五裂，一蹶不振。不管是直系還是皖系，在整個北洋已越來越不為世人看重的情況下，即便被承認為「北洋正統」，亦無號召天下的能力，更何況皖、直、奉、浙及西南、西北各實力派，誰也不承認對方是「正統」。

　　北洋面臨的遭到民心厭棄且內部又無法整合的衰頹狀態，以及國民黨自

---

55　〈國內專電・北京電〉，《申報》1924 年 1 月 7 日。

我改造之後呈現的嶄新氣象，解釋了後來國民革命軍北伐沒有遭遇太大困難就取得勝利的原因。

## 四、分合訴求：地方與中央的治權之爭

### 中央權力式微與地方自治濫觴

民國肇建，因袁世凱北洋勢力強大，中央積極有為，加之「一般學者盛倡中央集權」，地方勢力受中央權勢及輿論的雙重壓抑，暫時沒有表現自身意志的機會。宋案發生後，孫、黃指令李烈鈞、柏文蔚、胡漢民起兵反袁。袁在對外借款成立後，立意動武，宣稱「跋扈之都督（李、柏、胡三人）在所必除」。時藍建樞以岑春煊代表之資格，進言調和，袁斷然拒絕道：「今日並非調和南北問題，乃係地方不服從中央，中央宜如何統一問題。宋案自有法院，借款自有議會，我與岑君等皆不能說話。君係現役軍人，尤不能說話。至李烈鈞等為地方長官，於行政之系統上，中央不能不求統一之法。」[56] 袁不以南北名義處理贛寧方面發起的二次革命，而強調其用兵係討伐不服從中央的「地方」，凸顯了北京政府的強勢地位及維持中央集權的政治訴求。

不過清末及民初中央集權的程度已十分有限，鎮壓二次革命時袁世凱表面的跋扈，也多少有些色厲內荏的味道。張君勱曾指出，有人說前清及袁世凱當政時集權，其實斯時中國中央之權遠不及德美聯邦政府之權。各省自練軍隊，自定幣制，中央政府除官吏任命權外，無任何權力。他認為，中國之患不在單一，也不在集權，而在野心家肇亂和無所節制。[57] 惲代英也認為，民初政象紛亂，與辛亥政制鼎革中國以民主取代君主，卻未具備起碼條件有關，現代政治制度建構必須具備的人的主觀條件尤其不成熟。因為「早熟」，民眾（甚至其精英分子）都還不知道怎樣過現代政治生活，而革命卻把「皇帝的尊嚴」打倒了，只得掛個「民治的招牌」出來，結果造成「群雄爭長」的局面。[58]

如果說，袁世凱在世時尚能勉強維持中央對於地方的行政掌控，袁世凱

---

56　李劍農：《中國近百年政治史（1840—1926）》，第 350 頁。

57　羅文幹：《獄中人語》，沈雲龍主編《近代中國史料叢刊》正編第 16 冊，第 4—5 頁。

58　〈民治運動〉，《惲代英文集》（上），人民出版社，1984，第 336—337 頁。關於辛亥革命前人們政治心理認識的幼稚，惲代英曾對比說：「在未革命以前，許多太熱心的人，以為只要光復，只要民主，便可以糖饅頭從天而降的，現在總可以證明是妄想了。」見《惲代英文集》（上），第 224 頁。

身後的中國則已無嚴格意義上的中央政府可言。楊蔭杭在觀察北洋時期政局時曾做過一番歷史比附，認為當時的中國已呈現春秋戰國似的分裂格局：中央政府對於各省，有如東周之於諸侯；南北相攻，皖直交訌，滇蜀不靖，有如諸侯列國之侵伐爭霸。只是春秋戰國學術興盛、人才輩出，北洋時期則晦盲否塞，春秋戰國爭霸之諸侯尚知招賢禮士，北洋時期則黃鐘毀棄，瓦釜雷鳴，由此區分出兩個時期優劣高下。[59] 陳冠雄抨擊軍閥把持國家中樞、干政亂政的行徑，有「武人亂紀」、「傀儡中央」之語，更可見當時局勢的嚴峻。[60]

在這樣的政治格局下，中國的權勢重心發生轉移，北京所具有的俯視天下的崇高地位迅速下降，國內政治家對它的重視程度亦遠不如前。過去北京乃京師重地，是中國政治權力的重心所在，一切上升性的社會流動都指向北京。到北京去的人總不免懷著「朝聖」心態，歷朝歷代的覲見制度，就是利用臣民對於「聖上」和「京師」的敬畏而制定的。然而這種狀況在幾年間就變成了昔日輝煌，北洋時期的紫禁城已經暮色籠罩。唐紹儀 1924 年 11 月 27 日的一次談話清楚地說明了這一點：「北京所發生之事實，於全國無重大影響，北京乃一隅，而非全國，且不能統治全國。當今急務，在乎聯合各省成就一種結合，庶日後漸能遵從合宜之當軸。」[61] 章士釗甚至認為，北洋政治已成僵局，天下重心失卻，「北京不期而有地方化之虞」。[62]

中國政治趨向「分」的局勢之出現，與自治思潮興起有關。時人黃抱一在分析其因果關係時指出：袁世凱死後，地方割據局面逐漸形成。此時的中央既不能以法律手段謀根本建設，更不能以軍政手段使統一成功，國門之內，水深火熱，亟亟不可終日，國門以外，他族勢力之壓迫，國民自決之思潮，又予國人以強烈刺激。鬱久必發，不得於彼，則洩於此，自治呼聲遂勃然興起。

1915 年章士釗發表〈學理上之聯邦論〉一文，援引西政，認為聯邦制的各邦與單一制下各省只有權力程序的差別，並無根本原則的不同，提出中國在輿論條件成熟之後，原有各省區亦可以「邦」的形式「聯」在一起，而無礙民族國家的統一。[63] 章氏此文，引發了一場涉及中央與地方關係的國家體制問題

---

59　楊蔭杭：〈今之時局〉，《老圃遺文輯》，第 12 頁。

60　陳冠雄：《奉直戰雲錄》，收入「近代史料筆記叢刊」，中華書局，2007，第 155 頁。

61　〈唐紹儀與外報記者談話〉，《申報》1924 年 11 月 27 日。

62　《章士釗全集》第 6 卷，第 275—277 頁。

63　《章士釗全集》第 3 卷，第 379—398 頁。

討論。以後，「聯邦制」的設想逐漸演變成「聯省自治」主張。1922 年 9 月 10 日，胡適在《努力週刊》上發表〈聯省自治與軍閥割據〉一文，提出聯省自治是打倒軍閥的「重要武器」，認為改變軍閥割據現狀的第一步是建立基於省自治的「聯邦制統一國家」。胡適宣稱，中國是最不宜於實行中央集權的國家，強行實施的結果必定是中央對地方鞭長莫及，而地方又沒有人民自治，只好由軍閥來割據。因而消滅軍閥割據「唯一的辦法」，不是武力統一，而是加強區域性的人民自治（self-government，不是 autonomy），用聯省自治來達到民族國家的統一。

　　宣導聯省自治的當然不僅限於胡適，南北雙方上海和議的期間，自由主義者及左翼知識分子多半支持聯省自治。他們通過創辦《新安徽》、《新浙江》、《新江西》、《新山東》等刊物，闡述並宣傳聯省自治的政治主張。一向主張社會改良的《東方雜誌》、《太平洋》、《改造》等刊物，亦積極宣傳聯省自治或聯邦制，冀以打擊軍閥政治，保障人民權利。

### 聯治踐行及其對北洋集權體制的侵蝕

　　按照時人設想，聯省自治大致可分兩步進行：首先由各省自定憲法（或稱省自治法），依據省憲組織省政府，治理本省；然後由各省選派代表組織聯省會議，制定聯省憲法，完成國家統一。「聯治」的最終目的，乃在突破現行的單一制，將中國改造成聯邦制國家。這一設想踐行於 1920—1924 年，參與省區共 10 個，包括直接捲入南北之爭的粵、桂、閩，介於南北之爭中間地帶的鄂、湘、川、陝，地處西南、受北方影響較小的雲貴，以及直皖戰後仍受皖系控制同時又跟南方有密切關係的浙江省，10 個省都有規模不等的自治及聯治舉動。

　　在這 10 個省中，湖南的自治成就較為顯著。該省自治運動開展較早，產生條件有兩個：一是張敬堯的「劣政」損害了湖南軍人和士紳的利益，二是內戰使湖南損失慘重。於是在成功「驅張」之後打出自治旗號，試圖在南北之爭環境下尋找一塊生存空隙。該省自治經歷了譚延闓和趙恆惕兩個時期。自治運動興起後，旅居京津的湘紳熊希齡、范源濂等極力附和，主張「湘人自決」；旅滬湘人組成的湖南改造促進會也提出「湘事湘人自決」，主張「以後南北武人一律退出湖南境地以外，永毋再入湖南境地與湖南人為敵」。湖南的自治走

向聯省是與制憲活動同時並舉的。1920 年冬成立制憲籌備處時，趙恆惕正式提出聯省自治主張。翌年 2 月，當籌備制憲時，趙派歐陽振聲赴川與劉湘接洽兩省聯治。4 月公布憲法草案之後，趙又支持湖北民黨李書誠與在湘鄂軍團長夏斗寅，密謀驅逐督軍王占元，企圖在驅逐王之後，建立聯治的基礎，同時聯絡在湘西的川軍熊克武部，成立湘、鄂、川聯軍，約定攻鄂成功後在長沙組織「聯省政府」。1921 年底，湖南公布省憲，次年 9 月，趙恆惕當選省長。趙聯絡湘、鄂、川三省推進的區域自治，乃聯省自治運動的主要成績。[64]

　　在廣東，因陳炯明極力宣導，自治運動亦開展活躍。但與湘、川、浙諸省試圖建立「軍紳政權」不同，陳氏的自治是標榜人民管理自己的事，以村縣「直接民主政權」來抵制地方軍閥勢力。他支持彭湃在海陸豐領導的農民運動，就是基於這樣的考慮。1921—1922 年陳與孫中山政見齟齬，孫中山拒絕採納和平協商方式，在廣東財政極其困難的情形下，決定興師北伐，引起陳不滿。對孫要求其放棄聯省自治，陳更是斷然拒絕，聲稱：「炯秉『聯省自治主義』而奮鬥，冀行此主義以救國，中山贊成聯省，則我聽其今；若中山仍效北方軍閥，作武力統一迷夢者，則我雖助中山，而粵人不諒我也。」[65]陳、孫因政見不同，分道揚鑣。胡適在分析主張武力統一的孫中山與主張聯省自治的陳炯明「衝突」原因時指出：「孫文與陳炯明的衝突是一種主張上的衝突。陳氏主張廣東自治，造成一個模範的新廣東；孫氏主張用廣東作根據，做到統一的中華民國。這兩個主張都是可以成立的。但孫氏使得他的主張，迷了他的眼光，不惜倒行逆施以求達他的目的」，是一種「短見的速成手段」。[66]稱陳、孫二人的主張均可成立，未免模稜，但認為陳氏旨在建立一個自治的「新廣東」，應該很能概括陳在廣東的政治作為及其與孫氏衝突的性質。

　　其他地區的實力派亦紛紛實施與中央若即若離的區域性統治，所提口號體現了強烈的地方意識。如孫傳芳在控制閩浙後，作為地方建設的一部分，曾

---

64　但三省各有自己的利益（如四川，當遭到滇軍進犯時，又表現出偏向北洋的傾向），其聯盟並不牢靠。待到吳佩孚出兵干預，不僅其「聯省自治」破產，就連湘省的制憲活動，亦一併宣告失敗。後起的湖南實力派只好聯絡已經為國民黨控制的兩廣以抵禦北方，謀求自身利益的保護。見黃士衡〈趙恆惕的省憲活動〉，《文史資料選輯》第 30 輯，第 160—169 頁。

65　段雲章等編《孫文與陳炯明史事編年》，廣東人民出版社，2003，第 757 頁。

66　〈聯省自治與軍閥割據——答陳獨秀〉，歐陽哲生編《胡適文集》第 3 卷，北京大學出版社，1998，第 371—375 頁。

雄心勃勃提出「大上海計畫」，要將租界之外的上海建成一個可供其他地區效法的「模範城市」以及遠離戰火的「非戰區」。浙江甚至成立省憲起草委員會，所草省憲經省議會議決並於 1921 年 9 月 9 日宣布，幾年後又通過了《浙江省自治法》。擔任西北邊防督辦的馮玉祥亦做出姿態，籌劃地方建設，奉行「大西北主義」，力圖將陝甘建成能獨立行使權力的區域。與此相對應，雲貴及廣西實力派則提出「新西南主義」，謀求該數省區的獨立性。

作為自治或聯治的重要表徵，政治權力分配上的地域排他性也逐漸凸顯，「由某省人督某省」的口號開始在較大範圍內被接受。1920 年秋，《東方雜誌》一篇署名文章指出：近來「鄂人治鄂」、「閩人治閩」一類說法，喧騰國中，本省人主張，全國人贊和。其具體主張，不外「省長必任命本省人」，「本省行政機關必盡以本省人組織之」。[67] 北京政變不久，陝督劉鎮華致電段祺瑞，請調河南，而以胡景翼督陝，理由是自己為河南人，而胡為陝西人。李景林繼王承斌督直，亦因其為直隸人。張作霖派張宗昌赴山東接收德州兵工廠並占據徐州，後又決定以之督魯，原因在於張宗昌係山東籍。在四川，至遲在 1926 年，支持自治的軍紳各界提出的「川人治川」口號得到實現。「雖然不能說四川人已完全統治了自己的省分，但至少那些掌權者都是出生本省。這些人完全掌握了川省事務，並將這一權力行使了近十年之久，使自治理想成為現實，儘管這並不意味著四川已從中國的國家政治中退出。」[68] 顧敦鍒說，聯治運動中，不但獨立各市在事實上脫離中央政府掌控，而以省政府為最高監督機關，在法律上也取得幾乎同樣的地位。[69] 顧氏所言，客觀反映了中央與地方關係的變化。

在當時，自治常以「聯省」的形式展開，聯省自治就是聯邦制，這一點頗為一般研究者忽略，而其抵抗直皖軍閥武力統一以圖地方割據的用意卻被反復強調。其實時人早就道明了兩者同一的關係。既係「聯邦」，就應該效法聯邦制國家（如美國），將中央和地方的權力義務在憲法上劃分清楚，中央制定國憲，地方制定省憲，各施其治。這一政治訴求直接影響到制憲實踐。如前所述，袁氏帝制敗亡，國會重開，再度審議民二憲法草案，即有議員提出關於「地

---

67　說難：〈何謂自治〉，《東方雜誌》第 17 卷第 20 號，1920 年，第 2 頁。

68　Robert A. Kapp, *Szechwan and the Chinese Republic: Provincial Militarism and Central Power, 1911-1938* (New Haven and London, Yale University Press, 1973), p.21.

69　顧敦鍒：〈中國市制概觀〉，《東方雜誌》第 26 卷第 17 號，1929 年，第 33—42 頁。

方制度」的意見。逮曹錕「賄選」成功，政潮趨平，復致力於制憲。所定憲法設有「國權」與「地方制度」兩章，「國權」一章列舉中央與各省各自權限若干條，其未經列舉事項，性質關係國家者屬之國家，關係各省者屬之各省。「地方制度」一章將地方分為省縣二級，省得自主制定省憲，惟制憲機關之構成由國憲規定。[70] 這無異從國體上將中國由單一制改為聯邦制，只是未用「聯邦制」的稱謂而已。

隨著地方勢力膨脹，中央權力逐漸被抽空。此時，嚴格意義上的中央軍權已不復存在，掌握軍權的是分散各地的實力派。陸軍部和海軍部不僅沒有任何直接統轄的軍隊，對各省軍隊也沒有調度指揮權。孫中山指示李烈鈞不就執政府參謀總長職而為之力爭江西地方職務，充分說明了中央軍事職能部門在地方實力派人士心目中的地位。地方行政權力的分配也體現了實力派的操控，爭執異常激烈，像蘇、直、豫、魯、贛等省省長、督軍任命，與其說是中央的安排，不如說是地方實力派意志的體現。更有甚者，一些地方實力派無視中央，自我委任，陳調元宣布自任蘇督、王桂林宣布自任江蘇省長就是典型事例。

如果說，19世紀末，中國的地方主義是一種「分」在客觀上尚有利於「合」的「中央方向上的地方主義」（center-oriented regionalism），[71] 那麼此時的地方主義顯然已偏離了以前具有的「中央方向」，這使政局呈現極為動盪不穩的狀況。政治代謝的週期由民初的三四年變成兩年甚至一年。以北京政變後執政的段祺瑞為例。本來，段是直奉戰爭之後受各方擁戴，在「非段莫屬」的輿論中登上臨時執政位置的，然而上臺不到兩個月，便有人將其與徐世昌相比。時論甚至將段執政的北京政府視為「世界政治史上……最無權能之政府」。[72] 以後段的處境越發困難。從 1925 年下半年開始，北京頻頻發生民眾「驅段運動」，地方實力派尤其是南方國民黨人開始利用這種運動，以實現自己的目的。三一八事件之後，中國事實上已處於無中央政府狀態，成為地方實力派的天下。1926 年 4 月 20 日，臨時執政府宣告解體。段氏窮途末路的境遇，堪稱北洋政治的一個縮影。在自治和聯治的嚴重衝擊下，統一的中央政權已經名存實亡。然而，這種由聯治造成的對北洋軍政體系的衝擊，卻又為政治家在另

---

70　見該憲法第 124 條至 135 條。

71　Harold Z. Schiffrin, "Military and Politics in China: is the Warlord Model Pertinent?" *Asia Quarterly 3* (1975), pp.196-197.

72　〈王吉占之〈對時局下一觀察〉〉，《國聞週報》第 2 卷第 8 期，1925 年，第 3—6 頁。

外的政治框架內尋求國家統一創造了有利條件。

### 經由聯治的國家統一新途徑

1920 年代初，中國的政治思想呈複雜多元性狀。一方面，自治及聯治鬧得規模宏大，對集權中央的政府體制造成嚴重衝擊；另一方面，中國傳統政治理念仍根深蒂固，大一統依然是從傳統中走過來的多數國人在國體方面的重要訴求，而西方列強近代以來對中國侵略激發出的危機意識及民族主義情緒，又提示國人須對西方自治思潮氾濫對以統一為基本前提的中央集權體制的消解保持必要警惕，於是形成「自治」與「統一」呼聲競鳴，國人難以抉擇的局面。對此，《東方雜誌》一篇署名文章曾做過如下述評：

> 統一和自治，可算近來中國政治上最當令的兩個名詞了。興論用它，經世家用它，官閥軍閥也用它，國人幾年來厭亂的心理，在這兩個名詞裡已完全表出來了。這兩件事果然辦得好，中國政治便會漸入正軌。[73]

通常認為，聯省自治與統一民族國家的建構是對立的，因為推進聯治的人不免具有以地方割據來抵禦北洋軍人武力統一的用心。但北洋時期的政治實踐表明，聯治雖然削弱了北洋政府操控的中央權勢，阻礙了直皖軍閥的武力統一，卻並不總是構成統一的對立力量。因為聯治雖然解構了北洋體系，卻可能成為新的統一國家的建設性因素。

在統一和自治問題上，胡適與陳獨秀的辯論頗能揭示當時持不同主張的人各自的政治及思想考量。1922 年 8 月 10 日，陳獨秀在《東方雜誌》刊登文章，批評主張聯省自治的人未曾研究中國政治糾紛的根源何在，引起胡適反駁。二人的辯論涉及如何判斷聯省自治作為一種制度和作為在中國現實環境中實踐之區別問題。

陳獨秀並未直接反對聯省自治，但他認為，中國的聯省自治並不是發生於人民的要求，而是發起於湖南、廣東、雲南等省的軍閥首領，有違自治宗旨。在陳獨秀看來，聯省自治的要害在於不知中國問題的病根何在。他認為，中國政治糾紛的根源，是大小軍閥各霸一方，把持兵權、財權、政權，致使法律及興論均歸無效，實業教育一概停頓，而無關乎中央權大地方權小的問題。

---

73　康白情：〈自治的統一與統一的自治〉，《東方雜誌》第 19 卷第 11 號，1922 年，第 1—4 頁。

地方權力已經夠大了，若再擴大地方權力，不知還要擴大到什麼地步？況且地方自治作為民主政治的原則，其實施應重在城、鎮、鄉基層，如果把地方自治範圍擴大到省一級，則已不是地方自治，而是採用聯邦制，屬於國家組織的問題了。

胡適的回應似乎很到位，他強調了四點：一是中國不宜於組建單一制國家，軍閥割據是武力統一的惡果；二是今日中國只是督軍、總司令的權大，而地方的權力極小，兩者不可混為一談；三是軍閥之所以權大，是因為地方無權及中央雖有權卻無力制裁軍閥；四是制裁與打倒軍閥的武器在於增加地方權限，在於各省自治基礎上的聯邦制統一國家的建構。

陳、胡等人的論辯範圍很小，如果在較大範圍內探尋讀書人的認知，則可發現陳獨秀的意見雖然激進，卻相對主流。1925 年上半年，華北五大學舉辦辯論會，辯論的題目是「中國宜用武力統一」。辯論結果，正方勝者四，反方勝者一。反對武力統一的葉含章對此評論說：正方主張中國宜用武力統一的理由，和一般老百姓希望某一派得勝的思想不謀而合。他們不把民國以來的痛苦歸罪於軍閥，反倒歸罪於不統一。迷信武力的大學生尚且如此之多，其餘各界，可想而知。[74] 任職清華的張彭春在同一年就表達了類似的對於統一的企盼，表示「無論什麼能統一的權力總比沒有好」。

學者帶有理論思辨色彩的討論分別被主張統一和聯治的軍閥用作實現自己政治目的的理論依據。北洋時期，被視為「北洋正統」的皖直兩系主張武力統一，而多少有些邊緣化的南方軍事集團則主張聯省自治。南方的實力不及北方，如果要北方接受其主張，一定要合乎北方的利益，有利於解決其面臨的問題。當時北方的問題主要是與聯省自治僅一字之差的「聯省統治」，即一個大軍閥統治幾個省，維繫這種統治的是巡閱使或經略使制。北方提出的解決之道是由具有實力的軍政領袖在整合北洋軍政體系的基礎上推進武力統一，而南方的目的是要通過聯省自治打破北方的武力統一，把一個大軍閥統治幾個省的局面改造成一個督軍只管一省且相對獨立於中央的局面。雙方主張有如方鑿圓枘，難以契合。

癥結在於，不僅南北雙方的訴求難以彼此相容，在政治實踐中，各自的

---

74　葉含章：〈武力統一〉，《現代評論》第 2 卷第 50 期，1925 年，第 7—9 頁。

舉措也都未必具有可行性。楊蔭杭一語道破了問題之所在：北方之咎不在亟求統一，而在不能自行統一，反欲統一南北；南方之咎不在不苟求統一，而在不能自行統一，反自以為有操縱南北統一之權。更為要命的是，南北皆無惠民之政並因此失卻民心。[75] 對此，羅文幹曾做過透闢分析。他認為南北人民同樣痛苦流離，生命、自由、財產同樣不保；盜匪橫行，未見北方多而南方少；商工凋零，南北無異，南設苛稅，北增外債；官吏貪暴未見差別，兩軍紀律同樣鬆弛。這種情況致使普通國人難辨孰善孰惡，「於是合固可，分亦無不可，其分也聽之，其合也亦聽之」。[76]

南北軍閥之間及其各自內部的鬥爭給國民黨坐大提供了機會。1925 年以後，北洋內爭愈演愈烈，且規模擴大，無暇顧及南方，國民黨及粵軍乃能以武力統一廣東。李宗仁的新桂系取代舊桂系控制廣西之後，國民黨成功使兩廣新興軍事力量集合在三民主義旗幟下，逮至唐生智逐走趙恆惕占領湖南並與兩廣聯手，南方初步形成相對統一的數省勢力範圍。此時，儘管湘桂對於廣東仍有其獨立性，彼此關係仍為「聯」而非已然「合」為一體，但這種「聯」與貌合神離的關係畢竟不同，係在各方均對三民主義有所認同的基礎上的集合，這無疑壯大了國民黨的力量。與北洋對立的「南方」亦因此從實際僅有西南向政治內涵不同、空間範圍更廣的「南方」拓展。以前與北方抗衡的「南方」主要是指滇、桂、黔三省，粵、桂、湘的軍政整合不僅拓展了「南方」的範圍，也改變了中國地緣政治的格局。1925 年擊退滇軍進犯，意味著西南中的西部衰落而東部崛起，趨時的輿論也開始以廣義的「南方」取代僅有西南的狹義「南方」來稱謂北洋的對立面，南北對峙的局勢再度形成。

自治或聯治必然涉及如何「治」的問題。在這一問題上，國民黨的做法與其他「聯治派」明顯不同。1921 年 3 月，孫中山發表演說，公開表示「黨人治粵」是國民黨在廣東的執政方針，並以此為基礎，提出「以黨治國」的概念和奮鬥目標。他告訴其黨人，「以黨治國」在英國、美國等國是有先例可援的；表示要達到「以黨治國」的目的，應趕快下手，結合團體，操練黨員，宣傳黨義；強調要把廣東作為國民黨實行黨義的試驗場和民治主義的發源地，

---

75　楊蔭杭：〈統一之奇談〉，《老圃遺文輯》，第 137 頁。

76　羅文幹：《獄中人語》，沈雲龍主編《近代中國史料叢刊》正編第 16 冊，第 83 頁。

再由廣東推行到全國，「長江、黃河都要為本黨底主義所浸潤」。[77] 孫中山把英美多黨執政歷史中的特例當成國民黨「以黨治國」的先例，固然牽強，但「黨治」亦屬文治，如果僅僅是作為一種過渡，對於改良中國政治亦不無裨益，但若將「黨治」作為一種治國方略，推廣全國，則早先地方自治的宣傳也就成為具文。

　　按照「以黨治國」的邏輯，軍隊的改造也被國民黨列入日程。為區別於軍閥單純的軍事力量，「民軍」、「黨軍」乃至「國軍」的概念被慎重提了出來。曾經擔任國民革命軍總司令部政治部主任的鄧演達對此做了明確表述。他在一次演說中強調，要「使軍隊受黨的指揮，使軍事的訓練和政治的訓練並重，使革命的武力與民眾結合」。在稍後發表的一篇文章中，他再次強調軍人必須「無條件的聽從黨的決定，接受黨的制裁」。李宗仁在九江牯嶺與蔣介石討論革命方略時，亦強調了這一問題的重要性，主張「掃除中國軍隊傳統以個人為中心的惡習，使全國軍隊一元化，使革命軍成為單純黨的軍隊，庶幾將來可蛻變為國家的軍隊，為三民主義建國而奮鬥」。為實施黨對軍隊的領導，國民革命軍推行了黨代表制度、政治工作制度，設立了政治部，建立起黨領導軍隊的政治體制。雖然在國民黨統治下，其軍隊始終未能真正如李宗仁所願，由「黨軍」蛻變為「國軍」，但「黨軍」較之同時代軍閥的私人武裝，差異亦是實質性的。這一系列變化，使推進「統一」的重任別無選擇地落在走了一段自治及聯治路線的國民黨肩上。

---

77　〈在中國國民黨本部特設駐粵辦事處的演說〉，《孫中山全集》第 5 卷，第 472—481 頁。

# 第三章　北洋外交的成敗

　　北洋政府統治時期（1912—1928）[1]是列強勢力在中國影響最大，同時是中國民族意識勃發的階段。當時全球國際政治及東亞外交格局都發生重大變化，歐戰前帝國主義外交受到美國參戰之威爾遜主義及俄國革命提出之列寧主義的嚴厲批判，也受到殖民地半殖民地民族主義的挑戰，這些外交潮流在中國互相激盪。歐戰後新的國際秩序形成，國際聯盟與共產國際相繼建立，東亞國際局勢也由英日同盟主導到日本企圖獨霸，再轉變到英美合作壓制日本以及蘇聯宣導反帝，變化既大又急，中外關係複雜。中國國內則有北洋外交、廣州外交與地方外交的錯綜互動；外交官群體中留日及同文館出身者逐漸淡出，英美留學生站到臺前，崛起一批優秀的外交人才。當時的中國外交既有重要的國際會議、國際組織參與，有頻繁的多邊及雙邊國際交涉，也有國內中央與地方的互動，而外交事務與內政發展更是息息相關，致使北洋外交豐富而多元，是近代史中重要的研究領域；同時對北洋外交的研究與理解，也密切影響到學界及國人對中國近代史的理解與詮釋。

　　然而，迄今北洋政府時期仍是中國近代史中學術研究較薄弱的階段，北洋外交又是北洋史研究中爭議最大的部分。過去兩岸學界對北洋外交多持較負面的評價，其原因與「革命史觀」及「民族主義」密切相關，歷史研究因而重視革命黨在民初的地位，肯定主張「反帝廢約」的孫中山及廣州政府，貶抑主

---

* 本章由唐啟華撰寫。
1　「北洋政府」一詞帶有貶義，並非嚴謹之學術用語。正式名稱應是「北京政府」（1912—1928）。但用「北洋外交」一詞來稱呼民初北京政府之外交表現，意涵比較明確，本章因此使用「北洋」一詞，但絕無貶義。參見唐啟華〈「北洋外交」研究評介〉，《歷史研究》2004 年第 1 期。

張修約的北京政府。自 1920 年代起，這種論述早已深入人心，多年來教科書中對北洋外交一直是貶抑的。

1980 年代以來，兩岸意識形態束縛減輕，外交檔案及相關史料開放出版，國際法等相關學科的引用等，都讓北洋外交史研究有很大的突破，逐漸從政治宣傳回歸學術研究的領域，研究成果逐漸肯定北洋外交在部分個案上的成績。經 20 多年研究成果的積累，近年來幾本重要著作的出版，除趨向於肯定北洋外交的成就，對其歷史地位有相當不同的評價外，進而提出新詮釋框架，大幅度改變了學界對北洋外交的理解，甚至於有可能轉移詮釋典範，改變吾人對近代史的理解脈絡。

## 一、北洋時期的外交

### 袁世凱時期的外交

1912—1916 年是袁世凱掌政時期，袁氏在辛亥革命期間，憑藉北洋新軍扮演「強人」角色，內有立憲派附和，外得英國支持，成功壓制革命黨，成為新成立的中華民國的主政者。袁氏於 1912 年 3 月在北京就臨時大總統職後，首要外交課題在於維持中國領土，當時外蒙古及西藏都宣布獨立，背後各有俄國及英國勢力為後盾，日本也積極煽動滿蒙獨立。此外，列強要求中華民國承認條約及依慣例所得之既得權益，並利用新政府需款孔急，國際銀行團借 2500 萬英鎊之「善後大借款」給中國政府，進一步取得鹽務稽核所及監督財政等控制權。中華民國開國之初的外交局勢，可說十分棘手。

袁世凱對內以優勢軍力擊敗國民黨，解散國會，並以新約法取代《臨時約法》，讓大總統握有不受國會監督的行政大權，對外與英俄交涉，在經貿權益上讓步，同意外蒙古、西藏高度自治，換取名義上收回蒙藏主權。袁氏之獨裁統治，雖破壞民主共和精神，但使中國迅速恢復秩序，國基稍固，並至少在表面上維持中國領土完整。

1914 年歐戰爆發，中國宣布中立。然而日本藉口英日同盟對德宣戰，出兵山東，中國被迫劃定戰區，歐戰戰火延燒至中國。日本占領膠州灣及膠濟鐵路沿線後，於 1915 年初對中國提出「二十一條要求」，欲繼承德國在山東權益，擴展日本在南滿東蒙利權，並進一步將勢力由福建伸展至長江中游，甚至

想藉歐洲列強無暇東顧之機，以第五號之「希望條件」各款，全面控制中國。
袁世凱面臨此危機，全力與日本周旋。日本以軍力威逼，並以支持革命黨相
要脅，欲以祕密談判方式速戰速決，迫袁氏全盤接受條件。袁氏則運用拖延
戰術，指示外交總長陸徵祥與日本逐條交涉，並將日本要求內容洩露給相關
之英美各國，希望引起列強干涉，並派親信赴日，擴大日本外務大臣加藤高
明與元老間之嫌隙。最後，日本不耐袁氏之拖延，提出最後通牒，將第五號
留待「日後商協」。袁氏以內外環境不利，且日本也有讓步，決定避免戰爭，
接受日本通牒；雙方以兩個條約、13 件換文等方式，訂定《中日民四條約》。
雖然不少史家認為袁氏在「二十一條」交涉中，為達成帝制野心對日本屈服，
喪權辱國。但近人之研究顯示，袁世凱努力與日本周旋，其外交實已達到當時
中國國力所能取得的最好結果，簽署的《民四條約》，較諸「二十一條」原案，
已打了很大的折扣，看不出有賣國的跡象。簽約之後，袁氏又訂定諸多國內法
規限制日本國臣民在滿蒙取得土地從事工商各業，張作霖、張學良父子也持續
在東北貫徹抵制，讓日本獲得的條約權益實際上無法落實，留下許多懸案。日
本則堅持在滿蒙的條約權益，認定中國不尊重日本條約權益，雙方衝突不斷。[2]

　　然而數十年來「二十一條」的損害被誇大，袁世凱、張作霖都成了賣國
媚日的國賊，北洋政府也被譏為親日，這些政治神話已成為教科書中的基調，
導致國人長期將「二十一條」與《中日民四條約》相混淆。1933 年蔣廷黻就
感慨地說：「局外人的評論外交最易不公不平，尤其在國事緊張的時候；更足
證為中國的外交當局者不但對付外人難，對付國人尤難。」[3]

　　袁氏認為日本對華野心應已基本滿足，而西方列強忙於歐戰無暇東顧，
中日交涉結束不久就推動帝制。當時歐美各國多表示不干涉，甚至有表示支
持者；日本在「二十一條」交涉期間對袁氏的手段頗有戒心，亟思乘隙摧抑，
袁氏帝制讓日本有可乘之機，遂佯示贊成，實則欲擒故縱，待機而動。迨袁
氏帝制運動全面展開，日本兩次主導列強向袁氏提出警告，袁氏答以帝制絕
不致引起動亂，列強在華利益不會受影響，並表示本年之內不會改制。日本暫
且保持觀望，然不禁止日本人民支持中國各反袁勢力之活動。蔡鍔之自北京出

---

2　參見唐啟華《被「廢除不平等條約」遮蔽的北洋修約史（1912—1928）》（以下簡稱《北洋
　　修約史》），社會科學文獻出版社，2010，第五章。

3　蔣廷黻：〈民國初年之中日關係——《六十年來中國與日本》第六卷〉，天津《大公報》
　　1933 年 9 月 18 日。

走天津，經日本、臺灣、越南而入雲南，明顯受日本人之幫助。1915 年底，雲南護國軍起，討伐袁氏帝制。1916 年初，西南各省逐一響應，袁氏知日本支持反袁，派心腹周自齊赴日疏通。日本見反袁勢力漸成氣候，決心倒袁，先藉故拒絕周自齊赴日，3 月 7 日內閣決議大力支持反袁勢力，摧抑袁氏以清除稱霸東亞之主要障礙。袁氏知事不可為，乃宣布撤銷帝制，向反袁勢力讓步，謀求妥協，然為時已晚，最後遭各方壓力，病發身死。袁氏死後，北洋政府再無強人可維持國家統一，日本在華勢力大為擴張。

### 參加歐戰與華工派遣

北京政府在歐戰爆發之初，保持中立，中日「二十一條」交涉後，外交總長陸徵祥即向袁世凱建議：唯有參戰，取得參加戰後和會資格，才有挽回《民四條約》中喪失權利的機會。但因日本阻撓，而中國本身內部因帝制而起動亂，此議暫時作罷。待袁氏死後，日本以大敵已除，其在華勢力更加擴張，又得英法保證支持日本戰時所得成果，乃改為支持中國參戰，乘機進一步控制中國。北京政府也亟思在外交上有所突破，乃藉參加歐戰之機會，加入協約國陣營，戰後得以戰勝國身分參與國際新秩序之重建；並以國內昂揚之民族主義，配合「聯美制日」外交方針，在巴黎和會、國際聯盟及華盛頓會議中，努力收回國權，提升國際地位。

1917 年美國藉口德國無限制潛艇政策違反國際航海自由，造成美國輪船被擊沉，宣布對德國絕交，並邀請各中立國一同行動。北京政府內閣總理段祺瑞及梁啟超等力主參戰，以提升國際地位，實則段氏欲以參戰為名擴張皖系勢力。大總統黎元洪，及國會議員、孫中山等多以事不關己反對參戰，實則擔心皖系勢力膨脹。兩派爭執不休，國會雖通過對德絕交，但反對宣戰，並罷免段祺瑞職。段氏下野後，皖系督軍紛紛宣布獨立，聲討北京政府。黎元洪召張勳入京調解，張勳則乘機遂其復興清室之宿願，率軍入京解散國會，擁宣統復辟。黎氏在宣布下野前，恢復段祺瑞總理職，命其討伐張勳。段氏原不欲出，在梁啟超勸說下，誓師討伐，張勳復辟失敗。共和恢復後，副總統馮國璋任總統，段祺瑞掌實權，拒絕重開國會，另行改選所謂「安福國會」。孫中山對段氏破壞法統不滿，率舊國會議員南下廣州集會，成立軍政府，宣布護法，中國南北分裂。段氏則於 8 月 14 日對德宣戰，廢止中德、中奧條約，並向日本借款，

編練參戰軍，又與日本簽訂共同防敵協定，日本在華勢力大肆擴張。

　　過去學界認為中國雖宣布參戰，實則對外宣而不戰，對內戰而不宣推行武力統一，評價較差。王建朗近著則指出北洋政府既希望通過參戰獲得戰後處分權這一長期利益，還希望獲得延付庚款、提高關稅等現實利益，戰後他們的要求也得到了一定程度的滿足，標誌著中國外交政策從消極到積極的轉變。參加一戰為中國參加巴黎和會、闡明自己的觀點、提出和解決中國所面臨的問題提供了可能的機會，因此參戰標誌著中國外交政策從消極回避轉向積極參與，北京政府後期的積極外交由此開端。[4]

　　香港大學歷史系教授徐國琦（Xu Guoqi）近年出版了兩本探討中國與歐戰的專書：China and the Great War: *China's Pursuit of a New National Identity and Internationalization*（Cambridge, UK and New York: Cambridge University Press, 2005，中文譯本有馬建標譯《中國與大戰——尋求新的國家認同與國際化》，三聯書店，2008）及 *Strangers on the Western Front: Chinese Workers in the Great War*（Cambridge, Mass.：Harvard University Press, 2011，暫譯《西線的陌生人——一次大戰的華工》），廣獲學界好評。[5]

　　《中國與大戰》一書指出中國的一戰外交和國際化努力，是中國史乃至國際史的重大事件，此時中國內憂外患集於一身，內政外交密不可分，要理解一戰對中國的意義，必須打破藩籬，從內政、外交、社會與國際關係逐一考察。徐著與前人著作最大的不同是從國際史的視野探討中國與一戰的關係：從中國參戰目的、「以工代兵」的參戰政策、中國「外交政治群體」的形成以及大戰對中國內政外交的長久影響，肯定中國政府藉宣戰而廢除了中國與德奧間的不平等條約、中國躋身巴黎和會及參與國際新秩序等成就。儘管中國對巴黎和會的結果感到失望，但因此對世界有了新的想像，並由此探尋新的國家認同。過去以歐洲為中心的一戰史研究，終於有了全方位視野下中國角色的切入點。

　　2011 年 2 月出版的《西線的陌生人》一書，是在《中國與大戰》第四章的基礎上，更深入地探討一戰時期華工對歐戰的貢獻。此書廣泛搜集散落世界

---

4　王建朗：〈北京政府參戰問題再考察〉，金光耀、王建朗主編《北洋時期的中國外交》，復旦大學出版社，2006，第 1—30 頁。

5　吳翎君：〈從徐國琦新著 *Strangers on the Western Front: Chinese Workers in the Great War* 談國際史的研究方法〉，《新史學》第 22 卷第 4 期，2011 年，第 183—215 頁。

的各種材料，從個人書信、日記、基督教青年會（YMCA）報告和官方檔案，包括中國、英國、法國、加拿大、美國等各地官方和私人圖書館，甚至華工後裔提供的資料，其挖掘資料之豐令人驚奇，特別是首次披露過去被加拿大政府刻意封鎖的加拿大華工資料，以及大量引用英國里茲大學（University of Leeds）關於華工營外籍軍官的書信和照片，讓該書展現細膩生動的華工生活史面貌。

該書發揮了以中國為主體的國際史研究方法的特色，探討 14 萬華工的動員究竟有何意義，以中國下層社會階層的農民或邊緣人來透視中國，以其作為東西文明的信使，將華工個人或群體的生命導入更加廣闊複雜的國家、族群和國際的空間，賦予歷史的深度和意義。首先點出作為國際史一環的一戰華工史的重要性。英法徵集華工的過程，與英法在非洲、印度和越南等殖民地的勞工招募有著根本的不同。中國非殖民地國家，而華工的動員數目卻最為龐大。過去對華工的研究僅止於中、英、法三方面，該書作者找到美加兩國罕見的文件，說明 1917 年美國參戰後，隨即向法國借調 1 萬名華工，寫下一戰時期中美兩國人民同在異域合作的經驗，而華工於 1917—1920 年借道加拿大遠赴歐洲及返回中國的悲慘過程，更是長期被加拿大政府刻意隱瞞。

一戰華工的角色在西方長期被漠視，不惟學術界不重視，事實上整個西方世界對一戰華工的集體記憶正在逐漸消逝中。涉及歐戰華工招募的英法等國家從一開始就不願對外公開這一事實，因為中國最初為中立國家，動用華工有違協約國家的立場，同時需要向中國人求援的事實，畢竟對英法兩國的殖民帝國形象有礙。另一方面，中國政府亦封鎖華工資訊，因中國直到 1917 年才參戰，不希望德國獲悉中國與英法間的「以工代兵」策略。這批華工多數為文盲，留下的資料相當有限。法國政府在 1980—1990 年代，於靠近中國城附近的小公園內建造一戰華工紀念碑，這是世界僅有的一座紀念一戰華工紀念碑。有感於重建一戰華工歷史的迫切感，正是該書作者撰寫此書的主要動力。

徐國琦這兩本專書都以「中國中心」的國際化軌跡，將中國與一次大戰、華工與一次大戰的主題，通過多國檔案的比較和全球視野，將近代中國的命題納入全球史視界，探索中國式國際主義的興起，以及中國人尋找新的國家認同的歷史軌跡。他認為國際化指的是近代中國積極參與國際體系，而國際化的過

程亦促進中國與外部世界和國際體系的交互作用，中國化的推動力則來自中國與世界在社會、思想、經濟、意識形態及文化資源等方面的接觸與互動，因此，中國化是國際化的最後目標。

## 巴黎和會與華盛頓會議

1918 年 11 月歐戰停火，次年初在巴黎召開和會，中國側身協約國之列，也受邀出席。北京與廣州合組中國代表團與會，以北京外交總長陸徵祥為代表團團長，邀王正廷及駐美公使顧維鈞、駐英公使施肇基、駐比公使魏宸組任全權代表，組成一支龐大代表團，為中國近代外交史上空前之舉。一般認為代表南方的是王正廷，王氏曾任武昌軍政府外交司長，1912 年任唐紹儀內閣工商次長，1913 年國會召開王氏當選參議院副議長。廣州軍政府成立後，王氏任外交次長，後受軍政府之託，與郭泰祺、陳友仁赴美尋求支持，自 1918 年春夏之交即居於紐約。陸徵祥經美國赴歐參加和會途中，邀王氏同行，許以次席代表之位。故王氏於 1918 年 12 月 27 日成為北京政府正式委任代表南方的全權，後來軍政府以王氏之列席和會已成事實，於 1919 年 2 月 10 日追加其任命。[6] 其後廣州政府派伍朝樞攜傅秉常、伍大光、黃凱等三員赴歐，充議和隨員，於 1919 年 2 月初起程，3 月抵法，此為廣州正式派遣的和會代表。但因伍氏抵會太遲，未能列名全權代表，只能以襄辦公使地位參與會務，列席內部討論，而不列席和會。伍氏雖不滿，但為顧全大局只能隱忍。[7]

1919 年 1 月陸徵祥率中國代表團抵巴黎，知悉中國在和會僅有兩個席位，力爭三席不果，法國外交部告以：全權人數各國政府可自行決定，惟列席和會人員不得超過議定之數，因此引發複雜的全權代表名次問題。陸氏在 17 日代表團內部會議中宣布：為國家全局利益，擬請大總統任命五位代表，依次為陸徵祥、王正廷、施肇基、顧維鈞、魏宸組，電呈大總統任命。北京政府考慮後，大總統徐世昌電令五全權名次更動為陸、顧、王、施、魏。但陸氏已與王氏出席 18 日和會開幕會，且陸曾允諾王：不管中國得到幾個席位，王都是當然代表，因此陸再電北京更改王為次席，顧為第三席。這一名次更動事件在代表團

---

6　廖敏淑：〈巴黎和會與中國外交〉，中興大學歷史研究所碩士學位論文，1998 年，第 65—67 頁。

7　參見唐啟華〈五四運動與 1919 年中國外交之重估〉，《五四運動八十週年學術研討會論文集》，政治大學文學院編印，1999，第 63—92 頁。

內引起很大反彈，王、施遂對陸、顧處處杯葛，造成很多困擾。[8]

當時國人受美國總統威爾遜主張之「十四點和平計畫」影響，對巴黎和會期許頗高，除山東問題外，還奢望能將中國所受條約束縛一舉解除。中國代表團在和會中共提出德奧條件、山東問題、廢除「二十一條」、希望條件等四份說帖。其中對德奧條件，大部分被和會接受，列入對德奧和約之中。廢除「二十一條」及希望條件兩事，大會認為不屬於和會範圍，婉轉拒絕，建議日後提交擬議中的國際聯盟處理。山東問題中日激烈辯爭，日本以戰爭貢獻、實際占領、中日已有成約為由，且得英法同意，主張德國在山東權益應交給日本。中國代表顧維鈞以領土主權完整、情勢重大變遷、民族自決、最後通牒法律效力有爭議等理由，一一駁斥日本立場，要求和會將山東直接歸還中國。由於顧氏之發言精彩，一時頗得國際同情，國人咸以為勝券在握。然而和會中公理正義原則不敵利益交換的政治現實，加以日本以不參加國際聯盟為要脅，逼使威爾遜妥協，最後大會決定山東原德國權益交給日本。4月底消息傳回國內，北京及各地反日情緒高漲，加以研究系推波助瀾乘機攻擊安福系，遂引發五四運動，以「外爭主權，內除國賊」為訴求。北京政府試圖鎮壓，但在全國民意壓力下，乃將安福系親日外交家免職，巴黎和會中國代表團也拒絕簽署對德凡爾賽和約。

拒簽和約常被認為是受五四運動的影響，因國民之壓力，阻止北京政府之賣國。事實上，五四運動之後北京政府曾訓示代表團不保留則不簽字，後經徵詢各方意見，加上閣議及段祺瑞意見，5月下旬以後，則傾向於不能保留也要簽字。但直到簽約日為止，代表團未收到明確的訓令。代表團內部多次討論，決定力爭保留否則拒簽；與國內五四運動之「外爭主權」或巴黎留學生、華工、僑胞的示威，應無衝突，南北外交方針也無大差異。中國代表利用國內輿論一致反對簽字，加強拒簽之立場，國內輿論與代表團之態度，可說是相輔相成。

巴黎和會中國外交失敗，八十年來似已成為定論。然由全盤及長遠角度看，中國在巴黎和會中的外交成果，應屬難能可貴。總結中國在巴黎和會中之成績，除對德凡爾賽條約，因有關山東條款中國力爭保留被拒，6月28日未

---

8　廖敏淑：〈巴黎和會與中國外交〉，第72—76頁。

簽署該約。9 月 15 日中國簽署對奧地利和約，結束與奧國之敵對狀態，收回
奧國在華特權，並因此成為國際聯盟之創始會員國。11 月 27 日中國簽署對保
加利亞和約。1920 年 6 月 4 日中國簽署對匈牙利和約。至於對土耳其和約，
中國全權代表因約中各國保有種種特權，為中國所欲設法解除而未能者，決定
不予簽字。過去學界認為，中國在巴黎和會因為山東問題失利，而且廢除《民
四條約》及希望條件兩項說帖，和會皆未受理，實為外交失敗。但是山東問題
雖因強權政治影響，中國失利；中國代表在和會中據理力爭，又力爭保留，最
後拒簽對德和約，爭取到日後公平處理的機會，終在華盛頓會議中得到有利的
解決，這樣的結果長遠來說不能算失敗。廢除《民四條約》後來也在華會中得
到部分的成功，希望條件說帖則是中國向國際社會表達對不平等束縛的不滿，
為日後中國要求修改不平等條約、爭取平等國際地位的重要宣示。同時中國以
戰勝國一員的身分，參與 20 世紀第一個重要國際會議，參與國際新秩序的制
定，成為國際聯盟創始會員國，象徵中國進入國際體系，並為國際社會接納的
重要里程碑。[9] 此外，中國簽署三個和平條約，及幾項國際協定公約，廢除部
分不平等條約，收回部分特權，並表現出不畏強權，不屈不撓爭取國權的積極
外交精神，得到部分國內外學者的肯定。[10] 而中國年輕外交家在和會的表現突
出，展現許多新的外交特色，更是令人印象深刻。巴黎和會中國外交的成績實
應重新評估。

　　巴黎和會基本上只對歐洲戰後秩序做出安排，並未處理遠東太平洋區域
在歐戰時發生的權力變遷種種問題；為調和列強利益衝突，限制海軍軍備競
賽，重建戰後和平，乃有華盛頓會議的召開。美國對日本戰時在遠東及西太平
洋的擴張，尤其是日本獨霸中國之意圖深具戒心，兩國互相視對方為假想敵，
戰後持續進行造艦競賽，遠東太平洋之國際局勢頗為緊張。加以美國國會不願
批准凡爾賽和約，山東問題成為中、美、日爭執焦點。英國夾在美日之間，左
右為難，一方是戰時盟友，一方是 20 年「英日同盟」的夥伴。英國先召開帝
國會議，討論英日同盟是否延續，會中加拿大與澳洲、新西蘭爭論不決。美國

9　Zhang Yongjin, *China in the International System, 1918-1920*9 (London, Macmillan, 1991) pp.187-
　　196；另參見唐啟華《北京政府與國際聯盟（1919—1928）》，第 6—7 頁。

10　如 Robert T. Pollard, *China's Foreign Relations, 1917-1931* (New York, 1933)，書中即做此主張。
　　張忠紱《中華民國外交史》亦認為：「巴黎和會對於中國之處置雖多未能使中國滿意，但
　　中國已因巴黎會議而獲得相當之結果，當無疑義。」（正中書局，1984，第 284 頁）

總統哈定當選後，邀集戰後五強，也是五大海軍強國，英、美、日、法、意，討論海軍軍縮及遠東太平洋問題，並邀請中國參加，後又續邀與遠東太平洋利益相關之荷蘭、葡萄牙、比利時，一共九國與會。

由於山東問題，中國代表拒簽對德凡爾賽和約，北京外交部並屢次拒絕日本直接交涉的提議，原欲於 1920 年底國聯第一次大會時提出，因評估局勢不利而中止，只宣言保留日後提出之權利。1921 年夏，當北京政府籌劃如何將魯案提出國聯第二次大會時，接到美國邀請參加華盛頓會議，遂決定將此問題提出華會。

中國對華會有相當的期許，但是當時國內問題重重，北京政府財政困難，對外借款的償還時有拖欠，未能善盡國際義務；加以南北分裂，北京政府意欲仿巴黎和會模式合組代表團與會，廣州政府非常大總統孫中山堅持北京為非法政府，欲自組代表團代表中國，遭美國拒絕後，拒不參加北京代表團，並宣稱不承認華會有關中國之決議。北京政府任命駐美公使施肇基、駐英公使顧維鈞、大理院院長王寵惠為代表，南方代表伍朝樞拒不參加。中國代表團組織龐大，主要目標是希望列強勿再侵犯中國主權，並提案修改條約收回已失國權，尤其注重山東問題。

北京政府廣泛收集各方意見，擬定與會宗旨，希望能藉此會建立遠東國際集體安全機制，欲於此次會議之後，中國在 20 年中不使國際地位發生危險，並在會前具體訓令代表在提案中最注意者厥有四端：取消英日續盟；取消特殊地位；訂立公斷條約；關稅自由。由國家安全角度看，北京政府的目標應屬正確，然而民間輿論最關心，也是廣州政府力主提出的山東問題、取消「二十一條」及修正條約等案，北京外交部只列為次要提案，這種期許的落差，帶來日後許多紛擾。

華盛頓會議於 1921 年 11 月到次年 3 月在美京召開，會議分兩大部分，海軍軍縮問題由五大海軍國參與，遠東太平洋問題則九國全數參與。結果遠太部分通過《九國公約》，列強正式承認「門戶開放」原則，宣稱尊重中國領土主權完整，給北京政府完全機會發展。列強並同意中國海關增收 2.5％的「華會附加稅」，但要由列強開會討論開徵條件。各國同意調查中國法權改良情形，決定是否放棄在華領事裁判權。此外英法同意歸還威海衛、廣州灣等部分

租借地，及其他一些小讓步。山東問題則由中日代表在會外談判，英美代表從旁協助，結果日本同意歸還膠州灣及膠濟鐵路，從山東撤軍，中國則要付4000萬日元贖回日本資產，未付清前日本仍保有部分鐵路及行政之控制權。海軍軍縮方面，五強同意主力艦比例為 5：5：3：1.75：1.75，限制主力艦噸位及主炮口徑，10 年內不造新艦等限制軍備辦法。「英日同盟」由英美法日「四國協商」取代。

　　總體而言，華盛頓會議成功完成海軍軍備限制，調和英、美、日三強在遠東西太平洋地區的利益。「英日同盟」廢止，改由英美合作制壓日本；日本雖被迫將歐戰時的擴張成果大部分退出，但得到西太平洋海軍優勢地位，最關鍵的滿蒙利益得到列強默認。三強都滿意於此結果，同意共同在華合作，戰爭危機暫時化解。華會條約安排列強在遠東太平洋之利益，與巴黎和會之凡爾賽和約共同形成所謂「凡爾賽—華盛頓體系」，成為歐戰後全球主要政治外交秩序。然而華會不是為解決中國問題而開，對中國修改條約之要求，輒稱若中國改革達到西方水準，就願意放棄在華條約特權。中國在華會中較具體之收穫為名義上收回山東權利，此外得到列強善意承認中國領土主權完整，但「門戶開放」實質上只限於長城以南；列強雖同意修改部分條約特權，然而其在華基本利益未受影響，並聯合在經濟上宰制中國。

　　華會前後國人對此會之批評甚多，當時輿論關心何時提出魯案與取消「二十一條」問題，國民外交代表余日章、蔣夢麟及留美學生則日日監督代表團。由於山東問題是國人最關心的外交要案，全國聚焦於此，1921 年 12 月 1日中國代表接受英美調停，與日本會外直接交涉山東問題，輿論多表不滿，攻擊為賣國，導致代表團內爭，三位代表先後請辭。贖回膠濟鐵路談判，也因新任閣揆梁士詒與日本公使小幡會面，引起「借日款」與北京談判風波，直系乘機倒梁，吳佩孚率本系督軍聯電聲討，學生走上街頭抗議，逼使梁士詒下臺。對於談判結果為日本仍然實質掌控膠濟鐵路，民意也多不愜。加以廣州政府拒絕派代表出席，否認華會決議，對華會結果多所惡意貶抑，國人對華會遂多視為另一次外交失敗。派系鬥爭常藉外交問題發端，輿論、學生對政府衡不信任，是北洋外交特色之一。對於華會結果，當時民間輿論及國共兩黨的評價就

不好，[11] 至今兩岸學界對於《九國公約》及各決議案，仍多視為帝國主義相互勾結共同侵略中國的盟約，把中國置於國際帝國主義共同支配的地位。[12]

平心而論，若以北京政府的角度觀之，中國對華盛頓會議的主要外交目標基本上都得以達成。華會中「英日同盟」由「四國協商」取代，固非中國之力，但使日本不能再藉「英日同盟」以東亞憲兵自居，形成東亞門羅主義。《九國公約》使列強承認中國門戶開放原則，尊重中國領土主權完整，不再干涉中國內政。英美合作，日本對華收斂，在新的遠東國際秩序中，中國處境大為改善。而關稅條約及修改條約各決議案對中國皆屬有利，中國外交應屬成功。

北京政府對華會結果的自我評價屬審慎樂觀，擔心的是內政紛爭，影響到各議決案的實施。然而，北京政府的擔心不幸言中，中國內亂不已，北京政府無實行華會各項承諾的能力。列強重申承認並支持北京政府，孫中山領導的廣州政府宣言不承認華會決議，不斷攻擊列強支援北京，又因關餘問題屢與列強發生衝突，最後實行聯俄容共，與另一個被華會排斥的政府合作，共同對抗「華盛頓體系」。加以法國為金法郎案，不肯批准華會關稅條約，導致關稅會議遲遲不能召開。結果中國與列強互相指責，認為對方要為華會決議不能實行負責，民間輿論及廣州政府更振振有詞稱列強對華之善意是「口惠而實不至」。[13]

## 國際組織之參與 [14]

19 世紀末到 20 世紀初，世界政治中帝國主義當道，列強競相擴張軍備，互結軍事同盟，爭奪海外殖民地及勢力範圍，國際社會暗潮洶湧，大戰危機迫在眉睫。同時國際和平運動也風起雲湧，鼓吹和平裁軍，其中影響最大的就是 1899 年、1907 年兩次海牙保和會的召開。該會雖常因未能防止大戰爆發，被評價為失敗，但會中議定各項國際公約，已為 20 世紀裁減軍備、戰爭文明化及以法律和平解決國際爭端奠下難能可貴的基礎，並影響日後國際聯盟

11 當時國共兩黨對華會條約的惡評，見王立新〈華盛頓體系與中國國民革命：二十年代中美關係新編〉，《歷史研究》2001 年第 2 期，第 59—62 頁。

12 程道德主編《近代中國外交與國際法》，現代出版社，1993，第 201 頁。

13 參見唐啟華〈北洋外交與「凡爾賽—華盛頓體制」〉，王建朗、金光耀主編《北洋時期的中國外交》，第 47—80 頁。

14 詳見唐啟華〈清末民初中國對「海牙保和會」之參與（1899—1907）〉，《政治大學歷史學報》第 23 期，2005 年；《北京政府與國際聯盟（1919—1928）》，東大圖書公司，1998。

（League of Nations）乃至聯合國（United Nations）的成立。

　　第二次保和會中，曾討論第三次會期，雖未定議，但有七年為期開下屆會的共識，即 1914 年左右召開，各國應於會前兩年將所有提議問題預送海牙公會研究。辛亥革命之後，袁世凱於 1912 年 3 月 10 日在北京就臨時大總統職，陸徵祥任外交總長，他參與過第一、第二次保和會，對籌備第三次會最熱心。1912 年 5 月陸氏回國接掌外交部，6 月被任為國務總理，7 月為組織內閣，遭參議院否決，進而被彈劾，陸氏提出辭呈，終於在 9 月 24 日解職。陸徵祥辭國務總理職後，與張謇發起組織國際法會，預備修改條約及第三次保和會提議案。外交部也呈請臨時大總統袁世凱派大員研究海牙保和會。11 月 2 日，臨時大總統令：特派陸徵祥設會研究。陸徵祥遂組織保和會準備會，自 1912 年 12 月 12 日開成立會後，每星期開會一次，直到 1916 年 4 月下旬。

　　保和會準備會成立會中，陸徵祥報告該會宗旨為籌備第三次保和會事宜。其後數次會議，訂定會議章程，調集卷宗，收集相關書籍資料，並決議先從研究討論第二次保和會畫押未全各條約入手，再研究未行簽押各條約，及第三次保和會提案問題。第一階段研究第二次保和會各條約，至 1914 年春已大致討論完畢。該年夏歐戰爆發，中國宣布中立，通告各國不得在中國領土、領海及租借地交戰。然而，8 月 23 日日本對德宣戰，9 月 2 日日軍登陸山東。次日中國劃定戰區，25 日日軍占據膠濟鐵路濰縣車站，破壞中國中立。保和會準備會遂進入第二階段，研究第三次保和會提案，首先討論局外中立國權利義務問題，尤其集中於論租借地問題，既可準備第三次保和會提議之條件，亦可在此問題內研究領土主權。會中確定中國對租借地之主權，租借地非得地主之同意，不能擅以兵力攻擊之，研究將來在第三次保和會提出此問題，使租借地不致受戰事波及。

　　保和會準備會議決第二次保和會各條約，於 1915 年 1 月 30 日呈報大總統，關於海戰各約擬請補押，國際捕獲審檢所條約擬請緩畫。因陸軍部對歐戰爆發後，是否補押陸戰規例有疑慮，要重新檢討利害，遂由統率辦事處會同參謀、陸軍、海軍三部，及訓練總監等開特別會議，討論陸戰規例第三條：交戰國違犯章程各條，如有損害則須賠償，凡屬於軍中一切違犯之事，唯該國是問。特別會議認為，近年國民程度業經進步，辛亥以來，國內迭次用兵，

強暴之行動已少，國際戰爭時如清甲午、庚子之往事，斷不致再見，議決畫押。時值籌備洪憲帝制，待政局安定後，1916 年 12 月 11 日奉大總統批准，1917年 5 月 9 日送達荷蘭外交部，經過 60 日後發生效力。8 月 14 日大總統布告中國對德國、奧國立於戰爭地位，並聲明中華民國政府仍遵守海牙和平會條約，及其他國際協商關於戰時文明行動之條款，罔敢逾越。

巴黎和會結束之後，國際外交重心轉到國際聯盟。中國在和會期間即積極參與國聯的創立，希冀以此國際集體安全機制保障中國權益，並期望能將山東問題、廢除《民四條約》等案提交國聯解決。一時之間，國人對國聯興趣頗濃，紛紛成立相關組織。國聯盟約制定後，被列為對德奧和約之首章，但是美國國會因故不願批准對德和約，加以威爾遜競選連任失敗，美國未能加入國聯，此新創之國際組織因此理想主義色彩大減，仍由英、法、意、日等舊式列強操控，淪為維持其戰勝果實的機構。國人對國聯大失所望，不再關心；但北京外交部，尤其是顧維鈞，仍積極參與。1920 年底國聯第一屆大會中，中國被選為行政院（Council，或譯為理事會）四席常任會員英、法、意、日外，四席非常任會員之一，在外交史上意義重大，史家認為這是中國真正以平等地位加入國際家庭之始。北京外交部將顧氏改任駐英公使，兼出席國聯行政院會議代表，與列強代表共同討論處理國際大事，並自願承擔頭等會費，以加重中國在國聯的分量。1921 年 9 月，顧氏輪值行政院會議主席，並以此身分主持國聯第二屆大會開幕式，是為中國在國際壇坫空前的殊榮。此後，中國連任行政院非常任會員兩年，直到 1923 年才落選，1926 年又選上任期兩年。總計北京政府在國聯八年中，共有五年被選入行政院，同時王寵惠也當選海牙國際法庭副法官，北京政府對國際聯盟的參與，是中國參與國際組織中重要的一頁。

國聯祕書廳經費，原由會員國依萬國郵政聯合會之例，分為七等分攤，中國與英、法、日本等大國並列為一等國，承擔 5.23％的最高額會費。顧維鈞等認為：出費既多，遇事在會發言，或可較有把握，固亦不無裨益。後來改為依據各國戶口及淨收入兩項為標準，自 1923 年起調整攤費比例，英、法為第一等，中國與義大利、日本、印度列為第二等，分攤 6.89％的會費，反而較舊辦法負擔更重。1924 年中國負擔的會費甚至高於日本（因關東大地震後減少會費）、義大利兩常任會員國，同時中國競選連任行政院席失利，體認到出費之多寡，與實際國際地位似亦無甚關係，於是不斷要求減低會費負擔。

縱使如此，北京政府財政困難，根本無力負擔國聯會費，連年拖欠，遂成為國聯最大債戶。[15]

## 五卅前後的對外交涉

　　列強雖在巴黎和會及華盛頓會議中，口頭上、原則上都表達對中國要求修改條約之善意回應，但遇到實際問題交涉時，輒藉口中國內亂頻仍、改革不力多方推託，不但不願放棄條約特權，甚至還想進一步控制中國。1924 年 5 月，一列津浦鐵路快車在蘇魯交界附近之臨城被土匪搶劫，車上一名英籍乘客被擊斃，20 多名外國籍人士遭綁架成為肉票。外交團要求北京政府迅速救援外籍肉票、賠償損失、嚴懲失職地方官，並保證不再發生類似事件；英國公使麻克類（J. R. Macleay）甚至主張應由外交團監督改良中國鐵路員警，以維護在華外人生命財產的安全。北京政府答應優厚撫恤、賠償損失，並設法讓土匪交出人質，但拒絕由外國建立護路員警。外交部利用列強間的矛盾，一些國家不願見英國進一步擴大對華影響，無意配合英國行動，加以北京政府自行聘請瑞典警官協助中國改良警政，打消外國藉口，終於讓英國企圖未能得逞。

　　華會中，英法允諾將威海衛、廣州灣等租借地交還給中國，以勸誘日本歸還膠州灣，但會後法國因金法郎案拒談廣州灣事，英國對歸還威海衛也不熱衷。事實上威海衛舊租約到 1923 年已屆期滿，北京政府與英國展開談判，到 1924 年秋達成協議，定於 11 月簽約歸還，然而因第二次直奉戰爭爆發，外交總長顧維鈞出亡，簽約之事遂延擱下來。此外，華會中列強同意在各國批准華會條約後三個月內，召集關稅別會議及法權會議，討論給中國加徵華會附加稅及是否放棄領事裁判權事宜。但是因法國要求中國改以金法郎支付庚子賠款，遭北京政府拒絕，法國政府以不批准九國公約，並聯合意比等國，以扣留關餘向北京政府施壓。直到 1925 年臨時執政段祺瑞需款孔亟，向法國屈服，法國才批准條約，關稅、法權兩會因此拖延近三年才召集。

　　國人早已對華會後列強拖延修約深感不耐，加以五卅慘案爆發，國人民族主義情緒高漲，更不能滿足於華會方案，傾向於更激進的訴求。1925 年 5 月，因上海租界內日本紗廠華籍工人遭殺害，上海學生及市民群起抗議，組織遊行，遭公共租界巡警取締，部分學生被拘押於老閘捕房，5 月 30 日數千學

---

15　詳見唐啟華《北京政府與國際聯盟（1919—1928）》，第四章。

生群眾聚集捕房前，要求釋放被拘學生。租界員警開槍驅散群眾，造成多人死亡。此案引發全國民族主義情緒，紛紛攻擊列強在華條約特權為中外衝突根源，廣州政府廢除不平等條約的訴求得到國人支持。北京政府於 6 月 24 日向外交團抗議，也採用「不平等條約」一詞，要求列強懲處失職警官，撫恤死亡人民，並盡速修改條約。幾經交涉，外交團同意撫恤，失職警官去職，並同意從速召開關稅、法權兩會。

然而五卅慘案在全國引起民族主義情緒高漲，6 月在漢口及廣州都發生遊行示威，群眾與外國租界軍警又發生衝突，造成多人死傷，更加深國人痛恨列強之條約特權。廣州政府在沙基慘案後，於聯俄容共背景下集中反英，對英經濟絕交，發動省港大罷工，進而以較激進之革命外交，不承認既有條約，宣稱要廢除不平等條約，以群眾運動為後盾，採激進攻擊方式，迫使英國與廣州交涉，並爭取到國人支持。

關稅會議及法權會議於 1925 年底在北京召開，關稅會議原定討論允許中國加徵華會二五附加稅之條件，中國代表在昂揚民意支持下，提出「關稅自主」要求，列強代表於 11 月 19 日原則上同意自 1929 年 1 月 1 日起中國關稅自主。但次年春北京附近又起內戰，中國代表多數出亡，關稅會議被迫中止，列強代表宣布延會。法權會議於 1926 年春發表調查報告，認為中國現階段法庭、法典、監獄皆未達西方標準，列強尚不能放棄在華領事裁判權。關稅、法權兩會無具體成果而結束，國人皆認為列強無修改條約之誠意，對不平等條約之攻擊愈趨激烈。

過去學界對於關稅及法權會議評價不高，楊天宏近來的研究頗值得注意。他認為法權會議是北洋政府通過外交途徑撤廢治外法權的一次嘗試，在改變由不平等條約建構和規範的近代中外關係問題上，北洋政府自巴黎和會起就要求廢除治外法權，並依據華盛頓會議決議要求召開法權會議，並在會議過程中付出了艱辛努力，法權調查也得到部分省區實力派的配合，最後通過《調查法權委員會報告書》，但未能建議即時撤銷治外法權，中國代表提出了保留意見。法權會議折射出的北洋外交是一種帶有改良色彩的「修約」外交。在中國尚不具備徹底廢除不平等條約實力的歷史條件下，立足「修約」應為務實的選擇。雖然囿於內外條件，北洋政府未能實現撤廢治外法權的初衷，但會議確立的

一些中外關係原則，也為後來徹底廢除不平等條約奠定了法理基礎。在論文結語中，楊天宏指出：中國廢除治外法權的願望沒有通過法權會議的召開得以實現，但非外交失敗。首先，在會議上中國代表向世界表達了強烈的廢除領事裁判權的呼聲，使與會各國代表在報告書中承認領事裁判權在中國只是一個歷史的範疇，為中國在條件成熟的時候最終廢除領事裁判權等外人在華特權提供了法理依據。其次，外人在華超越條約規定的特權開始受到限制規範。第三，為促成會議召開，北洋政府在改良法律制度方面做了一些除舊布新的工作，這有利於中國法制的近代化建設。總之，在法權會議期間，北洋政府推進的「修約」外交取得了一定的成績，雖與設定的目標存在距離，但也並非毫無意義。[16]

關於關稅會議，楊天宏指出，中國代表在巴黎和會及華盛頓會議中提出修改不平等條約問題，華盛頓會議對於中國提出的關稅自主要求，通過《關於中國關稅稅則之條約》，決定先召開修正稅則、稅率會議，並籌備召集關稅特別會議，討論「裁釐」和「二五增稅」。五卅前後，國內民族主義情緒持續高漲，北洋政要亦表示出對不平等條約的強烈不滿。早在會議籌辦之初，北洋政府便決定「以關稅自主並裁釐為確定政策」。會議中北洋政府強硬力爭關稅自主，表達了突破華府會議有關中國關稅問題原則框架的意向。對於中國提出的關稅自主要求，各國普遍將裁撤釐金作為同意中國關稅自主的先決條件。中國代表聲明：關稅自主應明白規定於條約內；裁釐係中國改革內政的主動表示，並非關稅自主的交換條件；中國準備在 1928 年 2 月底之前分兩期完成裁釐。此聲明讓外國代表陷於被動，通過了中國關稅自主並裁撤釐金，允許中國國定關稅定率條例於 1929 年 1 月 1 日發生效力，為後來南京國民政府宣布取消協定關稅、實現關稅自主提供了國際協約的依據，釐金的裁撤也因此提上中國的改革日程。楊天宏在結論中指出：關稅會議的成果是北洋政府在做出一定讓步和妥協後取得的，後來一些研究者也批評北洋外交家軟弱無能，其實這樣的批評並不公允。關稅會議上中國代表全力爭取關稅主權，獲得各國對中國關稅自主的承諾。後來的南京國民政府很大程度上正是依據北洋政府與各國簽訂的有關協定，通過進一步的外交努力和內政改良，最終廢除了協定關稅的條約規定，實現了關稅自主。關稅會議的成果在與北洋政府敵對的國民黨革命成功之

---

16　楊天宏：〈北洋外交與「治外法權」的撤廢——基於法權會議所作的歷史考察〉，《近代史研究》2005 年第 3 期。

後為後者繼承享受，前者卻因未能即時收穫自己種下的果實而被宣布為外交上的失敗者。[17] 楊天宏透過扎實的個案研究，給予北洋修約外交以中肯的評價。

## 二、北洋政府修約交涉與成果

### 民初平等訂約的努力 [18]

清末中國先後與英國、法國、美國、瑞典、挪威、俄國、德國、丹麥、荷蘭、西班牙、比利時、義大利、奧地利、祕魯、巴西、葡萄牙、日本、墨西哥等18國訂約，設使領通商務。這些「有約國」皆享協定關稅、領事裁判權及最惠國待遇等，加以無約國人民得請求有約國領事保護，歸有約國領事裁判，事實上凡在中國之外國人，均在中國法權之外。

民國肇造之後，外交上承襲清末改革內政以修正條約的方針，然因內爭不斷，政局動盪，司法改革成效有限，中國主權仍受中外條約的層層束縛。尤其是1915年與日本「二十一條」交涉後簽訂的《民四條約》，因喪失許多國權，被時人目為「國恥」，認為是另一個不平等條約。1917年中國參加歐戰之後，對內引發復關政爭，導致南北分裂；對外因對日「西原借款」及簽署《中日共同防敵協定》，經濟上及軍事上受更多的控制，故國人對民初外交一般評價較低。

但是若由近代中國修約歷程考察，民國初年出現一些新的方向，為日後修約運動所承襲。民國成立之後，即由國務會議議決：嗣後對清遺留之各不平等條約不得續延，亦不得再訂相似之約。由1912—1918年的幾個訂約談判過程看，北京外交部在內外不利的處境中，已有以平等互惠訂約的觀念，並努力推動。對原無約國，在談判訂約時，不願再給予領事裁判及協定關稅等特權。如與古巴談判訂約時，要求事事平等，即使談判不成，也不願遷就。1915年簽訂之《中華智利通好條約》，互享最惠國待遇，且未明文給予領事裁判權，被後世史家譽為第一個平等條約。但由《外交檔案》看，當時外交部認為領事裁判權包括在最惠國待遇之內，待日後修約觀念更強時，才堅持最惠國待遇不能包含領事裁判權。

---

17  楊天宏：〈北洋外交與「華府條約」框架的突破——關稅會議的事實與問題分析〉，《歷史研究》2007年第5期。

18  參見唐啟華《北洋修約史》，第二章。

1918 年簽訂的《中華瑞士通好條約》是最後一個給予外國領事裁判權、協定關稅的不平等條約。該約正文雖屬平等互惠，但因瑞士堅持要與其他各國同等待遇，加以北京政府急欲在瑞士設使館，終於在附件做出讓步，但也加一條「俟中國將來司法制度改良有效時，瑞士國即與他締約國同棄其在中國之領事裁判權」。

對原有約國，中國則藉參戰廢止了德奧在華條約特權，打破了列強在華之聯合控制。對德奧宣戰，廢止中德、中奧條約，是中國外交史上之創舉，收回了德奧享有的租界、領事裁判權及協定關稅等不平等特權。雖然由於外國享有的片面最惠國待遇，協定關稅條款未能全部貫徹，但已打破清末以來列強聯合對華、牢不可破的條約網，為日後逐步解除條約束縛，打開一個難能可貴的缺口。

總之，1912—1918 年北京政府的訂約、修約努力，可稱為北洋修約的萌芽期，或可稱之為新舊交替之過渡期。雖有其因國力不足的先天限制，有時無法強力貫徹宗旨，不免遷就，但已表現出當時外交部對新訂各約，努力朝平等互惠的大方向努力，不願再失權利；尤其參加歐戰，更是一大契機，為廢止舊約特權、收回已失國權開創了可貴的先例。

## 《中德協約》、《中奧商約》談判 [19]

歐戰結束後，1919 年北京政府修約方針具體形成並朝三個方向同時進行。對戰敗國，如德奧，繼承 1917 年絕交宣戰以來之方針，在巴黎和會中提出《對德奧條件說帖》，要求廢除舊約，重訂平等條約，得到允准，日後得以成功訂立平等新約。對協約國，尤其是五強為首的 17 個有約國，中國代表團在和會中總括朝野修約各種建議，向大會提出《希望條件說帖》，要求協約各國同意修改舊約。此說帖雖遭和會議長推諉給國際聯盟，但已是中國首次在國際會議中，提出對條約束縛的不滿，要求改正。另一個重要的新方向，即對無約國及戰後新成立諸國，堅持平等訂約，不再給予領事裁判權及最惠國待遇。

對戰敗國方面，1921 年《中德協約》是第一個重要成果。中國利用參加歐戰機會，廢止德奧舊約，但巴黎和會議定的對德《凡爾賽和約》，除山東條款招致國人強烈不滿，也未提及另訂平等新約。此外，戰事賠償要由協約國賠

---

19　參見唐啟華《北洋修約史》，第四章。

償委員會統籌處理，俘虜收容費各國一律放棄。中國因山東問題拒簽和約，以大總統布告方式，中止中德間戰爭狀態，但是北京政府一時仍在補簽和約或中德單獨議約之間猶豫不決。1920 年初德國表達議約善意，北京政府決定脫離協約國團體單獨與德國議約，接受德國派代表來華商談。

北京外交部掌握德國亟欲重返中國市場之籌碼，等待德方先提出議約要求，並確定談判宗旨，宣布德人來華必須得中國允許，堅持關稅自主、放棄領事裁判權及最惠國待遇、德國需承擔《凡爾賽和約》對華義務等條件，堅持去除所有舊約的不公正條款，訂定完全平等之新約。加以北京政府手中握有大批德僑在華私產，使得談判時中國更居有利地位。德國急於恢復對華商務，在談判過程中，基本接受中國條件，採取捨名求實方針，注重德國人民在華失去條約特權後，如何實質上享有關稅上之公平競爭地位與司法上之保障。同時，為了早日收回在華德僑私產，作為重回中國市場的根基，德國在賠償問題上做了許多讓步，同意支付中國戰事損失、俘虜收容費等不願給其他協約國的利益，換取中國停止清理並歸還德產。談判中雙方雖有爭執，但大致圓滿結束，中國成功地與一個舊條約列強，締結完全平等的新條約，北京政府的外交可稱成功。德國則取得實質上與條約列強同等之關稅，司法上享公平對待之承諾，成功重回中國市場。中德對此結果皆表滿意。

《中德協約》的簽訂，使中國雖未簽署《凡爾賽和約》，卻完全享受到和約中的利益，避免受和約中山東條款的約束，還得到協約國所無之俘虜收容費，德國甚至承諾支付戰事賠償。中國與德國訂定了第一個完全平等的新條約，德國放棄一切在華特權，尊重中國完全主權。《中德協約》是第一個明文規範無最惠國待遇、治外法權、協定關稅，完全平等互惠的條約，一方面可作為日後與各國議定新約之範例，另一方面也鬆動列強在華之特權地位，對協約國列強修改舊約產生道義上的壓力。

《中德協約》本質上是臨時協定性質，簽約後雙方解除宣戰以來頒布之各種戰時措施與法令，恢復正常之外交與商務關係。留下戰事賠償及債務問題、商訂正式通商條約兩件事，待日後解決。前者於 1924 年雙方以換文方式解決，後者則一直未曾商訂，但是並未妨礙中德關係之迅速發展。

第一次世界大戰後之德國賠償問題，十分棘手。[20]《中德協約》中德國允諾支付中國戰事賠償，經三年談判，終於在 1924 年 6 月 6、7 日，中德互換《解決中德戰事賠償與債務辦法》等三換文解決。[21] 此次中德換文，是 1921 年《中德協約》的補充，解決了中德間自宣戰以來的財務問題，其根本性質在贖回德產。北京政府因手中握有大批收管的德產，自始即以清理德產為要脅，迫使德國一再讓步；在談判過程中，北京政府雖降低賠款總數，但爭取到由德國政府清理中國政府欠德商之債務，大幅度減少了中國之債務負擔，此外還能取得部分現金收入，北京政府相當滿意。德國不願付《凡爾賽和約》之賠款，對協約國賠償委員會消極抵制；對未簽和約的中國卻不顧阻力願意支付戰事賠償，主要原因即在贖回在華德產，並使德華銀行復業，早日恢復在華商務。

整體而論，《中德協約》不僅是近代中國第一個平等新約，而且是第一個，也是唯一的對外以戰勝國身分取得戰事賠償，在中國外交史上有其重大意義。[22] 就中國參戰之財政層面而言，中國未實質出兵，卻能取得德國戰事賠償，可謂付出少而收獲大。戰前德國在華擁有龐大資產，德國人持有大筆中國政府債票，中國政府尚欠德國商社大筆債務。財政部認為依 1924 年換文安排，中國所得賠償總數約 8400 萬元；此外宣戰期間，中國所捕獲之德國船隻，均作為戰利品，不予發還或賠償；收回天津、漢口德國租界；德國部分庚子賠款不再支付。該項庚子賠款，連同船隻估價、租界代價，及此次所得賠款，共合約 2.5 億元之多。由此一角度看，參戰對中國在內政方面固然有不良影響，但就外交及財政而言，實有不容忽視的收穫。

德奧同為歐戰之戰敗國，中國因加入協約國陣營對德奧宣戰，得以廢除舊約，戰後以戰勝國身分參與巴黎和會，對奧《聖日爾曼和約》順利簽署，在中國表示不願恢復舊約後，兩國以無約國基於平等立場談判成立新約。1925年 10 月 19 日，《中奧通商條約》在維也納簽訂。此約為正式商約，對通商

20　戰後協約國要求德國認罪，負擔天文數字的巨額賠款，引發許多糾葛。參見王繩組主編《國際關係史》第 4 卷，世界知識出版社，1995，第六章。

21　《財政部檔案》稱此案為「對德索償」，《外交檔案》中正式名稱為「解決中德戰事賠償及債務辦法」換文；當時報紙、雜誌多稱之為「德發債票案」。英國外交檔案（FO）稱之為中德財政協定（Sino-German Financial Settlement）。參見唐啟華《北洋修約史》，第四章第二節。

22　第二次世界大戰後，臺海兩岸先後對日放棄戰爭賠償要求，使德國賠償成為至今中國唯一對外取得之戰爭賠款。

事宜規範詳細。自1919年中國堅持平等訂約原則以來，簽訂之《中德協約》、《中俄協定》僅屬原則大綱，內容簡略寥寥數條。《中奧通商條約》21款，規定詳密，成為日後中國與各國議定新通商條約之先例與藍本。綜觀《中奧通商條約》，條文確實體現了中國堅持的平等相互原則，中國對奧國賠償軍費問題，未多做堅持；對遣返奧僑費用及驅逐艦定價兩案，同意暫時擱置，以換文得奧國承認日後磋商。在關稅、法權及最惠國方面，則自始堅持，終得奧國讓步。惟在關稅稅則方面，稍有模糊空間。

### 《中俄協定》談判 [23]

　　1924年5月31日簽署的《中俄解決懸案大綱協定》（簡稱《中俄協定》）是北洋修約史中十分重要，也是迄今遭誤解最多的個案。此協定是北京政府與革命國家交涉、訂立的第一個平等條約，對列強在華均勢影響很大。此案交涉時之南北外交互動，對廣州外交及孫中山之聯俄容共影響也很大。對於理解北洋修約及廣州革命外交，尤其是南北外交之互動關係，此案至為重要。

　　過去學界在討論中蘇談判時，常認為談判的基礎是蘇俄兩次宣言，及《中俄協定》第三條正式承認廢止舊約重訂新約。蘇俄執行對華平等、尊重中國主權之新外交，協助中國反帝廢約之說，數十年來似乎已成定論。然而，此說基本上反映了蘇俄及當時親蘇之國共兩黨的觀點，認為中俄舊約的廢除，全係蘇俄的慷慨大度，北京政府在外交上追隨協約國列強，一再拖延承認蘇俄，最後在民意輿論強大壓力之下，才勉強與蘇俄訂約，坐享蘇俄對華平等慷慨的成果。

　　事實上，俄國革命後北京政府及東北、新疆當局即已清理舊俄在華特權。黑龍江當局率先於1917年底乘俄亂收回舊俄違法在中東路區許多侵及中國主權之處。新疆督軍楊增新及各地商會，則一再向北京政府請求中俄《伊犁條約》於1921年再次期滿時務必修改，去除不平等條約束縛。新疆當局於1920年5月與俄中亞當局簽訂《伊犁臨時通商協定》，實質收回俄商貿易免稅特權及治外法權，創下與蘇俄交涉先例。是年9月23日大總統命令：停止舊俄使領待遇，北京外交部遂依循對德宣戰後清理德奧在華條約權益，收回租界、領事裁判權等之先例，對俄頒布各項法規，收回俄租界及領事裁判

23　參見唐啟華《北洋修約史》，第六章。

權，並取消中東路區內之各級俄國法庭。相形之下，俄國第一次加拉罕（L. M.
Karakhan）對華宣言於 1919 年 7 月 25 日發布，次年 3 月傳到中國。1920 年
10 月第二次加拉罕宣言，交張斯麐帶回中國。准此，東北當局收回中東路區
主權之行動，及新疆當局的清理行動主張，早在加拉罕宣言傳到中國之前就已
開始。至於北京政府之停止舊俄使領待遇，則很可能是受到加拉罕宣言的影
響。事實上，中蘇談判時蘇俄多次藉口中國沒有及時答覆兩次對華宣言，不肯
承認受兩次對華宣言的束縛。中蘇談判的基礎，應是 1917—1922 年北京政府
與東北、新疆地方當局，把握有利時機不斷清理舊俄在華條約權益，造成中蘇
正式談判開始時，舊俄特權已絕大部分被收回的既成事實。

　　北京政府這些清理作為，多係片面臨時措施，在國際法上，必須由中蘇
兩國正式訂約來確認。中蘇幾經談判，終於在 1924 年 5 月簽署《中俄協定》
13 條，除恢復邦交、不得宣傳共產主義外，蘇俄立即放棄租界、庚子賠款、
領事裁判權（第 10、11、12 條），這幾條均為已被北京政府清理，事實收回者。
另「在會議中」解決商約、關稅平等、劃界、航行、中東路、賠償及外蒙問題（第
2、3、7、8、9、13、14 條）。換言之，因各主要條文均有「在會議中」之但書，
其本質只是將來解決懸案的大綱。中俄舊約並未廢止，蘇聯只承諾將「在會議
中」議定新約取代舊約，另以《密件議定書》規範帝俄對華舊約在新約訂定前
「概不施行」。

　　結果應在一個月內召開、六個月內完成的中俄會議，卻遷延了一年三個
月才勉強開幕，陸續召開之各分委員會，因雙方認知差距過大，無法達成共
識，到 1926 年夏已大體停頓。不久張作霖驅逐加拉罕，進而搜查北京蘇聯大
使館，中蘇外交關係實質斷絕，中俄會議隨之告終，未能獲致任何具體成果
而終。中蘇新約未能訂定，舊約又概不施行，中蘇間條約關係陷於含混狀態，
等於維持現狀，實質上默認了 1917—1922 年北京政府清理舊俄條約權益的成
果。

　　過去學界對 1924 年《中俄協定》評價過高，多認為蘇聯放棄舊俄在華條
約特權，是第一個平等對華的大國。然而，《中俄協定》簽署後，蘇聯想要的
承認與中東路管理權，皆得實惠，中國所要的外蒙古與廢止舊約等項，因中俄
正式會議未獲致具體成果，形同虛文。由中俄會議之研究，可考查早期中蘇關

係之實質。蘇聯在華宣傳反帝廢約，立足點就是其在《中俄協定》中放棄所有舊約特權，平等對華，與帝國主義列強之堅持條約利益、干涉中國內政者大不相同。但在實質上，就廢約而言，蘇聯在條文上雖表示廢止舊約，實際上則堅持既得利益，不肯完全放棄條約特權。北京政府在談判時堅持擺脫條約束縛，以《密件議定書》約束蘇聯舊約效力，又能彈性借重蘇聯以牽制華會列強，以《中俄協定》得一大國為友邦，共同對抗條約體系，增強了中國外交的地位。北洋修約雖受中國內部分裂的牽制，但仍持續開展，並獲致相當成果，應給予公允的評價。

　　蘇聯與北京政府談判建交時，廣州政府與蘇聯也有密切的聯繫，《中俄協定》簽署前後，正是孫中山決定聯俄容共，以及反帝廢約論述形成的關鍵階段。1923 年初《孫越宣言》發布之後，孫中山回到廣州，到年底「白鵝潭事件」後，決心倒向蘇聯。蘇聯之援助孫中山，有利用廣州在外交上對北京施壓，利於中蘇談判的考慮。孫中山則大力壓制黨內反對聲浪，決心聯合蘇聯反帝廢約，以取得蘇援。

### 其他平等訂約交涉 [24]

　　如前所述，北京政府始終致力於對無約國訂定平等條約，1915 年與智利訂約，為第一次用渾括主義，未明訂給予領事裁判權，但最惠國待遇是否包括領事裁判權在內，並未言明。1918 年，與瑞士談判訂約時，仍認為給治外法權為慣例。因此，《中華智利通好條約》可否視為第一個平等條約，尚有爭議。1919 年 4 月 27 日大總統令：對無約國平等訂約從此貫徹執行。到 1928 年 5 月 26 日，北京政府覆滅前一週，簽訂最後一個平等條約為止，十年間北洋訂約觀念有長足之進展，並獲致不俗的成果，是北洋修約史中重要的一環。

　　與原無約國談成的第一個平等條約是玻利維亞，於 1919 年 12 月 3 日在東京簽訂《中華玻利維亞通好條約》，依瑞士約除去附件，並換文聲明最惠國待遇不包括領事裁判權，比智利約更進一步，開創成功先例，朝野稱善，有學者視之為第一個平等條約。1920 年 6 月 1 日在羅馬簽訂《中華波斯友好條約》，明白去除領事裁判權，但外交代表仍享有最惠國待遇。

　　1920 年以後，北京政府分別與原無約國如波斯、希臘，及新成立之芬蘭、

---

24　參見唐啟華《北洋修約史》，第七章。

波蘭等國談判，簽署平等條約。芬蘭先派領事來華，原想先通使再訂約，北京外交部不允，以不發給領事證書，逼迫芬蘭非訂約不可。芬蘭對治外法權及關稅問題想回避，後依德約辦法聲明解決，1926 年 10 月 29 日在芬都赫爾辛基簽訂《中華芬蘭通好條約》，內容為當時北京外交部平等條約之標準版本，此約也是北京政府簽署並互換生效的最後一個通好條約。

波蘭於歐戰後獨立，列席巴黎和會，加入國際聯盟，該國僑民舊隸俄籍流寓東北者很多，復國以後紛紛恢復波蘭原籍，與中國關係日益紛繁。波蘭派代表來華在北京議約，原來只想訂通好條約，後擴大為通商友好條約，通商部分多援《中奧商約》之例，最後於 1928 年 5 月 19 日簽訂《中波蘭友好條約》。此外，1919 年後北京堅持不再給領事裁判權，第一個就用於希臘。該國希望先派使領再議約，北京政府不允，以無約國人民對待希僑，逼使希臘不得不訂約，幾經談判，雙方於 1928 年 5 月 26 日在巴黎簽訂《中希臘通好條約》，此為北京政府簽訂的最後一個條約，八天後張作霖即離開北京，北京政府隨即傾覆。波蘭及希臘之條約均尚未互換生效，南京國民政府不承認中波條約，於 1929 年 9 月 18 日另於南京簽訂內容大體相同之《中波友好通商航海條約》。至於希臘之約，南京政府雖承認之，但要去除聲明文件，最後於 1929 年 9 月 30 日中希《通好條約》在巴黎重簽，加一換文，1930 年 6 月 14 日在巴黎互換。

由北洋時期各平等談判訂約個案觀之，自民國肇造之初，即有平等訂約之觀念，但在歐戰期間，只能先求正約平等，附件仍有讓步失權。1919 年確立平等互惠訂約政策後，初則注重不給治外法權、協定關稅，各約交涉重點在關稅、法權，多仿中德之例以換文聲明。1922 年起，注意到最惠國待遇，1924 年確立關稅自由及剔除最惠國條款，為訂新約最要主旨，訂約不再提最惠國待遇，改為照享受國際公法應得之待遇。1926 年後，又注重條約有效期限及修約之規定，主張條約有效期限越短越好，以便隨時可修改。1926 年 11 月關稅會議通過關稅自主案後，外交部訂約皆以 1929 年 1 月 1 日為實行國定稅則之日，對關稅更不可能讓步。總而言之，北京政府逐步增加平等與國，減少條約特權國數目，對條約列強產生壓力。

## 北洋末期「到期修約」的實施與成果[25]

廣州政府聯俄之後，外交趨於激進。1924 年國民黨一大制定通過之黨綱，提出要「廢除不平等條約」。該年底孫中山發表《北上宣言》再次強調廢約，抵北京後對段祺瑞之「外崇國信」十分不滿。1925 年 3 月 12 日孫中山逝世，《總理遺囑》中表明要在最短期間實現「廢除不平等條約」，自此廢約成為革命黨之旗幟。五卅之後，國人激烈排外，廢約之說利於宣傳，容易打動人心。北京政府較溫和之修約方針則不受青睞，常被視為妥協投降，至今仍常被忽視。

1925 年五卅及沙基諸慘案發生後，北京政府於 6 月 24 日對華會列強提出《修約照會》，要求將中外條約重行修正，俾合於中國現狀暨國際公理平允之原則。四日後，國民黨發表第二次《廢除不平等條約宣言》，對北京政府之修約照會提出嚴厲批判，云：「廢除與請求修改截然二事……本黨茲再鄭重宣言，對於不平等條約應宣布廢除，不應以請求修改為搪塞之具。」這個宣言凸顯「修約」或「廢約」為兩條截然不同之道路。事實上，「修約」或「廢約」的差異並不是那麼黑白分明，北洋末期對條約列強的「修約」有重大突破，應同時注意到南北外交間「修約」與「廢約」間的互動，才能較全面理解當時的中國外交。

北京外交部在內部檢討時認為：國人對於不平等條約之廢止呼聲日烈，似此情形若不早為設法，恐釀成社會之紛擾，似應速籌辦法急謀改善，以符國人之希望。而修約有兩種辦法，同時向列強提議修改舊約中有礙中國主權及片面性質與不合時宜之條款；或是就個別國家條約將屆期滿或將屆修改時期者，陸續提商修改。前者交涉困難，中國過去屢次向列強提出，都無實效。果然，9 月 4 日華會八國修約覆照，稱：「對於中國政府修正現有條約之提議，願予加以考慮，但視中國當局表證願意且能履行其義務之程度為標準。」至此，向各國合併提議修約一途，無法達成具體成果。

北京外交部遂捨過去與列強集體交涉修改條約方式，利用個別條約修約期限條款要求修約，發展出「到期修約」策略。依當時國際慣例，修約通常指的是商務條款，中外條約都訂有修約年限，一般是十年，北京外交部決定

---

25　參見唐啟華《北洋修約史》，第八章。

利用此一條款，向個別到期條約國家要求修約，且不限定為商務條款，以「情勢變遷原則」為由，[26] 要求改約中不平等之政治條款；對方若不肯談判，則期滿廢約。北京政府希望以此策略，避開與列強集體交涉，而十年之內所有舊約皆可修訂完成，達到修改條約目的。1926 年 2 月，北京國務會議通過此策略，開始實施。當年到達修約期限的中外條約有三個，分別是《中比通商友好條約》、《中日通商友好條約》及《中法越南通商條約》。外交部於到期前六個月通知三國要求修約，並擇定國力較弱之比利時為試金石，希望能成功建立「到期修約」之先例。

　　1926 年 7 月國民革命軍誓師北伐，10 月與英國達成協議，停止罷工，英國默認國民政府徵收二五附加稅，這被認為是「革命外交」之一大成就。北伐軍事順利進入長江中下游，英國體認到國民政府勢力勃興，為保護其在華廣大利益，及控制之中國海關，決心改變對華政策，與國民政府接觸，爭取國民黨中之溫和派。於是英國於 12 月向華會列強宣布《變更對華政策建議案》，主張列強應體認中國人民修約要求之正當性，立即與中國談判修改條約。首先應無條件允許中國徵收華會附加稅，此稅由中國地方當局自設機關徵收，不必透過海關總稅務司交給北京政府。英國新任駐華公使藍普森（M. W. Lampson）親赴武漢會晤國民政府外交部部長陳友仁，表達英國之善意，但國民政府仍採激進對外手段，1927 年初，群眾強行收回漢口、九江英國租界，並以其為「革命外交」最高成就。控制北京政府的張作霖對英國不再支持北京不滿，威脅破壞英國在華北利益。英國面臨危機，決心貫徹新政策，一方面派人到武漢談判交還漢潯租界事宜，一面派遣大軍防衛上海租界，同時也向張作霖示好，願與北京政府進行修約談判。

　　此時，北京外交部「到期修約」策略也有進展，中比條約於 1926 年 10 月 26 日到期，外交部通知比利時要求修約時，比方以原約中規定只有比利時單方面有權提議修約，拒絕談判，並宣稱要向海牙國際法庭提出解釋條約條文案。北京外交部不顧反對毅然進行，比利時後來同意談判修約，但主張在新約未談成之前，舊約仍然有效。北京外交部則主張新約要在六個月內議定，

---

26　「情勢變遷原則」認為條約效力之繼續，基於「事狀如恆條款」（clausula rebus sic stantibus），一旦條約成立時之特殊情勢消滅，當事者即有解除條約之權利。參見唐啟華〈論「情勢變遷原則」在中國外交史的運用〉，《社會科學研究》2011 年第 3 期，第 135—147 頁。

否則舊約到期失效，以避免比利時藉談判拖延。到 10 月底比利時仍不願接受外交部條件，外交總長顧維鈞當時兼任內閣總理，並攝行大總統職權，為北京政府名義上的國家元首，毅然在 11 月 6 日宣布廢止中比條約，這是中國外交史中破天荒的壯舉。比利時一方面準備訴諸國際法庭，一方面希望列強一致對北京施壓，然而不久恰逢英國宣布《變更對華政策建議案》，主張順應中國修約要求，比利時乃決定讓步，同意與北京政府展開談判。1927 年 1 月，中比修約談判開始，比利時並主動宣布歸還天津比租界，表達善意。

1927 年 1 月 27 日英國也向北京政府提出修約建議七條，表示可以談判歸還天津英租界，以安撫張作霖。然而張作霖 2 月 1 日斷然免去英籍海關總稅務司安格聯（Francis Aglen）職務，英國公使藍普森抗議無效，決定與張作霖妥協。中英歸還天津租界談判，在張作霖之安國軍總部主導下展開，到 4 月份已大體談妥。同時中日、中法修約談判也陸續展開，北京政府「到期修約」順利展開。

同時，國民政府之「革命外交」趨於激進，3 月 24 日進入南京之部分國民革命軍，有攻擊列強僑民之過激行為，與列強炮艦發生嚴重衝突，造成軍民傷亡。此南京炮擊案，使英國對華新政策瀕臨破產邊緣，也促成國民政府內部之分裂，蔣介石先於 3 月底宣布不以群眾運動方式收回租界，進而於 4 月 12 日在上海實行「清黨」，18 日南京國民政府成立，史稱「寧漢分裂」。南京政府在外交上趨於溫和，壓制群眾運動，不再宣稱要廢約，且暫時集中全力於寧漢間之內爭，外交上趨於消極。

南京政府成立後，列強對華外交重心轉移至此，與北京政府之交涉也轉趨消極。1927 年 6 月，張作霖在北京就軍政府大元帥職，任命王蔭泰為外交總長。王氏繼續執行「到期修約」方針，然列強因南方「革命外交」威脅減輕，對北方「修約外交」反而不再刻意配合，靜待中國內戰塵埃落定。是年 11 月 10 日中西條約到期，北京外交部通知西班牙要求談判修約，西班牙否認中國有廢除西國人民在華治外法權的權力，拒絕談判。11 月 12 日北京外交部宣布廢止中西條約。南京政府外交部部長伍朝樞於 10 月 23 日發表對外宣言，重申未經國民政府許可之條約或協定一律無效，並照會西班牙公使，聲明中西條約期滿應即作廢。12 月 5 日南京國民政府也明令廢止中西條約，並公布新約

未定前處理兩國關係之臨時辦法七條。

北洋末期的「到期修約」方針是中國外交的重要環節，但被「廢除不平等條約」遮蔽，其歷史意義與成果幾乎完全被忽視。由上述可知「到期修約」是五卅之後北洋修約一大突破，並創獲成功先例，誠為當時中國外交的主要脈絡。過去學界只注重「革命外交」，未考慮到國民政府之「廢約」不合國際慣例，並非外交之常態，事實上無法執行，不能累積成果，主要是革命高潮時的宣傳。北洋「到期修約」有法理依據，引用《國聯盟約》及「情勢變遷」原則，利用舊約中修約之條款，訴諸國際公理正義及民意支持，又得益於 1920 年代，國際上蘇聯、土耳其、暹羅、祕魯、墨西哥等國廢約、修約潮流，及國內南方政府之廢約威脅，迫使列強讓步，取得豐碩成果。

北伐統一之後，北京政府雖然傾覆，其外交方針則對南京國民政府產生很大的影響。南京政府的國際法人地位繼承自北京政府，是代表全中國的中央政府，其外交顯然與廣州、武漢政府之革命性質不同，與北京政府相近似。從世界觀來看，南京外交不再走聯俄路線，放棄了打倒列強、廢除不平等條約的世界觀，改走英美路線，等於加入了威爾遜主義的世界秩序，顯然與廣州政府、武漢政府大不相同，反而與北京政府比較接近。從政策層面上來看，南京政府的外交方針，尤其在對待中外條約方面，表面上仍繼承廣州、武漢以來「革命外交」之名，但已強調不用群眾暴力，改採合法手續修改條約的方式。北伐成功後，南京政府外交部部長王正廷於 1928 年 7 月 7 日，發表有關一切不平等條約宣言：（1）中華民國與各國間條約之已屆期滿者，當然廢除另訂條約；（2）其尚未期滿者，國民政府應即以正當之手續解除而重訂之；（3）其舊約業已期滿而新約尚未訂者，應由國民政府另訂適當臨時辦法處理一切。其精神時與 1926 年 2 月 2 日北京內閣通過的「到期修約」方針一脈相承，而值得注意的是，當時擔任北京外交總長的就是王正廷。

北洋末期「到期修約」留下豐富的遺產，北伐完成之後，南京國民政府在「改訂新約」時，明顯繼承北洋的方針。從北洋、南京外交連續性視角考察，可對中國外交史有更深入與全面的理解。

北洋外交的歷史地位過去受到意識形態影響較深，常被定性為賣國外交，近年來由於外交檔案史料開放，外交官日記、回憶錄出版，及各國外交檔案使

用方便，加上學術研究受政治干擾減輕，北洋外交研究有較大的進展與突破，其成績越來越受到肯定。此外，由於北洋外交的多面性，研究者從北京政府及各國外交檔案中，看到北洋視角及各國的觀點，近年出版的幾本重要著作都對中國外交史與近代史提供新的研究視角與理解架構。加以近年中國的快速成長，隱然是和平崛起中的世界大國，其對過去中外交往歷程的理解與世界未來之和平密切相關，而國人也需要與新時代相應的平允開闊世界觀。以上種種趨勢與發展，讓外交史研究的前景十分光明，而北洋外交可能是其中最有機會突破的領域。

外交史研究的基礎是基於一手史料、多國檔案的實證個案研究，近年來大批實證個案研究，重建了許多重要事件的史實，讓學界對北洋外交的理解更清晰。諸如中日「二十一條」交涉、參戰問題、中俄協定、關稅會議、法權會議等，都有扎實個案研究提出新的評價。基本上肯定北京政府是當時中國中央政府，承擔主要的外交交涉責任，外交官表現相當稱職等。在實證研究的基礎上，透過多國檔案對照研究，讓北洋視角、革命史觀、日本、英國、蘇聯等國的觀點在北洋外交領域交織，讓學界對北洋外交有了更多元的理解與詮釋，諸如，對於過去革命史觀重視廣州外交的觀點，有相當程度的修正；注意到中國外交的連續性，清末到北洋到國民政府外交的傳承關係；對南北外交的互動及修約、廢約相輔相成的關係越來越清楚等，大幅度突破過去長期壟斷近代史的詮釋及狹隘民族主義觀點。

大陸外交史學界擁有強大的優勢，即實證外交史研究的興盛，及崛起中的世界大國地位，讓此領域研究前景光明。就前者而論，近年來西方、日本及臺灣史學界中傳統外交史都趨於沒落，大陸的外交史實證研究卻因檔案開放觀點鬆綁，呈現方興未艾之勢，現在正是廣為吸收各方研究成果，採納眾家之長，迎頭趕上的最佳時機。就後者而論，中國是 21 世紀崛起中的世界大國，其外交史經驗的研究與反省，可幫助國人理解過去中國與世界的互動，對於塑造國民歷史觀、世界觀有很大的影響。正如王建朗所稱：中外關係史的研究在一定程度上影響著社會的認識，對人們正確認識外部世界也發揮著積極的影響。[27]

---

27　王建朗、酈永慶：〈50 年來的近代中外關係史研究〉，《近代史研究》1999 年第 5 期。

　　過去受「革命史觀」及「民族主義」影響的外交史論述，強調列強侵華及國人奮勇抗爭，以及革命黨救國北洋賣國之論述，有其特殊的時代背景，有利於在國家危亡之際凝聚民心救亡圖存。但在今日，在注意到中國外交中失敗屈辱的一面時，也要注意到中國外交的成績和由屈辱到崛起的歷程，回歸中國自身歷史發展脈絡，將中國外交史與全球外交史聯結，將內化與國際化相結合，注意清末外交到北洋、國民政府外交之傳承與創新；傳統東亞世界秩序近代的演變，和東亞各國外交史加強對話；吸取國際史的優點，讓東西世界秩序能平等對話。如此，可以幫助國人理解近一個半世紀來中國與世界的互動歷程，進而結合傳統東亞文化與現代文化，提出對全球有吸引力的秩序價值觀念，庶可有助於國民建立平允開闊的歷史觀與世界觀，為中國和平崛起奠下觀念基礎，為建構世界和平做出貢獻。

# 第四章　訓政框架下的國民政府

　　1928 年 6 月，國民革命軍進入北京，北伐軍事結束，全國在形式上宣告統一，中國國民黨奉行總理孫中山遺教，依據《建國大綱》，國家建設由軍政時期進入訓政時期。

　　訓政是孫中山依據中外史實及政治學理，對國家發展進程提出的主張。學者指出依據孫中山的解說，訓政具有三個主要精神：一是訓政的作用，在訓導人民會做國家的主人；二是訓政時期為過渡時期，其工作為建設地方，實施地方自治；三是訓政時期，國民黨立於執政地位，以黨治國。[1]「以黨治國」實為重點，即由國民黨一黨統治之意，[2] 國民黨掌握政權治理國家，政權則為國民政府。

　　「國民政府」一詞最初見於孫中山 1906 年發表之〈同盟會革命方略〉中「軍政府宣言」；[3] 1924 年 1 月，孫中山於國民黨一大提案建立正式組織，將軍事時期的革命政府改組為國民政府。但因廣東情勢未定，直至 1925 年 3 月孫氏逝世時，國民政府並未成立。迨東征擊潰陳炯明部，及敉平楊希閔、劉震寰之滇桂軍謀叛後，廣州革命基地大致底定，國民黨決定實踐孫中山遺志，

---

\* 本章由劉維開撰寫。

1　李雲漢：《中國國民黨史述》第 3 編，中國國民黨黨史會，1994，第 4—5 頁。

2　王世傑、錢端升：《比較憲法》，中國政法大學出版社，2004，第 444 頁。按，《比較憲法》原為王世傑個人著作，初版於 1927 年由商務印書館出版，1936 年增訂三版，主要增加「中國制憲史略及現行政制」一編，改與錢端升合著；1943 年增訂四版，為中國政法大學出版社重印依據之版本。

3　「今者由平民革命，以建國民政府，凡為國民皆平等以有參政權。大總統由國民公舉，議會以國民公舉之議員構成之，制定中華民國憲法，人人共守。敢有帝制自為者，天下共擊之。」見〈同盟會革命方略〉，秦孝儀主編《國父全集》第 1 冊，近代中國出版社，1989，第 234 頁。

改組陸海軍大元帥大本營，成立國民政府。1925 年 7 月 1 日，國民黨中央執行委員會公布《國民政府組織法》，第一條明定「國民政府受中國國民黨之指導及監督，掌理全國政務」，確立「以黨治國」的「黨治」原則。但此時為軍政時期，國民政府的本質是革命政府，以打倒軍閥與反對帝國主義的侵略，統一全國為政治號召，黨治應為孫中山所稱「以黨建國」。[4] 至北伐完成，全國統一，進入訓政時期，正式施行「以黨治國」的黨治原則，政府雖仍名為國民政府，但是在訓政的框架下，建立起新的組織架構及黨政關係。

本章將由訓政體制的建立、中央制度的演變、黨政關係之發展，及從訓政到憲政等方面，探討在訓政框架下的國民政府。此時期的「國民政府」，學者認為有幾種不同的含義，範圍各異，第一是指 1928 年以後的中國政府，與之前以北京為首都的政府相區別；第二是指五院制的中央政府，《國民政府組織法》即是中央政府的組織法；第三是指國民政府主席、國民政府委員會和文官處、參軍處、主計處等而言，這幾個機關辦公處所稱為國民政府；第四是指訓政時期黨治下的政府而言。[5] 本章所稱國民政府，包括了第一、第二、第四幾種含義，主要指中央政府而言，地方政府不在討論範圍內。

## 一、訓政體制的建立

### 孫中山的建國程序論

孫中山對於革命建國的過程，採取分階段的循序進行，訓政為其建國程序中，由軍政至憲政的過渡階段。孫中山早在 1906 年發表〈同盟會革命方略〉「軍政府宣言」中，即將革命建國的工作以軍政府為中心，分為軍法之治、約法之治、憲法之治三期，軍法之治為軍政府督率國民掃除舊汙的時代；約法之治為軍政府授地方自治權於人民，而自總攬國事的時代；憲法之治為軍政府解除權柄，憲法上國家機關分掌國事之時代。其目的在於使國民循序漸進，養成自由平等之資格，建立中華民國之根本。[6]

---

4　王正華：《國民政府之建立與初期成就》，臺灣商務印書館，1986，第 383—384 頁。

5　陳之邁：《中國政府》第 1 冊，商務印書館，1945，第 141—142 頁。陳氏說法基本上延續並擴大王世傑、錢端升於《比較憲法》中所稱，國民政府有廣、狹兩義，廣義的國民政府包括中央政府的全部，狹義的國民政府則僅指國民政府主席與國民政府委員會而言。見《比較憲法》，第 439 頁。

6　秦孝儀主編《國父全集》第 1 冊，第 234 頁。

　　1913 年二次革命失敗後，孫中山重整革命陣營，在東京組織中華革命黨，以實行民權、民生兩主義為宗旨，以掃除專制政治、建設完全民國為目的，並且再度提出革命建國分期進行的主張，改為以黨為中心，規劃軍政時期、訓政時期、憲政時期的三個程序。但中華革命黨軍政、訓政、憲政的建國三程序，並未能獲得實行，而在隨後的一段時間，孫氏對於三程序的主張亦有若干調整。

　　1919 年 10 月，中華革命黨更名為中國國民黨，以三民主義為宗旨，以創立五權憲法為目的。1920 年 11 月，《中國國民黨總章》修正公布，雖然仍然列入革命建國程序的主張，但是只有軍政、憲政兩個時期，將訓政時期併入軍政時期，規定：「自革命起事之日至憲法頒布之日，為革命時期，在此時期，一切軍國庶政悉由中國國民黨負完全責任。」[7] 不過此項革命程序的規定，在日後總章修訂時，不再出現，原因「可能是受俄共黨章的影響，亦可能因為不必把建國程序加載黨章」。[8] 1924 年 4 月，孫中山發表《國民政府建國大綱》，重新將革命建國程序的主張列入，規定「建設之程序分為三期：一曰軍政時期；二曰訓政時期；三曰憲政時期」。「在軍政時期，一切制度悉隸於軍政之下。政府一面用兵力以掃除國內之障礙，一面宣傳主義以開化全國之人心，而促進國家之統一。」「凡一省完全底定之日，則為訓政開始之時，而軍政停止之日。」「凡一省全數之縣皆達完全自治者，則為憲政開始時期。」「全國有過半數省分達至憲政開始時期，即全省之地方自治完全成立時期，則開國民大會，決定憲法而頒布之。」[9] 9 月發表的《制定建國大綱宣言》，陳述制定國民政府建國大綱之意義，並宣布「今後革命勢力所及之地，凡秉承本政府之號令者，即當以實行建國大綱為唯一之職任」。[10] 不過直至 1925 年 3 月，孫中山病逝北京，他的建國程序僅止於主張，而未能付諸實施。

　　1925 年 6 月 15 日，國民黨中央執行委員會全體會議議決：「中國國民黨中央執行委員會為最高機關；改組大元帥府為國民政府。」19 日，國民黨中央執行委員會根據上項決議，設立中央政府，定名為國民政府，「關於政治

---

7　蕭繼宗主編《中國國民黨黨章政綱集（增訂本）》，中國國民黨黨史會，1976，第 29 頁。
8　總章修訂包括 1920 年 11 月 19 日、1923 年 1 月 1 日、1924 年 1 月 30 日。見張玉法《近代中國民主政治發展史》，東大圖書公司，1999，第 253 頁。
9　秦孝儀主編《國父全集》第 1 冊，第 623—625 頁。
10　許師慎編《國民政府建制職名錄》，「國史館」，1984，第 14 頁。

之方針，由政治委員會決定，以國民政府之名義執行之」，確定「以黨治國」的原則。24 日，陸海軍大元帥大本營總參議代行大元帥職權胡漢民通電，接受國民黨中央執行委員會關於政府改組決議案，並於 27 日發布改組政府訓令，說明「以黨治國，為國民黨確定之黨綱，只以屢年征討，未暇設施……今粵中諸逆業已肅清，瑕穢既蕩，即應確定黨治之主張……本政府為秉承先大元帥之遺訓與國民黨之政綱，所以有此次改組之決議」。[11] 7 月 1 日，國民政府在廣州正式成立，開始執行孫中山「以黨治國」的主張。惟此時國民政府統治範圍僅有兩廣地區，執行軍政時期相關措施，一方面以武力掃除革命障礙，一方面從事建設工作，1926—1928 年的北伐期間，方將此項措施陸續推行至全國，並於北伐軍事行動告一段落後，由軍政進入訓政時期。

### 胡漢民的國民黨訓政主張

　　1928 年 6 月，北伐軍事行將告一段落之際，正在歐洲考察的國民黨中央執行委員胡漢民、孫科於 3 日自法國巴黎致電南京國民政府主席譚延闓等，表示今後黨國發展，當依孫中山建國精神，實施訓政，並擬定《訓政大綱》，請譚等代為提出中央討論。譚氏於是月 9 日、13 日兩度覆電，說明原案已提出中央，並定期召開國民黨第二屆中央執行委員會第五次全體會議（簡稱「二屆五中全會」，以下各屆中全會均採簡稱）討論。18 日，胡漢民、孫科自德國柏林再度致電譚氏，進一步提出《訓政大綱提案說明書》，說明提案緣由，強調北伐完成，國民黨應依總理所定建國程序，實施訓政，並從原則與制度兩方面，解釋《訓政大綱》之內容。

　　《訓政大綱提案說明書》由胡漢民、孫科共同具名，但是當時孫科在法蘭克福，全稿係由胡漢民撰寫。雖然胡稱其從柏林以電話與孫科就此稿「往復商榷，得其同意，因代簽名」，實際上應是胡氏的主張。[12] 胡氏對《訓政大綱》提出四項原則性的說明：（1）革命的武力之勝利，必然以革命的建設保障之，今後本黨能否保持內外人心一致付與之信仰，完全以能否實行建設為判斷。（2）吾人既以黨的力量掃除革命之障礙，則當以黨的力量造成真正之統一，且必以黨的力量負起訓政之全責。（3）本黨訓政之責任，為一種政治

---

11　〈大元帥為改組政府令〉，許師慎編《國民政府建制職名錄》，第 24 頁。
12　〈訓政大綱提案說明書〉，許師慎編《國民政府建制職名錄》，第 78 頁。

的褓姆之責任，為欲此種理論之實行，則必確定實行之方法，於訓政大綱中，分別規定政治會議與國民政府之綱領，以明示黨與政府之關係，與其蘄向訓政目的所必經之途徑。（4）從革命程序言之，訓政之目的在於憲政之完成；本黨責任在於培植五權憲法之基礎，而期其最後之完成。

　　《訓政大綱》在制度上，以中央政治會議為全國實行訓政之最高指導機關；改組國民政府，實施五權制度，設立法院、行政院、司法院、考試院、監察院，分掌國務。胡氏對此提出五項說明：（1）政治會議對於黨，為其隸屬機關，但非處理黨務機關；對於政府，為其根本大計與政策方案所發源之機關，但非政府本身機關之一。（2）國民政府為參與政治會議之機關，而非隸屬政治會議之機關；國民政府為五院彙集之總樞紐，政府常務委員五人分任五院主席，合五院之組織而總稱之為國民政府，政府常務委員五人中，指定一人為政府主席，除對外代表國家外，其權力地位與其他常務委員同。（3）各院與立法院之關係，因有政府常務委員為立法院當然委員之規定，而得平衡之聯絡。同時因國家行政計畫與政策之必須立法、行政兩院交互決議與執行，故於立法院則設置分組委員會，於行政院各部則予以出席立法院及其分組委員會之權。（4）司法行政與司法審判二者，宜分不宜合，以保持司法獨立，因此大綱以司法部掌司法行政事務，以司法院掌理獨立審判之全責。（5）大綱中明示政府各院部事務員吏，必須經過考試銓敘，使得任用保障；行政院各部及立法院分組委員，俱有任用專門人才之規定，以立革新吏治之楷模。

　　綜合而言，胡氏以為《訓政大綱》之根本原則，「完全本於總理建國之旨」，謂：「在向於憲政時期進行的途程中，所有軍政、訓政，皆為本黨建國時期之工作，一切權力皆由黨集中，由黨發施政府，由黨員任褓姆之責。故當由黨指導，由黨擁護，在人民未經政治訓練及未完全瞭解實行三民主義以前，惟有黨能代表全國人民負建國之大任，亦惟有黨能領導全國人民向三民主義實現之目標而前進。」[13]

　　是時北伐軍事行動甫告一段落，東北地區尚待易幟，國民黨雖奉行總理孫中山遺教，但對於統一後的政治制度似未有進一步的思考。胡漢民被學者稱為「中國國民黨諸領袖中，對於訓政理論作有系統之闡述，並為訓政時期黨政

---

13　〈訓政大綱提案說明書〉，許師慎編《國民政府建制職名錄》，第78—84頁。

制度之主要擬議者」，[14] 孫科為孫中山哲嗣，兩人提出的《政治會議及國民政府組織綱領案》及《訓政大綱提案說明書》，內容明確，論述詳細，為國民黨提供了國家發展的藍圖。

## 訓政綱領

1928 年 8 月，國民黨二屆五中全會在南京舉行，通過《政治問題案》，決議依據《國民政府建國大綱》，設立司法、立法、行政、考試、監察五院，逐漸實施；五院設立之次序，由中央常務委員會議決定。[15] 9 月 3 日，胡漢民自歐洲返抵上海，18 日赴南京。9 月 20 日，國民黨中央執行委員會常務委員會加推胡漢民、孫科為常務委員，並在兩人提案的基礎上制定《訓政綱領》，於 10 月 3 日通過，作為訓政時期基本依據，其內容如下：

第一，中華民國於訓政時期，由中國國民黨全國代表大會代表國民大會領導國民行使政權。

第二，中國國民黨全國代表大會閉幕時，以政權付託中國國民黨中央執行委員會執行之。

第三，依照總理建國大綱所定選舉、罷免、創制、複決四種政權，應訓練國民逐漸推行，以立憲政之基礎。

第四，治權之行政、立法、司法、考試、監察五項付託於國民政府，總攬而執行之，以立憲政時期民選政府之基礎。

第五，指導監督國民政府重大國務之施行，由中國國民黨中央執行委員會政治會議行之。

第六，中華民國國民政府組織法之修正及解釋，由中國國民黨中央執行委員會政治會議議決行之。

會中同時通過《中華民國國民政府組織法》，8 日，由國民政府明令公布，10 日，五院制國民政府正式成立，以蔣介石為國民政府主席兼陸海空軍總司令、譚延闓為行政院院長、胡漢民為立法院院長、王寵惠為司法院院長、戴傳賢為考試院院長、蔡元培為監察院院長。

---

14 李雲漢：《中國國民黨史述》第 3 編，第 6 頁。
15 秦孝儀主編《中國國民黨歷屆歷次中全會重要決議案彙編》（以下簡稱《歷屆歷次中全會決議案彙編》）（1），中國國民黨黨史會，1979，第 102—103 頁。

　　1929 年 3 月，國民黨第三次全國代表大會在南京舉行，通過胡漢民提出之《確定訓政時期黨、政府、人民行使政權、治權之分際及方略案》，對於黨、政府、人民行使政權、治權之實際的分際與方略，做出明確規定：

　　第一，培植地方自治之社會的基礎，宣傳訓政之方針，開導人民接受四權使用之訓練，指導人民努力完成地方自治所必備之先決條件，並促進一切關於地方自治之工作，由中國國民黨中央執行委員會指揮，並監督下級黨部推行之。

　　第二，依據總理遺教，決定縣自治制之一切原則及訓政之根本政策與大計，由中國國民黨中央執行委員會政治會議行之；但政治會議行使是項職權時，對外不發生直接之關係。

　　第三，實施縣自治制及執行一切訓政之根本政策與方案，由國民政府及其所屬主管機關行之。

　　第四，中國國民黨中央執行委員會政治會議，在決定訓政大計指導政府上，對中國國民黨中央執行委員會負責；國民政府在實施訓政計畫與方案上，對中國國民黨中央執行委員會政治會議負責。

　　第五，中國國民黨最高權力機關，為求達訓練國民使用政權弼成憲政基礎之目的，於必要時，得就人民之集會結社言論出版等自由權，在法律範圍內加以限制。

　　第六，中華民國人民須服從擁護中國國民黨，誓行三民主義，接受四權使用之訓練，努力地方自治之完成，始得享受中華民國國民之權利。

　　第七，實施訓政之成績，由中國國民黨最高權力機關考核之，至訓政終了，憲政開始之時，由中國國民黨最高權力機關負責召集國民大會，決定憲法而頒布之。

　　該案重點在規範黨、政府、人民三者行使政權、治權的分際，作為《訓政綱領》之補充，然而就治權本身，國民政府五院及所屬各機關之權限應如何劃分，亦宜有所規定。因此於 1929 年 6 月舉行之國民黨三屆二中全會通過胡漢民所提《治權行使之規律案》，規範國民政府五院行使之權限，並規定：「各級政府之行政範圍，已經劃分者，應各守其範圍，其逾範圍者，以越權論；

其受侵越而不提出抗議者，以廢職論」。[16]

　　國民政府依據以上《訓政綱領》、《確定訓政時期黨、政府、人民行使政權、治權之分際及方略案》、《治權行使之規律案》等三種法規，確立訓政時期的基本規範。至 1931 年 5 月，國民會議通過《中華民國訓政時期約法》，作為訓政時期最高法典，訓政體制臻於完備。

### 訓政時期約法

　　訓政時期是否需要制定約法，國民黨內有不同的意見，1928 年 8 月，二屆五中全會曾就關於約法之提案進行審查，建議：「訓政時代，應遵總理遺教，頒布約法。此次全會，應即組織中華民國約法起草委員會，限期完畢；由中央執行委員會議決，趕於第三次全國代表大會開會時，呈請通過公布。」但是會議討論後，僅決議：「訓政時期，應遵照總理遺教，頒布約法」，並未決定組織起草委員會，限期完畢。[17] 1929 年 3 月，國民黨三大通過《根據總理教義編制過去一切黨之法令規章以成一貫系統確定總理主要遺教為訓政時期中華民國最高根本法案》，決議：「確定總理所著三民主義、五權憲法、建國方略、建國大綱、及地方自治開始實行法，為訓政時期中華民國最高之根本法；舉凡國家建設之規模，人權民權之根本原則與分際，政府權力與其組織之綱要，及行使政權之方法，皆須以總理遺教為依歸。」[18] 是項提案為胡漢民等所主張，實際上否決了二屆五中全會之決議，惟當時對於是否制定約法問題，意見並非一致。1930 年 7 月，國民黨第一、二、三屆中央執監委員與南京政府敵對者，在汪精衛與西山會議派及閻錫山、馮玉祥等領導下，在北平舉行國民黨擴大會議，以制定約法為號召，延請學者專家擬定約法草案，嗣以張學良表示擁護中央，派兵入關，約法起草工作隨擴大會議轉往山西太原，於 10 月底通過《中華民國約法草案》，世稱《太原約法》。擴大會議旋因閻、馮兵敗，宣告停會而無形解散，《太原約法》亦成為憲政發展過程中一紙文獻，其最大功能在喚起國人對於制定約法之注意，進而促成南京國民政府頒布約法。[19]

---

16　秦孝儀主編《歷屆歷次中全會決議案彙編》（1），第 129—130 頁。

17　〈訓政時期頒布約法案〉，秦孝儀主編《歷屆歷次中全會決議案彙編》（1），第 96 頁。

18　秦孝儀主編《中國國民黨歷次全國代表大會重要決議案彙編》（簡稱《歷次全會決議案彙編》）（上），中國國民黨黨史會，1978，第 77—78 頁。

19　董霖：《中國政府》第 1 冊，世界書局，1941，第 464—465 頁；荊知仁：《中國立憲史》，聯經出版公司，1984，第 389 頁。

　　1930 年 10 月 3 日，蔣介石於討閻、馮軍事行動尚未告終之際，致電中央執行委員會，建議「提前召開第四次全國代表大會，確定召集國民會議之議案，頒布憲法之時期，及制定在憲法頒布以前訓政時期適用之約法」。[20] 是項建議經是年 11 月舉行之國民黨三屆四中全會通過，決議「於民國二十年五月五日召集國民會議」。[21] 然而由國民會議制定約法，引起胡漢民反對，遂因政見不合，胡於 1931 年 3 月 1 日辭去國民政府委員及立法院院長職務，進而導致部分支援胡氏的國民黨中央執監委員在廣州成立中國國民黨中央執監委員非常會議及國民政府，與南京方面對抗，形成寧粵分裂局面。

　　1931 年 5 月 5 日，國民會議在南京開幕，12 日三讀通過《中華民國訓政時期約法》（簡稱《約法》），6 月 1 日國民政府明令公布。除前言外，約法共 8 章、89 條，依次為總綱、人民之權利義務、訓政綱領、國民生計、國民教育、中央與地方之權限、政府之組織、附則，為國民黨與人民在訓政時期共同遵守之根本大法，就政府組織而言，正式確立訓政時期的中央及地方政治制度。

## 二、中央制度的演變

### 五院制國民政府的建立

　　訓政時期中央政府的名稱延續軍政時期，亦為「國民政府」，其法理依據為《國民政府組織法》，施行五權分立的中央政制。訓政時期，以黨領政，《國民政府組織法》前言中明確說明國民黨「指導監督」國民政府，曰：「中國國民黨本革命之三民主義、五權憲法建設中華民國，既用兵力掃除障礙，由軍政時期入於訓政時期，尤宜建立五權之規模，訓練人民行使政權之能力，以期促進憲政，奉政權於國民。茲謹本歷史上所授予本黨指導監督政府之職責，制定國民政府組織法」。[22]「指導監督」一詞，為延續 1925 年 7 月 1 日公布之《國民政府組織法》第一條「國民政府受中國國民黨之指導及監督，掌理全國政務」，[23] 所不同者為此時在「指導監督」之上增加了「本歷史上所授予」

---

20　周琇環編注《蔣中正總統檔案・事略稿本》第 9 冊，「國史館」，2004，第 18 頁。

21　〈召開國民會議案〉，秦孝儀主編《歷屆歷次中全會決議案彙編》（1），第 191—192 頁。

22　〈中華民國國民政府組織法〉（民國 17 年 10 月 8 日），許師慎編《國民政府建制職名錄》，第 483 頁。

23　〈中華民國國民政府組織法〉（民國 14 年 7 月 1 日），許師慎編《國民政府建制職名錄》，

等語，就前言內容來看，此應指國民黨「本革命之三民主義、五權憲法建設中華民國」，由軍政時期進入訓政時期，以期達於憲政時期，是將國民黨遵循孫中山建國程序之歷史責任明文載於《國民政府組織法》，以增加「指導監督」國民政府之合理性。

《國民政府組織法》全文共 7 章、48 條，規範國民政府及五院職權與組織。國民政府總攬中華民國之治權，統率陸海空軍，行使宣戰、媾和及締結條約之權，行大赦、特赦及減刑復權。國民政府以行政、立法、司法、考試、監察五院組織，各院為國民政府各該職權之最高機關，並得依法律發布命令。國民政府設主席委員 1 人，委員 12—16 人；五院院長、副院長由國民政府委員擔任。國民政府主席代表國民政府接見外使，舉行或參與國際典禮，並兼中華民國陸海空軍總司令，因事故不能執行職務時，由行政院院長代理。國民政府以國務會議處理政務，國務會議由國民政府委員組織，國民政府主席為國務會議主席，院與院之間不能解決之事項，由國務會議議決之；公布法律、發布命令，經國務會議議決，由國民政府主席及五院院長署名行之。行政院、司法院、考試院、監察院關於主管事項得提出議案於立法院；立法院設立法委員，監察院設監察委員，由各該院院長提請國民政府任命。[24]

1928 年 10 月 8 日，國民黨中常會議決：任蔣介石、譚延闓、胡漢民、蔡元培、戴傳賢、王寵惠、馮玉祥、孫科、陳果夫、何應欽、李宗仁、楊樹莊、閻錫山、李濟深、林森、張學良為國民政府委員，以蔣介石為國民政府主席，以譚延闓為行政院院長、胡漢民為立法院院長、王寵惠為司法院院長、戴傳賢為考試院院長、蔡元培為監察院院長；10 日，國民政府主席蔣介石暨國民政府委員及五院院長在南京國民黨中央黨部宣誓就職，五院制國民政府正式成立。

10 月 16 日，國民政府舉行首次國務會議，議決公布行政、立法、司法、考試、監察五院之組織法，20 日，國民政府正式公布。行政院為國民政府最高行政機關，應首先成立，19 日，國民黨中央政治會議召開臨時會議，議決行政院各部會首長，29 日，行政院正式開始辦公。繼行政院之後，11 月 16 日，

---

第 28 頁。

24　〈中華民國國民政府組織法〉（民國 17 年 10 月 8 日），許師慎編《國民政府建制職名錄》，第 483—488 頁。

司法院正式成立；12 月 5 日，立法院正式成立；1930 年 1 月 6 日，考試院正式成立。監察院則因籌備期間，院長人事更迭，遲至 1931 年 2 月 2 日始正式成立，為五院中最後一個成立的院。[25] 此外，國民政府尚有參謀本部、軍事參議院、訓練總監部等直屬軍事機關，及審計院、法官懲戒委員會、中央研究院、中央銀行等直屬機構。

　　國民政府之政治體制，依《國民政府組織法》規定，係沿用 1925 年 7 月國民政府成立初期之設計：「國民政府以委員若干人組織之，並於委員中推定一人為主席」；「國務由委員會議執行之」，採委員制。[26] 但之前係依委員制之特性，由委員推定一人為主席，對主席職權未加規定；此時則是將委員區分為主席委員一人與委員若干人，且主席委員係由國民黨中央執行委員會選任，並非由委員推定。《國民政府組織法》明文規定國民政府主席代表國民政府，接見外使，並舉行或參與國際典禮，同時兼中華民國陸海空軍總司令，這是一項主席單獨行使的軍事職權，就此而言，國民政府之委員制並非純粹的委員制，而是具有總統制精神的委員制，亦有學者主張應視為「總統制」。[27] 而此項關於國民政府主席職權之規定，成為日後《國民政府組織法》多次修正的主因。此外，《國民政府組織法》規定司法院之職權為「掌理司法審判、司法行政、官吏懲戒及行政審判」，其中「司法行政」屬司法院職權，抑行政院職權，各方意見不一，為《國民政府組織法》修正的另一個原因。

### 《國民政府組織法》之修正

　　《國民政府組織法》為國民政府之法理依據，自 1928 年 10 月 8 日公布起，至 1948 年 5 月 20 日國民政府結束、行憲政府成立止，先後有 1930 年 11 月 24 日、1931 年 6 月 15 日及 12 月 30 日、1932 年 3 月 15 日及 12 月 26 日、1934 年 10 月 17 日、1942 年 12 月 12 日、1943 年 5 月 29 日及 9 月 15 日、1945 年 11 月 5 日、1947 年 4 月 17 日及 21 日等 12 次修正，其中 1947 年的兩次修正與訓政過渡至憲政有關，將在第五節討論，其餘第一、二、三及第

---

25　許師慎編《國民政府建制職名錄》，第 98—114 頁。

26　〈中華民國國民政府組織法〉（民國 14 年 7 月 1 日），許師慎編《國民政府建制職名錄》，第 28 頁。《中華民國國民政府組織法》於 1928 年 2 月修正，改為常務委員制：「國民政府由中央執行委員會推舉委員若干人組織之。並推定其中五人至七人為常務委員，於常務委員中推定一人為主席。」

27　王世傑、錢端升：《比較憲法》，第 418 頁。

九次之修正屬政治體制之變革，第四至第八次修正主要為院與院之間的職權調整，分別說明如下。

甲、政治體制之變革

其一，1930 年 11 月 24 日第一次修正原因，為行政院院長譚延闓於 1930 年 9 月 22 日病逝，蔣介石於 11 月 18 日經國民黨三屆四中全會推選兼任行政院院長，為適應權力結構變化而進行。修正重點為權力中心由國民政府轉移到行政院，國民政府的國務會議改稱國民政府會議，行政院會議改稱國務會議。國民政府會議處理院與院間不能解決之事項；原本「公布法律命令，經國務會議議決，由國民政府主席及五院院長署名行之」，改為「公布法律，由國民政府主席署名，以立法院院長之副署行之。發布命令，由國民政府主席署名，主管院院長之副署行之」。國務會議由行政院院長、副院長及各部會首長組織，原屬行政院會議議決事項改為國務會議議決。依據修正後的《國民政府組織法》，原本五權分立的政治設計，成為行政權一權獨大，立法、司法、考試、監察四院正副院長以國民政府委員身分參加國務會議處理國務的權力，無形中被解除，埋下日後政局不安定的因數。

其二，1931 年 6 月 15 日第二次修正，係因《中華民國訓政時期約法》於 6 月 1 日經國民政府公布，其中第七章「政府之組織」之「中央制度」部分對國民政府的組織做了相當程度的變革。[28]《國民政府組織法》遂依據《約法》進行大幅度的修正，刪除「前言」，第一章改為「總則」，說明該法之立法依據為：「國民政府依據中華民國訓政時期約法第七十七條之規定，制定中華民國國民政府組織法」；國民政府委員人數增加，由原先的 12─16 人，包含五院正、副院長，改為 16─32 人，國民政府主席及五院正副院長為當然委員；並增列「國民政府主席」與「國民政府會議」兩章，明定國民政府主席職權，稍有出入者，為國民政府主席之人事任免範圍，除原規定五院院長及各部會首長外，增加五院副院長及陸海空軍副司令；公布法律、發布命令除國民政府主席依法署名外，增加「關係院院長副署」。修正後的《國民政府組織法》，國民政府組織由原本具總統制精神的委員制，成為名符其實的「總統制」，國民政府主席權力大幅提升，有學者認為其職權較總統制國家之元首，有過之而

---

28　許師慎編《國民政府建制職名錄》，第 495─496 頁。

無不及。[29]

　　此次修正對司法院的職權亦進行調整，由原本「司法院為國民政府最高司法機關，掌理司法審判、司法行政、官吏懲戒及行政審判之職權」，改為「司法院為國民政府最高司法機關，掌理司法審判之職權」，將「司法行政、官吏懲戒及行政審判」等移除，但是對司法院的組織並未進行相應的調整。

　　其三，1931 年 12 月 30 日第三次修正，將國民政府主席的權力大幅度削弱，成為不負實際政治責任的虛位元首；五院各自對國民黨中央執行委員會負責。這次修正距離前次修正僅隔半年，修正原因在於寧粵合作的政治妥協。

　　九一八事變發生後，國民黨黨內因胡漢民事件引起的寧粵分裂，在各方敦促下展開會談，以期團結合作，共赴國難。會談於 1931 年 10 月 26 日起在上海展開，前後進行 7 次會議，至 11 月 7 日結束，雙方決議關於政治問題，改革中央政制，其原則為：（1）使五院能獨立負責，行使職權，以實現五權制度之精神；（2）使政治系統與組織簡單化，以增加政治效能，而避免重複轉折，責任分散之病；（3）使政治實際上民主化，中央政治機關，應參加民選分子，使政府與人民關係日益親切，共同負擔建立憲政之目的。雙方決定寧粵各自召開國民黨第四次全國代表大會，共同舉行四屆一中全會，修改國民政府組織法，改組國民政府。[30] 而在進一步洽商四屆一中全會開會事宜時，粵方以蔣介石下野為前提，如果蔣不下野，則粵方各中央執監委員不能赴南京開會。蔣介石為促成寧粵雙方切實合作，決定辭去國民政府主席兼行政院長、陸海空軍總司令各職；12 月 15 日，中央常務委員會臨時會議決議通過蔣氏辭職案，以林森代理國民政府主席、陳銘樞代理行政院長。

　　1931 年 12 月 22 日，國民黨四屆一中全會在南京開幕，25 日通過《關於中央政制改革案》，將國民政府主席改為虛位元首，對內對外代表國家，但不負實際政治責任；五院各對中央執行委員會負責，行政院院長負實際行政責任。[31] 次日，通過依據前案修正之《修正中華民國國民政府組織法案》，取消「國民政府主席」章，相關條文併入「國民政府」章；28 日，會議推舉蔣介石、

---

29　董霖：《中國政府》第 1 冊，第 462 頁。
30　劉維開：《國難期間應變圖存問題之研究——從九一八到七七》，「國史館」，1995，第 40—41 頁。
31　秦孝儀主編《歷屆歷次中全會決議案彙編》（1），第 261 頁。

汪精衛、胡漢民三人為中央政治會議常務委員，選任林森為國民政府主席，孫科、張繼、伍朝樞、戴傳賢、于右任分任行政、立法、司法、考試、監察五院院長。12 月 30 日，國民政府明令公布修正後的《中華民國國民政府組織法》；1932 年 1 月 1 日，國民政府主席林森暨國民政府委員、五院院長、各部會首長宣誓就職，新政府正式成立。

修正後之《國民政府組織法》，雖然第一章「總則」仍維持其法源為「依據中華民國訓政時期約法第七十七條之規定制定」，但是受政治因素影響，新修正之組織法關於國民政府主席職權顯然與《約法》規定矛盾，政治體制實際上已與《約法》所定之中央制度相異，由「總統制」改為類似歐美政制的「內閣制」，國民政府主席僅是一個儀式性的國家元首，政務實權在行政院，院長總攬行政大權。

其四，1943 年 9 月 15 日，國民政府公布組織法第九次之修正，是為配合國民政府主席林森病逝後的政局發展。林森於 1943 年 5 月因腦溢血病情惡化，無法執行職務，而《國民政府組織法》原有國民政府主席因故不能執行職務代理之規定，在 1931 年 12 月第三次修正時被刪除，因此中常會於 5 月 29 日召開臨時會議，決議修正《國民政府組織法》，是為第八次修正，於第十三條國民政府主席任期規定後，增列「國民政府主席因故不能視事時，由行政院院長代理之」一項。

8 月 1 日，林森逝世，中央常會臨時會議決議由蔣介石代理國民政府主席；9 月 10 日，國民黨五屆十一中全會通過《國民政府組織法修正條文》，為第九次修正，重點為刪除國民政府主席不負實際政治責任、不得兼其他官職等條文，以國民政府主席為陸海空軍大元帥，並有提名五院院長、副院長呈請國民黨中央執行委員會選任之職權，使國民政府主席重新成為負實際政治責任之國家元首；國民政府主席對國民黨中央執行委員會負責，五院院長對國民政府主席負責。此次修正大致恢復第三次修正前的規定，政治體制亦回復為「總統制」。

乙、院與院間的職權調整

其一，1932 年 3 月 15 日第四次修正，為對司法院職權之修正。《國民政府組織法》第六章「司法院」第三十七條原規定：「司法院院長兼任最高法

院院長。司法院副院長兼任公務員懲戒委員會委員長」，修正為：「最高法院院長得由司法院院長兼任。公務員懲戒委員會委員長得由司法院副院長兼任」，使該兩職的任命具有彈性，可以由司法院正副院長以外人士擔任。

其二，1932 年 12 月 26 日第五次修正，係因 1931 年 12 月第三次修正之《國民政府組織法》將立法及監察兩院委員名額各增加 1 人，改為立法委員 50—100 人、監察委員 30—50 人，並增列「委員之半數，由法定人民團體選舉，其選舉法另定之」，嗣因 1932 年 12 月國民黨四屆三中全會通過召集國民參政會議案，並擬定 1935 年召開國民大會議決憲法，該項條文似無執行必要，遂恢復原定立法及監察委員名額，為立法委員 49—99 人、監察委員 29—49 人，並便於議事表決。

其三，1934 年 10 月 17 日第六次修正，係將司法行政部由行政院改隸司法院；司法院原規定為「國民政府最高審判機關」，改為「國民政府最高司法機關」。

其四，1942 年 12 月 12 日第七次修正，係因司法行政部由司法院改隸行政院，司法院所屬單位刪除司法行政部，第二十四條行政院會議議決事項第五款「薦任以上行政官吏之任免」，改為「薦任以上行政司法官吏之任免」。

其五，1945 年 11 月 5 日第十次修正，係第二十四條行政院會議議決事項第五款「薦任以上行政司法官吏之任免」，改為「簡任行政司法官吏及縣市長之任免」。

《國民政府組織法》之修正，不論政治體制之變革或五院職權之調整，對於國民政府之運作確實會有一定程度之影響，但是五院的基本制度仍然維持。

## 五院組織之發展

國民政府五院制係遵循國民政府建國大綱之規定，各院職權之法理依據為《國民政府組織法》，各院組織之依據則為各該院組織法。1928 年 8 月 30 日，國民黨中常會討論二屆五中全會決議設立立法、行政、司法、考試、監察五院案，決定先草擬組織法。[32] 10 月 3 日，中央政治會議議決，推蔣介石、

---

32 許師慎編《國民政府建制職名錄》，第 85 頁。

孫科、胡漢民、戴傳賢、李煜瀛、張靜江、蔡元培、王寵惠、李濟深、吳敬恆、
譚延闓等為五院組織法起草委員；[33] 8 日，中央政治會議臨時會議通過行政、
立法、司法三院組織法，12 日通過考試、監察兩院組織法；20 日，國民政府
明令公布：「茲制訂國民政府行政院、立法院、司法院、考試院、監察院組織
法公布之。此令。」[34]

### 1. 行政院

行政院為國民政府最高行政機關，如前所述，其權力隨《國民政府組織
法》之修正，自 1930 年 11 月後日漸重要，1931 年 12 月後，行政院院長負
實際行政責任，行政院成為訓政時期之政治中心。

行政院以行政院會議為處理政務之重心，依《國民政府組織法》規定，
其議決事項包括提出立法院之法律案、預算案、大赦案、宣戰案、媾和案；薦
任以上行政官吏之任免；行政院各部及各委員會間不能解決之事項；其他依
法律或行政院院長認為應付行政院會議議決事項，日後在《國民政府組織法》
修正過程中有若干調整，但變化不大。

行政院之組織，依 1928 年 10 月公布之《行政院組織法》規定，設內政
部、外交部、軍政部、財政部、農礦部、工商部、教育部、交通部、鐵道部、
衛生部、建設委員會、蒙藏委員會、僑務委員會、勞工委員會、禁菸委員會等；
11 月 28 日，中央政治會議通過行政院各部會組織法，除勞工委員會並未設立
外，各部會陸續成立。《行政院組織法》並規定：「行政院經國務會議及立法
院之議決，得增置、裁併各部、各委員會及其他機關。」[35] 據此，行政院因應
外在環境的變化，除外交、財政、教育三部及蒙藏、僑務兩會外，[36] 其餘各部
會大多經過分割、裁併，茲就各部之調整略述如下。

**內政部**　　內政部為 1927 年 4 月國民政府奠都南京後設置機構，初名民

---

33　王正華：〈南京時期國民政府的中央政制（一九二七—一九三七）〉，政治大學歷史系研
　　究部博士學位論文，1997，第 213 頁；許師慎編《國民政府建制職名錄》，第 85 頁。
34　〈國民政府公布行政院等五院組織法令〉（1928 年 10 月 20 日），孔慶泰編《國民黨政府
　　政治制度檔案史料選編》（以下簡稱《政治制度檔案選編》）上冊，安徽教育出版社，
　　1994，第 160 頁。
35　〈國民政府公布行政院等五院組織法令〉（1928 年 10 月 20 日），孔慶泰編《政治制度檔
　　案選編》上冊，第 160—161 頁。
36　僑務委員會於 1929 年 5 月改隸中國國民黨中央執行委員會；1931 年 8 月，復改隸國民政府。
　　見劉維開編《中國國民黨職名錄》，中國國民黨黨史會，1994，第 89 頁。

政部，後更名內政部，設民政、土地、警政、衛生等司，掌管相關行政業務。訓政開始，衛生司裁撤，改設衛生部；1931 年 3 月，中央政治會議決議，設立員警總監，掌理全國員警，惟該單位並未成立；土地行政原屬土地司，後改名地政司掌理，1941 年 12 月，國民黨五屆九中全會通過《設置地政署案》，設置地政署直隸行政院，1942 年 6 月，行政院地政署正式成立，內政部地政司裁撤歸併，1947 年 5 月，地政署改為地政部。

**軍政部**　　軍政部成立初期，掌管全國陸海空軍行政事宜，設陸軍署、海軍署、航空署、軍需署、兵工署等，嗣後因各軍種業務劃分，所掌管僅為全國陸軍行政事宜。[37] 1929 年 4 月，國民政府設立海軍部，隸屬行政院，海軍署裁撤；1938 年 1 月，海軍部裁撤，歸併海軍總司令部。1932 年 8 月，因蔣介石以軍事委員會委員長兼任中央航空學校校長，為促進航空行政統一，航空署劃歸軍事委員會指揮，名義上仍屬軍政部，至 1934 年 5 月，航空署改組為航空委員會，正式改隸軍事委員會。1944 年 12 月，軍政部業務再做調整，將兵役署劃出，另設兵役部，隸屬行政院，辦理全國兵役事宜，至 1945 年 10 月，兵役部撤銷，相關業務重歸軍政部掌理。

**農礦部、工商部**　　1930 年 11 月 17 日，國民黨三屆四中全會通過蔣介石等提《刷新中央政治改善制度整飭綱紀確立最短期內施政中心以提高行政效率案》，關於中央制度組織之變革，建議變更行政院之組織，將農礦、工商兩部合併為實業部；[38] 12 月，實業部正式成立。1937 年全面抗戰爆發後，為因應情勢，1938 年 1 月，實業部改組為經濟部，並將全國經濟委員會之水利部分、建設委員會及軍事委員會相關業務單位併入。1940 年 3 月，行政院設農林部，經濟部所屬農林業務及其附屬機構劃歸該部管轄。

**鐵道部**　　鐵道行政在軍政時期原屬交通部路政司主管業務範圍，1928 年 10 月五院制國民政府成立，將鐵道行政自交通部劃出，設立鐵道部，管理並建設全國國有鐵路，規劃全國鐵路系統，並監督商辦鐵路。抗戰爆發後，為實行戰時體制，簡化中央機構，國防最高會議常務委員會議決議，交通與鐵道兩部合為交通部，全國經濟委員會之公路部分歸併，送請國民黨中常會核備。

---

37　〈軍政部組織法〉（民國 30 年 2 月 18 日修正公布），《軍政十五年》，「國防部史政編譯局」編印，1981，第 9 頁。
38　秦孝儀主編《歷屆歷次中全會決議案彙編》（1），第 198 頁。

1938 年 1 月 1 日，鐵道部與交通部正式合併，一切鐵路行政事務，仍由交通部路政司主管。

**衛生部**　衛生行政原屬軍政時期內政部業務，設衛生司，1928 年 10 月五院制國民政府成立，衛生行政由內政部分出，設衛生部；1930 年 11 月，行政院組織調整，衛生部併入內政部，成立衛生署；1935 年 6 月，衛生署升格，改隸行政院；1938 年 1 月，行政機構調整，衛生署改隸內政部，全國經濟委員會之衛生部分併入衛生署。至 1940 年衛生署再度升格，隸屬行政院；1947 年 4 月，行政院擴大組織，衛生署改為衛生部。

**建設委員會**　原為 1928 年 2 月國民黨二屆四中全會後所設置，五院制國民政府成立，改隸行政院，至 1930 年 11 月復隸屬國民政府，職權為：（1）遵照實業計畫，擬制全國建設事業之具體方案，呈國民政府核辦；（2）國民建設事業有請求指導者，應為之設計；（3）辦理經國民政府核准試辦之各種模範事業。1938 年 1 月，併入經濟部。[39]

**禁菸委員會**　1928 年 8 月設置之初，直隸國民政府；10 月五院制國民政府成立，改隸行政院，1935 年 6 月 5 日明令裁撤，另設禁菸總監，由軍事委員會委員長兼任，辦理全國禁菸事宜。

除調整外，行政院亦因業務需要而增置部會如下。

**水利部**　國民政府成立初期，水利行政事權分散，治水事業機構複雜，1933 年 10 月全國經濟委員會成立後，始逐漸統籌全國水政。[40] 1938 年 1 月，經濟部成立，將原屬全國經濟委員會之水利部分併入，設水利司專司其職。1941 年 7 月，行政院遵照國民黨五屆六中全會決議，設全國水利委員會，[41]統籌全國水利建設及預籌戰後水利復興工作，並接管原屬經濟部所轄之水利事業及水利機關；1946 年改稱水利委員會；1947 年 4 月，行政院組織調整，水

---

39　許師慎編《國民政府建制職名錄》，第 105 頁。

40　見《行政院水利委員會（含水利委員會）》，http://archives.sinica.edu.tw/main/economic09.html，中研院近代史研究所檔案館。

41　五屆六中全會決議設置「農林水利部，專司農墾水利事宜」，行政院表示為節省人力財力起見，於院內先設置水利委員會。見〈中國國民黨第五屆中央執行委員會常務委員會第 176 次會議記錄〉，《中國國民黨第五屆中央執行委員會常務委員會會議紀錄彙編》（以下簡稱《五屆中常會會議紀錄彙編》）（下），中央委員會秘書處編印，時間不詳，第 719—720 頁。

利委員會改組為水利部，為全國主管水利最高行政機構。[42]

**糧食部**　　1940 年 7 月，國民黨五屆七中全會通過《擬於行政院增設經濟作戰部並設置戰時經濟會議加強經濟行政效率適應長期抗戰需要案》、《請確定全國糧食管理政策並建立各級管理機構案》等，據此行政院增設全國糧食管理局，實行全國糧食管理政策。1941 年 4 月，國民黨五屆八中全會通過《在行政院內設置貿易部與糧食部案》，撤銷全國糧食管理局；1941 年 5 月，糧食部正式成立。

**社會部**　　1938 年 4 月，國民黨五屆四中全會通過《改進黨務及調整黨政關係案》，調整中央執行委員會組織，21 日，中常會通過《修正中央執行委員會組織大綱》，其中將原民眾訓練部改為社會部，「掌理各種民眾團體中黨員工作之指導，協助民眾團體之組織，並策進其事業」。[43] 1939 年 11 月，國民黨五屆六中全會通過《調整黨政軍行政機構案》，其中關於社會部者，為「社會部可改隸行政院，但其職權應明確規定，所有合作救濟事業及養老慈幼等一切社會工作似應畫歸該部管理，而該部原管民眾運動之指導等項，似仍應屬之黨務部門」；[44] 1940 年 10 月，社會部正式改隸行政院，管理全國社會行政事務，原屬內政部掌管之社會福利事務，及經濟部所屬之合作事業，亦劃歸該部。

**全國經濟委員會**　　1931 年 6 月，國民政府為促進經濟建設，改善人民生計，設立全國經濟委員會，掌理國家經濟建設及發展計畫之設計、審定、監督、指導及特種經濟建設之實施等事項，隸屬行政院；1933 年 9 月，改隸國民政府。[45]

2. 立法院

立法院為國民政府最高立法機關，以院長、副院長及立法委員組成，有議決法律案、預算案、大赦案、宣戰案、媾和案、條約案及其他重要國際事項之職權。立法委員名額 49—99 人，人選標準為：「首重其在黨之歷史。必

---

42　《行政院水利委員會（含水利委員會）》，http://archives.sinica.edu.tw/main/economic09.html，中研院近代史研究所檔案館；許師慎編《國民政府建制職名錄》，第 103 頁。

43　秦孝儀主編《歷屆歷次中全會決議案彙編》（1），第 452 頁。

44　秦孝儀主編《歷屆歷次中全會決議案彙編》（2），中國國民黨黨史會，1979，第 21 頁。

45　《全國經濟委員會檔案》，http://archive.sinica.edu.tw/main/economic01.html，中研院近代史研究所檔案館；許師慎編《國民政府建制職名錄》，第 105—106 頁。

其人為黨國效忠，在革命過程未有違背黨義之言論行動；於法律、政治、經濟有相當學識經驗者」。[46] 其任免，依《國民政府組織法》規定，由立法院院長提請國民政府任命，任期兩年；1931 年 6 月隨國民政府主席職權之調整，修正為「由立法院院長提出人選，由國民政府主席提請國民政府依法任免」；1931 年 12 月修正之《國民政府組織法》，國民政府主席不負實際政治責任，立法委員之任免改為「由立法院院長提請國民政府主席依法任命」，並增列「委員之半數，由法定人民團體選舉，其選舉法另定之」，不過並未實行，而此次修正亦在「任期二年」下，增加「但得連任」之但書，使立法委員不受任期兩年之約束。

立法院院長、副院長及委員組成立法院會議，會議以院長為主席，各院院長及行政院各部會首長得列席。委員除出席立法院會議外，並得參加各委員會。依 1928 年 10 月公布《立法院組織法》，立法院設法制、外交、財政、經濟委員會，後又增設軍事委員會；各委員會設委員長一人，由院長指定，委員由立法委員擔任。

3. 司法院

司法院之職權，如前所述，隨司法行政之歸屬而調整，當司法院掌理司法行政時，為「國民政府最高司法機關」；當司法院不掌理司法行政時，為「國民政府最高審判機關」。

司法院依 1928 年 10 月公布《司法院組織法》，以司法行政署、司法審判署、行政審判署及官吏懲戒委員會組織之。司法行政署綜理司法行政事宜；司法審判署對於民、刑訴訟事件，依法行使最高審判權；行政審判署依法掌理行政訴訟審判事宜；官吏懲戒委員會依法掌理文官、法官懲戒事宜。11 月修正組織法，更改各單位名稱，除官吏懲戒委員會不變外，其餘分別改為司法行政部、最高法院、行政法院。[47]

司法行政事務於 1925 年 7 月國民政府在廣州成立時，由大理院兼管，設司法行政處；1926 年 1 月，國民政府以行政、司法分立，設司法行政委員會，直隸國民政府，管理民、刑事及司法行政，至是年 11 月令俟司法部成立

---

46 許師慎編《國民政府建制職名錄》，第 107 頁。

47 〈中央政治會議第 162 次會議通過《修正司法院組織法》〉（1928 年 11 月 7 日），孔慶泰編《政治制度檔案選編》上冊，第 279 頁。

後裁撤。[48] 1927 年 4 月，國民政府奠都南京，設司法部，專責掌理司法行政。1928 年 10 月五院制國民政府成立，更名司法行政部，隸司法院；1932 年 1 月，隨國民政府組織調整，改隸行政院；1934 年 10 月，復改隸司法院；1943 年 1 月，再度改隸行政院，此後司法行政確定由行政院掌理，未再進行調整。

官吏懲戒委員會於 1931 年 6 月公布《公務員懲戒委員會組織法》，改名為公務員懲戒委員會，分中央公務員懲戒委員會與地方公務員懲戒委員會兩種，中央公務員懲戒委員會掌管全國薦任職以上公務員及中央各官署委任職公務員之懲戒事宜；地方公務員懲戒委員會，分設於各省及直轄市，掌管各該省及直轄市委任職公務員之懲戒事宜。中央公務員懲戒委員會與地方公務員懲戒委員會均置委員長一人、委員若干人；中央公務員懲戒委員會委員長依《國民政府組織法》規定由司法院副院長兼任，後修正為「得」由司法院副院長兼任，自 1937 年 8 月起另行特任；地方公務員懲戒委員會委員長依《公務員懲戒委員會組織法》規定，省由高等法院院長兼任，直轄市由地方法院院長兼任。

4. 考試院

考試院為國民政府最高考試機關，依 1928 年 10 月公布《國民政府組織法》，其職權為「掌理考選、銓敘事宜。所有公務員均須依法律經考試院考選、銓敘，方得任用」。1931 年 12 月修正為「依法行使考試、銓敘之職權」，其職權為考試、任用、銓敘、考績、級俸、升遷、保障、褒獎、撫恤、退休、養老等。[49] 考試院設考選委員會及銓敘部，依《考試院組織法》規定，考選委員會掌理考選文官、法官、外交官及其他公務員事項，考選專門技術人員事項，辦理組織典試委員會事項，考選人員之冊報事項，以及其他應辦事項；銓敘部掌理公務員之登記、考取人員分類登記、成績考核登記、公務員任免審查、公務員升降轉調審查、公務員資格審查、俸給及獎恤之審查登記等事項。[50] 考試院的組織變動不大，值得注意者，為抗戰期間，考試院為建立地方人事行政，以相關省區為單位，設立銓敘處，戰後並擴大設置考銓處，掌理各該省區考選、銓敘事宜，使考試院建立由中央至地方的機構網路，對於樹立考試院的

---

48　許師慎編《國民政府建制職名錄》，第 32 頁。
49　許師慎編《國民政府建制職名錄》，第 112 頁。
50　孔慶泰編《政治制度檔案選編》上冊，第 164—166 頁。

權威，推進考銓行政有一定作用。[51]

　　5. 監察院

　　監察院為國民政府最高監察機構，依法行使彈劾及審計兩項職權，依《監察院組織法》規定：「監察院以監察委員行使彈劾職權」；「監察院關於審計事項，設審計部掌理之」。

　　監察委員名額及任命方式，依《國民政府組織法》規定，最初為 19—29 人，由監察院院長提請國民政府任命；1931 年 6 月修正，增為 29—49 人，由監察院院長提出人選，由國民政府主席提請國民政府依法任免；1931 年 12 月修正，改為 30—50 人，由監察院院長提請國民政府主席依法任免，並增列「前項委員之半數由法定人民團體選舉，其選舉法另定之」；[52] 1932 年 12 月再度修正，恢復 29—49 人，任免方式維持原規定，此後直至 1947 年方再有所調整。監察委員無任期規定，且有《監察委員保障法》之保障：「監察委員非有左列情事之一者，不得免職、停職或罰俸：一、經國民黨開除黨籍者；二、受刑事處分者；三、受禁治產之宣告者；四、受懲戒處分者。監察委員非經本人同意，不得轉任。」[53] 因此除非死亡或自請辭職，監察委員的變動不大。

　　監察委員之職責在行使彈劾權，依《彈劾法》規定，監察委員得單獨提出彈劾案，經提案委員之外的監察委員三人審查通過後，即可將被彈劾人移付懲戒。為保證監察委員提出彈劾案不受干擾，《彈劾法》並規定彈劾案提出後，不得撤回，監察院院長對於彈劾案不得指使或干涉。[54] 此外，依《監察院組織法》規定：「監察院院長得提請國民政府特派監察使，分赴各監察區行使彈劾職權。監察使得由監察委員兼任。監察區由監察院定之。」[55] 監察使於其所派監察區內巡迴視察，設監察使署；監察區之劃分有以一省為單位者，如河北監察區、江蘇監察區；有以兩省為單位者，如河南山東監察區、安徽江西監察區；有以三省為單位者，如甘肅寧夏青海監察區等；一般以兩省為一監察區者最為

---

51　肖如平：《國民政府考試院研究》，社會科學文獻出版社，2008，第 64—66 頁。

52　監察院會議曾決定「民選監察委員選舉法之原則」，但因事實上困難，未能施行。見許師慎編《國民政府建制職名錄》，第 113 頁。

53　〈國民政府修正公布《監察委員保障法》〉（1932 年 6 月 24 日），孔慶泰編《政治制度檔案選編》上冊，第 311 頁。

54　〈國民政府修正公布《彈劾法》〉（1932 年 6 月 24 日），孔慶泰編《政治制度檔案選編》上冊，第 312—313 頁。

55　孔慶泰編《政治制度檔案選編》上冊，第 166 頁。

普遍。

　　監察院另項關於審計之職權，由審計部行使。國民黨在五院制國民政府
成立前，於 1928 年 2 月二屆四中全會通過修正國民政府組織法，設立審計院，
負責審計工作；五院制國民政府成立，審計權歸監察院行使，審計院於 1931
年 2 月改名審計部，隸屬監察院。

## 三、黨政關係的發展

### 黨政聯繫機制的建立

　　訓政時期，以黨領政，國民黨指導監督國民政府，但是黨與政府屬於不
同的組織體系，兩者之間沒有直接隸屬關係。依據黨治的設計，國民黨的領導
機制中央執行委員會對於國民政府的政策與施政有最後決定權，但是中央執行
委員會不能直接指揮國民政府，必須透過訓政指導機構傳達；國民政府對中央
執行委員會負責，但不直接與中央執行委員會接觸，而是經由訓政指導機構轉
呈。從 1928 年 10 月國民黨通過《訓政綱領》、成立五院制國民政府起，至
1937 年 8 月為因應全面抗戰成立國防最高會議止，係以中央政治會議（後改
名「中央政治委員會」，以下統簡稱「中政會」）為全國實行訓政之最高指導
機關，亦即作為黨政間溝通聯繫的機構。[56] 1937 年 8 月，中政會通過設立國
防最高會議，對中政會負責，但是受到時局的影響，中政會召集困難，無法按
期開會，國防最高會議事實上取代了中政會的位置，[57] 黨政關係的發展亦隨之
發生變化。1938 年 3 月，國民黨臨時全國代表大會通過《改進黨務並調整黨
政關係案》，決定調整黨政關係的原則為：（1）中央採取以黨統政的形態；（2）
省及特別市採取黨政聯繫的形態；（3）縣採取黨政融化，即融黨於政的形態；
使黨政關係趨向制度化。[58]

---

56　劉維開：〈訓政前期的黨政關係（1928—1937）——以中央政治會議為中心的探討〉，《政
　　治大學歷史學報》第 24 期，2005 年，第 120 頁。

57　劉維開：〈戰時黨政軍統一指揮機構的設置與發展〉，「中華民國史專題第三屆討論會祕
　　書處」編《中華民國史專題第三屆討論會論文集》，「國史館」，1996，第 349 頁；陳之邁：
　　《中國政府》第 1 冊，第 35 頁。

58　秦孝儀主編《歷屆歷次中全會決議案彙編》（上），第 315 頁；參見李雲漢〈抗戰期間的
　　黨政關係（一九三七—一九四五）〉，慶祝抗戰勝利五十週年兩岸學術研討會籌備委員會
　　編《慶祝抗戰勝利五十週年兩岸學術研討會論文集》，中國近代史學會、聯合報系文化基
　　金會，1996，第 1—19 頁。

　　中央政治會議，初名中央政治委員會，1924 年 7 月成立，最初係作為孫中山在政治及外交問題之諮詢機構。孫中山逝世後，1925 年 6 月，中政會對該會之地位、權限決議：「（一）在中國國民黨中央執行委員會內設政治委員會，以指導國民革命之進行；（二）關於政治之方針，由政治委員會決定，以政府之名義執行之。」是將中政會正式納入中央執行委員會之組織系統，成為國民黨中央的一個機構，並於 1926 年 1 月，第二次全國代表大會修正《中國國民黨總章》，增列「中央執行委員會遇必要時，得設立特種委員會。（如政治委員會）」一條，使中政會的設立合法化，並在隨後舉行的國民黨二屆一中全會，通過《中央執行委員會政治委員會組織條例》，確認政治委員會為中央執行委員會特設之政治指導機關，對中央執行委員會負責。[59] 1927 年 9 月，寧漢合作，成立特別委員會代行中央執行、監察委員會職權，一度取消政治委員會，至 1928 年 2 月二屆四中全會後，恢復設立，改名為政治會議，作為中央執行委員會特設之指導機關，對中央執行委員會負責，並規定其權限為：「法律問題，經中央政治會議議決，由中央執行委員會交國民政府執行；凡重要政務須經中央政治會議議決，交國民政府執行。」[60]

　　以中政會作為訓政時期最高指導機關之政制設計，源於前述胡漢民、孫科之建議。兩人所擬定《訓政大綱》，分「政治會議」及「國民政府組織綱領」兩部分，其中「政治會議」部分，明確規範政治會議之地位及決議與討論事項，擬定：「一、以中央政治會議為全國實行訓政之最高指導機關。二、政治會議討論及決議之範圍如左：甲、建國大計；乙、施政方針；丙、對內對外應取之政策；丁、政府各院委員、各部部長人選問題；戊、軍事大計；己、各政治分會決議之審查。三、政治會議之決議，由政府常務委員負責執行。四、政治會議之決議，有提交政府各院討論決定執行者，由各院主席負責辦理。五、政治會議對外不發生直接關係。六、政治會議不直接處理政務。七、政府常務委員為政治會議當然委員。八、政治會議規程另定之。」[61] 而在《訓政大綱提案說明書》中，對於政治會議作為全國訓政之發動與指導機關，則有更明確的說明：

59　劉維開編《中國國民黨職名錄》，第 28、38─39 頁。
60　楊幼炯：《近代中國立法史》，商務印書館，1936，第 335 頁；劉維開編《中國國民黨職名錄》，第 40─41 頁。
61　胡漢民、孫科：〈政治會議及國民政府組織綱領案〉，許師慎編《國民政府建制職名錄》，第 73─77 頁。

「政治會議對於黨，為其隸屬機關，但非處理黨務之機關；對於政府，為其根本大計與政策方案所發源之機關，但非政府本身機關之一。」其與國民政府之關係，為：「國民政府在發動政治根本方案上，對政治會議負責；但法理上仍為國家最高機關，而非隸於政治會議之下也」。[62] 事實上，兩人的提案中除了維持中央政治會議名稱外，在組織、職權等方面，與正在運作之中央政治會議有相當大的差異，引發黨內不同意見，因此二屆五中全會並未依照兩人的建議修正中央政治會議之職權。迨胡漢民於 8 月底自歐洲返國，與各方交換意見，國民黨中央常會乃以胡孫提案中關於政治會議之意見為底本，於 10 月 25 日修正通過《中央執行委員會政治會議暫行條例》（以下稱《暫行條例》），全文共 13 條，其內容基本上依照提案之規劃，以政治會議為「全國實行訓政之最高指導機關」，對中央執行委員會負責。[63]

中政會在國民黨的組織架構上，隸屬中央執行委員會，對該會負責。1935 年 11 月第五屆中央執行委員會成立，政治會議改組為政治委員會，組織亦隨之進行調整，至 1937 年 11 月，暫時停止運作，其職權由國防最高會議代行。中政會根據《暫行條例》規定，不直接發布命令及處理政務，而是將會議決議直接交國民政府執行。[64] 所謂「決議」，即是中政會之職權，為：「甲、建國綱領，乙、立法原則，丙、施政方針，丁、軍事大計，戊、國民政府委員、各院院長、副院長、各部部長、各委員會委員及委員長、各省省政府委員、主席及廳長、各特別市市長、駐外大使、特使、公使、及特任、特派官吏之人選。」[65] 此項規定大致上遵循上述胡孫擬定政治會議職權訂定。至 1930 年 3 月，三屆三中全會修正通過中央政治會議條例，職權增加議決「財政計畫」一項，並縮減人事任命的範圍，修正為：「甲、建國綱領，乙、立法原則，丙、施政方針，丁、軍事大計，戊、財政計畫，己、國民政府主席及委員，各院院長、副院長及委員，及特任、特派官吏之人選。」[66] 1935 年 12 月，政治會議改

---

62　胡漢民、孫科：〈訓政大綱提案說明書〉，許師慎編《國民政府建制職名錄》，第 82 頁。

63　〈中執會第 179 次常務會議通過《中央執行委員會政治會議暫行條例》〉，孔慶泰編《政治制度檔案選編》上冊，第 38—39 頁。

64　〈中執會第 179 次常務會議通過《中央執行委員會政治會議暫行條例》〉，孔慶泰編《政治制度檔案選編》上冊，第 38—39 頁。第五屆中央執行委員會通過《中央執行委員會政治委員會組織條例》中，刪除原《政治會議條例》「不直接發布命令及處理政務」的規定。

65　〈中執會第 179 次常務會議通過《中央執行委員會政治會議暫行條例》〉，孔慶泰編《政治制度檔案選編》上冊，第 38—39 頁。

66　〈三屆三中全會通過《修正中央執行委員會政治會議條例》〉，孔慶泰編《政治制度檔案

組為政治委員會，職權再度調整，取消「建國綱領」，增加「中央執行委員會交議事項」，並將「軍事大計」改為「軍政大計」，為：「甲、立法原則，乙、施政方針，丙、軍政大計，丁、財政計畫，戊、特任、特派官吏及政務官之人選，己、中央執行委員會交議事項。」[67] 中政會的職權不論如何修正，就字面上來看均十分廣泛，幾乎涵蓋施政的各個層面，有學者認為這些修改只是文字上的改變，「其職權則早已到了無可擴充的地步」。[68] 但是條例所規範的職權真正落實到政治會議中討論與決議事項，則有相當大的落差。從歷次會議的決議案，可以發現國民政府的五院中，實際上只有行政、立法兩院與政治會議的關係密切，司法、考試、監察三院大多只有人事任免或法律制定的關係，其他部分十分有限，顯示國民黨在黨治的前提下，對於以黨領政的運用仍然有其限制，黨政關係的重點是行政、立法兩方面。而在人事任免方面，雖然是以黨領政，事實上，政治會議除了條例所列官吏能直接任免外，對於國民政府所提報的人事案只能事後追認，沒有事前的同意或不同意。[69]

中政會運作上的另一個問題，是委員資格及制度一再調整，無法充分反映黨的決策。[70] 中政會最初採委員制，以國民黨中央執行委員、中央監察委員及國民政府委員為當然委員；此外，中央執行委員會亦得就具有資格者推定擔任，但其人數不得超過中央執行、監察委員的當然委員名額之半數；[71] 委員互推 1 人為主席，除為開會時之主席外，別無特殊的職務。[72] 嗣後隨政局發展，從 1929 年 3 月國民黨三大成立第三屆中央執行委員會，至 1931 年 11 月舉行第四次全國代表大會，前後兩年 8 個月，是中政會組織調整最頻繁的時期。其中有兩個重點，一是中央執監委員參加人數的調整，一是取消與恢復國民政府委員與軍政首長的參與。[73] 1931 年 12 月，四屆一中全會通過《中央政

選編》上冊，第 41 頁。

67　〈中央執行委員會政治委員會組織條例〉，《五屆中常會會議紀錄彙編》（上），第 9 頁。
68　陳之邁：《中國政府》第 1 冊，第 96 頁。
69　劉維開：〈訓政前期的黨政關係（1928—1937）──以中央政治會議為中心的探討〉，《政治大學歷史學報》第 24 期，2005 年，第 121 頁。
70　劉維開：〈訓政前期的黨政關係（1928—1937）──以中央政治會議為中心的探討〉，《政治大學歷史學報》第 24 期，2005 年，第 97 頁。
71　〈中執會第 179 次常務會議通過《中央執行委員會政治會議暫行條例》〉，孔慶泰編《政治制度檔案選編》上冊，第 38—39 頁。
72　陳之邁：《中國政府》第 1 冊，第 102 頁。
73　劉維開：〈訓政前期的黨政關係（1928—1937）──以中央政治會議為中心的探討〉，《政治大學歷史學報》第 24 期，2005 年，第 94 頁。

治會議組織原則》，決議：「（一）中央政治會議以中央執行委員、中央監察委員組織之；（二）中央政治會議設常務委員三人，開會時輪流主席；（三）中央候補執、監委員得列席政治會議。」會議並推舉蔣介石、汪精衛、胡漢民為常務委員。[74] 此項決議主要為配合《國民政府組織法》之修正，以及第四屆中央執行、監察委員會係結合寧、滬、粵三方面委員組成，而擴大中央執監委員對中政會的參與，並將中政會由主席制改為常務委員制。此後至 1935 年 11 月第五次全國代表大會舉行前，除了 1932 年 12 月四屆三中全會曾修正通過「以中央執行委員會常務委員為中央政治會議常務委員」，將常務委員由 3 人增加為 9 人外，始終維持這樣的原則。[75] 但是此一時期的政府首長中，除五院院長及少數部會首長具有中央執行、監察委員身分外，大多數不具備上述身分，形成中政會在討論政策推行與法律原則時，沒有執行政策及法律之相關部會首長參與的情形。[76] 中政會為解決這一問題，便於黨政溝通，通過對於非中央執行、監察委員的行政首長以特許列席方式與會。不過隨著特許列席人員增加，往往出現列席多於出席的窘境，遂有以中政會為主要批評對象的改革中央政治制度要求。[77]

　　1935 年 12 月，第五屆中央執行委員會成立，改組政治會議，設置政治委員會，於五屆一中全會通過《中央執行委員會組織大綱案》，規定中央執行委員會設政治委員會，由中央執行委員會就中央執監委員中推定主席、副主席各 1 人，委員 19—25 人組織，為政治之最高指導機關，對中央執行委員會負責；並規定：「政治委員會開會時，中央常務委員會主席、副主席、國民政府主席、五院院長、副院長、軍事委員會委員長、副委員長均應出席。」[78] 這使中政會由原先的黨政溝通橋梁，而成為集合黨政軍三方面領導人，彼此交換意見的一個重要機構。1936 年 1 月 9 日，第五屆中常會第三次會議復通過：「中央執、監委員會常務委員應一律出席於中央政治委員會」，[79] 以加強中央執監

---

74　〈中央政治會議組織原則並請推舉中央政治會議常務委員案〉，秦孝儀主編《歷屆歷次中全會決議案彙編》（1），第 268 頁。

75　王世杰、錢端升：《比較憲法》，第 453 頁；陳之邁：《中國政府》第 1 冊，第 101 頁。

76　以 1932 年為例，行政院所屬各部會首長具中央執監委員或候補中央執監委員身分者，有軍政、財政、實業、內政四部部長及僑務委員會委員長，其餘外交、司法行政、海軍、交通、鐵道、教育等部部長及蒙藏委員會委員長均不具備。

77　陳之邁：《中國政府》第 1 冊，第 104—106 頁。

78　秦孝儀主編《歷屆歷次中全會決議案彙編》（1），第 380 頁。

79　《五屆中常會會議紀錄》（上），第 9、16 頁。

委員會與政治委員會之聯繫。相關規定延續至 1937 年 11 月，中政會停止運作為止。

　　盧溝橋事變發生後，中央為因應對日抗戰需要，決定設立國防最高會議，為全國國防最高決定機關，對中政會負責，於 1937 年 8 月正式成立。國防最高會議設主席、副主席各一人，委員若干人，以國民政府軍事委員會委員長為主席，國民黨中央政治委員會主席為副主席，分別由蔣介石及汪精衛擔任。國防最高會議的職權，依《國防最高會議組織條例》規定，為：（1）國防方針之決定；（2）國防經費之決定；（3）國家總動員事項之決定；（4）其他與國防有關重要事項之決定；並為適應戰時需要，賦予國防最高會議主席緊急命令權，規定「作戰期間，關於黨政軍一切事項，國防最高會議主席得不依平時程序，以命令為便宜之措施」，使國防最高會議可以超越職權的限制，成為黨政軍最高決策機關。[80] 另一方面，國防最高會議對中政會負責，受時局影響，中政會召集困難，往往無法按期開會，國防最高會議既作為黨政軍最高決策機關，乃於 1937 年 11 月通過《非常時期中央黨政軍機構調整及人員疏散辦法》中，決議「中央政治委員會暫行停止，其職權由國防最高會議代行」。[81] 此後，國防最高會議除了作為黨政軍最高決策機關外，亦因代行中央政治委員會的職權，自然承擔起中政會作為黨政聯繫樞紐的職能。1938 年 4 月，國民黨五屆四中全會通過《關於改進黨務及調整黨政關係案》，決議中央政治委員會「以決議案報告於常務委員會」；[82] 因國防最高會議代行中央政治委員會職權，自此國防最高會議之會議決議案於會後例行呈報中央執行委員會常務委員會核備。

### 國防最高委員會

　　1938 年 12 月，汪精衛自重慶出走，發表「豔電」，主張對日求和，使抗戰情勢受到重大衝擊。為了減弱汪氏行動所產生的衝擊，重整抗日陣營，強化內部力量，蔣介石決定將行政院各部會，甚或其他院會，劃歸軍事機關直

---

80　劉維開：〈戰時黨政軍統一指揮機構的設置與發展〉，《中華民國史專題第三屆討論會議文集》第 348 頁。

81　〈國防最高會議常務委員第三十一次會議紀錄〉（民國 26 年 11 月 15 日），中國國民黨黨史會藏。

82　〈總裁提出對於改進黨務及調整黨政關係案審本修正案之修正意見〉，秦孝儀主編《歷屆歷次中全會決議案彙編》（1），第 451 頁。

轄，以解決當時所面臨的人事與機構的困境。[83] 1939 年 1 月，國民黨五屆五中全會修正通過《國防最高委員會組織大綱》，設置國防最高委員會，隸屬國民黨中央執行委員會，統一黨政軍之指揮，並代行中政會職權；委員長由國民黨總裁擔任。同時不另設國防最高會議，由國防最高委員會直接負責，成為一個決策兼執行的機關。

　　國防最高委員會於 1939 年 2 月正式成立，國防最高會議隨之結束。國防最高委員會與國防最高會議在性質與職權上並不相同。就性質言，國防最高會議僅是全國國防最高決定機關，對中政會負責；國防最高委員會則是統一黨政軍之指揮，並代行中政會之職權。就職權言，國防最高會議在組織條例中有職權規定；國防最高委員會在其組織大綱中沒有職權的規定條文。有學者認為國防最高委員會是抗戰以來，從設置國防最高會議起，為適應戰時體制，「逐漸演進而成的強有力的戰時統一指揮的機關」。[84]

　　國防最高委員會設委員若干人，由黨政軍三方面之領導階層擔任，在黨為中央執行委員會常務委員、中央監察委員會常務委員，政為國民政府五院院長、副院長，軍為軍事委員會委員，此外，由委員長提名，經中常會通過者亦可為委員。委員人數沒有定額，但始終維持在 40 人左右；再由委員長指定 11人為常務委員，組成常務會議，為國防最高委員會最高決策機構。

　　就其設立的經過及職權來看，國防最高委員會應該具有最廣泛、最強大的權力，有學者對於該會作為黨政軍的聯繫機關持肯定態度，認為：「國防最高委員會最大的作用仍在黨政軍三方面的密切聯繫。鑑於過去這三方面脫節的情形，它的聯繫工作自有足多者。」[85] 亦有參與者表示：「我們所期望要把黨政軍關係打成一片，建立一個戰時體制，統一指揮，發揮最高效能的這個理想，一直是未曾圓滿的實現過。」[86] 從實際運作來看，該會確實沒有達到原先設定的目標，作為該會決策中心的常務會議不一定能對攸關國家前途的軍政大計做最後的決定，反而成為一個審查預算、制定法案、協調黨政軍各單位意見的機構。所以形成此種狀況，從制度設計及組織運作上分析，有以下幾個

---

83　《王世杰日記》第 2 冊，中研院近代史研究所，1990，第 15 頁。

84　張公量：〈戰時政治機構的演進〉，《東方雜誌》第 37 卷第 5 號，1940 年，第 24 頁。

85　陳之邁：《中國政府》第 1 冊，第 122 頁。

86　張群：《三十年來黨政軍關係之回顧》，革命實踐研究院，1954，第 11 頁。

原因。第一，國防最高委員會委員長蔣介石，身為國民黨總裁、行政院院長、軍事委員會委員長，集黨政軍領導權於一身，國防最高委員會委員長的身分不一定能增加他的權力，但是能使他充分掌握黨政軍三方面的領導權，同時可以在既有的黨政系統之外，透過國防最高委員會另行建構一套黨政設計、考核系統，並可藉此關切地方事務。至於國防最高委員會的運作並非他所關注的重點，特別是在 1944 年之前，蔣很少親自主持常務會議，使該會作為一個最高決策機構的重要性大幅降低。第二，國防最高委員會在組織系統上隸屬中央執行委員會，雖然依組織大綱規定，可以指揮中央執行委員會所屬之各部會及國民政府五院、軍事委員會及其所屬各部會，但是究其實際，黨務系統的中常會並未因國防最高委員會的成立而停止活動，軍事系統的軍事委員會仍然掌握軍事事務的主導力量，使國防最高委員會僅能指揮行政系統。但是當時仍然是訓政時期，不能不遵循訓政體制的規範。行政院作為國民政府最高行政機關，即使國防最高委員會決議執行事項，亦必須按照法定的職權和政務處理的程序。在這種情況下，國防最高委員會很難達到黨政軍統一指揮的目標。第三，國防最高委員會代行中政會職權，承續原屬中政會執行的事務，使該會辦理許多與國防沒有直接關係的事項；此外，中政會之決議案依規定於會後要報告中常會，國防最高委員會既然代行中政會職權，亦必須將決議案報告中常會，使國防最高委員會與中政會沒有太大的區別。曾先後參與中政會及國防最高委員會運作的學者，即表示國防最高委員會執行職務的實際情形與中政會並無多大分別，所不同者在於前者的事務較後者繁雜，以及前者的祕書廳比後者的祕書處更為龐大而有力。[87] 而曾經擔任國防最高委員會祕書長的張群亦指出：「國防最高委員會事實上幾乎又退回到中央政治委員會的地位，僅僅只能代替中央政治委員會的職權，而沒有能發揮統一指揮黨政軍的力量。」[88] 第四，蔣介石為推動行政三聯制，貫徹行政改革的決心，在國防最高委員會下設置中央設計局與黨政工作考核委員會。但是設計與考核是黨政部門原有的工作，並非新增加的業務。因此兩機構在進行其工作時，不可避免地會發生工作重疊、職權如何劃分的問題，難免引發原執行機構的不滿及疊床架屋的批評。而設計、

---

87　王世杰、錢端升：《比較憲法》下冊，第 217 頁。按，王世杰曾任中央政治委員會法制專門委員會主任委員及國防最高委員會法制專門委員會主任委員。

88　張群：《三十年來黨政軍關係之回顧》，第 10—11 頁。

考核的結果，各單位是否切實遵行，亦令外界質疑。[89]

　　1943 年 8 月，國民政府主席林森病逝，9 月，國民黨五屆十一中全會通過修正《國民政府組織法》，將國民政府主席職權由不負實際政治責任改為負實際政治責任，並為陸海空軍大元帥，選舉蔣介石為國民政府主席，同時兼任行政院院長。至此，蔣介石名符其實地成為國家最高權力領導者，黨政軍受其統一指揮，國防最高委員會是否有繼續存在的必要，成為一個可以討論的議題。1945 年 5 月，國民黨六屆一中全會通過蔣介石交議《國防最高委員會仍應設置案》，決議國防最高委員會與中央執行委員會的關係及國防最高委員會的職權，均暫不變更，但是將中央執行、監察兩會常務委員參加常務會議的身分由列席改為出席。[90] 根據是項決議，國防最高委員會在抗戰勝利後仍繼續運作，但是其重要性較已往更低，並多次與中常會舉行聯席會議。至 1947 年 3 月，國民黨六屆二中全會據蔣介石指示通過決議：「戰事業已結束，國防最高委員會應即撤銷，恢復成立中央政治委員會，為本黨對於政治最高指導機關，其組織人選，由總裁提請常務委員會決定之。」[91] 4 月 1 日，中央常務會議通過《中央執行委員會政治委員會組織條例》，規定：「中央執行委員會政治委員會為本黨對於政治之最高指導機關，對中央執行委員會負其責任」。4 月 24 日，國防最高委員會宣布撤銷；28 日，中央政治委員會舉行第一次會議，正式恢復運作，黨政關係的聯繫亦回復至戰前狀態。

## 四、從訓政到憲政

### 結束訓政的準備

　　依照孫中山建國程序之主張，訓政時期是從軍政時期到憲政時期的過渡階段。1929 年 6 月，國民黨三屆二中全會通過《訓政時期之規定案》，決議：「訓政時期，規定為六年，至民國二十四年完成。其訓政工作分配年表，交政治會議根據中央決議，於十八年九月前制定。」[92] 依《建國大綱》規定，訓

---

89　劉維開：〈國防最高委員會的組織與運作〉，《政治大學歷史學報》第 21 期，2004 年，第 159—160 頁。

90　〈總裁交議：國防最高委員會仍應設置案〉，秦孝儀主編《歷屆歷次中全會決議案彙編》（2），第 391 頁。

91　中央委員會祕書處編《中國國民黨第六屆中央執行委員會常務委員會議紀錄彙編》（以下稱《六屆中常會會議紀錄》），中央委員會祕書處，1954，第 187 頁。

92　秦孝儀主編《歷屆歷次中全會決議案彙編》（1），第 128 頁。

政時期以縣為自治單位，「凡一省全數之縣皆達完全自治者，則為憲政開始時期」，會議並通過《完成縣自治案》，要求 1934 年年底以前完成縣自治。[93]

　　1931 年 11 月，國民黨四大主席團以九一八事變發生，「國難正急，中央亟應延攬各方人才」，提議於中央執行委員會領導下組織國難會議，以期集思廣益，共濟時艱。[94] 1932 年 4 月，國難會議在洛陽舉行，會中關於政治制度改革決議：（1）政府如期結束訓政，召開國民大會，制定憲法；（2）在國民大會未召集前，設立中央民意機關，定名為國民代表會，應於 1932 年 10 月 10 日成立。[95]針對該項決議，中政會曾召開過三次談話會，討論設立國民代表會問題，[96]達成訓政時期設立民意機關參與中央政事的決定，並建議機關名稱為國民參政會。後經送交中央常務委員會，提出於是年 12 月舉行的國民黨四屆三中全會，通過《請定期召集國民參政會並規定組織要點交常會切實籌備以期民意得以集中訓政早日完成案》，決定於 1933 年內召集國民參政會；[97]嗣後因故並未執行，延至抗戰期間始告設置。四屆三中全會同時修正通過孫科等提《集中國力挽救危亡案》，擬定 1935 年 3 月召開國民大會，議定憲法，並決定憲法頒布日期；立法院應從速起草憲法草案。立法院根據是項決議，於 1933 年 2 月組織憲法起草委員會，展開憲法起草工作，至 1934 年 2 月，憲法草案初步定稿，公布全文，徵求各界意見。1934 年 10 月 16 日，立法院三讀通過《中華民國憲法草案》，共 12 章、178 條；11 月呈報國民政府，轉呈中央，提出於四屆五中全會討論，決議：「中華民國憲法草案，應遵奉總理之三民主義，以期建立民有、民治、民享之國家，同時應審察中華民族目前所處之環境及其危險，斟酌實際政治經驗，以造成運用靈敏，能集中國力之制度，本草案應交常會依此原則鄭重核議。」[98]中常會於 1935 年 10 月審議完成，議決下列五項原則，交立法院作為修正草案之標準：（1）為尊重革命之歷史基礎，應以三民主義、建國大綱及訓政時期約法之精神為草案之所本；（2）政治之基礎應斟酌實際政治經驗，以造成運用靈敏，能集中國力之制度，行政

93　〈完成縣自治案〉，秦孝儀主編《歷屆歷次中全會決議案彙編》（1），第 129 頁。

94　秦孝儀主編《歷次全會決議案彙編》（上），第 140 頁。

95　沈雲龍：〈國難會議之回顧〉，載氏著《民國史事與人物論叢》，傳記文學出版社，1981，第 348—349 頁。

96　三次座談會時間，分別為 1932 年 4 月 29 日、5 月 6 日及 8 月 5 日。

97　秦孝儀主編《歷屆歷次中全會決議案彙編》（1），第 299—300 頁。

98　秦孝儀主編《歷屆歷次中全會決議案彙編》（1），第 305—306、334—335 頁。

權行使之限制不宜有剛性之規定；（3）中央政府及地方制度在憲法草案內應於職權上為大體規定，其組織以法律規定之；（4）憲法草案中有必須規定之條文，而事實有不能即時施行或不能同時施行於全國者，其實施程序應以法律定之；（5）憲法條款不宜繁多，文字務求簡明。[99]立法院遵照中央所定原則，重行審定憲法草案，於 1935 年 10 月 25 日三讀通過修正，共 8 章、150 條。11 月，國民黨五大通過《召集國民大會及宣布憲法草案案》，並授權第五屆中央執行委員會決定宣布憲法草案及召集國民大會日期，惟務須於 1936 年內實施。[100]12 月，五屆一中全會通過《關於召集國民大會及宣布憲法草案案》，決議 1936 年 5 月 5 日宣布憲法草案，11 月 12 日開國民大會，國民大會代表之選舉應於 10 月 10 日以前辦竣；並通過設憲草審議委員會，負責審議憲法草案。1936 年 5 月 1 日，立法院三讀通過再修正憲法草案，經國民政府於 5月 5 日明令公布，世稱「五五憲章」，共 8 章、148 條。

　　《五五憲草》公布後，國民政府於 5 月 14 日公布立法院審議通過之《國民大會組織法》及《國民大會代表選舉法》，於 7 月 1 日施行；15 日，國民大會代表選舉總事務處於南京正式成立，開始辦理國民大會代表選舉事務，原定 10 月 10 日前辦理完竣，但因中日情勢緊張，部分省區不接受中央政令，各地代表大多未能如期選出等因素，國民黨中央於 10 月 15 日決定延期召開國民大會。12 月，西安事變發生，亦影響各地選舉事務進行。1937 年 2 月，五屆三中全會通過《關於國民大會之提案案》，決議於 1937 年 11 月 12 日召開國民大會制定憲法，並決定憲法施行日期。[101]未幾，抗日戰爭全面爆發，國民大會代表選舉工作暫停，國民大會之召開隨之延期。

## 戰時黨派合作

　　前已述及，盧溝橋事變發生後，國民黨中央為因應對日抗戰需要，於1937 年 8 月設立國防最高會議，為全國國防最高決定機關。8 月 11 日，中政會決議於國防最高會議之下設置國防參議會，邀請在野各黨派領導人士及社會賢達參加，以集中意見，團結禦侮。訓政時期，國民黨以黨領政，黨外無黨，全國只有一個合法的政黨，即國民黨，這個決定雖然絲毫沒有變更國民黨「黨

99　王世杰、錢端升：《比較憲法》，第 435 頁；董霖：《中國政府》第 1 冊，第 469—470 頁。
100　秦孝儀主編《歷次全會決議案彙編》（上），第 231 頁。
101　秦孝儀主編《歷屆歷次中全會決議案彙編》（1），第 418—419 頁。

治體制」，但實際上承認了國內仍有其他黨派存在，「不合中國國民黨以黨訓政原則」，可以說是政治上的一大突破。學者稱此為「國民黨『開放政權』的表示」，「開創了國民黨執政以來邀集各黨各派各方共商國事之先河」。[102]

國防參議會設參議員，於 8 月 17 日舉行第一次會議時，已聘定張伯苓、胡適、張君勱、蔣夢麟、馬君武、曾琦、李璜、黃炎培、沈鈞儒、張耀曾、毛澤東、晏陽初、傅斯年、梁漱溟、蔣百里、陶希聖等 16 人為參議員，嗣後陸續增聘羅文幹、顏惠慶、施肇基、徐謙、左舜生、甘介侯、張東蓀、楊賡陶等 8 人。[103] 國防參議會參議員總計 24 人，均是以個人身分聘請，但是基本上容納了國民黨以外的各黨派，包括中國青年黨、國家社會黨、中國共產黨、中國社會民主黨、救國會、村治派、職教社、平教會等主要負責人，及學術、外交、司法、軍事等方面的代表性人物。

國防參議會的職權，依規定參議員有聽取政府關於軍事、外交、財政等方面報告之權，以及對國防最高會議提出意見書的建議權；並賦予參議員會內言論免責權，以保障言論自由。[104] 國防參議會原則上每週集會兩次，由國防最高會議主席或副主席主持，主席蔣介石忙於軍務，很少出席會議，實際上由副主席汪精衛主持一切。開會時，負責軍事、外交等相關單位主管官員列席，以備參議員諮詢，參議員亦得要求政府就某一特定事件派員做較為深入的報告，使之對於抗戰情勢有所瞭解。而參議員的背景不同，對問題的理解各異，亦可以透過參議會交流，溝通彼此意見，開啟了黨派合作的契機。但是國防參議會是一個建議機關，而不是一個民意機關，當時在野黨派希望的是政府能成立一個民意機關，在無法達成目標之前，亦希望能擴充參議員的名額。1937年 12 月，南京淪陷，國民政府遷都重慶，國防最高會議以情勢變化，需擴大網羅各方人才，決定擴充國防參議會參議員名額為 75 人。全案經呈送蔣介石以國防最高會議主席核定後，即於 1938 年 1 月，展開各項部署。不過在此同時，蔣介石有意召集國民黨臨時代表大會或中央執行委員會全體會議，以解決

---

102　王世杰、錢端升：《比較憲法》，第 489 頁；董霖：《中國政府》第 1 冊，第 385 頁；陳瑞雲：《現代中國政府》，吉林文史出版社，1988，第 287 頁；林炯如、傅紹昌、虞寶棠：《中華民國政治制度史》，華東師範大學出版社，1995，第 301 頁。

103　劉維開：〈戰時黨派合作的開端——國防參議會研究〉，《紀念七七抗戰六十週年學術研討會論文集》，「國史館」，1998，第 122—123 頁。

104　周天度：〈一九三七年的國防參議會〉，引自聞黎明《國防參議會簡論》，《抗日戰爭研究》1995 年第 1 期，第 90 頁。

設置民意機關等問題，目的在「調和黨外分子不平之氣」，並防止「華北偽組織假借民意名義，成立某種組織，以反抗黨治」。[105]

1938 年 2 月 3 日，國民黨中常會決議，定於 3 月 29 日召開臨時全國代表大會；次日下午，汪精衛約集相關人士討論民意機關的產生方法及其職權範圍等問題，決定在非常時期應有國民參政會之組織，設置民意機關正式列入臨全會討論的議案之一，擴充國防參議會參議員名額之部署遂告中止。[106] 3 月 31 日，國民黨臨時全國代表大會通過《國民參政會組織法大要案》，決議：「在非常時期應設一國民參政會，其職權及組織方法交中央執行委員會詳細討論，妥訂法規。」[107]次日，大會通過《抗戰建國綱領決議案》，作為抗戰建國最高準則，其中「政治」方面為：「組織國民參政機關，團結全國力量，集中全國之思慮與識見，以利國策之決定與推行」，[108]進一步確認組織國民參政機關為抗戰建國之重要工作之一。4 月 7 日，五屆四中全會修正通過《國民參政會組織條例案》，12 日，國民政府明令公布，隨即展開參政員之選任工作。6 月 16 日，國民黨中常會通過國民參政會參政員名單，國防參議會參議員除蔣夢麟外，均受聘為參政員；17 日，國防參議會舉行第六十四次會議，此為該會最後一次會議。國防參議會前後存在 10 個月，由於中央表現出「集思廣益，開誠布公」的態度，使參議員對於抗戰情勢有所瞭解，中央對於參議員提出的各項建議，亦能予以充分重視，獲得參議員高度的評價，進而加強了對政府領導抗戰的信心。[109]

6 月 21 日，國民政府明令公布第一屆國民參政會參政員名單；7 月 6 日，國民參政會召開第一屆第一次大會，國民參政會正式成立。在此之前，國家社會黨代表張君勱、中國青年黨代表左舜生分別致函國民黨總裁蔣介石、副總裁汪精衛，表示精誠團結、共赴國難。蔣汪兩人亦聯名覆函張左致意，重申國民

105　劉維開：〈戰時黨派合作的開端——國防參議會研究〉，《紀念七七抗戰六十週年學術研討會論文集》，第 129—130、146—147 頁。

106　劉維開：〈戰時黨派合作的開端——國防參議會研究〉，《紀念七七抗戰六十週年學術研討會論文集》，第 148 頁。

107　林泉編《中國國民黨臨時全國代表大會史料專輯》（上），中國國民黨黨史會，1991，第 250 頁。按，本案係與《組織非常時期國民參政會以統一國民意志增加抗戰力量案》併案討論。

108　秦孝儀主編《歷次全會決議案彙編》（上），第 342 頁。

109　劉維開：〈戰時黨派合作的開端——國防參議會研究〉，《紀念七七抗戰六十週年學術研討會論文集》，第 151—152 頁。

黨臨時全國代表大會宣言及抗戰建國綱領之要義。而民青兩黨與國民黨交換函件後，即以合法政黨參與抗戰。[110] 此舉較邀請各黨派代表以個人身分參加國防參議會更進一步，實質承認國民黨以外各黨派之存在，打破訓政時期國民黨「黨外無黨」的黨治框架。

　　國民參政會參政員名額，依《國民參政會組織條例》定為 200 名，[111] 其產生方式，100 名分別自各省市、蒙古、西藏及海外僑民符合資格人士中，依規定名額遴選；100 名由政府於曾在各重要文化或經濟團體服務三年以上、著有信望，或努力國事、信望久著之人員中遴選。第一屆國民參政會參政員除各省市、蒙古、西藏及海外僑民遴選之 100 名外，由政府遴選之 100 名中，包括了各黨各派及無黨派人士，除國民黨外，各黨派的領導人均延攬在內。而就全數 200 名參政員之黨派而言，屬國民黨者 80 名，屬各黨各派者約 50 名，無黨派者約 70 名；國民黨雖然人數最多，但未過半數，可以作為憲政時期民主政治之實驗。1940 年 12 月《國民參政會組織條例》修正，第二屆名額增加為 240 名，其產生方式及名額亦有所調整，改為各省市、蒙古、西藏及海外僑民符合資格人士中遴選者增為 102 名，政府遴選者增為 138 名；1942 年 3 月修正，第三屆國民參政會參政員總額維持 240 名，修改各省市與政府遴選名額，改為 180 名自各省市、蒙古、西藏及海外僑民符合資格人士中遴選，較原規定增加 78 名；60 名由政府遴選，較原規定減少 78 名。此項修正使得具國民黨籍之參政員人數增加，成為參政會的多數黨。[112] 1944 年 9 月再做修正，第四屆參政員總額增為 290 名，各省市、蒙古、西藏及海外僑民符合資格人士中遴選增為 215 名，政府遴選增為 75 名，各增加 25 名。各屆的參政員被視為「一時的人望，可以代表人民說話」，論者稱：「雖然不是由人民選舉的，它卻很能反映全國的民意」。[113]

　　國民參政會的職權，依《國民參政會組織條例》規定，初期擁有提案權、決議權、建議權及詢問權；1940 年 12 月修正，增加調查權；1944 年 9 月再修正，增加「政府編制國家總預算，應於決定前，提交國民參政會或其駐會委

---

110　李雲漢：《中國國民黨史述》第 3 編，第 441—443 頁。
111　國民政府於 1938 年 4 月 12 日公布《國民參政會組織條例》，名額為 150 名，後經修正，增為 200 名，於 6 月 21 日明令公布。
112　張玉法：《近代中國民主政治發展史》，第 272 頁。
113　陳之邁：《中國政府》第 1 冊，第 266 頁。

員會作初步審議」，即有限度的預算審議權。[114] 參政員任期 1 年，國民政府
認為有必要時得延長；每 3 個月開會一次，會期 10 天，必要時得開臨時會。
國民參政會自 1938 年 7 月成立，至 1948 年 3 月正式結束，前後歷時 10 年，
共召開 4 屆 13 次會議，協助政府，以完成抗戰使命，對於國家民族有「不朽
之貢獻」。[115]

　　外人曾以國民參政會形式類似西方國會，有稱之為中國的戰時國會，但
究其性質並非民主政治下的議會，亦非行政諮議機關，而是介於議會與諮議
機關之間。[116] 就黨派參與而言，各黨派參政員大多自居於黨派會議立場，無黨
派之社會賢達有時又以調停者自居，其代表各黨黨意的色彩實較民意氣氛濃
厚。[117] 但是國民參政會之存在對於訓政體制，實有其特殊意義，論者曾指出：
「參政會之產生與其繼續存立，已顯示吾國政治的動向。此一事實的重要性，
不容否認」，「其在抗戰時期所留下的經驗，於吾國民治制度前途，決不會漫
無影響」。[118]

　　國民參政會在推動制憲工作方面亦有促成作用，曾於 1939 年 9 月成立由
參政員組織之憲政期成會，建請政府早日召集國民大會，公布憲法與實施憲
法，並對《五五憲草》提出修正草案，供制憲時參考。[119] 1943 年 11 月，國
防最高委員會設置憲政實施協進會，由國民黨中央執行委員、國民參政會參政
員及富有政治學識經驗或對憲政有特殊研究人士共同組成，以國防最高委員會
委員長即蔣介石為會長。該會至 1946 年 3 月結束，對於修改憲草，促使制憲
國民大會的召開，有相當貢獻。[120] 1945 年 3 月，蔣介石以憲政實施協進會會
長身分宣布於是年 11 月 12 日召集國民大會；5 月，國民黨六大復對此事加以
決定，國民大會籌備工作亦隨之展開，嗣以抗戰勝利，政治情勢變化，該項工

114　李雲漢：《中國國民黨史述》第 3 編，第 462 頁；馬起華：〈抗戰時期的政治〉，秦孝儀
　　主編《中華民國政治發展史》，近代中國出版社，1985，第 1230—1239 頁。
115　〈國民政府主席蔣中正對國民參政會惜別茶會致詞〉（民國 37 年 3 月 28 日），秦孝儀主
　　編《中華民國重要史料初編——對日抗戰時期　第四編　戰時建設》（以下簡稱《戰時
　　建設》）（2），中國國民黨黨史會，1988，第 1621—1622 頁。
116　王世杰、錢端升：《比較憲法》，第 494 頁。
117　李雲漢：《中國國民黨史述》第 3 編，第 462 頁。
118　王世杰、錢端升：《比較憲法》，第 494 頁。
119　〈憲政期成會對國民參政會第一屆第五次大會報告書〉（民國 29 年 4 月），秦孝儀主編《戰
　　時建設》（2），第 1658—1659 頁。
120　張玉法：《近代中國民主政治發展史》，第 274 頁。

作暫時延後進行。

## 政治協商與制憲行憲

抗戰勝利後，國民政府與中國共產黨在重慶進行為期 43 天的會談，世稱「重慶會談」，雙方代表於 1945 年 10 月 10 日就所達成協議簽署《政府與中共代表會談紀要》，內容包括關於和平建國的基本方針、關於政治民主化問題、關於國民大會問題、關於人民自由問題、關於黨派合法問題、關於特務機關問題、關於釋放政治犯問題、關於地方自治問題、關於軍隊國家化問題、關於解放區地方政府問題、關於奸偽問題、關於受降問題等 12 項，其中關於政治民主化問題之要點為：「迅速結束訓政，實施憲政，並應先採必要步驟，由國民政府召開政治協商會議，邀集各黨派代表及社會賢達協商國是，討論和平建國方案及召開國民大會各項問題。」[121] 根據該項要點，國民黨決定國民政府為在憲政實施以前，邀集各黨派代表及社會賢達共商國是，特召開政治協商會議。與會者共 38 人，依各政黨分配名額，計國民黨代表 8 人，共產黨代表 7 人，青年黨代表 5 人，民主同盟、國社黨、救國會代表各 2 人，職教社、村治派、第三黨代表各 1 人，無黨無派代表 9 人。[122]

政治協商會議於 1946 年 1 月 10 日開幕，至 1 月 31 日閉會，歷時 21 天。分政府組織組、施政綱領組、軍事組、國民大會組、憲法草案組等 5 組進行討論，共召開綜合會議 10 次，達成關於擴大政府組織者、和平建國綱領、關於軍事問題者、關於國民大會者、關於憲法草案者等五項協議，由國民政府於 1946 年 2 月 1 日公布。[123] 其中關於擴大政府組織者關係國民政府組織變革，為訓政過渡到憲政的重要工作，分為：（1）關於國民政府委員會者：明定「中國國民黨在國民大會未舉行以前，為準備實施憲政起見，修改國民政府組織法，以充實國民政府委員會」，其要點為：國民政府委員會為政府最高國務機關，委員名額定為 40 人，由國民政府主席就國民黨內外人士選任之；一般議案，以出席委員過半數通過之；其性質涉及政綱政策者，須出席委員 2/3 之贊

---

121　〈政府與中共代表會談紀要〉（民國 34 年 10 月 10 日），秦孝儀主編《中華民國重要史料初編──對日抗戰時期　第七編　戰後中國》（以下簡稱《戰後中國》）（2），中國國民黨黨史會，1981，第 97─102 頁。

122　〈政治協商會議會員題名錄〉，秦孝儀主編《戰後中國》（2），第 111─117 頁。

123　全文見〈政治協商會議協議事項〉（民國 35 年 2 月 1 日公布），秦孝儀主編《戰後中國》（2），第 229─243 頁。

成，始得議決。（2）關於行政院方面者：行政院各部會長官均為政務委員，並得設不管部會之政務委員3—5人，由各黨派及無黨派人士參加。（3）其他：中央及地方行政機關之用人，應本唯才唯賢之義，不得有黨派之歧視。另附注5項，要點為國民政府委員名額半數由國民黨員擔任，半數由其他黨派及社會賢達擔任；行政院各部會首長及不管部會之政務委員，將以7席或8席由國民黨以外人士擔任。[124] 1946年3月，國民黨六屆二中全會據蔣介石指示通過議案，依政治協商會議協議，國民政府委員會及行政院之組織均有所修正，自應就現行《國民政府組織法》分別整理列入。[125] 4月1日，中常會與國防最高委員會舉行臨時聯席會議，通過《修正《國民政府組織法》案》，擴大國民政府委員人數，以40人為限，由國民政府主席就國民黨內外人士選任之；行政院設政務委員，分任各部部長、各委員會委員長，必要時得設不管部會之政務委員5—7人。惟修正後之組織法未見國民政府立即公布施行。

1946年12月25日，制憲國民大會三讀通過《中華民國憲法》，1947年1月1日，國民政府明令公布，同時公布《憲政實施之準備程序》，進入憲政實施準備期。3月，國民黨召開六屆三中全會，通過《憲政實施準備案》，規定「自中華民國憲法公布之後，至依據憲法召集國民大會之日為止，本黨之政治設施，應以從速擴大政府基礎，準備實施憲法為中心」；[126] 並決議國民政府增設副主席一人。4月17日，中央常會通過選任孫科為國民政府副主席、張群為行政院院長、孫科為立法院院長、居正為司法院院長、戴傳賢為考試院院長、于右任為監察院院長及孫科等為國民政府委員；18日，國民政府明令改組，28名國民政府委員中，除五院院長為當然委員外，計國民黨12名、青年黨4名、民主社會黨3名、社會賢達4名。蔣介石以國民政府主席身分發表談話，表示此次國民政府委員會之改組，「乃我國自訓政進入憲政之重要步驟」，「使各政黨及社會賢達得以參加全國最高之政治決策機構」。[127]

1947年4月21日，中常會通過蔣介石交議，規定《國民政府組織法》

124 〈政治協商會議協議事項〉（民國35年2月1日公布），秦孝儀主編《戰後中國》（2），第229—231頁。
125 《六屆中常會會議紀錄》，第187頁。
126 秦孝儀主編《歷屆歷次中全會決議案彙編》（2），第466—467頁。
127 〈蔣主席為國府改組成立發表談話〉（民國36年4月18日），秦孝儀主編《戰後中國》（2），第798頁。

為由訓政至憲政過渡期間的組織法，將《國民政府組織法》第一條「國民政府依據中華民國訓政時期約法第七十七條之規定，制定中華民國國民政府組織法」，修正為「國民政府依據中華民國訓政時期約法第七十七條之規定，為由訓政達到憲政之過渡期間，特制定中華民國國民政府組織法」；並將第十五條「國民政府主席對中國國民黨中央執行委員會負責，五院院長對國民政府主席負責」，修正為「國民政府五院院長、副院長，由國民政府主席選任之」。[128] 是年 12 月 25 日，《中華民國憲法》正式施行，為使政權銜接，國民政府於是日公布《訓政結束程序法》，規定國民政府及五院等行使原有職權之停止時間。[129] 1948 年 5 月 20 日，行憲第一任總統蔣介石、副總統李宗仁宣誓就職，行憲政府正式成立，國民政府依《訓政結束程序法》規定即行停止，中華民國正式由訓政時期進入憲政時期。

　　從 1928 年開始的訓政，原本預定為期 6 年，於 1935 年結束，進入憲政時期，但是受到日本軍事侵略等因素影響，使訓政時期延遲到 1948 年方結束，前後長達 20 年。就中華民國在大陸的 38 年而言，訓政時期占了一半以上的時間；就國民黨在大陸執政的 21 年而言，訓政時期占了百分之九十五的時間，而其施政內容，實為國民黨在大陸時期作為執政黨的最主要政治成果。

　　訓政時期為孫中山提出革命建國三程序中，由軍政時期到憲政時期的過渡時期，其主張最早見於 1906 年之〈同盟會革命方略〉，但具體規劃則在 1924 年 4 月發表的《國民政府建國大綱》，然而至孫中山逝世，一直未有使此項規劃實行的條件。1928 年 6 月，國民革命軍北伐軍事告一段落，全國統一，國民黨以軍政時期結束，決定奉行總理遺教，遵照《建國大綱》之規定，進入訓政時期。然而孫中山在《國民政府建國大綱》中，關於訓政時期僅以縣自治為主要內容，對中央制度並未有何主張，國民黨乃依孫中山「五權憲法」內容，建立一個異於歐美及中國以往所實行三權分立的政府體制，於國民政府下，設置行政、立法、司法、考試、監察五院，施行五權之治。

　　訓政時期，以黨領政，黨權高於一切，但是黨與政府為兩個不同的組織體系，為貫徹黨治，黨與政府之間需有一個聯繫管道，以建立關係。抗戰之前，黨與政府間的聯繫，透過中央政治會議或中央政治委員會進行；抗戰發生後，

---

128　《六屆中常會會議紀錄》，第 415 頁。
129　秦孝儀主編《戰後中國》（2），第 788—789 頁。

則由國防最高會議、國防最高委員會相繼代替中政會行使其職權。黨政關係
實為訓政時期出現的新制度，但是就實際運作而言，政府畢竟有其獨立性，
中政會作為全國實行訓政之最高指導機關，往往無法發揮其指導監督的功能，
反而成為一個形式上配合政府施政的機構，失去了以黨領政的真正作用。

　　對日全面抗戰爆發，使原本預定結束訓政的制憲工作被迫中止，然而國
民黨在「集中意見，團結禦侮」的前提下，設置國防參議會，承認現實政治狀
況，邀請在野各黨派領導人士及社會賢達共同參與，共商國是，突破訓政時期
「黨外無黨」的主張，開啟黨派合作的先河。嗣後成立國民參政會，團結全國
力量，集思廣益，以利國策之決定與實行，同時為日後的政治發展提供明確的
方向。至抗戰勝利，及早結束訓政進入憲政時期，成為國民黨無法回避的政治
議題與迫在眉睫的政治目標，因此有重慶會談、政治協商會議等，終於 1946
年 12 月 25 日國民大會三讀通過《中華民國憲法》，1947 年 1 月 1 日國民政
府公布，是年 12 月 25 日正式施行，訓政時期隨之宣告結束，進入憲政時期。

# 第五章　國民黨的派系與內爭

## 一、國民黨派系的結構特點

　　國民黨在中國大陸統治了 22 年。它同此前控制中央政權 17 年的北洋政府有著本質的不同，特別是在組織形態方面，國民黨始終強調的是「以黨治國」。但國民黨又是一個複雜的混合體，很難實現高度統一的意志和嚴密的紀律。1928 年底東北易幟後，國民黨實現了全國統一。其實，誰都知道這只是在形式上完成了統一，在它內部始終派系林立，紛爭不斷，並多次發展到大規模的分裂和武裝衝突，成為民國政治史中異常引人注目的現象。

　　對這種現象，以往大陸學界通常把它歸結為「新軍閥混戰」。這樣說並非沒有根據，因為當時中國政治所表現出來的主要鬥爭形式是戰爭，主要組織形式是軍隊。正因如此，臺灣學界將此稱為「統一時期」，也有一定的道理。蔣介石始終視軍隊如生命，離開對軍事的控制，便沒有他 22 年的統治可言。但僅僅如此理解，會導致研究者過多地把注意力集中在各派軍事勢力的角鬥上，特別是在北伐後才紛紛歸順國民黨的地方實力派身上，而忽視它背後更深層次的矛盾——國民黨內部擁有不同歷史淵源的政治派系間的鬥爭。

　　為什麼說國民黨內部的派系政治是更深層次的矛盾？原因在於，這個政權統治的合法性，來源於孫中山創建的中國國民黨。孫中山領導的辛亥革命，推翻了統治中國幾千年的君主專制制度，他在中國人心目中享有很高的威望，成為一面旗幟。在國民黨統治時期，孫中山被尊為「國父」，上至中央政府，下至全國的中小學校，每星期都要舉行「總理紀念周」，誦讀「總理遺囑」。

---

\* 本章由金以林撰寫。

　　按照孫中山 1906 年在〈革命方略〉中的設計，革命分為三階段：「軍法之治」、「約法之治」和「憲法之治」。「軍法之治」的目的是推翻皇權；「憲法之治」是建立民權，但矛盾之處在於「革命之志在獲民權，而革命之際必重兵權，二者常相抵觸」。怎樣做到「解除兵權以讓民權」，孫中山認為，需要經過一個「約法之治」的階段，其目的是「軍政府與人民相約，凡軍政府對於人民之權利義務，人民對於軍政府之權利義務悉規定之」，以此來防止軍權膨脹，不致抑制民權發展，以期能循序漸進，步向民主。[1] 但在軍權向民權過渡期間，究竟依靠什麼力量來實行約法之治，孫中山沒有說清楚。1914 年，孫中山建立中華革命黨。其黨章規定：革命進程分為軍政、訓政、憲政三個時期。它同〈革命方略〉規定的三個階段其實是一致的，規定從革命軍起義到憲法頒布前的時期，「一切軍國庶政，悉歸本黨負完全責任」。[2] 這就是「以黨治國」思想的由來。特別是國民黨一大改組後，更強化了「一黨專政」的黨國體制。在他領導之下的國民黨，因不同歷史淵源形成了眾多的政治派系。它們彼此之間，大體是平等的派系，各有所長。

　　孫中山去世三年後，國民黨完成了國家的統一。按「總理遺教」所確定的三階段，其統治形式應進入「訓政」時期。在「以黨治國」的體制下，自然是由國民黨來「訓政」，以實現「總理遺教」。即便各派政治勢力角鬥時，如果得不到黨內高層派系的支持，也只會被看作地方割據勢力，無法形成大的局面。

　　國民黨的成員構成十分複雜，各派系組織或因教育、職業和社會背景不同，或因其組織紐帶如地緣、親緣、業緣和政見的組合各異，以及所控制和憑藉的資源有別，其表現形態呈現出複雜紛繁的面相，存在著不同的政治主張和利益衝突。國民黨內部的派系政治，就是在這樣的政治大背景下展開的，因而不能忽視這種權力網路的演變和外部環境的影響。孫中山在世的時候，憑藉他的巨大威望和個人魅力，還能籠罩和控制全局。國民黨一大通過的《中國國民黨總章》明確規定：「本黨以創行三民主義、五權憲法之孫先生為總理。」「黨員須服從總理之指導，以努力於主義之實行。」「總理對於中央執行委員

---

1　《孫中山全集》第 1 卷，中華書局，1981，第 289—290 頁。
2　《孫中山全集》第 3 卷，中華書局，1984，第 97 頁。

會之決議，有最後決定之權。」[3]

　　蔣介石在國民黨內的地位原本屬於「後進」，完全是靠黃埔軍校起家完成北伐，因而獲得黨內的地位。但僅靠「軍權」而無「黨權」，是很難在「以黨治國」體制下建立起穩固的統治。正如李劍農早在 1930 年代初所言：1924年國民黨的改組「可說是中國政治新局面的開始。因為此後政治上所爭的，將由『法』的問題變為『黨』的問題了；從前是『約法』無上，此後將為『黨權』無上；從前談『法理』，此後將談『黨紀』；從前談『護法』，此後將談『護黨』；從前爭『法統』，此後將爭『黨統』了」。[4] 這正是國民黨不同於北洋軍閥統治的一大特點。儘管蔣介石仍保留著濃厚的傳統觀念，始終抓住軍權牢牢不放，但他又不能忽視國民黨內根深蒂固的「黨統」觀念。

　　由此可見，國民黨內的種種糾紛，實由派系而生，而表面的團結，從來不曾彌合派系造成的裂痕。「派系」成為民國政治中的一個永遠抹不去的符號。在國民黨統治時期，政治的特點就是派系活動的普遍化，特別是國民黨的派系活動，影響著民國政治全局的發展。

　　相對而言，在國民黨內或許認為「派系」一詞含有貶義色彩，因此長期以來黨國領袖大都對此保持緘默。這和北洋軍閥時代大小軍閥公開承認自己所隸屬的派系態度完全不同。但是，如同北洋軍閥可以明確劃分為「直系」、「皖系」、「奉系」一樣，國民黨內同樣存在著諸多的政治派系。有趣的是，「國民黨的政治人物都十分謹慎，儘量不暴露自己的派系身分」。[5] 這種派系衝突，自民國以來就成為近代中國政治進程中的突出現象。有論者直截了當地指出：「我們可以說 1928—1937 年這十年中的國民黨政治是『派系政治』。」[6]而在諸多論述中所提到的「派系政治」（Factional Politics）並不等同於近代西方社會所說的「黨派政治」（Oppositional Politics）或「政黨政治」（Party Politics）。黎安友給「派系」一詞定義道：它是一個「在被保護人關係基礎上動員起來參加政治活動，並由一些階層而不是許多階層的個人組成」的結構。

---

3　《中國國民黨第一、二次全國代表大會會議史料》（上），江蘇古籍出版社，1986，第92、94 頁。

4　李劍農：《最近三十年中國政治史》，太平洋書局，1931，第 531 頁。

5　His-sheng Ch'i, *Nationalist China at War: Military Defeats and Political Collapse, 1931-1945* (Ann Arbor: University of Michigan Press, 1982), pp. 196-198.

6　田宏茂：〈1928—1937 年國民黨派系政治闡釋〉，朱華譯，《國外中國近代史研究》第 24 輯，中國社會科學出版社，1994，第 66—81 頁。

他認為：「所有這些結構（派系）都有一個共同特點，即首領（或副首領）與追隨者之間的關係模式是個人對個人，而不是個人對全體。從結構上看，派系是由一個或幾個中心點連接而成，它在個人互換關係基礎上得到補充和協調。我將這種關係稱作被保護關係。」[7]

近代中國出現的這些派系，都存在著嚴重的個人與個人之間相互依賴的關係。在中文裡「派系」一詞包含兩層含義，即「派」和「系」。儘管單獨一個「派」字更為準確的英文解釋應為「faction」，而「系」則含有群體結構與活動規模較小的意思，最好稱為「clique」。例如在蔣介石「派」下，可以再劃分出「CC系」、「黃埔系」、「政學系」等。但在近代中國派系衝突的現實中，這兩個詞又是相互混用，在概念上並無實質性的區別。例如，我們常把閻錫山、李宗仁等的政治勢力分別稱為「晉系」和「桂系」，但他們同時又都是「地方實力派」；「改組派」隸屬汪精衛，但從沒有人稱之為「改組系」，而張發奎、唐生智等人控制的武裝勢力，一向被人視為汪派，卻很少有人將張、唐看作「改組派」；同樣在「太子派」中既包含了王崑崙、鍾天心等年輕一輩的「再造派」，而馬超俊、傅秉常等人仍被視為太子派中的「元老派」，彼此間從不混淆，在當事人那裡也分得一清二楚。

從以上眾多看似複雜的國民黨派系中，我們不難將其分為三類。特別是在討論國民黨內的政治衝突時，必須嚴格區別對待這三類派系。

第一類派系，是指在長期追隨孫中山革命過程中，特別是在國民黨改組前已擁有一定政治地位的黨內領袖同其追隨者形成的政治派系。這類派系的活動範圍不局限於國民黨內，經常會超越這一範圍，並同某些不滿於中央的地方實力派聯合，挑戰中央政權的合法性。但他們的一系列行為，還是在努力尋求黨員的支持，追求國民黨的正統性，以控制全部或部分中央權力為目的。他們與地方實力派的政治取向有著明顯的不同。這類派系大致可分為蔣介石派、胡漢民派、汪精衛派、西山會議派、太子派等。

這類派系是為掌握黨的正統權力機構，如中央委員會而形成競爭關係，彼此間的糾葛既涉及意識形態，也摻雜權力和利益之爭，主要表現在抗戰以

---

7　Andrew J. Nathan, *Peking Politics, 1918-1923: Factionalism and the Failure of Constitutionalism* (Berkeley: University of California Press, 1976 ). p. 32.

前。當然權力之爭與主義之爭是有一定區別的，但在國民黨高層的政治糾葛中，無論是誰，都要高舉孫中山和三民主義這面大旗。這裡面既有因意識形態的不同而加劇派系衝突的一面，但更多的則表現為藉主義大旗，爭權奪利。特別是當國民黨由廣東一隅發展成為全國的執政黨後，權力之爭遠遠超過治國理念的分歧。對此我們可以理解為，這類派系主要是指國民黨組織結構內存在的眾多的「派」（faction），它們都統一於國民黨的旗幟之下，都以孫中山繼承者自居，而彼此之間是一種對等關係。

第二類派系，是以地域為基礎的政治軍事集團，如馮玉祥的西北軍、張學良的東北軍、晉系閻錫山、桂系李宗仁，以及四川的劉湘、雲南的龍雲、山東的韓復榘等。雖然這些人名義上都可以算是國民黨的上層人物，但他們投奔或效忠國民黨大都始於北伐前後。儘管他們擁有相當的實力，並時常對中央政權表示懷疑和不滿，但由於在黨內的資歷很淺，一旦想挑戰中央的合法性，除了在黨外拉幫結夥外，需要聯合黨內擁有一定歷史地位的領袖來反抗中央。在北伐後爆發的歷次黨內武裝反蔣鬥爭中，地方實力派大都如此，並以不同的組合參與其中。如果沒有一批黨內有影響力的重要人物和派系勢力的加入及支持，地方實力派就無法代表所謂的「黨統」，自然更談不上「護黨」，因此很難發揮大的作用。從「地方實力派」這個名詞本身來講，就包含著強烈的地域色彩。

第三類派系，則以蔣為核心而分立競爭，雖說始自抗戰前期，但主要發展，則是在抗戰以後。某種程度上，蔣介石也有意將自己一「派」勢力分成若干「系」，以便於他的統治，這是中國傳統的馭人之術。此類派系之間儘管矛盾重重，但都效忠於蔣氏個人。其實，並非只有蔣「派」之下才有「系」，幾乎每「派」之下，都分別存在著一些「系」。他們彼此之間在黨內衝突中不斷分化組合，以尋求政治利益的最大化。

「派系林立」與「派系紛爭」是國民黨最具特色的政治文化，在某種意義上可以說民國政治就是「派系政治」。然而，國民黨派系政治的運作，既凸顯又隱祕。說其凸顯，國人幾乎盡人皆知其存在；說其隱祕，是因為「派系」在國民黨法理上是「非法」的（如胡漢民主張「黨外無黨，黨內無派」[8]）。

---

8　蔣永敬：《民國胡展堂先生漢民年譜》，臺灣商務印書館，1981，第 377 頁。

各派系的活動大多處於幕後，局外人很難察悉其內情真相。

這正是國民黨內派系結構的一大特點。

## 二、北伐前國民黨的地域性

孫中山關於中國人鄉土觀念強而國家觀念弱的見解，常為學界所徵引。他在《三民主義》一書中曾痛切指陳：「中國人對於國家觀念，本是一片散沙，本沒有民族團體。」而形成鮮明對照的是，「中國有很堅固的家族和宗族團體，中國人對於家族和宗族觀念是很深的……只要彼此知道是同宗，便非常之親熱，便認為同姓的伯叔兄弟……如果是同省同縣同鄉村的人，總是特別容易聯絡。」[9] 這種觀念在當時的中國確實普遍存在。它是自給自足的自然經濟仍占支配地位下的產物。正如陳志讓在研究民國政治衝突時所稱，「派系鬥爭又與中國傳統的文化有不解之緣」，[10] 地域色彩或許就是其中的一種具體表現。[11]

孫中山祖籍廣東省香山縣。事實上，他從開始領導革命起，便在有意無意間逐步形成一批以廣東籍為主的親信，他們長期追隨孫氏並為其所信賴。以中國同盟會成立前的三個主要革命團體來說，孫中山領導的興中會成員絕大多數是廣東人。據馮自由〈興中會會員人名事蹟考〉一文所列，興中會會員 286 人中，271 人是廣東人，占 95％；[12] 而湘籍的黃興、宋教仁等領導的華興會的成員大多是湖南人，宋教仁甚至在日記中把華興會稱為「湖南團體」；[13] 光復會的主要成員蔡元培、徐錫麟、秋瑾、陶成章，以及後來的章太炎等則都是浙江人。

地域觀念，在同盟會時代的內部衝突中就起了相當重要的作用。孫中山在辛亥武昌首義前領導的十次武裝起義，有八次在廣東，另兩次是廣西鎮南關起義和雲南河口起義。孫中山的戰略是在廣東發動起義，容易得到海外餉械的接濟，先奪取兩廣，再揮師北上。由於為組織這十次起義而艱難籌集的人、財、物力全部用於孫中山的家鄉（或接近廣東），因而引起華興會和光復會成員的

9　《孫中山選集》，人民出版社，1981，第 674—675 頁。
10　陳志讓：《軍紳政權——近代中國的軍閥時期》，三聯書店，1980，第 163 頁。
11　王奇生：《黨員、黨權與黨爭：1924—1949 年中國國民黨的組織形態》，上海書店出版社，2003；吳振漢：《國民政府時期的地方派系意識》，文史哲出版社，1992；章清：〈省界、業界與階級——近代中國集團力量的興起及其難局〉，《中國社會科學》2003 年第 2 期。
12　馮自由：《革命逸史》第 4 集，中華書局，1981，第 23—64 頁。
13　陳旭麓主編《宋教仁集》下冊，中華書局，1981，第 546 頁。

不滿。特別是黃花崗起義失敗後，同盟會中以宋教仁、譚人鳳為首的湖南成員另組同盟會中部總會，籌劃在長江中下游組織武裝起義。而此前章太炎、陶成章等原光復會成員甚至在同盟會內部發動兩次「倒孫風潮」，最終自立門戶，恢復光復會，分任正副會長。[14]

　　民國成立後，原已出現裂痕的同盟會又聯合幾個小黨，更名為國民黨。雖然同盟會仍推孫中山為理事長，但實際權力掌握在代理理事長宋教仁手中。1913 年初，宋教仁領導國民黨在國會選舉中贏得最多席位，但宋卻在組閣前遭袁世凱暗殺。於是孫中山、黃興等人發動二次革命，討伐袁世凱。1914 年，孫中山在總結二次革命失敗的原因時，曾歸結為黨內意見分歧，意志不能集中。為此，孫組建中華革命黨，要求黨員入黨時要按手印，宣誓效忠領袖。這引起黃興等人的不滿，拒絕加入，從此同盟會徹底分裂。而加入中華革命黨的成員，多為長期追隨孫中山的原興中會成員。這其中卻有一位非粵籍重要人物，即蔣介石的盟兄、浙江人陳其美，為孫中山所倚重。

　　陳其美 1906 年在日本加入同盟會，但從未加入過光復會，1910 年在陳其美的引見下，蔣介石在日本第一次拜謁孫中山。陳同光復會領袖陶成章矛盾重重，而陶又反對孫中山。據蔣介石日記記載，孫中山致友人信中曾提到「陶成章之罪不容誅」。民國成立初，陳其美命蔣介石暗殺了陶成章。1916 年陳又遭袁世凱暗殺。陳死後，蔣介石才正式投入孫中山陣營，他在多年後的日記中還記道：「余之誅陶，乃出於為革命、為本黨之大義，由余一人自任其責，毫無求功、求知之意。然而總理最後信我與重我者，亦未始非由此事而起，但余與總理始終未提及此事也。」[15]但蔣在投奔孫中山的 8 年間，前後辭職 14 次，甚至在被孫中山任命為黃埔軍校校長之後，因不滿孫中山對其不夠信任而辭職，並致信稱：「先生不嘗以英士之事先生者，期諸中正乎？今敢還望先生以英士之信中正者，而信之也。先生今日之於中正，其果深信乎？抑未之深信乎？中正實不敢臆測。」[16]

14　參見楊天石〈同盟會的分裂與光復會的重建〉，《楊天石文集》，上海辭書出版社，2005，第 51—88 頁。

15　《蔣介石日記》，1943 年 7 月 26 日。原件藏斯坦福大學胡佛研究所，下文引用蔣日記行文標明日期者不再出註。

16　蔣介石：〈復上總理書〉（1924 年 2 月 28 日），中國第二歷史檔案館編《蔣介石年譜初稿》，檔案出版社，1992，第 161 頁。

　　事實上，孫中山在世時，對蔣介石的信任遠不如對其他粵籍黨人。在孫中山的基本幹部中有所謂「上三」、「下三」之說。「上三」為胡漢民、汪精衛、廖仲愷；「下三」為朱執信、鄧鏗、古應芬。這六人都是清一色的廣東人。[17]甚至在職業軍人方面，當孫中山把廣東作為革命根據地時，基於現實的考量，也不得不倚重粵籍人士。例如 1923 年孫中山命令駐福建各軍回師討伐陳炯明時，鄂籍的黃大偉和粵籍的許崇智論實力和功勛都在伯仲之間，但孫任命許崇智為總司令，使黃大偉認為廣東人排外一怒而去。有人以此事質問孫中山時，孫很明確地回答：「現在要打陳炯明不得不用汝為，他是廣州高弟街人啊！廣東人沒有話說。」[18]特別是 1924 年國民黨改組後，廣東被尊稱為「革命策源地」，而有別於國內其他省分，其地位和影響不言而喻。蔣介石在投奔孫中山不久，曾在日記中寫道：「遵中師（孫中山）之規模，爭二陳（其美、炯明）之精神，學胡（漢民）汪（精衛）之言行，則可以擔當國家責任也。」[19]此時，在蔣的心目中，除陳其美外，能「擔當國家責任」者也都是廣東人。

　　孫中山去世後，廣東人的革命正統意識不僅沒有削弱，反而不斷強化。1926 年，在國民黨第二次全國代表大會上，廣東籍代表吳永生竟正式向會議提出：「大會中許多廣東同志都是不懂各省方言的，本席在代表團時屢經提出要翻譯粵語，何香凝同志亦曾說過，但未見實行。現請主席團以後對於各項重要報告及決議，都要翻譯粵語。」當天，會議主席鄧澤如即請陳其瑗將北方省籍代表于樹德、丁惟汾的報告譯成粵語。在以後數天的會議文獻中留下不少這樣的記錄：「提案審查委員會報告處分西山會議案。（由路友于同志代表報告，陳公博同志翻譯粵語。——原註）全文如下……」[20]但在國民黨二大上，並沒有見到會議記錄中有聽不懂粵語的他省代表，要求將粵語譯成國語的記載。國民黨的全國代表大會，不用國語作會議的正式語言倒也罷了，竟通過今後重要提案都要譯成粵語的決議，可見粵籍國民黨員地方意識之強，這也反映出粵籍黨員在國民黨內所處的特殊地位。

　　直到 1929 年國民黨在南京召開三大討論是否處分汪精衛等人而引起激烈

---

17　沈雲龍、謝文孫訪問紀錄《傅秉常先生訪問紀錄》，中研院近代史研究所，1993，第 23 頁。
18　陳劭先：〈辛亥革命後孫中山在廣東的幾起幾落〉，《文史資料選輯》第 24 輯，中華書局，1962，第 13 頁。
19　《蔣介石日記》，1921 年 5 月 23 日。
20　《中國國民黨第一、二次全國代表大會會議史料》（上），第 245、283 頁。

辯論時，胡漢民仍分別以國語和粵語發表演講，重申此舉之必要。[21] 儘管此時會議地點已移出粵境而入江蘇，國民黨也由控制廣東一省而變為全國的執政黨，但在全國代表大會上討論重要議案時，黨的領袖胡漢民依然要以粵語來加以強調，足以說明這種地方意識對中央仍產生著不容忽視的影響。

國民黨內這種強烈的地域意識，局外人或許看得更清楚。早在1922年冬，有一個外國人來廣東，他根據自己的親身感受對汪精衛說：

> 喂！這不是國民黨得了廣東，卻是廣東得了國民黨呢！你看國民黨進了廣東之後，只看見廣東，不看見國民黨了！[22]

這也正是孫中山去世後，唯有汪精衛、胡漢民最有資格繼承孫中山地位的重要因素之一。孫中山在世時，因為他個人的魅力和威望，沒有任何人可以與之抗衡，一時還沒有引起國民黨內已逐漸形成的各派系間的公開衝突。孫中山去世後，黨內衝突立即凸現出來。一旦其他省籍的黨國領袖要求重新分配「黨權」，挑戰「黨統」時，自然引起「得了國民黨」的粵籍領袖的集體反抗。正是基於這種強烈的革命正統情結，在粵籍領袖看來，只有他們才有資格在黨內談「黨紀」、爭「黨統」、護「黨權」。

蔣介石是浙江人，但他最初事業發展的基礎卻是在地方主義強盛的廣東。早年蔣介石在粵軍中的職務，大都是參謀長或參謀處長一類的幕僚長職務，很少任掌握實權的帶兵官，而其粵軍同僚也往往以孫中山的監軍使者身分視蔣。[23] 只有自黃埔建軍後，蔣才真正掌握一支屬於自己的軍事力量。這支軍隊很快又被國民黨人冠以「黨軍」的名義，以區別於同樣駐防在「革命策源地」廣東的其他軍隊。從此，蔣逐步樹立起自己在國民黨內的正統地位。

其實蔣介石的省籍觀念也是很強的。北伐前，他在國民黨元老中著力捧出的張靜江、為他做「軍師」的戴季陶、替他辦黨務的陳果夫及陳立夫都是浙江人。北伐開始後，他大力拉攏浙江籍銀行家、大商人虞洽卿等，在財力上得到他們的支持。受到他特殊信任、曾參加同盟會而始終未加入國民黨的盟兄黃郛也是浙江人。以後，在軍隊將領中最受他信任的陳誠、湯恩伯、胡宗南，主持特務工作的戴笠（軍統）、徐恩曾（中統），為他起草文稿的陳布雷等都

---

21　蔣永敬：《民國胡展堂先生漢民年譜》，第447頁。
22　《汪精衛集》第3卷，光明書局，1930，第3頁。
23　吳振漢：《國民政府時期的地方派系意識》，第116頁。

是浙江人。

　　長期以來，蔣介石對廣東團體的觀感，一直十分微妙，他在羽翼未豐時，視其為自己成功的重要助力，又始終對之心存猜忌。1925 年，蔣藉口「廖案」驅走粵軍司令許崇智後，將一部分粵軍編入第一軍，成為第三師，以後被稱為「嫡系當中的雜牌」。[24] 第一軍即蔣介石掌握的「黨軍」。同時，蔣介石又將鄧鏗留下的另一支粵軍將領梁鴻楷逮捕，以李濟深接替梁氏軍職，並將所部改番號為第四軍。而李濟深的背景同蔣氏頗類似，李原籍廣西，此前是梁鴻楷的參謀長，既不是帶兵官，又不是粵省人。蔣氏此舉是否有削弱粵軍勢力的意圖，尚無從考證。但李濟深出長第四軍後，即將「第四軍軍部設在廣西會館之內」，而該會館又是舊桂系「莫榮新督粵時所建」。雖說人們常常把粵、桂兩省統稱為「兩廣」，但在粵人心目中，對桂人督粵始終心存芥蒂，而李濟深則被時人視為新桂系的領袖。李宗仁、白崇禧參加國民黨，介紹人就是李濟深。[25]

　　1926 年，蔣介石又利用中山艦事件驅走在黨內和胡漢民齊名的汪精衛。關於中山艦事件，一般論者大都從國民黨左右派之爭或國共關係的角度考察其成因和影響，這自然不錯。而當時作為中共中央派駐廣州的代表張國燾，在回憶錄中就已注意到中山艦事件背後的地域觀念所產生的重要影響：「當時國民革命軍的六個軍，除第一軍外，對蔣似有或多或少的不滿。客籍的第二、第三、第六軍有些將領，覺得如果失去了汪的領導，他們更不能獲得與第一軍平等的待遇。實力較雄厚的第四軍原係粵軍系統一脈相傳下來的，更有『浙江人外江佬排擠廣東人』的反感。」[26] 當時對蔣介石頗為不滿的譚延闓就對張國燾「坦率」地談道：「廣東這齣戲，不能是軍事獨角戲，總少不了一面政治招牌；現在有六個軍，如果沒有一面政治招牌，更是難於統率的；而且廣東這個地方，也不好完全由外省人來掌握一切。」譚延闓更進而具體說明：「汪既不願再幹，有些人知道胡漢民快要回來了，有意要抬胡出來。」而支持蔣介石的張靜江則

---

24　據衛立煌祕書回憶，劉峙、顧祝同、蔣鼎文、陳誠、衛立煌，號稱蔣介石的「五虎將」。「這五個人都是北伐時期蔣介石老本錢第一軍當中的團長，和蔣介石歷史關係最深。後來他們升師長，升軍長，升司令，步子都差不多；說起打仗來，拚死命，衝鋒陷陣都不如我們衛老總。衛老總一不是浙江人，二不是『穿黃馬褂子的』（黃埔系），再拚命，他也沒有得寵。那四人，不是黃埔軍校的區隊長，就是黃埔軍校的教官，才是真正的嫡系；我們衛老總連黃埔軍校的大門也沒有跨進過，實際上是一個『嫡系當中的雜牌』。」見趙榮聲《回憶衛立煌先生》，文史資料出版社，1985，第 69 頁。

25　李宗仁口述、唐德剛撰寫《李宗仁回憶錄》，南粵出版社，1987，第 197、204 頁。

26　張國燾：《我的回憶》第 2 冊，明報月刊出版社，1973，第 504 頁。

向張國燾明言：「這就證明廣州的領導並沒有把事情辦好，現在只有讓我們從外省來的人……來加以調整。」[27] 甚至連蘇俄顧問鮑羅廷（Michael Borodin）也認為：「除少數例外，廣州人不適合做革命者，其他省的國民黨人只好利用廣州的基地，把廣州本地人排除在外。」[28]

　　中山艦事件之後，黨內重要粵籍領袖胡漢民、汪精衛均暫時離開了權力中心。此時軍權在握的蔣介石充分利用黨內左右兩派、國共兩黨，以及雙方同蘇俄顧問之間的矛盾，縱橫捭闔，聯合一方打擊另一方。以往對國民黨二屆二中全會的研究，大多關注於蔣介石提出的「整理黨務案」對共產黨的種種限制。從另一角度來看，二中全會還有一個重要內容，就是國民黨內以蔣介石為代表的江浙人，首次公開挑戰粵籍領袖的「黨統」地位，且大獲全勝。例如當蔣介石在全會中提議設置中常會主席一職，並提名由絕對支持他的同鄉張靜江來擔任時，一度令「全場相顧驚愕」，但最終還是選舉張靜江擔任這一新職務。[29] 而國民黨內部的糾紛也在會上暴露出來。據張國燾回憶：

> 選舉中央執行委員會主席的時候，第四軍軍長李濟深發問：「沒有到會的人也可以當選嗎？」任會議主席的張靜江只好答覆：「當然可以。」於是李濟深便在選票上寫了蘋果一樣大的「胡漢民」三個字，就退席了。這件事引起了廣州要人們的各種議論，有的人說：「李濟深不滿蔣介石的跋扈，原想選任汪精衛，但恐引起衝突，因改選胡漢民，以示不屈服。」有人說：「第四軍廣東系統的人物不滿浙江系的橫蠻，市上所發現的反對浙江系的標語都是他主使的；李濟深之選胡漢民，可予證實。」李濟深與蔣介石之間的芥蒂，大概也由此次事件開始表面化了。[30]

　　這種地域觀念不僅存在於粵籍國民黨人心中，甚至連一些參加國民黨的粵籍共產黨人也有同樣心態。二中全會前擔任國民黨中組部長的共產黨員譚平山就對蔣介石的舉動表示出強烈的憤慨。據張國燾回憶：「他（指譚平山）是老同盟會會員，蔣介石如此專橫，中共又如此忍讓，他不要幹共產黨了；他

---

27　張國燾：《我的回憶》第 2 冊，第 509—510 頁。
28　〈鮑羅廷給加拉罕的信〉（1926 年 5 月 30 日），《聯共（布）、共產國際與中國國民革命運動（1926—1927）》（下），中共中央黨史研究室第一研究部譯，北京圖書館出版社，1998，第 275 頁。
29　毛思誠編《民國十五年前之蔣介石先生》第 8 編第 15 冊，龍門書局，1965，第 63、67 頁。
30　張國燾：《我的回憶》第 2 冊，第 522 頁；有關「蔣李交惡」最詳細的論述見羅志田〈國際競爭與地方意識：中山艦事件前後廣東政局的新陳代謝〉，《歷史研究》2004 年第 2 期。

要用老同盟會會員的資格，聯絡實力派李濟深以及廣東的老國民黨員，公開與蔣介石和浙江系對抗。」[31]

此時的蔣介石所以能夠成功，蘇俄顧問鮑羅廷背後的支持起了巨大作用。[32]鮑羅廷為了保持蔣左傾，竭力壓制共產黨內許多人主張的反擊，全部接受了蔣的要求。不僅如此，同為江浙籍但因參與西山會議派而於半年前受過黨內處分的戴季陶、邵元沖、葉楚傖等人也紛紛回歸國民黨中央。

作為對鮑羅廷的回報，蔣介石拒絕了剛從蘇聯回國的胡漢民的合作要求，[33]還下令「拿辦吳鐵城」（廣東中山人，時任廣州公安局局長兼任十七師師長），[34]並通過張靜江轉告孫科，「希望哲生充政府及黨之代表赴俄與第三國際接洽」，又藉口「聞外人言梯雲亦與香港有所往還」，要求伍朝樞「亦暫行離粵」。[35]隨後，古應芬也被迫辭職離粵，孫科的親信傅秉常被免職。上述這些人都是廣東人。迫於形勢，隱居廣州的汪精衛和受鮑羅廷打擊的胡漢民同時悄然離穗。國民黨內重要粵籍領袖此時幾乎全被逐出廣東。

就在吳鐵城被捕的當天，鮑羅廷相當自信地向加拉罕報告廣州的形勢稱：「今天吳鐵城入獄。孫科將被建議去俄國……傅秉常要被免去海關監督職務以及外交祕書職務。伍朝樞將建議休假一段時間……至於內務祕書古應芬，決定保留他的原職到李濟深的兩個師離開這裡時為止……唯一的變化是發生在中派的態度上。我們作了讓步，吸收邵元沖擔任青年部長，但他要履行黨的二大向他提出的放棄西山會議的條件。戴季陶將被任命為廣東大學校長，葉楚傖在同樣條件下也將受到應有的關照（任中央書記之一）。」[36]儘管鮑羅廷對廣東

---

31 張國燾：《我的回憶》第 2 冊，第 524 頁。

32 陳公博：《寒風集》甲篇，地方行政社，1945，第 245—248 頁。據張國燾回憶：當時不僅國民黨右派感到失望，國民黨左派也是憤憤不平。但左派的觀點與中共同志的看法究有若干距離……他們多數人所注意的是黨權問題，有的人說：「汪精衛被擠走了，黨權也破產了，現在是軍人天下。」鮑羅廷這個魯仲連對於這些憤恨難平的左派，也是撫慰有加。見氏著《我的回憶》第 2 冊，第 523 頁。

33 Martin Wilbur, "Document 25," *Documents on Communism Nationalism and Soviet Advisers in China 1918-1927* (New York: Columbia University Press, 1956), p.264.

34 《蔣介石日記》，1926 年 5 月 30 日；另見〈蔣介石日記類抄‧黨政〉，《民國檔案》1999 年 1 期，第 5 頁。

35 王仰清、許映湖標註《邵元沖日記》，上海人民出版社，1990，第 238 頁；另參閱《吳鐵城回憶錄》，三民書局，1968，第 154—162 頁。

36 〈鮑羅廷給加拉罕的信〉（1926 年 5 月 30 日），《聯共（布）、共產國際與中國國民革命運動（1926—1927）》（下），第 272—273 頁。

形勢的解釋，是從國民黨左右之爭為出發點的，並劃分出一個中派，但不可否認的事實是，鮑羅廷提到的右派人物是清一色的廣東人，而所謂中派人物都是親蔣的江浙人。原來深受孫中山信任的所謂「上三」、「下三」的粵籍重要幹部，除廖仲愷、鄧鏗、朱執信先後遇害外，汪精衛、胡漢民、古應芬三人被迫離開廣東。從此，廣州落入蔣介石的控制之下。張國燾對蔣介石的北伐主張，曾有一段有趣的評論：

> 少數軍事首腦對北伐卻懷有不同的打算。也許廣東人的排外心理是較濃厚的，使外籍的「英雄」總覺得廣東並非用武之地，如果能回到長江下游的本土，或可建立霸業之基。有些廣東籍將領則不免想到如果這些外省「英雄」，到省外去打江山，他們就可成為廣東的真正主人了。大多數客籍將領都覺得到外省去打天下，可解除現在苦悶而獲得發展機會。因此，「北伐」的代名詞，是「向外發展」。[37]

事實也可以證實這種看法。北伐之初，國民革命軍八個軍中全力北伐的六個軍都不是粵軍，粵軍的兩軍中只有李濟深的第四軍出動了一半部隊，李福林的第五軍一兵未出。儘管李濟深擔任國民革命軍總參謀長一職，卻不隨軍行動，而是坐鎮廣東。據李宗仁回憶，第四軍出兵北伐，就是在他的鼓動下由李濟深主動提出的。李宗仁動員李濟深的言辭頗值得玩味：「第四軍乃廣東的主人翁，主人且自告奮勇，出省效命疆場，駐粵其他友軍係屬客人地位，實無不參加北伐而在廣東戀棧的道理。」李濟深聽後，「毅然不加考慮，脫口而出，連聲說贊成此一方法。」[38]

1926 年 7 月，在鮑羅廷的支持下，蔣介石就任北伐軍總司令，在廣州誓師北伐。隨著國民黨的勢力由珠江流域向長江流域發展，原本主要依靠廣東人的國民黨不得不開放政權，完成國家的統一。此後，更多的非廣東省籍人加入國民黨，國民黨內以廣東人為主的地域觀念才開始逐步被外省人撬動。

## 三、黨治與派系：繼承權的正統之爭

中國有句老話：「名不正，則言不順；言不順，則事不成。」誰能代表國民黨正統，誰才有可能被視為孫中山的繼承人，這對其能否「名正言順」地

---

37　張國燾：《我的回憶》第 2 冊，第 529 頁。
38　《李宗仁回憶錄》，第 204 頁。

擁有最高領袖地位、建立起穩定的統治至為重要。

有論者稱：「建黨的第一代領袖去世後的權力繼替問題」，將「導致黨的裂變」。[39] 孫中山在世時，國民黨內的這種派系衝突即已顯現，只是因為孫中山在黨內具有無人挑戰的地位，才使這種派系鬥爭得以緩和。然而孫中山生前並沒有解決好這一問題。他一去世，領袖權的繼承問題在國民黨內馬上浮出水面，各派政治勢力經過反反覆覆多次衝突，始終都沒有很好地解決。

在國民黨內，資格最老、同孫中山關係最深的是胡漢民、汪精衛、廖仲愷三人。特別是胡、汪兩人地位相當：胡漢民在孫中山北上時代理大元帥職務；汪精衛隨孫中山北上，在孫病逝前曾負責起草「總理遺囑」。後因汪精衛得到廖仲愷、許崇智等人和蘇俄的支持，當選首任廣東國民政府主席，取代胡漢民代理的大元帥一職。但這尚未引起黨內的分裂。

至於蔣介石，在國民黨內只能說是「後進」。國民黨一大時，他連代表資格都沒有，更談不上進入黨的核心機構——中央執行委員會。這以後，他從黃埔軍校校長起家，透過他掌握的這支「黨軍」，在東征陳炯明和平定楊希閔、劉震寰叛軍的行動中表現突出，逐步引起黨內高層的注意。

陳獨秀曾有一段名言：「凡是一個集團，對外走向統一，同時對內即走向分裂，倒是對外競爭，往往加緊了內部的團結，這是一個公例。」[40] 對國民黨來說，其內部派系矛盾的起伏，幾乎都反映了這一「公例」。雖然黨內的正式分裂始自孫中山去世，源於繼承權之爭，但並沒有形成流血衝突。而當國民黨由「革命策源地」廣東一省走向全國，成為國家執政黨的同時，它的內部分裂即演變成巨大的武裝衝突，特別是以蔣介石、汪精衛、胡漢民三人為代表的政治勢力，常常是一派以在野的地位，公開領導其他派系反對當權派。在這個過程中，儘管汪精衛、胡漢民在黨內地位最高，但後起的蔣介石倚仗對軍事力量的控制，又利用汪、胡二人之間的矛盾，縱橫捭闔，聯合一方打擊另一方，逐步建立起自己的強權統治。在此期間，三人的分合關係，經常保持著二對一的局面，二對一者始終取得優勢。蔣的地位也不斷得到鞏固和加強，而汪、胡二人則分別以黨內元老的地位輔佐蔣氏對抗另一方。[41]

---

39　王奇生：《黨員、黨權與黨爭：1924—1927 年中國國民黨的組織形態》，第 92 頁。
40　《陳獨秀著作選》第 3 卷，上海人民出版社，1993，第 472 頁。
41　相關論述參見蔣永敬《百年老店國民黨滄桑史》，傳記文學出版社，1993。

　　孫中山去世後，國民黨首先因是否堅持「容共」問題，導致高層分裂為兩派。以汪精衛、廖仲愷為代表的一派，主張實行與共產黨合作的路線，被視為黨內「左派」；而堅決主張反共的國民黨元老林森、鄒魯、謝持等人形成黨內右派。這一派在黨內雖然享有很高地位，但並沒有多少實力，不足以同廣州的中央黨部和國民政府相抗衡。而此時的胡漢民在政治上更接近右派。[42]

　　汪精衛、胡漢民兩人間真正的分裂，則是由廖仲愷被刺案引起的。

　　1925 年 8 月，廖仲愷在國民黨中央黨部遇刺身亡。當時，廖仲愷在黨內地位僅次於汪、胡，一人身兼國民黨中央執行委員、國民政府委員、軍事委員會常務委員、國民黨中央工人部部長、國民政府財政部部長、廣東省財政廳廳長、黃埔軍校黨代表等職。因他支持孫中山生前提出的容共政策，被視為國民黨左派領袖。這一重大事件的發生，頓使國民黨「陷於危疑震撼的境地」。[43]汪精衛更將此比喻成「喪了慈父，又喪了最親切的兄長」。[44]廖案發生後，國民黨中央政治委員會緊急召開臨時會議，決定成立由汪精衛、許崇智、蔣介石三人組成的特別委員會，負責處理廖案及應付時局。

　　特別委員會經過幾天的調查，確信暗殺廖仲愷的主謀是國民黨右派團體「文華堂」，其主要成員有胡漢民的堂弟胡毅生等人，因此人們自然認為胡漢民與廖案難脫關係。儘管汪精衛稱「胡先生只負政治上的責任，不付法律上的責任」，[45]但胡漢民從此威望大損，難以安居廣州。9 月 15 日，汪精衛主持國民黨中常會，決定「請胡同志往外國接洽。以非常重大任務付之胡同志之手……對於胡同志並無任何芥蒂」。[46]就這樣，胡漢民被以赴莫斯科考察為名逐出廣州。在同一天的會議中，汪精衛還藉口聲援五卅慘案，以中常會的名義決議派林森、鄒魯率廣州國民政府外交代表團北上。[47]汪氏又順利地將堅決反

---

42　有關國民黨左派的論述，見 Ch'en Jerome, "The Left Wing Kuomingtang -- A Definition," *Bulletin of the School of Oriental and African Studies*, vol. 15, 1962, pp.557-574; So Wai-chor, *The Kuomintang Left in the National Revolution, 1924-1931*(Oxford〔England〕, New York: Oxford University Press, 1991)；謝幼田《聯俄容共與西山會議——中國反左防左運動的歷史根源》，集成圖書有限公司，2001。

43　蔣中正：《蘇俄在中國》，中央文物供應社，1992，第 33 頁。

44　《汪精衛全集》第 3 集，轉引自蔡德金《汪精衛評傳》，四川人民出版社，1988，第 92 頁。

45　陳公博：《苦笑錄》，第 41—42 頁。

46　〈中國國民黨第一屆中央執行委員會第 108 次會議記錄及附件〉（1925 年 9 月 15 日），轉引自李雲漢《從容共到清黨》（上），中國學術著作獎助委員會，1966，第 391 頁。

47　鄒魯：《回顧錄》，三民書局，1976，第 175 頁。

共的林、鄒二氏逐出廣州。

在處理廖案過程中，蔣介石同汪精衛始終密切合作，剷除異己。雖然汪、蔣和許崇智三人同為特別委員會成員，但實際上特委會完全被汪、蔣二人所控制。汪氏藉此打擊胡漢民，蔣氏則將矛頭對準粵軍總司令許崇智。特委會在偵辦廖案期間，發現許崇智部下有與廖案主犯通謀及勾結陳炯明，危害廣東國民政府之罪嫌。蔣介石以此為藉口打擊許崇智，逼迫許氏辭職出走，並將許部「全被繳械」，軍隊部分改編為第一軍第三師。[48]

這是孫中山去世後國民黨內的第一次大分裂。從此形成以汪精衛為首的左派控制中央政權；而謝持、鄒魯、許崇智、林森等一批堅決反共的國民黨元老，於同年底在北京召開西山會議，不久又在上海成立同廣州相對抗的中央黨部。此時，儘管胡漢民和西山會議派同被汪精衛打擊，但胡對西山會議派的行為並不認同。胡氏一生堅持國民黨的「法統」，有著極強的黨性。當西山會議派公開分裂國民黨，否認廣州中央的合法性時，他毫不猶豫地站在廣州中央一邊。這也正是他在國民黨內始終擁有一定政治號召力的原因所在。

在這次國民黨內的分裂中，蔣介石可以說是最大的受益者。他全力支持汪精衛，打擊胡漢民，趕走許崇智，從此成為黨內真正的軍事領袖。1926 年 1 月，在國民黨二大上，蔣介石當選為中常委，一躍而為僅次於汪精衛的二號人物。

國民黨的第二次分裂，是 1926 年 3 月蔣介石利用中山艦事件，逼走汪精衛，並在蘇俄的支持下，戴上了北伐軍總司令和國民黨中常會主席的桂冠。同年 7 月 9 日，蔣介石在廣州誓師北伐，到 11 月 9 日率部進入南昌，北伐軍出師剛好四個月，攻占了兩湖和江西三省。

隨著北伐軍事的突飛猛進，原來隱藏的矛盾也不斷暴露出來。國民黨左派和共產黨為了限制蔣的權力，積極展開恢復黨權運動。在此期間最活躍的人物「自然以孫哲生和鄧擇生是兩顆亮晶晶的明星」。[49]孫科的政治立場原本傾向西山會議派，鄧演達則是著名的左派，同時孫、鄧二人又都是廣東人，而在反蔣這一點上，兩人立場完全一致。

48　董顯光：《蔣總統傳》，中華文化出版事業委員會，1952，第 63—64 頁。
49　陳公博：《苦笑錄》，第 110 頁。

　　武漢時期的孫科似乎給人一種相當左傾的印象，但其真實心態並非如此。當時，陳公博為了避免國民黨的分裂，特意從江西到武漢找到孫科，開門見山地說：「局面太壞了，我們應該想出一個辦法。我現在急於要知道的，這裡局面是不是給共產黨操縱？」孫科的回答異常乾脆：「哪裡干到共產黨的事，這是國民黨本身的問題。蔣介石這樣把持著黨，終有一天要做皇帝了。」「國民政府必須遷漢，才能表明蔣介石服從中央，才能免去黨的分裂。」陳公博又找顧孟餘，「孟餘的議論竟直和孫哲生相同」。[50] 孫科的上述言論頗能代表當時國民黨內，特別是粵籍黨內高層幹部對蔣介石不滿的普遍心態。一方面是對蔣的專制不滿，另一方面是內心的不服。

　　1927 年 3 月，國民黨在武漢召開二屆三中全會，頒布一系列決議限制蔣的權力，同時還極力鼓吹「迎汪復職」，希望通過汪精衛來抗衡蔣介石。而汪精衛自海外返回上海後，並沒有同蔣介石達成一致，於 4 月 5 日悄然奔赴支持自己的武漢。4 月 12 日，蔣介石被迫另立門戶，在南京成立國民政府。蔣雖然軍權在握，但鑑於自己在黨內的資望不夠，拉出正在上海賦閑的胡漢民擔任南京國民政府主席。寧漢對立的局面由此形成。

　　寧漢分裂，最終以蔣介石的第一次下野而結束。此時支持南京政權的胡漢民也隨同蔣一同下野。不久，汪精衛率武漢政府公開反共，與南京政權合流，並吸收西山會議派在上海成立中央黨部，合組國民黨中央特別委員會，統一黨務，行使中央職權。會議還決定，今後所有決議「不採用表決手續，以全體一致為原則，避免多數壓制少數之嫌疑」。三方推定汪精衛、胡漢民、蔣介石等 32 人為特別委員會委員。[51]

　　特別委員會的成立，表面上結束了國民黨內自孫中山逝世後引發的分裂狀態，使寧、漢、滬三個中央黨部結合成一個新的中央機構，藉此消除各方歧見。但黨內的矛盾並未真正消除。汪精衛原本希望趁蔣介石下野之機，通過寧漢合流，重掌國民黨中央大權。然而，事與願違，特委會的成立等於宣告他這一企圖的失敗。胡漢民更因汪精衛的反覆無常，拒絕同汪相見。[52] 對此結果，汪精衛自然心不甘情不願。李宗仁曾評論道：

50　陳公博：《苦笑錄》，第 106 頁。
51　鄒魯：《回顧錄》（上），第 201—203 頁。
52　蔣永敬：《民國胡展堂先生漢民年譜》，第 409 頁。

在特委會成立後，西山派聲勢大張。原來希望在蔣中正下野後便可重
操黨權的汪兆銘，在特委會成立後，僅獲一國府委員的空銜，而其昔
日政敵，今均扶搖直上，重據要津，汪氏未免大失所望。他原為特委
會的發起人之一，到特委會成立以後，汪氏卻一變而反對特委會。汪
派人士也紛紛離開京、滬。[53]

　　此時汪精衛依靠的武裝力量，主要是駐軍武漢的唐生智和張發奎部。汪
精衛首先動員唐生智「東征」南京，失敗後又鼓動張發奎回師廣東，驅逐桂
系李濟深、黃紹竑，推陳公博為廣東省政府主席。恰在此時，共產黨利用張
發奎率主力離開廣州同桂系作戰之機，發動廣州暴動，公開建立蘇維埃政府。
儘管張發奎立即率部返回，將共產黨暴動鎮壓下去。但「廣州暴動後，全國
輿論大譁，粵人身受切膚之痛，群起籲請討伐。張發奎、黃琪翔固罪不容究，
而汪兆銘尤為眾矢之的。」[54]這實際上是將汪推上了被告席，汪精衛被迫再次
出洋。

　　1928 年 1 月，國民黨為了順利完成二次北伐，恢復蔣介石的國民革命軍
總司令一職。但蔣此時的地位仍不穩固，雖然中山艦事件後，蔣一度行使國民
黨的最高權力。當時的蔣介石相當自負。從國民黨粵籍元老程天固的一段回憶
中，我們不難看出當時蔣氏的心態：「國民政府出兵北伐初期，蔣氏耀武揚威，
大有繼承總理之大志。由渠於印發個人革命史之小冊子一事可以見之。該冊子
之字裡行間，排擠胡、汪二氏，原欲藉此壓低彼二人在黨之聲譽和資格，以為
自己爭長之武器。冊中引用總理平日閒談，對汪、胡二人之評批，一則曰：『汪
氏做事多拖泥帶水，不能徹底，故他只長做和事佬。』二則曰：『展堂個性倔
強固執，故對事多有不夠豁達之嫌。』蔣氏引述總理之批評，其作用如何？明
眼者自能瞭解。聞戴季陶見了這冊子之立論太過露骨，立勸蔣氏收回，不可發
送。我當時收到一份，後來詢及同志中，收到者甚少。此當是戴氏勸他之結果，
因戴氏與他友善，他每以師長稱之。」[55]

　　蔣介石自第一次下野後，漸漸明白了一點：在「老一輩同志」眼中，「他

53　《李宗仁回憶錄》，第 345—346 頁。
54　《李宗仁回憶錄》，第 357 頁。
55　《程天固回憶錄》，龍文出版社，1993，第 207—208 頁。

仍被認為軍事的，而非政治的人物」。[56] 在國民黨內，此時的蔣介石仍無法代替汪、胡的領袖地位，這也是他第一次被逼下野的一個重要原因。

在國民黨派系衝突中最有資格同蔣介石談「黨紀」、「黨權」，而又敢於同蔣爭「黨統」的並不是那些地方實力派，而是黨內同蔣派平行的胡派、汪派、太子派及西山會議派等政治派系。

1928 年 8 月，蔣介石完成二次北伐，實現了形式上的國家統一。隨著北伐的勝利，國民黨一躍而成為全國性的執政黨。但軍事的勝利並沒有帶來政治的統一。各軍事集團間的明爭暗鬥仍在不斷加劇。此時，蔣介石心裡十分清楚，只有爭到國民黨的領導權，才意味著真正取得對全國的統治權。而胡漢民所標榜的「以黨治國」，正是他最需要的。為此，蔣介石在南京主持召開國民黨二屆五中全會，接受了胡自歐洲寄來的《訓政大綱》提案。[57] 胡漢民也啟程回國，於月底抵達香港。當時，廣東軍政要員陳銘樞、陳濟棠等百餘人到港迎候，勸胡留駐廣東主持廣州政治分會，與南京「分治合作」。胡漢民為了實現自己「以黨治國」的理想，堅持予以拒絕。他明確表示反對地方分權，力主取消各地政治分會，並公開聲明：「余在粵組織政府說，全非事實。政治分會為過渡辦法，現已入訓政時期，無存留之必要。」[58] 這頗像辛亥革命後孫中山自海外返國，過香港時不願在廣東主持小局面，徑直北上的情景。

胡漢民的政治主張正好符合蔣介石實行中央集權的願望。羽翼尚未豐滿的蔣介石，還需要胡漢民這塊「黨」的招牌，為他實行武力統一「正名」；胡漢民則希望依靠蔣介石的軍事實力完成統一，最終實現自己宣導的「黨權」高於一切的政治目的，於是雙方一拍即合。他們都主張建立中央集權，消除地方軍權，但雙方對集權的理解，卻存在重大分歧，胡主張集權於黨，「以黨治國」，蔣則著重於獨握軍權，指揮一切。

此時，在野的汪精衛則聯合各派反蔣勢力和地方實力派，以反獨裁相號召，同南京政府對抗。雖然自 1927 年國民黨實行「清黨」後，黨內各派在反共問題上達成一致，但支持汪精衛的改組派，仍被一些人稱為黨內「左派」。其實，他們在意識形態上與共產黨的政治主張完全不同。他們拒絕接受階級

---

56　董顯光：《蔣總統傳》，第 108 頁。
57　《中央黨務月刊》第 2 期，1928 年，第 6 頁。
58　《國聞週報》第 5 卷第 34 期，1928 年，第 1 頁。

鬥爭的觀念，同時又認為國民黨必須通過農、工及其他群眾團體加強同民眾的關係。他們宣稱必須要有這樣的群眾基礎，才能阻止國民革命成為官僚和軍閥的犧牲品。[59] 以蔣介石、胡漢民為首的國民黨主導派，則反對社會革命和民眾運動。但此後無論黨內「左派」還是「右派」，自國民黨統一全國後，因意識形態引起的政治糾紛幾乎很少見，各派系之間最大的矛盾是權力分配問題，可以說無所謂「左派」、「右派」之紛爭，在形式上主要表現是「反蔣」還是「擁蔣」。汪精衛甚至一度同與自己政見長期對立的西山會議派合作，導演了一齣「擴大會議」的鬧劇，最終以蔣胡合作取得中原大戰的勝利而告結束。

中原大戰後，蔣介石暫時震懾住了一切敢於公然違背南京中央政權的地方軍事武裝，他自以為羽翼已經豐滿，國內已沒有敢於公開同他抗衡的力量。因此，他根本不可能將自己掌握的軍權，交歸胡漢民所代表的黨權指揮。蔣、胡矛盾不可避免。1931 年 2 月，因約法之爭，蔣介石將胡漢民扣押於南京湯山，終於釀成新的寧粵對峙事件。

當蔣介石先後排斥汪精衛、囚禁胡漢民，以孫中山繼承者、國民黨正統自居時，幾乎所有粵籍黨國要員，竟能夠暫時放棄一切政治立場主張之爭和派系恩怨，團結一致，共同反蔣。他們首先取得廣東實力派陳濟棠的支持，進而帶動各地實力派的陸續投入。

寧粵對峙的爆發，完全超出蔣介石的預料。蔣介石在南京一次「晚宴黨國重心」時曾無奈地向眾人表示：「不應以一二人之離異而致消極，為其無粵人汪、胡即不成黨之奇言所惑。」[60] 沒有汪精衛和胡漢民的國民黨「即不成黨」，在今天看來的確是「奇言」。但當蔣介石面對「黨國重心」道出此言的那一刻，在很多當事人看來這並非「奇言」，而是理所當然的事實。面對來自黨內的強大壓力，蔣介石不得不一改以往對異己勢力武力討伐的做法，主張政治解決。此時留在南京支持蔣的黨國元老，主要是張靜江、蔡元培、吳稚暉等幾個江浙籍要人。當時北方政治勢力就有人指出：「此次粵方事變，乃粵、浙

---

59　陳公博：《寒風集》，第 268—283 頁；Arif Dirlik, "Mass Movements and the Left Kuomingtang," *Modern China*, vol. 1. 1 (Jan. 1975)，pp.46-75；Robert E. Bedeski, "The Tutelary Stare and National Revolution in Kuomingtang Ideology, 1928-1931," *China Quarterly*, vol.46 ( April-June, 1971), pp.319-320.

60　《蔣介石日記》，1931 年 6 月 19 日。

兩方勢力之衝突。」[61] 桂系領袖李宗仁在回憶錄中曾寫下這樣一段話：「國民黨自有史以來，粵籍要員最具畛域之見，其原因或者是由於方言的關係。他們彼此之間，平時雖互相猜忌，然一有事變，則又盡釋前嫌，作堅固的團結。」[62]

廣東正式樹起反蔣旗幟後，成立了中央執監委員「非常會議」，設常務委員五人：鄧澤如、鄒魯、汪精衛、孫科、李文範，祕書長梁寒操。廣州國民政府同樣設常務委員五人：唐紹儀、古應芬、鄒魯、汪精衛、孫科，祕書長陳融（祖籍江蘇，生於廣東），國府之下僅設外交、財政兩部，分別任命陳友仁、鄧召蔭為部長，傅秉常、吳尚鷹為次長。他們都是清一色的廣東人。甚至在反蔣聯盟建立初期，「在一次非常會議開會席上，有人提議要說廣東話，不准講其他方言」。[63] 從中我們不難感受到黨內元老對蔣氏自許領袖的不滿和不服：國民黨是孫中山締造的，還輪不到蔣介石來繼承領袖地位。

就在寧粵對峙期間，日本侵略者發動了震驚中外的九一八事變。在國內外錯綜複雜的局勢下，國民黨各派系之間不得不暫時放棄內爭，以蔣介石再度下野為條件，實現寧粵和解。1931 年 12 月，粵方最終在蔣介石下野後召開的四屆一中全會上，成功將孫科推上行政院長的高位，暫時建立起一個以粵人為主的中央政權，一時滿足了粵人黨內正統地位的願望。當時黨內就有人將這次內閣更迭視為「中國的兩個經濟勢力——江浙幫和廣東幫的鬥爭」。[64]

新選舉的內閣 14 名成員中，粵籍人士占了 9 人。孫科內閣中唯一一位浙籍成員朱家驊，獲任後立即通過宋子文電詢蔣介石「可就職否？」蔣覆電表示：「對驊先兄就職否，弟無成見。但以後教育，中央如無方針與實力為後援，則徒供犧牲，殊為可惜耳。」朱家驊得到蔣的答覆後即向中政會提出辭呈，最終放棄了教育部長之位。[65] 時任內政部參事的龔德柏回憶，孫科組織廣東人內閣，不只更動部會政務官，連事務官都更動。他認為這簡直不是合作，而是廣東派

---

61　〈宋哲元部民國二十年往來電文錄存〉，臺北「國史館」藏《閻錫山檔》微縮膠捲：72／0950。

62　《李宗仁回憶錄》，第 417 頁。

63　武和軒：〈我對改組派的一知半解〉，《文史資料選輯》第 36 輯，中華書局，1963，第 152 頁。

64　劉叔模：〈一九三一年寧粵合作時期我的內幕活動〉，《文史資料選輯》第 17 輯，中華書局，1961，第 123 頁。

65　〈蔣介石覆宋子文轉朱家驊電〉（1931 年 12 月 31 日），周美華編註《蔣中正總統檔案・事略稿本》第 12 冊，「國史館」，2004，第 522 頁。

征服浙江派，故憤而辭職。[66]

但孫科內閣成立後，並沒有形成汪精衛、胡漢民合作的新局面。事情很快就因胡拒絕同蔣、汪合作共同對抗外辱，同時汪、胡歷史積怨未泯，而最終形成蔣汪合作的新局面，迫使孫科內閣僅堅持了一個月即垮臺。1932 年 1 月 28 日，汪精衛繼任行政院長的當天爆發了淞滬事變。為了對抗日本的軍事侵略，蔣介石同原本反對他的地方實力派領袖閻錫山、馮玉祥、李宗仁、陳濟棠等共同加入新成立的軍事委員會。此後，胡漢民雖一度控制兩廣並不斷發表反蔣言論，但他所領導的西南政務委員會和西南執行部，在名義上仍隸屬南京國民政府和中央黨部；孫科也很快返回南京，就任原為胡漢民擔任的立法院院長。而長期被排斥於國民黨統治核心圈外的西山會議派大都重返中樞。

自 1925 年孫中山去世到 1932 年蔣汪合作政權成立的數年間，國民黨內圍繞繼承權之爭不斷。由於歷史的原因，國民黨發跡於廣東，也造就了一批粵籍黨國領袖。在孫中山所宣導的國民革命的短短數年間，國民黨迅速由廣東一省統一全國，這也無形中增強了胡漢民、汪精衛等人的孫中山革命繼承者意識。不過，由於汪精衛和胡漢民二人不能精誠合作，始終有一人支持蔣介石，也使蔣依靠軍權逐步獲得南京中央政權。但每當黨內「新進」蔣介石欲以軍權獨自代表國民黨正統，並企圖同時拋棄汪、胡二人時，就會立即引起黨內各派勢力的大團結，並兩次逼蔣下野。不可否認，國民黨內廣東元老的唯一正統觀念，是形成黨內派系鬥爭的重要因素。但隨著國家的統一，全國的財政、經濟中心由珠江流域轉移到長江流域，粵方的力量已無法同掌握全國政權多年的蔣介石相抗衡。此後，國民黨暫時確立了各派聯合統治的局面。

## 四、地方實力派與蔣介石的角逐

在民國政治的舞臺上，每當蔣介石同國民黨內其他派系爭鬥時，常因手握軍權而取勝。同樣，當蔣與地方實力派發生武裝衝突，又多以勝利而告終。其間蔣介石與地方實力派最大的不同點有二：一是蔣介石掌握中央政權，經濟實力遠遠強於對手；二是在國民黨「以黨治國」的體制下，蔣介石始終沒有放棄過「黨權」。

---

66　《龔德柏回憶錄》，龍文出版社，1989，第 326—328 頁。

　　自 1927 年南京政府成立後，22 年間蔣介石前後經歷了三次下野，分別在軍政（1927 年 8 月）、訓政（1931 年 12 月）和憲政（1949 年 1 月）時期。第一次下野，是在他創建南京國民政府不到 4 個月，辭國民革命軍總司令；第二次下野，是《中華民國約法》公布 6 個月，辭國民政府主席、行政院長、陸海空軍總司令；第三次下野，是在當選中華民國行憲第一任總統的 8 個月後。

　　這三次下野，蔣雖然辭去了名義上的政治職務，卻仍然在實際上通過各種方式掌握著權柄，尤其是掌握著軍事權力，這是他人很難染指的。

　　1928 年 1 月，蔣介石復職北伐軍總司令，領導二次北伐，鑑於自己實力不足，不得不將北伐軍分為四個集團軍，蔣介石、馮玉祥、閻錫山、李宗仁分任四個集團軍總司令。二次北伐成功後，除上述四個軍事集團外，加上廣州的李濟深、東北的張學良集團，可謂六大諸侯並存，而各省的小諸侯更是多如牛毛。南京中央政府的實際控制範圍，只集中在長江下游幾省而已。為了遷就事實，中央政府不得不分設開封（馮玉祥）、太原（閻錫山）、武漢（李宗仁）、廣州（李濟深）四個政治分會，並任命張學良為東北保安司令，統治東三省。

　　1929 年 10 月，國民黨中常會通過《中華民國國民政府組織法》，規定國家最高權力在國民黨中央執行委員會；國民政府改組，正式實行五院制，並通過新的國民政府主席、五院正副院長、國府委員人選，其名單如下：

　　國民政府主席兼陸海空軍總司令 蔣介石

　　行政院院長　　譚延闓　　　副院長　　馮玉祥

　　立法院院長　　胡漢民　　　副院長　　林森

　　司法院院長　　王寵惠　　　副院長　　張繼

　　考試院院長　　戴季陶　　　副院長　　孫科

　　監察院院長　　蔡元培　　　副院長　　陳果夫

　　國民政府委員共 17 名，除上述國府主席、五院正副院長 11 人為當然委員外，尚有何應欽（軍事訓練部總監）、李宗仁（軍事參議院院長）、楊樹莊（海軍部部長）、閻錫山（內政部部長）、李濟深（參謀部部長）、張學良（東北邊防軍總司令）。這 17 名國府委員中，除 9 位正副院長外，其餘 8 人均是手握重兵的軍事將領。這是自廣州國民政府成立以來，歷屆國府委員中從未

有過的現象。對此，美國學者評論道：「實際上，此舉仍是軍閥政治的老套：中央政府依軍閥的實力和地盤大小授予相應的職位，其結果是使軍閥裂土為王合法化和制度化了。在中央擔任要職的大軍閥都委任自己的親信為其轄區的省府主席，相當於過去的督軍。再則，在廣州、武漢、開封、太原等地設立國民黨政治分會，分別以李濟深、李宗仁、馮玉祥和閻錫山任主席，這也是在事實上承認諸軍閥割地稱雄的現狀。」[67] 這同國民黨所標榜的「以黨治國」主張是明顯不符的。但這一局面又充分體現了中國政治形勢的真實狀況：蔣介石雖然掌握中央政權，但對另外五大集團，不僅在軍事上毫無控制能力，即使在政治上也缺乏號召力。他要真正做到統一全國，就必須藉「黨權」來削弱各地「軍權」。而胡漢民所標榜的「以黨治國」，正是他最需要而又是其他地方諸侯不具備的實力。

依照胡漢民起草的《訓政綱領》規定，國民黨在國家政治生活中的地位和權力大為提高，它為國民黨「以黨治國」提供了法律依據。[68] 此後，蔣介石首先要求改變北伐後形成的軍事割據局面，要求中央收回地方政治分會的權力。二屆五中全會決議「各地政治分會，限於本年年底，一律取消」；在政治分會未取消之前，中央對其權力也予以限制，規定各地「不得以分會名義對外發布命令，並不得以分會名義任免該特定地域內之人員」。[69] 此舉就是想藉黨的名義，收回原本為各軍事集團將領控制的人事任免權。與此同時，全會還通過《整理軍事案》，宣稱要「破除舊日一切以地方為依據，以個人為中心之制度及習慣」，強調「軍政軍令，必須絕對統一」。[70] 這實際上是為中央「削藩」做好政治準備。

1929 年 1 月，蔣介石主持召開全國軍事編遣會議，編遣方案主要針對北伐後期形成的馮玉祥、閻錫山、李宗仁三個集團軍和李濟深指揮的第八路軍，而很少提到第一集團軍的編遣，這自然引起眾人的不滿。閻錫山、馮玉祥、李濟深等先後不辭而別，「所謂編遣乃至無結果而散」。[71] 於是，蔣介石選擇了

67　James E. Sheridan, *Chinese Warlord, Feng Yu-hsiang* (California, Stanford University Press, 1966), p.398.
68　羅家倫主編《革命文獻》第 22 輯，中國國民黨黨史會，1960，第 337—339 頁。
69　〈政治分會存廢案〉，《中央黨務月刊》第 2 期，1928 年，第 7 頁。
70　〈整理軍事案〉，《中央黨務月刊》第 2 期，1928 年，第 8 頁。
71　〈胡漢民報告北伐及編遣經過〉，《中央日報》1930 年 7 月 11 日。

桂系作為他首先打擊的目標。

此時，桂系控制的範圍是其歷史上最大的區域：李宗仁、李濟深分別控制武漢、廣州政治分會。自 1927 年 9 月開始，桂系勢力日漸膨脹，李濟深以桂人統率粵軍控制兩廣，其間雖有張發奎發動的驅李之役，但很快被李的部下陳銘樞、陳濟棠和桂系黃紹竑平定。而在南京的李宗仁則以特別委員會名義發動討伐唐生智之役，並派白崇禧入湖南收編唐生智的降軍。唐部原有四個軍，除何鍵第三十五軍仍留駐湖南外，其餘三個軍分別以廣西籍將領李品仙、廖磊、葉琪分任軍長，合組為第十二路軍，由白崇禧率部北上，李宗仁則坐鎮武漢，控制兩湖。1928 年 6 月，奉軍退出關外，張宗昌的直魯聯軍仍盤踞北平以東唐山、灤州一帶。8 月，白崇禧率領第十二路軍進攻奏捷，隨後率部駐紮於冀東到山海關一帶。當時還一度盛傳白崇禧欲「襲繳平津第三集團軍之械」，獨占北平之說，商震在給閻錫山的電文中甚至直指白崇禧「瓜分河北之心，路人皆知」。[72]

這一切在蔣介石看來，無疑是桂系自兩廣（李濟深、黃紹竑）、兩湖（李宗仁）到華北（白崇禧）形成對南京政府的三面包圍。而在寧漢合作期間逼蔣下野的「元凶」之一，就有桂系的李、白諸人。前述五大軍事集團中，張學良的奉系退回東北不久，對蔣暫時不存在威脅。馮玉祥和閻錫山兩人間原有積怨，蔣則利用控制的中央政權，讓閻錫山據有平津，藉此挑起閻、馮矛盾。因此，蔣介石最急於打擊的軍事集團就是桂系。

編遣會議不歡而散後，1929 年 2 月，桂系控制的武漢政治分會擅自下令免去湖南省政府主席魯滌平的職務，並派軍進駐長沙。這一事件為蔣介石討伐李宗仁提供了絕佳的藉口。

3 月，國民黨在南京召開三大，大會授權蔣介石武力討伐在武漢稱兵作亂的桂系。當時黨內部分元老並不贊成，胡漢民則強烈表示此舉「勢在必發」，並進一步說：「這一次討伐桂系，就黨的立場說，是以革命的勢力，消滅反革命的勢力；就政府的立場說，是以中央討伐逞兵作亂的叛將。」[73] 胡漢民還以

72 閻伯川先生紀念會編《民國閻伯川先生年譜長編初稿》第 3 冊，臺灣商務印書館，1988，第 1072—1074 頁。
73 〈中國國民黨第三次全國代表大會會議速記錄〉（1929 年 3 月 20 日），轉引自蔣永敬《民國胡展堂先生漢民年譜》，第 449 頁。

大會主席的身分，提議開除李宗仁等桂系將領的黨籍。[74] 這為蔣介石實行武力討伐，打擊異己，提供了合法的依據。

在中央討桂期間，胡漢民的另一大功績就是幫助蔣介石穩定了廣東的軍事力量。正如陳公博所言「桂系的大本營在兩廣，而兩廣的主力又在廣東」。[75] 李濟深當時擁有的武裝力量主要是陳銘樞、陳濟棠兩軍。陳銘樞一向同蔣關係密切，而陳濟棠則是靠胡漢民、古應芬等人的提拔才有今日，因而對胡、古等人言聽計從。蔣在討伐桂系前，先通過吳稚暉將李濟深騙到南京，扣押於湯山。當時粵省軍政人員，多為李之親信，對此深表不滿，紛電中央質問。而蔣則利用胡漢民、王寵惠、古應芬等粵籍元老，暗中疏通陳濟棠，「囑其保境安民」。隨後二陳聯名通電中央表示：「吾粵為中央統治下一省」，「粵省軍隊為黨國所有，不以供一派一系之指揮驅策。」[76] 二陳的轉變，使桂系失去了依靠，加速了桂系軍事上的崩潰。

蔣桂戰爭爆發後，蔣介石又起用寧漢分裂時反對過他的唐生智，前往華北離間白崇禧率領的第十二路軍。這支部隊主要是桂系在寧漢合作後討伐唐生智時收編的。儘管唐生智已通電下野，交出兵權，但他對舊部仍有一定的影響力。他一到華北即對舊部說：「奉蔣總司令的命令，前來接收第四集團軍駐平各部隊」。[77] 於是，唐氏舊部紛紛反白投唐。同時，蔣又利用同李、白矛盾頗深的俞作柏遊說桂系在武漢的主力第七軍第一師師長李明瑞（俞氏表弟）倒戈。當中央軍同桂系軍隊大戰一觸即發之時，李明瑞突然於陣前宣布服從中央，回師武漢，使桂系在兩湖的部隊很快瓦解。[78]

在此後的一年多裡，蔣介石控制的南京中央以統一全國為名，同李宗仁、白崇禧、黃紹竑、馮玉祥、閻錫山、唐生智、張發奎、石友三等大大小小的地方實力派的不同組合或共同聯合，展開了無數次的內戰，打得天昏地暗。在近代中國這個大舞臺上，各路「豪傑」紛紛出場，正可謂你方唱罷，我又登場。有時甚至是你尚未下場，我已登臺，令人眼花繚亂，啼笑皆非。例如，1929

---

74　〈開除李宗仁、李濟琛、白崇禧黨籍案〉，《中央黨務月刊》第10期，1929年，第50—51頁。
75　陳公博：《苦笑錄》，第190頁。
76　〈粵中將士擁護中央〉，《中央日報》1929年4月1日。
77　《李品仙回憶錄》，中外圖書出版社，無出版時間，第107頁。
78　黃旭初：〈記民十八年的武漢事變〉，《春秋》第183期，1965年，第12—15頁；《李宗仁回憶錄》，第401頁。

年10月蔣桂戰爭後，蔣介石將矛頭指向馮玉祥。擔任討馮先鋒的則是寧漢分裂時反蔣最烈的唐生智。唐生智剛剛遵從蔣的旨意收回了舊部，即想迎汪反蔣，但又不可思議地決定先討馮再反蔣，他曾對部下李品仙說道：「現在本路軍已奉蔣總司令之命將向洛陽馮軍進攻，但是汪精衛先生也是我們所要擁戴的。目前汪、馮之間還沒有合作，我的主意是先將馮軍擊敗占領陝西後，請你在關中主持一切，我則率本路軍在河南宣布獨立，請汪先生回國主政。」[79]

同樣可笑的是受蔣之命策反李明瑞的俞作柏，事後被委以廣西省政府主席。俞率部自兩湖返回廣西後，又馬上樹起了反蔣的旗幟。等俞作柏失敗後，張發奎再在宜昌反蔣，而同他聯合的則是當年的宿敵桂系黃紹竑。[80] 既然都是反蔣，卻要先替蔣打擊同樣反蔣的「友軍」，難怪蔣介石能各個擊敗。閻錫山在蔣介石對抗馮玉祥時接受了蔣委任的海、陸、空軍副總司令一職，並將戰敗的馮玉祥軟禁於山西。但不到兩個月，閻又樹起反蔣大旗，釀成更大規模的中原大戰。正如美國學者所稱：「總之，中國的軍閥主義一仍其舊，僅僅是軍閥變成了國民政府的高級官員而已。」[81] 而軍閥彼此之間的相處模式，亦如國際政治的「博弈論」，彼此結盟與分裂的動機，大多出於勢利的考量，對自己則處處以「保全實力」為第一要務。[82]

而此時唯有胡漢民始終站在蔣介石一邊。每當戰事一起，胡都毫無例外地通電聲討。戰爭過程中，蔣在前線指揮作戰，胡則在南京主持黨務、政務，維持後方。蔣、胡配合相當默契，令蔣沒有後顧之憂。那時如果沒有胡在南京替蔣支撐，蔣一個人是難以在軍事和政治上如此得心應手。胡漢民的作用正如吳稚暉所讚：「在於征桂，則功超言論之外；對待閻馮，則功居後防之先。」[83]

自編遣會議後，蔣介石同地方實力派之間的矛盾衝突全面爆發，演變成一系列的武裝衝突和連年混戰。其中規模和影響最大的是1930年的中原大戰。在這場大戰中，站在反蔣一方的不僅有閻錫山、馮玉祥、李宗仁，更有黨內元老汪精衛和西山會議派；而當蔣介石在前方作戰時，為他主持南京中央政權的

---

79　《李品仙回憶錄》，第109頁。
80　陳公博：《苦笑錄》，第212—219頁。
81　James E. Sheridan, *Chinese Warlord, Feng Yu-hsiang*, p.398.
82　Lucian W. Pye, *Warlord Politics: Coalition in Modernization of Republican China* (New York: Praeger, 1971), pp.777-797.
83　桂崇基：〈立法院長時期之胡漢民先生〉，《傳記文學》第28卷第6期，1976年，第20頁。

則是立法院院長胡漢民和行政院院長譚延闓。

1930 年 9 月 18 日，當雙方在中原大地廝殺正酣、勝負難分之際，張學良率東北軍主力入關，宣布支持南京中央，為蔣介石贏得了中原大戰的勝利。作為回報，蔣介石任命張學良為陸、海、空軍副總司令，將黃河以北的地盤劃給張學良，並責成張學良收編整理晉系、西北軍殘部。東北軍的勢力範圍超過北洋奉系張作霖時代，達到歷史的巔峰。

不久，蔣介石即因約法之爭，扣留胡漢民，引發寧粵對峙。後因九一八事變的爆發，寧粵雙方被迫和談。獲釋後的胡漢民為削弱蔣氏權力並報被囚之仇，堅持逼蔣下野。汪精衛雖然一度同胡漢民結成反蔣同盟，但因汪、胡缺乏真誠合作的基礎，於是只好共推孫科主政。此後，蔣通過種種手段，最終分化了汪胡同盟，形成蔣汪合作的新局面。

面對錯綜複雜的黨內矛盾，胡漢民不得不承認他入主南京的希望極小。雖然蔣介石已經下野，但蔣手中的軍權並沒有削弱，政治上的影響依然很大，再加上蔣汪合作局面逐漸形成，胡的力量更顯得單薄。因此，胡漢民返回廣州後，就有把兩廣建成自己基地的打算。他一改過去主張中央集權的態度，提出「均權」理論。他公開宣稱：「滿清以集權而亡，袁世凱以集權而死，今之人以集權而亂。」「我反對集權，是為的主張均權。」[84] 此後，在胡漢民的指使下廣州國民黨四大通過了《實行均權以求共治案》，並決議在廣州成立國民黨西南執行部和國民政府西南政務委員會，代表中央黨部和國民政府處理西南的黨務政務，使它對南京中央政府的半獨立狀態合法化，以此同蔣對抗。

但是，此時在胡漢民眼中最可依靠的廣東實力派首領陳濟棠，其實並不可靠。他之所以支持胡漢民，無非想藉助胡在黨內的威望，維護並擴大自己在廣東的勢力和「南天王」的地位，並不願意胡漢民真的在他頭上指揮一切。他對待胡的態度可說是「尊之若神仙，防之若強盜」。對胡漢民在廣東建立反蔣基地的種種計畫，陳濟棠總是從中作梗。古應芬之死，更使胡喪失了一個能夠制約陳濟棠的人物。已經吃夠蔣介石苦頭的胡漢民自然不想重嘗這種滋味。「胡雖不捨伯南之廣州政府，然亦無法親臨合作，僅能於香港妙高臺遙領。」[85]

---

84　胡漢民：〈論均權制度〉，《三民主義月刊》第 3 卷第 2 期，1934 年，第 1 頁。
85　《傅秉常先生訪問紀錄》，第 123 頁。

胡希望打著西南執行部的旗號，遙控兩廣，並利用西南各省領袖同蔣的矛盾，在西南建立新的聯合，加強反蔣力量，希望「由西南擴充到華中、華北、西北、華東、華西、東北、內外蒙各地方，並在組織上，再加以更進步的改造」。[86]為此，胡漢民積極組織「新國民黨」，發行《三民主義月刊》，標榜自己是國民黨的正統，以此同南京中央分庭抗禮。但胡漢民始終沒有公開挑戰南京中央的合法性。

寧粵對峙雖然一度迫使蔣介石下野，並建立起親胡的孫科政權，但孫科內閣因缺乏蔣、汪兩派的支持，本身又不具備實力，很快在財政、外交上一籌莫展，僅僅支撐了一個月便告夭折。孫科一派的政治主張，原本傾向於胡漢民。但此時胡一心只想控制兩廣，保持西南半獨立狀態，無意重返南京，而實力派陳濟棠根本不願意孫科在廣東分割自己的權力。因此孫、陳之間無法合作。早在非常會議期間，兩派就因爭奪海、空軍權，鬧得水火不容。孫的親信傅秉常就曾明言「不應捧此『土軍閥』」。[87]

儘管孫科痛恨汪精衛搶走了他的行政院院長位置，對蔣介石的獨裁也表示不滿，但立法院院長的高位，對孫仍有相當的吸引力。權衡利弊得失後，孫科最終還是回到南京，出掌胡漢民曾長期擔任的立法院院長一職，太子派要人梁寒操任祕書長，吳尚鷹、傅秉常、陳肇英分任立法院經濟、外交、軍事委員會委員長。此後十餘年，立法院成了孫科一派的主要政治舞臺和實力據點。

西山會議派自國民黨二大後，即長期游離於國民黨統治核心圈。國民黨四大後，西山會議派領袖全部恢復黨籍，在團結禦侮的號召下，重新回歸黨內。覃振、居正、謝持、許崇智、熊克武等人分獲高位，或出任五院正副院長，或當選國府委員。這些人雖是國民黨元老，但自身並無實力，儘管給他們安排的都是有名無實的虛職，他們也樂得以此終老。從此，西山會議派在國民黨派系鬥爭中不復存在。共和國成立後，沒有一名西山派重要成員投奔新政權，儘管他們並非心甘情願地屈服於蔣介石的集權統治，但都一直堅持反共，這在國民黨其他派系中所僅見。[88]

---

86　胡漢民：〈論均權制度〉，《三民主義月刊》第 3 卷第 2 期，1934 年，第 2 頁。
87　《傅秉常先生訪問紀錄》，第 123 頁。
88　以北伐時最早建立的國民革命軍八個軍為例，隨蔣介石到臺灣的僅有第一軍軍長何應欽；第二、第三兩軍軍長譚延闓、朱培德均於抗戰前去世，第五軍軍長李福林 1952 年病逝香港，其餘四位全部投奔共產黨和新政權，他們是四軍李濟深、六軍程潛、七軍李宗仁、八軍唐

1932 年初，在蔣汪合作下新成立的軍事委員會，幾乎容納了全部曾經武裝反蔣的地方軍事領袖，馮玉祥、閻錫山、李宗仁、唐生智、陳濟棠等人都當選為軍事委員會委員，僅張發奎例外。寧粵和談期間，張發奎在汪精衛授意下，促使第四軍離開廣西，對蔣汪合作起了關鍵性的作用。汪出任行政院院長後，為了表示同蔣精誠合作，竟避而不見張發奎。第四軍最後奉命調入江西「剿共」，張也被迫接受蔣介石所贈 10 萬元出洋費，赴歐考察。從此汪、張破裂，也結束了張桂軍長達兩年多聯合反蔣的歷史。[89]

蔣介石通過寧粵對峙事件，深知以自己在黨內的地位，尚不具備同時對抗汪、胡的能力。他此後多次在日記中對當年扣胡一事進行自省：「當時討平閻、馮叛亂以後，乘戰勝之餘威，應先積極統一各省軍民財各政，而對中央內部謙讓共濟，對胡特予信任與尊重，以國府主席讓之，則二十年胡案不致發生，內部自固矣。」並以此提醒自己「不可再蹈民國十九年冬之覆轍」。[90] 因此，蔣汪合作政府組成後，他一改過去一人身兼國民政府主席、中政會主席、行政院院長、陸海空軍總司令等多項職務的妄自尊大做法，而專任軍事委員會委員長一職，牢牢握住軍權。「委員長」一詞，在很長時間內成為蔣介石的專用稱謂。國府主席由林森擔任，行政院院長讓給汪精衛，中政會也改由蔣、汪、胡三常委輪流主席，同時，蔣還容納了過去黨內眾多反對派加入新政權。

儘管胡漢民此後仍以「在野」之身，堅持抗日、反蔣，並以「均權」相號召，但始終未能形成新的反蔣浪潮。胡所控制的西南執行部、西南政務委員會，在形式上也不得不始終表示服從中央。這說明各派反蔣勢力，在經濟上比起有江浙財閥支持的蔣介石要軟弱得多，在外交上得不到歐美列強的支持，軍事力量也不及蔣強大，無論哪一派都不可能脫離蔣介石獨立掌權。

此後儘管出現過三次規模較小的武裝反蔣事件，即 1933 年陳銘樞領導的福建事變，馮玉祥領導的察哈爾抗日同盟軍以及 1936 年陳濟棠、李宗仁領導的兩廣事變，但都是地方實力派獨自發動，缺少黨內力量的廣泛支持，沒有產生全局性的影響，很快就在蔣介石的武力壓迫下迅速瓦解。此後，蔣介石藉「剿共」之機，率部進入西南、西北，湖南何鍵、四川劉湘、雲南龍雲、西北

---

生智。

89　程思遠：《政壇回憶》，廣西人民出版社，1983，第 60 頁。

90　《蔣介石日記》，1941 年 6 月 9 日。

馬家軍等地方實力派紛紛表示效忠中央。1942 年，蔣介石又藉蘇德戰爭爆發之際，將長期親蘇的「新疆王」盛世才降服。

　　隨著國民黨內各派勢力的相互妥協，此後黨內再難形成聯合一致的反蔣基礎，逐步確立了蔣介石主導、各派聯合統治的局面。1935 年底國民黨五大前後，由於日本加緊侵略華北，民族危機空前深重，全民族團結抗日的呼聲日益高漲，蔣介石在國內的聲望也逐步提高。當時學界領袖胡適曾評論道：「蔣先生成為全國公認的領袖，是一個事實，因為更沒有別人能和他競爭這領袖的位置。」[91] 儘管此時地方實力派和黨內領袖無人再擁有挑戰蔣的實力，但蔣深知就黨內歷史地位而言，他還沒有達到說一不二的地步。他也吸取了兩次下野的教訓，不再斤斤計較於名分，親赴山西太原和山東泰山，面邀閻錫山和馮玉祥來南京出席五全大會。

　　就在這次五全大會上，有代表提議《請推舉蔣同志為本黨領袖案》、《本黨應恢復總理制案》，[92] 都被蔣介石拒絕。國民政府主席繼續由林森擔任，由大會選舉的國民黨中央常務委員會主席和中央政治會議主席二項職務，蔣介石分別讓給胡漢民和汪精衛，而自甘擔任這兩個機構的副主席，只是牢牢抓住軍權，成為事實上的領袖。

　　1936 年 5 月，胡漢民在廣州去世，蔣介石的地位無形中得到提高。半年後，他在日記中寫道：「從前只以豪傑自居，而不願以聖賢自待，今日乃以聖賢自期，而不願以豪傑自居矣。」[93] 西安事變後，因國中尚無人可以代替蔣來實現全面抗戰，故中共主張和平解決。到抗戰爆發後的第二年，蔣才在國民黨臨時全國代表大會上當選為國民黨總裁，汪精衛為副總裁。不久汪精衛降日，被開除黨籍，蔣氏終於成為黨內的唯一領袖，徹底完成了後孫中山時代的領導權繼承問題。此後，國民黨內的派系衝突，主要表現為在蔣介石獨斷控制下的各派系之間的矛盾。

## 五、派系黨化：蔣介石領袖地位的鞏固

　　1931 年 12 月，蔣介石下野返回家鄉奉化的當天，在日記中總結教訓時

---

91　黃仁宇：《從大歷史的角度讀蔣介石日記》，時報文化出版公司，1994，第 159 頁。

92　〈請推舉蔣同志為本黨領袖案〉、〈本黨應恢復總理制案〉，毛筆原件，中國國民黨黨史館藏檔：5.1/13.15-3、61-9。

93　《蔣介石日記》，1936 年 11 月 10 日。

寫道：

> 今次革命失敗，是由於余不能自主，始誤於老者，對俄、對左皆不能
> 貫徹本人主張，一意遷就，以誤大局，再誤於本黨之歷史。黨內胡漢民、
> 孫科，一意遷就，乃至於不可收拾。而本人無幹部、無組織、無情報……
> 乃至陷於內外挾攻之境，此皆無人之所致也。而對於反動智識階級之
> 不注意，教育仍操於反動者之手，此亦本人無幹部、無組織之過也。[94]

這是一段十分值得注意的自我反省。蔣介石在總結下野教訓時，最關注
的是「無幹部、無組織、無情報」，而對「智識階級」的忽視和「教育仍操於
反動者之手」，更是上述因素造成的結果。此後他不斷反省：「今後如欲成功，
非重起爐灶，根本解決，不足以言革命也。」[95] 而另起爐灶，最基礎的工作就
是建立一支能指揮自如的幹部隊伍和組織機構。

蔣介石所感慨的「無組織」，主要是基於他不能從容控制國民黨從中央
到地方的各級組織。儘管此時黨內有二陳控制的 CC 系聽蔣指揮，但在對抗胡
漢民、汪精衛等黨內派系以及各地方實力派或明或暗的內爭時，其作用並不
能令蔣滿意。為此蔣介石一度想改組現有黨組織，還特意向戴季陶徵求意見。
但戴氏持反對態度，「彼以改組本黨為不可」。[96] 戴氏反對的理由主要是蔣尚
不具備改組國民黨的實力。

除 CC 系外，最令蔣介石信賴的就是他一手培養的黃埔子弟兵。為此，他
祕密在黃埔學生中籌建一新「組織」——三民主義力行社。有論者將此後忠於
蔣介石這一「派」下逐步壯大的「系」，稱之為「派系黨化」，其最大特點是
逐步「發展成為具有自主性和獨立性的準政黨組織」。力行社就是派系黨化的
典型，而 CC 系也同樣具有這一特徵。[97]

力行社的創始成員是清一色的黃埔學生，他們大都是 30 歲上下、多在軍
隊中服務又擁有一定實力的中層幹部。九一八事變後，面對民族危機和國民黨
自身的散漫和分裂，他們深感「目前黨已不能發生其應有的作用，必須在黨內
建立起核心組織來，由核心組織來動員全黨，然後再由黨來團結全民，動員全

---

94　《蔣介石日記》，1931 年 12 月 22 日。

95　《蔣介石日記》，1932 年 1 月 8 日。

96　《蔣介石日記》，1932 年 2 月 27 日。

97　王奇生：《黨員、黨權與黨爭——1924—1949 年中國國民黨的組織形態（修訂增補本）》，
　　華文出版社，2011，第 261 頁。

民，方能對日作戰」。最初的倡議者是留日歸國的黃埔四期學生滕傑，很快得到賀衷寒、曾擴情、康澤、胡宗南等一批黃埔學生的贊同，並得到蔣介石的支持。

蔣介石日記中最早記載力行社的情況，始於 1932 年 2 月 15 日：「晚與賀衷寒等談組織少年黨事」。一週後蔣再次召見「賀（衷寒）、康（澤）等生談組織事，必欲組織一祕密奮鬥，人盡其才，挖置全國之機關，方得完成革命」。蔣介石還為力行社親自擬定「誓詞」：「抗日鋤奸，為黨犧牲，實行主義，革命革心，矢勇矢勤，嚴守祕密，服從命令，如違誓詞願受極刑。」[98] 2 月 28 日，力行社在南京成立，最初成員 28 人均為黃埔軍校第一至第六期畢業生，第一期最多共 10 人。他們中大半有留學背景，其中留日歸國者多達 14 人，5 人留學蘇聯，1 人留學德國。[99] 在成立大會上，全體共推蔣介石為社長，並尊稱蔣為「領袖」，而不再稱「校長」。[100] 此後，「領袖」這一新稱謂在國民黨內蔣介石控制的各派系中開始流傳。

力行社的組織系統共分三級，最高機構稱三民主義力行社，是核心的祕密組織；其次是革命同志會（最初分革命軍人同志會和革命青年同志會，一個負責軍方，一個負責地方），它是承上啟下的決策執行機構；最外層是中華復興社，公開領導各級黨外群眾組織。這三級機構對外通稱復興社。復興社到解散時，共有成員數十萬人，而核心機構的力行社社員最多不過三百餘人。

蔣介石對力行社曾寄予很大期望。在成立最初的三個多月間，他幾乎隔天對力行社幹部訓話一次，且「凡與力行社會議，每次皆在三時以上，學生幼稚令人心焦」。[101] 力行社核心成員中，有一非黃埔出身的劉健群，深得蔣介石的信賴。劉健群北伐時擔任過何應欽的祕書。九一八事變後，他寫了一本《中國國民黨藍衣社》的小冊子，大意是說國民黨完成北伐後，組織逐漸鬆懈，黨部衙門化，幹部官僚化，以致內亂外侮紛至杳來，因此主張國民黨必須改造，「集結其精銳黨員，穿著國產藍布服裝，以示自力更生，力行三民主義」。[102] 劉健群的主張正好同力行社的理想一致，遂經桂永清、滕傑介紹，加入力行

98　《蔣介石日記》，1932 年 2 月 15、21 日。
99　干國勳等：《藍衣社復興社力行社》，傳記文學出版社，1984，第 178—179 頁。
100　《滕傑先生訪問記錄》，近代中國出版社，1993，第 16—18 頁。
101　《蔣介石日記》，1932 年 6 月 5 日。
102　干國勳等：《藍衣社復興社力行社》，第 2 頁。

社。蔣在日記中多次提到劉健群，對其評價甚高：「閱劉健群條陳，穩健思急，見為快樂」；「批閱劉健群條陳，甚有所見，為一難得之青年也。」[103]

劉健群加入力行社後，很快成為核心人物，並繼滕傑、賀衷寒之後出任力行社書記長。因力行社是祕密組織，不為外人所知，而劉健群所寫的《中國國民黨藍衣社》一書，不久就流傳到社會上，使「藍衣社」之名不脛而走，被外界指為力行社效法義大利法西斯「黑衫黨」，以此指責蔣介石建立祕密組織，搞獨裁。而力行社成立不久，蔣介石也的確陸續派遣多批成員赴義大利、德國，考察兩國政黨的組織形態。

蔣介石是否渴望在中國建立法西斯，或力行社是否具有法西斯性質，學界對此可說是見仁見智。蔣在日記中曾寫道：「『法錫斯蒂』黨之條件：一、國民性衰落；二、社會基礎不固；三、憲政未上軌道；四、有特出領袖。今日本之國情皆不合此條件，故料日本軍人組織此黨徒亂其國，其失敗必矣。」[104]儘管他討論的對象是日本，但以此來衡量，何嘗不是蔣對當時中國社會的評判。這段時間，蔣介石不斷自我反思「準備時期組織之重要，而且組織以人為主，故求人心切。自恨昔日識淺見少，坐井觀天之錯誤也」。[105]但蔣介石還是有著強烈的國民黨「黨統」觀念，國民黨的旗幟，他是始終高舉的。這年7月9日，天津《大公報》曾「電詢組織『法昔司蒂』之有否」，蔣提筆覆之曰：「中國革命只有中國國民黨的組織方法完成革命使命，中正生為國民黨員，死為革命黨魂，不知有其他組織也。」[106] 1934年，《紐約時報》曾發表一篇題為〈中國人在柏林研究法西斯主義〉的報導，說有一批力行社成員「向德國招待主人很清楚的說出中國對法西斯主義或國家社會主義的理論並無興趣，有興趣的只在實際的組織問題上」。文章進一步論述道：「南京顯然對希特勒與莫索里尼之能創出一個完全統一的國家，和粉碎支派與反對黨有很大的印象。」[107]這一判斷或許更符合蔣介石建立力行社的真實心態。

蔣介石有一個習慣：為了更好地控制屬下組織，常常偏愛成立兩個性質

---

103　《蔣介石日記》，1932 年 3 月 22 日、6 月 3 日。

104　《蔣介石日記》，1932 年 5 月 17 日。

105　《蔣介石日記》，1932 年 6 月 16 日。

106　《蔣介石日記》，1932 年 7 月 9 日。

107　轉引自鄧元忠《國民黨核心組織真相——力行社、復興社暨所謂藍衣社的演變與成長》，聯經出版公司，2000，第 9—10 頁。

相類似的機構，通過彼此競爭，分別向他爭寵，以達到使其效忠自己的目的。比如在黃埔系中有何應欽、陳誠兩派的對立；在情報組織中有中統和軍統之爭；在財政金融方面有孔、宋兩家互鬥。抗戰時期，他還縱容 CC 系的朱家驊同二陳鬧獨立。

同樣，在建立力行社時，他又授命陳立夫在黨方 CC 系統外，另外成立一個效忠於他的「青白團」，其成員仍以青年為主。1932 年 4 月，蔣介石召見陳立夫，「以青年人才不能接近為念」，督促陳加緊組織。[108] 據陳立夫回憶：「蔣委員長看到這批青年，怕被人家拉走，就叫我們去組織。叫黃埔系去組織『復興社』是祕密的，是蔣委員長核准的，他們又被稱為『藍衣社』；我們這邊也是蔣委員長要我們搞的，叫做『青白團』，雙方都不以黨的名義去拉青年，把他們吸收進來以免被中共拉走。『復興社』是軍方的，『青白團』是黨方的。」[109] 可見，蔣介石是有意讓雙方相互競爭。復興社骨幹陳敦正回憶說：「所謂『黨方』，是指 CC 而言，『黨方』是『復興社』對 CC 的稱謂，這一稱謂，據我所知，是經過蔣公的核定。」[110]

無論是「軍方」的力行社，還是「黨方」的青白團，都並非只在各自的地盤活動，而是相互挖牆腳。力行社下的革命青年同志會首先將觸角伸向 CC 系的大本營中央政治學校發展勢力；而陳立夫在組織青白團時，也多方搜集力行社的情況，並一度成功收買力行社成員葛武啟，「洩露組織祕密給陳立夫」。此事「被賀衷寒發覺，幹事會決議處以死刑」，但被蔣介石阻止。[111] 蔣明知陳立夫此舉不妥，但仍袒護陳。5 月 31 日，蔣介石在日記中寫道：「力行社為葛武啟案起糾紛，小學生之難御也。」兩天後，他親自「與青白團員談話，商定組織辦法」。[112] 但陳立夫的組織工作發展緩慢。半年後，蔣再次與陳「談黨事」，明確告誡陳「如明年不能形成新黨基礎，則再過三年，余年五十，救國之日愈短，希望更少」，命陳努力進行。[113]

即使是在力行社內部，由成立之初的 28 人發展到鼎盛時期的 300 餘人，

108　《蔣介石日記》，1932 年 4 月 7 日。
109　《成敗之鑑——陳立夫回憶錄》，正中書局，1994，第 224 頁。
110　陳敦正：《復興社·藍衣社·青白社》，載干國勳等《藍衣社復興社力行社》，第 50 頁。
111　鄧元忠：《國民黨核心組織真相》，第 177 頁。
112　《蔣介石日記》，1932 年 5 月 31 日、6 月 2 日。
113　《蔣介石日記》，1932 年 11 月 30 日。

也同樣是拉幫結派，糾紛不斷。鄧文儀之子鄧元忠採訪了數十位力行社成員而寫的《國民黨核心組織真相》一書，對此一針見血地評論道：

> 它（力行社）的缺點以及所遭遇到的種種問題，早在民國二十一年都已顯示出來。其最嚴重者要算是當時領導幹部中，由於各人的性格觀點不同而造成的很多不協調的形態，以至產生後來各自為政的趨勢。例如賀衷寒常被人誤認為有做領袖的野心，又因他在幹事會內與數位湖南人過從密切，故引起他有組織湖南人的小組織之嫌。
>
> 因胡宗南與戴笠交誼較深，故有人說他們是浙江派。胡宗南的勢力多半是在軍隊內，二十一年時，革軍會的發展較革青會為快，因此相傳幹事會中有人以革軍會發展有助於胡宗南之勢力為由，提議立刻停止該會的活動以制止浙江派者。尤其是康澤在二十一年中曾數度提出要組織西南青年同志會，但被賀衷寒與滕傑否決，因此又有人認為康澤有意成立西南小組織。當政訓班成立之後，班主任劉健群曾向滕傑討論如何阻止康澤介入該班人事的辦法。[114]

抗戰爆發後，力行社和它的周邊組織復興社以及 CC 系統的青白團同時宣布取消，合併成立了三民主義青年團，但其領導核心仍由黃埔系控制。蔣介石為加強對三青團的領導，在原來黃埔學生基礎上又加入了黃埔教官陳誠、張治中等人主持團務，而獨立於 CC 系之外，由此引發了以後更大的黨團矛盾。[115]但有一點是肯定的，無論下屬間的矛盾如何加劇，其最大的共同點是都效忠蔣介石。

蔣介石對情報工作的重視，始自他第一次下野後的復出。1928 年 2 月，蔣在國民黨中央組織部下設調查科，由陳立夫負責。它是中統局的前身，「主要的工作目標，側重於中共地下組織活動的偵察與防制，及其黨徒的策反與制裁」。[116]

力行社成立後，下設特務處，由戴笠負責。此時，蔣介石對情報工作的要求，已不是僅僅針對中共，而是擴大到全社會，特別是針對黨內反對勢力。

---

114　鄧元忠：《國民黨核心組織真相》，第 242 頁。
115　《成敗之鑑——陳立夫回憶錄》，第 224—226 頁。
116　王禹廷：〈中國調統機構之創始及其經過〉，載徐恩曾等《細說中統與軍統》，傳記文學出版社，1992，第 14 頁。

他在日記中曾就情報工作的要求寫道：「組織政黨，澈底政策，必先組織偵探隊，防止內部叛亂，制裁一切反動，監督黨員腐化，宣傳領袖主張，強制社會執行，此偵探隊之任務。」[117]此後一段時間，蔣把很大的精力放在情報組織上，閱讀了一批情報學知識書刊，並在日記中留下這樣的記載：「定情報課程，發力社款，定情報組織法，情報精巧與重要實為治國惟一之要件，但選人甚難，夢寐求之，未易得也……看各國情報活動之內幕，閱之手難釋卷，甚恨看之不早也。」[118]他還多次感慨：「期得一人為情報領袖。」「情報人員與組織皆無進步，焦急之至。」[119]為此，不得不多次與陳立夫「談情報組織」、「談情報事」。[120]

1932 年 9 月，蔣介石無奈中將上述兩機構合併為一新組織——軍事委員會調查統計局，由陳立夫任局長，下設三個處，「第一、第二兩處分掌黨、軍方面的工作，由徐恩曾、戴笠分任處長，第三處掌管總務，由丁默邨任處長」。[121]正是這三人以後分掌了中統、軍統和汪偽特工總部。

在解決「無組織」、「無情報」時，蔣介石大多從「黨權建設」方面考慮。同時，他還面臨一個全新的課題：「政權建設」。蔣介石是軍人出身，從 1924 年出任黃埔軍校校長至 1932 年任軍事委員會委員長的八年間，他的主要精力大都用於軍事指揮。在打天下時，他更多地關注「軍隊建設」，憑藉「軍權」完成統一，並依靠 CC 系為他牢固「黨權」。在此期間，他沒有太多的精力和時間來關注政權建設。

1932 年蔣介石復出後，逐步穩定控制了南京中央。此後，政權建設成為他政治生涯中一個必須面對的新考驗。而政權建設最核心的一點，就是需要一批有治國理政才能的幹部。在此時期，蔣介石曾在日記中感歎「無幹部」的苦惱：「舊黨員多皆腐敗無能，新黨員多惡劣浮囂，而非黨員則接近不易，考察更難。古之山林之賢，今不可復見。其在留學生中，大學教授中，職業團體中，舊日官僚而未在本黨任仕有風格者中，外交界中，在此中求之乎。」[122]此後，

---

117　《蔣介石日記》，1932 年 2 月 17 日。
118　《蔣介石日記》，1932 年 4 月 21 日。
119　《蔣介石日記》，1932 年 4 月 19、26 日。
120　《蔣介石日記》，1932 年 4 月 20、24 日。
121　王禹廷：〈中國調統機構之創始及其經過〉，載徐恩曾等《細說中統與軍統》，第 15 頁。
122　《蔣介石日記》，1932 年 9 月 1 日。

蔣介石將眼光逐步投向黨外，陸續延聘了一批新幹部，而這批人則被時人稱為政學系。

在政學系的形成過程中，蔣介石的盟兄黃郛起到了核心作用，分別為蔣介石推薦了一批北洋舊官僚（如楊永泰）和政權建設急需的財政（如吳鼎昌、張公權等）、外交（如顏惠慶、顧維鈞等）、教育（如翁文灝、蔣廷黻等）等人才，而為蔣所重用。[123] 錢昌照同黃郛、北大教授陶孟和三人是連襟，分別娶沈氏三姊妹為妻，因而得到蔣的信任。1930 年代初期，為了有效處置教育界頻發的學潮，蔣介石一度以國府主席兼行政院長、教育部長，任命陳布雷、錢昌照為副部長，而實際工作主要由錢負責。錢既受蔣信任，又同教育界有著廣泛的人脈關係。據他回憶：「我替蔣介石延攬了許多大知識分子（當時沒有統一戰線這詞），介紹和他見面，為他講學。他自己每每用紅鉛筆記些談話或講話的要點，學得些新知識。他是軍人，慣於縱橫捭闔，拉攏吞併各方軍閥，有時甚至用大筆金錢收買。但知識分子不容易用金錢收買，而且他與知識界也少有淵源，所以他樂於我為他撮合。」[124] 在錢昌照的安排下，蔣介石自 1932 年開始有計劃、有系統地召見了一大批學界精英，虛心向他們請教，藉此一面「交換智識」，一面「選拔人才」，「而且得以聯絡感情」。[125] 透過這批著名學者的講課，不僅提高了蔣介石的治國能力，更重要的一大收穫是很好地改善了他與知識界的關係，並吸引了一大批知名學者如清華大學代校長翁文灝、武漢大學校長王世杰、南開大學教授何廉、清華大學教授蔣廷黻等進入國民政府。[126]

蔣介石之所以將眼光投向黨外，最重要的原因就是黨內人才匱乏。1935 年國民黨五全大會選舉前夕，蔣曾在日記中痛苦地寫道：「此次選舉，幼稚者爭名，老病者腐敗，卒使名實相反，似此選舉，使本黨不僅亡國，必招滅種之罪，思之苦痛悲慘！」蔣所稱的「幼稚者」，大都是指他的年輕部下 CC 系和黃埔系，雖然忠誠度無須懷疑，但能力不足以負責政權建設；所謂的「老病者」則大都是與國民黨有深厚淵源並多次參加過反蔣運動的黨內大佬們。他們在

---

123  參見金以林〈蔣介石與政學系〉，《近代史研究》2014 年第 6 期。
124  《錢昌照回憶錄》，中國文史出版社，1998，第 35 頁。
125  《蔣介石日記》，1932 年 3 月 20 日。
126  參見金以林〈蔣介石的 1932 年〉，載汪朝光主編《蔣介石的人際網路》，社會科學文獻出版社，2011。

「黨權」方面都是蔣的競爭對手；而黨內支持蔣的元老，又都不為蔣所信賴。早在南京國府成立之初，蔣介石就在日記中對支持他的戴季陶、張靜江、譚延闓評價道：「季怯，而靜硬，組默，皆有病也」；特別是「與靜江兄談天，格格不入，為之心碎」。[127] 無奈，蔣介石只好將眼光擴大到黨外，並成功延攬了一批學有所長的專家參加政府工作。此舉不僅擴大了國民政府的統治基礎，同時在很大程度上還改善了國民黨的政治生態，為蔣介石在一定程度上解決了「無幹部」的困境。

從政學系的發展脈絡看，可以分為兩個階段。

第一階段是形成期，大致從 1932 年初蔣汪合流到 1935 年底國民黨五全大會期間，在此階段，政學系對外影響最大的是楊永泰，核心成員有熊式輝、張群等人。

早在北洋時代，楊永泰曾同李根源組織政學會，並與黃郛相熟。1929 年黃郛將楊永泰介紹給蔣介石。由於楊與國民黨沒有歷史淵源，而其早年在政學會時又反對過孫中山，因此受到南京政府胡漢民等元老的壓制。1932 年楊永泰隨蔣介石赴漢口主持鄂豫皖三省「剿共」。針對「剿共」問題，他提出一套「三分軍事、七分政治」理論，得到蔣的認可，遂被蔣任命為三省「剿共」司令部祕書長，不久又被任命為軍事委員會南昌行營祕書長，全權總攬「剿共區域」的政治事務，包括人事任免。一度南京中央所能控制的省區「政府的用人行政都直接聽命於南昌行營……儼然成為實際上的行政院」。[128] 此外，委員長侍從室這一機構的設置和運行方式，也是楊永泰向蔣介石提出並付諸實施的。正是因為他有著極強的辦事能力，1935 年蔣又任命他為湖北省政府主席。

楊永泰同國民黨既沒有歷史淵源，又沒有戰功，投蔣之後短短數年，便得到信任且升任封疆大吏，這自然引起跟隨蔣介石一起打天下的 CC 系和黃埔系的不滿。陳立夫曾公開表示：「其實在他來之前，蔣先生用的都是年齡較輕的人，他來了之後就開始用老年人，也開始用非國民黨籍的人。」[129]

雖說政學系的「靈魂」是從未參加過國民黨的黃郛，但因他同陳其美、

---

127　《蔣介石日記》，1927 年 1 月 29 日、3 月 5 日。
128　王又庸：〈關於「新政學系」及其主要人物〉，《中華文史資料文庫》第 8 卷，中國文史出版社，1996，第 87 頁。
129　《成敗之鑑——陳立夫回憶錄》，第 166 頁。

蔣介石、張群是拜盟兄弟，所以黨內反對勢力，特別是 CC 系的二陳不敢把黃郛視為打擊目標，因而聚焦到楊永泰身上，甚至在黨內一度傳播「軍事北伐、政治南伐」之說，藉此表達對這批人的不滿。此後，凡是同楊永泰接近，包括與楊並不熟悉且與國民黨缺乏歷史淵源而獲得較高政治權勢的人，都被黨內各派勢力（無論是反蔣派還是擁蔣派）視為競爭對手和共同的敵人。反對他們的最佳理由，就是楊永泰在歷史上反對過總理孫中山，而冠以「政學系」的名義加以打擊。

由此可見，政學系完全因楊永泰個人而得名，大致是從 1933 年他出任軍事委員會南昌行營祕書長時開始傳播。而這一時期楊永泰所任命的官吏，職務最高者不過省民政廳長一類，他們此後雖然仍同政學系成員保持一定的關係，但很少再有升遷的機會，對中央政府的政策制定和具體運作沒有太大的影響。

政學系的第二階段，自 1935 年底國民政府的改組到 1949 年國民黨敗退臺灣，其主要成員則是由黃郛、錢昌照負責安排的這批學者和金融家。他們順利加入政府的一個契機是，行政院院長汪精衛在 1935 年召開的國民黨四屆六中全會開幕式上意外被刺，不久出國養病，胡漢民又遠在歐洲遊歷，南京中央再次出現蔣介石一人控制的局面。不久，在國民黨五全大會上，蔣介石繼任行政院院長，全面改組政府，正式吸收了這批精英加入政府。這完全是由蔣獨斷決定的，「汪、胡各派除汪先生略有保留外，果夫、立夫竟未能絲毫與聞」。[130]

1935 年底組成的新一屆內閣成員如下：

| | |
|---|---|
| 院長 | 蔣介石（原汪精衛） |
| 副院長 | 孔祥熙（連任） |
| 祕書長 | 翁文灝（原褚民誼） |
| 政務處處長 | 彭學沛連任（僅三個月，分別由蔣廷黻、何廉繼任） |
| 內政部部長 | 蔣作賓（原甘乃光） |
| 外交部部長 | 張群（原汪精衛兼） |
| 軍政部部長 | 何應欽（連任） |
| 海軍部部長 | 陳紹寬（連任） |

---

130　《王子壯日記》第 2 冊，1935 年 12 月 2、12 日，中研院近代史所，2001，第 524、535 頁。

財政部部長　　　孔祥熙（連任）

交通部部長　　　顧孟餘（原朱家驊）

鐵道部部長　　　張公權（原顧孟餘）

實業部部長　　　吳鼎昌（原陳公博）

教育部部長　　　王世杰

　　新內閣成員中，增加者幾乎清一色被視為政學系的要角，如翁文灝、蔣廷黻、張群、張嘉璈、吳鼎昌、王世杰。留任的閣員，也只是在汪內閣中由蔣掌控的軍權和財權部門。這更引起黨內各派勢力，特別是忠誠於蔣的 CC、黃埔系的反彈。時任國民黨中監會祕書長王子壯曾在日記中寫道：「自一中全會後，號稱容納各派的行政院各部，相繼成立，主持其事者顯然為政學系之一般人。猶憶一中全會時，張溥泉先生慨華北之緊張，欲謁蔣有所陳述而竟不得見，於是於會中痛切陳詞，除責各派之紛歧外，並直陳人欲知中國政局之真相，非至中國銀行樓上探聽不可，是真奇談等語。所謂中國銀行樓上者，即楊永泰、張群、吳鐵城等之所在，政治上為蔣先生運籌帷幄之所也。」[131]

　　「欲知中國政局之真相」，不是在號稱黨權高於一切的中央黨部，而要「非至中國銀行樓上探聽不可」。此話出於局內人之口，可見黨內對政學系的不滿程度。但蔣介石對諸多反對之聲並不以為然，反而認為「行政院各部人選，皆以才德為主，尤以引用黨外人才之政策告成；雖內部多不謂然，但竟能貫徹主張，是亦最近之成功也」。[132]

　　此後十餘年間，被視為政學系骨幹的主要成員變化不大。1936 年楊永泰遇刺身亡，黃郛因病去世。接替黃郛代蔣介石聯絡這批人物的正是他倆的盟弟張群，張成了政學系無人替代的核心。此外，還有一些準政學系成員，如河南省政府主席劉鎮華因與楊永泰關係密切而被視為政學系；陳儀（曾出任浙江、福建省政府主席及臺灣行政長官）、吳鐵城（中原大戰時隨張群赴東北說服張學良，後接張群任上海市市長）、黃紹竑（雖是桂系出身，中原大戰後與李宗仁、白崇禧和平分手，投靠蔣介石，先後擔任廣西善後督辦、內政部長、浙江省政府主席）等人，他們大都官至省主席，資歷老，有一定的行政能力，

131　《王子壯日記》第 3 冊，1936 年 1 月 14 日，第 15—16 頁。
132　潘光哲、黃自進編《蔣中正總統檔案‧困勉記》，「國史館」，2011，第 482、484 頁。

又與傳統粵籍黨國領袖關係不大，因此常被視為準政學系成員。

那麼，政學系又是如何控制中央政府的呢？

據新任行政院政務處處長蔣廷黻回憶：「那年，正式院會改在週二上午舉行，非正式會議（欲稱小型院會），於週五下午在委員長官邸舉行。小型院會中只有孔祥熙、張群、吳鼎昌、張嘉璈、王世杰、何應欽、翁文灝和我出席。祕書及書記人員均不得列席。」在會議中「所有的話都是講給院長聽的，因為最後的決定不是表決的，而是由院長個人決行的。依照法律和傳統，中國行政院的部會首長頗似美國的國務卿，而不像英國的閣員」。[133] 從上述人員中不難看出，行政院的核心會議——小型會議除何應欽、孔祥熙外，幾乎成了政學系的聚會。儘管這批部會首長沒有表決權，但「所有的話都是講給院長聽的」，他們是最有可能影響蔣介石的人。

蔣介石吸收的這些專業精英大都不是國民黨員，卻占據了中央政府許多重要位置，這不能不引起黨內各派的不滿。儘管各派之間的政治立場不同，但在反對蔣介石向黨外開放政權這一點上，彼此利益是一致的，因此常將內心的不滿發洩到政學系身上。抗戰勝利後，張群在美國同黃埔系健將康澤談到黨內派系問題時曾說道：「人家都說我們是政學系，其實我們並沒有什麼組織，我們只有一批朋友，這批朋友多少有些能力和經驗。」[134] 對張群的這種解釋，CC系領袖陳立夫也承認：「事實上政學系是沒有正式組織，但他們的組成分子都保持很密切的聯繫，他們不做低層工作。他們將力量集中在高層，盡力研究蔣先生。」[135]「據國民黨的傳統說法，政學系的成員沒有『簡任』以下的小官。所以它是個『有將無兵』的團體。他們只與高級的政敵，決勝於千里之外；而不在大學的學生宿舍，或小職員的公共食堂內，對人家橫眉豎眼地表示特殊惹人討厭。所以政學系給予一般人的印象便是這一團體是一大批做大官、享厚祿的『治世能臣』的組織。」[136]

在政學系眾多成員中，並非都不想建立一牢固組織。早在抗戰前，時任江西省政府主席的熊式輝就想結合內閣中政學系成員組成一核心機構。據翁文

---

133 《蔣廷黻回憶錄》，岳麓書社，2003，第 191、198 頁。
134 《康澤自述》，團結出版社，2012，第 137 頁。
135 《成敗之鑑——陳立夫回憶錄》，第 172 頁。
136 唐德剛：〈政學系探源〉，《觀察》2008 年第 1 期，第 63 頁。

灝日記載，1936 年 5 月，「熊天翼來談組織其『智囊團』事」。[137] 儘管熊式輝在國民黨五全大會上增補為中執委，但在黨國體制下，他深感重大方針「一切皆由中央黨部組織領導，余個人無何單獨建議，故少發言，鳴亦形成孤掌。平日服務於地方，對中央事固不甚清楚，而一般會議若無組織的運用，個人除盡其一分子之湊數外，不易發揮任何作用」。但政學系的其他成員對此多不以為然。時任貴州省政府主席的吳鼎昌就曾善意地提醒熊：「對中央議論太直率。此與中央及地方俱無益處，多言宜戒。」吳並告誡熊：「地方不宜造成小領袖，貴州尤應為此。」[138]

政學系的其他成員大都同吳鼎昌態度一致，翁文灝就曾表示：「余全為國家工作，以蔣為唯一領袖，絕未加入任何系派。」[139] 而政學系的核心人物張群更是「熟知蔣對自己屬下最忌有二：（1）援有私人，自成系統，或造成小集團，利用政治機會，與蔣對抗；或朋分利潤，令蔣受到損失。（2）貪汙。」[140] 張群的態度更令熊式輝組織「智囊團」的想法落空。

相較於派系黨化的 CC 系和黃埔系，政學系沒有明確的層級架構和組織依託；其成員大都有一個共同特點，就是此前同國民黨缺少淵源，只是因各種不同的政治背景或人脈關係，參加政府後彼此來往較多。同時，他們又大多擁有良好的西方教育背景，具備較強的行政組織能力，彼此因政見相似而同聲相求，因地位相近而相互照應，且又絕對忠於蔣介石，而為蔣所信任，成為國民黨政權中不可或缺的一股勢力。

回顧國民黨的派系與內爭，大致可以抗戰爆發前後分為兩個階段、三種類型。

第一階段，抗戰爆發前。主要表現為兩種類型：一是國民黨內各派政治勢力常以孫中山繼承者自居，爭奪「黨權」。此時，真正影響黨內各派系的主要矛盾，並非黨內領袖間不同的政治態度，更多地表現為藉「黨統」之名，爭「黨權」之實。雖然，黨內鬥爭常被冠以種種「反對個人獨裁」、「護黨救國」的名目，但其實質都逃脫不了「權力」二字。最終，蔣介石依靠「軍權」，打

137　《翁文灝日記》，1936 年 5 月 18 日，中華書局，2010，第 45 頁。
138　《海桑集——熊式輝回憶錄》，明鏡出版社，2008，第 241、246 頁。
139　《翁文灝日記》，1942 年 4 月 10 日，第 761 頁。
140　馮若飛：〈張群其人〉，《中華文史資料文庫》第 10 卷，中國文史出版社，1996，第 1371 頁。

敗或重新平衡了黨內各反對勢力，並確立起自己在黨內「最高領袖」的地位。

　　第二種類型，則是蔣介石與地方實力派之間的糾葛。由於地方實力派多在北伐後才參加國民黨，在「以黨治國」的訓政體制下，無緣以「黨統」自居。因此，每當地方實力派同蔣介石的中央政權周旋時，看得最重的是如何保存並發展自己的實力。一旦力量對比發生微妙變化，或蔣介石對他們的生存構成威脅，他們中的一部分勢力就會冒險一搏，以求獲取更大的實力或生存空間。由於地方實力派在一波又一波的反蔣抗爭中並不能團結一致，而是各有打算，彼此猜疑，為蔣介石分化收買、各個擊破提供了機會。

　　第二階段，是抗戰開始之後。國民黨內已無人能夠挑戰蔣介石所代表的「黨統」。此後的黨內鬥爭，則表現為第三種類型，即在蔣介石之下，各派系之間糾紛不斷。1946 年 7 月國共和談期間，周恩來與一位美國教授談話時，曾對國民黨權力結構歸納道：「國民黨的最後決定權是操在蔣介石的手中，但蔣也不是孤立的，而是受他下面各集團影響的。每一個集團都在他之下，都非操有全部的權力。這權力是分割的，如黨務操在 CC 系的手中，財務操在宋、孔的手中，軍事操在黃埔系的手中，行政方面則政學系的勢力較大。這樣各集團都是只有一部分權力，而在他們的全體之上則是蔣，造成蔣的政權。同時每一個集團都對蔣有影響。」[141] 他們彼此之間或為爭權或為爭寵，糾紛不斷，此類內爭一直持續到國民黨敗退臺灣。

　　以上三種類型，大致就是國民黨派系與內爭的主要表現。

---

141　《周恩來一九四六年談判文選》，中央文獻出版社，1996，第 535 頁。

# 第六章　國民革命軍的制度與戰力

　　自民國成立後，國民黨的行動主要是聯軍閥以制軍閥，以及透過國會的立法與選舉，以便取得權力，實踐其理想。但是兩者均無成效，即便是孫中山一手培植的陳炯明也因理念不合而叛變。孫為使革命能有所發展，乃欲建立自己的武力。

　　對孫中山而言，多年來他一直以歐美先進國家的民主政治作為中國發展的模式，但是列強卻認為中國為落後國家，需要一個穩定的政局，而孫中山所領導的革命運動則將造成中國的動亂，尤其是孫所提倡的民族主義主張廢除不平等條約，直接影響到列強的利益。因此，對孫的革命活動，不僅不予支持，反而多方的杯葛。1922 年陳炯明的叛變（六一六事變），則使孫再度思考與俄國合作的可能性。一方面，他認為俄國的計劃經濟和他的實業計畫相似；另一方面，他對蘇俄的政黨與建軍成功的祕訣，甚感興趣，尤其是紅軍以粗劣的裝備，能打敗優勢對手，使他甚為羨慕。在現實的利害上，在孫的革命歷程中，從來沒有一個國家曾經給予巨額的金援，更沒有一家願意幫助他建立一支革命武裝並提供大宗的槍炮船艦。而自 1919 年開始列強對華實施軍火禁運，蘇俄對孫的軍火援助，更如雪中送炭。因此，1923 年 1 月蘇俄駐華全權代表越飛至上海與孫談判合作問題，孫即要求派遣軍事人員協助，並由廖仲愷進一步與越飛討論創辦軍事學校問題。同年 8 月，孫中山派蔣介石等赴莫斯科，研究蘇俄軍事制度、紅軍的政治訓練，以及布爾什維克黨的政治委員制度，以為建立革命軍隊的準備。10 月，為配合國共合作政策，中國國民黨進行改組。翌年，黃埔軍校成立，為民國政局日後的發展，投注了決定性的影響。

---

\* 本章由張瑞德撰寫。

## 一、黃埔建軍

中國國民黨陸軍軍官學校創立於 1924 年，因校址在廣州黃埔，故又稱為黃埔軍校。這所學校係孫中山在蘇聯的協助下建立而成，校長蔣介石，其組織體制係參考蘇聯紅軍，對國民革命軍的各軍事學校，甚至整個軍事體系，均有深遠的影響。

黃埔軍校初期的軍事課程由蘇聯顧問負責指導，採用蘇聯和當時最新的軍事理論、軍事技術，並且根據革命的迫切需要，在學習時間無法過長的情況下，制定教學內容，以戰場最需要的知識和技能為主。政治教育是黃埔軍校不同於過去任何軍校之處。具體的內容包括有三民主義、黨史、經濟學概論、政治學概論等，1926 年改組為國民革命軍中央軍事政治學校後，則又增加總理學說、宣傳技術、各國革命史、工人運動、農民運動、青年運動等課程。[1]

黃埔畢業生於東征、北伐諸役表現優異。1928 年 3 月，軍校遷至南京，改名中央陸軍軍官學校，軍事教育逐漸標準化，中央軍校成為初級軍官的主要製造場所，學生畢業後均分發至各部隊。在德國顧問的協助下，這所軍校培育出來的學生，一般被認為素質頗高，但是數量過少，1928—1937 年，僅畢業10731 人。抗戰爆發後，初期基層軍官消耗極大，如 1937 年淞滬戰役時，蔣介石將嫡系精銳部隊投入戰場，與日軍激戰 3 個多月，傷亡慘重，在此一役中即喪失初級軍官達 10000 人，造成了基層幹部的斷層。由於對幹部補充的需求激增，而戰時軍人待遇不佳，軍校招生困難，遂不得不降低報考標準。戰前規定高中畢業始得報考，自 1937 年起即降為初中，以初中肄業程度入學者也不乏其人。中央軍校在戰前由於軍人待遇良好，報名人多，錄取頗為不易，如 1935 年第 12 期招考新生，錄取率僅為 7％。抗戰爆發後，由於招收人數大增，錄取率自然也隨之升高。據一項資料顯示，1940 年第六分校招生，錄取率即高達 87％。為了適應戰時的需要，教育期限也被縮短。戰時中央軍校及各分校，學生在校修業時間，包括入伍訓練在內，最長者為 19 個月，最短的則尚不到 9 個月。此外，戰時由於經費、設備不足，又缺乏嚴格的淘汰制度，

---

1　有關黃埔軍校史實，詳見《黃埔建校六十週年論文集》，「國防部史政編譯局」編印，1984；王肇宏《北伐前的黃埔軍校》，東大圖書公司，1987；黃振涼《黃埔軍校之成立其初期發展》，正中書局，1993；李玉貞《孫中山與共產國際》，中研院近代史研究所，1996，第 10 章；廣州市社會科學院歷史研究所主編《黃埔軍校史叢書》，2006 年起陸續出版。

學生的素質自然下降。

黃埔軍校師生，在現代中國史上占有重要地位。至 1940 年代後期，曾在黃埔任職者，許多已出任總司令、省主席、部長等軍政要職；中央軍中團長以上職務，則幾乎全為黃埔畢業生所占，許多甚至擔任軍、師長以上的重要軍職。這些黃埔師生自成一團體，通常被稱為「黃埔系」。[2]

## 二、軍隊政治工作

黃埔軍校自創辦之初，即仿效蘇聯紅軍的經驗，設立黨代表和政治部。1924 年 9 月，蔣介石派總教官何應欽籌組教導團，該團以軍校教官和學生為骨幹，由從各地招收的青年所組成，組織及訓練均採用蘇俄新制，是為中國第一支設有黨代表的軍隊。11 月，孫中山令將該團改稱「黨軍」，親任總理，並任黃埔軍校校長蔣介石為軍事祕書。1925 年 4 月蔣改任黨軍司令官。1925年 8 月，國民政府軍事委員會議決編組國民革命軍，黨軍改編為國民革命軍第一軍，蔣介石任軍長；建國湘軍改為第二軍，譚延闓任軍長；建國滇軍改為第三軍，朱培德任軍長；建國粵軍改為第四軍，李濟深任軍長；福軍改為第五軍，李福林任軍長。[3]從此黨軍名稱不復存在，國民政府統轄下的所有軍隊，統稱為國民革命軍。

國民革命軍中的黨代表，其職責為監察行政、參加部隊管理、指導黨務和主持政治訓練，並保障軍事訓練及一切戰鬥任務的完成。軍事指揮官的命令，必須有黨代表的副署，方能有效。從黨中央起至總司令部，各軍、師、團、連各級均有黨部和派有黨代表，通過選舉產生執行委員會和督察委員會（連只設執行委員會），政治部則建在團以上單位。北伐開始時，軍、師黨代表大多由兼有國民黨黨籍的共產黨員擔任。[4]國民黨「清黨」後，廢除黨代表制度，軍隊政治部與黨部之間的關係，並未有明確的劃分，導致糾紛不斷。政工的衰落導致軍隊各級政訓部門遭裁撤，政治訓練工作由軍隊黨部兼辦。戰前軍隊黨部因成效不彰被撤銷，各軍、師、旅、團黨部被併入各該部政訓處，統稱政訓

2　張瑞德：《抗戰時期的國軍人事》，中研院近代史研究所，1993，第 5—31、57—62 頁；劉維開：〈蔣介石軍事方面的人際網路〉，載呂芳上策劃《蔣介石的親情、愛情與友情》，時報出版公司，2011，第 166—169 頁。
3　中國第二歷史檔案館編《蔣介石年譜初稿》，檔案出版社，1992，第 263、410 頁。
4　呂芳上：〈近代中國制度的移植與異化——以一九二〇年代國民革命軍政工制度為例的討論〉，載《一九二〇年代的中國》，「中華民國史料研究中心」編印，2002，第 137—197 頁。

處。軍中黨務工作，由政工人員兼辦。[5] 至抗戰前夕，軍隊政治工作由軍事委員會政治訓練處統轄，全國 200 萬軍隊中，政工人員僅有 3616 人。

抗戰爆發後，軍隊政治工作重新受到重視。1938 年 1 月，軍事委員會改組，原執掌民眾訓練的大本營第六部和軍委會政訓處合併成立政治部，政治部部長的地位與軍政、軍令、軍訓三部部長及軍事參議院院長平等。抗戰期間，先後擔任政治部部長的陳誠、張治中，均為蔣介石的愛將，顯示蔣對軍隊政治工作的重視。雖然如此，一般政工人員的升遷和地位，均遠遜於同級的帶兵官，因此無法吸收人才加入。加以經費不足，蔣介石三令五申要每師配裝一個電臺、每團裝配一部收音機的計畫，直至抗戰結束仍為畫餅。[6]

自從黨代表的制度改為政工制度後，軍隊政工人員成為部隊長的特業幕僚，如其意見與部隊主管不合，主官不僅不理，甚至隨時依其個人的好惡予以撤換，因此部隊中的人事、經理大權，完全由部隊主官一人掌握，原有黨代表的副署權力不再存在。[7] 軍隊政工在中央軍中的主要工作成為官兵的政治訓練和思想教育，旁及官兵文化娛樂、體育活動，不過成效如何，尚值得做進一步的研究。根據 1941 年一項對 147 個部隊單位（以師為單位）617 名士兵的調查，仍有 30％的士兵不知道中國國民黨，52％的士兵不知道三民主義；即使知道中國國民黨和三民主義的士兵，也很少有人知道這兩個名詞以外的內容，顯示政訓工作似乎並不成功。[8] 國民政府頒布《限制異黨活動辦法》後，政工人員又在部隊中辦理五人聯保連坐，並祕密設置政工輔導員，暗中監視士兵。至於軍隊政工在地方部隊的工作方式又不完全相同，除了一般思想教育外，主要工作在於掌握部隊實際力量，瞭解部隊對蔣介石的真正態度，以及部隊內部的人際關係網路。因此政工人員需要與地方部隊的軍官交往，特別是對營長以上軍官，要瞭解每個人的出身背景、才能、品德、嗜好、政治態度以及屬於部隊中的何種派系，並以各種方式祕密調查部隊官兵確實人數、武器裝備、經理狀況、官兵關係、軍民關係等。對於部隊營長以上軍官，凡思想傾向中央、

---

5　孫桂珍：〈清黨後國民革命軍政工與黨務關係的演變〉，《山西師大學報》2010 年第 1 期，第 125—128 頁。
6　仲華：〈抗戰時期國民黨軍隊政治工作述論〉，《南京社會科學》2005 年第 4 期，第 52—56 頁。
7　蔣介石：〈軍事改革之基本精神與要點〉（上），秦孝儀主編《先總統蔣公思想言論總集》卷 23，中國國民黨黨史會，1984，第 40—41 頁。
8　王奇生：〈「武主文從」背景下的多重變奏：戰時國民黨軍隊的政工與黨務〉，《抗日戰爭研究》2007 年第 4 期。

年輕有為，或在部隊中影響較大者，分別報由上級核定調至各訓練班受訓，階級較高的軍官，有時會受到蔣介石的接見或是財務上的饋贈。對與蔣介石離心離德的部隊，有的是調換部分幹部，有的則是將整個部隊打散或改編。[9]

在官兵關係方面，國民革命軍創建初期，相當重視下層官兵的參與。鄧演達任職黃埔軍校時，即曾提倡「三大公開」——人事公開、經濟公開與意見公開，嚴重 1926 年任國民革命第一軍第廿一師師長時也曾實施，後來陳誠（曾任嚴部團長）將鄧、嚴二人所宣導的「三大公開」在其部隊推廣實施，獲得良好的效果。[10] 不過在實際上，部隊普遍仍不讓士兵參加會議，不讓士兵發表意見，而中共軍隊除了指揮外，大多數決策須經過士兵的討論。[11] 因此，國方部隊官兵之間的距離，一般要較中共軍隊為大。1946 年東北四平街第二次戰役結束後，東北行轅主任熊式輝為了爭取在第一時間慰問將士，乃立即飛往四平，再坐汽車馳入市區，當時市區尚未清掃，沿途布滿陣亡官兵的屍體，座車從死者身上輾過，熊竟然面不改色。[12] 此一事件或許是極端的例子，但顯示了軍隊官兵之間的隔閡。

國方軍隊政治工作的重點既在政治訓練、防制異黨和監視地方部隊，對於軍民關係的經營，自然較為忽略。一般說來，東征、北伐作戰，甚至抗戰時期的臺兒莊戰役、三次長沙會戰與滇西戰役，軍隊均能獲得民眾支持，有助於作戰勝利，但是整體而論，其軍民關係無法和中共相比。[13] 以河南為例，1938 年 6 月至 1944 年 3 月，豫西民眾暫時免於日軍鐵蹄的踐踏，但是卻遭受到「水、旱、黃、湯」四大災難（指水災、旱災、黃泛和湯恩伯）。河南民眾對湯恩伯部隊的憤恨達於極點。至 1944 年 3 月，日軍侵犯豫西，日軍以鄭州、

9　彭家賢：〈國民黨軍隊政治工作〉，《文史資料存稿選編・軍事機構》（下），中國文史出版社，2002，第 84—85 頁。

10　《中央陸軍軍官學校史稿》第 6 編，中央陸軍軍官學校編印，1936，第 4—5 頁；鄧文儀：《從軍報國記》，學生書局，1979，第 50 頁；宋瑞珂：〈陳誠及其軍事集團的興起和沒落〉，《文史資料選輯》第 81 輯，中國文史出版社，1982，第 47 頁。直至抗戰時期，在陳誠的部隊中仍可見到將吃空缺軍官槍斃的情事。參見廖明哲《了了人生》，文史哲出版社，2002，第 364 頁。

11　蔣介石：〈國軍如何才能完成剿匪救民的部分〉，秦孝儀主編《先總統蔣公思想言論總集》卷 22，第 154 頁。

12　王鼎鈞：《關山奪路》，爾雅出版社，2005，第 318—319 頁。此項資料係陳永發教授所提示，謹此致謝。

13　戚厚傑：〈略論抗戰中國民黨軍隊與民眾的關係〉，《民國檔案》2010 年第 1 期，第 99—100 頁。

洛陽為攻擊重點，兵力不到 12 萬人，湯恩伯和蔣鼎文此時部隊則有 50 萬人，但已兩年多未曾作戰，軍隊鬆散。自日軍發起進攻後，湯部一觸即潰，日軍迅速攻占鄭州、洛陽，繼而攻占葉縣、臨汝，湯部最後撤往嵩山山區，在敗退途中，擾民如故，激起民眾強烈憤怒。此時，豫西「土皇帝」別廷芳所遺留下的地方武力，即以地方自治、守望聯防為名，結合地方群眾，襲擊湯部，使湯部飽受損失，成為驚弓之鳥，甚至一聞槍聲即以為是日軍，紛紛繳械逃命。據估計，約有湯部隊 5 萬人被繳械。沿路均是湯部丟棄的槍枝、彈藥、騾馬、裝具、車輛、無線電臺甚至高射炮，次日當地百姓紛紛前來「清掃戰場」。[14]事後檢討，發現中原會戰各部隊於潰敗時所受民眾截擊的損失，甚至大於作戰的損失。[15] 抗戰末期，中國取得世界「五強」的國際地位，「五強」一詞遂經常掛在要人的嘴邊，嵌在報紙的文字標題中，此時卻有民眾將軍隊違紀擾民的行為，包括強買、強賣、強借、強住、強娶五種，稱為「五強」作風。[16]

　　國方軍隊和民眾的關係，直至國民黨在大陸失敗，始終未能改善，蔣介石 1949 年 9 月曾在一次演講中指出，此時「軍民情感的隔膜，可以說惡劣到了極點。我們革命軍，原是以愛國救民為目的，而事實的表現，不僅不能愛民，而且處處是擾民。我們軍隊每進到一個村莊，這個村莊中較好的房屋就一定被我們的軍隊占領，而最好的房間，一定是我們的最高的主官住著，借了人民的東西不歸還，損壞了人民的器具不賠償。這樣，當然使人民對我們發生反感，而不願幫助我們」。[17] 而此一時期中共軍隊的政治工作，則做得十分成功，往往部隊未到，宣傳隊先到，「老大娘」、「老大爺」叫得親親熱熱，解釋部隊為什麼來；部隊離開後，宣傳隊則挨家檢查有沒有打掃乾淨，有沒有借了東西沒還，有沒有打破了碗沒賠。有些地區民眾冒險斷路、埋雷、割線、炸橋，阻止國方軍隊前進；甚至砸鍋、賣鐵、拆屋、餵馬，支持中共軍隊作戰。[18] 而國方軍隊由於與民眾關係不佳，使其不論在後勤補給、醫藥衛生方面，或是戰

---

14　蔣介石：〈對於整軍會議之訓示——知恥圖強〉（1944 年 7 月 21 日），秦孝儀主編《先總統蔣公思想言論總集》卷 20，第 445—447 頁；文強編《我所知道的湯恩伯》，中國文史出版社，2004，第 200—204、217—218 頁。

15　〈第一戰區中原會戰之檢討〉，中國第二歷史檔案館編《抗日戰爭正面戰場》（下），江蘇古籍出版社，1987，第 1253 頁。

16　王鼎鈞：《關山奪路》，第 209 頁。

17　蔣介石：〈軍事改革之基本精神與要點（上）（1949 年 10 月）〉，秦孝儀主編《先總統蔣公思想言論總集》卷 23，第 42 頁。

18　王鼎鈞：《關山奪路》，第 310—311 頁。

地情報的搜集上，均無法獲得民眾的支持。

## 三、最高統帥

　　長期擔任國民革命軍最高統帥的蔣介石，深受儒家思想影響，重視人際關係，平日至少有三分之一的時間與精力用於幹部的訓練和與各級幹部的互動。其對幹部的要求，固忠誠與才能並重，倘若不能兼得，則以忠誠為重。蔣對下屬，採家長式領導，表面上威嚴剛直，對幹部的痛責常不假辭色，但是每自我反省惕厲，不過似無向當事人表示歉意的記載。蔣對演講、書告十分重視，每親擬提綱，字斟句酌，但發表後並未能追蹤考核；平日所思大小事，每多以手令形式交辦，但是也大多成為虛文。[19] 蔣對地方軍系，係採取妥協的策略，利用感情的籠絡、金錢上的收買和赤裸裸的武力作支撐，最後得以統一全國，[20] 並和強敵日本對抗，以落後的武器裝備苦戰八年，以空間換取時間，終將日軍拖垮。曾多次反蔣的高級將領張發奎，晚年在回憶抗戰時，曾有以下中肯的評論：

> 大多數海內外同胞認為，我們以劣質裝備與粗淺訓練，英勇地與武器精良、訓練一流的敵軍鏖戰了八年，最終取得了勝利。然而從一個軍人觀點，我認為談不上英雄史詩，我們所做的一切只不過是以空間換取時間。
>
> 是甚麼因素使我們贏得最後勝利？是政府的英明領導，軍民的竭誠合作，以及高昂的士氣，這三種因素使我們成功的以空間換取了時間。[21]

　　抗戰勝利，蔣介石接著面對的是來自中共的挑戰。經過八年抗戰，中共軍隊的實力和戰法均已和過去大為不同，但是蔣介石和國府軍政領導階層對於中共仍普遍缺乏深刻認識，並以武器裝備作為評估中共戰力的唯一要素。軍隊內部普遍認為，蔣對各地區作戰的構想和決策，係根據上層幕僚人員的判斷而制定，與戰場實況難免隔閡，在研議過程中，經常既不徵詢下層意見，

---

19　《郝柏村解讀蔣公日記（1945—1949）》，天下遠見出版公司，2011，第 477 頁；張瑞德：〈遙制——蔣介石的手令研究〉，《近代史研究》2005 年第 5 期，第 27—49 頁。
20　蔣介石在聯繫地方軍系的過程中，一些「溝通型」幕僚曾扮演重要角色。詳見張瑞德〈化干戈為玉帛：溝通型幕僚與民國政治〉，《臺灣師大歷史學報》第 40 期，2008 年，第 81—100 頁。
21　《蔣介石與我——張發奎上將回憶錄》，香港文化藝術出版社，2008，第 398 頁。

也不重視戰場指揮官的意見具申，加上情報不靈，對敵軍狀況無法充分掌握，故所做決策，常與作戰部隊的實況及能力不相符合，導致戰略難以取得戰術的充分支持。此外，軍隊的指揮系統層級過多，不僅資訊層轉耗時，且易洩密，蔣只得以手令或電話越級指揮。長此以往，下級縱有指揮長才，也無法發揮，甚至逐漸失去自主及應變能力。[22] 在 1948—1949 年的三次關鍵戰役中，蔣的作戰指導，先是主觀武斷，繼而張皇失措，進退失據，終至束手無策。[23] 對於國共內戰期間的失利，蔣身為最高統帥，應負最大責任，殆無疑問。

軍隊成員素質的好壞，和軍隊戰力的高低有直接的關係。一支軍隊如果成員素質低下，即使部隊的人數眾多，其戰力也不能強大。以下擬將 1930—1940 年代的國方軍隊軍官分為高級（將級）軍官、中下級（校、尉）軍官和士兵三類，對其出身背景和素質分別加以討論。[24]

## 四、高級軍官

### 出身背景分析

研究抗戰前後國民革命軍將級軍官的人事問題，最完整且最權威的原始名冊，應為軍事委員會銓敘廳編制的《陸海空軍軍官佐任官名簿》（1936 年出版），收錄有 1247 名陸軍將領資料；以及國防部第一廳所編的《現役軍官資績簿》（1947 年出版），收錄有陸軍將級軍官 3274 人。根據以上兩種資料，我們可以為抗戰前以及抗戰後期的將級軍官，各畫出一幅素描。

表 6-1 陸軍將級軍官出身背景統計（1936 年）

單位：人（%）

| 出身 | 總計 | 上將 | 中將 | 少將 |
|------|------|------|------|------|
| 黃埔 | 92（7.38） | 0（—） | 17（5.65） | 75（8.19） |
| 保定 | 388（31.11） | 8（28.81） | 95（31.56） | 285（31.15） |
| 留學 | 159（12.75） | 6（19.35） | 51（16.94） | 102（11.15） |

---

22　三軍大學編《國民革命軍戰役史第五部——戡亂》第 9 冊，「國防部史政編譯局」，1989，第 70—76、144 頁；張瑞德：〈遙制——蔣介石手令研究〉，《近代史研究》2005 年第 5 期，第 27—49 頁。

23　金沖及：〈蔣介石是怎樣應對三大戰略決戰的？〉，《近代史研究》2010 年第 1 期，第 4—27 頁。

24　以下討論主要係根據張瑞德《抗戰時期的國軍人事》，第 5—40 頁。

| | | | | |
|---|---|---|---|---|
| 陸大 | 215（17.24） | 2（6.45） | 43（14.29） | 170（18.58） |
| 地方軍校及行伍 | 393（31.52） | 15（48.39） | 95（31.56） | 283（30.93） |
| 總計 | 1247（100.00） | 31（100.00） | 301（100.00） | 915（100.00） |

資料來源：根據《陸海空軍軍官佐任官名簿》第 1 冊第 1—138 頁相關資料計算得出。

## 表 6-2 陸軍將級軍官出身背景統計（1947 年）

單位：人（％）

| 出身 | 總計 | 上將 | 中將 | 少將 |
|---|---|---|---|---|
| 黃埔 | 1150（35.13） | 1（2.70） | 76（11.88） | 1073（41.31） |
| 保定 | 280（8.55） | 14（37.84） | 97（15.16） | 169（6.51） |
| 留學 | 284（8.67） | 10（27.03） | 67（10.47） | 207（7.97） |
| 陸大 | 1197（36.56） | 3（8.11） | 337（52.65） | 857（33.00） |
| 地方軍校及行伍 | 362（11.06） | 9（24.32） | 63（9.84） | 290（11.17） |
| 不詳 | 1（0.03） | 0（—） | 0（—） | 1（0.04） |
| 總計 | 3274（100.00） | 37（100.00） | 640（100.00） | 2597（100.00） |

資料來源：根據《現役軍官資績簿》第 1—4 冊相關資料計算得出。

從表 6-1、表 6-2 可以發現以下幾個現象。

第一，戰前陸軍的將官出身黃埔者極少，且出身黃埔的比例乃是隨著階級高低成反比。至 1947 年，將官出身黃埔者已有顯著增加，其比例也是隨著階級的高低而成反比，少將出身黃埔者已占多數（出身陸大及外國軍校者，也多係黃埔畢業）。

第二，戰前陸軍的將官出身保定者頗多，約和出身地方軍校及行伍者相當；出身保定的將官，以中將和少將較多，上將則較少，原因或許是保定成立較晚之故。抗戰結束後，將官出身保定者，已有顯著減少，少將出身保定者尤少，原因為保定軍校已於 1924 年停辦。

第三，將官出身陸大及國外軍校者，不論是戰前或戰後，比例均小。

第四，將官出身地方軍隊及行伍者，在戰前約和出身保定者相差無幾，上將出身地方軍隊及行伍者尤多。至抗戰結束後，將官出身地方軍校及行伍者，已大為減少。

以上是抗戰前後將官出身背景的一般趨勢。以下擬再就陸軍重要軍職人

員（戰前的各路軍總司令、軍長、師長和戰時的戰區正副司令長官、集團軍的
正副長官）的出身背景情況有所分析。

### 表 6-3 戰前陸軍重要軍職人員出身背景統計

單位：人（%）

| 出身 | 各路軍總司令 | 軍長 | 師長 |
|---|---|---|---|
| 黃埔 | 0（0） | 7（10） | 20（11） |
| 保定 | 4（67） | 25（35） | 36（20） |
| 留學 | 0（0） | 1（1） | 6（3） |
| 陸大 | 0（0） | 2（3） | 9（5） |
| 地方軍校及行伍 | 2（33） | 35（49） | 63（36） |
| 不詳 | 0（0） | 1（1） | 43（24） |
| 總計 | 6（100） | 71（100） | 177（100） |

資料來源：根據劉鳳翰〈戰前的陸軍整編〉（載《抗戰前十年國家建設史研討會論文
集》下冊，中研院近代史研究所編印，1984，第 675—695 頁）、〈抗戰
前期國軍之擴展與演變（陸軍部分：一九三七・七—一九四一・八）〉
（載《中華民國建國八十年學術討論集》，「中華民國建國八十年學術
討論集編輯委員會」編印，1991）所附名單計算得出。

### 表 6-4 陸軍重要軍職人員出身背景統計（1944 年）

單位：人（%）

| 出身 | 戰區正副司令長官 | 集團軍正副總司令 | 軍長 | 師長 |
|---|---|---|---|---|
| 黃埔 | 1（3） | 31（33） | 40（36） | 132（42） |
| 保定 | 18（50） | 36（35） | 37（33） | 48（15） |
| 留學 | 4（11） | 5（5） | 0（0） | 0（0） |
| 地方軍校及行伍 | 13（36） | 23（24） | 34（31） | 101（32） |
| 不詳 | 0（0） | 0（0） | 0（0） | 33（11） |
| 總計 | 36（100） | 95（100） | 111（100） | 314（100） |

資料來源：Hsi-sheng Ch'i, *Nationalist China at War: Military Defeats and
Political Collapse, 1937-1946* (Ann Arbor: University of Michigan
Press, 1982), p. 230. 作者所根據資料為《陸軍軍官佐資績簿》（1944
年），其中軍、師長無一人係留學歸國者，統計數字疑有誤。

從表 6-3、表 6-4 可以發現以下幾種現象。

第一，戰前重要軍職人員出身黃埔者極少，各路軍總司令中無一人係黃埔畢業，軍長、師長中也只有 1/10 是出身黃埔。至抗戰後期，各戰區正副司令長官中，雖然仍只有一人是黃埔畢業，但是戰區正副司令長官以下的重要軍職人員，出身黃埔者已有顯著增加，且職務越低的重要軍職人員出身黃埔的比例越高，如集團軍正、副司令有 33％ 畢業於黃埔，軍長和師長中則各有 36％ 和 47％ 出身黃埔。

第二，戰前重要軍職人員出身保定者頗多，且職務越高者，出身保定者越多，如各路軍總司令中出身保定者占 2/3，軍長中出身保定者占 37％，師長中出身保定者占 20％，至抗戰後期，也有類似的現象。戰區正、副司令長官中有 50％ 出身保定，集團軍正、副司令中有 38％；至軍長階層則只有 33％，比不上出身黃埔的多，至師長階層，更只占 17％。

第三，重要軍職人員出身陸大及國外軍校者，不論在戰前或戰時均少。

第四，重要軍職人員出身地方軍校及行伍者，不論在戰前或戰時，均在 1/3 以上，顯示戰時重要軍職人員素質的提升有限。

## 成員素質的分析

綜合以上對於抗戰前後陸軍一般將領及重要軍職人員出身背景的分析，可以發現以下幾方面的趨勢及含義。

第一，抗戰前後陸軍將領有「黃埔化」的趨勢，戰前保定所占的重要地位，戰時逐漸為黃埔所取代，在直接掌握兵權的軍長、師長階層，這種趨勢尤為明顯。抗戰時期出身黃埔的將領，大多畢業於前幾期，當時黃埔的訓練相當粗淺，時間也短（僅有 6 個月），所學到的專業技能自然有限。

第二，抗戰前後陸軍將領（含重要軍職人員）出身地方軍校及行伍的比例，均有降低的現象，顯示戰時將領的素質有所提高。在各兵科中，以特種兵將領的素質較差，如主管後勤業務的將領，絕大多數畢業於直隸經理學堂（民國以後改為陸軍軍需學校），然後在北洋部隊任職；騎兵和通信兵的將領，也絕大多數是出身北方部隊的舊式軍人。這些出身地方軍校或是行伍的將領，或許極為勇敢、戰場經驗豐富，但是對於現代戰爭的性質，卻普遍缺乏認識。

第三，抗戰前後陸軍將領出身國外軍校者甚少，而且多是一次大戰期間

或是一次大戰前出國留學者，因此對於一次大戰以後的軍事科技與戰略，多未能有深刻的認識。[25] 雖然如此，出身日本士官學校的將領所受訓練，一般來說仍較其他將領扎實。

第四，抗戰前後陸軍將領出身陸大者也甚少。陸大為軍官深造教育的主要機構，但是畢業人數有限。據統計，至抗戰結束時，陸大畢業軍官在軍中共 2100 人，分布情況如下：（1）中央軍事機構約有 600 人，其中以陸大及所屬的參謀訓練班人數最多。（2）戰鬥序列各單位共約 1500 人，其中每一戰區司令部約有 10 人，每一集團軍總部 3—5 人，每一軍司令部 3—5 人，每一師司令部 2—3 人，兵站機關共約 120 人。陸大所學者，以師戰術為主，對大軍作戰的指揮作業磨練較少，對軍事作戰以外的政治作戰、經濟作戰、心理作戰，更無暇研究，但是也有若干學生，派赴部隊後，接受實際的戰場磨練，而能有優異的表現。至於陸大畢業生擔任參謀職務者的表現，一般認為陸大出身的參謀長或參謀處長、主任，指揮多比較得體。

抗戰前後的陸軍將領，自離開學校後，除了短期的訓練班隊外，很少有人能夠有機會繼續接受兵科學校和陸大的正規深造教育。在先進國家的軍隊中，軍校畢業後尚可由機關、學校、部隊的輪調中學習新技能，但是中國的軍官無此機會。此外，國民革命軍自成立以後，由於連年作戰，升遷容易，常是一戰一升官，也減少歷練機會。戰前德國顧問對此種快速升遷的方式即引以為憂，曾多次向蔣介石陳述，認為一個軍人如果不先任下級軍官，遍充排、連、營、團長各職多年，必定不能於短期之內具有高級指揮官的經驗，即使是如何勇敢，也無濟於事。抗戰期間，由於人員傷亡大，加以部隊屢次擴編，許多人升至將官時仍很年輕。據統計，1944 年時，陸軍一般高級將領，年齡大多在 50 歲以下，有些總司令、軍長、師長的年齡，甚至只有三四十歲，而當時日軍一般將官的年齡，則大多在 50 歲以上。[26] 少年得志，自然容易產生驕傲自滿、不求進步的毛病。

中國自辛亥革命以後，即和蘇俄立國之初的歷史十分類似，但是和中國截然不同的是，蘇俄軍官的教育程度，在革命後大有提升，如一位學者即認為紅軍軍官的軍旅生涯中，有一半是在各級軍事學校中度過的。而在軍事學術快

---

25　Hsi-sheng Ch'i, *Nationalist China at War : Military Defeats and Political Collapse, 1937-1945*, p.66.

26　Hsi-sheng Ch'i, op. cit, p.230.

速進步的 20 世紀，中國軍隊的高級軍官卻被迫以 20 年前所學的知識，和他們範圍有限的經歷，去應付現代戰爭的複雜問題，戰力無法提升是可以預期的。[27]

　　早在 1938 年的一次會議中，蔣介石即已指出軍隊將官的學問與技能，遠不如同級西方先進國家的軍官，也比不上日本的軍官，他甚至認為「我們做總司令的，只比得上人家一團長，我們的軍長、師長，只當的人家一個營長和連長」。[28] 一般將領也都認為日本高級將領之中，雖然缺乏出色的戰略家，但在基本戰術、戰略原則上，均能一絲不亂，絕少發生重大錯誤；做事也多能腳踏實地，一絲不苟，令人生敬生畏。抗戰後期，美國先後派遣來華的中國戰區參謀長史迪威（J. W. Stilwell），對於中國高級軍官的素質，即每多表示不滿，如他在 1942 年 5 月 26 日呈蔣介石文中曾表示軍官的素質和其階級、職務呈反比：「低級軍官對於命令，每能迅速執行；營長和團長的素質不一，但是不缺乏優秀之士。在這些階層要將缺乏效率者淘汰較為容易，擢優棄劣後，對於士氣將有好的影響。至於軍長和師長，則問題頗大。這些人當中很少是有效率的，他們很少親臨前線，更極少監督命令是否執行。對於來自前線誇大甚至錯誤的報告，每不經查證即予接受。經常忽略搜索和警戒的重要性，常因而造成大亂。一般的師長，似乎以為只要自距離前線五十哩處，發一命令，即已盡到責任。這些軍官中，有許多是相當勇敢，但大多數的人均缺乏道德的勇氣。」[29] 接替史迪威職務的魏德邁（A. C. Wedemeyer），對中國較具同情心，但是對高級軍官的評價也甚低：「在我接觸的國軍高級軍官中，我發現很少能視為是有效率或是受過良好專業訓練的。我並不懷疑他們對於委員長的忠誠，但是作為蔣的參謀長，我必須評估他們的作戰能力（military capacities）和知識，他們的帶兵資格，以及他們配合全盤作戰計畫、執行命令的意願。」[30]

---

27　F. F. Liu, *A Military History of Modern China, 1924-1949* (Princeton: Princeton Universuty Press, 1956), p.147.

28　蔣介石：〈抗戰檢討與必勝要訣〉（下），秦孝儀主編《先總統蔣公思想言論總集》卷 15，第 28 頁。

29　Charles F. Romanus and Riley Sunderland , *Stilwell's Command Problems* (Washington D. C. : Office of the Chief of Military History, Department of the Army, 1953), p.153. 軍界人士指出，抗戰中各大、小戰役，軍、師長所居位置，通常距火線 5—6 華里，約為敵軍野炮的射程之外；集團軍總部通常設於距火線 19—20 華里處；至於戰區司令長官部，則通常設於距戰場 200—300 華里的重要城鎮。參閱 1993 年 1 月 7 日胡靜如先生與筆者私人通信。

30　Albert C. Wedemeyer, *Wedemeyer Report!* (New York: Henry Holt & Company, 1958 ) , p.325.

外國人士的坦率批評，往往激起國人的反感，認為是有意醜化政府形象。但是，值得注意的是，蔣介石本人對於這些批評並未否認，而認為本身應加檢討。1944—1948 年，蔣在陸軍大學開設將官訓練班，召集將領，進行補習教育。[31] 他並曾於一次開學典禮中指責在場的將領：

> 如果我們一般高級將領——軍長、師長和參謀長等，都能具備外國軍官一樣的精神和學問，負責任、守紀律，實事求是，精益求精，那我們軍隊的力量一定精強，精神就一定振奮……現在反動派到處宣傳，說我們士兵是世界上最優秀的士兵，下級軍官也很健全，唯有我們一般高級將領人人都是腐敗墮落，而且階級越高，精神越萎靡，行動越腐化，狂嫖爛賭，走私經商，吃部下的空頭。不僅反動派如此說法，就是一般外國朋友也是如此看法。這不能怪人家輕視我們，而必須反省我們本身有沒有這種缺點。我可以說，我們高級將領雖不是人人如此，至少大部分已經腐敗墮落了。且不談私的生活，你們試一檢查自己司令部的內容和業務，就可以知道實在是空虛而泄沓。現在各級司令部的組織龐大散漫，辦事沒有科學的精神，不知用科學的方法，高級將領管理不力，指揮無方，對於部下工作人員，沒有適當的訓練和考核，以致人浮於事而事無責成。尤其是命令下達後，可以說根本沒有監督它實行。所以部下對於命令是否明瞭，已否執行，完全不理。如此，任何事情都不能認真實在，那就無怪乎我們軍隊有名無實，內容空虛了。[32]

不過參加受訓的學員，許多並未體會蔣介石的苦心，帶了參謀或祕書，代為做功課，自己則吃喝玩樂，把受訓當成休假，因此成效不彰。[33]

國方將領的學問和能力不如日軍，固屬事實，但是我們接下來要檢討的是原因何在？筆者認為，除了前述軍事教育質與量不足、升遷過速、未能實施經歷調任等原因之外，以下兩項因素也不可忽視。

第一，指揮官的分外責任與雜務過多。先進國家部隊中的高級軍官，平日除了訓練及自我充實外，別無所事，原因在於指揮官本身均受完整訓練，各

---

31　受訓學員名冊，詳見楊學房、朱秉一主編《中華民國陸軍大學沿革史》，三軍大學，1990，第 439—457 頁。

32　蔣介石：〈整軍的目的與高級將領的責任〉，秦孝儀主編《先總統蔣公思想言論總集》卷 21，第 288—289 頁。

33　《郝柏村解讀蔣公日記（1945—1949）》，第 221 頁。

級幹部素質相稱，後勤補給制度健全，物質條件具備，而近代中國的指揮官則
無此福氣。各部隊長每為「開門七件」及其他瑣碎事務，終日忙碌，以致無暇
專注於教育訓練，甚或以交際應酬為能事，以此為獵取功名的快捷方式，而疏
忽學術。1943 年，軍事委員會頒布《軍師長親勤督訓辦法》，即是對此而發；
盟軍關於「中國軍官地位越高能力越弱」的批評，軍界人士也認為是其來有
自，不盡為誣。[34] 論者以為，如想排除軍隊及軍官的分外責任，使其專心於部
隊的訓練及本身學術、技能的充實，應在以下各方面加強。（1）軍隊任務方面：
實施軍民分治，部隊長不干涉地方政治及民眾事務；確立保安制度，由員警及
保安部隊負責地方保安，軍隊專行訓練，而不駐防。（2）人事制度方面：軍
官缺員應迅速補充，避免產生幹部不足的現象；提高軍士待遇，以健全軍士階
級；改善兵役，防止逃兵；充實人事職員的權責與業務，使主官除考績外，無
人事煩惱，更不容隨意行事。（3）經理制度方面：凡糧餉、被服、陣營等事務，
軍需人員應切實負起權責，無須軍官分心經理。（4）教育訓練方面：大量分
設或擴充各兵科學校，充實並普及各級軍官的兵科學術技能，特別是將官及上
校尤為必要，期以充實其本身及對部下教育訓練的能力；分區設置軍士學校，
以提高軍士水準；充實器材、場所及設備，以提高教育訓練品質。

　　第二，參謀組織不夠健全。將帥如需親自處理細務，不僅不勝其煩，而
且心力分散，對於部隊的監督，勢必難期周密，故在將帥身邊設有幕僚組織。
學者指出，近代美軍參謀本部的建立，一共花費了 14 年的時間。中國近代由
於政治不安定、軍隊龐大，因此所需要時間也就更多。北伐成功後，國民政
府執政尚不及十年，日本即發動侵華，缺乏時間建立完善的參謀制度。直自
1937 年為止，陸軍大學僅訓練出不到 2000 名的指揮及參謀人才，大多數部
隊指揮官均未受過陸大參謀作業的訓練。[35] 抗戰期間，中國軍隊的參謀制度才
逐步建立，據一項軍令部的統計顯示，1940 年時全國參謀學資不合者達 1/2
以上，至 1942 年減為 1/3 強。此時參謀的素質，如以司令部的性質加以區分，
大致以集團軍以上的參謀人事最為健全，軍部次之。師則人才缺乏，成績甚差；
兵站總監部與分監部的參謀素質，尤為低劣。軍以上的各級參謀長，大多畢業

---

34　蔣介石：〈委座手諭〉，載《萬安軍事會議要錄》，第三戰區司令長官部，出版時間不詳，
　　　第 15 頁；楊安銘：〈對步兵教育應有之認識〉，《軍事雜誌》第 166 期，1945 年，第 2 頁。
35　Liu, op. cit, pp.150-151.

於陸大，能力尚佳，表現也不錯，只是資歷有不免稍差者。師參謀長多為軍校出身，長於部隊經驗，但是缺乏運籌之才，因此師的幕僚業務，不但凌亂欠缺，且較往日低落。至於各級司令部的中、低參謀人員，偶爾也有出身短期訓練班的，一般經驗尚可，戰術修養則不足，差堪推行日常業務，至於自動自發工作與研究發展的精神，則幾乎是百無一二。[36] 蘇聯駐華軍事代總顧問返國時，曾應蔣介石之請，指出中國軍隊的缺點，認為「營以下的動作，大體可以說是很注意了，但團以上到軍、師為止，各級司令部的業務極不健全。圖上作業與沙盤教育可以說是完全沒有，指揮所與參謀業務的演習，更是完全忽略，所以中國軍隊一到作戰就莫名其妙。既沒有具體的作戰計畫，也沒有完備的作戰命令！」造成這種現象，主要是由於「團以上司令部人員，很多不是正式軍官，而多是主官的私人，往往很重要的職務，交給一些落伍的軍官或不習軍事的文人來擔任，參謀人員雖然有些是陸大畢業，但大多數都是缺乏實際的經驗，在部隊裡面也沒專門業務的訓練，所以人事參謀不知怎樣來管人事，補給參謀不知如何來辦理補給，至於軍需、軍械人員，更多是濫竽充數，甚至於管理物品、檢查物品的常識都沒有！司令部的人員既不健全，司令部的業務自然無法推進。」[37] 一般來說，隨著參謀教育的發展以及軍令部人事制度的運作，參謀人員的素質，不同於其他一般軍官，至抗戰後期，有日漸增高的趨勢。至 1945 年時，各戰區各集團軍上校以上參謀，大多出身正式軍校和陸大，中央系部隊的參謀，出身陸大者更多。

這些參謀人員經過戰火的洗禮，對軍事戰略與用兵作戰，已有較完整的概念，有些參謀人員甚至認為抗戰期間中國的武器裝備落後，比不上敵人，但是在戰術運用方面，陸大的畢業生絕不遜於日軍的同級軍官。例如中印公路的作戰，打通印緬路時，一往直前，後來又在湘西芷江作戰時，徹底粉碎敵人的戰略攻勢，因當時已獲得美方的新式武器裝備，可和敵人一較長短。[38] 不過一

---

36　張瑞德：〈抗戰時期國軍的參謀人員〉，《中央研究院近代史研究所集刊》第 24 期，1995 年，第 741—772 頁。

37　蔣介石：〈對於整軍會議各案之指示〉，秦孝儀主編《先總統蔣公思想言論總集》卷 20，第 491 頁。蔣介石對於蘇聯顧問的批評，曾指示：「應該切實接受，應該如何積極反省與改革。以後我們對於團以上司令部的人事和業務，特別要加強、要整頓，圖上作業和沙盤作業，以及指揮所演習與勤務演習，一定要切實注重。尤其是陸大，格外要注重實兵指揮實習。這一點，希望軍令部和軍訓部以後要特別注意，督促改進。」見蔣介石〈整軍訓詞〉（1948 年 8 月 18 日），《蔣總統思想言論集》第 18 冊，臺北，1966，第 208 頁。

38　張瑞德：〈抗戰時期的陸軍大學——師資與課程的分析〉，載「中華民國史專題第二屆討

些地方部隊，直到抗戰末期仍未有完善的參謀制度，而以「認識字的作參謀，不識字的作副官」，若干參謀雖然讀書識字，但仍不懂如何使用地圖。[39] 至於日軍的參謀，由於陸大教育發達已久，即使是在二次大戰期間仍有 35％係陸大畢業，[40] 素質較中國軍隊為高。

不過，外國人士對於中國軍隊的批評，似乎較少具備同情之心，甚至帶有偏見；蔣介石對軍隊的批評，則每多出於家長式的求全管教，因此言辭不免激切，且常以偏概全。平心而論，國方軍隊將領中也不乏傑出之士，如中央軍的陳誠、湯恩伯、羅卓英、孫立人、關麟徵、杜聿明、邱清泉等，戰時均是日軍首要攻擊對象。地方部隊中，廣西的李宗仁、白崇禧、黃紹竑，在抗戰爆發後，立即入京參戰，整個抗戰期間，李、白並且一直負擔一方面的重任；西北軍系統的部隊，如宋哲元所指揮的馮治安、張自忠、劉汝明各部，以及孫連仲、孫桐萱、曹福林所部，均善於打硬仗；粵軍的張發奎、薛岳等，也都是抗戰的中堅人物。

不過這些於抗戰時期表現優異，甚至具有江西「剿共」經驗的將領，至國共內戰時期的表現，則大多遠遜於中共將領。原因在於國方將領對中共的本質與特性、戰術思想與戰鬥作風，普遍缺乏深刻認識。雖有若干將領具有江西「剿共」經驗，但是國共內戰時期中共的軍事思想和戰法，已和江西時期不同，整體形勢也和江西時期不同，國方將領仍沿用江西時期的碉堡戰法和抗戰時期的守勢思想，仰賴空中支持，放棄夜間行動；而中共軍隊則擅用運動戰結合游擊戰，養成機動、攻勢的思想，故戰場主動常操中共軍隊之手。雖然國方也間有將炮兵集中運用及主動出擊，如 1947 年 5 月的運城作戰，與關麟徵所倡議的三合陣地，但也都是守勢思想中的戰法，而非攻勢的積極作為。整體而論，國方以守城或奪取地形要點是尚，僅重視一城一池的得失，往往因固守點線而分散兵力，被中共軍隊各個擊破，未能以對方有生力量為目標，而中共軍隊反是。[41] 加以蔣介石對高級將領指揮作戰，每過於干預，而未能充分授權，致

---

論會」祕書處編《中華民國史專題論文集（第二屆討論會）》，「國史館」，1994，第 14 頁。

39　張贛萍：《彈火餘生錄》第 2 冊，香港文史出版社，1968，第 177 頁。

40　Alvin D. Coox, "The Effectiveness of the Japenese Military Establishment in the Second World War," in Allan R. Millett and Williamson Murray eds., *Military Effectiveness*, Vol.3, *The Second World War* (Boston: Unwin Hyman, 1988), p.10.

41　三軍大學編《國民革命軍戰役史第五部——戡亂》第 9 冊，第 180、194 頁。

使下級縱有指揮長才，也無法發揮，甚至逐漸喪失自主及應變能力。因此國方將領中，甚少有林彪、彭德懷、劉伯承、粟裕之類的統帥型將領，在東北，先是杜聿明，繼之陳誠，再則是衛立煌，均不堪重用，徐蚌會戰（淮海戰役）時蔣介石所用的幾位將領依舊不行。蔣長期重用的胡宗南，配備有最佳的美式裝備，在關鍵時刻仍讓蔣大失所望。少數統帥型將領（如白崇禧），或未獲重用，或彼此之間無法合作，以致未能建立起良好的高級指揮階層。[42]

至於國方的一般將領，國防部對於第三廳（主管作戰）各級主管及全國部隊各級參謀長的人選，均安排陸軍大學或陸軍大學研究院畢業的人員擔任。[43]因此，國方將領並非全為愚蠢無能，軍事計畫和戰略也並非全為錯誤，例如內戰初期蔣介石強調，必須將中共軍隊所占領的重要都市和交通據點一一收復，使中共不能保有任何根據地而成為流寇，然後再加以「清剿」；又如國方在全面進攻失敗後的重點進攻，西面以延安和陝甘寧邊區為重點，東面以對南京、上海威脅最大的山東為重點，計畫集中優勢兵力重點進攻，一則以占領延安摧毀中共黨政軍神經中樞，動搖其軍心，並截斷中共東北與關內的聯繫與補給線，一則從東西兩翼擠壓中共力量，然後分別進入華北與中共軍隊決戰。再如徐蚌會戰中，國方以其精銳 80 萬人的重兵集結，利用徐州有津浦、隴海兩條鐵路交會便於機動增援的條件，進行徐蚌會戰的計畫，均為頗具戰略意義的軍事謀略與計畫，只是未能實施而已。一般來說，國共內戰期間國方將領的軍事理論素養，較中共軍隊將領為高，無怪中共建政後成立南京軍事學院，曾選聘許多前國方將領為中共高級將領授課，以提升理論素養和指揮能力。[44]不過，國方將領在軍事理論素養上的優勢，在國共內戰中並未發揮多大作用，真正重要的仍是雙方軍隊的整體素質。

## 五、中下級軍官

### 供求狀況

抗戰前，中國陸軍部隊計有步兵師 177 師，獨立步兵旅 60 旅，獨立步兵

---

42　高華：〈國民黨大陸失敗的主要原因〉，《歷史教學》2011 年第 11 期，第 7—8 頁。

43　毛鴻藻：〈國民政府國防部第一廳內幕片段〉，《文史資料存稿選編・軍事機構》（上），中國文史出版社，2002，第 51 頁。

44　李東朗：〈軍隊素質、戰略計畫與解放戰爭的過程〉，《中共黨史研究》2009 年第 9 期，第 65—66 頁。

團 43 團，騎兵師 9 師，騎兵旅 5 旅，騎兵團 3 團，炮兵旅 4 旅，炮兵團 18 團，炮兵營 15 營，工兵團 2 團，交通兵團 3 團，通訊兵團 2 團，憲兵團 11 團 3 旅，官佐共 13.6 萬餘員，士兵 189.3 萬餘人，合計 202.9 萬餘人。當抗戰爆發之初，中國軍隊中有配備德制武器的一流作戰部隊 8 萬人，但是淞滬一役，消耗中央的精銳部隊已超過 3/5，加以士兵程度不佳（雖然在當時已是最好的了），臨陣作戰，全靠下級軍官親自指揮，因此下級軍官傷亡尤大，幾達 1 萬名之多。戰前十年間所訓練的軍官，在此一役即喪失 10％，造成了基層的斷層。根據 1938 年軍政、軍令兩部的統計，每年需要培養（亦即補充）初級幹部人數，約為 4.5 萬人；其中 3/4 以上是由各軍事校班造就，其餘則由行伍擢升。

抗戰期間，中央軍校及分校所培育的學生，在 15 萬人以上，各機構又召訓兵科軍官 97577 人，行伍軍官 84235 人，彌補了基層軍官的不足。

## 出身背景分析

有關國民政府時期軍隊人事的詳細統計資料，由於一向被列為機密，故極為罕見，據筆者盡力收集，僅得兩件較為完整的資料。

第一份資料為 1936 年 1 月 28 日美國駐華武官關於中國陸軍軍官出身統計的報告，其中收錄以下表 6-5、表 6-6。

### 表 6-5 陸軍軍官階級統計

| 階級 | 人數（人） |
|---|---|
| 上將 | 124 |
| 中將 | 418 |
| 少將 | 1240 |
| 上校 | 3233 |
| 中校 | 4707 |
| 少校 | 13178 |
| 上尉 | 39736 |
| 中尉 | 37554 |
| 少尉 | 36284 |
| 總計 | 136474 |

資料來源：Report; Statement on Commissioned Personnel Strength and Classification as to Training, January 28, 1936, in U. S. Military Intelligence Reports; China, 1911-1941, Reel V, pp. 521-524.

## 表 6-6 陸軍軍官教育程度統計

| 種類 | 人數（人） | 百分比（％） |
|---|---|---|
| 黃埔軍校 | 43018 | 31.6 |
| 陸軍小學堂 | 20033 | 14.7 |
| 陸軍中學堂 | 11493 | 8.4 |
| 保定陸軍軍官學校 | 6575 | 4.8 |
| 各種軍官團 | 5621 | 4.1 |
| 工兵學校 | 2175 | 1.6 |
| 軍需學校 | 2175 | 1.6 |
| 外國軍事學校 | 1922 | 1.4 |
| 軍醫學校 | 1414 | 1.0 |
| 特種兵科學校 | 1075 | 0.8 |
| 陸軍大學 | 992 | 0.7 |
| 兵工學校 | 237 | 0.2 |
| 行伍 | 39744 | 29.1 |
| 總計 | 136474 | 100.0 |

資料來源：同表 6-5。各項百分比係筆者算出。

　　表 6-5、表 6-6 共收錄上將以下直至少尉的統計數字，報告中註明各項數字「均是出自一位軍政部官員的估計。在這方面，官方從未公布過數字，因此這些數字雖然不可靠，但是在沒有更好的數字前，仍有參考價值。」[45] 不過，由於所列各級軍官總數（136474），與《抗日戰史》一書所稱「官佐共一十三萬六千餘員」幾乎完全吻合，因此本項資料的正確性，應是相當高的。此外，根據表 6-5 的數字，將官總人數僅占所有軍官人數的 1.3%，因此表 6-6 數字大致也可以反映中、下級軍官的狀況。

　　第二份資料為軍訓部 1945 年所出版《軍事委員會軍訓部中華民國三十三年統計年鑑》一書中，所收錄的一份統計。

---

45　Report: Statement on Commissioned Personnel Strengeh and Classification as to Training, January 28, 1936, in U. S. Military Intelligence Report: China, 1911-1941, Reel V, p.521.

### 表 6-7 軍訓部 1944 年度調查陸軍各部隊中下級現役軍官素質統計

單位：人（％）

| 程度 | 總計 | 步 | 騎 | 炮 | 工 | 輜 | 通 | 機 |
|---|---|---|---|---|---|---|---|---|
| 已受養成教育者 | 31724 (27.0) | 25876 (27.3) | 227 (33.8) | 1722 (48.4) | 780 (29.0) | 288 (6.8) | 2198 (21.6) | 631 (44.6) |
| 已受召集教育者 | 44283 (37.6) | 42322 (44.6) | 264 (39.3) | 423 (11.9) | 499 (18.6) | — — | 234 (2.3) | 443 (31.3) |
| 行伍 | 38704 (32.9) | 26662 (28.1) | 181 (26.9) | 1410 (39.7) | 1410 (52.4) | 967 (22.9) | 7734 (76.1) | 340 (24.0) |
| 其他* | 2968 (2.5) | — — | — — | — — | — — | 2968 (70.3) | — — | — — |
| 總計 | 117579 (100) | 94860 (100) | 672 (100) | 3555 (100) | 2689 (100) | 4223 (100) | 10166 (100) | 1414 (100) |

說明：＊係指其他非中央軍、各分校及各兵科學校出身者。原表數字有誤，待考。

由表 6-7 的分類方式，可以看出這項統計的主要目的，在於宣揚軍訓部的業績，不過也透露出了中、下級軍官的出身背景。所列數字，雖然對養成教育和召集教育的內容均未做細分，似嫌簡略，但是對各兵科分別加以統計，極具史料價值。

### 成員素質

以上兩份資料，雖然均存在缺陷，但是在沒有更好的全面性統計數字前，似乎仍可用以觀察一般的趨勢。如將表 6-6、表 6-7 做一比較，再輔以其他史料，似乎可以得到以下幾點觀察。

第一，行伍出身的中、下級軍官，比例有增高的趨勢。表 6-6 指出戰前軍官出身行伍者占 29.1％。至 1944 年時，表 6-7 指出中、下級軍官中，行伍軍官所占比例雖僅為 32.9％，但是在「已受召集教育者」欄中，行伍必然也占相當大的比例，抗戰後期，軍事委員會副委員長馮玉祥甚至宣稱有 85％勇敢善戰的軍官，均為行伍出身。因此行伍出身的軍官比例，在抗戰時期有明顯升高的趨勢，似乎是可以確定的。

一般來說，能升為軍官的士兵，每多擅於作戰，但是，行伍軍官的缺點，

則為未入過軍校，相對說來，對於軍官的要素——指揮，較為缺乏，訓練部隊也比不上軍校出身的軍官，加以教育程度較低（根據一項估計，1935 年時，有一半以上的行伍軍官完全不識字），[46] 因此在部隊中常不被視為正途出身而遭排斥，升遷速度也較慢。不過，也不是沒有例外的情形，如戰時第二預備師師長陳明仁，雖是黃埔出身，但是不排斥行伍出身的軍官，在他手下的各級軍官中，行伍出身的約占 1/3，而軍校學生約占 2/3。

第二，軍校出身的中、下級軍官，比例有明顯下降的趨勢。表 6-6 指出，戰前軍校出身軍官的比例為 70.9％，但是表 6-7 指出，1944 年時，中、下級軍官中，出身正式軍校者所占比例，則降為 27％。至於保定軍校和黃埔軍校在中、下級軍官出身的重要性，和高級軍官相同，均有階級越高，保定出身比例越高；階級越低，黃埔出身比例越高的現象。如軍事委員會銓敘廳所編《第一期第一屆陸海空軍官佐任官名簿》第一冊，共收錄有上校 569 人及中校 1397 人的資料，將其出身背景加以統計即可發現，上校出身保定者占 34％（203 人），出身黃埔者占 4％（74 人）；中校出身保定者占 26％（365 人），出身黃埔者占 19％（268 人）。

北伐完成後，由於中央政府的努力，軍事教育逐漸標準化，中央軍校成為初級軍官的主要製造場所，學生畢業後通常均分發至中央政府的部隊，例如陳誠的第十八軍，從連長、排長至師長，有 80％為黃埔出身。在德國顧問的協助下，這些軍官的素質，一般認為頗高，但是數量過少。據估計，1928—1937 年，中央軍校畢業學生僅有 10731 人。抗戰爆發後，中國和其他國家一樣，由於對軍官的需求遽增，必須加速訓練工作，水準自然因而下降。至於自行伍升上來的軍官，雖未接受過特別的軍官教育，但是在戰場上常被指揮官及官兵視為比僅受過速成教育的軍官更值得信賴。

第三，中、下級軍官的出身背景，各兵科之間有頗大的差異。從表 6-7 可以看出，1944 年時各兵科中、下級軍官接受養成教育比例，依序為炮（48.4％）、機械（44.6％）、騎（33.8％）、工（29.0％）、步（27.3％）、通訊（21.6％）、輜重（6.8％），顯示各兵科中、下級軍官素質高低，似乎與該兵科專業化程度（所需專門知識的多寡）相關。至於各兵科中、下級軍官

---

46　Report: Statement on Commissioned Personnel Strength and Classification as to Training, January 28, 1936, in U.S. Military Intelligence Report: China, 1911-1941, Reel V, p.524.

出身行伍的比例，則依序為通訊（76.1％）、工（52.4％）、炮（39.7％）、
步（28.1％）、騎（26.9％）、機械（24.0％）、輜重（22.9％）。各兵科中、
下級軍官出身行伍者比例的高低，則似與該兵科召集教育的發達與否相關。

步兵向為中國軍隊的主力，占中、下級軍官人數80％以上，值得做深入
的觀察。前引《陸海空軍軍官佐任官名簿》共收錄步兵上校1105人、步兵中
校2159人的資料，茲將其出身背景分別統計如表6-8。

### 表 6-8 步兵上校、中校出身背景統計（1936 年）

單位：人（％）

| 階級 | 樣本數 | 黃埔 | 保定 | 行伍 | 其他 |
|---|---|---|---|---|---|
| 步兵上校 | 1105(100％) | 160(14.48％) | 294(26.61％) | 53(4.79％) | 598(54.12％) |
| 步兵中校 | 2159(100％) | 475(22.00％) | 406(18.81％) | 135(6.25％) | 1143(52.94％) |

資料來源：根據《陸海空軍軍官佐任官名簿》第 1 冊第 143—259、317—544 頁所列
　　　　　的資料計算而成。

表 6-8 顯示，戰前步兵校級軍官的「黃埔化」，已獲得一些成果，中校
以下軍官出身黃埔者已超過保定，另一方面，抗戰時期步兵中、下級軍官的
素質，也有降低的現象，如表 6-7 所示，1944 年時，步兵中、下級軍官出身
正規軍校者占 27.3％，而出身行伍者增至 28.1％。另一項資料則指出，1937
年時，在一個普通的步兵營中，軍官出身軍校者占 80％，至抗戰後期則降至
20％左右。[47]

抗戰時期，中國軍隊各部隊由於背景不一，因此素質與戰鬥力也不一致。
以訓練、軍官的素質、武器配備及給養而論，由北伐時期國民革命軍第一軍及
黃埔學生所發展的部隊，在抗戰初期為全國最佳的部隊（日人稱之為「中央
直系軍」），然後依次為其他的中央軍、廣西軍隊，原來的西北軍及東北軍、
一部分的西北回軍、粵軍、晉軍，再後為雲南、四川等其他的省軍。[48]

一般說來，中央軍幹部素質較佳，雖然至抗戰後期時，「各級幹部多不
是本科出身，學工兵的可以帶步兵，老百姓可以當軍需，名冊上什麼都有，實

---

47　Liu, op. cit. , p.149.
48　徐乃力：〈抗戰時期國軍兵源的補充與素質的變化〉，《抗日戰爭研究》1992 年第 3 期，
　　第 53 頁。

際上都是外行」，[49] 但是仍要較地方部隊「識字的作參謀，不識字的作副官」
為強，如抗戰期間中央軍已多能採用疏開隊形運動，只有部分地方部隊仍用
傳統的方式訓練士兵。臺兒莊之役，盧漢的雲南部隊即因仍用集中隊形，傷亡
甚大；西北馬鴻逵、馬步芳的部隊，則至抗戰後期仍未採用疏開隊形。又如
孫渡的第五十八軍為滇軍部隊，由於雲南民性蠻勇強悍，因此士兵每多善戰，
但是各級幹部的指揮能力和戰術修養，能夠稱職者不多，絕大多數有勇無謀，
顧慮欠周。因此整個部隊的作戰能力，長於攻而不長於守，有衝勁而無耐性；
在無後顧之憂的狀況下，對單純的陣地攻防戰，尚能應付；如要求靈活應用，
制敵先機，則難以勝任。

　　各部隊素質和裝備好壞，和其戰鬥力的高低並不完全一致。抗戰前期，
裝備和訓練最優良的中央核心部隊，在上海會戰表現優異，在其他的各戰役
中，中央軍雖有個別單位的英勇事蹟，但是整體而論，表現平平。至抗戰後期，
派遣至印緬戰場的遠征軍由於有最新式的裝備、嚴格的訓練及優秀的指揮，
因此也有優異的表現。在地方部隊中，廣西部隊及部分西北軍部隊表現出色，
臨沂、臺兒莊、徐州各戰役最為人所知，即使裝備簡陋的一些地方部隊，也曾
有良好的表現。可見戰鬥力並不一定完全取決於武器裝備，士兵的愛國情操和
指揮官的能力、決心等精神因素也很重要。[50]

　　抗戰時期，影響中、下級軍官（無論是隸屬中央或是地方部隊）素質最
重要的因素，即為所受的教育。如前所述，戰時由於受到客觀環境影響，教育
品質下降，更重要的是，軍校所教的，全是現代化、標準化的知識和配備，學
生畢業後到部隊，卻發現軍中幾乎完全沒有現代化、標準化的裝備，「許多裝
備、物品、連防毒面具在內，都好像舊貨攤上的雜貨，沒有兩件一模一樣」。[51]
因此，在學校所學常感無用武之地，而對實際的問題，則毫無準備。

　　另外，中國軍隊的中、下級軍官，一如高級軍官，需花費許多時間和精
力於分內以外的工作。以連長為例，在其他先進國家，一個連長僅需負責訓
練和作戰指揮，其他雜事一概不需過問，但是在中國則不同，連長除了訓練、

---

49　湯恩伯：〈部隊的缺點在那裡〉，《湯恩伯先生紀念集》，湯故上將恩伯逝世十週年籌備
　　委員會編印，1964，第 61 頁。

50　徐乃力：〈抗戰時期國軍兵源的補充與素質的變化〉，《抗日戰爭研究》1992 年第 3 期，
　　第 12—13 頁。

51　黃仁宇：〈闕漢騫和他的部下〉，載氏著《地北天南敘古今》，時報文化出版公司，
　　1991，第 130 頁。

指揮士兵作戰外，尚需兼管各項雜物，其中最令人煩惱的即為經理、病兵和逃兵。在經理方面，由於補給部門並非獨立，連長之下雖有特務長輔佐，但是仍須花費很大的精力去計畫柴米油鹽、經費、彈藥、裝備等。病兵和逃兵更是所有下級軍官共同的夢魘。戰時一位駐紮滇南的十四師排長，曾有以下回憶：

> 我們下級軍官最怕士兵生病。一天早上一個士兵眼睛發炎，第二天會有十個發炎。還怕他們偷農夫的玉蜀黍、煮食他們的狗。在當日的情形，實際上之考慮超過道德之上之動機。因此士兵一有機會，必貪吃得生病。在滇南氣溫晝夜劇變、瘧蚊遍處飛的情況下，小病三天，即可以被拖死。而且我們也害怕士兵會攜械潛逃。和我們駐地不遠山上的土匪，就出價收買我們的步騎槍和機關槍，機關槍每挺七千元，等於我們一個士兵四十年的薪餉。很多部隊長即在夜晚將全部軍械用鏈條鎖在槍架上。[52]

除了各種雜務外，令中、下級軍官煩惱之處還包括和上級或其他機關打交道，尤其是「對有關之機關，接洽金錢、物品之事務，更是痛苦萬端，心如刀割。部門繁多，頭頭是道，上上下下，左左右右，四面八方，周流六合，均需應付裕如，最低限亦須立侍左右，強顏歡笑，受官腔直如便飯，承官架何啻牛馬。對起碼科員、收發之類應如此，股長、科長以及一切長更為低下」。[53]這些人職位雖低，但是也不能得罪，因為他們如果要幫你，可以頭頭是道；如果要整你，也會花樣百出。一位軍界人士即有以下生動的描述：

> 蓋科員以上的人員，隨時均可將急如星火之公文擲入字簍或廁所中，再不然稍「買帳」者，或不諳事實，或不明法理，不辨輕重緩急，一視同仁，沉著應戰，此諉彼拖，如由死門入八陣圖中。更不然，字裡行間，斷章取義，稍有不合，即萬劫不復。且一事非一機關、一部門所能辦了，每一機關、每一部門，類皆如此。[54]

一個中、下級軍官，除了正常的訓練、作戰外，還有那麼多事要操心，怎能一一都照顧到？即使有能力，常常也無從發揮。因此戰時一位在華停留

---

52　黃仁宇：〈關漢騫和他的部下〉，載氏著《地北天南敘古今》，第 143 頁。
53　陳賢宗：〈服務十週年回憶錄〉，《軍需學校第七期學生班通訊》第 9 期，1947 年，第 25 頁。
54　陳賢宗：〈服務十週年回憶錄〉，《軍需學校第七期學生班通訊》第 9 期，1947 年，第 26 頁。

多年的美軍軍官，即曾指出：中國軍官「要是在中國行，在外國一定行」。[55]
中央軍校出身的史家黃仁宇，也認為當時「如果讓我們到英國、法國去帶兵，
保證個個都是一流的軍官」。[56]

## 六、士兵

戰前士兵的教育程度，至今尚未發現較為詳盡的統計數字，一般的印象是
大多為文盲。社會學家陶孟和曾於 1929 年調查山西第三編遣區警衛旅的 946
位士兵，結果發現能自己寫信者占 13%，其餘均未曾識字讀書，或曾讀書而
不能寫信。不過 1938 年 8 月，馮玉祥在湖南益陽檢閱長岳師管區第三補充團，
發現新兵識字者竟達八成。抗戰時期，所徵兵的品質日益低下。根據一般的
觀察，士兵不識字者，占 90% 以上；無科學常識者幾為 100%。桂南作戰之
後，一位將領曾於賓陽測驗一批從貴州撥補的士兵，結果發現文盲占 97%，
至於那些 2%—3% 的識字者，程度也不過文書上士。1941 年，據第十四師一
位排長的觀察，「不僅體格屢弱，而且狀似白痴，不堪教練。師部的辦法即是
抽調各營連可堪訓練的士兵，組織突擊隊，集中訓練，其他則歸各部隊看管，
也談不上訓練，只希望來日作戰時在山上表現人多」。[57]一般的部隊對於新兵，
一方面要實行軍事訓練，另一方面則要補行國民教育，如教一普通士兵認阿拉
伯數字，需 2—3 星期，認米突尺需 2—3 星期，講彈道拋線也得 2—3 星期，
要教到會射擊，則需 2—3 個月。1940 年代，有些部隊曾對士兵的教育程度
加以統計，但是數字的可信度頗有問題，如以下兩種統計中有關文盲的比例，
即有相當大的不同（見表 6-9）。

### 表 6-9 1940 年代國民革命軍士兵教育程度統計

單位：%

| 教育程度 | 陸軍第十四軍（1945） | 陸軍榮譽第二師（1946） |
| --- | --- | --- |
| 文盲 | 29 | 5.2 |
| 初識字 | 46 | 45.0* |
| 小學 | 22 | 49.0 |
| 初中 | 3 | 0.5 |

55　黃仁宇：〈關漢騫和他的部下〉，載氏著《地北天南敘古今》，第 144 頁。
56　黃仁宇：《赫遜河畔談中國歷史》，時報文化出版公司，1989，第 320 頁。
57　黃仁宇：〈關漢騫和他的部下〉，載氏著《地北天南敘古今》，第 141 頁。

| 高中 | 0 | 0.3 |
|---|---|---|
| 總計 | 100 | 100 |

資料來源：〈陸軍第十四軍軍務處三十四年度工作報告〉，載《陸軍第十四軍三十四年度工作報告書》，陸軍第十四軍司令部，1946，第214頁；同仇彙刊社編《陸軍榮譽第二師三週年紀念特刊》，陸軍第二師政治部，1946，附表。

說明：＊指能識500單字表者。

表6-9所舉榮譽第二師，是由康復傷兵所組成的部隊，其中老兵較多，因此識字者也較多，應是造成文盲比例較十四師為少的原因之一。

1944年，政府號召知識青年從軍，經檢驗合格者，總數達125500人，惟因戰事及交通運輸關係，實際報到入營者不及10萬人。其學歷計專科以上占10％，高中以上占23％，初中60％，小學7％，對於軍人形象的提升，幫助頗大。

在經濟背景方面，由於士兵的社會地位低下，所以戰前入伍的當兵者，多為貧困人家的子弟，平常人家如有子弟當兵，常會被譏為「沒出息」，因此許多年輕人從軍，事前均不能讓家人知道；也有許多人不願將女兒許配給軍人。戰前雖然實施普遍的徵兵制，但是由於有知識、有錢、有地位者，可以逃避兵役，以致各地徵送的壯丁，多為貧者、愚者和弱者。[58]至於士兵家庭的職業，試將搜集所得資料列舉如下（見表6-10）。

### 表6-10 國民政府時期士兵家庭職業統計

單位：％

| 職業 | 第三編遣區警衛（1930） | 陸軍第十四軍（1945） | 陸軍榮譽第二師（1946） |
|---|---|---|---|
| 農 | 79.8 | 78.0 | 66.0 |
| 商 | 9.4 | 8.0 | 12.0 |
| 工 | 2.9 | 6.0 | 5.0 |
| 公 | — | 1.0 | 5.0 |
| 教 | 0.1 | 4.0 | 3.0 |
| 軍 | — | 2.0 | 3.0 |
| 其他 | 7.7 | 1.0 | 6.0 |
| 總計 | 100.0 | 100.0 | 100.0 |

資料來源：陶孟和著〈一個軍隊兵士的調查〉，《社會科學雜誌》第1卷第2期，

---

58　關於國民政府時期的徵兵，詳見汪正晟《以軍令與內政——徵兵制與國府建國之策略與實際》，臺灣大學文學院，2007。

　　　　1930 年 6 月，第 99 頁；《陸軍第十四軍軍務處三十四年度工作報告》，
　　　　第 214 頁；同仇彙刊社編《陸軍榮譽第二師三週年紀念特刊》，附表。

　　表 6-10 所列前兩種統計數字頗為一致——出身農家者約占 80%，與整個
社會的農業從業人員比例接近。至於榮譽第二師士兵出身農家者較少，或許是
由於原務農的士兵受傷後，離開部隊返鄉者較多所致。

　　軍界人士多認為出身農家的士兵，具有樸實、勇敢、服從、堅毅，以及
吃苦耐勞的各種美德，根據戰前一位美國軍事觀察家的觀察，中國人「是作軍
人的極佳材料，具有無窮的耐性，高度的服從權威，加上一個強壯、不易生病
的體格。如能加以適當的訓練和配置，讓他吃飽穿暖，定期有餉可拿，即使是
以我們的標準來看，他也將是個好士兵」。[59] 戰時在華外國人士也多有類似的
觀察，如史迪威 1942 年 5 月 26 日呈蔣介石文中，即指中國「一般士兵溫順，
有紀律，慣於吃苦，服從領導」。[60] 7 月 7 日他在對華廣播中對中國士兵更是
稱道有加：

　　　　對我而言，中國人的偉大——他們不屈不撓的精神、他們無怨無尤的忠
　　　　誠、他們的認真、他們的艱苦卓絕——由中國士兵身上最可看出。他
　　　　們備嘗艱苦而不掉一滴眼淚；上級帶他到哪裡，他就跟著去，毫無遲疑；
　　　　在他簡單而率直的心靈中，從未想過他做的不是英雄做的事。他要求
　　　　的很少，而永遠都準備付出所有。[61]

　　美軍參謀總長馬歇爾（G. C. Marshall）也相信，如果中國的士兵能被適當
的領導、餵飽、訓練、裝備，他們的戰力將和世界上其他任何國家的士兵一樣。

　　不幸的是，抗戰期間軍中的生活水準下降，士兵的體格也隨之惡化，尤
以抗戰後期最為嚴重。如 1943 年中國派送 1800 名新兵至藍伽（Ramgarh）受
訓，其中竟有 68% 因體格不合標準而被拒絕；另一批被指派參與藍伽計畫的
200 人，先是被中國醫官淘汰 65 人，繼而又被美國醫官淘汰 30 人，最後只
有 105 人被錄取。士兵體格之差，由此可見一斑。

　　在年齡方面，根據現有的少數資料顯示，國民政府時期的士兵，大多為
年富力強的青年。如 1932 年時，第十九路軍教導隊士兵的平均年齡為 24 歲。

---

59　U. S. Military Reports: China, 1911-1941, Reel V, April 30, 1928.
60　Charles F. Romanus and Riley Sunderland, *Stilwell's Misson to China*, p.153.
61　Theodore H. White ed., *The Stilwell Papers* ( New York: Schocken Books, 1948 ) , p.130.

以下兩份較為詳細的數字資料則顯示，軍隊士兵中 30 歲以下者占 90%，其中尤以 20—25 歲者最多（見表 6-11、表 6-12）。

表 6-11 第三編遣區警衛旅士兵年齡調查（1930 年）

| 年齡（歲） | 15—19 | 20—24 | 25—29 | 30—34 | 35—39 | 40—44 | 45—49 | 總計 |
|---|---|---|---|---|---|---|---|---|
| 人數（人） | 144 | 405 | 279 | 74 | 24 | 7 | 3 | 936 |
| 比例（％） | 15.4 | 43.3 | 29.8 | 0.9 | 2.6 | 0.7 | 0.3 | 100 |

資料來源：陶孟和著〈一個軍隊兵士的調查〉，第 95—96 頁。

表 6-12 第十四軍士兵年齡統計（1945 年）

| 年齡（歲） | 15—19 | 20—24 | 25—29 | 30—34 | 35—39 | 40—44 | 45—49 | 總計 |
|---|---|---|---|---|---|---|---|---|
| 人數（人） | 3535 | 10925 | 10560 | 2329 | 187 | 64 | 5 | 27605 |
| 比例（％） | 12.8 | 39.6 | 38.3 | 8.4 | 6.8 | 2.3 | 0.2 | 100 |

資料來源：〈陸軍第十四軍軍務處三十四年度工作報告〉，第 215 頁。

表 6-11、表 6-12 顯示，士兵固然多為年輕人，但是或多或少也有一些老兵。這些老兵多為戰前所募，當時曾經過一番挑選，部分係久經戰役，每能盡忠職守，即使因為分散配置，為火力占優勢的敵人所擊潰，數日後，仍能自行前往指定地點集合，各歸建制，嚴整如初，對整體戰力毫無損傷。因此各部隊的幹部，對於老兵多十分重視，如一位炮兵排長即稱老兵是「國之瑰寶」，[62]另一位步兵排長則認為「如果作起戰來，只有這樣的兵才能算數」。[63] 對於這些老兵，在戰前尚可以用升官加薪的方法施予獎勵，但是戰時軍人真實薪俸下降，1941 年少尉月薪 42 元，下士 20 元，還要扣除副食費，而在街上吃碗麵，即需 3 元，所以利誘的力量不充分，但是也不能威脅，如果讓他們在民眾面前下不了臺，則會「開小差」投奔其他部隊。各部隊為了留住這種人才，只得給予特殊待遇，即使是連長，也要對他們客氣幾分；軍校出身的年輕排長，更是要陪他們吃狗肉、講粗話，有些部隊對他們甚至早晚不集合訓話，也不出操，盡量讓他們輕鬆愉快，以示優待。

在一些地方部隊（如劉汝明、孫連仲和丁治磐的部隊），老兵頗多，班

---

62　張晴光：《血戰餘生》，臺灣商務印書館，1985，第 43 頁。
63　黃仁宇：〈闞漢騫和他的部下〉，載氏著《地北天南敘古今》，第 142 頁。

長職務多由其擔任，很受士兵的敬重，稱之為「頭目」。由於老兵對於部隊戰力的發揮十分重要，因此在其他條件相同的情況下，部隊的戰力高低每與其老兵的多寡成正比。如東北軍系統的第五十三軍，自七七事變開始，至緬北畹町與駐印軍會師，直至 1947 年調至東北「剿共」時，尚有半數以上是老兵，在當時是罕見的情形。

最後，擬再就各階層軍官的素質及行為模式略做比較。1942 年 5 月 26 日，中國戰區參謀長史迪威謁見蔣介石，並提出一份改革中國軍隊的計畫。計畫中認為中國軍隊應精簡編制，配賦充分的武器和裝備；更換無效率的高級指揮官，並充分授權不加遙制云云。觀其內容，實未超出戰前德軍軍事顧問建議。事實上，當時中國部分軍隊尚存有地方派系色彩，平時淘汰，尚虞釀成風潮，在戰時此種斷然措施，在政治上自不能立即執行。不過值得注意的是，史迪威在計畫中曾對中國軍隊的各階層，做出了概括性的觀察。他指出，中國軍隊一般士兵溫馴、有紀律、能吃苦耐勞、服從領導；低級軍官對於命令，每能迅速執行；營、連長個別差異極大，不過也不乏優秀之士。他認為以上各階層如要汰弱擇強，將不是難事，且可以提高士氣。至於師長和軍長階層，則是個大問題（詳見上文）。如前所述，蔣介石本人也曾多次公開指稱軍隊幹部的知識、能力和精神，與其階級職務的高低成反比。二人的目的雖然均在指責高級將領，但是也可以看出中、下級軍官的表現，相對之下要較高級軍官為佳。魏德邁則認為戰時低級軍官的表現比過去進步，主要是由於戰前設立的一些兵科學校水準頗高所致：

> 國軍為低級軍官設立了許多極佳的（excellent）學校（包括步兵學校、炮兵學校、輜重兵學校、機械化學校），有助於培養較佳的軍官。接替 Maddocks 參謀長職務的 McClure 將軍，曾有報告稱低級軍官已大有進步，尤其是連長階層，因此他對我們所計畫的戰鬥行動，抱持著最樂觀的態度。——一個好的連長可以帶著一個平庸的師長向前推進。[64]

## 七、情報

國民政府成立初期，交通部國際電信局局長溫毓慶，在財政部長宋子文的財務支援下，進行電訊情報工作，破譯了桂系在上海祕密電臺的密電，情報

---

64　Wedemeyer, op. cit., p.325.

為蔣介石所用，後繼續擴展及於對馮玉祥、唐生智、石友三等人的情報，助蔣贏得了中原大戰及石友三、唐生智對抗中央諸役，極具貢獻。此種密電情報，均由陸海空軍總司令部參謀處長林蔚經手，呈轉處理，用後即毀，不存檔案，後來侍從室也循此規例辦理。[65]

　　國民政府另一個重要的軍事情報機構，為三民主義力行社的特務處，在閩變及兩廣事變平定的過程中，曾扮演重要的角色。1933 年 10 月，力行社特務處偵悉，李濟深曾密派代表攜李、陳銘樞、蔣光鼐、蔡廷鍇四人連署函件，與中共商談合作問題，並簽訂「抗日作戰協議」，同時急電蘇俄速運大批槍械彈藥，補充江西的紅軍。這些與蘇俄來往的電文，為特務處所截收破譯。11月 7 日，李、陳於福州成立人民政府，國號「中華共和國」。特務處長戴笠乃赴漳州，說服十九路軍六十一師師長毛維壽及六十師師長沈光漢脫離閩方，中央部隊得以長驅直入，順利解決事變。[66] 1936 年 6 月，兩廣異動，兩廣勢力聯絡了四川的劉湘、鄧錫侯，湖南的何鍵，雲南的龍雲及山西的閻錫山，與中央對抗，但陳濟棠、何鍵、龍雲之間收發的密電碼均為中央所破譯，[67] 戴笠乃派鄭介民赴香港策劃軍事策反工作，因有粵空軍的全部反正，先發制人，迫使陳濟棠自動下野，中央不戰而定危局。[68]

　　國民政府軍事情報的能力雖然較地方軍系為強，但是仍然無法和日本相比。直至抗戰結束，國民政府各電訊情報機構僅能破譯日本的低級外交密碼及航空密碼，對其陸軍密碼，則始終未能破譯。在電訊保密方面，除了少數例外（如軍統），一般機關和部隊普遍做得不好，[69] 電訊保密工作表現不佳的原因，在於電報內容有時不免涉及各機關或部隊主官、主管的私人事務，因此譯電部門的主管均為首長親信，譯電人員也大多為首長親信，這些人多不瞭解軍電保

65　魏大銘：〈評述戴雨農先生的事功〉（中），《傳記文學》第 38 卷第 3 期，1981 年，第 49 頁；霍實子、丁緒曾：〈國民政府軍事委員會密電檢譯所〉、葉鍾驛：〈密碼電報機構內幕〉，《文史資料存稿選編‧特工組織》（下），中國文史出版社，2002，第 800、820 頁。關於林蔚在情報傳遞過程中所扮演的角色，可參閱周琇環編註《蔣中正總統檔案‧事略稿本》第 8 冊，「國史館」，2003，第 116 頁。

66　《國防部情報局史要彙編》上編，「國防部情報局」編印，1962，第 195—196 頁。

67　楊肆：〈國民黨軍電保密工作及其內部鬥爭〉，《上海文史資料存稿彙編》第 2 冊，上海古籍出版社，2001，第 219 頁。

68　《國防情報局史要彙編》上冊，第 194—197 頁。

69　參見張瑞德〈雅德賚（Herbert O. Yardley）與中國——兼論抗戰時期的密碼戰〉，《國史館學術集刊》，吳淑鳳等編《不可忽視的戰場：抗戰時期的軍統局》，「國史館」，2012，第 203—236 頁。

密的重要性。尤其是地方部隊的軍電保密，中央更是鞭長莫及，軍委會所頒布
的軍電保密措施無法貫徹。直至抗戰末期，仍有軍、師長以為電文加密後即是
「無字天書」，不存在保密問題，[70] 致使整個抗戰期間日軍破解中國軍隊密電
的能力，高達 70％—80％，對於其在華戰役貢獻甚大。[71] 英美直至二次大戰
結束，始終無法推心置腹與中國進行電訊情報的交換，[72] 中國方面也未能經由
中美合作所或是中英情報合作計畫，取得任何英美的電訊情報。更重要的是，
同盟國在進行戰略及政治上的全面規劃時，常基於中國無法保密的理由，不讓
中國參與，例如 1945 年 2 月的雅爾達會議，對中國至為重要，但是中國被排
除在外，對中國造成極大之害。[73]

國方電訊情報的能力固然比不上日本，和中共比較，也是居於下風。中
共的無線電通訊和密碼，在江西時期已與共產國際發生聯繫，其電訊偵譯與保
密技術迅速超越國民政府。1930 年代，中共已將在蘇聯和國內培訓的電訊情
報幹部分配至紅軍，使得國方在五次「圍剿」時期的電報，大多數為紅軍所
破譯，破譯成功率幾達 100％。[74] 紅軍的電訊保密能力，也非國方所能企及。
以軍統駐西安的電訊情報機構——軍事委員會辦公廳第二工作隊為例，直至
1946 年，仍僅能研議陝甘寧邊區往來的貿易密電，供胡宗南作封鎖邊區的參
考，對中共的軍政電報，則從未破譯過。[75] 因此，國共內戰期間，國方僅能仰
賴無線電測向和空中偵察，瞭解中共軍隊動態。但是無線電測向和空偵均有盲
點存在：前者可以靠在電臺的位置上下功夫來欺敵，如 1948 年 9 月中共軍隊
南下攻擊錦州，即命令各部隊電臺留在原駐地繼續發報，用以迷惑國方。在空
中偵察方面，中共軍隊多利用夜暗及能見度不佳天氣行動，白晝則徹底隱匿。
國方空軍偵察受到極大限制，甚至為中共軍隊佯動所欺騙導致情報判斷錯誤。

---

70 楊肆：〈國民黨軍電保密工作及其內部鬥爭〉，《上海文史資料存稿彙編》第 2 冊，第
219—220 頁。
71 Hisashi Takahashi, "A Case Study: Japanese Intelligence Estimates of China and the Chinese,
1931-1945," in Walter T. Hitchcock ed., *The Intelligence Revolution: A Historical Perspective*
(Washington D. C. : U. S. Government Printing Office, 1991), p.210.
72 Richard J. Aldrich, *Intelligence and the War against Japan: Britain, America and the Politics of
Secret Service* (Cambridge: Cambridge University Press, 2008), p.250.
73 Maochun Yu, *The Dragon's War: Allied Operations and the Fate of Modern China, 1937-1947*
(Annapolis: Naval Institute Press, 2006), p.153.
74 高旗：〈論革命戰爭時期我軍的情報工作〉，《軍事歷史研究》2011 年第 3 期，第 98 頁。
75 張成信：〈在軍統西安電訊工作隊、中央和西安電檢科的經歷〉，《文史資料存稿選編 ·
特工組織》（下），第 497 頁。

例如 1946 年 10 月國方二十五師在鬟陽邊門被中共軍隊包圍，主要原因即為保安司令部告知：「據空偵報告，匪軍已被貴師擊退，正向東逃竄，希即猛追。」[76] 又因戰爭情報為中共軍隊掌握，中共軍隊利用當地民眾組織全面情報網，監偵國方行動，致國方進入中共占據區，如墮五里霧中，往往在敵暗我明狀況下行動，即使有機動作戰觀念，也難以實施。[77]

在人員情報方面，國方的情報能力也無法和中共相比。在整個抗戰期間，國民政府始終未能派人打入中共內部，因此對於八路軍、新四軍等中共領導的部隊，除了軍令部派在延安的聯絡參謀有時能提供一些一般的軍事情報外，僅能根據繳獲的中共報刊或文件，摘編一些資料提供各單位參考，情報價值不高。[78] 至國共內戰時期，國方對共方的情報工作依舊無法開展。[79] 相對的，中共軍隊於抗戰及國共內戰期間的情報工作，則往往是以特工方式取得相關情報。國方機構和部隊組織鬆散，雖然有政工部門，但是形同虛設，作用十分有限，只要一人在軍中任要職，其親屬、同鄉、同學，均可引入軍中，因此中共地下人員滲入極為便利。抗戰爆發後，國共合作抗日，中共開始向國民政府黨政軍系統大規模滲透，在周恩來、董必武、鄧穎超、葉劍英等操盤下，將張露萍、熊向暉、王超北、沈安娜等一批情報人員，打入國民政府的黨政軍系統，長期潛伏。至國共內戰時期，國防部參謀次長劉斐、第三廳（主管作戰）廳長郭汝瑰、東北「剿匪」總司令衛立煌、第四十六軍軍長韓練成等，均與中共有聯絡，國方的軍事計畫甚至最高指揮官的一舉一動，中共往往在戰役之前即已知道得一清二楚，而國方對於中共軍隊的動向，卻常是一無所知，甚至連林彪率 80 萬大軍入關如此重大的戰略行動，蔣介石、傅作義均為林部休整假象所迷，判定林部至少需 3 個月至半年，才能入關作戰，直到兵臨城下，才知上當。至於長期潛伏在國方內部的將領（如張克俠、何基灃、廖運周），則和中共軍隊裡應外合，一到關鍵時刻，或陣前起義，或誘國方進入中共軍隊

76　程嘉文：〈國共內戰中的東北戰場〉，臺灣大學歷史研究所碩士學位論文，1997，第 96—97 頁。

77　三軍大學編《國民革命軍戰役史第五部——戡亂》第 9 冊，第 417 頁。

78　吳舜法：〈國民政府軍事情報機關梗概〉，《文史資料存稿選編・特工組織》（下），第 770 頁。

79　沈醉：〈國防部保密局內幕〉，《中華文史資料文庫》第 8 冊，中國文史出版社，1996，第 516 頁。

包圍圈，國方焉得不敗。[80]

## 八、部隊訓練

　　國民革命軍自黃埔建軍，始終未能建立健全的部隊訓練制度。部隊訓練，一如人事、經理，均由部隊長包辦。有些部隊長重視訓練，視部隊訓練關係全軍成敗者，也有的部長只重視領導權，雖得兵心，但是對於訓練不重視，甚少親自主持或講評，[81] 因此各部隊的戰鬥力強弱不一。一般說來，部隊訓練存在以下弱點。

　　其一，訓練和人事制度無關聯。一個部隊的訓練成績，如果可以影響部隊長官人事的升降，則部隊自然重視訓練。例如北洋時期奉系軍隊的訓練不佳，至於極點，因此戰鬥力低落，後來經過郭松齡的大力整頓，凡是訓練成績不良或是不懂教育的軍官，無論其階級是團長或旅長，一律予以撤職，東北軍至此逐漸強健。[82] 蔣介石對於戰術、戰鬥教育，不可謂不重視，曾自編《剿匪手本》等作為教材，但是如欲落實，並非僅靠辦軍官訓練團即可辦到，必須透過部隊訓練，方能收效。自黃埔建軍起，部隊訓練，一如人事、經理，每由部隊長包辦，因此各部隊訓練成效落差極大。抗戰期間，除駐印軍在印度藍伽依美軍制度完成堅實訓練外，杜聿明任第五軍軍長時，曾親自主持部隊訓練，其部屬戴安瀾、邱清泉、廖耀湘，也都是重視訓練的將領，故第五軍一直為蔣介石手中的「王牌」，戰鬥力強，十八軍也是如此。[83] 不過獨木難撐大廈，由於訓練和人事升降未發生關聯，致使大多數部隊不重視訓練，常見的現象為第一等人當師長，第二等人當參謀、幕僚，第三等人到教育機關，第四等人當教官。如名將胡宗南對那些無能但是也不好撤差的將領或軍官，即常命令其辦訓練或當教官。[84]

　　其二，戰術思想未統一。由於效法的對象經常改變，以致部隊的戰術思

---

80　瞿志成：〈國民黨是怎樣丟掉大陸的？〉，《當代》第 59 期，1991 年；高華：〈國民黨大陸失敗的主要原因〉，《歷史教學》2011 年第 11 期，第 8—10 頁。

81　《郝柏村解讀蔣公日記（1945—1949）》，第 222 頁。

82　白崇禧：〈白部長訓詞（一）〉，載《軍事教育會議紀錄》，軍事委員會軍訓部編印，1939，第 32 頁。

83　《郝柏村解讀蔣公日記（1945—1949）》，第 222、471—472 頁。

84　張朋園、林泉、張俊宏等訪問，張俊宏紀錄《于達先生訪問紀錄》，中研院近代史研究所，1989，第 99—100 頁。

想和訓練方式也十分複雜。如在廣東時期，軍人讀日本典範令、操俄國操、仿俄國編制；南京時期，中央軍校習德式、步兵學校習日式，訓練總監頒布部隊使用的操典近日式；陸大研究戰術，有以戰鬥綱要為依據者，有以德國軍隊指揮綱要為依據者。抗戰爆發後，部隊仍用日本典範令和教程，又混用俄國和美國的戰術和編制。戰爭末期，駐滇及桂林幹部訓練班又全採美式。軍校各期畢業學生，在校時所學者各有不同，在部隊所施教育，自然也是各異其趣。[85] 例如歐美各國在一戰之前，由於武器簡單，火力稀薄，部隊多採密集隊形，一戰後，由於兵器進步，火力猛烈，為了減少損傷，部隊多改採疏散隊形。1935 年，訓練總監所頒布的操典，開始採用戰鬥群的戰鬥隊形（small group tactics）和疏開作戰，[86] 但是採用新式訓練方式的部隊仍未普遍。至抗戰初期，中央軍已多能採用疏開隊形運動，不過部分地方部隊仍用傳統方式訓練士兵，例如臺兒莊之役時，南方盧漢的部隊仍用集中隊形（close formation），因此傷亡甚大。[87] 1950 年，一位將領甚至認為戰術思想的不統一，是大陸失敗的重要原因：

> 今日軍事之失敗，在將領不在士兵，在全體不在個體。以個體言，匪之師長，不比我師長優秀，匪之團營連長，不比我之團營連長優秀。然匪之所以勝，除組織力外，另有兩個法寶，其一為統一之戰術思想，其二為統一之戰鬥作風。以言戰術思想，如林彪之一點兩面戰術，所有共匪各級指揮官以至所有士兵，都能瞭解，都能奉行，形成一個整套的體系。以言戰鬥作風，匪則不打則已，一打就猛，一打就狠，一打就硬，而且是殲滅性的。我則應付命令，敷衍任務，投機取巧，避重就輕，而並無戰鬥意志與戰鬥目標。但戰鬥詳報，則信口雌黃，亂吹法螺。故今後欲戰勝敵人，必須建立統一的戰術思想與統一的戰鬥作風，使其全體化、整套化。[88]

其三，忽略重點教育。部隊訓練的成功，有其各種先決條件，如國民教

---

85　張瑞德：〈抗戰時期陸軍的教育與訓練〉，載《中華民國建國八十年學術討論集》第 1 冊，第 557 頁。

86　中國軍事史編纂組編《中國軍事史》第 1 卷，解放軍出版社，1983，第 274 頁。

87　白崇禧：〈白主任委員訓詞（二）〉，載軍事委員會校閱委員會編《陸海空軍校閱手簿》，出版時地不詳，第 61 頁；賈廷詩等：《白崇禧先生訪問紀錄》，中研院近代史研究所，1984，第 535—536 頁。

88　轉引自蔣介石〈今後軍事教育的方針——闡明中國軍事教育的精神和軍事哲學的基礎〉（1950 年 1 月），秦孝儀主編《先總統蔣公思想言論總集》卷 23，第 99—100 頁。

育的普及、兵役制度的健全、軍事學術的發展、後勤補給制度的完善等，但是
國民政府時期，以上各項條件均尚未具備，加以戰事頻仍，人力、物力、經費
短絀，部隊教育訓練的品質自然低落。即便是現代化的日軍，在二戰期間由於
兵力消耗過速，訓練也無法照平時進度執行。據估計，1945 年日軍中經過充
分訓練者，尚不足 1/7。[89] 在外部環境不良情況下，部隊訓練是否能抓住重點，
即成為成敗關鍵。國方各部隊在戰前即普遍忽視重點教育，至國共內戰時期依
舊如此。例如在戰技方面，士兵射擊技術普遍欠佳，命中率低，致彈藥耗費大，
所攜彈藥，往往在極短時間內告罄，一旦補給中斷，即喪失戰力，多次戰鬥均
因彈藥告罄而失敗。部隊對於各種火器的使用，如機槍、火箭筒、火焰噴射器、
平射及曲射炮，以及炮兵、戰車等，多各自為戰，而未能相互配合，發揮統合
戰力。[90] 國方部隊又普遍缺乏夜戰訓練，致使行動陷於被動，甚至日間所占領
的目標，日沒後因恐敵軍逆襲，又行放棄。[91]

　　相對的，同一時期的中共軍隊，在訓練上所面臨的惡劣物質環境和國方
類似，但是他們採取了簡化訓練內容的策略，特別強調跑步（目的在增強部隊
的體力和機動性）和實彈射擊兩項科目，使得戰力所受物質環境的影響得以減
小。[92]

## 九、武器裝備與後勤補給

　　國民革命軍成立之後，學習對象經常改變，造成裝備種類的紛雜。國民
政府時期，如同過去，既不能自行大量生產武器，也不能向外國大量購買裝
備，[93] 因此裝備極不統一。以時代分，遠至幾世紀以前的長矛、大刀，近至歐
戰以後流行的自動步槍、高射炮，無不兼用並備；以製造地分，有日本、德國、
法國、奧地利、瑞士、中國等。[94] 抗戰爆發後，所需軍火除靠自己生產外，仍
需自國外大量輸入，輸入國包括德國、蘇聯、美國、法國和捷克等。各種武

---

89　Coox, op. cit., p.10.

90　三軍大學編《國民革命軍戰役史第五部——戡亂》第 9 冊，第 195—200 頁。

91　劉熙明：〈國共內戰時期的夜戰（1945—1949）——兼論 1940 年代的現代化武器與戰爭的
　　關係〉，《中華軍史學會會刊》第 10 期，2005 年，第 189—231 頁。

92　蔣介石：〈軍官訓練團訓練之目的與手法〉、〈軍事訓練之方針和要旨〉，秦孝儀主編《先
　　總統蔣公思想言論總集》卷 22，第 83、391—392 頁。

93　何應欽：《軍政十五年》，「國防部史政編譯局」，1981，第 187 頁。

94　王俊：〈國軍教育講演詞〉，《軍事雜誌》第 47 期，1932 年，第 160—161 頁。

器來源不一，彈藥、零件的種類繁多且不能互換使用，於是補給的問題大增。例如自抗戰後期起，接受美國軍事援助，戰力得以提升不少。不過至 1946 年，美國政府不滿國民政府堅持「剿共」，不肯談判，乃對華實施武器禁運達 10 個月之久，致使內戰期間美型武器裝備的妥善率極低。1947 年一位記者採訪瀋陽部隊時發現，一些機械化部隊的大批卡車、裝甲車和其他車輛，因故障無零件替換，被棄置於各營區內，風吹雨淋，成為廢鐵。又如東北一炮兵團係使用美制 155 毫米炮，因彈藥不足，又必須消耗大量（經常不足的）汽油，以供應拖曳車輛，操作上反不如配屬日制 150 毫米炮、靠騾馬拖曳並且彈藥充足的另一炮兵團。[95] 除了補給問題，國方將領對於新式武器的認識不足，例如將坦克及重炮組成要塞，固定使用，而未能發揮其機動性，致使新式武器對戰力的提升有限。[96]

　　國民政府時期的軍費開支龐大，但是主要用於人事費用，其他開支甚受擠壓。各機關部隊經費常自負盈虧，如有結餘，多用於對作戰有功官兵的獎勵及傷病人員的照顧，與經費領入一時未濟作為周轉之用。如有不足，則以「吃空缺」方式彌補，即遇士兵逃亡，遲日上報，新補士兵，早日上報，餘出曠日糧餉，供單位使用或遭貪汙中飽。因此，出納、軍需多由主官可靠親信充任。[97] 由於部隊補給工作弊端甚多，直接影響到士氣與戰力。蔣介石早在 1933 年的一次演講中即曾指出，一般部隊之所以逃兵多，即為經理不當所致，或是伙食、被服過差，使士兵感到生活痛苦，或是餉項短少遲緩，甚至遭剋扣，使士兵灰心。[98] 至抗戰中期以後，物價上漲，官兵的真實所得也隨之下降。至 1943 年 2 月，美國駐華軍事武官在一份報告中即曾指出，在通貨膨脹前，官兵的月薪，二等兵約為 0.3 美元，上將為 40 美元；但是在嚴重的通貨膨脹下，二等兵的薪餉僅有 0.075 美元，上將則為 10 美元，或許是世界上待遇最差的軍隊。戰時官兵的待遇不但偏低，而且時常拖欠。一項資料顯示，1944 年 8 月時，部隊的軍餉，有的欠一兩個月未發，有的欠三四個月未發，甚至有拖欠半年之久未發下者。在伙食方面，據估計二戰期間，美國陸軍戰地口

---

95　程嘉文：《國共內戰中的東北戰場》，第 87—88 頁。
96　中共軍隊在利用新式武器時也有類似問題。詳見 Victor Shiu Chiang Cheng, "Modern War on an Ancient Battlefield: The Diffusion of American Military Technology and Ideas in the Chinese Civil War, 1946-1949," *Modern China* 35:1 (January 2009), p.48.
97　文顯瑞：〈國民黨軍隊經理淺談〉，《射洪文史資料》第 4 輯，第 22 頁。
98　蔣介石：〈帶兵要領〉，秦孝儀主編《先總統蔣公思想言論總集》卷 11，第 155 頁。

糧，每人每月約 6 磅，日本陸軍為 4 磅，中國陸軍最多時也僅約為 1.6 磅。[99]
1941 年以前，物價上漲尚不嚴重，一般士兵每日三餐，菜雖不多，飯仍可吃
飽；1941 年以後，普遍的現象是「三餐改為兩餐，三菜一湯並為一缽大鍋菜，
最後只是一缽不見油花的菜葉鹽水湯」。[100] 軍人真實所得的急遽下降，使得從
事走私、貪汙等不法活動者增加。部隊「吃空缺」的情況，在抗戰前尚不嚴重，
至抗戰第三年起才日形猖獗。大多數的士兵，吃不飽、穿不暖，加上沒有家庭
實際經濟利益的驅動（如分配土地），使得農民不願當兵，徵補來的士兵也缺
乏士氣和戰鬥力，逃亡現象日益嚴重。至國共內戰期間，國方軍隊竟然成為
中共部隊兵員補充的重要來源。據統計，國共內戰第二年結束時，國方士兵
被俘後加入中共軍隊者已達 80 餘萬人，占當時中共軍隊總人數（280 萬人）
的 28.6%，占中共野戰部隊總人數（149 萬人）的 53.7%。國方士氣的低落，
由此可見一斑。[101] 在醫療方面，由於專業人員和設備的缺乏，病兵的比率及
傷兵的死亡率均偏高。根據一項 1936 年的官方統計，某些部隊每年病兵多至
10%，死亡率有高達 5% 者。[102] 根據日本軍方的估計，日軍每 3 名傷兵中有一
名死亡，而根據抗戰初期一位在華荷蘭軍官的觀察，中國軍隊每兩名傷兵中即
有一名死亡。[103]

　　至於補給方式，從北伐、「剿共」至抗戰，部隊始終依賴就地籌補，糧秣、
副食則發代金，由各部隊就地採購。至國共內戰時期，此種補給方式，在失
去廣大的農村出產的支持後，僅剩消費多於生產的城市，補給自然遭遇困難，
於是不得不依賴後方基地運補，當進一步失去補給線時，就地籌補困難，空中
補給不易，導致若干大兵團最後戰力全失，走上全軍覆沒的道路。[104] 1950 年
4 月，蔣介石在一次演講中也曾指出，中共軍隊以劣勢的裝備，而能持久作戰，
不虞匱乏的唯一原因，即是在於其後勤業務辦得好，平日動員民眾組訓，一到
作戰時，即徹底動員，要民眾擔任軍隊的補給、運輸、救護等工作，因此其後

99　關於抗戰前後國軍官兵的待遇福利，及其對軍隊戰力的影響，詳見張瑞德《抗戰時期的國
　　軍人事》，第 88—99 頁。
100　譚繼禹：《戎馬瑣憶》，出版時地不詳，第 61 頁。
101　汪朝光：〈全面內戰初期國民黨軍事失利原因之辨析〉，《民國檔案》2005 年第 1 期，
　　第 105 頁。
102　該書編纂委員會編《何應欽將軍九五紀事長編》上冊，黎明文化公司，1984，第 570 頁。
103　Ger Teitler & Kurt W. Radtke eds., *A Dutch Spy in China: Reports on the First Phase of the Sino-
　　Japanese War, 1937-1939* (Leiden: Brill, 1999), p. 147.
104　《國軍後勤史》第 5 冊，「國防部史政編譯局」編印，1991，第 286—287 頁。

勤補給在戰場不發生重大困難。相較之下，我們的後勤，不論是經費、糧秣、槍械彈藥、衛生，則沒有一件可以適時適地按照要求辦妥，均比不上中共軍隊。[105] 例如軍事單位在徵用民夫時，付給的人力價格經常過低，不足維持民夫的生活及工具成本，致使民眾對軍運多畏縮不前。在抗戰時期，由於民眾反日情緒高漲，動員民夫尚且較為容易，至國共內戰期間，民眾即出現相率逃避，甚至自行毀壞工具的現象。相反，中共軍隊對於農村民夫的動員卻十分成功。據指揮淮海戰役的中共將領回憶，中共所以贏得勝利的因素有二，一是農民的小推車，二是大連（名義上歸蘇聯統治）的炮彈。在此次戰役中，中共自蘇、魯、豫、皖、冀五省，共徵發民工 500 餘萬人。這些民工所使用的工具僅有擔架 23 萬副，大、小車 80 萬輛，沒有運輸工具者，則採肩挑人背。他們在兩個多月內，共轉運傷患 11 萬人，送達前線糧食 5.7 億斤，彈藥物資 330 萬噸。中共之所以能夠自廣大的農村動員如此多的民夫，使用最原始的運輸工具，供應前方軍人糧食和彈藥不虞缺乏，主要在於土地革命的配合。[106]

國方既無力動員民夫，後勤人員勢必大幅增加。根據一項統計，抗戰時期 500 萬人部隊中，有 300 萬後勤人員，加上軍醫、軍需、文書及勤務人員，平時均不注意戰鬥教練，[107] 頗為影響戰力。

蔣介石個性剛毅，堅忍卓絕，長於政治謀略，對於軍事，並非高明。論帶兵，尚稱成功；論練兵與用兵，則難謂一流。早年擔任黃埔軍校校長，採用蘇聯紅軍模式創建國民革命軍。這支革命武力在蘇聯的協助下，不論在軍官素質、武器裝備，或是部隊組織、訓練與紀律上，均較地方軍系的部隊為優異，[108] 加上蔣對地方軍系，採取軟硬兼施的策略，利用情感上的籠絡和金錢上的收買，並以武力作支撐，最後得以完成北伐，統一全國，並和強敵日本對抗。蔣的意志力堅強，以落後的武器裝備、與一戰期間歐洲軍隊相近的戰鬥力，以及簡陋的戰爭動員體系，以空間換取時間，終將日軍拖垮。

國方戰後所面對的中共軍隊，則是一支性質完全不同的軍隊，也是中國

---

105　蔣介石：〈軍事機關部隊建立制度改進業務之要點並說明軍隊科學化的重要〉（1950 年 4月），秦孝儀主編《先總統蔣公思想言論總集》卷 23，第 177 頁。

106　陳永發：《共產革命七十年：從革命奪權到告別革命》，聯經出版公司，1988，第 413—414 頁。

107　《萬耀煌將軍日記》下冊，湖北文獻社，1978，第 294 頁。

108　Aleksandr Ya Kalyagin, *Along Alien Roads* (New York: East Asian Institute, Columbia University, 1983. ), p.36.

歷史上前所未見的黨政軍一體化戰鬥體。毛澤東根本未曾受過正式的軍事訓練，但是知人善任，並能充分授權，其手下將領得以充分發揮潛能及創造力，獨立建立根據地，並靈活指揮作戰。和國方不同，中共軍隊不重視一城一池的得失，也不在乎國際輿論的看法。更重要的是中共的黨政軍完全軍事化，指揮統一。在兵力補充上，以廣大的民兵作基礎，由民兵而軍區部隊而野戰軍，屬於寶塔式的組織，兵力可以循級升補；[109] 此種循序漸進的「升級制」，同時也緩和了農民進入正規部隊之後所產生的不適應，[110] 使得逃亡的現象減少，戰力也得以保存。經過土改後，兵源充足，又收編了大批投誠的偽軍，[111] 兵力也得以擴充。在人事運用上，由於意識形態掛帥，因此可以不顧歷史（資歷）與情感上的關係。部隊各種決策，除了指揮之外，大多需經士兵參與討論，增加了士兵的向心力。中共幹部不准擁有私產，軍隊也不需要發官兵薪資，只要供給吃穿即可，不如國方需支付巨額軍餉。中共軍隊進入東北後，又得到蘇聯的軍火、物資援助，並學習到大兵團作戰、後勤、裝甲戰術等技能，[112] 戰力不斷提升。

相對的，國方則統帥用人不當，對將領未能充分授權，指揮系統層級過多，不僅資訊層轉耗時，且易洩密，蔣只得以手令或電話越級指揮。長此以往，下級縱有指揮長才，也無法發揮，甚至逐漸喪失自主及應變能力。在幾次關鍵性的戰役中，國方的戰略失當、戰術陳舊、情報與反情報能力俱劣、兵力及火力分散使用、後勤補給無法滿足部隊需要等缺點充分暴露。國民政府並於戰後召開國民大會，選舉總統，並與中共和談，政策舉棋不定，對於軍事行動產生掣肘的力量；又無力遏止惡性的通貨膨脹，影響士氣民心甚巨，最後敗於中共之手，乃勢所必然。

1949 年，國民黨政府撤守臺灣，軍心士氣不振，而中共攻臺危機未減。蔣介石痛定思痛，積極推動各項改革。在軍事上，一方面進行世代交替，重用

---

109　國民政府抗戰時期所轄的縣、鄉自衛隊，則虛而不實，省保安人數不多，正規部隊卻有多至 300 餘個師，為立錐式的組織，兵力無從升補。參閱戴高翔〈不堪回首話農村〉，《高翔文存》，川康渝文物館，1983，第 47—48 頁。

110　Yung-fa Chen, *Making Revolution: The Communist Movement in Eastern and Central China, 1937-1945* (Berkeley: University of California Press, 1986), p.386. 國民政府的徵兵，則大多採隨徵隨用的方式，常無暇充分訓練即赴派戰場。

111　劉熙明：《偽軍——強權競逐下的卒子（1937—1949）》，稻鄉出版社，1992。

112　Odd Arne Wested, *Decisive Encounters: the Chinese Civil War, 1946-1950* (Stanford: Stanford University Press, 2003), p.120.

孫立人等新生代將領，以取代何應欽、顧祝同等老將，並以其長子蔣經國主導軍隊政工系統的重建；另一方面則延攬日籍軍事顧問協助建軍備戰，加強臺灣及外島防務。1950 年 6 月朝鮮戰爭爆發，美國宣布「臺海中立化」政策，第七艦隊開始巡弋臺灣海峽，並派遣軍事顧問團來臺，恢復對臺軍援，[113] 歷史至此進入另一個新的階段。

113　楊維真：〈蔣中正與來臺初期的軍事整備〉，載黃克武編《遷臺初期的蔣中正》，中正
　　　紀念堂，2011，第 513—514；張淑雅：《韓戰救臺灣？解讀美國對臺政策》，衛城出版社，
　　　2011，第 21 頁。

# 第七章　革命的底層動員：
## 中共早期農民運動的動員・參與機制

　　20 世紀的中共革命，幾乎以「群眾運動」貫徹始終。研究中共革命，不能不探究其「群眾運動」的起源和機制。長期以來，國內主流史學的相關研究，多著眼於黨的群眾路線的闡釋和群眾運動過程的描述，而對群眾運動的動員參與機制卻少有探討。黨如何動員？群眾如何參與？黨的政治動員策略與群眾集體行動的自主性邏輯之間存在著一種什麼樣的互動關係？持續數十年的群眾運動，是否形成了一以貫之且獨具特色的運動模式，而在不同時期又具有哪些不同的特點？諸如此類的問題均值得深入研究。相比之下，西方學界對中共的群眾動員有過相當熱烈而深入的探討，而其基本關懷在探尋中共革命「成功」的要素，或毛澤東時代群眾動員的「非凡」性機制。亦因為此，其相關研究，多注目延安時期至「文革」時期，甚至將 1949 年以後的革命模式，都歸之為「延安道路」的產物，而相對忽略了中共早期尤其是陳獨秀時代群眾運動的研究。因陳獨秀時代的「國民革命」在 1927 年以「失敗」告終，國內主流史學長期沉迷於清算導致大革命「失敗」的右傾機會主義錯誤，而西方學界也難免輕忽和漠視「失敗」時期的中共及其領導的群眾運動。

　　其實，陳獨秀時代在中共歷史上的重要意義，學界尚缺乏足夠深入的認知。在短短的六年時間裡，中共成長為一個擁有近 5.8 萬黨員、3.7 萬團員的組織，還有在其領導下的 290 餘萬工會會員、900 餘萬農會會員和 15 萬童子團，其組織觸角輻射全國大部分地區和各階層民眾。[1] 從工、農、學，到青、

---

\* 本章由王奇生撰寫。
1　中共中央組織部等編《中國共產黨組織史資料》第 1 卷，中共黨史出版社，2000，第 10—

少、婦，如此範圍廣泛、規模宏大的群眾，在短時間內被納入現代政黨的組織體系中並有效動員起來，在中國歷史上是前所未有的。尤其值得注意的是，陳獨秀時代，中共沒有奪取政權、奪取軍權的思想，幾乎全心全意致力於群眾運動。[2] 換言之，陳獨秀時代的共產黨是一個沒有武力、沒有地盤、純粹以宣傳組織動員群眾為目標的「非暴力」革命黨。正是在這一過程中，中共奠定了其群眾路線和群眾運動的基本模式與路徑，在「摸著石頭過河」的情況下，積累了豐富的策略、技巧與經驗，也養成了一些難以克服的流弊及其帶來困擾，並在此後數十年的群眾運動中反覆呈現。

陳獨秀時代的群眾運動，涉及工人運動、農民運動、學生運動、婦女運動等諸多方面。本章無法全面探討，僅就早期農民運動的動員、參與機制，進行一些概略性的描述和分析，無意做全面的史實重建，更無意「顛覆」前人的相關研究，只是在前人研究的基礎上，重點關注某些過去被無意忽略或被有意遮蔽的面相。因廣東和湖南兩省農運相對比較發達，且留下較為豐富的資料，故本章的討論將以粵湘兩省為中心展開。

## 一、群眾的號召與動員

在一般社會學家看來，群眾是一群缺乏同質性的「烏合之眾」，要將其組織動員起來並加入到集體行動之中，是一項艱巨而複雜的工程。相對於城市工人和青年學生，鄉村農民愚昧保守、分散落後，要動員起來更為不易。亨廷頓分析過諸多國家的歷史案例，指出：「革命之所以很少發生，在很大程度上就是由於知識分子與農民難以並行……形成革命聯盟的障礙來自於這兩個集團在背景、觀點和目標上的差異。一方是城市的、中產或中上層階級的、受過教育的、西方化和都市化的知識分子，另一方是鄉村的、落後的、不識字的、文化上屬傳統型的、地方性的農民。雙方之間存在的社會鴻溝，其差距之大不亞於人們都能夠想像的任何兩個社會集團之間所存在的距離。他們之間的溝通與理解是一個極大的問題。」[3]

---

12 頁；中共中央文獻研究室編《任弼時年譜（1904—1950）》，中央文獻出版社，2004，第 67 頁。

2　這一點，李維漢做過很好的闡述，見氏著《回憶與研究》（上），中共黨史資料出版社，1986，第 124—135 頁。

3　〔美〕亨廷頓：《變革社會中的政治秩序》，王冠華等譯，三聯書店，1988，第 276—277 頁。

早在 1923 年，陳獨秀就在寫給共產國際的報告中稱：根據中國的經濟條件和文明程度，只能進行國民革命。中國 70％以上的人口是農民，農民的發展水準很低，把農民吸引到國民革命運動中來不是輕而易舉的事。[4] 中共廣東區委在1926年的一份報告中也認為農民有六大先天性的弱點影響其參加革命：不能集中；地方主義色彩濃厚；迷信很強；自信力薄弱；民族觀念很深；家族主義的關係和觀念很強固。「這六個弱點，都是革命程途中的大阻礙，有其一便不能革命。農民是天生成有這六種弱點，所以要農民起來革命，實在是很不容易的事情。」[5]

陳獨秀當年的顧慮，至今仍為很多研究中共革命的學者所認同。如有學者指出：「中國革命是一組反差強烈的因素的產物：一方面是幾乎不識字或很少識字，許多人甚至連縣城也沒有去過的農民大眾，另一方面則是由共產主義精英所宣導的宏大意識形態和改造社會的巨大工程。」[6] 以城市產業工人為階級基礎的無產階級政黨，要將高遠的意識形態與愚昧保守的底層農民發生互動，是一件特別艱難的事。

亦因為此，中共依靠農民進行革命並最終取得勝利，一直被認為是一個不解之謎，也一直成為西方學界反覆探討的問題。在眾多的解讀中，最具影響力的解釋有二：一是日本人的入侵，為中共在農村組織發動一場民族主義運動提供了黃金機會。共產黨利用了農民因日本侵略而激發起來的民族情感。也就是說，是民族主義而不是社會主義成為中共與農民團結起來的關鍵。二是中共通過土地改革，解決了農民最迫切的實際問題，農民因此被吸引到革命中來。[7]

對於後者，早在 1923 年共產國際給中共中央以及青年共產國際給青年團中央的指示中，就有相似的看法：反對帝國主義的同時，必須進行土地革命，沒收地主土地分配給農民，使農民感到有好處後，才能吸引其參加革命，並吸

4　〈陳獨秀給薩法羅夫的信〉（1923 年 7 月 1 日），《聯共（布）、共產國際與中國國民革命運動（1920—1925）》，中共中央黨史研究室譯，北京圖書館出版社，1997，第 261 頁。

5　〈廣東農民運動報告〉（1926 年 6 月）廣州農民運動講習所舊址紀念館編《廣東農民運動資料選編》，人民出版社，1987，第 54 頁。

6　郭于華、孫立平：〈訴苦：一種農民國家觀念形成的中介機制〉，《中國學術》2002 年第 4 輯，第 505 頁。

7　馬克・賽爾登對西方學界自 20 世紀 40 年代至 90 年代有關中共革命的研究，做過一個很好的總結。見氏著《革命中的中國：延安道路》一書中文版「後記」，魏曉明等譯，社會科學文獻出版社，2002，第 268—269 頁。

引其參加到捍衛這些成果的鬥爭中來，中國革命才能取得勝利。[8] 在共產國際的認知中，要發動農民起來革命，必須通過物質利益的驅使，而對農民來說，土地無疑是最大的物質利益。

然而，1920 年代的農民運動呈現出一些不同的面相：一是中共在人員極少、時間極短的情況下，卻發動了數百萬農民起來。二是農民發動起來了，而土地問題尚未提上議事日程。延安時期中共動員農民參加革命的兩大「法寶」，在 1927 年以前基本都不具備。國民革命雖以「打倒帝國主義」為訴求，但 1920 年代其實是帝國主義侵略和壓迫中國最和緩的時期。在此期間，中共雖然以五卅慘案為契機，在城市發起了一場規模宏大的反帝愛國運動，但同時期的農民運動顯然沒有藉助民族主義的東風。

而土地問題，直至 1927 年國民革命失敗，中共中央尚未將其提上議事日程，更不必說運用於農民運動的實踐中作為動員農民的手段。

然而，1920 年代的農民運動，其規模與聲勢，已是相當可觀。

1921 年 9 月，沈定一在浙江蕭山最早發起農民運動，僅一兩個月時間，即有蕭山、紹興、上虞三縣 80 多個村莊相率建立農民協會，共有 10 餘萬農民被動員起來。[9]

1922 年 5 月，彭湃在廣東海豐開展農民運動，「初時農民尚不相信彭湃，後來農民之趨農會，恍如二十年前鄉人之趨向天主教」。「農會的發展，真是叫做一日千里！」「一年中，其運動區域由一、二鄉擴大至五、六縣，其加入員數由數十人增加到二十餘萬人。進步之急速，殊足惹人注意。」[10]

沈定一和彭湃兩人雖然均是中共早期黨員，但他們最初開展農民運動時，均是以個人之力自發進行的。兩地的農民運動雖然沒有維持多久就被鎮壓下去了，但從農運的過程來看，在短時間內將如此大規模的農民動員起來，似乎沒有想像的那麼艱難。

---

8　〈布哈林對共產國際執委會東方部給中國共產黨第三次代表大會的指示草案的修正案〉（1923 年 5 月）、〈青年共產國際執委會給中國社會主義青年團中央委員會的信〉（1923 年 5 月），《聯共（布）、共產國際與中國國民革命運動（1920—1925）》，第 254—257 頁。

9　中共浙江省黨史資料徵集研究委員會、中共蕭山縣委黨史資料徵集研究委員會編《衙前農民運動》，中共黨史資料出版社，1987，第 1 頁。

10　李春濤：〈海豐農民運動及其指導者彭湃〉（1923 年 11 月 7 日），中共海豐縣委黨史辦公室、中共陸豐縣委黨史辦公室編《海陸豐革命史料（1920—1927）》第 1 輯，廣東人民出版社，1986，第 91、119、123 頁。

　　大規模的農民運動，隨著 1924 年國民黨改組、國共合作以及 1926 年北伐戰爭的推進而風起雲湧。在短暫的兩三年間，農民運動相繼在全國 17 個省區大範圍展開。到 1927 年 6 月，全國有 5 個省（廣東、湖南、湖北、江西、河南）成立了省農民協會，201 個縣成立了縣農民協會，會員總數超過 900 萬。[11]

　　1927 年 7 月，國共關係徹底破裂，農民運動隨之消沉。從中共的立場而言，國民革命宣告失敗。國內主流史學對 20 年代國民革命的看法，一直籠罩在「失敗史觀」之下。研究者的興趣聚焦於找尋革命「失敗」的原因，而對革命「成功」的一面往往視而不見。在農民運動問題上，歸咎於陳獨秀的右傾機會主義沒有解決土地問題而導致失敗。改革開放以後，學界又將早期湖南農民運動的「過火」視為「文革」群眾暴力之源，轉向另外一種「失敗史觀」。其實，如果換一角度觀察，一個成立僅五六年的政黨，能在兩三年間，發動如此規模宏大的農民運動，堪稱一大奇蹟，而探尋奇蹟的內在機制，比追究革命「失敗」的責任，可能更具有歷史學的意義。

　　1926 年，惲代英在五週年紀念時說過這樣一段話：「五卅運動是全國數百萬人共同聯合起來的一件大運動，在普通的人一定以為是一件頂難的事情，但是有了相當的宣傳和組織，並得到了相當的機會，實際是很容易號召起來的。」「我們不要把革命看得太難，只要我們努力，就可以使革命成功。」[12]這雖有革命者自我鼓氣的成分，但也反映了當時很多中共黨人普遍存在的一種自信心態。五卅運動是中共領導的第一次具有全國性規模和影響的城市群眾運動。是時的中共還是一個不足四年黨齡、不足千名黨員的小黨。黨員以青年知識分子為主，沒有發動和領導大規模群眾運動的經驗。而五卅運動竟轟轟烈烈並且持續達數月之久。中共黨人由此覺得動員群眾並沒有原先想像得那麼難，群眾其實是很容易號召起來的。這一看法，其實也適用於隨後而起的農民運動。

　　1926 年，中共廣東區委在向中共中央彙報廣東農民運動時即聲稱：「我

---

11　曾憲林、譚克繩主編《第一次國內革命戰爭時期農民運動史》，山東人民出版社，1990，第 265 頁。

12　惲代英：〈五卅運動〉，上海社會科學院歷史研究所編《五卅運動史料》第 1 卷，上海人民出版社，1981，第 7、17 頁。

們現在到農村裡去宣傳時，往往不到半點鐘便可以使他們成立農民協會。」[13] 當然，我們說農民容易動員起來，並不意味著農民運動的發動無需任何主客觀條件。彭湃對其在海豐發動農民運動的最早實踐，做過一個細緻的描述，尤其繪聲繪色地講其最初發動農民運動之艱難，給人留下極其深刻的印象。然而相隔四年後中央農運特派員下鄉發動農民運動時，「不到半點鐘便可以使他們成立農民協會」，情形似乎大變。中共廣東區委將後者歸之於「農民痛苦的自覺」。但就廣東而言，1923—1926 年，農村不安與農民痛苦並沒有突變。突變的只是政治。

## 二、政治生態環境

第一次國共合作時期，在國民黨控制的南方數省，中共一方面可以打著國民黨的旗幟公開活動，另一方面又保持自己政黨的獨立性而合法存在，有點類似參政黨。但中共沒有自己的地盤，沒有自主控制的局部政權，又似在野黨。在這樣一種情況下，中共領導的群眾運動，與 1927 年以後的蘇區、根據地和 1949 年執政以後的群眾運動，其政治處境均大為不同。1949 年以後固不用說，即使在蘇區和抗日根據地，中共的群眾運動（主要是農民運動）一般是在自己控制的地盤內開展的。而這一點恰恰是很多研究中共群眾運動的學者所忽略的。實際上，群眾運動的開展，與政治生態環境密切相關。

國民黨在 1924 年改組以前，基本上是一個以知識精英為主的政治集團，非常有限的一點群眾基礎，不是會黨，就是海外華僑，與中國國內絕大多數民眾幾乎不發生關係。直至 1924 年改組後，國民黨才開始重視民眾運動。國民黨一大後，中央黨部先後設立了農民部、工人部、青年部、婦女部和商人部，作為領導民眾運動的機構。工運、農運計畫及相關的政策法規也相繼頒布。然而國民黨人多不願從事下層民眾運動的工作，其工作乃由加入國民黨的中共黨人來承擔。由此一來，國共兩黨合作的形態，逐漸呈現國民黨主要做上層工作，共產黨主要做下層工作的分工格局。[14] 對於民眾運動，國民黨側重由自上

---

13　〈廣東農民運動報告〉，《廣東農民運動資料選編》，第 54 頁。

14　1927 年 2 月 24 日，顧孟餘在武漢國民黨中央常會上感慨道：「現在可有一種危險，是國民黨差不多專做上層的工作，中央黨部、國民政府都是國民黨的同志多。至於下層的民眾運動，國民黨員參加的少，共產黨員參加的多，因此形成一種畸形的發展，很像國民黨是在朝黨，共產黨是在野黨的樣子。」見顧孟餘〈武漢二屆三中全會提案大綱之說明〉，蔣永敬編《北伐時期的政治史料》，正中書局，1981，第 111 頁。

而下，以政府法令政策來推行；共產黨則著重自下而上，發動黨員團員下基層
動員群眾。

　　具體到農民運動，中共廣東區委在廣東農民運動的內部報告中，有過這
樣的描述，大體反映了 1920 年代國共兩黨的關係：「許多人固然要說有了國
民黨的改組，國民黨規定了農民運動的政策後，所以農民運動才有長足的進
步。但是……現在國民黨中央黨部農民部的特派員差不多百分之九十九是我們
同志。我們實際做了農民運動，把名譽送給國民黨，可以說是我們成功不居，
若是我們不去做農民運動，所謂農民協會不知道現在還在什麼地方……現在從
表面看，廣東農民運動，好像是國民黨的工作，做好了是國民黨的名譽，但是
自從農民運動起首直到現在，都是我們同志做實際工作。換句話來說，就是廣
東農民運動的實際責任是我們同志負擔，名譽卻完完全全送給國民黨去了。」[15]
北伐以前，從國民黨中央農民部、廣東省黨部農民部、省農民協會，到各縣的
農會和農運特派員，實際均受中共廣東區委的領導。

　　這個時期，中共的農民運動不僅是在國民黨的旗幟下進行，也主要在國
民黨統治區開展。農民運動雖然涉及 17 個省區，重點其實在國民黨控制下的
廣東、湖南、湖北、江西等數省。中共承認：「在國民黨統治之下，農民得到
了相當的自由能夠公開組織……這實是農民運動興起的一個原因。」[16] 很明顯，
「很容易號召起來」的是國統區的農民，非國統區的農運因政治環境不良而相
對艱難。

　　落實到具體時空，政治生態環境對農民運動的影響更為清晰。韓國學者
柳鏞泰專門就 1920 年代兩湖與廣東的農運進行過比較研究。他根據 1927 年
6 月全國農會會員的統計數字，觀察到不同省分之間的巨大差異：湖南有 450
萬，湖北有 280 萬，而廣東只有 80 萬。[17] 他據此提出疑問：廣東在國共合作
下最先受到黨政軍的支援，農民協會首先在廣東成立，但為什麼兩湖的農運
規模反而超過廣東？他非常敏銳地注意到廣東公田比兩湖多是一個重要因素，
因為以族田為主的公田多，在此基礎上的宗族勢力強大，民團武力發達，從而

15　〈廣東農民運動報告〉，《廣東農民運動資料選編》，第 55、104—105 頁。
16　〈廣東農民運動報告〉，《廣東農民運動資料選編》，第 55 頁。
17　湖北、廣東的數字，因統計來源不同而與表 7-1 內數字有出入。

妨礙農民協會的組織。[18] 不過，他忽視了另一個關鍵因素，即政治生態環境的變化對廣東與兩湖地區農運的影響。

柳鏞泰只注意到 1927 年 6 月的農運統計數字，如果對比 1926 年 6 月的農運統計數字（見表 7-1），就會發現，1926 年 6 月廣東農會會員人數已達 64 萬多人，而湖南只有 3.8 萬人，湖北只有 4000 餘人。也就是說，在北伐前，廣東是全國農運的中心區域。北伐開始後，農運的地域格局才發生變化，而這一變化，從地域社會經濟結構上難以解釋。因為一個地域的社會經濟結構是長期形成的，且不大可能在短時間內發生突變。關鍵的影響因數還是政治。

### 表 7-1 部分省區農會會員統計

| 省分 | 1926 年 6 月 | | 1927 年 6 月 | |
|------|------------|------------|------------|------------|
| | 會員數（人） | 占全國百分比（%） | 會員數（人） | 占全國百分比（%） |
| 廣東 | 647766 | 66.0 | 700000 | 7.6 |
| 湖南 | 38150 | 3.9 | 4517140 | 49.4 |
| 湖北 | 4120 | 0.4 | 2502600 | 27.3 |
| 江西 | 1153 | 0.1 | 382617 | 4.2 |
| 河南 | 270000 | 27.5 | 245500 | 2.7 |
| 陝西 | 1000 | 0.1 | 705160 | 7.7 |
| 全國 | 981442 | 100 | 9153093 | 100 |

資料來源：根據〈一九二六年和一九二七年全國農民協會會員的兩個統計〉綜合製作，見《第一次國內革命戰爭時期的農民運動資料》，人民出版社編輯出版，1983，第 65—66 頁。

說明：（1）1927 年全國農民協會會員的總數，不包含江蘇，江蘇有會員二三十萬。

（2）各省農會會員統計數，因資料來源不同而有差異。如湖南農會會員數 1927 年 5 月就有 600 萬、500 餘萬等不同的說法。見《湖南農民運動資料彙編》第 35、40 頁。

廣東作為國民黨改組後的革命根據地和首善之區，在北伐以前是國民黨所能控制的主要地盤。這一階段，國民黨「對於農民運動之工作，幾注全力以宣傳組織廣東一省之農民」。[19] 國民黨「扶助」農民運動的政策，為中共在廣東開展農民運動提供了政治保障。基於此，北伐以前廣東成為全國農民運動的

---

18　〔韓〕柳鏞泰：〈國民革命時期公產、公堂問題——兩湖與廣東農民運動之比較〉，《民國研究》總第 5 輯，1999 年，第 5—20 頁。

19　《中國農民運動近況》，中國國民黨中央執行委員會農民部編印，1926，第 3 頁。

中心區域自不難理解。問題是，1926 年 7 月北伐開始後，在兩湖農運隨軍事的推進而迅猛發展時，廣東的農運為何停滯不前了？

北伐之初，中共廣東區委即注意到：「現在北伐了，廣東既已統一，所以國民黨左派並不需要廣東的農運了，只需要北伐道上的農運了。」[20] 也就是說，國民黨「扶助」農民運動，具有明確的現實政治考量：北伐以前，國民黨需要藉助廣東農民的力量平定商團叛亂、東征和統一廣東；北伐開始後，廣東成為後方基地，國民黨需要廣東政治安定和提供財政支持，加之國民黨左派多隨軍隊北上，留守廣東的軍政勢力多為國民黨右派，因之廣東農運在北伐開始後不僅沒有隨著革命形勢而高漲，反而遭到抑制而低落。[21]

一般認為，農民對政治麻木、冷漠。其實農民並非沒有政治嗅覺。他們對農會的態度，在很大程度上隨政治與軍事局勢的變化而波動。1926 年 10 月，一位農運特派員在一份關於廣東清遠農民運動的報告中寫道：清遠農運完全以政治形勢的變化為轉移，最初因得到省政府的幫助和縣政府的扶植，「一般農友皆以依賴政府之心而興起，不特農民，如一般土豪劣紳，亦變相而混入農會，為自救而投機，風聲所播，不一月而組織甚眾。」後因縣長更動，新上任的縣長對農會的態度消極，革命軍大部分離粵北伐，隨後又傳來北伐軍在長沙受挫的消息，土豪劣紳趁機造謠，農民因之恐懼，農會也大為動搖。「鄉民疑慮非常，欲加入協會者，亦遲徊觀望。」[22] 廣東清遠農民對農會的態度，明顯受到政局變化和北伐軍事進程的影響。類似的情形其實很普遍。與農民相比，地主紳士更是見風使舵：「農會初成立時，一般紳士都說農會的壞話，後來農會發展了，他們又想投機加入農會。」[23] 各地都有類似的情形。

隨著北伐戰爭的迅猛推進，湖南、湖北相繼成為國民黨的統治地盤。國民政府也於 1927 年 1 月由廣州遷至武漢，湖北成為國民革命的中心區域。不過，在 1927 年上半年，無論是農會會員人數，還是農運的實際聲勢，湖南都明顯超過了湖北。從某種意義可以說，湖南農運有些超常發展。這種超常發展

---

20 〈廣東農民運動報告〉，《廣東農民運動資料選編》，第 99 頁。

21 有關國民黨與廣東農民運動的研究，可參見梁尚賢〈國民黨與廣東農民運動之崛起〉，《近代史研究》1993 年第 5 期；鄭建生〈動員農民：廣東農民運動之研究（1922—1927）〉，臺灣師範大學歷史研究所碩士學位論文，1992。

22 黃克：〈清遠農民運動報告〉（1926 年 10 月 20 日），中國國民黨黨史館藏五部檔：部11466。

23 〈廣東農民運動報告〉，《廣東農民運動資料選編》，第 79 頁。

的原因雖然複雜，而政治生態環境仍是關鍵所在。

清末以來，湖南有維新、革命的傳統，五四新文化運動中，湖南是比較發達的地區之一。1920 年代初期，趙恆惕打著「湘省自治」的招牌，湖南的政治環境一度比較寬鬆，為中共黨團活動提供了相對便利條件。[24] 其後，趙恆惕於 1925 年 3 月被迫出走，唐生智主政。唐氏為鞏固權位，傾向廣東國民政府，1926 年北伐軍入湘並克復湖南後，以唐生智為首的省政當局，與中共形成了相當良好的互動關係，對於群眾運動也採取比較開明的態度，從而為工農運動提供了國內少有的政治空間。

而唐生智之所以與中共保持良好的互動關係，甚至有意「迎合」中共，又與中共在湖南的強勢有關。陳獨秀時代，湖南是中共力量最強大的地區之一。[25] 1924 年國民黨改組前，湖南的國民黨組織已蕩然無存，是中共湖南區委幫助國民黨重建了省黨部。[26] 1926 年 3 月中山艦事件以前，湖南國民黨省黨部實際由中共「包辦」。中山艦事件以後，中共「怕當主人，認為當了主人就將破壞聯合戰線」，有意「讓位」，「有意扶植國民黨出來執政」。[27] 無奈國民黨左派一時無法自立，故湖南的國民黨省黨部和多數縣黨部實際仍由中共主導。國民黨省黨部派赴各縣的農運工作人員，也大多是中共黨員。湖南幾乎成了中共的天下。李維漢在 1923—1927 年擔任中共湖南區委主要領導職務。他在晚年回憶錄中說，北伐時期，中共湖南區委的政治主張，主要通過國民黨省黨部推動省政府去實施。亦因為此，「湖南的國民黨，在北伐期間好像是整個的左傾」。[28]

北伐時期，唐生智的思想相當左傾，[29] 在其影響下，湖南省政府的一批核

---

24　1923 年，鄧中夏就注意到，就全國政治環境而言，湖南和北京相對比較自由。見〈鄧中夏關於中校移專及北京革命形勢活動意見等問題給國昌諸同志的信〉（1923 年 12 月 16 日），《北京革命歷史文件彙集》第 1 集，中央檔案館、北京市檔案館編印，1991，第 32 頁。

25　據 1927 年 5 月的統計，中共黨員總數為 57967 人，其中湖南有 20000 人，約占 35％；全國團員總數 37638 人，其中湖南有 7080 人，約占 19％。見《中國共產黨組織史資料》第 1 卷，第 39、398、451 頁；《任弼時年譜（1904—1950）》，第 67 頁。

26　〈湖南省黨務報告〉，見李雲漢主編《中國國民黨黨務發展史料：組織工作》（上），中國國民黨黨史會出版，1993，第 16—17 頁。

27　李維漢：《回憶與研究》（上），第 125 頁。

28　李維漢：《回憶與研究》（上），第 85 頁；〈湖南革命的出路〉（1927 年 4 月），《湖南農民運動資料彙編》，第 351 頁。

29　在當時中共一般的認知中，唐生智被定為「中派」，李維漢晚年認為唐生智是「中左」（《回憶與研究》（上），第 138 頁），而筆者從這一時期唐生智的大量言行判斷，完全可以將

心領導人物亦多左傾，積極支援工農運動。按後來國民黨方面的說法，「唐生智既要藉共黨為護符，當然要設法逢迎其領袖，乃特派其最親信與最長於拍馬之一員良將鄧壽荃，專司其事。時鄧長湘省建廳，金融充裕，尤便工作」。「唐生智離湘督師，將主席職務，交由張翼鵬代理。張一介武夫，素無政治頭腦，幸當時湘省政治，悉為共黨主持，一切設施，張皆順承其意旨而行。」[30]省政府及所屬各廳如建設廳、民政廳、高等檢察廳等均先後下達訓令和通告，要求各地方行政官吏切實保護農工利益和支持農民運動。省政府建設廳還月撥經費 3000 元給省農協，另批 2 萬元在各縣辦農民訓練班。省農民部月准農運費 4000 元，各縣署另撥給縣農協每月 100 元至 300 元不等。[31]唐在湖南各縣市的留守部隊對工農運動採取不干涉的中立態度。[32]另據國民黨中央政治委員會會議記錄，1927 年 4 月 18 日，湖南省黨部派了 3 個代表來向中政會報告說：「（土地問題）省黨部同省政府曾經為此事討論過多少次，結論是要將一切土地收歸國有，不過收歸的時期同收歸的辦法還沒有決定。」[33]國民黨湖南省黨部與省政府在全國率先做出土地收歸國有的決策，雖然未能付諸實踐，但足可見其激進程度。下面這段話，引自 1927 年 4 月發表的《國民黨湖南省黨部劃除反革命派宣言》，言辭與觀念之激烈，更可見一斑：

> 革命派與反革命派，勢不兩立，不是革命派推翻反革命派，便是反革命派推翻革命派。這是事實與歷史的證明，絕無否認之餘地。如果革命派與反革命派調和、妥協，便是革命派向反革命派投降，革命二字便會不榮譽的宣布死刑。因為革命字典中只有「爭鬥」、「徹底」等字眼，絕對找不出「調和」、「妥協」等壞名詞。基於上述理論，是革命派打倒反革命派，為革命過程中一種必然的手段。「我不打倒敵人，敵人必打倒我」，「對反革命派姑息，便是對革命殘忍」。革命的手段，

---

其定為「左派」。當時有農民運動講習所的學生即認為唐「甚左」。見〈農所學生鄧良生致陳克文函〉（1927 年 2 月 12 日），中國國民黨黨史館藏五部檔：部 11552。

30　湘民：〈馬日事變以前之湖南〉，《社會新聞》第 1 卷第 17 期，1932 年，第 351、371 頁。

31　〈省政府對於農民運動的宣言〉（1926 年 8 月）、〈湖南建設廳保護農運之通告〉（1926 年 9 月）、〈湖南省政府轉發國民黨中央訓令〉（1926 年 11 月）、〈湖南省高等檢察廳訓令〉（1926 年 11 月）、〈民政廳切實保護農工訓令〉（1927 年 1 月）、〈湘區書記報告〉（1926 年 10 月 22 日），《湖南農民運動資料彙編》，第 204—212、93 頁。

32　李維漢：《回憶與研究》（上），第 85—87 頁。

33　〈中國國民黨中央執行委員會政治委員會第十三次會議速記錄〉（1927 年 4 月 18 日），中國第二歷史檔案館編《中國國民黨第一、二次全國代表大會會議史料》（下），江蘇古籍出版社，1986，第 1063 頁。

　　原來是如此的。[34]

　　正是中共在湖南的強勢，及其影響下的國民黨省黨部、省政府和唐生智的左傾，為工農群眾運動和民主運動的開展提供了便利條件和難得的政治機會。這是湖南政治生態的獨特之處，也是湖南農運超常發展的關鍵所在。1927 年 5 月馬日事變後，轟轟烈烈的湖南農運一落千丈，同樣是留守軍官政變、唐生智轉向與湖南政治環境惡化的直接結果。

　　群眾運動的興衰，與政治環境密切相關。在適宜的政治環境下，群眾運動很容易號召起來。同樣，多大規模的群眾運動也經不起政治、武力的摧折。這幾乎是所有群眾運動的一個基本特性。1927 年以後中共的群眾運動，是在其直接控制下的蘇區和抗日根據地進行，最大的問題其實不是動員不足，而是動員過度。無論是局部地盤，還是全國性政權，以革命黨兼執政黨的力量發動群眾運動，群眾或為政治參與激情所吸引，或為「奉旨革命」的利益所誘惑，或為政治環境的壓力所驅使，很容易形成「過度動員」的局面。[35]

## 三、農運講習所與特派員機制

　　無論是沈定一，還是彭湃，他們最初在各自家鄉開展農民運動時，充分利用其在地方社會的精英身分、家庭地位，以及熟人社會的人脈關係和人際網路。不少學者發現，中共革命初期，各地革命者均有類似的情況。不過，每個人在其家鄉熟人社會的圈子畢竟是有限的，革命的範圍一旦擴大，熟人社會的圈子勢必被突破。從理論上講，熟人又有熟人，可以一波一波地不斷擴大和不斷複製，但當群眾運動需要於短時間內在一省或數省範圍內大規模展開的時候，這樣一種熟人網路模式顯然太過緩慢。彭湃顯然意識到了這一問題。他在海豐發動農民運動的過程中，最感需要的是從事農運的人才，因而當他出任國民黨中央農民部祕書後，即建議首先創辦農民運動講習所，「大批量」培養農運人才。這是一個很好的創意，其效率將大大超過個體的熟人網路模式。學員在講習所經過短期培訓後，部分被任命為中央農運特派員，部分分遣回原籍開展農運。這看似複製彭湃模式，但從這些農運特派員的下鄉經歷來看，他們回到本籍所在縣以後，除了他自己所在的村莊有熟人關係可以利用外，對縣

---

34　《湖南農民運動資料彙編》，第 259 頁。
35　中共在蘇區和根據地的「過度動員」現象，無法在本章中展開論述，擬另文探討。

內的大部分鄉村其實都是陌生的。那時一個縣的範圍相當大（1949 年以後很多縣被一分為二甚至一分為三），交通條件又極差，人際交往範圍非常有限。他們在一縣之內宣傳和調查時，其實很少有人脈關係可資利用。有時鄉土關係也可能形成阻力。如一位農運特派員在自己家鄉開展農運時，反而遭到本宗族頭面人物的責罵和毆打，「並行其專制家族主義」，以將其「出族」相威脅。[36]

另一方面，農講所學員大多資歷甚低。據廣州農講所章程，學員入學資格如下：「年齡在十八歲以上，二十八歲以下，身體強壯，勤敏忠實，無惡劣嗜好，在中學畢業及有相當之程度者，始能合格。第二、三屆不限中學卒業，凡農民協會會員，或佃農子弟均一律錄取，並聲明不收田主及紳士的子弟。」[37] 第一屆學員，中學畢業者居多，還算得上「半知識分子」。第二屆以後，學生的比例減少，農工的比例大增。第三屆 128 名學員中，佃農 72 人，自耕農 20 人，鄉村學生 29 人，工人 4 人，小商人 1 人，軍人 2 人。[38] 農民占到 72%。即使是學生，也「取材於純粹農民子弟」，明確聲明「不收田主及紳士的子弟」。[39]

農講所學員以這樣的家庭出身和個人資歷，受訓回鄉後，其實很難贏得當地農民的信仰。在鄉土社會，地方精英的身分地位，絕對建立在家庭經濟及個人學識道德基礎之上。同樣是貧苦農民，他們一致信仰當地有名望的紳士，而相互之間則未必瞧得起。一位親身經歷者憶述：「當時我們動員的對象是長工、使女、女工以及肩挑小販和貧苦漁民、船夫和靠打柴為生的等。可是這些人之中，有的很多顧慮，一般要看當地有信譽的農民的行動以為轉移，因此鄉農協成立以後，所選任的委員長，多半是農民中有地位的人，真正的貧雇農不多。」[40]

這顯然是一個兩難的弔詭。站在中共的階級立場，農民運動必須以底層的貧雇農為中心，然而，真正的貧雇農無法得到廣大農民的信仰。貧雇農之間也相互輕視。早期中共黨團員多為受過中等以上教育的知識分子，多出身

---

36　李定一、李萬蒼：〈鶴、新、開、臺四邑各鄉調查經過情形〉（1926 年 7 月 14 日），中國國民黨黨史館藏五部檔：部 11454。

37　〈農運講習所報告〉，中國國民黨黨史館藏五部檔：部 1132。

38　〈第三屆農民運動講習所〉，《廣州農民運動講習所資料選編》，第 63 頁。

39　〈第一至五屆農講所總述〉，《廣州農民運動講習所資料選編》，第 35 頁。

40　廖白象：〈龍喜鄉農民運動的興起〉，中共長沙縣委黨史辦等編《大革命時期長沙農民運動》，湖南人民出版社，1989，第 174—175 頁。

於地方精英家庭。[41] 沈定一、彭湃開展農民運動時，正是利用其家庭地位、個人資歷以及與當地上層精英的關係。他們在當地社會的人脈和影響力，是「純粹農家子弟」出身的農運特派員望塵莫及的，也是無法複製的。

雖然如此，農運特派員在 1920 年代的農民運動中仍發揮了重要作用。農運特派員雖然不具有沈定一和彭湃那樣的鄉土社會地位和人脈，但他們或由國民黨中央委派，或由省黨部委派，正是藉助中央或省黨部的權威，以特派員的身分為護符，不僅對普通農民具有相當的權威和號召力，也使地方當局和豪紳有所畏懼和顧忌。中共廣東區委就批評農運特派員「時常拿上司的面孔去對付農民，把自己變成衙門委員一個樣子」。「過於依靠政治力量工作」，「以為省農會的特派員是同縣公署的委員一樣」。廣東區委還提到，農運特派員「往往到農村做工不幾天，就要討老婆」。而討老婆要 300 元才辦得到，而特派員每月的生活費不過 30 元，於是接受農友的「禮物」，實際等於受賄。[42] 這裡值得注意的是，農友為什麼會給特派員送「禮物」，顯然是特派員具有相當的政治權勢。既然特派員自視與衙門委員和縣公署委員一樣，那農民眼中的特派員更是如此。農運特派員既可利用其權力尋租，自然也便於開展農民運動。鄉下農民對城裡人，本來就懷有幾分敬畏心，更不必說來自省城有特派員頭銜的「衙門委員」了。中共廣東區委的報告中提到這樣一件事：「有一次陳炯明的親屬派了許多弁兵到鄉間收租，該鄉因為遭了大水大風的災，農民沒有租給他們，去的兵士本是海豐人，當即說廣州話去嚇農民，農民很恐慌，相率逃避。」[43] 說省城話也能嚇唬農民，頗見當時農民對城市人的畏懼心態。對特派員來說，這樣一種畏懼，既有可能成為受農民排斥的因素，也有可能成為令農民敬重的契機。從農運特派員向國民黨中央農民部的報告看，更多的是後者而非前者。

在農運過程中，農運特派員有時會通過與中央或省當局的關係，尋求支援。如廣東農運的幾次大規模衝突中，農運特派員請求廣州中央派軍隊援助農民，得到廣州中央的應允出兵。農運特派員請政府出兵時，「在報告中說了許

---

41　以 1930 年代的華中地區為例，家有良田 30 畝，才能供給兩個子弟入小學；家有良田 50 畝，才能供給一個子弟進城讀高小；家有良田 200 畝以上，才能供給一個子弟讀中學。引自汪一駒《中國知識分子與西方》，楓城出版社，1978，第 156—157 頁。
42　〈廣東農民運動報告〉，《廣東農民運動資料彙編》，第 104、109 頁。
43　〈廣東農民運動報告〉，《廣東農民運動資料彙編》，第 42 頁。

多許多的如何危險的話，催促政府趕快出兵。此時中央農民部，天天都有接有我們的報告」。[44] 農民看見特派員能搬來政府軍，自然對特派員更加信任。

在湖南耒陽，曾組織百餘人分派九個「農運指導團」下鄉。有一位指導團成員在報告中講述了這樣一個例子：他們來到該縣石嘴鄉，發現「該地的群眾有多半在土豪劣紳手裡，因為以前縣農協有一特派員，不明當地情形，對於革命民眾貧農及失業農民，稍微打擊了一下，因此革命民眾不敢起來，領導權就被他們拿去了。我們到那裡的時候，不客氣的打擊土豪劣紳，促使以前被打擊的革命的農友——貧農及失業農民〔幹起來〕，於是反革命的土豪劣紳也就逃之夭夭，革命的空氣也就膨脹起來了。」[45] 這一案例說明，農運如何因特派員、指導員的干預而起伏。

特派員下鄉發動農民運動時，一般都擅長「造勢」，如成立區、鄉農民協會時，召開隆重的開幕式，讓地方黨政機關與各團體派代表參加，參會人數有時多達一兩千人，會上，自己代表中央或省黨部授旗授印，發表演講，會後組織群眾性遊行，高呼口號等，從而在民眾中擴大農民協會的影響。

有意思的是，廣東團委在指導農民運動工作時，特意提示說：「農民協會之關防及布告，應比官廳宏偉輝煌，令農民易於注意，而暗中形成一無產階級未來之新國家——政府。」[46] 這是利用農民對官廳的敬畏心理，提升農民協會的地位。

農民運動講習所與特派員機制，可以說是大革命時期中共開展群眾運動的一大創制。特派員的正式身分雖然是國民黨中央農民部或各省國民黨黨部所委派，其實絕大多數特派員是中共黨員，實際受中共的領導。如中共廣東區委的報告中提到，「現在國民黨中央黨部農民部的特派員差不多百分之九十九是我們同志。」[47] 中共湖南區委的報告也提到，國民黨湖南省黨部派出的農運工作人員，約百分之九十是本黨同志。[48]

---

44　〈廣東農民運動報告〉，《廣東農民運動資料彙編》，第 67 頁。
45　龍宣：〈耒陽第二農運指導團下鄉工作的報告〉（1927 年），《湖南農民運動資料選編》，第 474 頁。
46　〈團粵區委第二次代表大會關於廣東農民運動決議案〉（1924 年 6 月），《廣東農民運動資料選編》，第 7 頁。
47　〈廣東農民運動報告〉，《廣東農民運動資料彙編》，第 55 頁。
48　〈中共湘區一月份農民運動報告〉（1927 年），《湖南農民運動資料彙編》，第 458 頁。

按理在國民黨控制的省區，完全可以通過行政系統或行政命令自上而下建立農民協會。而中共一開始即有意撇開既有的行政權力系統，讓黨員以特派員的身分直接深入鄉村基層，然後自下而上建立農協組織，另立一套組織系統來動員群眾。在湖南，先後派出的農運特派員多達 400 餘人。[49] 而湖南的農運也最為活躍，最終導致各級農協組織幾乎取代了省以下的政權系統。據柳直荀描述，到 1927 年 5 月馬日事變前，湖南實際已形成「工農專政」的局面，「城市中的工會，鄉村中的農民協會，簡直是當時第二政府」。

> 統治權在城市中確已轉到工會，在鄉村中確已轉移到農民協會。因為工會與農會合作，如是一省中形成兩種對峙的統治權——工農兩會的統治權和所謂省政府的統治權。但省政府的統治權僅是達到省政府所轄的各機關，而各機關並沒有能力去執行政務，一定要由省政府函請工農兩會通告各級工農會才能發生效力。[50]

特派員機制，本是中共尚未掌握政權情況下的一種群眾動員機制，而後的多次群眾運動中，以「工作隊」的形式繼承下來並發揚光大。不同的是，此時根據地政權系統已掌控在中共之手，卻仍然撇開常規行政體系，另派「工作隊」來運動群眾，其利弊得失有待深入探討。

## 四、鄉土社會的多元分化與農運的複雜面相

同樣是群眾運動，其動員機制因對象不同而有異。彭湃從海豐農民運動的早期實踐中，曾比較過農民運動與工人運動的差異，認為「因和田主的距離很遠，凡什麼運動，田主都不知。不比工廠的工人，一些給資本家知道，馬上就解僱」。而且「農民雖然少有團體的訓練，不比工廠的工人。但他們有忠義氣，能老老實實的盡忠於自己的階級」。此外，「因為田地不是和機械一樣的關在資本家的工廠裡，而且是絕對不可移動的。將來占領田地，是極容易的。」[51]

---

49　夏曦：〈在國民黨二屆三中全會上湖南政治黨務報告〉（1927 年 3 月 12 日），《湖南農民運動資料彙編》，第 239 頁。

50　直荀：〈馬日事變的回憶〉（1928 年 5 月）、〈湖南農民革命的追述〉（1928 年 1 月），《第一次國內革命戰爭時期的農民運動資料》，第 445、374 頁。

51　李春濤：〈海豐農民運動及其指導者彭湃〉（1923 年 11 月 7 日），《海陸豐革命史料（1920—1927）》第 1 輯，第 122 頁。

　　其實，與城市的工人、學生運動相比，農民運動要複雜得多。農民運動的複雜性主要源於鄉村社會的複雜性和地域社會的多樣性。雖然城市社會同樣複雜，但中共並沒有籠統致力於「市民運動」，而是將工人、店員、小商人和學生等群體分別加以組織和動員。鄉村社會不僅有農、工（手工業）、商、教等不同職業，農民內部又有自耕農、半自耕農、佃農、雇農等不同人群，然則中共都將其納入「農民運動」的洪爐中「一鍋煮」。與農民相比，工人群體的同質性較高，工人的鬥爭目標也相對單一。而農民運動則不具有單一的對抗目標。自耕農、半自耕農、佃農、雇農均有不同的利益訴求。與地主有直接利益衝突的主要是佃農、雇農，自耕農與地主之間很少有直接利益衝突。如以減租為訴求，對象是地主，受益的則只有佃農，連雇農也被排除在外。如以減稅減賦為訴求，對象是政府，受益的主要是地主、自耕農和商人，與佃農、雇農基本無涉。

　　同樣，地主階級也並非鐵板一塊。毛澤東在 1930 年的〈尋烏調查〉中，對地主階級做過一個非常細緻的調查和分析：全縣地主中，大地主（500 石租以上）占 1%，中地主（200 石租以上）占 19%，小地主（200 石租以下）占 80%。政治上，中地主是全縣權力的中心，大地主不起特別的作用。經濟上，則小地主商業化最厲害。文化上，也是小地主接受新文化最快最普及。由於小地主在政治生活中受中地主階級的統治，很難過問政治，所以，他們革命的要求很迫切，革命的活動亦很猛進。據毛澤東的調查，「農村中最惡劣的敵人階級」是一班「半地主性的富農」。這班人是由農民力作致富升上來的「新發戶子」。他們將錢看得很重，吝嗇是他們的特性，發財是他們的中心思想，終日勞動是他們的工作。所有放高利貸的，差不多全屬這班「新發戶子」。貧農最痛恨的不是大地主、中地主，而是這班「新發」的「半地主性的富農」。「在貧農眼中是沒有什麼理由不把它打倒的。」[52]

　　毛澤東的上述調查，非常值得關注。因為他的調查結論與中共通常對地主階級的刻板看法大為不同，似更符合地主階級的實際。雖然是江西尋烏的個案，卻在中國南部省區具有相當的代表性。毛澤東在調查中還發現，自耕農除不租田給人耕種外，一樣是高利盤剝者，土地鬥爭中，大批貧農喚著「平田」

---

52　本段及下段，見《毛澤東文集》第 1 卷，人民出版社，1993，第 182—199 頁。

和「徹底廢債」的口號，就是針對這批富裕的自耕農的。毛澤東說，貧農不但要打倒「半地主性的富農」，而且要平富裕自耕農的田，廢富裕自耕農的債，分富裕自耕農的穀。「共產黨如要阻止貧農的行動，那末貧農就非恨共產黨不可了。」他還指出，貧農也不是一個經濟地位完全相同的整一的階級。

依此而言，無論地主，還是農民，都不是單一的利益共同體。鄉村是一個紛繁複雜而多元分化的社會。據中共廣東區委的調查，1920 年代的廣東農村因宗族、村莊、主客關係、語言隔閡、幫會、堂口，以及各種結社、公所、團局、自治組織、金融組織等各種鄉土關係的存在，呈現出高度分化的格局。[53]北伐前，廣東農運中發生過幾次大規模的衝突事件，一次是一個農民集中的村莊，向一個地主集中的村莊主動挑戰；一次是鄉下農民向縣城的地主勢力挑戰；還有一次是農民與商人之間因糧食外銷而發生大規模衝突。三次事件呈現出三種不同的對立陣營。值得注意的是，農民與商人之間的利益衝突，過去很少為人關注。1924 年，孫中山在一次國民黨農民黨員聯歡會上說過這樣一段話：「當青黃不接的時候，（農民）急於要借錢度日，或者是已經收成之後，急於要錢完糧納租，都不能不賣穀米，用極平的價出賣，商人用極平的價買得穀米之後，一轉手之勞，便用極高的價再行發賣，中間一買一賣，賺很多的錢，都不關你們農民的事。而且你們所耕種的田大多數都是租來的，租錢又貴，所以你們每年辛辛苦苦得來的錢，都是為商人和田主空勞動的。」[54]在孫中山看來，商人和地主一樣，均是農民的剝削者。廣東和湖南的農民運動中，農民與商人之間確因糧食銷售問題發生過直接的衝突。

1927 年 1 月，湖南省農民協會發表的〈關於農村爭鬥調查記〉中，列舉參與鬥爭的各方人物，其中壓迫和幫助壓迫的一方有：土豪、劣紳、汙吏、差役、奸商、不法地主、團總、團兵、區董、都團、保正、駐軍、員警、警兵、訟棍、土匪、菸癮、賭徒、嫖客、族長、族眾、失業學生、地痞流氓、乩壇弟子、基督教和天主教教徒等數十類，而被壓迫和同情被壓迫的一方，也列舉了農民、小商人、手工業者以及學生、小學教師、地方正紳、已覺悟的地主、小部分團甲等。[55]

---

53　〈廣東農民運動報告〉，《廣東農民運動資料彙編》，第 24—33 頁。
54　〈孫總理對農民黨員聯歡會訓詞〉（1924 年 7 月 28 日），《廣東農民運動資料彙編》，第 153 頁。
55　《湖南農民運動資料彙編》，第 149—159 頁。

很顯然，鬥爭的雙方並非陣線分明的單一的階級對立：同是士紳，既有壓迫方的劣紳，也有同情被壓迫方的正紳；同是商人，既有壓迫方的奸商，也有被壓迫方的小商人；同是地主，既有不法地主，也有已覺悟的地主。另如處於壓迫一方的團兵、警兵、土匪、賭徒、族眾、教徒，乃至地痞流氓等，其實絕大多數出身貧苦農民。因此，農村一旦「運動」起來，很難形成涇渭分明的陣營，也很難聚焦目標一致的訴求，加之血緣與地緣等因素的介入，其複雜性和多歧性大大超乎我們既有的認知。

## 五、血緣與地緣：阻力亦助力

研究 1920 年代農民運動，一個普遍的印象，是湖南農運比較激進，而廣東農運比較溫和。造成這一印象的一個重要因素，是毛澤東的〈湖南農民運動考察報告〉所產生的巨大影響力。如果我們閱讀中共廣東區委在北伐前夕撰寫的〈廣東農民運動報告〉等原始文獻，即可感覺到廣東農運其實並不溫和，其鬥爭的激烈程度甚至比湖南還有過之。

清末以來，以民團（又稱團練、保衛團等）為表徵的基層社會軍事化是一個全國性的普遍現象。[56] 廣東尤為凸顯。廣東的民團特別發達，一村一鄉有團練，或若干鄉組成聯團，縣有民團局，各擁有相當數量的團丁和武器，分別由大小團紳掌控，實際成為鄉村基層權力機構。[57] 1920 年代，鄉團、商團幾乎遍布廣東全省。[58] 農民運動起來後，民團成為農民協會的首要打擊目標。廣東農運的中心工作是「政治爭鬥」。「政治爭鬥的案，占全數百分之八十以上」。其中最多的又是同民團爭鬥。民團同農會的衝突，農會常站在發難的方面，抱著挑戰的態度。「這是因為許多農民協會成立的動機，在奪取鄉村政權，所以農會成立，馬上就同民團衝突。」連中共廣東區委也認為：「固然民團是地主的武裝，不對的地方要占多數，但是農會有時也未免做得太為過分。許多農民協會剛才開始成立，馬上就想占有民團開支的公款，收繳民團的槍。」[59]

---

56　相關研究可參見〔美〕孔飛力《中華帝國晚期的叛亂及其敵人》，謝亮生等譯，中國社會科學出版社，1990。

57　如廣東新會一鄉，有聯團局 1 個，公共碉樓 5 座，商人自衛樓 1 座，均各有二三十名武裝團丁；另有更館 1 間，私家碉樓 26 座，縣團所派員警 1 個分隊。見〈臺山新會各鄉調查經過情形報告〉（1926 年 9 月 16 日），中國國民黨黨史館藏五部檔：部 12378。

58　邱捷：《近代中國民間武器》，社會科學文獻出版社，2012，第 52 頁。

59　〈廣東農民運動報告〉，《廣東農民運動資料選編》，第 60—63 頁。

　　有學者稱，廣東沒有開展打土豪劣紳運動。[60]其實在北伐前，新會、清遠、南海、花縣、海陸豐等一些地方的農會即出現了罰款、「動不動就要捉人解省」、「把捉來的人拿去槍斃」等「左傾幼稚病」。[61]也就是說，這些激進行為早在湖南農運之前就存在了，只是北伐開始後政治局勢的變化才減緩。

　　廣東農運的最顯著特點是械鬥。械鬥在廣東本有著長期的地域性傳統。農運起來後，農會也迅速積聚相當的兵力和武器。[62]故廣東的農運很容易發展為直接的武裝對抗和流血衝突。數百人乃至上千人的交戰，在廣東農運中相當常見。[63]相比之下，湖南農運中，農會武裝不過梭鏢而已，大規模的流血衝突極為少見。

　　一般認為，民團武力多掌握在豪紳地主之手，是農民運動開展的重大阻力。但值得注意的是，豪紳地主並非一個高度組織化和同質化的利益共同體，雖然在面對農民運動的衝擊時可能聯合起來對付農民，但在一般情況下，豪紳地主群體內部的利益紛爭和權勢競爭更為激烈。廣東鄉村社會宗族特別發達。一般宗族均擁有相當的經濟基礎（族田），並擁有相當的武力。宗族多聚族而居，形成具有一定地盤、武力與經濟的共同體。宗族、村莊之間的競爭與衝突非常嚴重。宗族族長與村莊領袖必定是豪紳地主。宗族、村莊之間的械鬥，豪紳地主往往是發動和主導者，而同一宗族與村莊的農民往往成為豪紳地主控制和指揮下的兵卒。在鄉村社會，宗族長老與村莊頭面人物擁有相當大的權威和權勢，一般農民多唯命是從。所以在廣東農村，中共很難撇開豪紳地主去直接動員農民。

> 福建的閩南，廣東的東江、北江一帶的家長，可算是小皇帝。這一帶的人民，家族觀念最深，他們都是聚族而居，家長就是這一族這一姓的最有勢力者。他不必是輩分最長、年歲最老的，只要有力有勢就可以打倒別種勢力，自己尊為家長。因此在同一村裡有強姓弱姓，同一姓

---

60　柳鏞泰：〈國民革命時期公產、公堂問題——兩湖與廣東農民運動之比較〉，《民國研究》總第5輯，1999年，第12頁。
61　〈廣東農民運動報告〉，《廣東農民運動資料選編》，第61、101—102頁。
62　如1926年10月農運特派員黃克調查稱，清遠縣的民團和農會各擁有槍枝兩千餘桿。見〈清遠農民運動報告〉（1926年10月20日），中國國民黨黨史館藏五部檔：部11466。
63　如河源縣第二區砂嶺鄉農會與民團的互戰。見戴耀田〈出發東江紫金河源等縣農運工作報告〉（1927年3月29日），中國國民黨黨史館藏五部檔：部10848。

裡有強房弱房，同一房裡有強角弱角等分別。強者真是尊如當地皇帝。[64]

當外來政黨深入鄉村社會發動農民運動時，很難打破原有的鄉村社會權力結構，也很難避免介入原有的地域社會衝突。中共試圖將農民從豪紳地主的控制下分化出來，或將宗族地域之間的對抗，轉化為農民與地主之間的階級對抗，實際效果不佳。一方面，豪紳地主有意利用外來政治組織力量為自身的目標服務，另一方面，外來政黨也不得不利用豪紳地主之間的競爭與衝突，以及豪紳地主在當地農民中的權威和影響力來達成動員農民的目標。廣東鄉村社會的械鬥本來很發達，當中共的組織力量介入後，傳統的械鬥轉化為新的農民運動，至少以新的農民運動和革命的名義進行。當一方反對革命時，與之對立的另一方很容易投入革命的懷抱。一族全體入民團，與之對立的一族則全體加入農會。[65] 另外，「本地田主和客籍田主對付農民不能一致，常發生衝突。」「廣東人對於主客關係分得很利害，要是某個地方的農會是先在本地人裡面組織的，客籍的人就一定不會加入；要是先在客籍人方面組織的，本地人也不加入。」[66] 所以宗族與村莊之間的血緣、地緣分化，有時成為革命的阻力，有時也轉化為革命的助力。

由於地域社會的宗族、村莊之間存在勢力不均衡，強族欺負弱族、大村壓迫小村的現象很普遍。當黨的組織力量進入村莊後，弱族小村有意藉助外來政治力量報復和反抗強族大村的壓迫，因此弱族、小村往往更容易成立農會。另外，小地主往往也深受豪紳大地主的壓迫，故小地主也紛紛加入農會，藉農會的力量對付豪紳大地主。[67] 其結果，農民運動不純粹是農民反抗地主的階級鬥爭，相當一部分實際上是豪紳地主之間的競爭與衝突。1928 年 7 月，中共廣東省委在內部文件中即指出：

（一）以前各地所謂群眾的鬥爭，實際是小豪紳所領導的對大豪紳的鄉

---

64　張宗麟：〈中國鄉村教育的危機〉，《中華教育界》第 21 卷第 2 期，1933 年，第 2 頁。

65　如特派員梁伯輿在調查廣東佛山某鄉情形時發現：「該鄉係馮、張兩姓，約千人，民元時兩姓發生過械鬥一次，迄今雙方尚增設炮樓軍械，夜間加放步哨看更。現在馮姓已入民團，張姓反對，而張姓又組織農會，以弭紛爭，但為馮姓民團所阻，兼之反對農會……凡馮姓不准成立農會，各農民亦畏縮不敢加入。至張姓在家耕種之農民已入完了，未入的只小兒婦女等而已。」見〈南海屬佛山農運經過情形報告〉（1926 年 7 月 28 日），中國國民黨黨史館藏五部檔：部 11461。

66　〈廣東農民運動報告〉，《廣東農民運動資料選編》，第 77、26 頁。

67　〈廣東農民運動報告〉，《廣東農民運動資料選編》，第 49 頁。

村械鬥，以致造成今日鄉村的分化遠過於階級的分化，黨是在此等鄉村械鬥中生長起來。（二）黨的指導機關好多是在受小豪紳影響的知識分子、富農手中，有時並直接是在這些小豪紳手中，他們主觀上便不要（甚至於不願意要）工人貧農群眾起來。（三）黨員在他們影響之下，多沉溺於脫離群眾的軍事工作，這本是農業社會容易發生的現象，再加上小豪紳、知識分子、富農的這種傾向，遂成為群眾所認為唯一重要的工作。[68]

在廣東各地，民團是變相的鄉村權力機構，掌控著鄉村各種權勢資源。小豪紳因為不滿大豪紳控制民團，壟斷公共權勢資源，希望打倒對方，自己取而代之，有意利用農民運動的力量奪取鄉村政權。「因為一部分的紳士沒有搶到民團在手，便混進農民協會來，想利用農民協會，所以往往有今天立案的呈文剛到，明天繳民團槍的報告跟到寄來的。」「廣東農村因受數千年來的封建制度的影響，組織不好，遺留下來的餘逆很多。現又當軍政、民政、財政統一之後，許多無聊政客、落伍軍人在政治上無活動餘地，都跑到農村裡面來搗亂了。現在這些人，或混進農會，藉農會的力量，遂其私圖。農會常自動去同民團衝突，繳民團的槍，多半是小土豪跑進農會利用農會來打倒大土豪幹出來的。」故當時廣東農村流傳著「民團是一等土豪劣紳，農會是二等土豪劣紳」的說法。[69]

雖然豪紳地方之間的爭奪與互鬥，可以部分轉化為農民運動的助力，但就總體而言，顯然不符合中共所期待的以階級鬥爭為主旨的農民運動目標。

湖南的民團（團防局）雖然不如廣東發達，但其勢力亦不容小覷。1920年代初，長沙《大公報》對湖南各縣民團任意殺人即多有報導。「人恆謂團防局為鄉村軍閥政府」。但在農民運動的衝擊下，湖南民團沒有像廣東一樣與農運形成強大的對抗。另外，湖南也有「土豪劣紳以宗法社會的觀念，結合了一部分農民，反動的勢力也很利（厲）害。」「有的利用家族觀念，集合其一姓子弟，假名農民協會，餌以一時小利，破壞整一的革命的農民運動。」[70] 但

---

68　〈中共廣東省委致東江特委信〉（1928年7月7日），《廣東革命歷史文件彙集》（4），中央檔案館、廣東省檔案館內部編印，1982，第67—68頁。

69　〈廣東農民運動報告〉，《廣東農民運動資料選編》，第61、98、63頁。

70　〈國民黨湖南省黨部第二次代表大會對農民問題決議案〉（1926年8月），《湖南農民運動資料彙編》，第199頁；〈中國國民黨中央執行委員會政治委員會第二十次會議速記錄〉

總體而言，湖南的宗族勢力遠沒有廣東發達。湖南的族田也沒有廣東比重大。
湖南更沒有廣東的械鬥傳統。

> 湖南的往日社會狀態，也有異於其他各省的地方，我們要知道湖南的
> 人口，經過張獻忠吳三桂的變亂，已經減少到幾乎滅絕的程度。現在
> 的湖南人大部分是江南、江西遷入的，湖南沒有很長的家族史，很少
> 有能追溯到明代的家族，就是最近三百年中繼續繁榮的家族，也很少。
> 這是一個異徵。[71]

　　湖南農運的激進，主要表現在打擊「土豪劣紳」。打擊「土豪劣紳」的
手段有算帳、罰款、戴高帽遊鄉、扭送縣署、處決等。[72] 湖南農運中，全省各
縣被殺的「土豪劣紳」總數，或說數十人，或說一百多人，[73] 平均每縣不過一
兩人。人數雖然不算多，但聲勢巨大，尤其是葉德輝被當作「土豪劣紳」被殺，
更是震驚全國。加之「有土皆豪，無紳不劣」這句話隨著毛澤東〈湖南農民運
動考察報告〉的公開發表而廣為流傳，給各方留下湖南農運「過火」的深刻印
象。毛澤東所考察的 5 個縣，是湖南農運最發達的地區，其他多數縣並沒有
那麼激烈。而且毛澤東的報告充滿了革命的激情和對群眾暴力的推崇，言詞
不無誇張。其實即使在毛澤東所考察的地區，農運的打擊面並沒有那麼寬泛。
被殺的「土豪劣紳」多是一縣之內具有相當權勢且有惡行劣跡的人物（多為縣
級民團首領）。如果將「土豪劣紳」分為縣紳級和鄉紳級的話，被殺的多是縣
紳級，而且多由縣黨部、縣農協或各縣旅省學友會出面檢舉的。[74] 真正由農民
自行處決的只占 8%。[75] 葉德輝更是由省農協出面檢舉、由省特別法庭審判和
處決的。[76] 真正被區鄉農民協會檢舉的是一批占據鄉村基層權勢資源的豪紳地

---

（1927 年 5 月 12 日），《中國國民黨第一、二次全國代表大會會議史料》（下），第 1142 頁；
　〈湖南農民運動目前的策略〉（1926 年），《湖南農民運動資料彙編》，第 192 頁。

71　銖庵：〈湖南雜憶〉，《人間世》第 32 期，1935 年，第 26—27 頁。

72　李維漢：〈湖南革命的出路〉（1927 年 4 月），《湖南農民運動資料彙編》，第 350 頁。

73　據張世瑛統計，被處決的土豪劣紳共 138 人。（氏著〈罪與罰：北伐時期湖南地區懲治土
　豪劣紳中的暴力儀式〉，《國史館學術集刊》2006 年第 9 期，第 53 頁）土豪劣紳被殺的
　消息並非都登載報紙，1927 年初也有「壓下不登」的。見《謝覺哉日記》，1943 年 5 月 14 日，
　引自《湖南農民運動資料彙編》，第 360 頁。

74　如 1926 年 12 月 22 日，湖南各縣旅省各界反土豪劣紳運動大聯合，向省黨部、省政府舉行
　第二次大請願，要求懲治土豪劣紳。原載湖南《大公報》1926 年 12 月 23 日，引自《湖南
　農民運動資料彙編》，第 493 頁。

75　張世瑛：〈罪與罰：北伐時期湖南地區懲治土豪劣紳中的暴力儀式〉，《國史館學術集刊》
　2006 年第 9 期，第 53 頁。

76　〈湖南省特別法庭判決葉德輝死刑〉（1927 年 4 月 11 日），《湖南農民運動資料彙編》，

主，或是因為「說農民協會的歹處」，有破壞農民協會的言行的人，[77] 而受到的待遇多是戴高帽遊鄉、罰款之類。並非所有地主鄉紳都受到衝擊。

而且，湖南農運起來後，豪紳地主大多選擇外逃，「一等跑到上海，二等跑到漢口，三等跑到長沙」，很快形成鄉村權力歸農會的局面，沒有如廣東那樣與農會形成有組織性的對抗局面。但也正是這批外逃的「土豪劣紳」在省外大造農運的負面輿論，如「『湖南共產了！』在漢口、南昌、上海等地到處傳遍了。」「上海所有湖南商人均互相傳說 CP 將在湖南組織工農政府」等，[78] 導致湖南農運在全國的負面影響比廣東農運要大得多。

如果說，廣東多表現為械鬥性的硬暴力的話，湖南則多表現為群眾性的遊鄉、公審之類的軟暴力。後者因「文革」時期的「發揚光大」而更令人印象深刻。

廣東與湖南能成為 1920 年代農運最激烈的地區，尚無資料證明這個時期湘粵農村比其他省區農村更惡化、更破產，而時人卻注意到兩省地域文化的因素。1925 年，有人對兩省民性做過如下一番描述：「中國民族性以中庸調和聞於世界。惟湘粵人獨殊：倔強偏激，猛進善變，酷類法國人。當其信以為是也，犧牲一切以為之，必達極端而後已；及悟其非，又易道而趨，必達極端而後已；知無不行，行則義無反顧，縱前後異致，絕不以為歉。故近百年間，湘粵文化進步，湘粵人之活動能力增加，中國遂無役不有湘粵人參與。」[79] 作者撰寫這篇文章時，廣東農運剛剛起步，湖南農運更在萌芽狀態。想必兩年之後，作者更感自己所言不虛也。

## 六、鄉村權勢爭奪與鬥爭性動員

1920 年代兩湖農民運動的中心口號是「打倒土豪劣紳」，但「土豪劣紳」具體指哪些人，國共兩黨均缺乏明晰的界定。1927 年 1 月和 3 月，湖南、湖北兩省雖然分別制定了《懲治土豪劣紳暫行條例》，湖南還成立了審判土豪

---

第 529 頁。

77　易禮容：〈農民問題〉（1927 年 3 月），《湖南農民運動資料彙編》，第 338 頁。

78　李維漢：〈湖南革命的出路〉（1927 年 4 月），《湖南農民運動資料彙編》，第 351 頁；〈中央局報告〉（1926 年 12 月 5 日），中央檔案館編《中共中央政治報告選輯（1922—1926）》，中共中央黨史出版社，1981，第 142 頁。

79　宮廷璋：〈湖南近年來之新文化運動〉，《湖南大公報十稘紀念冊》，湖南大公報編輯部輯印，1925，第 73 頁。

劣紳特別法庭，[80] 然而條例對「土豪劣紳」的定義十分含糊和籠統，如同同時期的「反革命」概念一樣，既帶有濃烈的專斷性，又富有濃烈的任意性。「土豪劣紳」與「反革命」是 1920 年代革命中最被濫用的兩個詞彙，也是當時對立各方相互汙名化的重要話語。湖南農運高潮中，甚至出現「有土皆豪，無紳不劣」的極端說法。1927 年長沙馬日事變時，發動政變的一方甚至將「土豪劣紳」作為戒嚴的通行口令：如果遇到軍警喊口令「土豪」，趕緊應答「劣紳」，即可通過。[81] 其實在眾聲喧譁的「打倒土豪劣紳」口號的背後，還隱藏著地方精英之間的權力鬥爭。

湖南農運中有一個非常重要卻長期被學界忽視的群體，乃小學教師。

毛澤東的〈湖南農民運動考察報告〉，最初發表的版本中附有一個「湖南各縣農會會員統計表」，收入《毛澤東選集》時被刪除了。表內詳細列舉了各縣農協會員成分，內中除雇農、佃農、半自耕農、自耕農、手工業者、小商人和婦女外，專門列有「小學教師」一項。這一項很獨特，也最值得注意。最多如衡陽，有 2256 名小學教師加入農會。其次如長沙有 1425 名，華容有 1216 名，湘潭有 1100 名，寧鄉有 600 名，湘鄉有 540 名。其他縣亦有數十到數百名不等。[82] 按理，小學教師不屬於真正農民，為什麼會有如此多的小學教師加入農會？他們在農民運動中扮演著怎樣的角色？

近代以來，湖南的教育相對發達。尤其在湘軍時代，出外做官的人很多，官紳為了光宗耀祖，大修祠堂，大辦族學，廢科舉興新學後，「族與族之間互相競爭，於是招收外人，擴大範圍，成為正式的學校」。與科舉時代相比，就讀新學的讀書人數量有增無減。[83] 據 1923—1924 年的統計，湖南全省小學（包括初小、高小）有 15246 所，教職員有 33491 人。平均一所小學約兩名教職員。當時湖南共有 75 縣，平均每縣有小學 203 所，有教職員 446 人。長沙、瀏陽

---

80　〈湖南省審判土豪劣紳特別法庭組織條例〉（1927 年 1 月 15 日）、〈湖南省懲治土豪劣紳暫行條例〉（1927 年 1 月 28 日），《湖南農民運動資料彙編》，第 503—504、508—509 頁；〈湖北省懲治土豪劣紳暫行條例草案〉（1927 年 3 月 15 日），武漢地方志編纂委員會辦公室編《武漢國民政府史料》，武漢出版社，2005，第 227 頁。

81　卡介侯、任伊平：〈馬日事變的片斷回憶〉，《湖南文史資料》第 6 輯，湖南省政協之史資料研究委員會編印，1963，第 181 頁。

82　〈湖南各縣農民協會會員統計表〉（1926 年 11 月），《湖南農民運動資料彙編》，第 144—148 頁。

83　傅任敢：〈湖南教育一瞥〉，《獨立評論》第 78 號，1933 年，第 10 頁。

等縣，初級小學多達近千所，湘潭、寧鄉、平江、湘陰、澧縣等縣有五六百所。[84]
這意味著小學教育比較發達的地區，也是農運發達的地區。在這些地區，小學
教師大多加入了農民運動的行列中。小學教師的參與程度，與農運有著密切的
聯繫。

　　五四時期凡新式教育比較發達的地區，新青年、新學生比較多，新文化、
新思想的傳播比較快，其後中共黨團組織也就比較容易建立。農運同樣如此。
中共中央很早就提出要以鄉村小學教師為媒介去動員農民。中共湖南區委在農
民運動議決案中特別指出：鄉村小學教師和手工業者，文化程度多比真正農民
略高，而「鄉村小學教師的生活狀況，與佃農及手工業者相差不多，而容易領
受革命要求與革命知識，我們要從這種人中找出農民運動的領袖人物。」「農
村小學教師實際是天然地站在輸送新思想於農村的地位。」[85] 中共在湖南最早
的一批黨團員，多為城市青年學生和小學教師。毛澤東本人也當過小學教師，
當其在湘潭、湘鄉等地著手建黨和開展農運時，亦從聯絡鄉村小學教師入手，
「先從土豪劣紳手中奪取農村的學校陣地」，作為開展革命的立足點。[86] 中共
在其他省區也有以「抓到地方教育權，安插我們的同學當教員，作農民運動的
基礎」的做法。[87] 只是這一策略似以湖南落實得最好。

　　民國初年，鄉村小學教師一般為高小畢業因經濟原因而不能繼續升學的
年輕學生，以及科舉出身的年老的舉貢生員。[88] 積極投身農運的主要是前者，
中共稱他們為「半知識分子」。正是這批小學教師，實際成為 1920 年代湖南
農民運動的基層骨幹力量。所謂穿破鞋、打破傘的遊民和貧農，只是充當革命
的馬前卒和急先鋒，而真正發揮領導作用的區、鄉農協委員大多是鄉村小學教
師。「許多小學校也已經變成了各地方農民運動的機關。」在農運發達的縣，
由於鄉村小學教師大批投身農民運動，導致學校停課，甚至「因教師兼做農運

84　張唯一：〈民國以來湖南教育行政概觀〉，《湖南大公報十稘紀念冊》，第 2—3 頁。
85　〈中共湘區關於農民運動議決案〉（1925 年 10 月）、〈湖南農民運動目前的策略〉（1926
　　年），《湖南農民運動資料彙編》，第 60、189 頁。
86　〈賀爾康日記〉，《湖南農民運動資料彙編》，第 389—394 頁；另參見湘鄉縣紀建辦〈毛
　　主席考察湘鄉農民運動以及考察前後農運情況的調查總結〉（1968 年），油印件，衡山縣
　　檔案館藏：301。
87　〈中共宿縣獨支的報告〉（1926 年 10 月 19 日），中共安徽省黨史工作委員會、安徽省檔
　　案館編《安徽早期黨團組織史料選》，內部編印，1987，第 150 頁。
88　祝其樂：〈鄉村教師問題〉，《中華教育界》第 13 卷第 10 期，1923 年，第 1—11 頁。

工作，荒廢課業，引起一般人漸不信任學校」。[89]

　　1926 年《湖南農民協會暫行章程》規定，農民協會分省、縣、區、鄉、村五級。[90] 在實際運作過程中，村級農民協會成立極少，一般以鄉級農協為基層組織。中國歷史上有「皇權不下縣」的說法。直到民國初年，國家正式的行政層級仍止於縣。而區、鄉農民協會的建立，意味著農民協會的組織觸角比國家行政下沉了兩個層級，而且能做到「一切權力歸農會」，農會集基層行政、司法、武力和民間性的社會權力於一身，在湖南一度形成「兩套政權」——省政府的統治權與縣以下農會的統治權——的局面。這在中國歷史上稱得上絕無僅有。

　　行政組織每下沉一個層級，均需要巨大的才、財等「組織成本」。農民協會並非正式的行政機構，其「組織成本」雖然低得多，但仍需要相當的組織資源。1927 年〈中共湘區一月份農民運動報告〉即提道：「最近民省部（指國民黨省黨部——引者註）派出之農運工作人〔員〕共計 203 人，其中本校（指中共——引者註）182 人，民校（指國民黨——引者註）21 人。每縣協中負專責者平均 6 人，每區協負專責者最少 1 人，每鄉協負專責者平均 0.5 人，則其專事農運工作者，應共有 3775 人。」[91] 中共湖南區委顯然無法派出這麼多農運工作者，其結果：「各地農協，縣協在我們手裡；區農協有我們的同志；鄉農協沒有人。我們的命令，只能到區，不能到鄉。」[92] 有資料顯示：「其時之農運工作人才，十之三為省黨部農民部特派員，十之五為當地小學教師，餘則為遊民無產者。」[93] 大體言之，縣農協委員多為省黨部下派的農運特派員，大部分畢業於廣州農民運動講習所，且多為中共黨員。區農協委員有少數農運特派員，多數為小學教師充任。鄉農協委員則部分為小學教師，大部分為遊民貧農。

　　中共在深入農村的過程中，不得不依賴小學教師等一批「半知識分子」。

89　〈湖南農民運動目前的策略〉（1926 年）、杏書：〈關於農運的一個報告〉（1926 年），《湖南農民運動資料彙編》，第 189、453 頁。
90　《湖南農民運動資料彙編》，第 124 頁。
91　〈中共湘區一月份農民運動報告〉（1927 年），《湖南農民運動資料彙編》，第 458 頁。
92　〈中共湘區發展黨在農民中的組織計畫〉（1927 年 2 月 16 日），《湖南農民運動資料彙編》，第 104 頁。
93　李執中：〈農民問題與痞子運動——湖南農運之分析的報告〉，《中央半月刊》1927 年第 4 期，第 64 頁。

中共湖南區委承認：「各地我們的發展：（一）多有偏於一隅的；（二）多找些小資產階級的半知識分子和鄉紳。因此，第一就發生了部落的毛病，第二就只占有上層，不能打入群眾中去。」[94]一位親身經歷者憶述：「當時所依靠的，多半是當地的小學教員，真正貧雇農主動發起的可以說沒有。」[95]

小學教師等「半知識分子」之所以積極投身農民運動，也有自身的利益考量。這批人受過一定的或舊或新的教育，自視為斯文人，自我角色定位不再是農民，然而他們既難以進城謀職謀生，而在農村除了開館教書，亦無其他出路。而這個時期鄉村小學教師的收入十分微薄，年俸僅百元左右，社會聲望和地位也相當低。[96]在廣東一些地方，小學教員自稱「老四」，因當地有「一窮，二死，三癲瘋，四教書」之俗語。他們因「受過教育，有知識，有思想，以故對於環境易起刺激和悲觀，且欲望比農夫工人高，所以其痛苦深」。[97]鄉村權勢資源控制在少數豪紳大地主之手，沒有他們置喙的餘地。中共黨團組織的向下滲透和農民運動的興起，無疑為他們提供了一個很好的改變自身地位的機會。

> 小學教師，自有他們的職業，因為從前飽受土豪劣紳的壓迫，故趁此時機，出而組織農協……此派多被選為區農協執委，於中小地主及正紳、佃農、自耕農及手工業者，極獲信仰。[98]

小學教師投身農民運動，對農民運動產生了什麼影響，自是一個值得考察的問題。資料顯示：「湖南的農民運動，一起來便是政治的爭鬥」。[99]湖南農運將打倒「土豪劣紳」作為首要目標，明顯帶有爭奪鄉村權勢的意味。因為這些「土豪劣紳」是鄉村的既得利益階層，是鄉村社會的當權派。年輕的「半知識分子」趁機起來造他們的反，趕跑或打倒他們之後，自己可以取而代之。

94 〈中共湘區發展黨在農民中的組織計畫〉（1927年2月16日），《湖南農民運動資料彙編》，第104頁。

95 廖白象：〈龍喜鄉農民運動的興起〉，中共長沙縣委黨史辦等編《大革命時期長沙農民運動》，湖南人民出版社，1989，第174頁。

96 祝其樂：〈鄉村教師問題〉，《中華教育界》第13卷第10期，1923年，第1—11頁。

97 陳修：〈對於小學教員的研究〉（1921年），《海陸豐革命史料（1920—1927）》第1輯，第30、32頁。

98 李執中：〈農民問題與痞子運動——湖南農運之分析的報告〉，《中央半月刊》1927年第4期，第64頁。

99 唐生智：〈在國民黨二屆三中全會上關於湖南的政治報告〉（1927年3月），《湖南農民運動資料彙編》，第242頁。

所以，有些地方的農運，是以反對壟斷全鄉教育大權的劣紳而開始的。[100] 對普通農民而言，減租或分田地也許更有實際意義，而對小學教師而言，打「土豪劣紳」則更有吸引力。「一切權力歸農會」，並非歸於普通農會會員，而是歸於少數農會委員之手。所以湖南農運的中心工作是基層權力的重構，而權力重構的最大受益群體，即是這批以小學教師為代表的基層「半知識分子」。

除了打擊土豪劣紳，湖南農運中另一項頗具影響的工作是「平糶阻禁」。其時外界對湖南農運的印象，「平糶阻禁是最惹人注視，說農協壞的一件事」。中共湖南區委也認為：「平價阻禁，為農協中最普通之爭鬥……因平價阻禁而引起政府及社會對農運之反感最甚。」但湖南區委認為「平價阻禁」為貧農所最需要者，「平價阻禁運動之普遍，亦可證明現在農協是在貧農手中。」湖南區委似乎急於向中央證明農協是在貧農手中。其實，相對於貧農，「平糶阻禁」與小學教師的利益更密切相關。因為「一般手工業者、小學教師，必須買米」。[101] 一般農民畢竟自己種田，至少可以部分糧食自給，而小學教師則完全要靠買米生活，所以他們對「不准穀米出境、不准抬高穀價、不准囤穀居奇」最為積極，而對「不准加租加押」、「不准退佃」等與農民切身利益相關的活動熱情反而次之。[102] 實際上，中共湖南區委在 1927 年 1 月發布的通告中明確指出：「現在因各地阻禁平糶的結果，穀價日見低落，金融閉塞，自耕農、佃農等小資產階級的農民，將有脫離農協之趨勢。」為什麼自耕農、佃農反對「平糶阻禁」？因為「從前自耕農、佃農等，都是用穀米兌換油、鹽、棉花等雜貨，以調劑生活。現在因穀米不能出境，穀價低落，各地商店都拒絕不要穀米，都要現錢才有貨賣，農民無現錢就不能購買貨物，就感覺十分困難。」所以，最希望「平糶阻禁」，或者說「平糶阻禁」的最大受益群體，是小學教師、手工業者和雇農等部分人。而這部分人，實際只占農會會員的少數，而自耕農和佃農才是農會會員的多數。以農運發達的湘鄉縣為例，其農會會員成分為：佃農占 48.0%，自耕農和半自耕農占 28.4%，雇農占 8.6%，手工業者占

---

100　廖白象：〈龍喜鄉農民運動的興起〉，《大革命時期長沙農民運動》，第 173 頁。
101　羅難：〈農民運動與反宣傳〉（1927 年 1 月 7 日）、〈中共湘區一月份農民運動報告〉（1927 年）、夏曦：〈在國民黨二屆三中全會上湖南政治黨務報告〉（1927 年 3 月 12 日），《湖南農民運動資料彙編》，第 310、456、237 頁。
102　毛澤東：〈湖南農民運動考察報告〉，竹內實編《毛澤東集》第 1 卷，日本中國共產主義研究小組刊印，1976，第 222—225 頁。

14.7%，小學教師占 0.3%。[103]

在 1927 年 3 月召開的國民黨二屆三中全會上，唐生智轉述當時流行的對湖南農運的一種說法：「安分的農民沒有參加，而為一般不耕田的人和一般不努力耕田的人所領導的農民運動。」[104]這一說法並非完全捏造。掌握基層農會權力的小學教師，可能也包括一批手工業者，均是「不耕田的人」。而「不努力耕田的人」則指在農運中充當打手和急先鋒的一批「遊民」。這兩部分人確實是湖南農運中的骨幹和積極分子。忽視小學教師在湖南農運中扮演的角色，就難以理解湖南農運為何以打倒「土豪劣紳」和「平糶阻禁」為首要目標。

無論是廣東的小豪紳反抗大豪紳，還是湖南的小學教師打擊「土豪劣紳」，都以爭奪鄉村權勢資源為目標。但在鄉村社會，權勢資源總歸有限，受益者只是少數人。即使做到了「一切權力歸農會」，而農會權力勢必為少數農會委員所把持，普通的農會會員未必能真正嘗到權力的滋味。[105]在這種情況下，那些普通農會會員有可能袖手旁觀，甚至如廣東出現「農民對於協會工作，永不發生興趣」的現象。[106]不過，激烈的鬥爭能夠補救這一缺失。無論是廣東的械鬥，還是湖南的打擊「土豪劣紳」，其實際情形雖然與中共的階級鬥爭理想還有相當的差距，但鬥爭和衝突一旦起來，就會迅速建構起仇恨，雙方劍拔弩張，便無妥協迴旋的餘地，血緣、地緣、親緣關係也可能被顛覆。鬥爭越激烈，群體內部的凝聚力越強，群眾的鬥爭激情也越高漲。

對於「鬥爭性動員」的意義，中共早有認識：「因為農民團體若無受外敵之壓迫，是易陷於鬆散，故農會之有敵人，誠為促進農民運動進步之好機會。」「只有從鬥爭中出來的農民組織，格外有基礎。」所以中共就反對「和平的農民運動理論」。彭湃在海豐開展農運時，也以「運動太過平和為可惜。」[107]

---

103　〈中共湖南區委關於阻禁平糶問題的通告〉（1927 年 1 月 16 日）、〈湖南各縣農民協會會員統計表〉，《湖南農民運動資料彙編》，第 608—609、144 頁。

104　唐生智：〈在國民黨二屆三中全會上關於湖南的政治報告〉（1927 年 3 月），《湖南農民運動資料彙編》，第 241 頁。

105　〈廣東農民運動報告〉即指出：「農民不認識協會是他們自己的，結果使少數執行委員同祕書把持協會。」見《廣東農民運動資料選編》，第 100 頁。

106　〈廣東農民運動報告〉，《廣東農民運動資料選編》，第 63 頁。

107　〈團粵區委第二次代表大會關於廣東農民運動決議案〉（1924 年 6 月），《廣東農民運動資料選編》，第 6 頁；〈中央局報告〉（1926 年 12 月 5 日），《中共中央政治報告選輯（1922—1926）》，第 140 頁；〈中華全國農民協會臨時執行委員會全國農民第一次代表大會宣傳綱要〉（1927 年 4 月），載司馬璐編著《中共黨史暨文獻選粹》第五部（一九二七年的國共分家），大陸翻印本，時地不詳，第 72 頁；李春濤：〈海豐農民運

每次群眾運動，中共都要首先確定鬥爭對象，使群眾分化，爭取多數，打擊和孤立少數。一旦一方的聲勢壓倒另一方，就迫使中立者站隊，而不得猶疑徘徊於兩者之間。在湖南，由於將少數地主打入「另冊」，不准其加入農會，使他們感到「孤立」和低人一等，「擯在農會的門外，好像無家可歸的樣子」。原本觀望者怕入「另冊」，便多方設法求入農會，一心想把他們的名字寫上那農會的冊子才放心。湖南的富農和小地主開始觀望，後來乞求加入農會的情形就是例證。而那些加入農會者自然也就具有某種相對的政治優越感。用毛澤東的話講，幾個月前還被人看不起的農會，現在卻變成了頂榮耀的東西。對中共而言，對農民冊封這種政治優越身分，幾乎不需要什麼成本。中共正是以最小的成本代價，急速而有效地將廣大農民動員起來。這是 1920 年代農民運動有別於三四十年代農民運動的一大特點。三四十年代的農民運動，或以土地革命，或以減租減息為策略，以經濟動員驅動政治動員。而 1920 年代的農民運動則基本上是一場政治運動，也可以說是一場只打土豪而不分田地的農民運動。

## 七、從「運動」群眾到群眾「運動」

　　中共 1920 年代的農民運動，與三四十年代的農村革命有所不同。三四十年代中共在蘇區或根據地動員農民時，一個重要目標是要汲取農村的人力、物力來支援中共組織的生存和軍事力量的壯大，共產黨需要農民提供兵源，也要靠農民養活。而 1920 年代中共沒有自己的政權和軍隊，組織成本和經濟負擔較小，開展農民運動的經費，因打著國民黨的旗幟，大部由國民黨中央或省政當局「埋單」。中共自身不需要從農村汲取人、財資源，發動農民起來革命的目標比較單純。

　　彭湃在海豐開展農民運動時，曾遇到一次「凶年減租」與「豐年減租」的選擇困境，頗能反映中共目標與農民目標之異趣。1923 年夏秋之交，海豐恰遇水災和風災，農田完全失收，農民大起恐慌，要求農會趁機向地主挑戰，實行減租運動。然而彭湃卻有不同的看法，認為：「農民的解放運動，減租運動，如是因著年凶，是無甚價值的。因為恐他們或竟忘了減租的意義和我們的目的。故有價值，還是要在豐年來減租。」何以凶年減租無價值，豐年減租才

---

動及其指導者彭湃〉（1923 年 11 月 7 日），《海陸豐革命史料（1920—1927）》第 1 輯，第 119 頁。

有意義？彭湃解釋說：「減租是農村階級鬥爭的挑戰。果然，則凶年減租雖可救死，而田主施惠、佃戶感恩，有時反易沒卻階級的意識，故無甚價值……反之，豐年減租，則直是農村階級鬥爭的挑戰，故有價值。」[108] 從農民切身利益來說，凶年減租最迫切、最需要，甚至生死攸關；而從黨的階級鬥爭目標而言，凶年減租沒有價值，豐年減租才有意義。

從早期農運的經驗看，農民確實不大明白也不大理睬什麼「主義」，卻相當注意權衡和算計利弊得失，當形勢不利時，多遲疑徘徊、消極退縮，而當形勢有利時，則勇往直前，甚至膽大妄為。共產黨說，哪裡有壓迫，哪裡就有反抗，壓迫越狠，反抗越烈。在群眾運動的實踐中，其實還有另一種情形：哪裡壓迫小，阻力小，政治環境寬鬆，哪裡的群眾就容易運動起來。

當然農民一般都缺乏長遠眼光，算計的多是眼前得失。他們即使受到豪紳精英的壓迫，仍願意追隨那些豪紳精英。因為他們覺得豪紳精英比自己更具有眼光，更會算計利弊得失。如中共番禺縣委在給廣東省委的報告中即談道：「當地貧苦農民往往做事都是要大耕家帶頭，他們乃敢隨之。他們依賴大耕家的心理，非常難以打破。」[109] 因此，農民運動在很大程度上仍然依賴地方精英的參與，甚至成為參與的主角。鄉村地方精英之參加或反對農會，往往會帶動一大批農民追隨。地方精英可能是小學教師，也可能是小地主或部分豪紳。

豪紳地主對農運的態度，更視政治形勢的變化和自身利益考量為轉移，最初往往盡力阻止，勢均力敵時頑強抵抗，形勢逆轉時，選擇逃跑或轉而組織和加入農會。所以農運發展到一定階段後，中共常常告誡要防止豪紳地主混入農會。另一方面，豪紳地主之間的競爭和對抗，也使部分豪紳主動加入農民運動的行列，轉而利用政黨的組織資源為自己的目標服務。中共還沒有自己的地盤，力量有限，所以還不可能完全按照自己的意識形態推行階級鬥爭於農運實踐中，為了爭取民眾，有時不得不妥協，不得不遷就現實。在廣東，中共廣東區委就告誡農運特派員說，條件不成熟時不要提出「打倒地主」、「打倒土豪劣紳」等過高的口號，以至於廣東很多地方的農運實際上是一幫豪紳地主帶領

---

108　李春濤：〈海豐農民運動及其指導者彭湃〉（1923 年 11 月 7 日），《海陸豐革命史料（1920—1927）》第 1 輯，第 118—119、124 頁。

109　〈中共番禺臨時縣委四月份給省委報告〉（1928 年 5 月），《廣東革命歷史文件彙集》甲 32，第 98—100 頁。

農民與另一幫豪紳地主帶領的農民進行鬥爭。湖南的農民運動也在很大程度上是以鄉村小學教師為代表的一批年輕的鄉村精英起來打倒既得利益的「土豪劣紳」，奪取鄉村政權，實際上是地方精英之間的代際衝突和利益競爭。河南的農民運動更是如此。因紅槍會在河南農村社會具有極大的號召力和組織力，雖然這些紅槍會大都掌握在豪紳地主之手，中共不得不加以利用。所以河南的農民運動，實際上是紅槍會運動，而控制紅槍會的豪紳地主，也就順理成章地成為河南農民運動的領袖人物。1927 年 8 月中共河南區委在〈河南農運報告〉中指出：「河南的農民運動，十之九是槍會運動」；「槍會首領大多數是土豪劣紳，或土匪流氓，其領導權完全操在土劣手裡」；「只注意首領之聯絡，未積極去抓取群眾，所以某一個政治口號，適於首領利益時，他們也似乎能合（和）我們一致行動，我們同志也便洋洋得意，以為可以領導群眾，大吹大播。但在某一口號不適於首領時，這一首領便帶領整個的群眾反動起來」。[110]

所以，1920 年代的農民運動，很難說是單純的「農民」運動。農運的鬥爭對象，也不是單純的「地主」。在「農民運動」的大潮中，捲入了各種不同階層和職業的人群，也充滿了各種不同的利益訴求和利益衝突，故而其風貌極其紛繁複雜。

群眾運動一般都要經過一個從猶疑、嘗試，到興奮、亢奮的演進過程。最初的發動，總是比較艱難，而一旦啟動，並形成一定規模後，就會產生群體感染效應，如同滾雪球般，迅速擴大。到了興奮階段，群眾激情高漲，參與規模日趨膨脹，但尚處於理性和可控階段。一旦進入亢奮狂熱階段，群眾越來越非理性，就會出現勒龐所說的「心智歸一」現象。[111]

另一方面，當聲勢浩大以後，懷有各種目的和野心的人難免滲透到運動中來，此時，運動的對抗性力量或降或逃或消失，而運動的組織領導力量往往難以同步增長和跟進。在這種情況下，「運動」群眾，轉變為群眾「運動」，進入「自主性運動」階段，群眾不再聽命於組織者，運動也勢必偏離組織者最初設計的軌道。組織者也難以通過宣傳、教育、說服和解釋等手段抑制群眾的激情，強行抑制可能導致與群眾的直接衝突，喪失群眾的信仰。

---

110 〈河南農運報告——對槍會運動之分析〉（1927 年 8 月 30 日），中共河南省委黨史工作委員會編《一戰時期河南農民運動》，河南人民出版社，1987，第 122 頁。
111 參見趙鼎新《社會與政治運動講義》，社會科學文獻出版社，2006，第 61 頁。

　　廣東農運因為政治環境的變化而尚未發展到「亢奮」階段即趨於停滯。湖南農運則很完整地呈現了這一過程。湖南農運是隨著北伐軍事的迅猛推進而爆炸式發展的。在 1926 年 6 月至 1927 年 6 月一年間，全省農會會員數由三四萬猛增到五六百萬。中共在湖南的組織力量雖然最強，但無法與農運同步發展。其結果，中共最終只能控制縣一級農協，對區一級農協還能半控制，到鄉一級農協則完全失控。中共的命令，只能到區，不能到鄉。開始階段，區、鄉農協基本由小學教師主持，到後期，鄉農協組織迅速膨脹，並為遊民貧農所掌控，「他們的組織農協，既不懂什麼策略，復無所謂目的」，於是出現了「各地方區農協不服縣農協指揮，鄉農協不服區農協指揮，各自為政，不相統屬現象」。[112] 進而導致農運的「過火」。

　　不僅農運，大革命時期的工運，也同樣出現過嚴重的「左」傾和「失控」局面。據劉少奇的描述，工人「提出使企業倒閉的要求，工資加到駭人的程度，自動縮短工作時間至每日四小時以下，隨便逮捕人，組織法庭監獄，搜查輪船火車，隨便斷絕交通，沒收分配工廠店鋪」。劉少奇以其領導早期工人運動的經驗，總結出這樣一條工人運動的「規律」：在政治環境好、工人有集會罷工自由的情況下，工人就會隨心所欲地、無所顧忌地一味冒進，出現過激、過「左」的局面。劉少奇為此「苦悶欲死」卻一直無良策加以解決。[113]

　　中共此後的群眾運動，雖然手段、策略、技巧日趨嫻熟，卻始終難以擺脫這樣一個「怪圈」：群眾運動初期，必須「放手」發動，才能運動起來，一旦運動起來，就難免失控，以至每次群眾運動都必「過火」，也總是在「過火」之後，才能著手收束。

---

112　李執中：〈農民問題與痞子運動——湖南農運之分析的報告〉，《中央半月刊》1927 年第 4 期，第 64 頁；〈省農協不准地痞流氓混入農協的第二十六號訓令〉（1927 年 1 月），《湖南農民運動資料彙編》，第 461 頁。
113　〈關於大革命歷史教訓中的一個問題〉（1937 年 2 月 20 日），中共中央文獻研究室、中華全國總工會編《劉少奇論工人運動》，中央文獻出版社，1988，第 212—221 頁。

# 第八章　中國蘇維埃革命的源流

　　1927 年國共分裂後，中共展開蘇維埃革命。蘇維埃這一名詞借自蘇俄，原意是代表會議，即由民眾以代表會議形式掌握國家權力。不過，對於當時的中共黨人而言，以什麼樣的稱呼界定這場革命未必那麼重要，在國民黨已經武力分共，中共失去合法發展機會的背景下，武裝反抗幾乎是中共這樣一支政治力量會做出的唯一選擇。蘇維埃革命的核心是要在中共獨立領導下，推翻現行統治體系，建立中共領導的革命政權。

　　通過社會和政治革命建立新型政權，是中共建黨以來一直追求的目標。早在中共一大通過的黨的綱領中就明確指出：「本黨承認蘇維埃管理制度，把工農勞動者和士兵組織起來，並承認黨的根本政治目的是實行社會革命。」[1]此後，雖然根據形勢的變化，中共具體的革命策略屢有調整，但實現「建立無產階級獨裁制，創造世界的蘇維埃共和國，以進於無階級的共產社會」，[2]應為中共一以貫之的終極目標。

　　由於力量的薄弱，當中共在國民黨武力壓迫下被迫進行武裝鬥爭，與占據統治地位的國民黨展開較量時，地域廣大的鄉村成為中共武裝力量活動的中心。和城市相比，南京中央對農村缺乏有效的控制，中共在這裡的發展可以遊刃有餘。事實上，鑑於中國社會農村人口占據絕大多數的現實，早在國共合作開展國民革命的時期，共產國際和中共已經逐漸注意到農村、農民的重要性，

---

＊本章由黃道炫撰寫。
1　〈中國共產黨第一個綱領〉，中央檔案館編《中共中央文件選集》第 1 冊，中共中央黨校出版社，1989，第 3 頁。
2　〈中國共產黨黨綱草案〉，《中共中央文件選集》第 1 冊，第 140 頁。

並將解決農民的土地問題作為國民革命開展的重要一環。隨著蘇維埃革命的開展，中共武裝因緣際會在農村發展壯大，土地革命成為蘇維埃革命中具有凌駕意義的重要話題。

顧名思義，土地革命的中心當然是要完成土地的重新分配，即按照既有解釋框架所言，將地主、富農擁有的占農村 80％的土地分給普通農民，由此激發農民投身革命的熱情。對土地革命的強調，與土地分配嚴重不均的判斷密切相關，並在某種程度上成為革命起源解說的基本邏輯。不過，如果我們盡可能地回復到歷史的現場，將有可能發現，事實總要比理論複雜得多，中國農村土地的狀況並不像曾經認為的那樣畸形，而關於革命源流的解說，也大可不必局限於土地和農民本身。

作為中國蘇維埃革命在南方地區的中心區，由贛南、閩西組成的中央蘇區具有特殊的考察意義。中央蘇區是中共建立的中華蘇維埃中央政府所在地，無論是面積、人口，還是武裝力量、政權建設，這裡都在各個蘇區中居領先地位。因此，以其為中心進行的考察，儘管未必覆蓋蘇維埃運動的全貌，但無疑具有相當強的代表意義。

## 一、地權的悖論

在中共黨史的表述系統中，關於 1927—1937 年中共革命的表述，多年來冠之以土地革命的稱呼。近年來，學界逐漸回歸當年中共自己對這場革命的定義即蘇維埃革命。這樣的回歸，既是對歷史原貌的尊重，同時也不無對土地革命是否可以含括此階段革命的反思。事實上，從當年中央蘇區所在的贛南、閩西，我們可以清楚看到和以往中共黨史習慣描述並不完全符合的地權形態。

藉助於時人的調查，是還原當年土地狀況的最好途徑，這方面，毛澤東的〈尋烏調查〉無疑具有極高參考價值，可謂暸解當年贛南社會生活真實風貌不可多得的寶貴材料，調查的細緻、廣泛、精到，堪稱社會調查的典範。作為一個信仰馬克思主義的革命家，毛澤東的調查對中央蘇區的階級分化狀況投入相當大的熱情，應該說，雖然有明顯的政治目的，但其實地調查仍有著相當的客觀性。從調查資料看，當時尋烏全縣農村人口成分是：大地主（收租 500石以上的）占 0.045％，中地主（收租 300—500 石的）占 0.4％，小地主（收

租200石以下的）占3%，富農（有餘錢放債的）占4%，中農（夠食不欠債的）占18.255%，貧農（不夠食欠債的）占70%，手工工人占3%，遊民占1%，雇農占0.3%。土地占有情況是：公田占40%，地主占30%，農民占30%。[3]這一調查結論如果和我們後面將要提到的更廣泛的調查資料對照，可以發現有著相當的一致性。

　　同樣是毛澤東，後來又在江西新餘做過興國調查。調查方式是找了6個紅軍中興國籍人員，以談話進行。調查對象是贛南的興國，調查地卻在數百里外的贛西，多少讓人感覺有些怪異。該調查認為興國永豐圩地主、富農占地達70%，公田為10%，中農占地15%，貧農為5%，並由此得出結論：「真正的剝削階級（地主富農），人數不過百分之六，他們的土地卻占百分之八十。其中富農占去百分之三十，公堂土地又有許多在富農掌握中，若不平分富農的土地，多數人土地不足的問題便難解決。」[4]因為不是實地調查，結論未給出實際的資料加以支撐，而由一個圩的狹小地區推導出土地政策的做法和毛澤東一貫強調的深入、全面調查然後得出結論的做法也不盡相同。之所以會出現這種狀況，瞭解一下毛澤東做調查的背景就可以知道，當時正是中共中央根據共產國際指示要求進一步打擊富農、與黨內所謂「富農路線的發展」[5]做鬥爭之時，毛澤東調查中關於平分富農土地的說法，和這一指示是分不開的。畢竟，在當時的黨內環境下，即使像毛澤東這樣性格堅強的地方領袖，在重大原則問題上，也不可能擺脫居於發號施令地位的指導者的命令。問題在於，關於蘇區階級分化、土地關係的判斷，和正確制定土地政策、深入開展土地革命有著極其重要的關係，即連身在實地的毛澤東尚且無法完全獨立地做出自主深入的調查研究，遑論當時遠離蘇區農村實際的中共中央。而且，或許是造化弄人，又或許內在邏輯使然，毛澤東兩篇調查遭遇的命運截然相反：〈尋烏調查〉長期散佚，1950年代前幾乎不為人所知；〈興國調查〉中具有濃厚政治背景的資料，卻隨著毛澤東領袖地位的確立，成為中共判斷農村土地關係的重要依據。同時，毛澤東提供的兩份內容、形式都大有差異的調查，也提醒著後世的研究者，對於各種各樣的調查資料應持謹慎態度，全面占有、分析使用，才可能不

---

3　〈尋烏調查〉（1930年5月），《毛澤東農村調查文集》，人民出版社，1981，第105頁。
4　〈興國調查〉（1930年10月），《毛澤東農村調查文集》，第200頁。
5　忠發：〈中央政治局報告〉（1931年1月），《中共中央文件選集》第7冊，第6頁。

迷失在歷史的迷霧中。

除毛澤東的調查外，關於江西、福建這兩個蘇維埃革命基本區域的土地占有情況，還有來自多方面的不同材料。當時，一些有關機構也對土地占有情況做過調查。據 1933 年福建上杭的調查，該縣 43293 戶居民中，地主占 3.6%，占地 30.5%；自耕農（實際即富農和富裕中農）占 5.3%，占地 5.4%；自耕兼租種農戶占 88.4%，占地 64.1%；佃農占 2.7%。[6] 福建龍岩 1943 年調查表明的結果是，自耕農、半自耕農占 66.62%，佃農占 33.38%。[7] 贛縣七鯉鄉抗戰中期調查的 500 戶居民中，地主占 4.2%，自耕農和半自耕農占 37%，佃農占 45.2%，雇農占 0.4%，其他 13.2%。[8] 江西新幹第四區謙益村的調查結果是：自耕農占 41.21%，半自耕農占 46.21%，佃農占 8.49%，雇農占 3.64%。[9] 中共贛東北黨對江西樂平的調查也顯示，該地土豪、自耕農、半自耕農、佃農、雇農的占地比例分別是 2%、40%、30%、5%、5%。[10] 這些調查結果顯示的資料雖然在分類上有所區別，但從不同角度反映的土地分配狀況是相近的，即以自耕農和半自耕農占人口相當多數，地主占有遠超過其人口比例的土地，一般自耕農和半自耕農也擁有相當數量土地。

關於閩贛兩省土地分化平緩的狀況，既有當時政府方面的陳述：蓮花、永新、寧岡三縣，「以前均係小農作業之自耕農制，純粹收租之地主，與貧無立錐之佃農，均占極少數，大地主則尤為稀少」；[11] 也有中共內部有關報告的證實：「邊界的經濟本來是一個小農經濟區域，自耕農甚多」，[12] 江西萬安「自耕農占全縣人口大半」。[13] 同時，我們還可以把上述調查資料和 1950 年前後江西、福建土地改革專門機構在農村所做的一系列調查加以對比，相互得到印證。下面表 8-1、表 8-2 所列是以 1950 年前後閩贛兩省土地改革專門機構調

---

6　〈上杭縣概況初步調查〉，《統計月刊》第 3 卷第 3 期，1933 年。

7　林詩旦、屠劍臣：《龍岩之土地問題》，龍岩縣政府編印，1943，第 69—70 頁。

8　李柳溪：《贛縣七鯉鄉社會調查》，江西省地方行政幹部訓練團印行，1941，第 108 頁附表。

9　豐城、清江、新幹三縣特派土地督察員報告，《江西民國日報》1933 年 12 月 22 日。

10　〈鄱陽黨團工作報告〉（1927 年 11 月），《閩浙皖贛革命根據地》，中共黨史出版社，1991，第 58 頁。

11　〈蓮花、永新、寧岡三縣收復區土地處理督察處報告〉，《軍政旬刊》第 37、38 期合刊，1934 年。

12　〈楊克敏關於湘贛邊蘇區情況的綜合報告〉（1929 年 2 月），《中央革命根據地史料選編》（上），江西人民出版社，1982，第 18 頁。

13　〈中共江西省委轉錄贛西各縣及二團給贛西特委的報告〉（1929 年 6 月 2 日），《江西革命歷史文件彙集（1929 年）》（1），中央檔案館、江西省檔案館編印，1987，第 209 頁。

查結果形成的綜合資料。

## 表 8-1 福建土地占有情況

單位：%

| 地區 | 福安、壽寧等5縣7村 | 南平、古田、沙縣3縣 | 福州鼓山區後嶼村 | 永定 | 連城 | 武平 | 福建66縣 |
|---|---|---|---|---|---|---|---|
| 地主人口 | 6.25 | 4.81 | 1.11 | 5.73 | 2.01 | 3.06 | 3.17 |
| 地主占地 | 47.95 | 45.85 | 7.78 | 6.79 | 9.82 | 9.7 | 13.5 |
| 富農人口 | 3.45 | 6.03 | 1.81 | 3.3 | 2.38 | 3.66 | 2.64 |
| 富農占地 | 11.38 | 15.81 | 7.71 | 3.64 | 2.99 | 6.14 | 5.17 |
| 中農人口 | 18.07 | 22.23 | 18.35 | 34.82 | 33.46 | 36.4 | 39.8 |
| 中農占地 | 18.23 | 26.51 | 35.54 | 22.28 | 17.61 | 29.3 | 32.36 |
| 貧農人口 | 50.33 | 45.65 | 37.47 | 53.43 | 54.74 | 51.91 | 39.99 |
| 貧農占地 | 20.4 | 13.32 | 19.99 | 17.94 | 14.73 | 19.6 | 13.9 |

資料來源：〈閩東北農村土地租佃剝削情況調查〉、〈後嶼各階級（層）田地占有表〉、〈鱔樟各階級（層）田地占有表〉、〈南塘各階級（層）田地占有表〉、〈七保村各階級（層）田地占有情況表〉，《福建省農村調查》，華東軍政委員會土地改革委員會編印，1952，第3、22頁；《永定縣志》卷5，中國科學技術出版社，1994；《連城縣志》卷4，方志出版社，2005；《武平縣志》卷4，方志出版社，2007；〈南平專區土地、賦元情況調查〉，《福建日報》1950年12月13日；〈土地改革前華東各省（區）市農村各階級（層）土地占有情況統計表〉（附表1），《華東區土地改革成果統計》，華東軍政委員會土地改革委員會編印，1951，第4頁。

說明：本章所列凡以階級劃分各表均省略了地主、富農、中農、貧農之外的非主流社會階層，各表統計總和不一定為100%。占地比例中永定、連城、武平公田面積分別達48.31%、52.07%、35.09%。

## 表 8-2 江西土地占有情況

單位：%

| 地區 | 於都銀坑區 | 南康縣樟木鄉 | 九江縣石門鄉 | 寧都縣劉坑鄉 | 江西蘇區（土地委員會統計） | 江西瑞金六個區 | 江西28村 | *江西公略縣** |
|---|---|---|---|---|---|---|---|---|
| 地主人口 | 1.78 | 2.6 | 4.4 | 6.14（包括富農） | 3—4 | 2.18 | 3.85 | |

| 地主占地 | 6.3 | 13.8 | 24.44（包括公田） | 66.95（包括公田） | 20—30 | 11 | 17.8 | 20.1 |
|---|---|---|---|---|---|---|---|---|
| 富農人口 | 2.33 | 5.6 | 1.89 | | 5—6 | 3.7 | 5.2 | |
| 富農占地 | 3.85 | 10.9 | 2.39 | | 20 | 6.6 | 12.6 | 15.8 |
| 中農人口 | 15.88 | 25.24 | 38.67 | | 20—30 | 20.16 | 28.8 | |
| 中農占地 | 19.86 | 39.1 | 36.1 | | 30 | 16.2 | 32.2 | 15.1 |
| 貧農人口 | 76.63 | 62.79 | 42.5 | 93.86（含中農） | 30—50 | 63.3 | 54 | |
| 貧農占地 | 38.45 | 35.18 | 16.3 | 33 | 20 | 30.5 | 21 | 15.5 |

資料來源：《銀坑區土改運動總結》，江西省農協第二工作團編印，1950，第3頁；方志純：〈南康樟木鄉分村深入鬥爭經驗〉，《江西省土地改革重要文獻彙編》（上），江西省土地改革委員會編印，1954，第205頁；〈江西九江縣石門鄉解放前的社會情況調查報告〉、〈土地革命至解放前夕的劉坑鄉〉，《中南區一百個鄉調查資料選集・解放前部分》，中南軍政委員會土地改革委員會調查研究處編印，1951，第146、102頁；〔美〕愛德格・斯諾：《紅色中國雜記》，黨英凡譯，群眾出版社，1983，第47—49頁；〈瑞金縣六個區土改前後各階層土地占有狀況一覽表〉，《瑞金縣志》，第332—333頁；劉俊秀：〈江西農村階級關係與各階層土地占有的初步研究〉，《江西日報》1950年9月3日；〈江西蘇區中共省委工作總結報告〉（1932年5月），《中央革命根據地史料選編》（上），第459頁。

說明：＊江西28村包括12個蘇區村、9個游擊區村、7個白區村，涉及人口29354人。
＊＊公略縣為蘇區時期由吉安、吉水劃屬。

從上述調查資料看，占人口7%左右的地主、富農占地最多的超過60%，最少的僅6.3%，規模較大、較具代表性的兩個調查中，福建66縣不到20%，江西28村則為30.4%。江西豐城小袁渡鄉抗戰前地主占地包括公田在內為28.72%，被認為是「土地集中程度為一般鄉」。[14] 表8-2中的南康樟木鄉所在的潭口區是南康「主要封建堡壘之一」，「樟木鄉新田村尤為全區突出之封建堡壘」，[15] 但其地主、富農占地只有24.7%。可以看出，這些資料

---

14　〈江西豐城縣小袁渡鄉解放前社會情況調查報告〉，《中南區一百個鄉調查資料選集・解放前部分》，第117頁。

15　方志純：〈南康樟木鄉分村深入鬥爭經驗〉，《江西省土地改革重要文獻彙編》（上），第205頁。

基本是以 30％為中軸。相對而言，占人口 40％左右的貧雇農占地資料比較一致，多在 20％左右。將上述資料和前述多種調查綜合看，閩贛兩省農村以自耕農為主的構架可以成立，以往關於地主、富農占地 80％以上的說法作為一種政治宣傳在有關調查中並沒有得到證實。[16] 江西寧都劉坑鄉是上述資料中地主占地唯一超過 60％者，但該統計包括公田，且該鄉地主出租土地中有 70％屬於皮骨田，即業主占有田底權（所有權），佃農占有田面權（使用權），佃農租額要比一般的皮骨全田低 20％—30％，這和一般意義上的地主占地有一定區別。[17] 所以，嚴格說，這一統計應有一定水分。事實上，土地改革前江西有關專業部門的調查結論就指出：

> 從全省範圍來說明，估計地主土地約占百分之二十五，某些地方占百分之三十到四十，甚至占百分之五十以上；富農土地約占百分之十五，某些地方可能占百分之二十到二十五，公田約占百分之十，某些地方可能占百分之十五到二十，個別縣區約占百分之四十以上。[18]

這一結果，和近年學者提出的全國範圍綜合估計地主、富農占地約 50％的結論比（有理由認為，這一結論可能仍存在著某種程度的高估），閩贛兩省地主、富農占地比例在全國當不算高。無怪乎 1950 年代初湘、鄂、贛、粵、豫五省農村進行的調查中，江西和河南一起，被列為土地較為分散的地區。[19]

16　作為一種政治宣傳，有時具體調查和結論本身就相互衝突，如江西宜春一個村的調查顯示，該村地主占地 18.98％，貧農人口占 58.4％，占地 45％，貧農占地比例應是較高的，而其結論是「占百分之九十的農民卻無田耕種」。見馬成禮〈江西省袁州專區農村情況調查〉，《長江日報》1950 年 7 月 17 日。

17　其實，這種所有權和使用權分離的狀況在當時東南農村如江西、浙江、福建等地廣泛存在。費孝通在江蘇吳江廟港鄉開弦弓村的調查注意到當地土地占有「分為兩層，即田面和田底」。（費孝通：《江村經濟》，戴可景譯，江蘇人民出版社，1986，第 126 頁）而江蘇常熟「全境大都是這樣」。且由於地主衰落，使用權賣後「往往無力贖回，佃農也常藉此刁難地主」（〈調查日記〉，國民政府行政院農村復興委員會：《江蘇省農村調查》，商務印書館，1935，第 83 頁），所有權權益大幅貶值。1930 年代後期及 1940 年代，使用權價格常常高於所有權，地主對土地的控制受到很大限制。

18　劉俊秀：〈江西農村階級關係與各階層土地占有的初步研究〉，《江西日報》1950 年 9 月 3 日。稍後江西的調查結果仍顯示，解放前夕地主、富農、公田占地「一般多的可達 40％，少的 15％至 20％（蘇區）」（張日震：〈江西土改試點工作情況〉，《中南土改簡報》第 4 期，1950 年），和劉俊秀的結論無實質差距。然而該調查材料一開始就聲明：「對各階層的土地占有關係的認識……過去的認識是有偏差的。過去估計地主、富農、公田只占土地百分之二十至三十」，但如上文所示，調查的最終結論和這一估計並沒有區別。這種自相矛盾的表述顯現的心態，在當時的調查中有相當的代表性，即事實和理論間的落差造成調查者相當程度的困惑和不安。

19　張根生：〈中南區各省農村社會階級情況與租佃關係的初步調查〉，人民日報編輯部編《新

而從江西、福建兩省調查材料看，福建土地集中程度還要低於江西。

　　肯定這一地區土地集中的有限性，並不等於從總體上否認這一地區存在土地占有嚴重不平衡現象。有意思的是，當時來自各方面的多個報告都提供了現在常被認為是土地集中並不十分嚴重的資料，但調查者往往都得出土地分配非常不均的結論。[20] 在被一些不無片面的誇大的宣傳數字誤導多年後，也許當時的實際數字已不足以引起人們的重視，甚至會被作為相反觀點的論據。其實，應該說，在這些更符合農村實際狀況的資料後面，體現著的仍是農村占地的不平衡局面。這一點，從各階層人均占有土地數中可以得到更清晰的反映（見表 8-3）。

表 8-3 地主與貧農人均占地比較

| 地區 | 地主人均占地 | 貧農人均占地 | 地主與貧農之比 |
|---|---|---|---|
| 福建 66 縣 | 7.47 畝 | 0.61 畝 | 12.24 倍 |
| 南平、古田、沙縣 3 縣 | 21.76 畝 | 0.67 畝 | 32.48 倍 |
| 福州鼓山區鱔樟村 | 2.1 畝 | 0.41 畝 | 5.12 倍 |

資料來源：〈土地改革前華東農村各階級（層）土地占有情況統計〉，《華東區土地改革成果統計》，第 2 頁；〈南平專區土地、賦元情況調查〉，《福建日報》1950 年 12 月 13 日；〈鱔樟各階級（層）田地占有表〉，《福建省農村調查》，第 23 頁。

　　由表 8-3 可見，地主人均占地一般在貧農的 10—30 倍，少數地主、富農占地極不集中地區這一比例在 10 倍以下。福安南塘保貧雇農人均占地 0.39 畝，地主為 5.81 畝，是前者的 14.9 倍，這在閩贛兩省農村中被認為屬於一般集中的，是較多出現的比例。可以看到，在贛南、閩西地區大多數調查中，占人口一半左右的農村貧困階層，其人均占有土地不足一畝。以當時的生產能力，這樣的占地數量不足以保證基本的生存。而如果以人均分土地，當時閩贛

---

區土地改革前的農村》，人民出版社，1951，第 26—28 頁。1930 年代也有調查認為江西「大地主絕少，百畝以上者僅千分之二三，十畝不足者，占百分之七十四，可證明農場面積之狹小，與土地之過細分割，同時可確知本省絕無土地集中之現象」。見王世琨〈南昌實習調查日記〉，蕭錚主編《民國二十年代中國大陸土地問題資料》第 172 種，成文出版社，1977，第 84984—84985 頁。

20　如一份關於常熟的調查報告發現這裡「有五畝及十畝以下者，占全農戶百分之七十一，而所得耕地僅百分之四十四，在四十畝以上的農戶，僅占百分之三，所得耕地反占百分之十九」，對此，作者認為「其分配非常不均」。見余覯如〈常熟農村現狀調查〉，上海《大晚報》1934 年 10 月 10 日。

農村人均普遍能達到兩畝左右，勉強可在正常年景維持溫飽。因此，當蘇維埃革命以平分土地相號召時，其對多數農民產生的吸引力是不言而喻的。而人口膨脹、戰爭、政府政策及國際環境影響形成的生活困窘，更埋下了農民求變情緒的根芽。

## 二、公田問題

中國傳統社會宗族勢力發達，在許多地區，宗族不僅擁有社會政治權威，而且占有土地。中央蘇區所在的贛南、閩西地區，主要以宗族占有形式出現的公田占據很大比例：「在江南，族有田產底發達，構成一種特色」。[21] 根據 1950 年初華東軍政委員會的統計，浙江公堂土地占比為 16.35％，安徽為 4.17％，蘇南為 5.9％。[22] 中央蘇區中心區的江西屬公田發達地區，國共兩黨的調查中都不約而同地注意到這裡占地廣大的公田，中共江西省委 1932 年 5 月的工作報告記載：「江西公堂祠堂的土地特別多。」[23] 國民黨方面在武力恢復對蘇區控制後，也報告這裡「公田甚多」。[24]

從公田分布看，一般在較為偏僻地區，由於宗族勢力強盛，公田比例更高。中央蘇區所在的贛南、閩西都是公田比例較高地區。以福建而言，福建全省公田占比達 29.36％，[25] 這個比例放到全國與其他省分做橫向比較，是名列前茅的。而屬於中央蘇區的閩西地區比例又要高過全省均值：「閩北、閩西占百分之五〇以上；沿海各地只占到百分之二〇至三〇。」[26] 如閩北閩西的古田過溪占 61.4％，建陽營前占 37.31％，永定中川村占 70.04％，永定西湖村占 60％，永安吉前保占 56.6％，普遍達到總田畝的 50％以上。根據土改時期的統計，長汀土改前公田達 19 萬餘畝，占全縣總耕地 39 萬餘畝的 49.065％；[27] 建寧公田 67605 畝，占總耕地 166103 畝的 23.68％。[28] 相對而

21　《江蘇省農村調查》（農復會本），第 6 頁。
22　〈土地改革前華東各省（區）市農村各階級（層）土地占有情況統計〉，《華東區土地改革成果統計》，第 4—5 頁。
23　〈江西蘇區中共省委工作總結報告〉（1932 年 5 月），《中央革命根據地史料選編》（上），第 445 頁。
24　〈陳誠等呈收復土地問題亟待解決請迅予布告〉，《軍政旬刊》第 32 期，1934 年。
25　〈土地改革前華東各省（區）市農村各階級（層）土地占有情況統計〉，《華東區土地改革成果統計》，第 4—5 頁。
26　〈福建省共有田調查〉，《福建省農村調查》，第 109 頁。
27　〈長汀縣土改前後各級層土地占有情況表〉，《長汀縣志》，三聯書店，1993，第 125 頁。
28　〈土改前後各階層占有土地、山林情況統計表〉，《建寧縣志》，新華出版社，1995，第

言，福建沿海地區公田比例要低一些，永春（7個村）占29.53%，莆田華西占21.87%，南安新榜村占15%，福州市郊（2個村）占7.98%，福清梧嶼村占9.02%。[29] 泉州地委調查，閩南公田占總耕地面積的20%左右。[30]

　　贛南公田比例雖然不如閩西，但通常也達到百分之二三十。蘇維埃革命前，公略縣公堂占地22萬石，占總數的31.5%。[31] 毛澤東尋烏調查的結果是該縣公田占總數的40%。[32] 檔案資料顯示，地處贛南的石城公田數量占比相當之高，該縣兩個鄉土改前的統計資料顯示，一個鄉公田占耕地總數的49.44%，另一個鄉公田占47.2%。[33] 瑞金6個區土改前公田占耕地比為33.6%，會昌為20.92%。[34] 在對江西28村公田比例的調查中，蘇區12村是15.8%，[35] 這雖然是一個偏低的資料，但仍高於安徽和蘇南地區。中共關於萬安暴動的文件中指出：該地「半自耕農約占百分之四十五，自耕農約百分之三十，佃農約百分之十三，雇農約百分之七⋯⋯然萬安又無大地主大資產階級，全縣號稱五萬（元）戶的只有一家，號稱萬（元）戶的只有十一二家。農民所負的債務及租賃之田地，多半是眾會上的（祠堂裡的）。」[36]

　　公田的構成以祠堂祭祀田占大多數。浙江餘姚南留鄉第十村公田占總數的61.78%，其中92%以上是祭祀田，其餘是會田、校產，27.5%由村民輪種，其餘出租。福建古田七保村公田總計4544.29畝，是總田地6026.75畝的75.4%，「共有田基本上是祭田，占占有總數的87.9%；學田是由祭田中抽出來的，約占總數的5.19%；會田很少，只占總數的6.49%。」[37]

　　　111頁。

29　〈福建省共有田調查〉，《福建省農村調查》，第109頁。

30　〈晉江縣僑區農村調查〉，《福建省農村調查》，第102—103頁。

31　〈江西蘇區中共省委工作總結報告〉（1932年5月），《中央革命根據地史料選編》（上），第459頁。

32　〈尋烏調查〉，《毛澤東農村調查文集》，第105頁。

33　〈石城縣B鄉土改前各階層土地占有統計表〉、〈石城縣C鄉土改前各階層土地占有統計表〉，江西石城縣檔案館藏，轉見何朝銀《革命與血緣、地緣：由糾葛到消解》，中國社會科學出版社，2009，第169—169、170頁。

34　〈瑞金縣六個區土改前後各階層土地占有狀況一覽表〉，《瑞金縣志》，中央文獻出版社，1993，第332—333頁；〈會昌縣各級層土改前後土地占有情況表〉，《會昌縣志》，新華出版社，1993，第210—211頁。

35　劉俊秀：〈江西農村階級關係與各階層土地占有的初步研究〉，《江西日報》1950年9月3日。

36　張世熙：〈萬安工農鬥爭及1927年10月至1928年3月大暴動經過情形〉（1928年7月12日），《江西革命歷史文件彙集（1927—1928）》，第267頁。

37　〈古田縣七保村農村調查〉，《福建省農村調查》，第68頁。

公田在土地占有中的較高比例，使其性質認定相當程度上會影響到對土地占有關係的認識。雖然一般說，地主、富農等影響力更大的階層對公田擁有較大的控制權，但作為一個群體的公有土地，畢竟應為參與者全體所有，公田的出現及其運作設計都在努力使其能照顧到更多人的利益。當時有調查指出：「這些族產的目的，大致為祭祀教養恤孤濟貧，但因為是族產之故，田權移轉時很不容易，不能絕對自由地買賣，因此便形成一種具有特殊性的田權。」[38]

公田在實際使用中存在著多種多樣的情況，從中得益者也不盡相同。最能體現公田性質也最為公平的方法就是全體所有者按戶輪流獲得公田的使用權，這也是公田管理的重要形式之一。福建泉州閩南僑區「宗族田地，幾乎都是輪祭田，由共有的各房各戶輪流耕種或出租，當值者負責祭掃的開支」。輪種雖然相對公平，但也有致命的問題，就是農民不注意保護地力，「實行掠奪地力的經營，使土壤變壞，估計這種族田的收成，要較一般產量低五分之一」。[39]據浙江調查，土質得不到保護的輪種田單位產量要比一般田低 100 斤左右。[40]

作為變通的辦法，也有先出租，然後按房按戶輪流收租，福建古田許多地區採用這一辦法。古田七保村「鄭姓最大祭田由 43 戶輪流收租，其中地主 1 戶，富農 2 戶，中農 16 戶，貧農 22 戶，商業資本家 1 戶，小商販 1 戶」。該村輪流收租次數最快的要 6 年一輪，普通的 21 年一輪，輪收次數最少的要 40 餘年才輪得到一次。羅華村有 100 多年才輪到一次的。[41]在這種完全公平的管理形式下，族田權利可以轉讓甚至賣絕，1948 年福建建陽縣營前村貧農袁熙光因病需款，徵得族人同意出賣彭墩鄉的族田 14 畝，賣得價款由全部共有人分益。古田羅華村雇農魏宜香，母親故去無法收埋，把和堂兄共有的族田永佃權賣給堂兄，此後不再享有輪流的權利。當然，為保證族田的家族性質，「這種收租及使用權的買賣，一般是要先商請其它共有者承買，如他們聲明不買，才能賣給別人」。[42]

地主、富農等實力階層有可能在其中獲得特殊權益的是集中管理的公田。

38　《江蘇省農村調查》（農復會本），第 6 頁。
39　〈晉江縣僑區農村調查〉，《福建省農村調查》，第 102—103 頁。
40　〈餘姚縣南留鄉第十村調查〉，《浙江省農村調查》，第 211 頁。
41　〈古田縣七保村農村調查〉，《福建省農村調查》，第 68 頁。
42　〈福建省共有田調查〉，《福建省農村調查》，第 117 頁。

這種公田一般占地多、涉及戶數廣，輪種、輪租操作起來有難度，同時內部的實力階層也不願放過操縱公田的機會。這些公田「形式上是由輩高年邁的老人所經管」，但由於管理上的權威和技術問題，一般而言，「祠堂管理人須具備下列三項條件：（一）有所謂『功名』的人。（二）有較多的田。（三）識字」。要滿足這些條件，地主、富農出身者確實更為有利，所以他們在公田管理者中往往占有較高的比例。安徽貴池齊山村「十個大祠堂的管理人中，有四戶地主，二戶富農，三個『勢力派』人物，五個富裕中農」，這可以代表相當一部分公堂的管理人員構成。當然也有不同情況，蕪湖縣十里區楊埠村管理祠堂田的共 24 人，除一戶為富農外，其餘全為中貧農。[43] 這是因為公堂的所有者中畢竟普通民眾占有人數上的優勢，他們可以據此依據公平理念挑戰富有階層對公堂的管理權。

　　集中管理的公田中，正常情況下，有著為全體參與者認可的制度和規範，收入大多用於祭祀、救助、辦義校、吃喝等。應該說，作為一種家族性或公益性的田地占有形式，公田在維繫農村社會各階層間的紐帶關係、緩和社會衝突上發揮著一定的作用。太湖東山華老義莊中，「依靠義莊補助而生活者，本房外房共達 450 人，遠到蘇、常等地，每年憑票前來領取，即使家庭生活能維持，但只需有鰥、寡、孤、獨條件，即可獲得優待。」[44] 江西南城在政府指導下推行族學制度，規定公田收入在百石以上者，應單獨開辦一所族學，不足百石者應聯合辦校，到 1934 年下半年，共成立族學 88 所，解決許多貧寒子弟的入學問題。[45] 公田所發揮的作用，當年的中共江西省委曾有描述，江西「公堂祠堂的土地特別多」，豪紳地主「利用公堂田地，以少量的收穫分給同族的貧人，以公堂祠堂的公款來補助同族子弟讀書。因此農民的民族（氏族）觀念特別濃厚，對於同姓族豪紳地主富農表示妥協」。[46]

　　公田對需要幫助的族人固可起到一定資助作用，但問題也很突出，一是公田管理存在許多漏洞，一些管理者倚仗職權，上下其手，巧取豪奪；二是

---

43　〈高淳縣雙橋鄉祠堂、神會土地情況調查〉，《江蘇省農村調查》，第 246 頁；〈貴池縣齊山村調查〉、〈蕪湖縣十里區楊埠村調查〉，《安徽省農村調查》，第 134、169 頁。

44　〈無錫縣蕩口鎮義莊田情況調查〉，《江蘇省農村調查》，第 262 頁。

45　〈視導南城縣教育報告〉，《江西教育》第 8 期，1935 年。

46　〈中共江西蘇區省委四個月（一月至四月）工作總報告〉，《江西革命歷史文件彙集（1932年）》（1），第 151 頁。

由於公田屬於集體利益，管理往往相對鬆弛，管理者或族人常趁機在其中渾水摸魚，占取便宜。如華老義莊就出現下面的情況：「本房後裔如係貧苦戶，而非鰥、寡、孤、獨者，亦可向義莊借兌，往往是有借不還，特別是二流子、『白面鬼』等經常去強借。」當然，公田的管理者在貪墨中也不是沒有風險，江西豐城熊姓家庭就因祖上管理「吞沒積穀三百五十石，現經查出，由熊繼義兄弟，各撥還一百餘石」。[47]

對於公田，中共一般都將之歸結為宗法制度在經濟上的表現，是地主豪紳變相占有土地的方式，因此，1920—1950 年代，中共方面的統計資料經常把公田簡單歸入地主、富農占地中。中共六大關於土地問題的決議對此曾做出詳細解釋：

> 所謂公地是豪紳的私產；豪紳地主階級是村中代表官僚封建制度的。租田制度的剝削農民，不但有地主私有田地的出租，而且有所謂公地的出租。如族田、祠田，以及寺院廟宇、官地等等。地主田地上的地租，是地主的收入。所謂公地的地租，表面是公共機關的收入，其實都是豪紳的收入。豪紳把持著公地，向佃農收租，在經濟上就是地主。紳士是中國古代士大夫階級（貴族）的名稱；現在，凡是官吏軍官甚至富商都稱為「紳商」。中國舊時地主階級是紳士階級。現在，凡是出租田地的人以及富豪，在鄉村之中都成為紳士，享有政治上的某種特權。舊時破落戶的紳士，自己雖然沒有田地，卻因為有政治上的特權，一部分能夠把持著所謂公產，而成為實際上的地主。[48]

客觀而言，中共六大的解釋和農村現實的公田場景不無距離，其實，毛澤東一生堪稱最成功最細緻的〈尋烏調查〉中，就對尋烏公田做過一番認真的梳理，為我們提供了一幅傳統中國公田運作的直觀圖景，對進一步瞭解公田特別是中央蘇區的公田制度提供了絕好的材料。毛澤東在調查中，將公田分成三種。

一是祖宗田。這是公田中的主要部分，毛澤東解釋道：「差不多凡屬死人，只要是有『後』的，而他的後又是有錢的，他的所謂後者必定從他們的家產中

---

47　〈視察豐城清江新淦三縣報告書〉，《軍政旬刊》第 5 期，1933 年。
48　〈土地問題議決案〉（1928 年 7 月 9 日），《中共中央文件選集》第 4 冊，第 332—333 頁。

各家抽出一份替他立個公。這種湊分子立公的辦法是什麼姓都普遍採用的。湊成的分子一概是田地，不用現錢。再則那什麼公還在時，他自己就留出田產立起公來，這一種比前一種更多。公田一經成立，就年年收租……積得若干年成一筆大款，便購買田地。如此下去，這一公的田地就漸漸地增多起來。但這積蓄增多的在全部款子中只占去一部分，還有一部分是由他的子孫均分了去……就是當那過年過節時候從祠堂裡分穀分肉。男子都有分，女子沒有分（有些族上寡婦有分），每人分得幾斗穀、幾斤肉……總計祖宗方面的土地，占全部土地的百分之二十四，占全部公田的百分之六十。」二是神道田，包括神、壇、社、廟、寺、觀六種。三是教育、社會公益性質的公田。結合公田制度有關記載及毛澤東的調查看，公田作為一種宗族、團體的占有形式，在多數情況下，不能將其與地主、富農私有田地簡單等同，它在調節社會關係上有一定作用。但公田管理中的貪汙中飽、效率低下、養懶浪費等問題也很突出。因此，當中共開展土地革命時，大張旗鼓地平分公田，既可以達到打破宗族勢力，重組農村社會權力結構的效果；又可為農民和農村生產謀取更多利益，使農民將更多的土地從效率低下的集體占有轉化為個體占有。事實上，如果給農民真正的土地使用權，在中央蘇區這樣公田發達而地主占地並不集中的地區，平分公田讓農民受惠的程度並不比沒收地主土地少，這是中共革命可以信手拈來的絕妙棋子。正由於此，當毛澤東正在為規劃農村土地分配方案殫精竭慮時，卻不遺餘力地對公田制度詳加剖析，和公田由集體占有化為個體占有可能帶來的革命促進潛力，大有關聯。

## 三、農民負擔與農民生活

在關於革命起源的解釋中，農民沉重的負擔一直被認為是導致農民革命的一個重要動因。的確，清末以來，由於內外環境惡化遭遇的財政經濟壓力及民國初期的政治混亂，國家及各級政權對農村的財政索取明顯加大。南京國民政府成立後，在正稅基本保持穩定同時，各種附加稅和攤派又有增加：「國府奠都南京後，田賦劃歸地方稅收，田賦徵收之權，操之於地方，於是附稅之增高，逐年隨地方費用而俱增。至今八年，省方附加於上，縣地方駐軍及鄉鎮公所附加於下，因以附稅日重，演成今日驚人之數目。」[49] 就正稅看，江西全

---

49　李奮：〈福建省田賦研究〉，蕭錚主編《民國二十年代中國大陸土地問題資料》第 6 種，

省田賦平均每畝徵收約 0.275 元。[50] 贛南因為產量相對較低，徵收標準普遍低於贛中、贛北，像瑞金、寧都、興國、贛縣分別是每畝 0.074、0.183、0.248、0.23 元，都低於全省均值，於都較高，為 0.304 元。[51] 具體到每個人頭，江西統計的 43 縣人均負擔稅額為 0.84 元，福建統計的 44 縣人均負擔為 0.79 元。[52] 從縣域看，黎川縣田賦額度為 114973 元，和其蘇維埃革命前的 13 萬多人口衡量，平均每人不到 1 元。[53]

　　單就正稅稅額而言，閩贛兩省農民負擔不能算高，但各種捐稅、附費、攤派、徵借，普遍達到正稅標準，且地方政府對這些稅費徵收的熱情更要高過正稅。江西 1912 年水田正稅和附稅之比為 1：0.41，1932 年則為 1：1.03；同年福建正附稅之比也達到 1：0.97。[54] 時人調查顯示：「閩省田賦正稅額數，為三百六十三萬八千八百三十元；附稅額數，為二百九十九萬三千一百四十元。附稅與正稅之比，附稅約占正稅百分之八十二強。」[55] 隨著「剿共」軍事的展開，江西各縣還要負擔自衛經費人均 0.238 元。[56] 個別縣份附稅及其他徵發要遠遠高出正稅，像江西蓮花、永新、寧岡「三縣之稅額，正稅約占主要作物收穫三十分一，但地方附稅及其它苛派雜捐，常超過正稅若干倍。加之糧差戶書等陋規復甚繁夥，常等於或超過正稅之數」。[57] 地方附稅的混亂及漫無標準，從國民政府的有關反應中也可證實，1933 年 11 月，蔣介石在致江西等省主席電文中強調：「各省徵收田賦附加一項，早經中央財部，明定限制，惟邇年以來，每因所屬各縣，籌措地方政費，不遵財部規定標準，各自呈准本省財廳，任意加徵，甚或有由縣擅自私加，並省廳亦無案可稽者。」[58]

　　第 2952 頁。

50　熊漱冰：《江西田賦問題》，新記合群印刷公司印製，1932，第 47 頁。

51　〈江西省八十一縣丁米徵收數額表〉，《江西省糧食志資料長編》，江西省糧食局編印，1991，第 8 頁。

52　〈縣政調查統計‧江西省〉、〈縣政調查統計‧福建省〉，《內政調查統計表》第 22、21 期，1935 年。

53　〈社會調查‧黎川概況〉，《汗血月刊》第 1 卷第 2、3 期合刊，1934 年。

54　〈各省田賦調查〉，《農情報告》第 1 卷第 12 期，1933 年。

55　李奮：〈福建省田賦研究〉，蕭錚主編《民國二十年代中國大陸土地問題資料》第 6 種，第 2945 頁。

56　〈縣政調查統計‧江西省〉，《內政調查統計表》第 22 期，1935 年。

57　〈蓮花、永新、寧岡三縣收復區土地處理督察處報告〉，《軍政旬刊》第 37、38 期合刊，1934 年。

58　〈電贛湘鄂豫皖蘇浙冀豫各省政府主席及上海市長為依據糧食會議議決限制田賦附加案仰確實查報〉（1933 年 11 月 5 日），《軍政旬刊》第 4 期，1933 年。

以正附及各種捐納、徵借相加，1930 年代前後，贛南、閩西地區人民人均負擔在 2 元左右。1934 年江西負擔中央稅 11923393 元，省縣稅捐 26215435 元，合計 38138828 元。該年統計人口為 18887055 人，平均每人負擔 2.02 元。[59] 從各地區看，閩西汀屬八縣 1926 年田賦正稅徵額為 75 萬元（預徵至 1931 年），其他各種捐稅、徵借、附費達 162 萬元，[60] 平均每人負擔約 2 元。江西豐城 1933 年調查的負擔狀況是：「通縣全年全額三十九萬，現照八五收，實收入正雜賦稅三十三萬元，地方附稅一十九萬餘元，通縣人口四十八萬，平均攤算，每人每年擔負一元五角之譜。」[61] 江西蓮花、永新、寧岡三縣更低一些，1926 年前「土地正稅及其它捐稅額，合計不上三十萬元，以四十六萬人平均分配，每人負擔最高額約七角左右」。[62] 福建永安平均每戶負擔國省地等稅 8 元餘，「每人負擔一元五角強」。晉江「每年每人須納稅二元左右」。[63] 不過，這些額定賦稅往往難以完全徵收，江西靠近南昌的豐城等縣情況就不樂觀：「豐城稅收，每年可得八成，清江五成，新淦則不及二成矣。」[64] 福建沙縣 1935 年、1936 年的額定稅額分別是 191089、238124 元，實徵額分別為 121451、221309 元，實徵比例分別為 63.6%、93%。[65]

應該說，即使將稅捐等各種負擔統統算入，當時農民的負擔尚不一定是畸重。江西新淦謙益村 870 餘人，總收入約 19300 餘元，人均收入 22 元稍多，以人均稅負 1.5 元計，負擔率為 6.8%。[66] 而謙益村在同時調查的幾個村中屬於收入低的。江西農民 1930 年代初人均年收入估算為 36.5 元，人均 2 元稅負比，負擔率為 5.5%。[67] 據 1930 年代湖南的統計，湖南農戶平均每戶全年收入為 203 元，以當時調查的戶均 5.2 人計，每人 39 元，如人均稅負 1.5 元，

59　孫兆乾：〈江西農業金融與地權異動之關係〉，蕭錚主編《民國二十年代中國大陸土地問題資料》第 86 種，第 45207—45208 頁。

60　〈閩西汀屬八縣賦稅簡表（1926 年）〉、〈閩西農村調查日記〉，《福建文史資料選輯》第 35 輯，福建人民出版社，1996，第 175 頁。

61　〈江西省民政廳廳長朱懷冰巡視豐城縣行政概況調查表〉，《軍政旬刊》第 7 期，1933 年。

62　〈蓮花、永新、寧岡三縣收復區土地處理督察處報告〉，《軍政旬刊》第 37、38 期合刊，1934 年。

63　〈永安縣全縣概況〉、〈晉江縣全縣概況〉，《福建縣政》第 2 卷第 1、2 期，1937 年。

64　〈視察豐城清江新淦三縣報告書〉，《軍政旬刊》第 5 期，1933 年。

65　〈沙縣國省地賦稅一覽表〉，《福建縣政》第 2 卷第 1 期，1937 年。

66　〈視察豐城清江新淦三縣報告書〉，《軍政旬刊》第 5 期，1933 年。

67　孫兆乾：〈江西農業金融與地權異動之關係〉，蕭錚主編《民國二十年代中國大陸土地問題資料》第 86 種，第 45243 頁。

負擔率約為 4%。湖南資料雖不能完全對應江西、福建，但作為農業省分，還是有一定參考意義。上述資料顯示的負擔尚屬可承受範圍。

事實上，和賦稅相比真正對農民負擔造成較大影響的是政治不靖。中央權威軟弱，軍閥橫行的時代，地方軍閥、貪官的勒索遠遠超過捐稅負擔，福建永安「軍隊勒索數目，在軍閥時代為數不貲」。[68] 地方軍閥曹萬順駐兵上杭時，每年要向當地籌集軍餉 38 萬元，使百姓負擔陡然加重。[69] 1927 年，福建稅入 7938163 元，歲出 15115726 元，其中軍費 7461292 元，幾占稅入之全數。[70] 江西的情況也大同小異。1924 年蔡成勳督贛時，大肆搜羅錢財：「從前軍餉，月不過四十餘萬，尚無力負擔，百計支撐。蔡成勳每月支數，竟增至一百二三十萬元。稽其用途，除各師旅經常餉項外，大半指稱特別經費……名目既多含糊，實際半歸扣蝕。」[71]

在中國整體貧困的背景下，贛南、閩西農民與其他地區一樣，承受著沉重的生活壓力。閩西本是造紙業十分發達地區，閩西、閩北紙年產額曾達 2000 萬元以上，俗諺所謂國內紙張，十之八出之於閩。但近代以來洋紙的湧入，對閩紙形成致命打擊，「出口額逐年減少，有如江河日下之勢」。[72] 這使山多田少，紙業本是經濟半壁江山的閩西，人民生活更陷困窘。江西的情況同樣不樂觀，當時的調查提到，江西「交通不便，穀賤傷農，民間血汗所入，不敷自給，矧地方附加綦重，不堪其苦」。[73] 糧食雖然可以自給，但為維持基本的生存，農民常常不得不出賣糧食以換取生活資料，溫飽仍是一個待解的難題。

農民的貧困直接體現在收入的低下。從江西看，1932 年時，「每田一畝，收穀一擔半至兩擔之譜，以刻下穀價計，可得四元至五元之代價。耕種工價約一元二三角，收穫工價為七角至一元，種子約二三角，肥料約五角上下，田賦及捐稅約三角至五角，耕牛工資約二角至三角。除去上項開支外，所得無

---

68　〈湖南省農民生活概括及積穀儲量表（一）〉，湖南《統計月刊》第 2 卷第 2、3 期合刊，1937 年；〈縣政調查統計‧湖南省〉，《內政調查統計表》第 20 期，1935 年；〈永安縣全縣概況〉，《福建縣政》第 2 卷第 1 期，1937 年。
69　參見中共上杭縣委黨史工作委員會編《上杭人民革命史》，廈門大學出版社，1989，第 4 頁。
70　李薈：〈福建省田賦研究〉，蕭錚主編《民國二十年代中國大陸土地問題資料》第 6 種，第 2953 頁。
71　〈省議會宣布蔡成勳禍贛罪狀〉，《蔡成勳禍贛痛史》，旅滬贛民自治促進會印行，1924，第 55 頁。
72　〈福建紙之出產〉，《山西省新生活運動促進會會刊》第 21 期，1935 年。
73　〈視察豐城清江新淦三縣報告書〉，《軍政旬刊》第 5 期，1933 年。

幾」。江西新淦謙益村朱姓農戶「闔家共七人，成年者四人，兒童三人。自有田二十一畝，旱地二畝，半租種田十三畝……每年不足生活，負債六十元。」根據江西省立第二職業學校 1934 年對蓮塘十二村的調查，人均基本生活費需 28.41 元結餘，人均耕作支出 18.46 元，與人均收入 36.5 元相抵，虧空 10.37 元。土地委員會同期對江西餘江、南城、清江、蓮花、永修的調查結果可為這種虧空狀況的旁證，五縣 14227 戶負債家庭，因日常家用不足負債的 6111 戶，占到總數的 43％；因婚喪疾病負債者 4208 戶，占到總數的 30％，兩者相加計 73％。[74] 可見應對基本的生活需求尚為農民需要付出重大努力的難題。

在充分注意到人民普遍困窘的同時，也應該看到，贛南、閩西農民的具體生活狀況還有另一種呈現的可能。山高谷深使這裡的宗族制度得到充分的發育，同時也形成相對閉塞的環境。共產國際顧問曾談道：「中國農村還在許多方面過著與世隔絕的經濟生活和社會生活，它不會接受也不會轉達『全國性的事變』。」[75] 贛南、閩西農村就是其所說「與世隔絕」的例證。許多地方方志皆有的所謂「力耕務本」、「民風淳樸」一類的描述，在贛南、閩西同樣可以見到，而且可能更具可信性。贛州府的方志描述這裡「山邑地瘠而民拙，奇淫珍玩之好，服物之需，皆不及他郡，所恃唯穀菽而已，故力耕者眾」。江西瑞金則「夫瑞之為邑，山多而不毛，田少而土瘠，有城市而無鄉鎮。土著之民耕讀之餘並無別業，地利所產稻穀之外並無他物」。乾隆《長寧縣志》載尋烏的情況是：「邑處萬山，山無生息，所恃以謀生者，止此山罅之田。故從事南畝者，披星戴月，無地不墾，無山不種，無待勸也。地之所出，僅足敷食。」[76] 民國時期的調查也都不約而同地注意到這一點，永新「俗尚簡陋，習勞動，食粗糲，有終身不御旨（脂）羞紈帛者。婦女多椎髻，荊釵不事容飾，冶容盛服，鄰里不齒」。[77]

自然環境不優越、經濟不發達造就了這裡分化不明顯的自給自足的自然

---

74　〈中國農村衰落之原因與其救濟方法〉，《申報月刊》第 1 卷第 4 號，1932 年；〈視察豐城清江新淦三縣報告書〉，《軍政旬刊》第 5 期，1933 年；孫兆乾：〈江西農業金融與地權異動之關係〉，蕭錚主編《民國二十年代中國大陸土地問題資料》第 86 種，第 45255—45259、45273—45274 頁。

75　〈佩佩爾給共產國際執行委員會的信〉，《共產國際、聯共（布）與中國革命檔案資料叢書》第 7 卷，中央文獻出版社，2002，第 157 頁。

76　乾隆《贛州府志》卷 2〈地理志‧風土〉；光緒《瑞金縣誌》卷 11〈藝文志〉；乾隆《長寧縣誌》卷 3〈志政‧風俗〉。

77　趙可師：〈贛西收復區各縣考察記（四）〉，《江西教育旬刊》第 10 卷第 8 期，1934 年。

經濟。地權的分散、公田的發達、工商業的落後及相對閉塞的環境，都顯示贛南、閩西與外部社會的距離。然而，不應忽視的是，這種可以被視作貧窮的生活在當時當地的人們眼裡，其實很可能會別有一番景象。1930 年代調查中提供的江西高安和靖安兩縣狀況，或許可以給我們提供一些啟發。高安為二等縣，臨近南昌，社會經濟較為發達，調查發現：「該縣人民生活，年來日趨窘迫，匪患及穀賤傷農固為原因之一，而負擔過重亦為最大原因。」靖安為三等縣，地勢偏僻，屬於湘鄂贛蘇區區域，同一調查描述這裡的狀況是：

> 僻處贛西，崗巒起伏，山地較多，在天然環境，雖不甚佳，然民風樸厚，習於勞苦，就土地分配言，既無大地主，又少赤貧之佃農，大半農民皆自耕自給。該縣流行利率為百分之一，亦足證無高利貸之盤剝。就農民負擔言，地方附稅僅及正稅之半，此外亦無特別派款，是以居民皆家給人足，衣食無憂。在靖安可謂獨無農村破產之現象，洵為特色。[78]

相對發達的高安人民生活窘迫，封閉的靖安則衣食無憂，這兩個不同的生活場景，多少讓人覺得有些意外，值得注意的是，這種現象並非特例，在贛南可以找到許多相似的案例。比如當時材料記載：南康人民「安土重遷，多業農少商，商率小本經營，藉圖生活，非冀致富，略富之家反不輕易為商，以故無大富之家，亦罕赤貧之戶。農隙或出為肩挑負販」。[79] 1926 年粵人王澄霄因父昔年冤死至贛南尋仇，越過大庾嶺後留下的印象是：「由南安起程，路頗平坦，往來人眾，民俗純良，士風古樸，客塗安靖，不似吾粵之盜匪充斥也。」贛中泰和至吉安「地曠人稀，其土人多豐衣足食，緣地價便宜，稍事田疇，即可一生溫飽，人尚古風，絕無匪患。路不拾遺，夜不閉戶，較之吾邑，奚啻天淵，設移粟移民，當注意於此地。」[80] 即使是中共的報告中也談到了這一點，在對井岡山根據地中心寧岡的描述中稱：「寧岡出米，每收穫一年可夠兩年之吃，以是農民都家給人足，有性頗懶……農民在紅軍未來之前，除遂、酃、茶、蓮之大部外，頗覺安居樂業，有天下太平的氣象，有日出而作，日入而息，老死不相往來的神氣。」[81]

---

78　曹乃疆：〈江西高安靖安實習調查日記〉，蕭錚主編《民國二十年代中國大陸土地問題資料》第 171 種，第 85565、85568 頁。
79　《南康縣志》卷 6〈社會‧風俗〉，1936 年編印。
80　王澄霄：《重遊贛南記》，廣州宏藝公司印行，1927，第 16、20 頁。
81　〈楊克敏關於湘贛邊蘇區情況的綜合報告〉（1929 年 2 月），《中央革命根據地史料選編》

在一種低水準的生存狀態下，當未遭遇大的自然或人為災害時，贛南、閩西地區農民維持基本生存尚不困難。江西一直是糧食輸出大省，大多數縣份「歷年糧食都達到有餘」。[82] 1928 年、1929 年全省輸出大米分別達到 169 萬、133 萬擔。[83] 贛南歷史上糧食也可以自足且略有出超，贛縣米市 1950—1960 年代一直向外調撥糧食，1968 年達到 10 萬餘噸。[84] 閩西由於土地資源較贛南少，糧食相對短缺，但依靠山貨的交換也能勉強維持。而且在土地收入難以支撐生計時，貧窮農戶往往會設法通過出賣勞動力維持生存。中共方面文件注意到：「閩西幾縣都是僻處山隅，崇山峻嶺，綿延全境。因為山多田少，出米不足自給，農民除種田外須附作手工業以作生活的補助。」[85] 江西贛縣七鯉鄉的調查也顯示：「一般農民能以勞力爭取自給自足」。[86]

自給自足的經濟、發育較好的宗族、不甚劇烈的階級分化，贛南、閩西的社會環境似乎具有相當的特殊性，其實，這種特殊性可能更多還是源於我們對中國近代社會已經形成的習有認識。就近代中國本身具有與馬克思主義經典作家描繪的西方社會不盡相同的特殊性而言，贛南、閩西的這種特殊性僅僅是將其更加放大而已。在這裡，民和匪、順和逆往往不是那麼判然分明，當時的報告提供了這一社會的多方面特點。中共方面報告注意到這一地區宗族組織的嚴密和山民的強悍：「贛南各縣民眾性質特別剛強，最喜鬥爭，好吸鴉片，識字者很少，裝飾奇異古樸，男女多勞動，生活困苦，豪紳剝削特別嚴重，洪家亦有力量，並有半公開的貧苦團、三鼎會、救貧會等組織，這些組織內農民占多數，惟恨豪紳如（以）姓氏族長名義及其它毒辣手腕，把這些有組織的農民利用為他們自衛的工具。」贛南最南部靠近廣東的三南地區民風尤其驃勇，「該地民眾生活極苦，性質剛勇異常，且富服從性，民眾有槍者甚多，常自截繳潰兵槍枝，倘一組織起來，必會成為無產階級中的英勇戰鬥員。」[87] 中共另

---

（上），第 18—19 頁。應該指出的是，這種封閉的自然經濟下的天下太平，其背景是物質和精神生活的極端匱乏，所謂安定是在極低極簡單的生活水準下實現的。

82　《江西省糧食志資料長編》，第 47 頁。

83　〈清末及民國時期全省輸出大米數量表〉，《江西省糧食志資料長編》，第 376 頁。

84　〈1953—1988 年各地市（平價）糧食純調撥數量表〉，《江西省糧食志資料長編》，第 363 頁。

85　〈中共福建省委關於閩西政治經濟狀況與今後工作方針的決定〉（1929 年 3 月 8 日），《中央革命根據地史料選編》（中），第 58 頁。

86　李柳溪：《贛縣七鯉鄉社會調查》，第 115 頁。

87　〈中國工農紅軍第五軍軍委給湖南省委的報告〉，《湘鄂贛革命根據地文獻資料》第 1 輯，人民出版社，1985，第 252、256 頁。

一份關於福建永春的文件中進一步談道：

> 農民中雇農極少，半自耕農最多。地主在數量方面雖然有，但都是有
> 武裝的豪紳兼操土匪綁票與劫掠的生涯。自耕農雖多，但較半耕則少。
> 農民的階級意識除東區比較明瞭外大部分還在模糊時期。許多雇農和
> 流氓無產階級者也常是操綁票的土匪生涯，像大地主一般，把綁票搶
> 掠的橫財拿來購買槍枝擴張實力，一方面也壓迫窮人。[88]

其實，文件中所說到的地主土匪，到底先是地主再做土匪還是先做土匪
再做地主已很難定論，但地主與農民間關係的複雜確實不難看出。在地主和
普通農民的博弈中，地主作為豪強的一方固有其恃強凌弱的資本，但普通農
民人多勢眾，地主也不能不有所顧忌。所以當時有記載說：「岩地山多田少，
耕農者眾，往往視田畝租額有盈餘者多出資錢私相承頂，至貲本漸積，餘利
漸微，偶逢歉歲，即懇減租。即遇豐年，亦且拖延。迨積年短欠，田主起耕，
近郭農民，尚畏法不敢阻抗，遠鄉則預訂約，田主起耕，不許鄉內承頂，外佃
來耕，輒阻種搶收，幾不可制。間或經官懲創，而惡習未盡革除，多年霸耕，
據為世業，輾轉流頂，有更數姓不聞於業主。」[89] 當然，這樣的狀況不一定能
形成普遍現象，更多的時候是雙方在宗族的旗幟下，自覺不自覺地通過溫情脈
脈的宗族關係調和利益衝突，維持秩序的穩定。在贛南、閩西農村，以宗族為
核心的鄉紳運轉的社會體系相當穩固，中共進入農村後，往往感覺「現在與
我們爭領導最危險的是鄉長、房長、富農」。[90] 國民黨軍在占領中央蘇區部分
地區後的調查也注意到宗族勢力的影響：黎川梅源「吳姓一族，占最多數……
聚族而居，因是家族觀念甚深，內部團結力甚大，過去地方，未經完全糜爛者，
家族觀念範疇之力居多」。豐城等地「農村中士紳，向占優越地位，欲舉辦一
種事業，須得彼輩同意，方能有效，否則因不明瞭其意義，多方阻撓」。[91] 即
使到 1949 後的土改中，「群眾姓氏觀念深，內部複雜」[92] 仍是困擾中共的一

---

88　〈中共永春縣第一次代表大會政治報告決議案〉（1928 年 9 月），《福建革命歷史文件彙
　　集》甲 18 冊，中央檔案館、福建檔案館編印，1986，第 44 頁。

89　民國《龍巖縣志》卷 21〈禮俗志〉，《中國方志叢書》第 86 號，成文出版社，1967，第 201 頁。

90　〈蔡協民關於惠北對敵鬥爭情況給廈門中心市委的報告〉（1932 年 3 月），《福建革命歷
　　史文件彙集》甲 9 冊，第 136 頁。

91　〈黎川梅源概況〉，《汗血月刊》第 1 卷第 4 期，1934 年；〈視察豐城清江新淦三縣報告
　　書〉，《軍政旬刊》第 5 期，1933 年。

92　〈贛西南區直屬縣土改運動初步總結〉，《江西省土地改革重要文獻彙編》（上），第
　　456 頁。

個大問題。

　　許多論者都強調清末以來社會鼎革造成鄉村秩序變化，豪強劣紳取得對鄉村控制權從而激化了鄉村矛盾，蔣介石就曾談道：「從前社會，有秀才地方，以秀才為領袖，有舉人地方，以舉人為領袖，現無此種人，社會因失中心。」[93] 究其實，這樣的說法不無似是而非之處。固然，由於科舉的取消，從前的功名權威在一定程度上被消解，但也應注意到，社會階層、社會結構的變化需時很長，論者指出的科舉停止後鄉村文化網路的衰落，其過程絕非二三十年間就可以完成，事實上，從科舉成名到成為鄉紳有很長的一段路要走，科舉的停止也並未根本上改變國人力學求仕的觀念。在科舉停止後的幾十年間，這一因素尚不足以造成農村社會權力結構的根本變化。李懷印通過對晚清和民國時期農村社會的實證研究發現：「儘管實行了行政改革，在晚清和民國時期，農民社群仍保持原狀。毫不奇怪，原有的社會關係、準則和價值觀繼續形塑著鄉村領導層。」[94] 尤其在贛南、閩西這一較為封閉的環境中，傳統鄉紳的控制地位更難迅速改變和動搖。關鍵在於，我們既不應理想化地看待傳統鄉紳的作為，因為鄉紳的權力沒有直接的制約因素，其良否相當程度上依靠其本身的道德精神力量；同時也不必將之妖魔化，因為作為一種更多的是自發形成的社會力量，其權力行使尚須遵守社會規約，何況農村社會價值觀念比較單純，權力的行使並不複雜。事實上，不同的文獻常常提供出兩極化的描繪，如瑞金九堡密溪村給我們留下了這樣的社會景象：「邑著姓羅氏世居之，越今五百餘年，無異姓雜處。凡壤疇山林在望者，皆其所有，未嘗有一外姓。戶口數千丁，無巨富，亦無甚貧。遍室皆聞弦誦，四野悉勤耕種。」[95] 這樣的描述雖然不無理想化的成分，但也確有許多文獻和記載可資佐證。不過，我們也絕不可以忽略關於紳權的另外一種描述，尤其當這些描述本身就來自國民黨人時，比如，蔣經國後來主政贛南時，曾把傳統贛南社會視作土豪劣紳「壞人掌握」，[96] 而陳誠到江西後也發現地方土劣與官廳勾結，在募兵時的種種劣行：

---

93　〈蔣會長對新運工作之指示〉，《山西省新生活運動促進會會刊》第 4 期，1935 年。

94　〔美〕李懷印：《華北村治——晚清和民國時期的國家與鄉村》，歲有生、王士皓譯，中華書局，2008，第 313 頁。

95　闕維枚：〈密溪記〉，同治《瑞金縣志》卷 14，轉見曹春榮〈社區記憶：客家人的黏結劑與助推器〉，未刊稿。

96　蔣經國：〈勇敢的來改過！來改過！〉，《贛縣縣政府公報》第 16 號，1943 年。

一、招募夫役，軍隊委託縣政府或公安局，而公安局委之地方紳士，層層相委，弊端百出。僱夫一名，地方照例應籌墊安家費二十元，官廳藉此可以搜刮地方，而地方豪紳藉此可以從中漁利。此其一。

二、地方派款，官廳與土劣勾結，豪富之家盡可倖免，而被徵發者多係貧寒無告之小民。此其二。

三、地方既已籌措安家費，招募一次，地方即受一次損失。人民以財力來幫助軍隊，夫役實際得不到利益，大半被員警侵吞。此其三。

四、夫役中，有黠者與懦者之分。黠者或可得沾此二十元，懦者分文沒有，反為強迫被拉。此其四。

五、長警招募夫役，竟存中飽與壓榨，不問體力，勞動者招募故向穿長衫與文弱之人為難，藉此可受賄了事。此其五。

六、公安制度不良，警役專事敲詐，警士保障豪劣，壓迫小民，已為不可否認之事。此其六。[97]

雖然，即便是國民黨人的自省，也未必就一定可以奉為信史，但其說服力終究要大一些，民眾在這其中感受到的壓力和不平綿綿難絕。革命，或許就在歷史的這些重重迷霧中，不斷地在添加著自己的砝碼。

## 四、革命源流的可能解說

中央蘇區 1930 年代前後土地占有及農民生存狀況的具體展現，關涉甚大，提供了幾個頗有意味也不容忽視的論題。

其一，贛南、閩西雖然是蘇維埃革命集中爆發地區，但這裡的土地集中程度並不像許多論者認為的那樣嚴重，閩贛兩省基本屬於土地分散區域，而且根據江西的調查，蘇區、游擊區和白區各村莊土地占有也與土地革命呈現負相關狀態，即蘇區村土地集中程度是最低的。[98] 有關研究將土地革命和土地集

---

97　〈政治方面產生之拉夫罪惡與軍隊方面偶發之事件真是罄筆難書〉，《陳誠先生書信集——家書》（上），「國史館」，2006，第 43—44 頁。

98　1950 年江西 28 村的調查顯示，原蘇區 12 村地主、富農占地 21.16％，貧農占地 29.35％；游擊區 9 村地主、富農占地 31.96％，貧農占地 17.6％；白區 7 村地主、富農占地 37.95％，貧農占地 19.5％。（劉俊秀：〈江西農村階級關係與各階層土地占有的初步研究〉，《江西日報》1950 年 9 月 3 日）固然，土地革命對蘇區村土地占有比例有一定影響，但根據多方面材料看，其在江西影響較小，一般不應超過 5％。

中必然聯繫的習慣做法，在這裡未得到充足的證據支持。其實，中國農村大地主無論是地理距離還是心理距離都和普通農民拉開較大，其對佃農的壓榨程度往往相對較輕，恰恰是中小地主在與佃農及普通農民的密切接觸中，易於產生利益衝突，這就是中共六大中關於土地問題決議指出的：「地主越小，他的剝削方法越厲害，越凶惡，他出租田地的條件越苛刻。」[99] 把土地集中看作土地革命主要成因的觀念並不具有充足的說服力。[100] 從貫穿中國長歷史的角度看，貧窮倒確實是農民屢屢尋求變局的一個基礎性原因，20 世紀以來隨著人口增加、外國資本入侵、政治力量榨取形成的農村貧困的趨勢，尤其使農民革命具有了更多的可能性。不過，貧窮是革命的溫床，但貧窮並不一定意味著革命，何況作為土地革命集中地區，贛南閩西和中國西北乃至北方廣大地區比，生存環境也不能算是很惡劣的。因此，雖然贛南、閩西存在土地占有不平衡、地主與農民間關係緊張、農民日益窘困等種種導致土地革命的因素，但和中國其他地區比，這裡並不具有多少特殊性，上述因素不足以說明何以正是在這一地區形成蘇維埃革命的巨大聲勢。

就革命的敘事而言，1920—1930 年代的中國蘇維埃革命是以土地革命為中心開展起來的，土地革命也向被認為是中共革命成功的一個助推器。的確，其巨大作用不容否認，但衡諸事實，又不能不看到，它並不像人們常常認為的那樣神奇。由於土地集中程度不高，農民從地主、富農那裡獲得的土地有限，加上蘇維埃區域一般較小，戰爭負擔甚重，農民真正得利其實並不大。國民黨方面調查報告說：「赤匪以其威力強暴脅迫分配土地於農民，而農民並未得到增加生產與收益之實際利益。其所以嘯聚山林幾經歲月者，主要原因並非以土

---

99　〈中共第六次全國代表大會關於土地問題決議案〉，中國社會科學院經濟研究所中國現代經濟史組編《第一、二次國內革命戰爭時期土地鬥爭史料選編》，人民出版社，1981，第225 頁。

100　以湖北黃麻地區為例，有關報告提到，黃安東南部大地主較多，「更易推行改良政策」，「已有辦到減租減息，甚至有不敢而且不願回鄉的大地主把土地、房屋幾乎送給自己的雇農、佃農，名義上是請他們代為管理著，但實際已經從沒有過收租、收息的一回事了」；相反黃麻其餘地區「都係中小地主，最缺乏改良政策的物質根據」。（〈中共鄂東北特委何玉琳給中央的報告——黃麻地區政治、經濟、軍事及黨的工作情況〉（1929 年 5 月），《鄂豫皖革命根據地》第 3 冊，河南人民出版社，1989，第 28 頁）上海南匯橫港村龔野圖回憶：「當時租種的土地是一個地主家的，這個地主家在大團，很有錢，所以收取的地租較少。每年每畝收棉花 50 斤，穀子 90 斤。地少的、沒開店的地主則要收 75 斤棉或 135 斤穀。交完地租後就沒有什麼負擔了。」見李學昌主編《20 世紀南匯農村社會變遷》，華東師範大學出版社，2001，第 369 頁。

地革命為核心。證以收復後民眾絕匪之念愈堅者，即為其分田查田工作最力之區，可見農民之從違並非以獲得土地虛名為關鍵。」[101] 這一說法雖不無汗蔑之處，但也不能說純屬信口雌黃，當時有人就寫道：「嘗與一分得田地之農民談話，據稱：單就分田論，固屬滿意，且無債務等之榨取與壓迫，生活確係已較前改善。但因有兵役，及戰時經濟統制，義務公債承償之負擔，一則致種田機會減少，一則使經濟負擔較大，並且戰禍綿延，結果殊與願望相反。」[102] 這種狀況後來在抗戰及三年內戰時期均可見到，1947 年華北財經會議上，中共領導人對土改後的有利和不利方面做了客觀的估計，有利方面是：

（一）無地少地的農民獲得了土地，從此不受剝削的在自己的土地上勞動，生產情緒提高了。（二）地主的浮財大部分轉入農民的手中作為擴大生產的資本了……（三）使過去不參加勞動的二流子、地主、婦女等，也推上了勞動戰線，可以增加總生產力。（四）政府大力幫助農民推動了生產進程。

不利方面是：

（一）農民得到了土地並不是得到了一切，牲口農具不夠用，即浮財多也不能完全解決問題。（二）過去的社會積蓄要受到損害，如地主的破壞、埋藏，農民的浪費拆散等。（三）驟然改變的個體小生產，一時還趕不上經營地主和富農的大生產的力量。（四）地主的仇恨和破壞，使一些較大型的生產工具（如水車、作坊等）被破壞，農民一時無力使用和修理。（五）地主造謠，富農和部分中農怕割韭菜，生產情緒不高，有些農民認識模糊，或怕變天，或想吃完再共一次的盼「共產」，因而也影響生產情緒。（六）農村借貸機會少了，靠公家的貸款不夠用，資金周轉困難。（七）大規模的支前，勞力缺乏。[103]

應該看到，後來中共由於占領區域的擴大，財政經濟上迴旋餘地已比蘇維埃時期大得多，但尚面臨著上述問題，蘇維埃時期的困難可以想見。其實，當時中共屢屢出現的剝奪富農乃至生活稍好的中、貧農的政策偏差，和中共在

---

101　〈蓮花、永新、寧岡三縣收復區土地處理督察處報告〉，《軍政旬刊》第 37、38 期合刊，1934 年。
102　陳賡雅：《贛皖湘鄂視察記》，第 12 頁。
103　南漢宸：〈財經工作的幾個基本方針〉，《鬥爭》第 4 期，1947 年。

普遍貧窮的背景下希望盡可能給予農民更多的實惠以爭取農民的內在要求不無關係。

其二，雖然土地集中程度和土地革命沒有必然聯繫，但是要釐清20世紀上半葉中國農村土地革命的動力，理解農民對土地的渴望仍具重要意義。如前文指出的，贛南、閩西地區占人口7%左右的地主、富農占地達30%左右，而占人口一半左右的貧苦農民僅占土地的約20%。地主與貧農平均占地比普遍在10倍以上，相當多的農民擁有的土地無法維持自身的生存。而由於這一地區複雜的地權結構，尤其是公田的大量存在，一半左右的農民為維持生存不得不和地主、富農及公堂土地發生租佃關係，承受著40%—50%的租佃負擔。在土地分配存在著相當的平均餘地情況下，作為基本的生存要素，擁有更多的可以自主的土地是農民衷心的期盼。所以，當土地革命廣泛開展後，沒收地主土地在農民中平分，對農民具有極大的吸引力。湘南暴動期間，「在未分土地以前，農民藏匿土豪劣紳，到分配土地以後，農民都不藏了，並且看見土豪劣紳即抓，抓到就殺……惟恐敵人之到來而使他們不能穩定所分得之土地」。[104]李六如描繪道：「打了一些勝仗，革命形勢日見高漲之後，一般農民天天跑來問我們：『你們不是說過大家分田嗎？』一面拍我們的肩背，一面笑瞇瞇的催促。」[105]早期中共革命領導人大都意識到：「沒有土地的果實，是不能發動群眾的。」「普遍的貧農對於土地、財產的要求不消說是為農村革命鬥爭的中心動力。」[106]土地是農民賴以生存的第一要素，對土地的渴望仍是農民理解、接受、走向革命最直接的利益驅動。尤其是贛南、閩西大量公田的存在，更為中共開展土地革命提供了十分方便的資源，公田的分配，觸及利益較少，農民又可得到實惠，是中共可以充分利用的活著。

在領導農民開展革命時，中共成功的策略也對鼓動農民起來革命發揮了重要作用。當時很多記述都提到，農民作為被「發動」的革命者，其階級意識和自覺的階級對立是在中共領導的革命中逐漸發展起來的，在這樣的背景下，

---

104　〈CY湘南特委××同志關於湘南暴動經過的報告〉（1928年7月20日）。

105　李六如：《各蘇區土地問題——1944年3月在延安楊家嶺學習會上的報告》，中共中央黨校黨史教研室編印，時間不詳，第13頁。

106　戴季英：〈鄂豫皖蘇區紅軍歷史（1927—1930年春）〉，郭家齊主編《黃麻起義》，武漢大學出版社，1987，第107頁；〈鄂東北特別區委員會給中央的報告〉（1929年9月），《鄂豫皖蘇區革命歷史文件彙集》第5冊，中央檔案館等編印，1986，第138頁。

如何取得農民的信任，滿足農民的願望，至關重要。中共領導的革命的第一步，往往是和農民經濟利益密切相關的減租、平穀（限制穀價）、廢除債務、抗捐等，這些使大部分農民受益，農民「一嘗其味，決不會輕易忘記」。[107] 從贛南、閩西看，開始多以分穀子相號召，中共各級領導機關都注意到：「大多數貧民對糧食要求非常迫切，所以分穀子這個口號能發動了千千萬萬的廣大群眾起來」，「田未分時，個個農民都莫名其妙，以為不知那些田是他們的，收穫後不好耕耘，有些無田（者）更怕我們說話不實在欺騙人，所以到處都迫切要求分田……契紙燒完了，田分了，穀子收起了，農民家裡塞滿了穀堆子，都愁沒有穀倉存儲，這裡可以想見一般農民是如何心滿意足了」。「群眾說，只要分得十斤糧，死了一千人都值得。」[108] 所以《紅色中華》發表文章明確要求：「在分田之先必須要做散發財物——豪紳地主、反動派的衣物、穀、米、豬肉、用具等雜物分發給群眾的工作以啟發群眾鬥爭，加深群眾對分田的要求與認識。」[109] 在滿足農民經濟利益、取得農民信任後，進一步將革命推向深入就順理成章：「早先分地給老百姓，嗯一聲，誰也不在乎，給多少要多少……誰也不去看看自己分的地是哪一壟，到種地時，誰也找不上自己的地在哪塊。後來又分東西，窮人都分到了東西，心想：『這回不幹也得罪人了，反正好人也裝不成了，幹吧！』這才和地主撕破臉幹起來了。」[110]

其三，1920—1930 年代中國蘇維埃革命以土地革命為中心，這是廣被承認的事實，也是我們一直在正面或側面應對著的論題。同時還應看到，蘇維埃革命源流具有多樣性，在一個武裝革命、槍桿子裡面出政權的時代，蘇維埃革命的源流不能簡單停留在民眾反應中，應該也可以有更廣闊的來路。事實上，蘇維埃革命為農民提供的平等、權利、尊嚴、身分感，也是農民投身革命不可

---

107　〈羅明致福建臨時省委信——關於巡視永定的報告〉（1928 年 11 月 21 日），《閩西革命史文獻資料》第 1 輯，中共龍岩地委黨史資料徵集領導小組編印，1981，第 320 頁。分浮財以啟發群眾參加運動的辦法直到 1940 年代末的土改時期仍為中共所使用，茹志鵑記載：「浮財乃，對工作是有不可否認的幫助，但主要是為了分地。浮財也是為了通過它，而來喚起群眾對地的熱情……對群眾說來是應該通過這來組織，來加強，窮坑要用田來填。」見茹志鵑〈日記〉，《十月》2000 年第 4 期，第 64 頁。

108　〈中共閩西特委報告〉（1929 年 8 月 28 日），《中共福安中心縣委工作報告》（1933 年 7 月 10 日），《福建革命歷史文件彙集》第 8 冊，第 127—128 頁；甲 19 冊，第 120 頁。

109　翰文：〈我對分田的幾點意見〉，《紅色中華》第 15 期，1932 年。

110　〈兩個農民積極分子的思想發展‧楊春生自述〉，《農村調查資料之一‧奉天屯的調查》，東北軍政大學總校編印，1947，第 20 頁。這段調查雖然出自東北土改時期，但農民捲入革命的心態具有普遍意義。

忽視的政治、心理原因。

　　蘇維埃革命前後農民的精神狀態變化，當時多有反映。天津《益世報》指出：「四五年來農民知識漸有進步。例如匪禍前，農民不知國家為何物，更不知世界上尚有其他國家，今則知之；昔之認為須有皇帝以統治天下，至今則認為人民也可以管理國家；昔不知開會為何事，今則不但知之，且可選舉委員，當主席。此外農民所知新名詞亦不少。」[111] 這種狀況和蘇維埃革命為普通農民提供的政治訓練、社會角色、活動空間及社會政治地位流動直接相關。資料顯示，當時中共在各個群體中受到擁護的程度由高到低排列大致是：婦女、少兒、青年、中年、老年，而這恰和蘇維埃革命前後權利、地位發生變化的大小是一致的。正如興國高興區一位出身中農家庭的女工所說：「以前女人是被男人管的，現在我們女人都不受男人的管理。以前女人『話事』（贛南方言，意說話，引者註）也不自由，現在我們女人可以在會場上演說。以前女人不能在外面做事，現在我們女人都熱烈地參加革命工作……我過去不認識一字，現在受了廠裡的文化教育，認識了一百多字。」[112] 1940 年代土地改革後的農民也談道：「土地改革分下地，紮下富根，貧雇農為骨幹，提高了咱地位，這是兩件大事，什麼分衣拿被子，那是毫毛浮草事。」[113] 韓丁記錄土改的著作提供了一個有趣的資料，在張莊調查的 26 個黨員中，談到入黨動機時，自己承認是「想爭取平等權利、言論自由的」有 10 人，占總數的 38%，其他選擇包括「因為翻了身而擁護黨」的 3 人，「想為人民服務的」2 人，「想打倒地主的」1 人，「想當幹部的」4 人，「想掩蓋缺點」的 4 人，「想在黨的保護下躲避財產沒收的」1 人，「不知道是為什麼的」1 人。[114] 因爭取平等自由而入黨者遠遠高於其他選項，這一結果並非偶然，千百年來一直被忽視的普通農民第一次被納入社會政治活動中並成為主導者，其產生的影響、震動絕非尋常。事實上，毛澤東在〈湖南農民運動考察報告〉中對此已給予了充分注意，而 1937 年中共土地政策改變後毛澤東仍強調「蘇維埃形式上雖然改變，然在實質上沒有多大的改變」，[115] 其實也應和農村政治結構變動聯繫看方能得到合理的解釋。只有充分

---

111　張思曾：〈一個匪區農況變遷之描述〉，《益世報》1934 年 11 月 24 日。
112　劉長風：〈蘇維埃女工的話〉，《紅色中華》第 159 期，1934 年。
113　〈興縣五區石門莊錯訂成分與改正和退財物的經過〉，《土改通訊》第 10 期，1948 年。
114　〔美〕韓丁：《翻身》，北京出版社，1980，第 421 頁。
115　中央文獻研究室編《毛澤東年譜（1893—1949）》（上），人民出版社，中央文獻出版社，1993，第 652—653 頁。

注意到這些因素，我們才能對 1920—1940 年代中國廣泛展開的農民革命做出更為全面的瞭解，也才能對蘇維埃時代並不完全成功的經濟變動下農民的政治熱情予以充分的理解。

其四，和整個中國革命一樣，中國蘇維埃革命和政治軍事力量的影響、推動密不可分。1927 年國共分裂以後，中共被迫舉行武裝起義，後來也是被迫向薄弱地區尋找生存空間，尋找到山區和農村。所以，中共的蘇維埃革命在農村是通過武裝進行的，不能排除有個別地區不是如此，但基本在各個蘇維埃區域的革命都是由武裝去占領、去推動的。軍事在這裡面起到的作用是決定性的。毛澤東的「槍桿子裡面出政權」是對這段歷史的經典概括。蘇維埃革命之初，對相當多的農民而言，「他們是希望我們能夠替他創造出幸福來，雙手送給他，自己參加鬥爭是太危險了，不划算」。[116] 在這一背景下，中共領導開展的政治、軍事鬥爭是將革命推向深入的直接動因，而開展這樣的鬥爭之條件是否成熟，又成為革命能否順利發展的關鍵。閩贛兩省成長為革命中心，根據毛澤東當時的解釋，從區域角度看主要有兩點：一是白色政權的長期分裂與戰爭造成紅色政權發生和存在的可能，一是民主革命影響準備了紅色政權產生的條件。[117] 就毛澤東所說第一個條件看，江西、福建是國民政府中央統治力量及地方政治軍事勢力都相當薄弱的地區。南京國民政府成立後，江西控制權長期處於客籍軍人手中，與中央政府若即若離，和地方也是各懷心思；福建則是民軍蜂起，各不相讓，省政幾成癱瘓狀態。由於中央權威軟弱，地方力量又極不發展，當中共在贛東北展開革命宣傳時，地方政權十分驚恐，甚至不得不採取放任態度，「以前他們所張的反共標語，縣長下令取消了，他說：『共黨是惹不得的，越惹越厲害，倒是不管的好』」。[118] 因此，中共在這裡的發展確實具有得天獨厚的條件，以致中央巡視員要提醒朱德、毛澤東等：「你們不要每日專希望軍閥戰爭的爆發，以圖得自己的存在，而是要變更戰略如何

---

116　〈中共鄂東北特委何玉琳給中央的報告——黃麻地區政治、經濟、軍事及黨的工作情況〉（1929 年 5 月），《鄂豫皖革命根據地》第 3 冊，第 35 頁。為推動農民革命，中共初期在某些地區的暴動中甚至採取了一些極端手段：「如負責人說同志及群眾的房屋燒了，沒有屋住了，便會出來革命。」見〈夏尺冰關於平銅農村黨的概況的報告〉（1928 年 9 月 5 日），《湘鄂贛革命根據地文獻資料》第 1 輯，第 31 頁。

117　參見〈中國的紅色政權為什麼能夠存在？〉，《毛澤東選集》第 1 卷，人民出版社，1991，第 49—50 頁。

118　〈江西工作近況〉（1928 年 7 月），《中央革命根據地史料選編》（上），第 9 頁。

能爭取和發動廣大的群眾，在群眾的保衛之下，來擴大至鞏固四軍的力量。」[119]
就第二個條件言，國民革命曾經在江西、福建掀起的巨瀾，為中共在兩省的組
織發展提供了十分有利的基礎。因此，當國共合作破裂，中共獨立開展蘇維埃
革命時，其中心地區主要圍繞著國民革命基本區展開絕非偶然。統治力量的薄
弱、大山遮罩的自然環境、國民革命運動打下的良好基礎、贛南閩西背靠廣東
這一與南京政府保持半獨立狀態地區的特殊地理態勢，為紅軍和蘇維埃的發展
提供了難得的有利條件，也是這裡成為蘇維埃革命中心區的主要原因。

　　強調贛南、閩西成為蘇維埃革命中心的環境、力量因素，絕不意味著否
認這裡存在內在的革命動力。事實上，在農村貧困的背景下，這一要求在全國
普遍存在，關鍵是，其是否能被調動和發揮。所以，雖然我們在江西、福建
看到並不是十分畸形的土地占有，但並不影響這裡成為革命的中心；而地主、
富農在農村經濟危機下遭遇的困境，也不能使他們免於革命的打擊。黃仁宇的
觀察相當程度上窺到了癥結所在：「如果貧富的差距就是生死之別，即使是貧
富差距不那麼明顯，也會構成最嚴重的問題。」[120]

　　對中共以贛南作為根據地所起到的作用，陳誠曾有很精當的分析：

　　第一因為地理環境關係，贛南位於贛江上游，地勢高峻，山嶺重疊，
　　交通極為不便，這是打出沒無定的游擊戰最理想的地帶。共黨最擅長
　　的就是打游擊戰，所以他們選定了贛南作主要根據地。而且贛南的經
　　濟條件也很優越……出產的種類數量，都很豐富，維持一個經濟生活
　　自給自足的局面，是可能的。

　　第二因為政治環境關係。江西政治環境最利於共黨發展，其故有二：一、
　　江西東面的福建，十九路軍駐入以前，政府於此素乏經營，十九路軍
　　駐入以後，即逐漸反動，為政府之患。江西南面的廣東，形同割據，
　　反抗中央，固已匪伊朝夕。江西西面的湖南，與政府同床異夢，於共
　　黨亦無所害。故共黨據贛南，所慮者惟北面耳。二、民國以來，江西
　　遭受軍閥的摧殘，為各省之冠。北伐成功後，人民對於改善政治環境
　　的要求很高，希望非常之大。不想當時國家統一徒俱虛名，軍閥割據，

---

119　〈中央巡視員賀昌給龔楚兄轉玉階、潤之及四軍軍委信〉（1928 年 11 月 6 日），《賀昌
　　文集》，中共黨史出版社，2006，第 174 頁。
120　《黃河青山——黃仁宇回憶錄》，張逸安譯，三聯書店，2001，第 291 頁。

內亂迭起，政府對於改善地方政治，有心無力，贛南山鄉遼遠，遂致更成化外。人民的希望破滅了，在艱苦中掙扎生活，似乎毫無出頭之日。第三因為人口稀少……共黨擁有龐大的軍隊，最為困難的問題就是補給。既要建立一個根據地，就不能流竄就食，而須取給於當地。當地如為貧瘠之區，自屬無法供應，如為富饒之境，則不但人口密集，且必為重兵駐屯之地，如何容得共軍竄擾盤據？剛好這時有一個富而不庶的贛南，為政府注意力之所不及。共黨如選中了這個地方作根據地，大可不費吹灰之力而得之。[121]

作為南京政府「圍剿」中共的主要將領，陳誠在「剿共」戰場上可謂歷經翻滾，其對中央蘇區發展路徑的瞭解堪稱精當。如果將陳誠的解釋和毛澤東對比，可以發現，二者的理解大有異曲同工之妙。歷史的真知，或許在當事者的理解裡，就已經露出端倪。

---

121　《陳誠先生回憶錄——國共戰爭》，「國史館」，2005，第16—17頁。

# 第九章　國共分合的背景、經過與原因

## 一、國共分合的背景

　　自 19 世紀中葉古代中國的傳統體系遭遇西方工業化國家的堅船利炮之後，中國的知識精英就開始全力尋找救亡圖存的辦法。從洋務運動，到戊戌變法，再到辛亥革命，半個多世紀曲折探索並流血犧牲的結果，只是終結了清王朝近三百年的統治，未能改變中國在列強環伺下日漸積貧積弱的狀況。不僅如此，滿人統治結束，皇權不再，形式上建立起具有現代國家模樣的中華民國，實際上以個體小農經濟為基礎的傳統社會仍是一盤散沙。帝制垮臺，群龍無首，導致強人層出不盡。從中央到地方，不同系統、不同背景、不同地域握有槍桿子的將領，拉幫結派，相爭不已；凡能得一方縉紳支持，占一方土地，並養一方軍隊者，每每即能占地為王。於是，民國建立，中國不僅漸成四分五裂的軍閥割據局面，而且重回到叢林法則盛行的戰國時代。一切憑藉於強力，靠槍桿子解決問題；強必凌弱，大必欺小，以至於幾乎所有軍閥都不得不千方百計地尋找有力的外部支持與援助。這時同樣在國際上相爭不已，且必欲在中國分一杯羹的世界主要列強國家，也無不樂得藉機從中漁利。於是乎，那些一心想要救國救亡者，亦多半漸漸相信，欲「使中國成為一個統一、完整的國家」，是一個必須在內外強力下用強力完成的「艱巨的歷史使命」。[1]

　　進入 20 世紀以來，受西方各種新思潮的衝擊影響，中國逐漸成長起一批新興的激進知識分子。他們始終不屈不撓，不惜流血犧牲，嘗試各種創建新中

---

\* 本章由楊奎松撰寫。

1　〈在廣州與蘇俄記者的談話〉（1921 年 4 月），《孫中山全集》第 5 卷，中華書局，
　　1985，第 527—528 頁。

國的理想道路。但是，中國這條建國之路，卻和多數西方國家走的不是同一條路。

西方現代民族國家，多半是先有國民權利平等意識的覺醒，後有人民主權的制度設計與鼓吹，再經過或急或緩的民權革命，才建立起來的。然而19世紀末20世紀初開始建國的中國新興知識分子，所面對的內外形勢已大不同於17、18世紀西方民族國家先後生成之時。19世紀末戊戌變法前後，中國的志士仁人還相信必須要學西方的民主政治。到20世紀初，無論改良派，還是革命派，都注意到歐美資本主義內部經濟危機、貧富懸殊、社會分化、階級衝突的嚴重混亂現象，和對外擴張、掠奪，乃至於自我火拼的越來越野蠻的形象。因此，當時開始廣泛興起並對東方民族產生刺激的，已經不再是民主主義，而是反對殖民主義和帝國主義的民族主義，和反對資本主義的社會主義兩大思潮了。故20世紀中國革命揭幕伊始，革命黨人幾乎無不熱心於迎接此「世界潮流」。長年在海外從事革命活動的孫中山，甚至將此三大思潮兼收並包，揭出民族主義、民權主義、民生主義的三民主義旗號，以為創建新國的政治號召。但無論是孫中山，還是其他革命政黨，因為在那樣一種政治大勢下生長起來，因而大都認定：中國最現實的，也是最重要的問題，是救國而不是救人，是救亡而不是啟蒙。這種情況極大程度地決定了中國此後近百年的政治走向。

在中國，要想靠極少數讀書人組織起來，對抗龐大的國家機器和無處不在的傳統舊勢力，包括極力保護在華利益的列強，無論如何是不可能成功的。孫中山從1895年發動廣州起義開始，領導革命黨人前赴後繼奮鬥了近30年，始終無法取得勝利，就連一小塊根據地都建立不起來。事實上，像所有落後民族爭取獨立的革命運動一樣，他們中的少數革命者，必須要和社會大眾中的反抗勢力相結合，而且還非取得外力的幫助不可。

中國革命時代的真正到來，主要得益於1917年俄國十月革命的成功和1918年俄羅斯蘇維埃社會主義聯邦共和國（簡稱蘇俄）的建立。同為農業國的毗鄰俄國，成功地戰勝十四國武裝干涉，創立世界上第一個以社會主義為旗號的國家，不僅極大地振奮了包括中國在內的眾多落後民族激進知識分子的神經，而且它為謀求本國革命政權的鞏固不得不向周邊國家輸出革命，也大大推進了周邊國家，特別是中國革命的發展。中國與俄國有著長達數千公里的邊境

線，兩國革命黨人面臨著許多共同的問題和敵人，因此，俄國革命黨人向中國輸出革命和中國革命黨人向俄國尋求幫助，都是不可避免的。

相對於 1920 年代以前的中國革命來說，俄國革命的最大特點，在於它實質上進行的是一場共產革命。因此，它對中國的革命輸出，除了基於國家安全利害的考量，具有民族主義的傾向外，不可避免地也具有很強的意識形態，亦即共產主義的傾向。按照民族主義的思維方式，它必欲要幫助中國的民族革命，以牽制和削弱站在列強一邊反對它的中國敵對力量；基於意識形態的立場，它也註定會要在中國推動創立一個和蘇俄共產黨一樣的共產黨，並幫助後者成為中國革命中的一支重要力量。

正是依據這樣兩種方式，蘇俄政府很快找到了孫中山及其國民黨，並幫助他們在很短的時間裡就有效地控制了廣州地區，擁有了自己的根據地，建立起自己的軍官學校和軍隊，並且使國民黨從一個植根於海外華僑中和主要在廣東發展的帶有區域性的政黨組織，迅速擴展成為一個成員及影響遍及全國的革命黨。同時，俄國共產黨也在 1920 年代初成功地幫助少數中國激進知識分子創建起一個中國共產黨。這個最初只有幾十人的小組織，在俄共及其共產國際的幫助下，只花了不過三四年的時間，就迅速發展到上萬人，並在激進青年和普通工人中取得了重要影響。

但是，在同一個國家，用兩種思路、兩套方法來革命，所帶來的問題也是顯而易見的。

俄國共產黨是一個高度重視並依賴意識形態來認識世界和改造世界的黨，無論中國共產黨最初如何弱小、幼稚，由於共產國際在中共中央派駐有直接負責的代表就近指導，因此，在國共兩黨之間，它無論如何都更重視和信任中共，而不那麼信任意識形態與之不同的國民黨。

反過來，由於國民黨是中國這個時候唯一具有革命性的大黨，蘇俄要在中國推動革命就非與之合作不可，故這種不信任不可避免地會造成種種麻煩。為了解決信任問題，蘇俄除了向國民黨派駐政治和軍事顧問外，還堅持要孫中山改組國民黨，不僅允許共產黨員以個人身分加入國民黨，而且還允許共產黨人在國民黨中央取得各種權力地位，以此來達到監督、影響和在事實上改造國民黨的目的。

　　在這樣一種背景下開始的國共關係，初始之日就充滿了矛盾和鬥爭。因為兩黨同為信奉黨國體制的革命黨，相信一切必須「操之在我」，兩黨關係也就不可避免地始終是一種競爭關係。即使在合作期間，也會因各自實力或影響作用的改變，造成兩黨關係的極端不穩定。但在 1920—1940 年代，無論兩黨意識形態和理想追求的差距有多大，現實條件下，中國非成就國家統一並挫敗少數列強割裂甚或獨霸中國的圖謀，任何進一步的改造方案都無從實現。正是這種情況，構成了矛盾重重的國共兩黨竟能兩度合作的重要政治基礎。

　　也正因為如此，國共兩黨在政治上的強弱變動，除外力因素外，在內因上也明顯地受著國內民族主義情緒的牽制。一個再明顯不過的事實是，辛亥革命後軍閥割據，國家四分五裂的狀況，極大地加速了國內民眾中民族主義的抬頭和覺醒。誰最有能力調動最大多數社會力量，誰就更容易統一中國；誰能有效地統一中國，成就民族獨立，誰往往也就最容易受到歷史的青睞。

　　從 1920 年代初到 1940 年代初，國民黨無疑是最有能力統一中國的政治力量，因而它也就主導了那 20 年左右中國的政治走向。但是，鄰國蘇聯的存在，日本的大舉入侵，國民黨統治的種種弊病，蔣介石政治決策的種種失誤，再加上共產黨兩度失敗後能審時度勢，幡然變策，轉以國人當時多數的主要訴求為訴求，中國政治的走向也就因此發生了天翻地覆的改變。

## 二、早期國民革命的成功之道

　　國共合作的建議，最初是列寧於 1922 年 1 月在莫斯科召開的遠東各國人民代表大會期間向兩黨代表當面提出來的。[2] 當年 7 月，中共第二次代表大會決定分兩步完成革命，首先「聯合全國革新黨派，組織民主的聯合戰線，以掃清封建軍閥推翻帝國主義的壓迫，建設真正民主政治的獨立國家」，並據此向國民黨發出了合作的邀請。[3]

　　1922 年 8 月，根據共產國際執委會派駐中國南方的代表馬林（G. Maring）與孫中山達成的協議，共產國際執委會發出專門指示，事實上要求中共成員加入國民黨，與國民黨內左派分子組成小組，通過黨內合作的方式來宣

---

2　張國燾：《我的回憶》第 1 冊，東方出版社，1998，第 198 頁。
3　〈關於「民主的聯合戰線」的議決案〉（1922 年 7 月），中央檔案館編《中共中央文件選集》第 1 冊，中共中央黨校出版社，1991，第 66 頁。

傳建立中華民國和反對帝國主義的思想。[4] 一個月後，陳獨秀等中共領導人即先後以個人身分加入了國民黨。

與此同時，孫中山也與蘇聯政府方面的代表進行接觸，基本確定了聯蘇的方針。蘇聯外交代表越飛（A. Joffe）因此與孫中山在上海進行祕密會面，雙方於 1923 年 1 月 26 日發表聯合宣言。越飛代表蘇聯政府表示，贊同孫中山關於「共產組織，甚至蘇菲（維）埃制度，事實上均不能引用於中國」的看法，相信「中國最要最急之問題，乃在民國之統一與完全國家的獨立之獲得」。對於此項事業，蘇聯不僅表示最誠摯之同情，而且願給予相當之援助。[5]

1923 年 4 月下旬，根據孫中山的要求，蘇聯政府正式轉電孫中山，明確表示將向國民黨提供 200 萬金盧布和 8000 枝日本步槍以及機關槍、火炮和裝甲車若干，幫助孫中山建立一所軍官學校，以便於國民黨能夠創建一支自己的革命軍隊。[6]

這年秋天，莫斯科方面正式接待了孫中山派出的由國共兩黨成員組成的軍事代表團，而孫中山則在廣州接受了蘇聯政府派來的以政治總顧問鮑羅廷（Michael Borodin）為首的政治軍事顧問團。緊接著，1924 年 1 月，國民黨在鮑羅廷的指導下召開了第一次代表大會，正式接納中共成員為黨的重要分子；2 月，由蘇聯援建、蘇聯顧問負責指導、中共成員參與政治工作的國民黨自己的軍官學校——黃埔軍校正式掛牌籌建。至此，孫中山國民黨與蘇聯政府，包括與共產國際領導下的中國共產黨人之間的合作全面展開。

孫中山國民黨不僅在與蘇聯的合作中得到了極大的利益，而且在與共產國際領導的中國共產黨人的合作中同樣收到了互利互惠的效果。

國民黨歷史悠久，因孫中山的聲望作用，政治上影響亦較大。但是，長期以來，無論是同盟會，還是中華革命黨，抑或是中國國民黨，其組織之存在僅因有孫中山存在而已。所謂黨不僅是一盤散沙，且黨員多限於粵籍華僑和廣

---

4 〈共產國際執行委員會給其派駐中國南方的代表的指令〉（1922 年 8 月），李玉貞主編《馬林與第一次國共合作》，光明日報出版社，1991，第 80—81 頁。

5 〈孫文越飛宣言〉（1923 年 1 月 26 日），薛銜天編譯《中蘇國家關係史資料彙編（1917—1924）》，中國社會科學出版社，1993，第 670 頁。

6 馬林：〈轉蘇聯政府致孫中山電〉（1923 年 5 月 1 日），李玉貞主編《馬林與第一次國共合作》，第 170—171 頁。

東本地人。國民黨對外號稱全國黨員 10 萬人，[7] 廣州黨員 3 萬人，真的在廣州地區實行黨員登記，登記者不過 3000 人，絕大多數黨員和黨部都在海外。鮑羅廷曾就此告訴莫斯科：國民黨完全沒有組織宣傳工作，既不曾在黨員中散發書刊，也不定期舉行會議，偶爾發表的由孫中山簽署的政治宣言，也只是作為新聞刊登在幾家公開的報紙上，和黨的組織毫不發生關係。事實上，「國民黨作為一支有組織的力量已經完全不存在」。孫中山領導的廣州政權自然也不可能得到民眾的支持。[8]

對此，孫中山也是心知肚明，這也正是他聯俄容共的動機所在。他不止一次地告訴黨內反對吸納共產黨員的國民黨人：「十三年來，民國絕無起色，黨務並不進步，皆由爾等不肯奮鬥之過」。反之，「彼共產黨成立未久，已有青年同志二百萬人，可見其奮鬥之成績。爾等自不奮鬥而妒他人之奮鬥，殊屬可恥。」言外之意顯而易見：若爾等當初肯奮鬥，我又何必引入共產黨員呢？[9]

所謂中共成立未久，已有青年同志 200 萬，自是誇張的說法。但是，目睹俄國革命靠黨員和民眾力量而成功，中共成立未久，其社會主義青年團組織在全國擴展神速；反觀國民黨自辛亥革命後毫無長進，全靠自己率極少數幹部勉力支撐，在地方軍閥中間縱橫捭闔，孫中山很想藉助俄國的經驗、顧問的指導和中共的加入，使國民黨在組織上發生煥然一新的改變。1924 年 1 月國民黨一大的召開及全面改組，就是這樣一種大膽的嘗試。

國民黨一大改組，最重要的政治及組織變動有三。

一是政治骨幹少壯化。孫中山此前所倚重的老黨員居正、謝持、林森等均離開了黨政領導中樞，新任用的骨幹廖仲愷、胡漢民、汪精衛、戴季陶等明顯年輕化且親信化。

二是共產黨人作用凸顯。只有 400 人左右的中共，其黨員代表占到了國

---

7　1922 年孫在與達林的談話中稱國民黨員有 10 萬之眾；1923 年 10 月孫在廣州講演中宣稱國民黨員在廣東就有 30 萬人。參見〔蘇〕達林《中國回憶錄》，侯均初等譯，中國社會科學出版社，1981，第 111 頁；〈在廣州中國國民黨懇親大會的演說〉（1923 年 10 月 15 日），《孫中山全集》第 8 卷，中華書局，1984，第 285 頁。

8　參見李雲漢《中國國民黨黨務發展史料——組織工作》（上），中國國民黨黨史會，1993，第 2—17 頁；〈鮑羅廷關於華南形勢的札記〉（1923 年 12 月 10 日），《共產國際、聯共（布）與中國革命資料檔案叢書》（1），中共中央黨史研究室第一研究部譯，北京圖書館出版社，1997，第 367—370 頁。

9　〈與石克士等的談話〉（1924 年 11 月 21 日），《孫中山全集》第 11 卷，中華書局，1986，第 357 頁。

民黨一大代表人數約 13％，遠超國民黨黨員與代表人數比例；中共黨員在大會產生的中執委正式和候補委員中，更占到了 25％。在隨後召開的一屆一中全會所產生的國民黨權力機關——中央黨部的 7 個部中，中共黨員占據了組織部和農民部 2 個部長，組織部、工人部、農民部 3 個部長祕書（相當於副部長）的席位。在中央執委會 3 名常委中，中共黨員也占有一席之地。[10]

　　三是政治上明顯左傾。孫中山 1905 年提出的三民主義的政策主張，在鮑羅廷依照共產國際指示精神，利用大會宣言進一步解釋之後，增加了反對帝國主義和扶助工農的內容。[11] 這意味著，國民黨原本在對外及對內政策上的靈活態度受到了相當程度的限制，黨的外在形象明顯左傾。

　　國民黨領導骨幹年輕化、政治左傾，再加上主要由充滿活力的青年知識分子組成的中共黨、團成員承擔起在全國各地的組織發展工作，國民黨一大後，其組織在全國範圍中下層激進青年中取得了突飛猛進的發展。省、市、縣、區各級黨部紛紛建立，黨員數量增長得很快，僅北京執行部一年時間就發展黨員上萬人。其在激進青年學生當中的發展，顯得尤為順利。到 1926 年底，國民黨組織已遍及全國 90％ 的省區和將近 1/4 的縣份，實有黨員人數增至 54.4 萬餘人，國內黨員占到 82％，遠不再是一大前的那種情況了。[12]

　　但是，國民黨一大改組，也不可避免地埋下了其內部危機乃至組織分裂的嚴重隱患。孫中山棄用老黨員，大量提拔重用在國民黨內毫無根基的年輕的共產黨人，包括委託鮑羅廷主持一大文件的制定，接受反帝主張及工農政策等激進思想，這些都讓黨內大批老黨員心懷不滿。無論在一大醞釀和召開之際，還是在一大改組完成之後，他們都堅持不懈地表達批評甚至反對的意見。當身兼國民黨中央黨部祕書長和組織部長雙重重要職務的中共黨員譚平山負責國民黨各地組織的創建發展工作之後，不過幾個月時間，就有約 2000 名國民黨人聯名向孫中山和國民黨中央遞交檢控信和彈劾案，矛頭直指跨黨的共產黨人。一些原有國民黨組織基礎的地方，新舊黨員甚至形成公開的對立派別，

10　參見榮孟源主編《中國國民黨歷次代表大會暨中央全會資料》（上），光明日報出版社，1985，第 60—63、67—70 頁；中共中央組織部等編《中國共產黨組織史資料（1921—1927）》第 1 卷，中共黨史出版社，2000，第 6 頁。

11　〈中國國民黨第一次全國代表大會宣言〉（1924 年 1 月 23 日），《孫中山全集》第 9 卷，中華書局，1986，第 118—125 頁。

12　轉引自王奇生《黨員、黨權與黨爭——1924—1949 年中國國民黨的組織形態》，上海書店出版社，2003，第 28—31、39 頁。

並發生暴力衝突。儘管孫中山以個人權威，通過召開一屆二中全會，兩邊勸導訓斥，將矛盾衝突暫時壓了下去，這一問題卻並未解決。

幾個月後，孫中山在北上途中突然病倒並很快去世，一時間國民黨內群龍無首，內鬨紛起，孫中山政策最堅定的支持者廖仲愷甚至在廣州被刺身亡。在這種情況下，蘇聯政治總顧問鮑羅廷利用自己身為國民黨中央政治委員會高等顧問的身分，縱橫捭闔，將政治態度可疑的國民黨中央政治領導人胡漢民和軍事領導人許崇智先後擠出廣州，把汪精衛和蔣介石扶上了國民黨最高政治領袖和軍事領袖的權力寶座。如此一來，原本就極度擔心國民黨政治命運，但尚未倒向右派的大批老黨員也不能不聚集起來，公開進行反抗了。

在 1925 年鮑羅廷策動的廣州事變前後，國民黨內實際上發生了兩撥分裂行動。前一批是以馮自由、馬素、江偉藩等老黨員為代表，並得到了老同盟會員章太炎等人公開回應的中國國民黨同志俱樂部的人。他們早在孫中山北上時即以「護黨」為名，在北京鼓動串聯，孫去世後更是打出「救黨討賊」的旗號，不僅反對共產黨，而且反對一切與共產黨合作的國民黨人。[13] 後一批則是國民黨一大以來對孫中山聯俄容共政策始終抱懷疑態度，但一直遵從孫中山領導的謝持、鄒魯、林森、覃振等中央執監委員。他們在廣州事變後因對鮑羅廷和中共黨團的作為忍無可忍，於 1925 年 11 月聚集北京西山孫中山靈前，以國民黨一屆四中全會名義宣布取消鮑羅廷顧問資格並開除中共黨員出國民黨，人稱「西山會議派」。1926 年 3—4 月，他們進一步與各地支持者齊集上海，另立中央。但他們和馮自由一派人不同，其中多半仍以孫中山的國民革命主張為重，認同共產黨為「革命友黨」，也有條件地贊同聯俄聯共，惟堅決反對組織容共，尤其反對蘇聯顧問藉助中共黨團在國民黨內頤指氣使，挾持一切。[14]

國民黨的公開分裂，明顯是黨內大批老黨員從懷疑孫中山的聯俄容共政

---

13　〈國民黨中反共派聲討共產黨〉、〈國民黨革除汪兆銘等黨籍〉，《晨報》1925 年 9 月 1、14 日。

14　〈中國國民黨中央執行委員會第四次全體會議關於取消共產派在本黨黨籍宣言〉（1925 年 11 月 23 日）、〈中國國民黨中央執行委員會第四次全體會議取消共產派在本黨之黨籍案〉（1925 年 11 月 23 日）、〈中國國民黨中央執行委員會第四次全體會議開除中央執行委員之共產派譚平山等案〉（1925 年 12 月 2 日）、〈中國國民黨中央執行委員會第四次全體會議為取消共產派在本黨的黨籍告同志書〉（1926 年 1 月 4 日）、〈中國國民黨第二次全國代表大會宣言〉（1926 年 3 月）、〈中國國民黨第二次全國代表大會肅清共產分子案〉（1926 年 4 月 4 日），榮孟源主編《中國國民黨歷次代表大會暨中央全會資料》（上），第 356—358、360—361、378—387、403—404、419 頁。

策，到認定大權已落他人之手，因而必欲奪回黨權的一種反應。然而，同樣的擔心和恐懼其實也存在於國民黨不少處於權力高位的新幹部之中。幾乎就在西山會議派齊集上海，公開揭旗反對廣州國民黨中央的同時，以蔣介石為代表的廣州國民黨中央的部分政治軍事領導人，就發動了具有分裂性質的三二〇事變，其導火索同樣是領導權問題。

　　事變發生的政治背景很簡單。1926 年 1 月，國民黨在廣州召開第二次全國代表大會。事前，因西山會議派的分裂，鮑羅廷、共產國際代表，以及中共黨團事實上的領導地位及作用更加凸顯，廣州國民黨內許多人亦不免疑心重重。為儘量拉攏團結尚在左右派中間的國民黨人，在共產國際代表的主導下，中共中央向仍留在廣州國民黨一邊的部分中執監委做出承諾，願將二大推舉的中執監委及常委中共產黨員的數量限制在 1/3 以下。中共的確嚴格遵守了這一承諾，共產黨員在第二屆中執監委及常委中只占到 1/3。但二屆一中全會最後確定的國民黨中央的實際權力部門，即中央黨部，卻幾乎全被中共黨員占據了。它的一處八部，總共 22 個職位（包括部長及祕書），中共黨員就占據了 17 個。[15]

　　這個時候，在新組建不久的國民革命軍中，從軍、師到團、營、連，各級均設有權力很大的黨代表，團以上還設有政治部，這些政工幹部也多半為中共黨員。僅在蔣介石掌握的第一軍中就有 50 餘名軍事和政工幹部是中共黨人。廣州政府各個軍事部門的首腦，也多由蘇聯顧問兼任。而且，共產黨人這時還領導著廣州 2000 多工人糾察隊和附近 3 萬多農民自衛軍。即使是在贊同聯蘇容共政策的廣州國民黨人中，許多人對此也不免憂心忡忡，甚至耿耿於懷。

　　由於過度自信，莫斯科方面對於這種情勢的危險明顯缺少足夠的警覺。蘇聯新來的軍事總顧問季山嘉（Kuibyshev）在受命反對國民黨二大批准了的北伐計畫時，表現得極其傲慢自大。這位總顧問甚至還有意要削弱蔣介石指揮的國民革命軍第一軍的力量，這就更加刺激了已經是國民黨軍事最高領袖的蔣介石。蔣的自尊心和防備心原本就極強，他同樣擔心蘇聯顧問和共產黨人會反客為主。在此背景下，只因懷疑一艘軍艦的異常調動可能針對自己，蔣便鋌而走險，於國民黨二大結束不久的 3 月 20 日發動了軍事事變，一方面軟禁蘇

---

15　〈二屆一中中央領導機構〉，榮孟源主編《中國國民黨歷次代表大會暨中央全會資料》（上），第 226—227 頁。

聯顧問；一方面扣押第一軍中的共產黨人，繳了工人糾察隊的武器，並且擠走了國民黨此時最高政治領袖汪精衛。一個多月後，由於蘇聯方面居間調和，並勸告中共妥協，蔣介石順利地達成了自己的政變目標。他主持召開國民黨二屆二中全會，通過了《整理黨務案》等重要決議，在形式上承認容共的同時，嚴格限制蘇聯顧問的職權和中共黨員在國民黨中的任職範圍，從而輕而易舉地奪取了國民黨黨、政、軍大權。[16] 隨後，蔣自任北伐軍總司令，指揮國民革命軍發動了旨在推倒北京政府、統一中國的北伐戰爭。

對於黨內合作這種合作形式會造成兩黨關係危機的嚴重情況，中共領導人及其各地幹部也並非毫無預見。還在國共合作開始階段，因為身為國民黨員必須要全力幫助國民黨發展組織，在中共人數有限、自身組織發展任務艱巨的情況下，許多中共幹部對此早就抱怨連連。一方面身為共產黨員，必須要堅持共產黨自身的立場、觀點和政策方針，要為社會革命的未來目標預做準備工作，對國民黨必須持獨立和批評的態度，包括必須要在國民黨內爭取組織領導地位，以影響國民黨的政策方針；另一方面，身為國民黨員，任何著眼於共產黨的理想目標和政策方針的獨立立場及行動主張，不僅會違反國民黨的組織紀律，而且會導致國民黨組織的分化甚或分裂，引起無窮糾紛，又未必真的有利於反帝反軍閥的統一戰線及其國共共同革命任務的達成。國共合作兩年多，從中共中央一直到直接在廣州工作的中層骨幹，對此都頗多異議，並且不止一次地提出過退出國民黨的主張。[17]

然而，於實際負責指導中國革命的聯共（布）最高領導人而言，無論是基於蘇聯國家利益的考量，還是基於推進東方國家革命的既定目標，都「必須執行把共產黨保留在國民黨內的路線」。因為，在他們看來，共產黨退出國民黨，等於將已經成為革命統一戰線組織的國民黨拱手交還給中國的資產階級，這等於「退出戰場，拋棄自己在國民黨內的同盟者，使革命的敵人稱快」，因而是放棄革命領導權的表現。[18]

16　〈整理黨務案〉（1926 年 5 月 17 日）、〈關於整理黨務之訓令案〉（1926 年 5 月 22 日），榮孟源主編《中國國民黨歷次代表大會暨中央全會資料》（上），第 231—235、235—237 頁。

17　參見楊奎松《中間地帶的革命——國際大背景下看中共成功之道》，第二章。

18　史達林：〈中國革命問題——聯共（布）中央批准的給宣傳員的提綱〉（1927 年 4 月 21 日），《列寧史達林論中國》，人民出版社，1965，第 114、118 頁。

　　他們堅持認為，為了更好地實現革命的領導地位，共產黨應盡一切可能將國民黨控制在自己手中，並力爭能夠將幾個階級聯盟的國民黨，改造成為工人和小資產階級聯盟的「人民革命政黨」，亦即「工農聯盟的政黨」。這樣也更容易在民族民主革命成功之際，一步達成社會革命的任務。[19]

　　正是基於莫斯科的這一指示，三二〇事變之後，鮑羅廷不得不採用政治謀略，一面向蔣介石示好，一面設法孤立蔣。他利用蔣介石率兵北伐，遠離黨政中樞的機會，成功地將左派國民黨領導人聯合起來，把國民黨中央及中央政府遷至武漢，召開黨的二屆三中全會，宣布迎汪回任，事實上剝奪了蔣介石掌握了一年之久的黨政大權。但是，當鮑羅廷試圖進一步削弱蔣介石兵權的時候，蔣卻在眾多擔任中執監委的國民黨老黨員的支持下，於 1927 年 4 月中旬先行發動事變，在南京另立中央，並實施「清黨」行動，公開與鮑羅廷和共產黨人翻臉了。

　　自國民黨一大以來這一波又一波的組織大分裂，直接的導火索無疑都是爭奪黨的控制權。但是，國民黨內左右派的形成，很大程度上也和國民黨人政治上的傾向選擇有密切關係。幾乎所有陸續站到反共立場的國民黨人，都不贊同中共和莫斯科的政策主張；反之，凡贊同容共或聯共政策的國民黨人，相當多數理智上仍認同中共和莫斯科的主要政策主張。只不過，這種情況到 1927 年 4 月寧漢對立的局面出現後，也不可避免地要受到嚴峻的挑戰了。

　　自國民黨一大確定扶助工農政策以來，國民黨人的工農政策及其政治宣傳明顯轉向了社會大眾，它也因此逐漸獲得了勞苦階層的好感與支持。據 1926 年 12 月國民黨廣東省執行委員會各部工作報告可知，當年廣東省國民黨員中農民黨員約占 40%，工人占 23%，學生占 25%，商人不足 10%，其他軍、警、法、政、自由職業者等所占比例極低。[20] 相比這時其他省區黨員主要成分仍然是青年學生的情況，可知愈是在國民黨占領區內，國民黨愈會有相當部分中下層幹部黨員熱心於在工農民眾中做政治動員和組織發展工作。這裡面固然有一部分原本就是中共黨員或社青團員，但不少人則是與中共黨員觀點主張較為

19　史達林：〈論中國革命的前途——在共產國際執行委員會中國委員會會議上的演說〉（1926
　　年 11 月 30 日）、〈和中山大學學生的談話〉（1927 年 5 月 13 日），《列寧史達林論中國》，
　　第 100、133—134 頁。
20　〈中國國民黨廣東省執行委員會各部門工作報告〉（1926 年 12 月），轉引自王奇生《黨員、
　　黨權與黨爭——1924—1949 年中國國民黨的組織形態》，第 29 頁。

接近的國民黨左派的幹部黨員。北伐戰爭打響後，正是他們，緊隨軍隊之後，與共產黨人一起，大力推進了南方各省，尤其是兩湖與江西等地的工農運動。武漢國民黨人所以能夠聚集起來共同對抗蔣介石，就反映出這一部分幹部黨員確與蔣介石麾下的南京國民黨人存在著不同的政治傾向性。

問題是，對於中共建立在社會革命觀念基礎上的扶助工農政策及其目的的理解，國民黨左派並不真的能夠跟上共產黨人的步伐。1926 年 11 月，共產國際執委會第七次擴大會議通過了關於中國問題的決議案，明確要求中共必須使正在挺進的中國革命「超出資產階級民權範圍」，發展到工農和城市小資產階級聯合專政，農村要進到土地革命，城市要準備沒收外國在華大企業並將鐵路、交通等收歸國有。[21] 史達林甚至直截了當地要求國共兩黨：立即「在農村掀起革命」，竭力反對地主，包括「沒收地主的土地，並使土地國有」，「把中國農民捲入革命愈迅速愈徹底」，愈好。[22]

莫斯科的這一指示，不可避免地導致鮑羅廷和中共中央政策的激進化。鮑羅廷開始在公開講演中宣稱：「對於剝削農民的人用刺刀去刺死他，刺死反革命的基礎，如像刺吳佩孚的軍隊一樣，這樣國民黨才不至於落後」。[23] 中共中央也檢討自己過去太過束手束腳，不敢把民族革命引向階級革命。[24] 儘管受到與武漢國民黨統一戰線關係的影響，中共領導機關並未馬上認同太過激烈的工農運動方式，但在莫斯科上述方針指導下，要想抑制基層黨團骨幹和工農運動的激進化，幾乎是不可能的。

1927 年上半年，因與南京國民黨人分裂，武漢政府占領地區日漸縮小且開始四面受敵，社會上無政府狀態一直得不到有效控制。面對接二連三發生的衝擊外國租界，工人、店員以至各界民眾頻繁的罷工、集會、示威，城鄉工農團體、糾察隊、自衛武裝擅自捕人甚至殺人，軍官家屬被抄家、遊街或吃大戶，士兵寄回家的錢被農會沒收等情況，國共兩黨中央及國民政府卻始終處於一種

21　〈共產國際執行委員會第七次擴大全體會議關於中國問題決議案〉（1926 年 11 月底），《中共中央文件選集》第 2 冊，中共中央黨校出版社，1991，第 670—673、676—678 頁。

22　史達林：〈論中國革命的前途〉（1926 年 11 月 30 日），《列寧史達林論中國》，第 101—103、105 頁。

23　〈鮑顧問在省黨部第四次代表大會之演說〉、〈鮑顧問在湖北省黨部第四次代表大會上之演說辭〉，《漢口民國日報》1927 年 1 月 8、23 日。

24　〈中央政治局對於《共產國際執行委員會第七次擴大全體會議關於中國問題決議案》的解釋〉（1937 年初），《中共中央文件選集》第 3 冊，第 19—21 頁。

極其被動、疲於應對的狀態。為了戰勝南京的軍事威脅和內部軍事反叛，能夠繼續北伐，以便搶先占領北京，武漢國民黨當局最需要的是約束民眾、穩定內部、鞏固政權和取得莫斯科的巨額財政援助。然而，莫斯科這時的方針政策使這一切都無從實現。

在援助中國革命的問題上，聯共（布）黨內領導層一直存在著意見分歧。1926 年底至 1927 年春，這種分歧與黨內權力鬥爭糾纏在一起，導致反對派利用國民黨內左右衝突和分裂不斷的情況尖銳抨擊主持中國政策的史達林等人。在這種情況下，史達林派再難繼續其機會主義的靈活策略。在明知武漢國民黨已處於危機中，存在著向右轉的嚴重危險的情況下，史達林不僅不敢提供有力的財政援助，也不敢降低共產國際執委第七次擴大會議決議的革命調門。1927 年 5 月，莫斯科甚至發出更為激進的指示，要求國共兩黨領導人猛烈地發動沒收土地的革命運動，「動員兩萬左右的共產黨員，加上湖南、湖北約五萬的革命工農，編成幾個新軍」；同時「從下面吸收更多的新的工農領袖到國民黨中央委員會裡去」，組織革命軍事法庭，逮捕並審判反動將領等。[25]

這一不切實際的指示最終葬送了共產黨與武漢國民黨的合作關係。7 月中旬，無法按照莫斯科這一方針行事的武漢國民黨領袖汪精衛等，發出了「和平分共」的命令。[26] 在中共中央報之以反抗措施，於南昌組織發動武裝起義，另立中國國民黨革命委員會的情況下，武漢國民黨也和南京國民黨一樣，走上了武力「清黨」的道路。[27]

國共兩黨自 1924 年以來的合作局面，歷經種種危機之後，至此終於畫上了句號了。

## 三、中共階級革命的嚴重挫折

1924—1927 年國共合作的重要政治基礎，實際上是以「國民革命」為號召的民族革命。這場革命的直接鬥爭目標就是所謂「打倒列強除軍閥」，革命

---

25　〈共產國際執行委員會給中共中央的信〉（1927 年 5 月），《共產國際、聯共（布）與中國革命檔案資料叢書》（5），第 446—447 頁。
26　〈中國國民黨中央執行委員會訓令〉（1927 年 7 月 15 日）、〈中國國民黨中央執行委員會統一本黨政策決議案〉（1927 年 7 月 25 日），《漢口民國日報》1927 年 7 月 16、26 日。
27　〈中國國民黨中央執行委員會政治委員會第四十四次會議速記錄〉（1927 年 8 月 8 日）、〈中央執行委員會致農民部函〉（1927 年 8 月 9 日），中國國民黨史會藏檔：00-2/3、4135-3；《漢口民國日報》1927 年 8 月 9 日。

的實質任務則是要實現國家統一與民族獨立。國民黨 1926 年 7 月發動的北伐戰爭，即為這場革命最具體的實現手段。北伐戰爭中間雖經寧漢分裂，被迫停頓達一年之久，但前度北伐不數月即攻占長江以南，二度北伐 1928 年 4 月發動，不及兩月即占領平津，推翻了北京政權，堪稱順利；又經不足半年時間的政治運用，當年 12 月即成功推動原先的強大對手奉軍易幟，使東北地區歸順南京中央政府，形式上已基本實現了國家在政治上的統一。這一摧枯拉朽、風捲殘雲般的軍事統一過程，從一個側面清楚地反映出，中國社會政治現代化已經達到了一定階段，民族主義觀念廣泛發酵，多數社會大眾，既包括社會頭面人物，也包括城鎮略識文字的普通民眾，對國家統一運動明顯抱以期待和歡迎的態度。

但是，國家統一也好，民族獨立也好，對落後國家和民族而言，從來都是一個極端困難、緩慢並曲折的過程。這是因為，現代國家的形成，是與經濟發達，特別是與交通發達、資訊傳播的發展程度密切相關的。一個剛剛邁上現代國家成長道路的落後農業國，其工業化、城市化以及交通、資訊條件的發展，固然會刺激國民民族國家意識的形成，挑戰傳統的貿易壁壘與地方隔閡，推進政治國家一體化的進程，但城市與鄉村、沿海與內地、交通沿線與交通不便的廣大落後地區之間發展的嚴重不平衡，也會極大地制約統一國家形成的進程，並且會加劇地方主義和地方割據現象的發生。

國民黨能夠輕而易舉地用軍事手段實現統一，藉助的固然是民族主義觀念在中國的廣泛傳播與成長，但其摧枯拉朽之速度，靠的卻是靈活的政治策略，即是挾以政治大勢，在基本不觸動地方軍閥實質利益的情況下，賄之以高官與金錢，分而化之，使之先行歸順國民黨，孤立和瓦解北京政府的武裝抵抗。此種做法見效雖快，卻絲毫無助於消除因經濟發展嚴重不平衡所造成的地方及族群間的隔閡與對立。由於易幟或倒戈後的地方軍閥大多依舊割據自為，並不真正服從南京國民黨中央及中央政府的軍令政令，因此，北伐戰爭結束及南京中央政府建立不久，新的統一國家的戰爭就不能不再度爆發。

1928 年夏南京中央政府成立後，一直到 1937 年抗日戰爭打響之前，圍繞著分裂與統一而展開的政治衝突與軍事鬥爭可謂此起彼伏，始終未曾停息過。

1929 年 3—6 月，爆發了南京中央與李宗仁等地方派系之間的軍事衝突，史稱蔣桂戰爭。

1929 年 5 月和 10—11 月，兩度爆發了南京中央與馮玉祥西北軍之間的軍事衝突，史稱蔣馮戰爭。

1929 年 11—12 月，爆發了南京中央與廣西地方派系和與湖北地方派系之間的軍事衝突，史稱第二次蔣桂戰爭和蔣唐戰爭。

1930 年 5—11 月，爆發了南京中央和馮玉祥、閻錫山等各地方實力派之間的大規模軍事衝突，史稱中原大戰，各反蔣派系公開另立北平國民政府。

1931 年 2—11 月，因蔣介石與胡漢民之間的權力鬥爭引發南京與廣東地方派系的全面對抗，史稱寧粵對立，汪精衛等也一度另立廣州國民政府。

1933 年 5—10 月，馮玉祥召集西北軍舊部組建察哈爾抗日同盟軍，與南京中央分庭抗禮。

1933 年 9 月至 1934 年 2 月，十九路軍諸將領與國內各派軍政領袖在福建以反日反蔣為名，另立中華共和國人民革命政府，史稱福建事變。

1936 年 5—9 月，廣東、廣西地方派系藉抗日為名揭旗反蔣，史稱兩廣事變。

1936 年 12 月，張學良率東北軍、楊虎城率十七路軍，要求停止內戰實行抗日，聯手扣押蔣介石等中央軍政大員數十人，要挾南京中央，史稱西安事變。

除了上述這些已經發生的和密謀中針對南京中央政府權力地位的挑戰行動，對南京政府統治最具威脅的無疑是共產黨發動的「蘇維埃革命」。依照莫斯科和中共中央的解讀，蘇維埃革命仍舊屬於民主革命的範疇。只是，原定掃除封建軍閥並推翻帝國主義壓迫，獨立建國的鬥爭目標，被進一步擴大為：（1）「驅逐帝國主義者，完成中國的真正統一」；（2）「徹底的平民式的推翻地主階級私有土地的制度，實行土地革命」；（3）用暴力推倒已經成為新的統治者的國民黨南京政府，代之以共產黨領導的俄國式的蘇維埃工農獨裁制政權。[28]

---

28　本段及下段，分見中共六大〈政治議決案〉（1928 年 7 月 9 日），《中共中央文件選集》第 4 冊，第 299、300—301 頁。

　　同樣要取南京政府而代之，中共的優勢遠比普通地方實力派要明顯得多。第一，它不僅在道義上得到強鄰蘇聯的支持，而且直接在思想、政策、幹部、財政以及軍事作戰和情報技術等方面得到了莫斯科的指導、訓練與幫助。第二，它以工農為革命動力的階級政策，特別是以「打土豪分田地」這種帶有社會革命色彩的方法來鼓動貧苦農民投身土地革命的方針，足以動員相當龐大的人力、物力。因此，中共於 1927 年夏秋與國民黨分裂時幾乎一無所有，到 1930 年前後，僅三年多時間，就在南方數省交界地區創建了好幾塊農村根據地，發展了十幾萬紅軍。它不僅能夠實行武裝割據，而且日漸能夠直接威脅甚至進攻長沙、南昌這樣的重要省會城市。到 1931 年 11 月 7 日，它更公開宣告建立中華蘇維埃共和國及其中央政府，準備要與南京國民黨決一死戰了。

　　1927—1937 年恰好處於第一、第二次世界大戰中間，新老列強對市場、資源和發展空間的激烈爭奪正在將世界推向一場新的更為野蠻和慘烈的大規模戰爭。處在這樣一種極度弱肉強食的國際政治環境中，國民黨南京政府無論是謀求國家統一，還是爭取民族獨立，都必須要同時與意圖保持對中國的不平等地位的老牌列強，以及意圖通過各種干涉、掠奪、蠶食，在中國獲取更多資源的新興列強進行抗爭。從 1928 年春國民黨二度北伐中遭遇日本軍隊武裝干涉之日起，[29] 日本對中國入侵的危險就開始極大地影響到中國政治的進程了。正是由於日本侵略的威脅，面對內爭與外患的雙重壓迫，隨時可能因內鬨和內戰被人取代的南京新政權，其政治合法性卻愈見鞏固了起來。

　　1931 年 9 月 18 日，日本關東軍製造並發動事變，迅速奪占了中國東北三省。南京政府一方面訴諸國聯，一方面發動上海抗戰，以顯示抵抗決心。這一應對措施在國人中雖備受爭議，但社會各界對其中央政府的地位，包括一黨獨裁的統治方法，卻漸漸由尖銳批評轉趨預設，相當部分歐美歸國的自由主義知識分子甚至也公開表示了認同的態度。[30]

　　顯然，日本的入侵威脅極大地幫助了南京政府作為一個統一中國的中央政治權威地位的確立。日本入侵愈深入，國家統一、獨立及政治穩定和發展前

---

29　指 1928 年 5 月 3 日日軍以日僑被殺為由殺戮中方交涉員並攻占濟南一事，史稱濟南慘案。
30　參見胡適〈福建的大變局〉，《獨立評論》第 79 號，1933 年；蔣廷黻〈革命與專制〉、〈論　專制並答胡適之先生〉，《獨立評論》第 80、83 號，1933 年；丁文江〈民主政治與獨裁〉，　《獨立評論》第 134 號，1934 年。

途受到的損害愈嚴重，蔣介石及其南京政府維護國家統一和獨立的努力，哪怕是其在堅持國本基礎上的妥協和退讓，也就愈容易得到多數國人的理解與同情。任何試圖挑戰中央政府的權威性，可能破壞國家統一的行動，無論基於怎樣一種理由，都不免會愈來愈受到社會輿論及公眾的排斥與譴責。

由於這個時候的社會人心日漸以國家民族的存亡續絕為選擇，因此，即使是那些打著抗日旗號發動的針對中央政府的事變，也都未能獲得社會的廣泛支援。蔣介石及南京國民黨人內部固然問題重重，其制度建設與政策方針也常常遭人詬病，然而，南京國民黨中央的權力範圍，卻從 1928 年中央政府成立時只及蘇、浙、皖、閩幾省，一步步向外擴展。到 1937 年抗戰爆發時，除華北與日軍接觸的個別省區外，它已經基本上實現了對長城以內各省，包括對偏遠的西南、西北地方的實力控制。包括各方面曾經備受爭議的蔣介石，也在此起彼伏的反蔣浪潮中，從一個國民黨的軍事領導人，逐漸變成一個統一中國的政治象徵，變成中華民國的最高政治領袖了。

在這樣一種政治大勢之下，以南京國民黨中央政府為革命對象的中共蘇維埃革命戰爭，也難有成功的可能。特別是中共所依賴的兩大優勢，即階級鬥爭和蘇聯援助，不僅無法持續發生效力，而且會日漸變成自身發展的局限和實現政治訴求的障礙。

奉行階級鬥爭式的半社會革命方針，是中共蘇維埃革命失敗的關鍵所在。表面上，蘇維埃革命的鬥爭任務與此前國民革命的鬥爭任務相近：一是繼續推翻帝國主義的民族革命；一是繼續打倒封建勢力的民主革命。但為調動占全國人口 90% 的農民革命，後一項任務被明確規定為集中於廢除地主土地私有制的土地革命；而從反國民黨的角度，它更是宣稱：「必須反對民族資產階級方能勝利」。如此，所謂民族民主革命也就基本上變成階級革命了。中共六大決議的規定，即蘇維埃「革命動力只是工農」，[31] 也清楚地說明了這一情況。一方面繼續主張民族民主革命，一方面又高揭階級革命和社會革命的旗幟，排斥一切非工農力量，這種極端矛盾性從一開始就決定了蘇維埃革命只能是一種「孤家寡人」的革命。

首先，「革命動力只是工農」，理論上是以占全國人口 90% 以上的工人、

---

31　中共六大〈政治議決案〉（1928 年 7 月 9 日），《中共中央文件選集》第 4 冊，第 299 頁。

農民等勞苦大眾為依靠的。但實際上，這一方針並不具有可操作性。因為，中共與國民黨關係破裂後只能從事地下工作，在城市及工礦企業中活動受到極大限制。僅僅幾年時間，它就慘敗於與國民黨政權在城市裡的較量，被迫將全部工作重心轉往農村。而在農村，它的活動範圍同樣有極大的局限性，亦即它只能在南方幾省交界的偏僻地區活動和割據，影響地域及人口同樣極為有限。不僅如此，基於階級鬥爭的思維邏輯，割據地區的農民並非都是它的依靠對象。農村人口中相當部分有財產、有文化、有勢力的富裕人口事實上依照其階級分析的觀念或屬於資產階級範疇，或屬於小資產階級範疇，都是它的敵人或潛在的敵人。它真正能夠依靠的，充其量也只占當地人口50％左右。[32] 這樣一種情況，使之在與掌握國家之力的國民黨政府的對抗中不能不處於孤立的狀態。

其次，中共的土地革命是靠實行「打土豪分田地」的政策來吸引農民的，然而，南方偏僻農村社會矛盾複雜，族群隔閡根深蒂固，「打土豪」並不一定會推動農村中的階級鬥爭。而推動農村階級鬥爭的做法，還常常導致族群間、土客間、地域間乃至城鄉間的對抗與衝突，使得中共陣營在看似不斷壯大時內部卻極不穩固。1930年初袁文才、王佐之死，當年底次年初江西蘇區富田事變，以及各根據地中紅軍始終攻不下的「土圍子」，都反映出階級鬥爭的主張在當時條件下未必都能起作用。[33]

再者，中共土地革命是靠「分田地」來吸引貧苦農民的，但有著根深蒂固的小農經濟思想的農民多數並不會因此就投身共產革命。相反，農民趨利避害的心理和強烈的鄉土觀念反而易於因此發酵。蘇區擴張時，周邊貧苦農民往往會到蘇區來；戰爭形勢逆轉，許多農民又會四處躲藏，甚或「反水」；一旦紅軍要西征，大批農民士兵就會千方百計找機會逃回故土。1933年，特別是1934年軍事形勢惡化時，中央蘇區大量發生的農民反水和逃兵的情況，就足以說明這一點。[34]

---

32 毛澤東對江西根據地尋烏縣的調查報告說明，全縣人口中農民占60％，其中貧雇農占70％，貧雇農占縣總人口不足50％。且當地貧農將近半數有土地或耕牛等，按後來的標準多半應劃為中農。見毛澤東〈尋烏調查〉（1930年5月）、〈興國調查〉（1930年10月），《毛澤東農村調查文集》，人民出版社，1982，第99、105、132頁。

33 參見謝宏維〈井岡山革命根據地的土客衝突、階級矛盾與意識形態鬥爭——袁文才、王佐被殺事件再研究〉，《江西廣播電視大學學報》2007年第3期；戴向青〈論AB團和富田事變〉，《中共黨史研究》1989年第2期；何友良〈蘇區農村的宗族勢力及其消亡〉，《江西社會科學》1991年第12期。

34 參見黃道炫〈蘇區時期的「赤白對立」——階級革命中的非階級現象〉，《史學月刊》

　　事實上，正是這一狹隘的階級政策把蘇維埃革命時期的共產黨人推到了「孤家寡人」的境地，並最終造成失敗的結局。毛澤東後來總結這幾年的歷史教訓時曾再三說明：蘇維埃時期的失敗根本上就是放棄了統一戰線的政策和策略，「『為淵驅魚，為叢驅雀』，把『千千萬萬』和『浩浩蕩蕩』都趕到敵人那一邊去」，「連小資產階級、中產階級也不要，結果自己變成了空軍司令，隊伍越打越小。」[35] 這裡所說的統一戰線政策，原本就是和這一時期的民族民主革命，亦即中國國家統一和民族獨立的鬥爭任務相輔相成的。中共從來講「兩步走」，離開了這一政策，等於直接邁向了第二步，把所有富裕階層都當敵人來打，結果是自己人越來越少，任何一步鬥爭任務都實現不了。

　　狹隘的階級革命方針不利於中共，蘇聯的援助也並不都能滿足中共的需要。孫中山領導的廣州政府及國民黨始終是作為與北京政府對立的政治實體公開存在的，因此，蘇聯與國民黨的結盟，以及蘇聯對國民黨的各項援助都是公開的。中共及其所創建的根據地政權，卻不具有這樣的條件，蘇聯當局對中共的任何援助，歷來只能是祕密的和小規模的。雖然，把中共引上蘇維埃革命的莫斯科深知中共的農村根據地需要像當年廣州國民黨人那樣，在軍事方面得到大批援助物資，但由於中共始終無法占據沿海口岸，莫斯科雖有設想，卻無從實施其援助計畫。[36] 等到 1936 年中共紅軍全部集中到西北地方，終於有條件向中共提供軍事援助了，卻由於日本對蘇聯東部安全威脅的加劇，使莫斯科不得不放棄了這種努力。

　　莫斯科對外政策的調整，是由於當時蘇聯自身安全受到東（日本）西（德國）兩面威脅而做出的。自 1931 年九一八事變後，日本接連吞併中國東北三省、熱河，並成立了偽滿洲國，進而又攻入長城，染指察哈爾、綏遠與河北，1935 年更製造了華北事件，意圖策動華北五省「自治運動」，進一步控制中國的華北地區。由於日本對俄國遠東地區歷史上虎視眈眈，雙方在中國東北和

　　　2005 年第 11 期；《張力與限界：中央蘇區的革命（1933—1934）》，社會科學文獻出版社，2011，第 322—328、330—338 頁。

35　〈論反對日本帝國主義的策略〉（1935 年 12 月 25 日），《毛澤東選集》第 1 卷，人民出版社，1991，第 155 頁；〈論聯合政府〉（1945 年 4 月 25 日）、〈在中國共產黨第七次全國代表大會上的口頭政治報告〉（1945 年 4 月 24 日），《毛澤東文集》第 3 卷，第 983—984、1038—1041 頁。

36　有關莫斯科方面考慮經海路向中共南方根據地運送武器裝備的設想和方案情況，可參見《共產國際、聯共（布）與中國革命檔案資料叢書》（13），第 545、559、575、579、581、585、617、623 頁；（14），第 171、206、234 頁。

俄國遠東不止一次發生過軍事衝突，蘇聯方面對日本占據中國東北和奪取華北，形成對蘇聯遠東和外蒙古的弧形包圍態勢高度警覺。注意到中國這時國民抗日情緒高漲，唯有實現統一，才能有效地組織抵抗，幫助蘇聯牽制日本，莫斯科 1935 年即通過共產國際要求中共中央改取統一戰線方針，在承認蔣介石南京政府為中央政府的條件下，爭取與國民黨再度合作。基於這樣一種政策調整，無論軍事援助，還是中共中央與地方實力派之間的祕密合作，包括張學良、楊虎城發動的西安事變，最終都因有礙於這一政治目標的實現，而被莫斯科否定了。

1936 年 12 月 12 日，已與陝北中共及紅軍祕密往來多時的東北軍將領，時任西北「剿總」代總司令張學良，和十七路軍總指揮，兼任西安綏靖公署主任楊虎城，在無法阻止蔣介石實施軍事「剿共」計畫的情況下，貿然將前來西安督戰的蔣介石及其軍政高官數十人扣押，釀成了震驚中外的西安事變。蔣介石等被扣西安近兩週，歷盡艱危，如果沒有莫斯科透過中共中央從旁做和平調處，後果頗難設想。但是，蔣介石最終能夠平安脫險，根本上卻是中國政治形勢發展的一種現實需要。因為，面對日本入侵威脅，中國需要統一，這種統一唯有以蔣介石南京政府為中心才可能迅速形成。這樣一種認識，此時已經成為希望中國統一抗日的蘇聯等外部勢力的既定看法，尤其已經成為中國國內各界人士的一種政治共識。因此，西安事變的發生，前所未有地引起了全國各地、各界、各黨派及各民眾團體的一致譴責，就連各地反蔣派人物亦不能不隨聲附和。這種情況也極大地觸動了張、楊與中共中央，影響了事變解決的進程。[37]

西安事變前後各界輿論的表現，再明顯不過地反映出國內政治人心的向背及其選擇。也因此，蔣介石在西安事變中被扣的遭遇，不僅沒有損害其個人的政治形象，反而使蔣的政治威望一度躍升到「全民仰止，如日中天」的程度。[38] 事變和平解決後，除了受到日本勢力影響的個別地區及個別地方軍閥外，蔣介石及其南京政府輕而易舉就解決了久拖不決的政治分裂問題。

---

37　有關事變發生期間各地各界各團體各報館各雜誌社及各地名流譴責通電及宣言等，可參見 1936 年 12 月 13—25 日的《大公報》、《申報》、《益世報》等。

38　歷史學家唐德剛曾回憶當年情形稱：「我們那時親眼見到蔣公和國民黨的聲望，全民仰止，真如日中天……如果沒有西安事變，沒有全國的大統一，沒有慘烈的武裝抗戰，則人事全非，一個獨裁專政的領袖，和一個忍辱含羞的政黨，在歷史舞臺上將以何種臉譜出現，我們寫歷史的人就很難妄測了。」轉引自郭冠英《張學良在臺灣》，中國友誼出版公司，1994，第 40 頁。

## 四、抗戰中國共兩黨的再度較量

西安事變的和平解決，以及蔣介石南京政府 1937 年上半年統一國家進程的全面推進，是現代中國國家形態基本確立的重要標誌。在此形勢下，任何黨派團體、政治人物，不論與蔣介石南京政府之間存在怎樣的矛盾與衝突，都不得不委曲求全以適應這一政治現實，即使另有中華蘇維埃共和國的中共也不能例外。

西安事變一結束，中共中央就積極配合南京當局和平處理西北善後問題，並於 1937 年 2 月 10 日正式宣布廢止蘇維埃革命的旗號，放棄此前各項階級革命的目標，願意在抗日基礎上承認南京國民政府為中央政府，改制改編，「共同奔赴中華民族最後解放之偉大前程」。[39]

1937 年 7 月底，由於日本軍隊利用在北平郊區盧溝橋與中國守軍發生衝突，大舉出兵並開始占據北平、天津地區，南京政府決心「應戰」。中共希望的全國抗戰局面終於出現了。舉國抗戰無疑大大強化了中國作為一個統一、獨立的現代國家的政治象徵力，但是，此舉也不可避免地會對蔣介石國民黨的統治力帶來嚴峻挑戰。這是因為，抗戰的發生，一時間也沒有根本改變中國內部的政治運行軌道和運作方式，地方政治的分裂和以暴易暴、強權獨裁的立國治國方式也沒有完全改變，甚而至於，這會因為對外戰爭的爆發而在一定程度上被強化。

抗戰爆發一年後，毛澤東對中國政治道路的這一趨向就做過概括說明。他指出：現代中國的建立取決於槍桿子，民族戰爭靠槍桿子，階級戰爭靠槍桿子；社會主義靠槍桿子，民主共和國也靠槍桿子。在中國，「誰有槍誰就有勢，誰槍多誰就勢大。」不僅「槍桿子裡面出政權」，而且「槍桿子裡面出一切東西」。因此，在他看來，「整個世界只有用槍桿子才可能改造」。[40] 因為中國的一切取決於槍桿子，取決於軍事實力大小，因此，一旦國民黨軍事力量在對日作戰中陷於失敗，軍事實力逐漸縮小，新的軍事力量漸漸生長，軍事實力不

---

39　1937 年 2 月 10 日中共中央致中國國民黨中央電「保證」：「（一）在全國範圍內停止推翻國民政府之武裝暴動方針；（二）蘇維埃政府改名為中華民國特區政府，紅軍改名為國民革命軍，直接受南京中央政府與軍事委員會之指導；（三）在特區政府區域內實施普選的徹底的民主制度；（四）停止沒收地主土地之政策，堅決執行抗日民族統一戰線之共同綱領。」見《中共中央文件選集》第 11 冊，第 157—158 頁。

40　〈戰爭和戰略問題〉（1938 年 11 月 6 日），《毛澤東選集》第 2 卷，第 547 頁。

斷壯大，蔣介石國民黨是否適合繼續統治中國的問題，就不可避免地又會出現。

平津失守後，蔣介石曾對下令「應戰」的決策頗有悔意。他在日記中寫道：「倭寇隨手而得平津，殊出意料之外」。對日外交似過於強硬，「如當時密允宋哲元准倭築津石路，則至少可有一年時間展緩準備，亦較完密。此則余對於外交政策一惟輿論是從，而疏於遠慮，自亂大謀之過也」。[41]

但是，面對平津危機，如果仍以不抵抗態度處之，不僅會導致華北數省事實上被日本控制，危害既定的全國抗戰部署，而且會嚴重損害好不容易確立起來的南京政府政治統治的合法地位。因此，明知各方面尚未做好戰爭準備，蔣介石也不得不下決心應戰。

導致蔣介石國民黨統治地位動搖的首要原因，無疑是日本的大規模入侵和國民革命軍主力一次次戰役的重大失利。整個抗戰期間國民黨為抵禦日軍大舉推進，至少與其進行過 20 次以上動員兵力超過 10 萬人的大規模會戰和成百上千次重要戰役。八年抗戰中，陸軍死亡超過 177 萬人，空軍毀機 2468 架，死亡 4321 人，海軍艦隊則損失殆盡。[42] 節節抵抗所帶來的節節敗退及損兵折將，只會嚴重地削弱國民黨的統治力量。國民黨中央的統治範圍越來越小，軍心、戰力日漸削弱和萎靡，處於其強力統治下的各種內在矛盾遂逐漸滋生發酵並蔓延開來。

與此形成鮮明對照的，是中共軍事力量在戰爭中的迅速發展和壯大，以及其政治影響力的全面提升。抗戰開始之際，改編後的中共軍隊只有不足 3 萬人，約 1 萬枝槍，兵力還不足蔣介石統率的整個國民革命軍的 2%，裝備及火力更無法與其他正規軍相比。就實力而言，這一兵力不論對抗戰軍事，還是對國民黨的統治，均不具有重要影響。這顯然是蔣介石敢於再度「容共」的一個很重要原因。對於紅軍改編談判中中共堅持不放棄軍權，戰爭開始後紅軍改編的八路軍脫離二戰區轉入敵後游擊作戰，蔣介石之所以沒有拒絕和阻止，應該也是沒有把中共的這點力量放在眼裡。

---

41　《蔣介石日記》，1937 年 7 月 31 日「本月反省錄」，美國斯坦福大學胡佛研究所檔案館藏。藏所下略。

42　何應欽編著《八年抗戰之經過》，黎明文化公司，1970，第 252、254、255、270、272 頁。這裡列出的死亡數包括何著中所列陣亡和因傷病死亡兩個數字，其中陣亡數為 131.9 萬人，傷病亡數為 46.8 萬人，兩個數字中可能有重合，故約略計算為 177 萬人。

　　蔣介石萬萬沒有想到的是，在國民黨正面戰場節節敗退的情況下，中共軍隊向敵後農村拓展，意外地獲得了巨大空間。

　　紅軍正式改編為第八路軍的時間是 1937 年 8 月 20 日，到 12 月下旬，八路軍人數已猛增兩倍，發展到 9.2 萬人，槍亦增倍。1938 年底，八路軍更進一步發展到 16 萬人。連同中共南方游擊隊改編的新四軍，到 1939 年初，中共正規武裝合計已達到 22 萬人左右。再過一年時間，其正規部隊更發展到 47 萬人之多，已占到蔣當時統率下的正規軍總數的將近 1/4。中共控制區域，也相應猛增，從戰爭爆發之初陝甘十餘縣的範圍，陸續伸展到山西、河北、察哈爾、山東、河南、安徽、江蘇等敵後數省農村地區。1940 年 2 月，毛澤東甚至一度考慮力爭在最短期內將正規軍擴展到 100 萬人，「將整個華北直至皖南江南打成一片，化為民主的抗日根據地，置於共產黨進步勢力管理之下，同時極大發展鄂中與鄂東」了。[43]

　　國共兩黨在抗日戰爭中實力的此消彼長，是不可避免的。這與它們各自所處的地位密切相關。全國抗戰打響後，國民黨從中央到地方，上至政治領袖汪精衛，下至普通文人墨客，投敵者成千累萬，偽政權、偽軍逐漸遍布日占區，輕而易舉地就另建了一套同樣號稱國民黨和國民政府的黨政權力機構。[44] 這是中國版圖內部各種地方的、分離的、反中央的，乃至反民國的政治分裂勢力，在這場戰爭中考慮他們各自的利益而做出的選擇。蔣介石對此早就有所擔心和預見。[45] 但作為執政黨，國民黨除選擇軍事抵抗外事實上也別無出路。

　　以弱抗強，非實行全民動員，並取靈活戰術不可。但在內部處處裂痕的現實條件下，任何開放性組織和靈活戰法都可能導致全域失控，大權旁落，軍人出身、習慣於專權的蔣介石政治上堅持統制政策，軍事上堅持統一指揮，處處防禦，節節抵抗，結果是被動挨打，損兵折將，苦撐待變換來的只能是控

---

43　有關年分部隊增長的統計數字因資料來源不同不盡一致，但大體相近。參見張廷貴、袁偉、陳浩良《中共抗日部隊發展史略》，解放軍出版社，1990，第 503 頁；章伯鋒、莊建平主編《抗日戰爭》第 2 卷，四川大學出版社，1997，第 2369 頁。

44　已知自國民黨副總裁汪精衛以下國民黨中央委員投敵者即 20 人，戰爭後期在偽軍中任職的國民黨將級軍官即有 58 人，他們率領下成建制投日的軍隊也有 50 萬之多。參見強重華編《抗日戰爭時期重要資料統計集》，北京出版社，1997，第 127—129 頁。

45　蔣介石在 1937 年 11 月 30 日本月大事預定表中即擔心長期抗戰可能造成之「最惡場合」為：「甲、各省軍閥割據，國內分崩離析；乙、共黨乘機搗亂，奪取民眾與政權；丙、散兵游勇到處搶劫，民不聊生；丁、人民厭戰，共黨煽動，民心背棄；戊、政客反動離間，各處偽政權紛起……」見《蔣介石日記》，1937 年 11 月 30 日。

制範圍日漸縮小和自身實力的日漸削弱。

　　抗戰期間的共產黨不同於國民黨，首先在於它不是執政黨，因而它對抗日可以有完全不同於中央政府的理解和戰法。其次在於十年內戰的血腥殺戮深化了兩黨相互敵視戒備之心，中共看待執政的蔣介石國民黨，如同早年孫中山革命黨看待袁世凱中央政府一樣，亦鮮有信任可言。1937 年 8 月 20 日紅軍剛剛改編為國民革命軍第八路軍後，毛澤東就明確告誡共產黨人說：國共兩黨「在階級上根本上是敵人」，「防人之心不可無」，國民黨不可能堅持抗戰到底，抗戰要勝利必須靠共產黨發展壯大取得實力領導地位才行。[46]

　　據此，毛澤東提出的抗戰主張是：中國弱而大，面對強敵，不能在乎一城一地的得失，應誘敵深入，用運動戰和游擊戰與敵長期周旋。在他看來，國民黨是執政黨，當然負有通過陣地戰和運動戰正面抗敵的責任；中共兵力弱小，應該把主要力量放在發動和武裝民眾方面，主要只進行側後擊敵的山地游擊戰。對中共在戰爭中的作用問題，他的解釋是：作為地域廣大的落後農業國，中國抗日最後成功只能依靠廣大的游擊戰爭。要「造成數百萬人民的游擊戰」，非得靠軍隊到處去動員民眾不可。故中共武裝進入敵後的首要任務不是打仗，而是兩項：「創造根據地」與「廣泛發動群眾」。[47]

　　正是基於這樣一種戰略策略方針，中共開戰後長期把對日抗戰的工作重心放在創造根據地和發動群眾兩方面，在此基礎上發展武裝力量。由於中共的根據地多建在敵後日軍主力較少深入的偏僻農村，甚或山區，它與日軍主力正面作戰相對要少得多，損失數自然遠不如國民黨多。然而，隨著國民黨失地越來越多，日軍占領區域越來越大，中共在敵後創建的根據地卻越來越多，其軍隊數量增長相對也就快得多。越到戰爭後期，中共的這一鬥爭策略及其在敵後存在的重要性，也就愈益突顯出來了。

　　由於國共各有自己的政治訴求，雖並肩作戰，卻缺少互信，甚至互相防範、互為仇讎，[48] 因此，兩黨軍事力量對比的變化必定會引發各種政治聯想，

---

46　轉見楊奎松《「中間地帶」的革命——國際大背景下中共成功之道》，第 352—356 頁。

47　參見抗戰初期毛澤東的有關論述，《毛澤東文集》第 2 卷，第 6—30 頁；〈上海太原失陷以後抗日戰爭的形勢和任務〉（1937 年 11 月 12 日）、〈論持久戰〉（1938 年 5 月），《毛澤東選集》第 2 卷，第 387—396、439—515 頁。

48　1937 年 2 月 18 日，蔣介石針對中共 2 月 10 日通電記稱：「共黨非人倫不道德的生活與無國家反民族的主義，必須根絕淨盡。」8 月 13 日蔣發動上海抗戰當日亦在日記中記稱：「共

最終導致兩黨關係的改變。尤其是處於執政地位的國民黨人，早在抗戰開始第二年就已對中共影響與地盤擴大高度敏感了。1939 年初國民黨五屆五中全會召開後，它更是專門制定了「防制異黨活動辦法」，要求各地黨政軍警各部門「以組織對付組織」，「防範」、「限制」、「解散」、「取締」、「制裁」中共一切不利於國民黨統治之宣傳、組織與活動。[49] 隨後，蔣介石很快分別委任淪陷各省區黨政軍機構負責人，把他們及其武裝力量遣回敵後，試圖實際阻止中共在敵後的自由行動與發展。

一方面中共全力發展並經營敵後根據地，所到之處不僅建立自己控制的地方政權，而且編軍隊、發鈔票；一方面國民黨必欲統一軍令、政令，極力通過軍事、政治手段防範甚至清除中共勢力，自 1939 年下半年起，國共軍事、政治摩擦不能不全面加劇，並且在 1941 年 1 月逼出了一個震驚中外的皖南事變。中共駐皖南的新四軍軍部 1 萬餘人被國民黨第三戰區軍隊大部消滅，軍長葉挺及部下 7000 餘人被俘，政委項英等 1000 餘人遇難。

但是，國民黨的強硬對中共在敵後的發展並不能真正起到防制作用，反倒是將國共兩黨關係推向了分裂的邊緣。1940 年底以後，國民政府不再向中共領導的邊區政府及軍隊提供餉給，反過來，它也再難名正言順地限制中共的行動自由了。

其實，1939 年以後國共兩黨在敵後爭奪農村根據地的較量，極大地暴露了國民黨自身的弱點。因為，實踐證明，幾乎凡有中共武裝深入的敵後區域，國民黨派去的軍政力量再多也不夠與中共競爭或對抗的。[50] 這一情況從一個側面說明，戰時雙方力量的消長及對比變化，除了受對日作戰的牽制和消耗不同外，還有其他因素在起作用。

抗戰期間中共軍事政治力量的活動與增長幾乎全在農村，而它能夠在日

---

黨政客各方軍閥之野心，思乘對外戰爭之機暴發其陰謀」。（《蔣介石日記》，1937 年 2 月 18 日、8 月 13 日）1937 年 8 月 22 日，毛澤東在中共中央政治局擴大會議上明確講：國共兩黨在階級上根本是敵人，因此，防人之心不可無。

49　參見〈中國國民黨中央執行委員會秘書處第一八八九號密函〉（1939 年 2 月 28 日），中國國民黨黨史館藏檔：特 005/25.13；〈中國國民黨中執會祕書處訂「防制異黨活動辦法」電〉（1939 年 4 月），中國第二歷史檔案館編《中華民國史檔案資料彙編　第五輯第二編　政治》（2），江蘇古籍出版社，1994，第 21—24 頁。

50　見洪小夏〈國民黨敵後抗日根據地論析〉，中國現代史學會 30 週年慶典與學術研討會論文，鄭州，2010 年，第 90—93 頁。

軍與國民黨兩面夾擊下生存發展，原因亦在其有著不同於日軍和國民黨的一套制度、組織、幹部及政策方法。

對於外來的日本侵略者，中共以保鄉守土和民族主義號召為動員；對於專制、官僚甚至腐敗的國民黨基層政權，中共則以政治民主、經濟平等、幹部清廉和合理負擔相抗衡。

戰時國民黨政權像抽水機一樣，用盡方法汲取底層社會人力、物力、財力等各種資源，以應對戰爭之需，農民的生活乃至生存條件每況愈下。當政的國民政府固然也嘗試過減輕民眾負擔的辦法，但在戰爭期間，軍費糜耗，財政拮据，政府除窮盡一切手段向民間取得資財外，鮮有他法可想。再加上各級官吏、軍官，往往還乘機貪汙中飽，大批軍隊徵發不斷，這就更加加劇了基層社會官民乃至軍民之間的矛盾衝突。

共產黨同樣需要農民更多付出，但習慣於階級思維的中共，卻可以通過反奸清算剝奪所謂漢奸地主、實行減租減息以及清債退押運動等，將戰爭負擔盡量多地分攤到富裕階層中去。[51] 同時，中共軍事共產主義式的分配制度、強化階級觀念的整黨整風、自力更生的「機關生產」措施，[52] 以及展示政治民主的基層民選等做法，包括利用特貨貿易改善財政狀況，減少對農民的徵發等方法，都在一定程度上減輕了根據地窮苦農民的負擔，並強化了多數民眾乃至國內外輿論對中共的好感。

與農民的關係對國共軍力的影響越到戰爭後期也看得越清楚。1940 年以後，國民黨連徵兵都變得越來越困難，與農民關係日趨緊張接連逼出幾次大規模的民變，靠大批農民壯丁補充起來的軍隊，戰力也大大下降。[53] 1944 年日本發動的「一號作戰」，日軍不數月即從河南一直打到廣西沿海，甚至打到近臨陪都重慶的貴州獨山。抗戰最後一年，國民黨只剩西南和西北的少數幾省還

---

51　比較抗戰期間晉東南農民在閻錫山、日本人、國民黨軍和中共幾個時期的負擔情況，可以很清楚地看出中共時期一般農民的賦稅負擔要輕得多。見楊奎松〈抗戰期間國共兩黨在農村的較力——以晉東南地區農村中國共力量消長為主要考察對象〉，未刊稿。

52　指中共抗戰期間開始實行的各根據地所屬機關、部隊專設生產經營部門以解決本單位人員生活開支不足的做法。

53　參見蔣介石〈革新兵役之根本精神與必逼的途徑〉（1942 年 10 月 6 日），秦孝儀主編《先總統蔣公思想言論總集》卷 19，中國國民黨黨史會，1984，第 326—328 頁；《在蔣介石身邊八年——侍從室高級幕僚唐縱日記》，群眾出版社，1991，第 301、358 頁；〈1944年第一戰區中原會戰之檢討〉（1944 年 7 月 7 日），中國第二歷史檔案館編《抗日戰爭正面戰場》（下），江蘇古籍出版社，1987，第 1252—1253 頁。

完整在手。

與此相反，中共政權及其武裝卻在敵後更加迅猛地發展起來。1944 年，中共成軍 60 萬人，1945 年春則發展到 90 餘萬人，根據地已遍及敵後 10 餘省近億人口，黨組織也由抗戰初的 2 萬餘人一舉擴展到了 121 萬人。[54] 如果不是日本在美國、蘇聯的打擊下投降太快，按照毛澤東的計畫，等到抗戰結束時，中國大部理當變成共產黨的天下了。[55]

1945 年 8 月日本突然宣告投降，國共兩黨中央對此均未能估計到，因而兩黨都有些準備不及。這個時候，國共兩軍兵力之比仍為 4：1，已經得到戰時盟國美國在裝備上援助的國民黨中央軍相對要優勝許多。但是，國民黨軍主力這時都集中在西南及西北的偏遠地區，整個華北、華東，包括華中的大片地區，以及完全沒有國共武裝的東北地區，卻就在中共各根據地的近旁，因而幾乎成了中共的囊中之物。如果不是美國總統杜魯門應蔣介石的要求，明令在華日軍必須「向蔣委員長投降」，[56] 同時動用海空力量幫助國民黨趕運軍隊至華東、華北和東北，抗戰勝利後中國軍事政治形勢也未必就對國民黨有利。

## 五、戰後國共命運轉換的內外因素

1945 年 8 月 10 日，日本政府宣布願意按照美、英、中《波茨坦公告》所列條件投降。當夜及次日，朱德就以總司令的名義發布七道命令，要求中共各部隊立即向其附近各城鎮交通要道之敵人軍隊及其指揮機關送出通牒，「限其於一定時間向我作戰部隊繳出全部武裝」。中共中央軍委同時還分別具體部署了各地奪取中心城市的目標和計畫。各地中共武裝亦很快開始向周邊大中城市挺進。[57]

蔣介石得到消息，也馬上發出多道電令，包括電令中共軍隊不得擅自行

---

54　〈兩個中國之命運〉（1945 年 4 月 23 日），《毛澤東在七大的報告和講話集》，第 18—19 頁。

55　1944 年 12 月 20 日毛澤東在董必武提交的一份報告上曾明白批示稱：「這次抗戰我們一定要把中國拿下來。」幾天後，中共中央亦發出指示，強調再有幾年時間，當軍隊達到 100 萬至 150 萬人，並有大批小城市和若干中等城市在手時，「中國的命運就可由我們掌握了」。見〈中央關於目前形勢的分析與任務的指示〉（1944 年 12 月 25 日），《中共中央文件選集》第 14 冊，第 434 頁。

56　The Ambassador in China (Hurley) to the Secretary of State, August 16, 1945, *Foreign Relations of United States (FRUS), 1945*, vol.7, pp.500-501.

57　〈延安總部命令第一號〉（1945 年 8 月 10 日 24 時）等，《中共中央文件選集》第 15 冊，第 217—225 頁。

動，電令各地長官聯絡上海等大城市日偽當局不得向中共繳械交城，試圖全力阻止中共軍隊就近搶占先機。由於要阻止日軍向中共繳械必須取得美國方面的支持，而美國人這時甚至沒有考慮中國人參與受降問題，故蔣不得不一面向毛澤東發出示好談和的邀請，一面通過美國大使赫爾利（P. J. Hurley）輾轉與美國政府交涉，要求在華日軍不得向反國民政府軍隊繳械投降。一直拖到 16 日以後得知杜魯門發布了要求在華日軍必須向蔣投降的命令，他這才大體放下心來。[58]

抗日戰爭結束時，中國面臨的並不是重現統一，而是分裂和內戰的危險在加劇。時任美國總統的杜魯門很清楚這種情況。他寫道：「在 1945 年，中國只是一個地理上的名詞。自從 1911 年滿清帝國覆滅以來，中國就沒有出現過一個權力遍及全國的中央政府。當對日戰爭勝利時，中國的情況就是這樣。蔣介石的權力只及於西南一隅，華南和華東仍被日本占領著。長江以北則連任何一種中央政府的影子也沒有……蔣介石甚至連再占領華南都有極大的困難。要拿到華北，他就必須同共產黨人達成協議。如果他不同共產黨人及俄國人達成協議，他就休想進入東北……假如我們讓日本人放下他們的武器，並且向海邊開去，那末整個中國就將會被共產黨人拿過去。因此我們必須採取異乎尋常的步驟，利用敵人來做守備隊，直到我們能將國民黨的軍隊空運到華南，並將海軍調去保衛海港為止。」[59]

由此不難瞭解，1945 年抗戰勝利前夕國共兩黨力量對比的態勢，並不有利於新的政治妥協的實現。自 1941 年皖南事變爆發，國共關係就已經走到了破裂邊緣。儘管因為受到日軍反覆大「掃蕩」以及蘇、美、英等戰時盟國政府扶蔣政策的影響，中共最終沒有採取激烈對抗的做法，但是，1939 年以前那種準備戰後和國民黨共同建國的可能已經蕩然無存了。1944 年 4 月下旬日本發動「一號作戰」，將國民黨中央軍打得落花流水之後，毛澤東更堅定了想要在戰後取代國民黨統治的雄心。9 月中旬，中共中央提出「結束一黨專政，建立聯合政府」的政治主張，事實上已經將這種態度公開化了。

---

58 The Ambassador in China (Hurley) to the Secretary of State, August 13, 1945, *FRUS, 1945*, vol.7, pp.495, 497-498. 蔣在接到杜魯門第一號命令後特別在日記中表示了感激之情，稱：「美總統來文……中國戰區指明受蔣委員長之招降，此乃美國對余特別之協助也。」見《蔣介石日記》，1945 年 8 月 18 日。

59 《杜魯門回憶錄》下卷，東方出版社，2007，第 76 頁。

　　然而，由於戰爭結束得過於突然，國共兩黨圍繞著受降、接收與淪陷區控制權的爭奪正迅速引燃內戰的火藥桶的關鍵時刻，兩黨之間卻出乎意料地都踩了剎車。1945 年 8 月下旬至 1946 年底，在國共兩黨歷史上出現了幾乎是唯一一次最接近於達成國家政治統一的全面「合作」的嘗試。這一度合作之緣起，顯然不是兩黨主觀上出現了妥協的意向，而是受到特定的背景與環境干預的結果。

　　關於這種情況，毛澤東在 20 日、21 日接連收到史達林發來的要求他前去重慶談判的電報後講得很清楚。他在黨內解釋說：「因為蘇、美、英需要和平，不贊成中國內戰，中國人民需要和平」。「現在的情況是：抗日戰爭的階段已結束，進入到和平建設階段……不能有第三次世界大戰是肯定的。」「蘇聯如助我，美必助蔣，大戰即爆發，和平不能取得。如在歐洲，蘇聯助保加利亞不及希臘，因希臘是英國所必爭。中國亦然。」「我們現在在全國範圍內大體上要走法國的路，即資產階級領導的，而有無產階級參加的政府，主要是因為美國的勢力」。但蔣介石想要消滅共產黨的方針沒有改變，也不會改變，他所以暫時施以和平手段，是由於上述條件在起作用。同樣，「我們也就利用他這個暫時和平」，擴大我們的宣傳。[60]

　　毛澤東講蘇、美、英需要和平，不贊成中國內戰，因而聯手推動國共和談，就是戰後國共所面臨的國際大環境。史達林所以在歐洲助保加利亞不及希臘，在中國出兵東北不援助中共，根本上也是因為戰爭結束前夕蘇聯與美英對戰後國際格局已經祕密地做好了政治安排。雙方這時都還小心翼翼地不願破壞各自的承諾。

　　和戰時國共關係一樣，第二次世界大戰期間美英和蘇聯的關係也始終處在面和心不和的微妙狀態中。為避免戰後雙方關係出現嚴重問題，史達林早在 1944 年 10 月就和英國首相邱吉爾簽訂了一項在歐洲劃分勢力範圍的「百分比協定」。通過這項祕密協定，蘇聯以不向西歐、北歐以及南歐巴爾幹半島部分地區擴展勢力為條件，換取英美承認東歐各國基本上屬於蘇聯的勢力範圍。[61] 依據這一協定，當時在本國力量強大的法國、義大利以及希臘等國共產

---

60　〈毛澤東關於準備和平談判的報告〉（1945 年 8 月 23 日）。
61　邱吉爾與史達林在 1944 年 10 月祕密達成「百分比協定」，雙方同意英美和蘇聯戰後在東歐各國各擁有不同百分比的「發言權」。如蘇聯對羅馬尼亞擁有 90% 的發言權，英美

黨，不得不交出自己的武裝，參加到英美支持的由本國流亡政府主導的所謂「聯合政府」中去。

基於同樣的設想，史達林於 1945 年 2 月在雅爾達會議上進一步與美英首腦就蘇聯在東亞的勢力範圍也達成了類似的妥協。進而，在美國政府的幫助下，蘇聯又通過與蔣介石國民政府簽訂《中蘇友好同盟條約》，將蘇聯在中國東北的若干特殊權益以書面形式基本確定下來。[62] 在蘇聯看來，這也就意味著，以中國長城和朝鮮半島北緯三十八度線為界，以南屬於美國的勢力範圍，以北屬於蘇聯的勢力範圍，雙方互不干涉。基於這樣一種認識，史達林相信，長城以內的中共只能依照法國和義大利共產黨人的做法，放棄武裝，到受美國支持的蔣介石國民黨主導的政府中去做官了。

正是在美蘇雙方的配合與干預下，國共兩黨最高領袖蔣介石與毛澤東在 1945 年 9 月初至 10 月 10 日於重慶舉行了和平談判。但是，這個時候美蘇兩國均未直接介入國共談判，因此兩黨談判幾乎沒能解決任何實質性問題。雙方只是在政治上表示認同中國「和平建國的新階段即將開始」的觀點，同意說兩黨「必須共同努力，以和平、民主、團結、統一為基礎」，「長期合作，建設獨立、自由和富強的新中國」。[63] 實際上，國民黨堅持軍令、政令必須完全統一於蔣介石為領袖的中央政府；中共堅持對華北等解放區要擁有控制權，「解放區軍隊一槍一彈均須保持」，[64] 因此，涉及軍隊、政權和地盤等問題，雙方均未取得協議。10 月中旬，重慶和談宣告暫時休會，國共兩黨在軍事上就進入到內戰狀態了。

戰後國共雙方真正開始邁入和平統一的政治進程中，又是美國總統派特使馬歇爾（G. C. Marshall）將軍親自來華調處兩黨衝突的結果。

---

10％；蘇聯對保加利亞有 75％的發言權，英美 25％；雙方對南斯拉夫和匈牙利各有 50％的發言權；英美對希臘有 90％的發言權，蘇聯 10％；等等。見〔英〕溫斯頓・邱吉爾《第二次世界大戰回憶錄——勝利與悲劇》，斯祝等譯，商務出版社，1995，第 259—260 頁。

62　中蘇雙方在中方同意共管中東鐵路和大連港，允許蘇聯租用旅順軍港 30 年，並允許外蒙古通過公投獨立的基礎上，蘇聯政府承諾：予中國之一切道義上與物資上之援助，「當完全供給中國中央政府，即國民政府」。見〈中蘇友好同盟條約〉（1945 年 8 月 14 日），李嘉谷編《中蘇國家關係史資料彙編（1933—1945）》，社會科學文獻出版社，1997，第 642—651 頁。

63　〈國共雙方代表會談紀要〉（1945 年 10 月 10 日），《新華日報》1945 年 10 月 12 日。

64　〈中央關於雙十協定後我黨任務與方針的指示〉（1945 年 10 月 12 日），《中共中央文件選集》第 15 冊，第 324—325 頁。

　　馬歇爾 1945 年 12 月 21 日抵達中國，只用了短短 20 天時間，就促使兩黨在關內全面停火，並且順利促成了有各黨各派代表參加的全國政治協商會議的召開。這次會議前所未有地通過了《和平建國綱領》等五項和平協議，國共兩黨在各黨派代表的一致監督下明確宣告：確認「『政治民主化』、『軍隊國家化』及黨派平等合法，為達到和平建國必由之途徑」，「用政治方法解決政治糾紛」；「確保人民享有身體、思想、宗教、信仰、言論、出版、結社、居住、遷徙、通訊之自由」；「確保司法權之統一與獨立，不受政治干涉」；「軍隊屬於國家，軍人責任在於衛國愛民」，因此必須「實行軍黨分立」、「軍民分治」，「嚴禁軍隊干涉政治」，同時也「禁止一切黨派在軍隊內有公開的或祕密的黨團活動」，「確保軍隊編制之統一與軍令之統一」；等等。[65] 本此協議精神，同時在馬歇爾的持續推動下，聯合政府的建立以及整軍統編問題的談判等，一度也都有所進展。中共中央甚至開始考慮按照政協決議實行「軍隊國家化」之後黨組織撤出軍隊，以及中共中央搬到南京附近的江蘇淮陰，便利毛澤東等參加國民政府工作等問題。[66]

　　但是，基於美蘇妥協邁出的這一步並無堅實的國內政治基礎。馬歇爾調處成功所帶來的喜悅，只維持了不過兩三個月。1946 年 1 月 31 日政協決議通過只 10 天，國民黨重慶市黨部及軍警特各部門就對各黨派的慶祝活動大打出手，製造了較場口慘案。接著，國民黨召開六屆二中全會，從蔣介石到與會代表大都對政協憲草決議有違國民黨五權憲法精神的問題提出了指責，堅持必須加以修正。[67] 之後，國民黨方面又接連製造南京下關慘案和昆明李、聞慘案，藉打擊傾向於中共的中間黨派以壓制不同聲音。

　　不僅如此，國民黨人這時還接連採取了刺激蘇聯的做法，包括拒絕與蘇方談判蘇聯在中國東北的特殊權益問題；在各大城市發動反蘇示威，抗議蘇聯意欲獨霸中國東北，以及要求蘇軍立即從東北撤軍等。

　　蔣介石國民黨的強硬態度，一方面反映了從蔣本人到黨內強硬派無法接

---

65　〈政治協商會議決議案〉（1946 年 1 月 31 日），孟廣涵主編《政治協商會議紀實》（上），重慶出版社，1989，第 471—484 頁。

66　〈中央關於目前形勢與任務的指示〉（1946 年 2 月 1 日），《中共中央文件選集》第 16 冊，第 62—67 頁；並見金沖及《轉折年代——中國的 1947 年》，第 24—26 頁。

67　汪朝光：《1945—1949：國共政爭與中國之命運》，社會科學文獻出版社，2010，第 60—76 頁。

受中共等異己力量分享政權的強烈情感；另一方面其實也是美英戰後對蘇態度在中國的一種折射。換言之，馬歇爾在華調處所以會以失敗收場，與戰後美國政治外交戰略選擇條件所導致的美蘇關係的改變，有著密切的關係。

馬歇爾在華調處的時間，恰好是美蘇關係由戰時合作轉向戰後利益衝突的時期。美國政府對蘇聯的態度因戰時總統羅斯福去世全面轉趨強硬。蘇聯拒絕嚴格按「百分比協定」允許英美勢力染指東歐，及其向中東地區滲透，導致雙方發生嚴重爭執。對蘇聯必欲將中國長城以外的東北地區全部納入自己勢力範圍的做法，美國政府也採取了堅決反對的立場。[68]

1946 年 2 月，美國開始對莫斯科意欲控制中國東北的態度公開發聲，美英政府並有意向報界披露了雅爾達祕密協定的內容，將蘇聯置於不義地位。

隨後，邱吉爾在美國總統杜魯門的陪同下，在美國富爾敦發表公開講演，激烈譴責蘇聯將東歐國家拖入專制暴政的「鐵幕」之中，要求美國帶頭予以抵制。[69]

鑑於在中國東北合法建立安全緩衝區的希望破滅，與美英及與國民黨政權已難和平共處，史達林在中國東北問題上自然也不會再縮手縮腳了。

1946 年 2 月下旬之後，東北蘇軍開始全面撤軍。他們得到命令，不必遵守先前的外交承諾，即不必再向國民政府辦理政權交接事宜，而應鼓勵並支持中共在東北確保自己的實力地位，以達到牽制進入東北地區的美蔣力量的目的。[70]

馬歇爾來華調處時中共軍隊已經由陸路大舉開入東北地區，並一度造成中央軍接收東北行動受挫。但馬歇爾最初沒有重視東北之爭對關內和平可能帶來的危險衝擊，再加上蔣介石對使用中央軍消滅中共在東北的軍事存在信心滿滿，也反對將東北問題置於軍事調處範圍，故 1946 年 1 月 10 日下達的停火令明確規定，政府軍在東北從蘇軍手中接收主權的軍事行動不受關內停火的影響。[71] 而這樣一來，蔣介石的接收大軍源源不斷地開進東北，並可以名正言順

---

68　轉見資中筠《美國對華政策的緣起和發展（1945—1950）》，重慶出版社，1987，第 126 頁。

69　轉引自該書編委會編《戰後世界歷史長編》第 1 編第 2 分冊，上海人民出版社，1976，第 44—49 頁。

70　楊奎松：〈1946 年國共四平之戰及其幕後〉，《歷史研究》2004 年第 4 期。

71　〈國共雙方關於停止衝突恢復交通的命令與聲明〉（1946 年 1 月 10 日），中共代表團梅園新村紀念館編《國共談判文獻資料選輯》，江蘇人民出版社，1984，第 26—27 頁。

地發動軍事行動，中共進入東北的武裝的生存空間受到嚴重擠壓，也非反抗不可。

　　由於蘇軍開始對中共暗施援手，利用撤軍之機，將東北大部分地區直接交予中共，中共據以要求國民黨承認其在東北的存在，國民黨接收受阻，卻必欲武力解決問題，雙方因此不得不在東北展開一場規模空前的決戰。這場從1946 年 3 月打響的戰爭，前後持續了將近三個月的時間。當年 5 月底，國民黨依仗裝備上的優勢取得了軍事上的成功，迫使中共東北武裝大部退到松花江以北的北滿地區，取得了東北大部分地區的控制權。但是，蔣介石此舉以及必欲以武力解決問題的強硬態度，卻不可避免地導致戰火延燒，關內停止了幾個月的戰火很快就重新被點燃了。

　　關內戰火一旦重燒，馬歇爾就再難有所作為了。蔣介石因東北的勝利變得更加自信，武力解決中共問題的決心更加堅定。於是，戰火由東北而察哈爾，而熱河，而蘇北，而中原……很快四處燃起。包括國民大會的召開條件與時間，蔣介石也都強硬地拒絕再與中共做商談和妥協，有意形成全面破裂之勢。

　　殊不知，中共在東北雖然軍事上遭受一定挫折，但它取得了對毗鄰朝鮮、蒙古和蘇聯的南、西、北滿地區的控制，等於獲得了有力後盾和廣闊後方，在東北軍事上仍有相當優勢。同樣，在關內，毛澤東也不相信國民黨有能力消滅共產黨，其採取的作戰方針不僅靈活機動，而且堅持集中力量以消滅國民黨有生力量為主，事實上對原本就兵力不足，還要到處攻城掠地、分兵把守的國民黨軍隊也具有極大的殺傷力。

　　由於完全看不到中共軍事上的優勢，蔣介石在 1946 年底 1947 年初一舉打下了中共用以連接關內外根據地的重要交通樞紐張家口，同時單方面宣布召開國民大會，把雙方關係推進了一條死胡同。緊接著，一心相信可以徹底消滅中共的蔣介石還下令攻占了中共中央所在地陝北延安，這就徹底將國共關係引向了全面內戰的局面。

　　與此前十年內戰完全不同的是，國共兩黨的力量對比第一次變得如此接近。表面上，國民黨軍隊數量仍超過中共數倍之多，然而其作為政府軍，需要占領和守衛的地方也數倍於中共，因而國民黨能夠直接用於進攻的兵力其實

有限。同時，中共背後有蘇聯，僅在東北一地它就成功牽制了國民黨軍幾達10%的主力部隊。[72] 而美國政府卻因不滿蔣介石不聽馬歇爾的勸告，再加上其戰略重心這時只能放在歐洲方面，因而不能給國民黨太多實質性的援助。

訴諸戰爭手段，對國民黨方面的不利情況很快就顯現出來了。作為政府軍，國民黨不能不四處分兵，攻城掠地，中共卻「不以保守個別地方為主」，一切著眼於「集中優勢兵力」和以「打大殲滅戰為目標」。[73] 雙方只打了不到一年的時間，表面上處於優勢的國民黨就從全面攻勢，開始陷入被動挨打的境地了。

到 1947 年 10 月，國共攻防形勢已經開始發生逆轉了。進入 1948 年，國民黨 250 個旅中近半數是在遭受中共軍隊殲滅性打擊後新補充起來的，戰力已大不如前。毛澤東因此估計，再有三年左右即可完全消滅國民黨軍了。

然而，又打了兩個月的時間，即到 11 月中旬，毛澤東就開始相信：中共軍隊數量上和品質上都已超過國民黨軍，後者已經無法大量動員補充被殲部隊。照此速度，「再有一年左右時間即可從根本上打倒國民黨」了。[74]

在實力對比明顯處於劣勢的情況下，中共軍事上能取得如此順利的進展，當然和蔣介石國民黨自身的種種失著有關。除了過分輕敵和指揮上的問題外，八年抗戰之後蔣介石堅持用戰爭手段實現並鞏固國民黨一黨統治地位的決策，無疑是最嚴重的戰略錯誤。

事實上，長期戰爭所造成的創傷對國家各個方面都是極其嚴重的，需要長期和平建設才可能修復。特別是愈演愈烈的經濟通脹、官員貪腐、政治獨裁等問題，戰爭後期即已導致軍事慘敗並引發社會震盪。對此，國民黨戰後不僅沒有著力解決，反而因倉促接收和繼續內戰致使問題日趨嚴重。這種情況不論

---

72 1947 年國民黨有 13 個軍 38 個師又 8 個旅並 10 個支隊部署在東北，占 370 萬總兵力 1/10；1948 年有 14 個軍 38 個師又 6 個旅部署在東北，約占 360 萬總兵力的 1/8。轉見劉統《東北解放戰爭史》，附表 6、7；又見曹劍浪《國民黨軍簡史》（下），解放軍出版社，2004，第 1155、1268 頁。

73 〈集中優勢兵力，各個殲滅敵人〉（1946 年 9 月 16 日）、〈以殲滅敵人有生力量為主不以保守個別地方為主〉（1946 年 9 月 18 日）、〈一切以打大殲滅戰為目標〉（1947 年 1 月 5 日），《毛澤東軍事文集》第 3 卷，軍事科學出版社、中央文獻出版社，1993，第 482、487、604 頁。

74 〈關於情況的通報〉（1948 年 3 月 20 日）、〈再有一年左右時間即可從根本上打倒國民黨〉（1948 年 11 月 11 日）、〈中國軍事形勢的重大變化〉（1948 年 11 月 14 日），《毛澤東軍事文集》第 4 卷，第 436—439 頁；第 5 卷，第 202—203、218—219 頁。

對社會，還是對國民黨本身，都造成了極大的傷害，一方面是其黨內黨外民心士氣愈加動搖；另一方面則大大提升了多年來一直高倡新民主主義，並主張建立「聯合政府」的中共的政治影響力與號召力。

自 1940 年毛澤東打出「新民主主義」的旗幟，主張民主建國，長期受到國民黨一黨統治壓迫的中間黨派和部分地方實力派就開始明裡暗裡站在了中共一邊。1946 年底國共關係破裂，國民黨頒行「戡亂」時期緊急治罪條例及戒嚴令等，[75] 進一步強化了專制壓迫措施，社會中間力量，包括大批不滿國民黨戰爭政策和政治壓迫的青年學生與部分知識分子，更是逐漸走到國民黨的對立面去了。

國共兩黨這時軍事上的決戰，已經變成了對國家統一、獨立前途的一種抉擇。進入 1948 年之後，無論美國人、蘇聯人，還是大批中國青年學生與知識分子，很少人看不出中國正面臨著前所未見的實現國家統一的政治機遇。儘管不少人對中共依舊缺乏瞭解，甚至充滿疑惑，但長期戰亂、分裂，以及國民黨戰爭政策導致的嚴重經濟危機、通貨膨脹與政治壓迫，使他們對國民黨已大失所望。他們很清楚支持國民黨的結果，只會延續國家戰亂、分裂的老路。

出於實現國家統一、儘快求得和平、重建經濟的熱切願望，當 1948 年 5 月中共中央發出召開新政協，商談成立民主聯合政府問題的提議之後，絕大多數中間黨派及無黨派人士很快做出公開回應，站到中共一邊了。[76]

政治大勢如此，國民黨軍事上失敗的命運也註定了。不過幾個月的時間，軍心動搖、內部矛盾重重的國民黨軍在東北、華北和江淮地區的主力，就被中共軍隊全面摧毀了。

1949 年初，蔣介石被迫宣告下野，副總統李宗仁代理總統，旋即代表國民黨向中共呼籲停戰和談。國民黨方面的意圖是雙方劃江而治，中共則堅持要在自己的主導下一統天下。故此次停戰和談雖持續兩月，仍告破裂。

1949 年 4 月 20 日，中共軍隊一舉渡過長江，並占領了中華民國的首都

---

75　〈國民政府公布戡亂時期危害國家緊急治罪條例〉（1947 年 12 月 25 日）、〈國民政府公布動員戡亂臨時條款令〉（1948 年 5 月 10 日），《中華民國史檔案資料彙編　第五輯第三編　政治》（1），第 198—199、213 頁。

76　〈中央關於邀請各民主黨派代表來解放區協商召開新政協問題給滬局港分局的指示〉（1948 年 5 月 1 日），《中共中央文件選集》第 17 冊，第 149—150 頁。

南京，蔣介石國民黨對中國大陸的統治，至此畫上了一個句號。之後不過一年時間，中共軍隊就風捲殘雲般地占領了除臺灣島以外的整個中國大陸，完成了國民黨一直未能真正完成的統一國家的使命。

## 六、國共分合的內外動因與結局

世界上任何一種政治關係，都是特定歷史發展階段下特殊環境及條件的產物，都註定要受到它們所存在的那個時代的特定發展目標的左右。現代中國政治的首要問題，是要在一個優勝劣汰、弱肉強食，充滿了強權與暴力的內外環境中，求得國家的統一、獨立和尊嚴。用孫中山的話來說，不僅國人的一切理想、幸福均有賴於此，而且統一、獨立、建國，根本就是「世界潮流，浩浩蕩蕩，順之者昌，逆之者亡」。[77]

近代中國，主張改良、漸進，避免社會大破壞、大分裂，以利民族國家與國人根本利益者，比比皆是。孫中山主張革命，本意上也並不排斥和平改良。然而，形勢比人強。現實的內外環境與條件，決定了當時的中國非依靠革命、戰爭與暴力，不能達成統一、獨立和建國的目標。因此，在中國各種政治勢力中，最終左右並主導中國政治發展道路的，是同樣崇尚革命與暴力的國共兩黨，實非偶然。

國共兩黨相繼在中國政治中崛起，得益於強鄰蘇俄的幫助。蘇俄革命是20世紀世界範圍內此起彼伏的民族革命與社會革命兩大浪潮的重要發動機與助推器。它靠宣傳鼓動群眾、通過政變的方式取得了中央政權，又用軍事手段占領全境並打敗了內外武裝反抗，建立起一黨統治的革命專政，成就了自身的民族革命與社會革命，並靠強權專制實現了強國夢想。其榜樣作用不僅刺激了周邊落後國家的革命黨，而且在向中國等國輸出革命的過程中，也促成了國共兩黨早期的合作。

在1920年代的中國，最先真正能夠從蘇俄援助中獲益的，只能是已經擁有相當實力與影響的國民黨。國民黨是基於都市活動的革命黨，它統一國家、爭取民族獨立平等地位的民族革命目標，很容易贏得社會中上階層，特別是以知識分子為主體的公共輿論的廣泛支持。而中共早期則更重視底層工農解放的

---

77　《中山先生墨跡選萃》，香港中原出版社，1986，第8頁；〈和平統一宣言〉（1923年1月26日），《孫中山全集》第7卷，第51頁。

社會革命任務，其政策主張在都市政治中難以成為社會各界的主要政治訴求。因此，國共之間不僅圍繞著革命任務與目標漸生矛盾衝突，在立足於都市並把革命限制在國家統一、獨立範圍內的國民革命運動中，國民黨也輕而易舉地得到了市民社會的擁護，戰勝了包括中共在內的所有政治競爭對手。1927—1928 年，國民黨不僅取代了北洋政府，建立起南京國民政府，而且很快成就了國家形式上的統一。

不過，僅僅著眼於民族革命，無視日趨嚴重的社會問題，卻成了國民黨的致命傷。因為，作為落後的農業國，中國 90% 以上的人口是農民，擺在遠離現代都市的農民面前的主要不是什麼民族國家問題，而是嚴酷的生存狀況。因此，一旦日本大舉入侵，國民黨漸次喪失絕大部分賴以統治的都市之後，其統治的基礎自然會發生動搖。

反之，中共卻藉助對外戰爭得以深入廣大敵後農村地區。它一方面利用傳統的「家國同構」的觀念進行政治鼓動；一方面通過「合理負擔」、「減租減息」、「反奸清算」以及「大生產運動」等社會政策和群眾運動，予廣大貧苦農民以利益，成功將農民結合成可以依靠的龐大組織力量。而原本就依賴於城市來統治農村的國民黨政權，隨著大多數城市的淪陷，其對城鄉資源的攫取能力均受到嚴重的削弱。再加上中共在城市中亦轉取統一戰線和社會改良政策，高倡「民主」、「憲政」，下大力氣團結爭取一切中間勢力，因而在它能夠影響的城鄉兩方面，都獲得了前所未有的同情與支持。國共兩黨力量對比的逐漸逆轉也就變成了一種必然的趨勢。僅僅幾年時間，中共就從一個完全不可能對國民黨中央政權構成威脅的政治力量，變成了足以挑戰國民黨統治地位的強大政治對手。

可以看出，中共在抗日戰爭中能夠東山再起，很大程度上得益於 1935 年共產國際新的統戰政策的提出。但是，日本的大規模入侵以及 1927—1936 年蘇維埃革命的失敗，也是中共不得不根本改變此前政策的重要歷史契機與條件。它在抗日戰爭中形成的新民主主義政策方針，就是在堅持民族戰爭和統戰政策的基礎上，以民族民主革命為方針，結合以階級革命觀念與未來理想目標的一種結果。這一政策方針由於兼顧城鄉兩方面社會主要階層的政治、社會訴求，因而在國民黨統治基礎發生動搖的情況下，才能夠成功地壯大了中共的社

會政治基礎。

　　1945 年抗戰結束後，國共兩黨已成對峙之勢。然而，深受國際大勢影響的國共關係，當時並不必然就會走向全面內戰。戰後中共的全面奪權行動，一方面是東亞國際政治環境變動的幫助；一方面也是國民黨錯誤判斷形勢並採取了錯誤的政策的一種結果。當美、英、蘇戰時合作體制出現破裂之時，國民黨不顧持續了長達二十餘年的內外戰爭，社會經濟全面破產，人民生活極端困苦的嚴重狀況，必欲以戰爭的辦法來解決共產黨問題，迅速把自己推到了國內外渴求和平民主的各界人士的對立面。一意孤行的蔣介石甚至沒有看到戰後因地緣政治關係和歐洲重建對美國對外政策的牽制影響。當美國拒絕幫助國民黨用武力消滅共產黨的時候，國民黨連與共產黨再度妥協的資本都沒有了。

　　1949 年 9 月下旬，當毛澤東在北京召開的新的政治協商會議上充滿自豪地宣告「中國人從此站立起來了」的時候，國共兩黨圍繞著誰更能成就中國的統一、獨立和國家強盛的政治較量，基本上塵埃落定了。

# 第十章　戰前蔣介石與中共、日本之間的三角關係

　　本章主旨聚焦於蔣介石、日本與中共的三角關係，以三方的互動關係為研究線索，探討蔣在面對中共與日本兩大強敵之際，他的建國藍圖與抗敵方針。

　　蔣介石在北伐成功，擔任國家領導中樞以後，奉行不渝的兩大準則是反共與抗日。反共出於政治理念與國政方針，抗日則是為了維護國家的領土完整與主權獨立。惟不可諱言的是，其背後也蘊含著權力鬥爭。對蔣而言，無論中共或日本，都是不可妥協的對手，也是不能輕視的強敵；既然兩者均不可妥協，又不能輕視，如何不致雙面同時迎敵，就成為最需深思熟慮的難題。中共素以民族主義作為號召，抗日又是其爭取國民認同的最重要的一個方面。至於日本，為了維護天皇體制，一向視提倡平民革命的共產主義者為勢不兩立的大敵。蔣介石乃意識到，在中共與日本互不相容的敵對時刻，敵人的敵人便有可能成為朋友。這些現象，構成了蔣介石、日本、中共之間互動關係的主旋律，當中既有兵戎相向，也有縱橫捭闔，甚至是合作轉圜。

　　有鑑於此，本章特以下列主題為研究主軸，探討蔣與日本、中共縱橫捭闔時所蘊含的時代意義。首先，蔣與中共的關係，何時生變又為何生變？北伐期間的「清共」過程中，日本扮演何種關鍵性角色？北伐期間蔣與日本的關係，為何會從友變敵？九一八事變以後，蔣的「反共撫日」政策又應如何評價？最後，蔣介石、日本、中共的恩怨敵友關係，在盧溝橋事變爆發後，何以走到國共合作、舉國同仇抗日之形勢？

---

* 本章由黃自進撰寫。

本章即針對上述主題，進行探討，期能縝密論述蔣在周旋於兩大強敵之間的具體作為，由此審視蔣之政策理念與現實政治的落差，重現其歷史圖景。

## 一、從友變敵

蔣介石與中共、與日本之間的關係，並非自始即陷入僵局。相反的，三方的互動，其實是以惺惺相惜、相互提攜為起點的。有鑑於此，唯有理解其由親到疏、從友變敵的交往過程，才能掌握蔣介石主政期間的所見所思及所行，進而刻畫出相關線索所折射的時代風貌。

蔣介石一生曾 6 度走訪日本，時間集中於 1906—1927 年，亦即在 19—40 歲的人生階段。這 21 年可謂人生的黃金歲月，而當中有 6 年蔣是在日本度過。除了以上彰顯淵源匪淺的數字外，還有更多的事例，可資佐證日本之於蔣人格發展所發揮的關鍵性角色。例如，蔣於 1906 年首度訪日，得獲結識陳其美的機會，在陳引領下聆聽孫中山的演講，為其革命生涯拉開了序幕。蔣之加入同盟會，則在 1908 年第二度赴日期間。至於蔣得以單獨謁見孫，也是得東京地利之便。

按蔣介石自述，他平生之所以能奉行篤實踐履，養成「即知即行」的生活習性，乃學習日本人的生活態度而來。而蔣能獲孫中山「勇敢、誠篤、知兵事」的肯定，6 年的日本生活體驗，實扮演關鍵性的角色。再者，日本也是孫蔣兩人相識與往還之地。這些共同的生活經驗，相互重疊的人際網路，不僅有助於兩人從疏到親的互動，也為兩人歷久彌堅的情感奠下良基。

回顧蔣介石的訪日經歷，早年的東瀛之旅，是蔣接受現代科技文明洗禮的起點，也是他藉由實際生活體驗去探索中日兩國文化異同的開始。尤其是日本的軍隊生活經驗，無論對他日後的建軍或治國，皆有莫大的啟發。軍人應以服從國家命令為天職，政治訓練是培養軍人勇赴沙場的祕訣，軍營也應扮演職業學校的功能，皆師承自日本的經驗。堅忍不拔的人生觀，體認全民軍事化的重要性，主張運用科學知識重新檢驗傳統生活習慣，強調實踐，奉行「知行合一」學說，則為留日期間的生活觀察所得，對他人格的成長具有決定性影響。[1]

蔣青年時期的東瀛之旅，皆因避禍而起。一為辛亥革命期間的「刺陶案」，

---

1　黃自進：〈蔣中正的訪日經驗（1906—1927）〉，載呂芳上編《蔣中正日記與民國史研究》上冊，世界大同出版社，2011，第 157—182 頁。

另一為二次革命失敗。雖為避禍，但蔣介石並未喪志。辛亥革命期間，蔣創辦《軍聲雜誌》，著意喚醒國人注意國防安全；又仿日本偕行社事例，藉發行雜誌之便，團結有志之士，擴張人際網路。二次革命後的兩度亡命日本，則提供蔣介石與孫中山直接互動的機緣。孫盼蔣代替陳其美赴中國東北策動軍隊討袁，是其召見蔣的緣起。雖然東北黨務工作乏善可陳，惟其間他曾撰寫〈上總理陳述歐戰趨勢並倒袁計畫書〉，深得孫中山賞識。書文謂：黨人認為應利用第一次世界大戰的爆發，在袁世凱沒有西方奧援，又得應付日本圖謀中國的壓力之際，以浙江為基地，乘勢發展倒袁活動。孫乃特撥兩萬美金，命蔣潛返上海，籌設革命軍總部。蔣允文能武的特質，也藉由這次上書展露無遺。1914 年 9 月的上海之行，使蔣從一個江浙地區的區域性幹部，一躍而成能為革命黨把脈、獻計的明日之星。[2]

　　回顧在日本成為中國革命基地的歲月中，留日學生不僅是中國革命的主要群體，留日學生之所學，也成為指導中國未來走向的主要思想因素。影響所及，中國所有的改革思想，皆源自日本；所有領導改革勢力的中心人物，皆出身留日學生。即以蔣為例，蔣早年留日的見聞，奠定了他近代文明知識的基礎；留日期間建立的人際網路，亦成為往後戎馬生涯中取之不盡的資源。例如，在1926 年開展的北伐運動中，統籌北伐軍事核心的國民革命軍總司令部成員，總司令蔣介石以下，總參謀長何應欽、辦公廳主任吳思豫、參謀處長葛敬恩、經理處長劉紀文、行營總參議張群等，清一色留日出身。[3] 除此之外，一部北伐史，也可謂是一部留日學生敵友關係再整合的歷史。賀耀祖、陳儀、閻錫山等各地實力軍人，先後投入北伐軍陣營，更為留日學生人際網路對蔣介石軍事基礎擴大所發揮的聯繫功能提供見證。

　　在蔣的革命生涯中，日本的影響力無所不在；而日本所蘊含的多重性，更是蔣不同人生階段中賴以成長的關鍵。基此理由，針對中日兩國的親善，蔣自然比常人有更多的期許。例如，蔣於 1927 年 3 月 10 日、11 日接見日本眾議員山本條太郎時坦承：中國革命的有成，得力於蘇聯的援助；按中國的初衷，

---

2　黃自進：〈青年蔣中正的革命歷練〉，《中央研究院近代史研究所集刊》第 65 期，2009 年，第 6—23 頁。

3　〈在南京領事岡本一策發外務大臣男爵田中義一殿の報告書：南京軍北伐現況報告ノ件〉（1928 年 3 月 21 日）、載《支那內亂關係：國民軍北伐ノ關係》、日本外務省外交史料館藏、機密送第 72 號、原件。

是期許此一援助來自日本。如今事與願違，只能遺憾。今後中國革命將以遵循孫中山的三民主義為座右銘，與日本更是期盼能肝膽相照結為良友。[4] 爾後，蔣於 1927 年 11 月 5 日在東京與日本總理田中義一舉行會談，更將前揭期盼訴諸明確語言，略謂：

> 自己在求學階段時就開始委身革命，也因此因緣得到孫先生的錯愛。現先生已逝，對斯人倍感懷念之際，對閣下的思慕之情，油然而生，難以自己。按本人所悉，閣下對先生是情誼深濃，而先生又貴為本人前輩，故妄想本人能以侍奉先生之禮，侍奉閣下，還妄想閣下能不吝於指教。本人實有眾多事務擬向閣下請益，但怕有擾清訓過甚，故本人之事暫且不提，還請閣下先賜教為幸。[5]

按當時身分，蔣雖為在野之身，但早已準備回國再起，有重掌政權之勢。可是，蔣對田中之語，有若以學生自居，甚至將田中的地位提升至與孫中山並駕齊驅。姿態之低語氣之恭，無非表達了蔣不願與日本為敵，心懷以日本為師的特殊情結。

若論蔣介石與中共的恩怨，自得談及馬克思主義、共產革命、國共合作等一連串的相關議題。早在俄國尚未爆發革命，馬克思主義仍僅是眾多宣導社會主義的思潮之一之時，蔣已開始對馬克思主義展現濃厚興趣。

其後，按楊天石的研究，蔣對伴隨五四運動而來的各種新思潮頗為留心。這當中，尤其對留日前輩陳獨秀創辦的《新青年》情有獨鍾，從 1919 年 12 月至 1926 年 5 月的蔣介石日記觀之，可找到 7 天閱讀該刊物的記錄。藉由《新青年》閱讀相關的介紹文字後，蔣於 1923 年開始直接接觸馬克思主義。同年 9 月 6 日至 10 月 18 日，日記中有 8 天閱讀馬克思主義書籍的記載。10 月 18 日記述：「看馬克思學說。下午，復看之。久久領略真味，不忍掩蓋。」蔣對馬克思主義的重視，由此可見一斑。而《共產黨宣言》也是蔣熱衷閱讀的文獻，按日記所述，1923 年 10 月 13—18 日，就有 3 天在埋頭苦讀該宣言。

針對 1917 年的俄國革命，蔣無疑心存嚮往。1919 年 1 月 1 日記述：「今

---

4 亞細亞局第一課〈南方政權卜ノ關係〉、《最近支那關係諸問題摘要（第五十四議會用）第二卷（政治、軍事、山東、武器等關係事項）》（1927 年 12 月）、224 頁、日本外務省外交史料館藏、原件。

5 外務省編《日本外交年表並主要文書（1840—1945）》下冊、日本國際連合協會、1965、103 頁。

年擬學習俄語，預備赴俄考察一番，將來做些事業」。而同月下旬，日記反復出現「習俄文」之記載。同年 3 月 9 日則謂：「身不能自立，與世浮沉，友道日乖，國事益梦。與其赴粤作無價值犧牲，不如赴俄自練志識」。短短數語，蔣取經俄國的心願表露無遺。[6]

蔣的蘇俄之旅，在 1923 年成行。8 月 16 日，奉孫中山之命，蔣出任孫逸仙博士代表團團長，啟程赴蘇考察。代表團於 8 月 25 日進入蘇聯境內，於 12 月 8 日離境返國，前後 3 個月又 14 天，拜訪的對象包括蘇聯共產黨政治局及東方局，蘇聯外交部、軍務部及教育部等黨政機構。

此一訪蘇行程的重要使命，為尋求蘇聯支持國民黨在西北的練兵計畫，並考察俄國革命成功的原因。對於前者，蘇聯採取回絕態度。蘇方反復強調：軍事行動只是在政治環境成熟之時，才可考慮使用的最後手段；又謂中國革命之迫切任務是，在政治動員方面，加強政治工作與政治宣傳，贏得普羅大眾的積極認同，如此，中國才有條件考慮動用軍事武力。不惟如是，蘇聯也不贊成蔣擬在外蒙庫倫設置軍事基地的主張，理由是蒙古人畏懼中國人，容易造成誤解。

無法贏取蘇聯的支持，蔣不無失望，也有所不滿。尤其是蒙古人畏懼中國人的理論，蔣認為純屬推託之詞。其底蘊恐怕還是蘇聯不願中國重回外蒙古，有礙蘇聯的擴張。基此事例，蔣驚覺蘇聯所謂的「世界革命」論，實與帝國主義的開疆拓土如出一轍。對於蘇聯是否圖謀滿蒙回藏諸部，蔣開始深保警戒。[7]

不過，除了西北練兵計畫無疾而終外，蔣對於考察蘇聯社會，倒是頗有心得。例如 1923 年 9 月 7 日日記謂，俄國革命成功可歸納為三點：「1. 工人知革命之必要；2. 農民要求共產；3. 同意俄國一百五十民族自治，締造聯邦制」。9 月 11 日，蔣訪蘇軍教育總監後，在日記中記述黨對軍隊控制的要訣在於：「各團部由其黨派一政治委員常駐團部，參與團中主要任務。凡有命令，均須從其署名方能生效。」9 月 17 日日記，則記述參觀蘇軍步兵一一四師團的感想為：「其軍紀及整理雖不及日本昔日軍隊，然其上下親愛，出於自然，

---

6　楊天石：〈從蔣介石日記看他的早年思想〉，載氏著《蔣氏密檔與蔣介石真相》，社會科學文獻出版社，2002，第 11—15、27—28 頁。

7　楊奎松：《國民黨的「聯共」與「反共」》，社會科學文獻出版社，2008，第 101—103 頁。

毫無專制氣象。而政黨代表與其團長，亦無權限之見。」

　　在 10 月 29 日至 11 月 19 日的日記中，則顯示蔣這期間的主要行程是參觀基層組織。蘇聯政治社會的權力集中、組織嚴密、行政命令的徹底貫徹、基層民眾福利保障，給蔣留下了正面印象。不過，蔣仍有負面的感想。例如 10 月 2 日記述：「此次遊歷彼德格列六天，市況凋落，民氣垂喪，皆不如莫斯科之盛。而其海軍人員之氣象，更不良佳，殊堪為蘇俄慮也。」

　　有正面評價，也有負面隱憂，是蔣全面觀察蘇聯社會後所留下的整體印象。惟若僅憑 3 個月又 14 天蘇聯之行的日記來判斷，未見蔣有反對共產主義的端倪。[8] 相反，他僅是警覺蘇聯似有意將滿蒙回藏諸部「視為其蘇維埃之一部」，但並不反對孫中山欲圖將中國革命置入蘇聯所領導的「世界革命」框架，也贊同孫中山所論中俄兩國在反對帝國主義方面利益相同。[9] 基此思考，蔣不反對孫的聯俄容共政策，所在意者是推動聯俄容共之際如何維繫國民黨革命事業的主導權。至於中國既定疆域的維繫，在中國革命尚未底定，國民黨亦無實力過問之際，相關事務仍屬空中樓閣，無庸自擾。

　　1924 年 1 月，國民黨召開第一次全國代表大會，藉此機會，孫中山的聯俄容共政策正式成為黨策。在這一「以俄為師」的改組工程中，除了引進蘇聯的黨國體制，籌建黨軍亦屬重要一環。1 月 24 日，蔣被委派為陸軍軍官學校校長，得以親與國民黨的建軍。

　　蔣介石一生的事業，始於黃埔軍校，已無庸贅言。而黃埔軍校既然是經由蘇聯政府的建議而設立的，與蘇聯的關係自然密不可分，況且學校的經費來自蘇聯，訓練的武器來自蘇聯，訓練的課程也是由蘇聯顧問擬定，可謂是蘇聯紅軍軍官學校在中國的翻版。換言之，蔣介石在黃埔軍校治校有成，不僅是因為他汲取了蘇聯紅軍的成功經驗，也因他與蘇聯政府合作關係良好。這也是他早年被定位「左派」，人稱「紅色將軍」的緣由所在。[10] 易言之，在蔣介石尚未躋身政治核心以前，與蘇聯和中共之間仍能維繫一個友好關係。

　　蔣介石與中共關係生變，主要是始自 1926 年 3 月 20 日的中山艦事件，

<hr />

8　山田辰雄〈1923 年蔣介石のソ連訪問〉、載慶應義塾大學法學部《慶應の政治學：地域研究》、東京：慶應義塾大學出版社、2008、211—220 頁。

9　余敏玲：〈蔣介石與聯俄政策之再思〉，《中央研究院近代史研究所集刊》第 34 期，2000 年，第 82 頁。

10　汪榮祖、李敖：《蔣介石評傳》上冊，商周文化出版社，1995，第 132—142 頁。

中山艦事件為何會發生，至今仍是撲朔迷離，各方解讀不一。認為自始就是蘇聯與中共黨員共同策劃者是其中一說，以李雲漢為代表；認為是國民黨右派孫文主義學會所設計的「把戲」者是其中另一說，以楊天石為代表；也有認為是蔣介石自導自演者，以汪榮祖、李敖的論述為代表。[11] 各家說法紛紜，但事件發生以前，雙方已呈劍拔弩張之勢，則是學界共識。有此詭譎空氣，導因於主導權之爭。在孫中山逝世以後，觸目所及的，無非是蘇聯顧問的影響力無所不在，中共的勢力更是與日俱增，已有喧賓奪主之勢，對堅持國民黨主體性的蔣介石而言，自然不能容許蘇聯及中共的影響力無限制地擴大，因而謀求反制。例如 1926 年 3 月 8 日，蔣在日記中云：「與季新兄商決，以為中國之國民革命未成之前，一切實權當不宜旁落，而與第三國際亦能一致行動，但須不失自動地位也。」[12] 可是，對蘇聯及中共而言，蔣介石的所思所為，無疑是向黨挑戰，向政府挑戰，認為蔣挾軍自重，已有尾大不掉之勢，排蔣之心，自然興之而起。

　　鑑於蔣在事件中將制裁的矛頭指向個人而非群體，此舉使得蔣的反制行動，雖逾越常規，但與蘇聯的關係尚能預留可轉圜之空間。此外，當時的蘇聯政府也不願與蔣介石全面決裂，認為僅憑中共尚無法獨挑中國革命的大樑，中國革命瓶頸的突破，蔣的軍事領導仍扮演關鍵性角色。是以，事件以中共過於攬權、蘇聯顧問行為失當為結論外，蘇聯政府也根據蔣的要求，同意做了以下調整。首先是蘇聯軍事顧問團長季山嘉（N. V. Kuibyshev）及軍務處長兼總參謀長羅茄覺夫（V. P. Rogachev）回國，由前任團長加倫將軍（V. K. Galens）來華繼任。其次，同意蔣提出的國民黨整理黨務方案，具體內容為組織國共聯席會議，審定兩黨黨員言論行動，中共對於其黨員訓令應先交聯席會議通過，中共黨員在國民黨各高級黨部的委員人數不得占 1/3 以上，不得充任國民黨中央機關部長，國民黨員不得加入中共。[13]

　　1926 年 5 月 20 日，國民黨第二屆中央執行委員第二次全體會議所通過

11　李雲漢：《中國國民黨史述　第二編　民國初年的奮鬥》，中國國民黨黨史會，1994，第 717—728 頁；楊天石：〈中山艦事件之謎〉，載氏著《蔣氏祕檔與蔣介石真相》，第 121—127 頁；汪榮祖、李敖：《蔣介石評傳》上冊，第 159—170 頁。

12　季新指汪精衛。《蔣介石日記》，1927 年 3 月 8 日，斯坦福大學胡佛研究所藏，原件。藏所下略。

13　郭廷以：《近代中國史綱》下冊，第 638—639 頁；李雲漢：《中國國民黨史述　第二編　民國初年的奮鬥》，第 728—743 頁。

的整理黨務方案，最直接的結果莫過於一連串中共黨政大員的紛紛離職，其中包括組織部部長譚平山、中央執行委員會祕書長劉伯莊、宣傳部代理部長毛澤東、農民部部長林伯渠等。[14] 從中共黨政大員的離職，到國民黨員的重新接任，這一進一退之間所造成的結果，當然是國民黨主體性的重新確立。

中山艦事件的發難，讓蔣介石覓得良機力挽狂瀾，為國民黨奪回中國革命的主導權，儼然成為國民黨再造英雄。再則，中山艦事件，所造成國民政府主席、中央政治會議主席、軍事委員會主席汪精衛的稱病請假，也使得國民政府內部再也沒有可牽制蔣介石的實際領袖。是以，當蔣介石接任軍事委員會主席，與蔣素稱友好的張靜江及譚延闓分別接任中央政治會議主席及國民政府主席之後，[15] 由蔣主導的國民黨體系至此揭開序幕。

至於蔣介石與日本關係的開展，則與北伐軍之進展有密不可分的關係。反共與地緣政治，是 1920 年代影響日本對華外交決策的兩大要素。反共、封殺蘇聯勢力在中國的發展，遂被列為日本對華外交的首務。另外，日本政府依在中國各地利益層面的不一，而賦予對中國各地區政治活動不同的重視程度，基此思考，首重東北地區，其次華北地區，華中地區為第三順位，華南地區又是排名華中地區之後。

北伐起於華南地區，因而日本政府對北伐採事不關己的旁觀態度，不過，當北伐進入華中地區，如何激發北伐軍反共勢力與容共勢力的矛盾，誘導反共勢力與容共勢力劃清界限，進而扶植反共勢力主導政權，乃成為日本政府在北伐軍進入華中地區後的對應方略。

所謂「誘導反共勢力」，就是指蔣介石。至於何以選中蔣，自然深有底蘊。日本政府開始注意蔣介石是在 1925 年的 4 月下旬。汕頭代理領事內田五郎在致外務大臣幣原喜重郎的報告中，對蔣介石做了以下的介紹：孫中山過世後，廣東政局三分天下，革命派、聯治派、統一派各占其一，聯治派的代表為楊希閔、劉震寰，統一派的代表為鄧本股，而許崇智、蔣介石則是革命派的代表人物。[16] 三派之中，革命派可謂是孫中山的嫡系。許崇智為粵軍總司令，蔣介石

---

14　劉紅：《蔣介石大傳》上冊，團結出版社，2001，第 237 頁。
15　劉紅：《蔣介石大傳》上冊，第 204 頁。
16　本段及以下幾段，分見外務省編《日本外交文書（大正 14 年）》第 2 冊上卷、東京、1983、664、688—689、697、698、702—705 頁。

是黃埔軍官學校校長兼訓練部部長。換言之，蔣介石因身為孫中山嫡系以及軍事系統中的第二號實力派人物，故開始為世人重視。

1925 年 9 月 10 日，日本駐廣東代理總領事清水亨在致幣原外務大臣報告中，就指稱蔣介石以國民黨軍的新領導者身分不斷在擴張勢力。9 月 22 日，清水在致幣原的另一份報告中，更指稱粵軍總司令許崇智已被迫離粵，而許的部隊也已被蔣介石的部隊繳械。

蔣介石在國民政府內部的聲勢不斷看漲，不僅外務省的駐外使館有此報告，日本軍部的駐外管道亦持同樣見解。日本駐廣東的第二十五驅逐艦隊司令在致財部彪海軍大臣的報告中，也指出在國民政府的體系中，汪精衛雖以中央執行委員會首席委員身分負責處理政務，但因汪本人無軍權，國民政府的實權反而由國民黨黨軍司令蔣介石掌握。

除了報告蔣介石在國民政府內部聲勢看漲以外，肯定蔣介石政績之報導也陸續出現。例如 1925 年 12 月 25 日，日本駐汕頭代理領事內田五郎就在致幣原外務大臣的報告中，介紹蔣介石除在統一廣東省逐漸有成以外，對蔣在維持黨軍紀律上的貢獻也多加肯定。此外，同年的 12 月 19 日，內田在致幣原外務大臣報告中，除介紹蔣介石進軍福建的情況以外，也對蔣在軍隊的整編訓練及重建軍政制度上的成就讚譽有加。

除了觀察蔣介石的崛起及政績以外，探索蔣與日本友好的可能性，也是日本駐中國領事館亟欲進行的課題。其中，評估蔣與蘇聯的互動關係是切入重點。1926 年 4 月 9 日，日本駐廣東總領事森田寬藏在致幣原外務大臣的報告中，就針對蔣介石與國民政府主席汪精衛兩人和蘇聯之間的往來模式做了一番對比。略稱：

> 在世人的所謂左派中，實際上還可細分為兩派，一種為全面接受蘇聯顧問擺布者，另一種則自有定見對蘇聯顧問的頤指氣使持排斥態度者。
> 蔣介石可謂是後者代表，汪兆銘則被歸類為前者代表。[17]

說明蔣介石是不會隨意接受蘇聯政府擺布的國民政府政要以後，森田於同年 4 月 24 日在致幣原的報告中，更指稱將蔣定位為左派之說法已不合時宜，

---

17　本段及以下幾段，分見外務省編《日本外交文書（大正 15 年）》第 2 冊上卷、225、229、281—282、285、268 頁。

今後應將蔣定位為右派的領導人。

「必與帝國主義及其工具軍閥決戰」，雖是蔣就任國民革命軍總司令時的誓詞，但日本帝國主義並非他首要對決的目標。相反，隨著北伐軍事的順利進展，蔣期盼能和日本修好的動作，愈加明顯。例如，1926 年 9 月 20 日，北伐軍總司令部政治部主任鄧演達就代表蔣拜訪日本駐漢口總領事，傳達北伐軍絕不赤化以及期盼能與日本締結親善友好關係之訊息。此外，北伐軍東路總司令何應欽的代表，也在同一天拜訪日本駐汕頭領事，表達了對接受日本援助的期盼，並強調若北伐勢力能順利進入華中地區，將有利於日本在此區域的商機拓展。

藉由代理人的幾次試探接觸，蔣認為已達到階段性目的。自 1927 年起，蔣認為自己直接和日本接觸的時機已趨成熟。首先，他於 1927 年 1 月 25 日，接見日本駐九江領事大和久。在會談中，蔣向大和保證，北伐軍絕不採激烈手段對付列國，對既有的條約也持絕對尊重立場，此外，對幣原外務大臣在年初日本國會演講中所強調的對中國事務採不干涉內政原則，表示歡迎。[18]

同年 2 月 8 日，蔣派遣戴季陶赴日本訪問一個半月。[19] 3 月 10 日、11 日，蔣又在南昌接見政友會眾議員山本條太郎，雙方都留下記錄。在蔣介石日記中，第一天記載是「以中日俄三國同盟之意探之，彼甚絕於蘇俄今日之政府也」；次日為「告其日本如欲與中國親善，須從根本上著手，即對高麗、臺灣應許其獨立。誠能扶助弱小民族獨立，則豈將中華民族一國對日親善而已」。[20] 至於山本給日本外務省的報告，只提到蔣期盼與日本能肝膽相照結為良友。[21] 兩人記錄強調的重點不一，但蔣有意與日本親善之陳述，卻屬一致。

蔣的中日友好之呼籲，在華日本社團也持同樣意見。例如 1926 年 12 月 24 日，在上海的日本企業家時局研究會，就以對「時局之建言」為題，分別致電外務大臣、陸海軍大臣，強調若上海落入以共產黨勢力為軸心的國民黨左派政府手中，則日本在上海的經濟基礎將會遭到破壞。為維護兩國利益起見，

---

18　亞細亞局第一課〈南方政權卜ノ關係〉、《最近支那關係諸問題摘要（第五十四議會用）第二卷（政治、軍事、山東、武器等關係事項）》（1927 年 12 月），222—223 頁。
19　陳天錫：《戴季陶先生編年傳記》，文海出版社，1967，第 82—83 頁。
20　《蔣介石日記》，1927 年 3 月 10、11 日。
21　亞細亞局第一課〈南方政權卜ノ關係〉、《最近支那關係諸問題摘要（第五十四議會用）第二卷（政治、軍事、山東、武器等關係事項）》（1927 年 12 月），224 頁。

唯有支持蔣介石及他所代表的國民黨右派勢力。[22]

綜上所述，當日本政府對北伐軍的態度，從全面敵視，轉換成對部分勢力的友好，甚至還有意參與北伐軍內部的權力鬥爭之時，隨之而來的衝擊是日英統一陣線面臨瓦解，其次是北伐軍內部鬥爭的公開化。這其中的緣由，自然和時代背景以及北伐軍的內部矛盾有密不可分的關係。

「革命外交」是時人對北伐時期國民政府外交政策之總稱。[23]由於中國的處境微妙，世界主要強權皆在中國各自占有勢力範圍，彼此權力犬牙交錯，因此，任何企圖打破現狀的嘗試，不僅會遭遇到既有政治勢力的反抗，更要面臨列強的阻礙。是以，北伐對國民政府而言，蘊含兩層不同的意義。對國內政治而言，是追求國家統一；對國際政治而言，是追求國家主權獨立平等。

所謂追求國家主權獨立平等，就是指中國要從分屬不同列強束縛的次殖民地身分中尋求解放。具體的訴求，就是廢除不平等條約、廢除領事裁判權、收回租界、收回關稅自主權。[24]「反帝廢約」之所以會成為北伐時期的重要口號，正是時代精神的充分反映。[25]帝國主義在中國數十年來的橫行霸道，對中國民眾的凌虐所積累的民怨，則是民眾願響應北伐號召共赴國難的緣由所在，[26]北伐之有成，實賴革命武力與民眾運動的結合。[27]

1927 年 1 月 3 日，民眾在漢口英租界附近宣傳，與英水兵衝突，第二天數十萬民眾強入租界，英水兵及巡捕被迫撤退，租界由中國接管。1 月 6 日九江英租界亦以相同方式被收回，時稱其為「革命外交的經典之作」。[28]此等事件的發生和結果，當然和民眾同仇敵愾、人人皆有不惜與英國一戰之決心密切相關。

關於漢口事件的起因，同年 1 月 7 日，日本駐漢口總領事高尾亨向幣原外務大臣提出報告，認為風波純出於群眾的自發行動。可是，作為當事國之一

22　外務省編《日本外交文書（大正 15 年）》第 2 冊上卷、357—358 頁。
23　李恩涵：《北伐前後的「革命外交」（1925—1931）》，中研院近代史研究所，1993，第 6—13 頁。
24　橫山宏章〈中國國民革命と《革命外交》〉、載日本國際政治學會編《変動期における東アジアと日本：その史的考察》、東京：有斐閣、1980、36 頁。
25　張玉法：《中華民國史稿》，聯經出版公司，1998，第 160—161 頁。
26　山田辰雄〈橘樸の中國國民革命論〉、載山本秀夫編《橘樸と中國》、東京：勁草書房、1990、84—91 頁。
27　郭廷以：《近代中國史綱》下冊，第 654 頁。
28　橫山宏章〈中國國民革命と《革命外交》〉、44—46 頁。

的英國，將漢口及九江租界的收回視為國民政府對它的挑釁。漢口及九江租界已失，英國政府的新底線是維護上海英租界，甚至不惜一戰。[29]

上海原本就是各國在中國的商業利益總匯之地，不能失去上海，不僅是英國對華政策的底線，也是各國極力要維護的既有利益。是以，當 1926 年年末北伐軍勢力逐漸滲入華中地區以後，上海工部局與各國領事不斷召開聯席會議，商議因應之道，主要是由各國增兵上海加強防禦。特別是在上海各國駐軍已達 4000—5000 兵力之際，英國政府又向日本政府提議，期盼兩國能各再增派 1 個旅團兵力加強上海的防禦。

對於英國再增兵的提議，日本政府持否定意見。按外務大臣幣原喜重郎的說法，他不認為北伐軍會甘冒與列強聯合軍作戰之大不韙，進攻租界；而且其現有兵力早已足夠維護上海治安。[30]

上海是否還應增兵，主要取決於對國民政府對外政策的認知。日本政府認為漢口、九江租界的收回，是英國政府過度反應所造成的意外；因此面對上海防禦，反而應該以不刺激中國民眾為首要。至於英國政府，因將漢口、九江租界的收回，視為有預謀有組織的行動，為避免在上海重蹈覆轍，認為唯有加重防衛，才能防患於未然。[31]

英日兩國既然對中國政情的判斷不一，自然無法在出兵政策上取得共識。最後英國政府於 1 月 21 日單獨宣布增兵，派遣 3 個旅團的陸軍，合計 3000名士兵，前往上海。[32]英國政府的不斷增兵，不僅反映其對國民政府的不信任，更凸顯其在列國中的孤立。不料，南京事件的爆發，使得英國又有重新整合列強的機會。

1927 年 3 月 24 日，亦即革命軍占領南京的次日，英、美、日領事館及外國教堂、學校、醫院、商店、住宅被劫，金陵大學副校長美人文懷恩（John E. Williams）被殺，英國領事受傷。長江英美軍艦乃向城內開炮，中國兵民死

---

29　本段及下段，分見外務省編《日本外交文書（昭和期I）》第 1 部第 1 卷（昭和 2 年）、東京：外務省、1989、374、388、425 頁。

30　亞細亞局第二課〈對支共同出兵二關スル英國政府ノ提議〉、《最近支那關係諸問題摘要（第五十四議會用）第二卷（時局二対スル政府ノ措置）》（1927 年 12 月）、29 頁。

31　Public Record Office, Foreign Office File, FO262/1676, January 26, 1927, pp. 125-126.

32　亞細亞局第二課〈英國單獨出兵〉、《最近支那關係諸問題摘要（第五十四議會用）第二卷（時局二対スル政府ノ措置）》（1927 年 12 月）、33—37 頁。

傷 30 餘人，是為南京事件。[33]

原本就對國民政府極端不信任的英國政府，將南京事件視為一連串有計畫有組織的排外運動，認為英、美、日三國應結同盟體制，一致面對國民政府之挑釁。在串聯美日兩國駐華公使後，英國政府主張，應向國民政府要求在一定期限內懲凶、賠償及書面道歉。[34]

相較於英國政府的強勢主張，日本政府認為應從長計議，不主張立刻採取行動。雙方的主要差距，還是來自對南京事件的來龍去脈有不同的認知。南京事件爆發後的第五天，亦即 3 月 29 日，日本駐上海矢田七太郎總領事，向外務大臣幣原喜重郎發出電報，指出事件係第二、第六及第四十軍（魯滌平、程潛、賀耀祖）中的黨代表、基層的共產黨派軍官及南京地區的共產黨員合謀設計的組織性行為。[35]

在認定南京事件為共產黨所設計的陷阱以後，幣原反對英國政府的主張，認為這只會滿足共產黨期望，無端製造蔣的困擾。在幣原看來，共產黨設計南京事件，目的就是要打倒蔣。當列強愈高姿態要求蔣懲凶、賠償、道歉，就愈會陷蔣於兩難。也就是說，在列強的強勢要求下，若蔣妥協，有頓失民心之虞，也可能面臨政敵整肅；若蔣不妥協，也會造成列強與蔣的嫡系部隊兵戎相見，更有毀滅的危機。[36]

要言之，日本政府不願意為了一個少數外人犧牲的事件，而斷送與蔣合作的機會。至於日本政府為何會將南京事件視為合作之契機，這與革命黨的內部情勢有關。

北伐的順利推進，實賴革命武力與民眾運動的結合。武力握於國民黨之手，民眾運動大都由中共領導。中共在湘鄂的活動原已有 6 年的歷史，北伐軍到達以後，民眾運動更是蓬勃發展。其中湖南是以農民運動為主軸，武漢地區則以工人運動最為激烈。而共產國際視中國革命不局限於取消不平等條約、收回租界，甚至將打擊帝國主義在中國的經濟基礎也列為鬥爭範圍，使得排外

---

33　郭廷以：《近代中國史綱》下冊，第 650 頁；《日本外交文書（昭和期 I）》第 1 部第 1 卷（昭和 2 年）、524 頁。
34　《日本外交文書（昭和期 I）》第 1 部第 1 卷（昭和 2 年）、524 頁。
35　《日本外交文書（昭和期 I）》第 1 部第 1 卷（昭和 2 年）、527 頁。
36　《衛藤瀋吉著作集》卷 3、東京：東方書店、2004、89 頁。

運動也成為兩湖地區民眾運動之一環。[37]

　　及至 1927 年初，在蘇聯顧問鮑羅廷（M. Borodin）、左派勢力聯手主導下，中國國民黨中央執行委員暨國民政府委員臨時聯席會議成立，更以擴大農民運動、排外運動為能事。影響所及，社會動盪不安，與列強的關係更是愈加嚴峻。[38] 其後武漢國民政府正式成立，對蔣多方限制。例如，3 月中央執行委員會第三次全體會議在漢口舉行，通過《統一黨的領導機關案》、《統一革命勢力案》、《中央執行委員會軍事委員會組織大綱》等案，廢除蔣的國民革命總司令職務，易之以軍事委員會 7 人之一的主席團成員。[39] 值此蔣與武漢國民政府激烈政治鬥爭的過程中，南京事件的爆發，可說帶給蔣極大的困擾。

　　對蔣而言，打倒軍閥順利統一中國，本是北伐之宗旨，自然不願因南京事件與英國為敵。可是，在民族主義高漲的情況下，加之英美兩國炮擊帶來的創傷尚未撫平，倘若驟然接受英國嚴懲肇事者、賠償損失等要求，不啻簽署城下之盟，而有遭受輿論反彈之虞。

　　其實，雙方皆處騎虎難下之勢，有不得退讓之苦衷。蔣的困窘，在於腹背受敵，無論是英國或中共，都屬不能輕視的強敵。而英國政府之難處在於，被逼放棄漢口、九江租界，已是奇恥大辱；接著而來的南京事件，更被視為對英國主權的挑釁。為表達英國在維護既有權益上不惜一戰之決心，77 艘軍艦，17000 名士兵，開始陸續進駐上海及香港。[40]

　　在此空氣中，日本政府除向中國表達抗議外，也曾善意地提醒蔣，應於第一時間內主動出面負責善後。[41] 蔣從善如流，即刻派出辦事處人員分別拜訪列國駐上海總領事館，表達慰問之意；此外，也特別向日本政府致意，希望在南京事件處理上能得到日本的協助。南京事件的爆發，竟使蔣介石與日本政府之間開拓了合作平臺。

---

37　郭廷以：《近代中國史綱》下冊，第 646、654—655 頁。

38　張玉法：《中華民國史稿》，第 176 頁。

39　軍事委員會主席團成員除蔣介石外，尚有汪精衛、徐謙、譚延闓、鄧演達、唐生智、程潛。按軍事委員會組織大綱，委員會雖設總司令，但總司令只是軍事委員會委員之一，須軍事委員會提名，由中央執行委員會通過才能任命。見張憲文、方慶秋主編《蔣介石全傳》上冊，河南人民出版社，1996，第 170—171 頁。

40　亞細亞局第二課〈列國遣支軍動靜〉、《最近支那關係諸問題摘要（第五十四議會用）第二卷（時局二対スル政府ノ措置）》（1927 年 12 月）、116 頁。

41　本段及下段，分見《日本外交文書（昭和期Ⅰ）》第 1 部第 1 卷（昭和 2 年）、517—519、523、548—549 頁。

　　這時，蔣決心反共，另立中央。周全之部署自不可少，尤其得確保在進行「清黨」運動之前，不能腹背受敵，與英國軍隊有擦槍走火的意外。為此，1927 年 4 月 2 日，黃郛以蔣介石私人代表的身分，拜訪日本駐上海總領事矢田七太郎，正式傳達「蔣已準備在國民政府內部執行清共政策。現正召集將領研議執行細節，可望於四、五日以內行動；南京事件的善後則在清共政策執行完畢以後，才能著手」等資訊。同時也對日本政府表達期許，希望日方單獨行使抗議權，或者至少不與英美兩國共同行動。

　　由此觀之，蔣在準備「清共」以前，實無餘力去為南京事件善後。惟此事若無法立即給英國交待，又恐英國立即動手，故而希望日本政府能夠出面。再者，若日本不與英國合作，[42] 蔣自然有更大的空間和英國周旋。

　　日本政府全力配合蔣的請託。首先，日本依然參與列國的共同抗議行動，卻刻意將日、英、美三國的合作擴大為五國，讓在南京事件中沒有實際損傷的法國、義大利參與，沖淡了列國與中國的對抗。其次，聯合美、法、意，逼使英國放棄封鎖、定點攻擊等武力報復措施。[43] 最後，勸說英國放棄限期回答的最後通牒。[44]

　　由英、日、美、法、意駐華公使提出的通牒，不包括具體的恐嚇資訊，又沒有要求限期回答，顯然不具軍事威脅性。特別是因為日本政府的斡旋，此一通牒拖延到 4 月 11 日才提出，[45] 距南京事件發生已有 17 天，讓蔣有充分時間優先處理黨內鬥爭。

　　4 月 12 日上海的「清黨」、4 月 18 日南京新政府的成立，既是蔣反共事業的高潮，也顯示了日本在蔣反共鬥爭中所扮演的關鍵性角色。不過，主政的憲政會若槻禮次郎內閣，因外交政策在維護日本在華權益上沒有明顯積極作為，遂被日本輿論界譏評為「軟弱外交」。[46]

　　繼若槻內閣的是政友會田中義一內閣。田中一向主張擴展大陸政策，在

---

42　希望英日兩國秉持英日同盟的合作精神，共同面對北伐所帶來的中國之變局，一直是英
　　國對華政策的主軸，在這種思維下，英國希望日本能堅守與英國為伍的立場。見 Public
　　Record Office, Foreign Office File, FO262/1678, April 7, 1927, p. 297.
43　《日本外交文書（昭和期 I）》第 1 部第 1 卷（昭和 2 年）、563—564 頁。
44　衛藤瀋吉《東アジア政治史研究》、東京：東京大學出版會、1968、149 頁。
45　《日本外交文書（昭和期 I）》第 1 部第 1 卷（昭和 2 年）、575 頁。
46　池井優《日本外交史概說（增補版）》、東京：慶応通信、1982、155 頁。

野期間，就宣稱北伐已不是單純的內爭，而是東亞危機，影響世界和平。他表示：「以不干涉內政為藉口而袖手旁觀，無非是放棄我帝國在東亞之地位，也是坐視東亞大局秩序崩潰於不顧。身為東亞盟主的日本帝國應以保全大局的立場，更改對支外交，維護我帝國權益。」[47]

田中義一組成內閣後，自兼外務大臣，他對蔣介石的態度，首見於 1927 年 5 月 20 日發給上海及瀋陽總領事的訓令。在這一訓令中，他談到對「近日中日政局」之看法：

> 在南京的蔣介石一派，目前正在積極清共，為恢復國內秩序而努力……若蔣介石能夠持續此一態度，幫助他完成心願，自然是最能符合我方之利益。假設蔣介石下決心要領軍西進，我等要助蔣一臂之力，不僅不能讓張作霖或其他北方派系牽制蔣，反而應主動出擊，為雙方營造和解的空間。[48]

由此觀之，田中對中國的思維方式，仍未脫離南北對立的窠臼。他對蔣定位為在中國南方的友好勢力，將張作霖定位為在中國北方的友好勢力。以此為前提，假設蔣與武漢政府開戰，則支持蔣。再則，為了鞏固蔣在南方的地位，在蔣與武漢政府決戰過程中，絕不容許張作霖南下。除此之外，他也希望蔣能專注於在南方發展，與北方的張作霖之間能達成南北分治的妥協默契。

換言之，將中國視為三分天下的日本政府，其首要政策是以打倒武漢政府為目標；為了達此目的，樂意支援蔣。不過，支持政策不是沒有限制，底線以山東為界；日本將華北及東北地區視為禁臠，視張作霖為日本的嫡系。

因日本視華北為禁臠，當北伐軍進入華北時，日本政府不惜三次出兵山東，以求阻嚇。這其中，特別是 1928 年 5 月 3 日，兩軍在濟南發生衝突，導致日軍在濟南屠城，造成中國軍民死 3254 名、傷 1450 名的濟南慘案。這是讓蔣放棄長年與日本合作、共謀亞洲大局幻想的關鍵。[49]

濟南事件爆發後翌年，蔣介石於 5 月 3 日在中央陸軍軍官學校發表「誓

---

47　菊池悟郎《立憲政友會史》卷 6、東京：日本圖書センター、1990、276 頁。

48　〈田中大臣ヨリ上海及奉天各總領事二轉電アリタシ〉（昭和 2 年 5 月 20 日）、日本外務省外交史料館藏《東方會議關係一件：松本記錄》、原件。

49　黃自進：〈北伐時期的蔣介石與日本：從合作反共到兵戎相見〉，《政治大學歷史學報》第 30 期，2008 年，第 194—203 頁。

「雪五三國恥」演講，提及：

> 這是中華民族最恥辱的一個紀念日！臨到這個紀念日，凡是中國人，
> 凡是我們黃帝子孫，對於這種恥辱，是永不能忘懷的，如果這種恥辱
> 一天不洗雪，中華民國便沒有一天能夠獨立。[50]

而蔣在日記中對日本的怨恨，更是處處可見。例如他自五三慘案爆發後的 5 月 11 日起，開始改稱日軍為倭軍，日本為倭寇，[51] 此一稱呼一直沿用到 1943 年 7 月，他準備參與開羅會議時止。爾後他才開始倭寇與日本互用，直到抗戰勝利。至於對五三慘案的記載以及迴響，他首先於 1928 年 5 月 12 日「嗚呼濟南七日記之恥辱慘痛甚於揚州十日記，凡我華人得忘此仇乎」；[52] 其次，5 月 14 日開始將「每日必記滅倭方法一條」[53] 列為每日日課等。

就此而言，北伐不僅是蔣個人締造軍政之功的里程碑，也是他開始與中共、日本交惡的起點。自 1930 年 12 月起，至 1934 年 10 月止，蔣對中共發動了五次「圍剿」，堅持一舉殲滅之。與後者的關係，則在於執行反帝廢約政策，首先，於 1929 年 3 月，針對濟南慘案，與日本達成協議，並依此要求日本從山東撤兵；其次，於翌年 5 月，強迫日本與中國另訂新關稅協定，收回中國關稅自主權。對 1928 年 12 月 29 日的「東北易幟」，蔣除表示歡迎之外，並將收回旅順、大連及南滿鐵路列為下一階段的執政目標。

收復中國固有權益，對國人來說是理所當然。可是對日本人來說，從根本上就否定中國在東北的主權，認為中國早在 1900 年就喪失對東北的管轄權，日本的權益是來自繼承俄國，[54] 為此日本曾付出 20 萬人的死傷，[55] 17.4 億日元的戰費。何況，在東北現已有 120 萬的日本移民，[56] 為照顧這些人的權益，日本也不應該退讓。

---

50　蔣介石：〈誓雪五三國恥〉（1929 年 5 月 3 日），載黃自進主編《蔣中正先生對日言論選集》，中正文教基金會，2004，第 141 頁。

51　《蔣介石日記》，1928 年 5 月 11 日。

52　《蔣介石日記》，1928 年 5 月 12 日。

53　《蔣介石日記》，1928 年 5 月 14 日。

54　北一輝〈支那革命外史〉、載北輝次郎編《北一輝著作集》（Ⅱ）、東京：みすず書房、1968、102—103 頁。

55　池井優《日本外交史概說（增補版）》、96 頁；北岡伸一《日本政治史：外交と權力》、東京：日本放送出版協會、1990、83 頁。

56　犬養毅〈一致結束して、蹶然國難を救へ〉，《政友》1931 年 11 月號，1—2 頁。

## 二、反共撫日

　　九一八事變可視為日本關東軍對國民政府的反帝廢約政策及中國民眾排山倒海反日活動的反制行動。該事變所導致的東北淪陷，學術界已有諸多探究，不擬贅述。惟就蔣的立場，中國無力對抗日本，中國應忍耐待時，回避與日本的全面衝突，在忍耐待時之中，厚植國力，消滅反側，就成為處理國內的首要政務。借用蔣介石自己的話，「今日之對外，無論用軍事方式解決，或用外交方式解決，皆非先求國內統一，不能為功。」[57]

　　「攘外必先安內」是蔣的政策口號。就「安內」的意義而言，無疑包括中共在內，然中共作為一支有組織、有信仰的革命武力，不能與傳統軍閥等同視之，四次「剿共」作戰的失敗，無疑證實了中共乃蔣的「心腹之患」。尤其是東三省、熱河淪陷後，國民政府名義上統一 24 省，其中河北、山東、山西、綏遠、察哈爾、寧夏、青海、新疆、四川、雲南、貴州、西康、廣西、廣東 14 省為半自主狀態；直接統治的 10 省中，除了江蘇、浙江、甘肅以外，其餘江西、福建、湖南、湖北、河南、安徽、陝西 7 省境內皆有中共紅軍割地而據的情況出現。

　　不過，當「安內攘外」政策成為「剿共抗日」政策的代名詞以後，反而讓國人的焦點集中於「消滅反側」的一面，忽視了「安內攘外」政策中所蘊含的「忍耐待時」，尤其是其中「經營西南」及「日蘇先戰」的戰略計畫。前者是為了預備長期抗戰而得先鞏固後方基地。後者的思考邏輯，則為 1933 年以後，蘇聯完成第一期五年國防計畫，在遠東地區已有一戰之實力；而日蘇既已將對方列為首要假想敵，深具開戰之可能性，蔣介石自然遲遲不欲與日本先起衝突。

　　蔣認為，當時中國處於次殖民地的地位，是世界主要列強皆有勢力進駐的權力交錯地帶。列強中誰欲獨霸中國，自然就會遭到其他列強抵制；就此而言，日本侵華政策的主要顧忌並非中國抵抗，列強反制才是其主要考慮之所在。是以，日本的所謂中日對峙，兩國勢力之消長，不是影響全域關鍵之所在；遠東地區日本與其他列強國之間權力結構的變化，才攸關全域。

---

57　蔣中正：〈外交為無形之戰爭〉（1931 年 11 月 30 日），秦孝儀編《總統蔣公思想言論總集》卷 10，中央文物供應社，1984，第 482 頁。

其實，自 1907 年以來，日本一直以俄國作為首要假想敵，其後國防方針歷經 1918 年、1923 年、1936 年分別改訂，但這一狀況並未改變；而中國名次一向在美蘇之後。蔣深諳此理，明白日本陸軍是以對蘇作戰為目標，海軍是以對美作戰為布局；在日本未能降低與美蘇敵對意識之前，不可能派大軍進占中國。

日本的大陸政策，並非專務在中國擴展領土，1918 年的出兵西伯利亞，即屬例證。就此而言，關東軍占領中國東北，蘇聯不無唇亡齒寒之感，乃有逐年增兵之舉。九一八事變爆發時，蘇聯在遠東地區只派駐 6 個狙擊師團，而在翌年立即增加 2 個師團。盧溝橋事變爆發之時，派駐兵力已增加為 20 個師團。派駐飛機方面，1932 年僅有 200 架飛機，1937 年時已增為 1560 架。新型武器戰車部分，1932 年只部署了 250 部戰車，1936 年時則已增為 1200 部。

伴隨而來的是日蘇兩國邊境武裝衝突益加頻繁。1932—1934 年，兩國在邊境的武裝衝突就有 152 次，1935—1936 年增加為 328 次，1937 年 113 次，1938 年 166 次。以平均數而言，1932 年，平均每 7 天就有一次衝突，1936 年，平均 2.3 天就有一次衝突。[58]

弔詭的是，日本雖視蘇聯為首要假想敵，但並不能將此一國防政策落實成為對華政策之主軸。關東軍自導自演地發動九一八事變，即是一例；駐朝鮮的日本軍團在九一八事變爆發後，可以不顧內閣會議的決定，擅自越境支持關東軍，是另一例；犬養毅總理不願立即承認偽滿洲國，竟遭日本海軍軍官在總理官邸擊殺，又是一例。這是因為 1930 年代的日本政局，呈現著失序、少壯派軍人干政的亂象。面對日本軍國主義崛起、憲政體制崩潰之局勢，蔣認為中國經不起任何的閃失，特別是日本少壯派軍人唯恐天下不亂，正在到處滋事，如何不攖其鋒，不讓中國首蒙其害，自應列為首要考慮。

在華北地區，採取退卻政策，是蔣的主要應對方式。所謂退卻，是軍事上採回避政策，政治上也接受關東軍要求，中央機構退出華北。不過在實務上，仍因地制宜設置不同名義的機構，來維繫與華北地方當局的管轄關係。例如設置軍事委員會北平分會是為了應付長城保衛戰；設行政院駐平政務整

---

58　黃自進：〈「安內攘外」的另一章：蔣介石對「日蘇先戰」的期盼〉，載氏編《蔣中正與近代中日關係》上冊，稻香出版社，2006，第 126—134 頁。

理委員會是為了與關東軍對話，為《塘沽協定》鋪路；設行政院駐平辦事處，
是因駐華北日軍圖謀《何梅協定》以及在冀東地區成立「冀東防共自治委員
會」的傀儡政權，而逼使上述兩機構相繼名存實亡以後，蔣的另起爐灶之舉；
設冀察政務委員會是為了應付駐華北日軍主宰的「華北五省自治運動」，以
實現河北、察哈爾兩省輕度自治，委員人選由中日雙方擬定，中國認冀察政
務委員會係中央設置的地方機構，日本視之為「華北自治」行政機構之方式，
這是雙方各有解讀而達成協議之妥協的產物。

　　由此觀之，九一八事變以後，日本的在華駐軍，以推動華北「自治運動」
為侵華政策的新指標。其主要步驟在於先求排除中央政府之影響力，次求扶植
地方實力派之軍系領袖。這其中，所謂華北五省「自治運動」，無論河北省主
席商震、山東省主席韓復榘、綏遠省主席傅作義、山西省主席閻錫山、察哈爾
省代理主席張自忠皆非出自中央系統，以往也皆有與中央對立之經驗。是以，
這五省原本就是半獨立狀態。如今，這五省為求自保，更是不得不與日本軍方
虛與委蛇。只是在堅守民族大義的原則上，以及對中央政府政策之意願的配合
度上，五省的主席中會有因人而異的差異存在。[59]

　　情勢固屬緊張，但是蔣認定，日本在解決與蘇聯的軍事矛盾之前，不會
貿然在中國大舉興兵。實際上，「不戰而屈」才是日本政府對華事務的最高
戰略。因此，駐華北日軍雖然天天叫戰，卻未真正付之行動，威脅利誘反而
是其所能反復施展的伎倆。是以，如何讓原本就處於半獨立狀態的華北五省，
不為駐華北日軍威脅利誘，自然就成為蔣介石應戰的首務。

　　一連串設了又裁、裁了又設的各種名目駐北平政務機構之出現，就是代
表中央政府與駐華北日軍在爭取華北各省行政當局之間的攻防戰。在駐華北日
軍的眼中，這些機構無疑是妨礙華北各省行政當局追求獨立的障礙，故欲求斬
草除根。可是，對國民政府而言，設置這些機構，不僅代表主權的象徵意義，
實務上也可牽制駐華北日軍，發揮保衛華北的功用。至於這些機構的裁裁設
設，無非是國民政府在面對駐華北日軍的強大壓力之時，為求脫困所使用的金
蟬脫殼之計。

---

59　韓復榘及閻錫山面對日本分化華北政策時，有不同立場。蔣做了以下觀測：「倭策動五省
　　自治，魯韓尤為動搖，而閻則深明大義」。見《蔣介石日記》，1935 年 10 月 31 日。

　　至於蔣介石的金蟬脫殼之計能屢試不爽，關鍵之一是日本的反共國策。1934 年 9 月 13 日，軍事委員會委員長四川行營祕書長楊永泰在上呈蔣介石的報告中，提及：

> 日昨，職致黃膺白先生齊特電文曰：「兄與日方人員晤談時，略有材料足供參考者，即邇來赤匪刻意宣傳國民黨國民政府如何與日妥協，如何向日投降，並一變其向所揭櫫之士兵不打士兵，窮人不打窮人等等口號，而以中國人不打中國人，紅白兩軍聯合抗日等詞，作新的號召之資。其行動則逐漸向西推進，如川中徐匪勢力已坐大，賀龍擾黔，蕭克已竄湘桂邊。其目的均圖會合於川陝而達新疆，以打通國際路線，萬一日俄戰事發生，俄方勢必儘量培植紅色勢力於我國西北，以為抗日桴鼓之應。爾時赤匪既假借抗日為其政治上之旗號，則凡國內一切反國黨反政府及反日本之集團與分子，無論零整，勢必與赤匪聯成一氣，另創新局。則中國分割為兩個力量，南京統治，固難倖存，乃驅中國人全受共黨之領導，而畫為蘇聯支配，此故非中國之利，抑尤非東亞前途之福也。日本方面稍有目光，對於中央剿赤軍事，由不宜直接間接再為懷疑牽掣，致虧一簣之功。實應於日俄戰事發生以前，助成吾人剿匪之大業，可否以此意懇切商談，敬祈裁酌為幸。」

　　除了以反共爭取認同外，利用日本陸軍內部的派系鬥爭，使其相互牽制，則是另一反制手段。例如，張群於 1935 年 8 月 3 日致四川行營祕書長楊永泰電，曾精彩描繪稱：

> 現在對日問題，第一難關即為對偽滿問題，自正常外交步驟言，我方對此問題，斷置如作懸案，暫時不提，事實上已同默認，可謂最大之讓步。但在日方情形，少壯派中之激烈者，初無與我方談此問題之意，蓋渠輩恐偽滿問題早日解決，則所謂非常時不得不告一結束，一切軌外活動，將受限制，無法再施展其伎倆。少壯派中之穩健者，即擁護清軍運動；贊助中央統制強化之一派，則以解決偽滿問題，結束非常時期，裁制激烈派自由行動，達到統制強化目的，為其新定國策。觀其任何一方，對華所取策略，均含有對內之作用。[60]

---

60　〈張群致楊永泰電〉（1935 年 8 月 3 日），「國史館」藏《蔣中正總統文物・一般資料——民國二十四年（四十四）》：002-080200-00242-063 頁。藏所下略。

　　電文中所謂激烈派及穩健派，按日本通稱即為「皇道派」和「統制派」。皇道派成員大多是連隊軍官，以尉級為主，惟背後另有大佬支持，如荒木貞夫、真崎甚三郎等大將。統制派則多出身陸軍省或參謀本部的參謀官，以校級為主。兩派結盟於 1931 年，時值統制派圖謀軍事政變，為求動員戰鬥部隊，故需倚仗戰鬥部隊中的連級軍官。

　　原本預定於同年 10 月起事的政變，因被陸軍大臣事先察覺，遂致不了了之。惟經此衝擊，軍中倫理體系已破壞無遺。爾後，日本再經五一五事變，政黨出身的總理犬養毅被少壯派軍人槍殺於官邸，再無政黨領袖敢於牽制軍部。軍部成為主導日本政策走向的主要力量。

　　軍部控制了國家實權，統制派乃認為革命已成，故率先棄置革命，改定新行動方針為國防建國。新方針既由破壞轉為建設，重點自然有所不同。特別是統制派擬「以軍治國」，軍部遂成為統籌全國改革的重心所在；而恢復軍紀保持團結，更是建國工程中的一大要務。可是談到恢復軍紀，自不能容忍「軍外有軍」的現象持續存在。當年統制派確曾回應革命行動，惟時勢遷移，手中掌握政權後，鎮壓革命並鞏固政權乃成其眼中的首務。然而，按皇道派觀點，雙方政治主張仍舊殊途同歸，可維繫相輔而成的夥伴關係。況且，皇道派的繼續革命論，仍是剷除舊政黨體制下殘餘保守勢力的最佳手段。是以，皇道派堅稱己身的存在，尤為統制派順利推動革命的保證。這一說法，統制派並不能接受。此後雙方皆以打倒對方為首要之務。[61]

　　兩派的惡鬥，影響日本對華政策。皇道派表面主張激進，實際卻不願改變現狀。換言之，皇道派一面聲言必欲國民政府勢力徹底撤出華北，實則期望華北處於懸而未決的緊張局面，好讓自身派系更有餘裕空間。

　　同時，日本政府及軍部層峰尚須顧及國際觀感，不願動輒使用武力。例如 1935 年 11 月 19 日，蔣介石在致宋哲元電中，便提及日本首相岡田啟介與元老西園寺公望皆不願在華北生事。[62] 此外，從蔣介石日記中，也能理解他與皇道派首腦、犬養毅與齋藤實兩任內閣（1931 年 12 月 13 日至 1934 年 1 月

---

61　黃自進：《北一輝的革命情結：在中日兩國從事革命的歷程》，中研院近代史研究所，2001，第 295—296 頁。

62　《蔣中正致宋哲元電》（1935 年 11 月 19 日），《蔣中正總統文物‧革命文獻——華北局勢與對日交涉（一）》：002-020200-00025-084。

23 日）的陸軍大臣荒木貞夫大將個人之間，長期保持密切聯繫。[63]

從荒木處，蔣不僅獲取馮玉祥、胡漢民爭相聯絡日本的情資，也得到荒木堅定支持自己的保證。[64]駐日公使館報告，也指出駐日武官蕭叔宣與皇道派另一要角、第一師團長柳川平助中將有所來往。當日本駐華北日軍於 1935 年 9 月大力推動「華北五省自治運動」時，柳川透露日本軍部只認「長城線為滿洲國境」，前線軍官的逾軌行動，不會得到東京本部支持。[65]

至於後來，蔣以組織冀察政務委員會方式，來化解駐華北日軍推動的「華北五省自治運動」，其原始構想卻是來自日本駐華使館武官磯谷廉介少將、駐華大使有吉明、駐南京總領事須磨彌吉郎等人於不同場合所提供的建言。[66]

日本政府無意用兵華北，特別在 1932 年 5 月以後，連續兩任內閣總理齋藤實及岡田啟介，皆海軍大將出身，並不反對此一決策。陸軍則維持著含糊曖昧態度。在暗殺事件不斷、前線將士動輒滋事，逼使政府忙於善後的情勢下，保持模糊態度實是高階官員的保身之道。他們這種態度，以及不吝與蔣介石溝通並提供資訊，自有助於蔣籌定華北政策。至於前線的關東軍及駐華北日軍，內部有皇道派及統制派之爭。皇道派貌似激進，但虎頭蛇尾。兩派的共同想法是，熱衷對蘇備戰，堅持偽滿洲國不可放棄，以及「中滿接境」需設緩衝地帶。惟如何處理對華關係，兩派頗有爭論。皇道派聲言打倒國民政府，徹底瓦解中國軍民的抗日意志，日本才無後顧之憂。統制派則主張，只需中國承認偽滿洲國的既成事實，兩國不獨可共謀親善，也可合組中、日、「滿」反共聯盟。

於是，國民政府表面上拉攏統制派，私底下卻寄望皇道派出面攪局。而皇道派每欲滋事，總帶來山雨欲來風滿樓之勢，戰事似乎一觸即發，中國所失卻往往並不多。中國在華北的主權，終能在飄搖中維持。

## 三、聯共反日

值此華北風雲詭譎之際，盧溝橋事變終於在 1937 年 7 月 7 日爆發，但事

---

63　俱見諸《蔣介石日記》，例如 1933 年 10 月 14 日記述：「本日與荒木使者談話」；1934 年 3 月 14 日記：「聘荒木之議」；同年 3 月 31 日記：「與荒木通信」；等等。

64　沈雲龍編《黃膺白先生年譜長編》下冊，聯經出版公司，1976，第 675 頁。

65　〈楊傑、熊斌致蔣中正電〉（1935 年 9 月 21 日），《蔣中正總統文物・一般資料——民國二十四年（五十三）》：002-080200-00251-023。

66　〈楊永泰致陳儀電〉（1935 年 12 月 2 日）、〈楊永泰致何應欽電〉（1935 年 12 月 4 日），《蔣中正總統文物・華北局勢（四）》：002-080103-00019-001。

件並非是日本政府的既定計畫。事件之擴大，和中日兩國政府都不願妥協有
關。蔣之所以在盧溝橋事變發生後決心應戰，以下所述的國內外因素皆扮演著
舉足輕重的角色。首先是法西斯主義在德國崛起，德蘇關係的急速惡化，逼使
蔣放棄對「日蘇先戰」的期盼。在 1936 年 3 月 14 日蔣介石的日記中，對德、
日、蘇的新三角關係之發展，有以下的記載：「世界戰爭必起於倭俄，以其意
在促成俄德戰爭，且以為倭俄開戰，則德必乘機攻俄也。總之無論俄德戰爭能
否引起，即使被其引起，則歐解決戰必速，而東方戰爭勝負之分必在歐戰決定
以後，最後西方各國必聯合處置倭寇與東方問題也。」[67]

　　這份對時局觀察的自述感言，若與往後的局勢發展做一對比，就可得知
是有相當程度的吻合。由此也可一窺蔣介石的睿智獨具。他的獨到之處在於一
則預言蘇德會爆發戰爭，二則預言亞洲戰事必需要等待歐洲戰事告一段落才有
終結之機會。而這份記錄，若再與這之前的時事觀測心得相比，會發現他對蘇
聯的外交處境以及日蘇先戰的可能性有了不同的看法。

　　例如 1934 年 8 月，他在日記中反覆探討的議題，則為當日蘇戰爭爆發時，
若面對日本要求參戰，中國的應對之道。他首先於 8 月 14 日提及：

　　一、倭俄戰息日急焦灼萬狀其將何以處之，二、應先與倭說明中國參
　　加戰爭必在統一全國以後，否則魯莽參戰或強迫被動則中途政府必倒，
　　中國大亂倭派兵鎮守，實於倭多不利，三、問倭要求中國最大與最小
　　限度，並反問其要求如達到不參戰可乎，四、切勿與之實說不能參戰
　　之情理也。

其次，他於 8 月 17 日又提及：

　　一、對倭應說如強參戰則中國人民反對非僅單獨剿共之功虧於一簣，
　　而且單獨收復新疆間接增倭便益亦皆不能，必使我國單獨對俄於彼方
　　有便益，否則是強我國國民國情於赤匪以助俄也。二、中國十年之內
　　永不與外國作戰則幾矣。

至於，中國為何不應參戰，8 月 20 日的日記做了如下的解釋：

　　如能不參加日俄之戰維持中立地位，則民族復興即在此十年之內，否

---

67　本段及以下幾段，分見《蔣介石日記》，1936 年 3 月 14 日；1934 年 8 月 14、17、20 日，
　　11 月 27 日，12 月 31 日。

則萬不得已受敵來攻則亦取單獨作戰方式而不加入其任何一方留有自由旋轉之餘地，此為處今戰時惟一之道也。

對蔣而言，中日兩國國力如此懸殊，既然不能力取，只能借力使力。其中，如何哄抬日本軍方氣勢，以便早日誘使日本政府向蘇開戰，更是他不時思索的問題。例如同年 11 月 27 日的日記中，他提及：

> 一、英美形勢已聯合對日乃為中國存亡之轉機，此後更應注重日本內部文武兩派之勝敗誰屬，當使文派抬頭以制軍閥抑使軍閥橫行以促其孤立乎。二、應急與倭寇乘機諒解，以促進倭俄之衝突。

此種對日蘇先戰的深信不疑，到 1935 年時更為熾烈。為此，蔣介石也開始認真考慮中日結盟的可能性，期盼能藉日蘇開戰之機，日本有求於中國之際，順勢要求歸還東北失土。他將日本可能允諾的讓步皆納入沙盤，並逐一做出推演，記載於 12 月 31 日日記中的本年反省錄稱：

> 對日外交原則：一、兩國邦交，應以平等親善為基礎，相對祕密。二、甲、東北問題之解決應承認中華民國之主權為原則，在此原則之下，可以國聯李敦報告書為談判之基礎而略為變通。如談判得有結果而彼方要求正式通告國聯作為結案時，我方不妨允之。乙、談判無結果時，作為懸案，相對祕密。丙、歸還東北，則與之公開同盟，對於西北鐵道予聘用教官。丁、取消長城以內戰區對峙狀態，恢復外交常軌，則與經濟合作。三、嗣後兩國遇有爭議事件，應以純粹和平方法解決之，相對祕密。四、遇有一方與第三國開戰時，他方在國際公法允許範圍內，應予以相當之接濟，其接濟辦法由雙方臨時定之，絕對祕密。

德蘇關係生變，起因於法西斯主義在德國的崛起，以及希特勒取得政權。在這之前，雙方曾有一段異於尋常的親密關係。德國可謂是共產蘇聯的最早期盟邦。當全世界主要大國，皆因蘇俄提倡共產革命，而刻意保持距離時，德國早在 1921 年 5 月 6 日就與蘇俄簽訂通商協定，並於翌年 4 月 16 日與蘇俄恢復外交關係。1926 年 4 月 24 日，德國甚至與蘇聯簽訂中立友好條約。[68] 由於受制於《凡爾賽和約》中對德國軍備的限制，德國為了保持軍事實力，利用蘇聯作為武器技術的開發以及軍官訓練的軍事基地。雙方之軍事合作，結束於

---

68　尾上正男《ソビエト外交史》、東京：有信堂、1969、237—238 頁。

1933 年 9 月。在反共政策下，德國政府關閉所有在蘇聯所設置的軍事基地及實驗工廠。[69]

德蘇關係的生變，初期並沒有引起國際社會的重視。不過，隨著德國 1933 年 10 月退出國際聯盟，並於 1935 年 3 月宣布不再接受《凡爾賽和約》中對德國軍備限制的約束，開始實施徵兵制，公然大規模擴展軍備以後，國際社會才認識到德國新政府擬以武力為後盾改變現有國際秩序之執著面。有見及此，蔣必須認真思考德國為執行其反共政策，與蘇聯有一戰之可能。

當蔣認識到德蘇兩國從友變敵後，當然會設想到蘇聯為避免兩面作戰，不願輕易與日本滋生戰事。但接連發生的兩件事，卻又讓他抱著相當程度的期待。一是 1936 年 2 月 26 日，日本爆發政變，一批駐守在東京市區的少壯派軍人，在突擊各要員官邸得手之後，進而攻占總理官邸、陸軍司令部、參謀本部、員警總部等各主要行政機構，要求改組政府。面對政變，天皇打破「御而不治」的憲政慣例，直接下國詔勒令鎮壓，叛軍於翌日宣布投降。事件中，三大臣被槍殺，叛軍 1376 人盤踞首都三天半；而海軍已下動員令，緊急調動艦隊及陸戰隊啟程趕赴東京灣，準備平亂。惟負責處理政變的陸軍反不願將之視為叛亂，僅強調「安撫重於圍剿」，甚至還有意與政變部隊合流，乘機接管內閣。這其中所突顯的詭異，反映出 1930 年代日本憲政體制的瓦解，陸軍內部派系的林立以及陸海軍對立的矛盾。[70] 另一是同年 3 月 12 日蘇聯與外蒙古簽訂互助同盟條約。蔣介石認為蘇聯對外蒙古染指甚久，在外蒙古的外交及經濟領域早已享有絕對優勢。是以，蘇聯與外蒙古的定盟，宣示的意義大過實質。況且自同年 3 月 26 日以來，在內蒙古與外蒙古交接之地，日蘇雙方的「邊境衝突較前加緊，其激烈形勢，為從來所未有」，是否意味著「俄蒙協定宣布之日，實即倭俄戰局完成之時」。[71]

也就是說，蔣將日本的二二六政變與《蘇蒙互助同盟條約》的簽訂，視為互為因果的骨牌效應，認為蘇蒙結盟是針對日本的軍事挑釁行為，隨著蘇軍的公開進駐外蒙，緊接而來的，可能就是蘇軍反撲偽滿洲國。蘇聯之所以選在

---

69　鹿毛達雄〈獨ソ軍事協力關係（1919—1933）：第一次大戰後のドイツ祕密再軍備の一側面〉，《史學雜誌》第 74 編第 6 號，1965 年，8—25、35—38 頁。

70　黃自進：《北一輝的革命情結：在中日兩國從事革命的歷程》，第 263—272 頁。

71　《蔣介石日記》，1936 年 3 月 31 日。

此時與外蒙簽約，似乎有趁日本內亂之虛而入的野心。

在認為日蘇戰爭將一觸即發之際，蔣希望能利用「鷸蚌相持」之勢，以中國保持中立為條件，要求日本「還我滿洲主權」，或者至少也要求日本「取消塘沽協定與冀東、察北戰區」。[72] 不過，蔣的期盼沒有維持太久，曾云「倭俄形勢，始急終緩」。[73] 另外，蔣在 1936 年 5 月 1 日自謂，德國於同年 3 月 7 日宣布廢棄《洛迦諾公約》，派遣部隊進駐萊茵河非武裝區域，以武力造成既成事實，突顯國際政治上「國防不固，地非己有」[74] 之權力關係本質。此份關注，也反映出他對希特勒崛起後歐洲局勢驟變的隱憂。

德蘇關係的持續緊張，讓蔣警覺到長年所盼的蘇聯攻日之大計終難實現。連他在國內推動的「剿共抗日」政策，也因受制於蘇聯遠東政策的改變，面臨破局。

中國共產黨是共產國際的一個支部，自然得追隨蘇聯的遠東政策。九一八事變爆發後，中共臨時中央於 9 月 22 日所做的決議是將九一八事變定位為「日本帝國主義的積極殖民地政策之產物」，決議要求廣大群眾「為反對日本帝國主義的暴力政策，反對帝國主義的奴役和侵略，反對進攻蘇聯和蘇區，擁護蘇維埃，武裝保衛蘇聯，反帝國主義的強盜戰爭而鬥爭」。[75] 同年 11 月 6 日共產國際所發出的聲明，也認為九一八事變「不是對蔣介石和國民黨的戰爭，這是對中國勞動群眾、對中國革命的戰爭，這也是對我們的戰爭」；「現在開始的對華戰爭，就是向反蘇戰爭又前進了一步」。[76]

至於在中國境內所發生的軍事行動，為何會與反蘇戰爭連成一線，對此楊奎松做了如下的精闢詮釋，他認為，堅持一切從革命利益出發來思考問題，是 1930 年代出掌中共領導地位的留蘇學生的思想特點。在他們看來，作為「世界革命的領導者與組織者」的蘇聯之存在，已經造就了社會主義與資本主義「兩個世界對立」的局面，蘇聯不僅成為「動搖世界資本主義與推進世界革命

72　《蔣介石日記》，1936 年 3 月 31 日。

73　周琇環編注《蔣中正總統檔案・事略稿本》第 36 冊，「國史館」，2008，第 494 頁。

74　周琇環編注《蔣中正總統檔案・事略稿本》第 36 冊，第 496 頁。

75　黃修榮：《抗日戰爭時期國共關係記事（1931.9—1945.9）》，中共黨史出版社，1995，第 3 頁。

76　周文琪、褚良如：《特殊而複雜的課題：共產國際、蘇聯和中國共產黨關係編年史（1919—1991）》，第 223 頁。

的最有利因素」，而且不可避免地成為帝國主義極端恐懼，必然置於死地的敵人。因而當共產國際宣稱，日本的行動是帝國主義「徹底瓜分中國」和「重新瓜分世界而準備新的帝國主義戰爭的一個重大階段」之時，如何要把帝國主義進攻蘇聯的危險視為自己「最主要的危險」，要十倍、百倍地加強反對一切帝國主義、國民黨的反蘇聯企圖與挑釁，開展廣大的群眾的保護無產階級祖國的運動，便成為中共領導人日常所思的問題。[77]

這種依階級屬性來看待九一八事變的性質，並非中共領導人的獨特思維，而是共產國際刻意經營的思考模式。12 月 29 日共產國際發給中共中央的指示，仍以鼓動推翻國民黨為反對帝國主義的民族革命戰爭的先決條件，並要求發展罷工運動，領導學生運動，號召士兵與民眾，聯合反對帝國主義與國民黨。[78]

在面對東北淪亡、中國領土主權遭受蹂躪的關鍵時刻，中共的對應仍不脫離「階級鬥爭」範疇，以打倒國民政府為首要目標，此一做法為國民政府不容以外，也得不到其他反日勢力的共鳴。再者，中共仍以領導群眾進行直接革命鬥爭為號召，這對任何既有傳統勢力皆構成威脅。由於中共的挑戰對象遍及所有既存的傳統勢力，因而這些傳統勢力對蔣介石所堅持的「剿共」政策，自然也是樂觀其成。

誠如蔣在 1934 年 12 月 29 日日記所言：「若為對倭計，以剿匪為掩護抗日之原則言之，避免內戰，使倭無隙可乘，並可得眾同情」。[79]「剿共」不僅可消滅反側，鞏固其統治基礎，同時也可藉「剿共」之名，順勢派兵遣將，讓中央軍派駐到這些原本半獨立自主之省分，將這些桀驁不馴的省分順勢納入中央政府體系。再者，九一八事變以後，日本政府因不樂見國民政府的日漸茁壯，對國民政府擴充權限的任何作為，都會出面阻擾，但對於「剿共」，因符合日本政府的反共國策，反而成為其能容許國民政府施展抱負的行政領域。是以，「剿共」對蔣介石而言，一則可消滅反側，二則削減地方勢力，三則可回避與日作戰，可謂有一石三鳥之效。

---

77　楊奎松：《「中間地帶」的革命：國際背景下看中共成功之道》，山西人民出版社，2010，第 301—302 頁。

78　周文琪、褚良如：《特殊而複雜的課題：共產國際、蘇聯和中國共產黨關係編年史（1919—1991）》，第 224 頁。

79　《蔣介石日記》，1934 年 12 月 29 日。

　　蔣「剿共」政策所達成的統一成就，中共也許還不自覺，共產國際卻是心知肚明。誠如 1936 年 7 月下旬共產國際總書記季米特洛夫（G. D. Mikhailov）在內部檢討會議中的指陳，「在蔣介石已經把全民族的四分之三組織起來以後」，中共除了選擇與蔣合作以外，別無他路。因此他認為當務之急莫過於發起抗日統一戰線，逼使蔣在接受抗日統一戰線的基礎上與中共共存。[80]

　　同年 8 月 15 日，共產國際正式下達指示給中共，指責中共不應當把國民黨、蔣介石同日本侵略者混為一談，因為中國人民的主要敵人是日本帝國主義，在現階段，一切都應服從抗日。此外，決不能同時反對日本侵略者和蔣，也不能認為整個國民黨和整個蔣介石的軍隊都是日本的同盟者。為了切實有效地進行抗日鬥爭，就必須有蔣的軍隊參加，至少有其絕大多數軍隊參加。基此思考，共產國際要求中共必須正式向國民黨和蔣介石提出建議，立即就停止軍事行動和簽訂共同抗日協定進行談判。[81]

　　根據共產國際的指示，中共中央於 8 月 25 日發出《中國共產黨致中國國民黨書》，呼籲國民黨「立即停止內戰，組織全國的抗日統一戰線，發動神聖的民族自衛戰爭」。[82] 9 月 22 日，毛澤東分別致函蔡元培、宋慶齡、李濟深、李宗仁、白崇禧、蔣光鼐、于學忠等，呼籲他們利用自己的影響力，促使國民黨改弦更張，同時，也致函蔣，要求「化敵為友，共同抗日」。[83]

　　中共的抗日主張，自然能引起全國輿論的肯定。再則，中共願在抗日統一戰線下與國民黨及其他勢力攜手抗日的新政策，也為中共與非國民政府嫡系的地方實力派開拓合作的空間。尤其是蔣的「剿共」有成，也讓蔣的實力不斷膨脹，而地方實力派的空間日愈縮小，倖存者不無兔死狐悲之痛。[84] 無怪乎當中共改弦易轍以後，閻錫山旋於 9 月提出「迎共抗日」口號作為呼應，請中共代表到山西幫助工作；10 月中共與四川劉湘訂立了《抗日救國軍事協定》。在此前後，中共還先後與李濟深、馮玉祥、孫科、馬占山、韓復榘、宋哲元等

---

80　周文琪、褚良如：《特殊而複雜的課題：共產國際、蘇聯和中國共產黨關係編年史（1919—1991）》，第 294 頁；楊奎松：《西安事變新探：張學良與中共關係之研究》，東大圖書公司，1995，第 167 頁。

81　黃修榮：《抗日戰爭時期國共關係記事（1931.9—1945.9）》，第 121 頁。

82　黃修榮：《抗日戰爭時期國共關係記事（1931.9—1945.9）》，第 123 頁。

83　張玉法：《中華民國史稿》，第 305—306 頁。

84　顧關林：〈簡述地方實力派與中共的早期關係〉，《中共黨史研究》1988 年第 1 期，第 43 頁。

建立祕密關係，並與傅作義、高桂滋等取得諒解。[85] 這其中，反應最激烈的莫過於身居「剿共」第一線西北地方的兩大實力派張學良與楊虎城在西安所聯手發動劫持蔣的兵諫事件。

西安事變是蔣中止「剿共」的關鍵，已不必贅言。尤其是事變和平落幕、西北「剿匪」總司令部的裁撤、國民黨五屆三中全會和平統一共赴國難方針的確立、中共取消蘇維埃政府紅軍改編為國民革命軍的國共合作宣言、國民政府承認中共合法地位等一連串事件的發展，皆與西安事變期間蔣的新決定有密切關係。不過，西安事變並非本章主題，本章所欲強調的是共產國際自始就對張學良的「兵諫」持否定意見，認為張的行動「無論其意圖如何，客觀上只會有害於中國人民的各種力量組成抗日統一戰線，只會助長日本對中國的侵略」。也由於共產國際堅持要以和平方式解決，以及全國各地的反應不如預期，促使毛澤東放棄「罷免蔣氏，交付國人裁判」的主張，轉而同意以張學良所提的條件為基礎，與蔣談判。[86]

共產國際之所以要刻意維護蔣介石，無非是捨蔣以外，實無他人能整合中國的不同政治勢力。在 1935 年共產國際第七次代表會議將日本與德國、義大利並列為世界共產之敵的法西斯主義國家之後，[87] 日德於翌年在柏林簽訂《日德防共協定》以謀抵制。在蘇聯與日德兩國相對峙之局勢愈趨明朗之際，如何避免與日德兩國同時開戰，如何防止國民政府也投入日德的防共陣營，就成為蘇聯的最高戰略考慮。[88] 這也是蘇聯藉由共產國際之名，要求中共實行統一戰線政策，反對中共將反日與反蔣等同視之，反而主張中共應將蔣納入統一戰線之時代背景。換言之，蘇聯希望中日之間能先開戰，期盼藉由中國之力困住日本，以利蘇聯全力對付德國。既然希望中國能幫助蘇聯困住日本，當然不希望中國陷於混亂，提倡統一戰線，一來可替中國保住元氣，二來也可替中共找一生路。

---

85　張玉法：《中華民國史稿》，第 305 頁。

86　張玉法：《中華民國史稿》，第 307—308 頁；黃修榮：《抗日戰爭時期國共關係記事（1931.9—1945.9）》，第 162 頁。

87　周文琪、褚良如：《特殊而複雜的課題：共產國際、蘇聯和中國共產黨關係編年史（1919—1991）》，第 265—267 頁。

88　Boris N. Slavinsky《日ソ戦争への道：ノモニハから千島占領まで》、株式會社共同通信社，1999，76—91 頁。

　　當國共雙方在國內外抗日情勢與壓力之下不得不在形勢上合作以後，[89] 蔣介石的「先剿共後抗日」政策自然要改弦更張，而他「日蘇先戰」的期盼也不得不放棄。尤其是盧溝橋事變爆發，國內民心憤慨已至極點，中共主戰尤力，若再不抵抗，內戰勢將再起。

　　此外，若與 1933 年日軍入侵關內、侵占熱河時相較，蔣的舉國一致備戰體制已頗具規模。首先是中央勢力已進入西南，長期抗戰的根據地有所著落。其次，撤銷西南執行部、西南政務委員會，原本廣東、廣西與中央政府分庭抗禮的分治局面得以解除，兩廣重新納入中央體制。[90] 至是，除河北、察哈爾的一部分為日本控制，新疆為蘇聯控制，陝北及甘肅的一小部分屬於中共外，其餘關內 19 省大致悉奉中央命令。[91]

　　至於中共方面，藉由 1937 年初國共雙方的一連串談判，蔣在 2 月 10 日，得到共產黨所提出的以下四項保證：（1）在全國範圍內停止推翻國民政府之武裝暴力方針；（2）工農政府改名為中華民國特區政府，紅軍改名為國民革命軍，直接受南京中央政府與軍事委員會之指導；（3）在特區政府區域內，實施普選的徹底民主制度；（4）停止沒收地主土地之政策，堅決執行抗日民族統一戰線之共同綱領。[92] 國民黨的領導地位既然得到尊重，與中共的緊張對峙關係遂得以減緩。雙方爭執重點已縮小為陝甘寧邊區的地位、紅軍的編制以及待遇等實務性問題。[93] 對蔣而言，只要紅軍得以收編，全國軍令能夠維持形勢上的統一調度，中國就有奮力一搏的實力。

89　張玉法：《中華民國史稿》，第 309 頁。
90　張玉法：《中華民國史稿》，第 290—291 頁。
91　郭廷以：《近代中國史綱》，第 759 頁。
92　黃修榮：《抗日戰爭時期國共關係記事（1931.9—1945.9）》，第 201 頁。
93　張憲文等：《中華民國史》，南京大學出版社，2006，第 342—351 頁。

# 第十一章　中華民族的抗日戰爭

　　19 世紀中葉，在中國被西方列強打開國門的同時，日本也面臨同樣的歷史命運。1853 年 6 月 3 日，美國東印度艦隊司令佩里（M. C. Perry）準將指揮四艘戰艦進入江戶灣浦賀港，要求與日本進行互市貿易，因其戰艦塗有黑漆，此事又稱「黑船事件」。日本在壓力下接受西方要求開放了港口，也同意西方列強取得在日本的永久居住權、貿易權及領事裁判權、議定關稅權等。

　　「黑船事件」引起幕府內部關於日本對西方態度的爭議，在面臨淪為西方列強殖民地的嚴重危機以及將軍後繼人選的激烈爭鬥中，獲得權力的明治天皇宣布廢除幕府，在江戶（東京）建都，廢藩置縣，實施「文明開化」、「殖產興業」、「富國強兵」三大國策，即進行了「明治維新」。維新政策設計者福澤諭吉提出日本「不能再盲目等待鄰國實現文明開化，共同振興亞洲，不如與其脫離關係而與西洋文明國共進退。支那與朝鮮雖是日本的鄰邦，同他們打交道用不著特別客氣，完全可仿效西洋人的方式來處理」的「脫亞論」。[1] 這一理論與傳統的「神國日本」理念相結合，使日本的「富國強兵」國策具有明顯的蔑視中國與朝鮮的傾向，進而使侵吞朝鮮、侵略中國的軍國主義擴張思想得以滋生。

　　1872 年，日本將獨立的琉球國改為琉球藩，藉漁民被害事件向臺灣出兵之機正式兼併琉球。1894 年，趁朝鮮內部發生動盪，日本與把朝鮮作為藩屬國加以保護的中國發生戰爭。甲午戰爭的結果是改變了此前中國主導的東亞國際秩序，同時也大大改變了日本人對中華文明的敬畏心態。而在 1905 年取得

---

* 本章由步平撰寫。

1　《福澤諭吉全集》第 10 卷、岩波書店、1970、239 頁。

日俄戰爭的勝利後，日本更躋身於列強的行列，獲得了原來俄國在中國東北南部的權益，與俄國形成了分割在中國東北的勢力範圍的局面。第一次世界大戰期間，日本向中國提出包括要求德國在山東權益在內的「二十一條」，侵略中國的意圖更加明顯。1927 年 6—7 月，首相田中義一主持召開東方會議，以「訓令」的形式提出《對華政策綱領》，制定了將中國東北與內蒙古從中國分離出去的「滿蒙分離政策」及針對中國的強硬的方針等，強調「滿蒙」在國防上和國民的生存上對日本有「重大的利害關係」，日本「不能不負有特殊的責任」，當該地區日本的特殊地位和權益有受侵害之威脅時，「不管來自何方，將予以防護」。[2] 這也就是日本的所謂「大陸政策」。[3] 中國的抗日戰爭就是在這樣的大背景下，針對日本的侵略行徑展開的。

## 一、日本對中國東北的侵略與中國的局部抗戰

### 九一八事變、東北淪陷與義勇軍抗戰

1928 年，蔣介石通過國民黨二屆四中全會取得合法地位後協調各派力量進行統一全國的北伐，但是日本出兵山東實行武力干涉，製造了濟南慘案。蔣介石極為憤慨，意識到來自日本的巨大威脅，也有「雪恥」的決心，但由於他將消滅紅軍及違抗其意志的叛逆軍視為第一要義，以「攘外必先安內」為處理內外關係的具有全域性的戰略國策，所以仍主張對日採取隱忍自重的妥協政策。

但是，一直覬覦中國東北權益的日本軍部，特別是駐紮東北的日本關東軍已經迫不及待地開始了活動，在 1928 年 6 月製造了炸死張作霖的皇姑屯事件。張學良於當年 12 月宣布「易幟」後加緊修築「滿鐵平行線」，加快葫蘆島港灣建設的行動，則被日本認為關係其在中國東北的存亡，提出保衛「滿蒙生命線論」的主張，在國內製造侵略中國的輿論，在東北頻繁進行軍事演習，加劇了與中國方面的緊張關係。

---

2　外務省編《日本外交年表竝主要文書（1840—1945）》下冊、原書房、2007、101—102 頁。

3　東方會議後，傳出了名為《田中奏摺》的文件。但關於這一文件的真偽學界有許多討論。雖然該文件的產生有諸多不明之處，但後來日本的擴張過程驗證了該文件概括的主張。曾任日本駐華代理公使及外相的重光葵雖然否認該文件的存在，但也表示「此後東亞發生的事態，以及隨之日本所採取的行動，恰恰呈現出以田中奏摺為教科書而進行的狀態。因此，要消除外國對該文件的懷疑是困難的」。見重光葵《昭和の動亂》上卷、中央公論社、1952、33 頁。

　　1931 年 4 月，日本陸軍參謀本部在情報部長建川美次少將的主持下制定了分三步解決滿蒙問題的《形勢判斷》，6 月又制定了《解決滿蒙問題方案大綱》，提出以「大約一年為期，即明春以前務期周密實施之」[4]的方針。關東軍高級參謀石原莞爾和板垣征四郎則組織考察東北各地的參謀旅行，制定了包括《處理滿蒙問題方案》在內的一系列「領有滿洲」的作戰計畫，並密謀製造事端。

　　1931 年春夏之際，關東軍以東北地區發生了萬寶山事件和中村大尉事件為藉口向朝鮮增兵兩個師團，把駐朝鮮的第十九師團開到圖們江沿線，同時下令在東北的日僑組織——「在鄉軍人會」會員迅速在瀋陽、長春、哈爾濱等大城市集結。在東北的日本滿洲青年聯盟、大雄峰會等右翼團體叫囂日本的「滿蒙生命線」受到「威脅」，煽動「武力解決論」，在各地舉行抗議性的集會遊行，還組團返回日本遊說。

　　1931 年 9 月 18 日夜 10 時 20 分左右，日本關東軍在大連通往瀋陽的南滿鐵路柳條湖附近製造爆炸和東北軍破壞鐵路的現場，並立即向駐守北大營的東北軍發起進攻。張學良針對東北軍的報告指示「絕對不抵抗」，[5]所以東北軍損失嚴重。團長王鐵漢在忍無可忍的情況下，下令還擊後撤出北大營。與此同時，日軍第二十九聯隊從瀋陽的滿鐵附屬地向城內發起進攻。地方軍警也接到不准抵抗的命令。9 月 19 日，日軍進據東北邊防軍長官公署和遼寧省政府機關，瀋陽全城淪陷。

　　當日軍向北大營進攻的同時，關東軍司令官本莊繁向駐朝鮮軍司令官林銑十郎中將發出緊急增援的電報，下令駐遼陽、公主嶺、鐵嶺等地的日本軍隊向瀋陽集中，並要求駐其他地區的日軍攻擊該地中國軍隊。由於各地中國軍隊幾乎沒有進行有效的抵抗，日軍在 9 月 19 日便迅速占領了安東、營口、鳳凰城等地，21 日占領吉林省城吉林市。不出三天，東三省兩個省會淪陷。[6]

　　瀋陽淪陷後，遼寧省政府和省軍署遷至錦州，成為日本關東軍進犯山海

---

4　天津市政協編譯委員會摘譯《日本軍國主義侵華資料長編》（上），四川人民出版社，1987，第 185、186 頁。

5　1931 年 9 月 19 日，張學良向滿鐵駐北京事務所江藤表示：「已在昨夜 12 時給奉天駐軍下達了絕對不抵抗的命令」，當日下午回答記者提問時也做了同樣的表示。見《盛京時報》1931 年 9 月 21 日。

6　參謀本部編、稻葉正夫解說《滿州事變作戰経過の概要　滿州事變史》，巖南堂、1972、4 頁。

關，進而全面霸占東北的最大障礙。關東軍先用飛機轟炸錦州，儘管引起國際輿論強烈反響，但日本陸軍部還是決定進攻。東北軍堅持到 1932 年 1 月 3 日，錦州終於失守。

日本軍隊迅速占領東北，激起了各地軍民愛國情感的爆發，掀起了轟轟烈烈的抗日救亡運動。在東北各地出現了被稱為抗日義勇軍的軍民自發的抵抗。

首先是分布在東北的原東北軍部分軍人，在日軍的進攻面前被迫進行了抵抗。如黑龍江省防軍黑河警備司令兼步兵第三旅旅長馬占山、第二旅旅長蘇炳文，以及吉林省邊防軍的團長馮占海、第二十七旅的營長王德林、獨立第二十四旅旅長李杜、黑龍江省防軍參謀長謝珂等，他們的隊伍後來與各地地方武裝匯合起來，成為義勇軍的一部分。

成為東北義勇軍骨幹的還有由遼寧省警務處長黃顯聲統合遼西各縣抗日武裝改編的遼寧抗日義勇軍計 22 路軍，錦州失守後，這些抗日武裝由東北民眾救國會負責，改名為東北民眾自衛義勇軍。原東北軍團長唐聚五成立了遼寧民眾自衛軍，編成 19 路軍。另外，在遼寧北部、南部和中部，還分別有高文彬、李純華、耿繼周領導的抗日武裝。在遼寧西部和東部，分別是鄭桂林、原鳳城公安局局長鄧鐵梅等領導的抗日武裝東北民眾自衛軍。

九一八事變後流亡北平的東北籍愛國人士閻寶航、車向忱、盧廣績，以及朱慶瀾等人在張學良的支持下，成立了東北民眾抗日救國會和遼吉黑民眾後援會，派員潛入敵占區聯絡地方軍警、士紳、聯莊會、大刀會及綠林武裝，組織他們成立起各種旗號的抗日義勇軍，展開抗日復土鬥爭。由救國會委任的義勇軍就有 50 餘路。

各地的一些綠林武裝，在民族危難關頭也拋棄舊業，投身抗日。1931 年10 月，綠林武裝張海天（老北風）、項青山等率部加入義勇軍，縱橫在遼南的盤山、海城、臺安一帶，三次攻入臺安縣城。

義勇軍發展得很快，到 1932 年已經有 30 餘萬人。各地的義勇軍儘管組織倉促、武器裝備很差，但是士氣旺盛。如遼南地區編成的義勇軍第二軍團，下轄 17 路軍及 6 個獨立大隊，多以大刀長矛為武器。但就是這樣的隊伍，在1932 年 8 月 28 日曾聯合發起攻打瀋陽的戰鬥，襲擊了兵工廠，焚毀了機場

倉庫，燒毀了幾架飛機，還斃傷日偽軍數十人。東北民眾自衛軍曾夜襲鳳凰城，襲擊莊河、大孤山、卡巴嶺、三義廟等敵人據點，隊伍擴大到 3000 餘人。

　　中共滿洲省委在協助與領導東北義勇軍的同時，從 1932 年起，也在東北各地領導創建了 10 餘支開展游擊戰爭的隊伍，逐步發展為東北人民抗日鬥爭的主力。1933 年 9 月到 1935 年底，東北抗日游擊隊陸續改編為東北人民革命軍，共有 6 個軍，約 7000 人，活動區域擴大到 40 多個縣。1936 年 2 月到 1937 年 10 月，東北人民革命軍陸續改編為東北抗日聯軍，共建成 11 個軍，約 3 萬人，活動區域達到 70 餘個縣。全面抗戰爆發後，東北抗日聯軍在極端困難與險惡的環境中，轉戰各地，堅持抗日游擊戰爭，為中國人民抗日戰爭和世界反法西斯戰爭的最後勝利做出了重要貢獻。[7]

　　關東軍占據瀋陽、吉林以後，買通洮遼鎮守使張海鵬向北部的齊齊哈爾進攻。張學良令馬占山為黑龍江省代主席兼軍事總指揮，主持黑龍江軍政。馬占山則宣誓將「效命疆場」，「保守我省疆土」。[8] 1931 年 11 月初，日軍組成以濱本喜三郎大佐為指揮的嫩江支隊，在張海鵬軍隊配合下進攻駐守嫩江鐵路橋的中國軍隊。中國守軍在馬占山率領下進行了頑強抵抗，在江橋保衛戰後，中國軍隊於 11 月 18 日凌晨撤往齊齊哈爾省城，19 日省政府撤出省城轉移到克山，江橋抗戰結束。

　　江橋抗戰作為九一八事變後東北愛國軍民第一次有組織的大規模民族自衛戰，在海內外產生了巨大影響。臺灣進步人士組成的臺灣遺民會發表《敬告全國同胞書》，指出「馬占山將軍孤旅抗戰，屢挫凶鋒，屹立塞外，至今不屈，是吾軍並非不可戰」。[9]全國各機關、團體、人民群眾和古巴、蘇門答臘、印度、巴拿馬、新加坡及南美各地的華僑踴躍捐款，支援馬占山的抗日義舉。上海生產「馬占山」牌香菸成為暢銷品。英國《每日郵報》和上海美國人辦的《密勒氏評論報》派出記者到東北採訪馬占山，美國《世界新聞》、《紐約晚報》，英國《先驅報》、《泰晤士報》，蘇聯《真理報》、《消息報》，法國《法文日報》，德國《江戶報》等都報導馬占山的抗日消息，擴大了江橋抗戰的影響，使馬占山成為世界級的知名人物。

---

7　參見該書編寫組編《東北抗日聯軍史料》，中共黨史資料出版社，1987。
8　徐蓁葆編《馬占山將軍抗日戰》，出版者不詳，1933，第 11 頁。
9　陳覺：《九一八後國難痛史》（上），遼寧教育出版社，1991 年再版，第 1015 頁。

關東軍占領齊齊哈爾以後，從 1932 年 1 月開始進攻哈爾濱。以李杜為總司令、丁超為護路軍總司令、王之佑為前敵總指揮的吉林自衛軍發表抗日討逆通電，他們並親赴前線指揮抵抗作戰，但由於敵人裝備優良，哈爾濱周邊陣地連連失守。2 月 5 日，李杜率部撤退。哈爾濱失陷後，馬占山一度向日軍妥協，赴瀋陽參加偽滿建國會議，接受了黑龍江省省長兼軍政總長等偽職。但在返回齊齊哈爾省城就任偽職 40 天後，馬占山再上抗日戰場，邀李杜、丁超反攻哈爾濱。關東軍司令官本莊繁親自指揮，並得到增援，中國軍隊內部則出現了漢奸配合日軍進攻的現象，導致攻打哈爾濱戰鬥失利。

吉黑義勇軍的抗日活動在 1932 年進入低潮後，由海拉爾警備司令兼第二旅旅長、哈滿護路軍司令蘇炳文領導的抗日武裝在黑龍江省西北部的海拉爾地區崛起。9 月 27 日，蘇部以兩個營的兵力解決了日本國境守備隊，10 月 1 日在海拉爾宣布成立東北民眾救國軍，隨即在富拉爾基車站與日軍展開拉鋸戰，一度收復富拉爾基。11 月中旬，蘇部在日軍坦克、騎兵進攻下一路撤退，與前來扎蘭屯養病的馬占山一同進入蘇聯境內。

1932 年 9 月，關東軍抽調兩個師團、三個旅團 4 萬餘人，以坦克開路，飛機轟炸，對義勇軍進行大規模「圍剿」。義勇軍因實力薄弱被日軍分別擊破，相繼潰敗。九一八事變之後，日本帝國主義與中華民族的矛盾逐漸成為中國社會的主要矛盾。在國難當頭、民族存亡危機之際，中國各界人民掀起了抗日救亡運動；東北淪陷區人民的抗日鬥爭拉開了中華民族局部抗戰的序幕。

## 蔣介石對九一八事變的處置與淞滬抗戰

九一八事變的發生導致中國東北數十萬平方公里國土淪喪，使三千萬東北同胞成為亡國奴，是中華民族的莫大恥辱，也使蔣介石大感意外。[10] 但是他認為在國家尚未統一的情況下難以與日本決戰，所以仍堅持「先安內政策」。對於東北的局面，他將希望寄託於國際聯盟，期待國聯及「非戰公約」國出面對日本施壓，提出將日本占領東三省事「先提國際聯盟與『非戰公約』國，以求公理之戰勝」。[11] 9 月 22 日，他在南京國民黨黨員大會上仍說：「此刻

---

10　蔣在 9 月 20 日日記中說：「聞瀋陽、長春、營口被倭寇搶占以後，心神哀痛，如喪考妣。苟為我祖我宗之子孫，則不收回東省，永無人格矣！小子勉之！」見《蔣介石日記》，1931 年 9 月 20 日，斯坦福大學胡佛研究所藏。藏所下略。
11　《蔣介石日記》，1931 年 9 月 21 日。

必須上下一致，先以公理對強權，以和平對野蠻，忍痛含憤，暫取逆來順受態度，以待國際公理之判斷。」[12]張學良曾派萬福麟來南京，希望蔣介石與日本交涉解決東北問題，蔣很不高興，認為「與其單獨交涉而簽喪土辱國之約，急求速了，不如委之國際仲裁，尚有根本勝利之望」。[13]

為尋求通過外交途徑解決東北問題的辦法，蔣介石要求外長顧維鈞在國際場合進行交涉，同時也約見英、美、法等外國公使，希望各國主持公道與正義。國聯理事會雖然在 10 月 24 日的會議上通過了法國提出的限日軍在 11 月16 日前完全撤兵的決議，被蔣認為體現了公理，但一方面日本並未將國聯決議放在眼裡，仍然我行我素，另一方面英美等國還將日本作為對抗蘇聯的重要棋子，對日本的行為繼續採取容忍觀望態度，蘇聯則為緩和與日本的對立也持不干涉的中立態度，所以外交解決的前途渺茫。

在這期間，日本於 1932 年 1 月進占錦州，又在 2 月占領了哈爾濱，成立偽滿洲國傀儡政權，並於 3 月扶植清末遜帝溥儀出任偽政權「執政」，完成了對中國東北的侵略。

九一八事變後，為了轉移國際社會的視線，在關東軍的要求下，1932 年1 月 18 日，日本駐上海公使館陸軍助理武官田中隆吉，策劃了襲擊日蓮宗和尚的事件。事件發生後，儘管上海市政府按照國民政府的指示，於 28 日下午1 時 45 分致函日本駐上海總領事村井倉松，全部接受了日方提出的要求，[14]但駐上海地區的日本海軍陸戰隊還是找藉口進攻閘北的中國軍隊，並於 1 月29 日發表聲明，誣稱該事變是由於中國的排日所引起，並繼續要求中國軍隊從日僑居住的地區撤走。[15]此後日軍不斷增兵上海，擴大事端。中國政府決定採取「一面抵抗，一面交涉」的方針，駐守該地區的中國第十九路軍奮起抵抗，開始了淞滬抗戰。

日軍在閘北地區的進攻失利後，在英方的調停下，與中方暫時達成了停

12　上海《民國日報》1931 年 9 月 23 日。

13　《蔣介石日記》，1931 年 9 月 23 日。

14　日本駐上海總領事村井倉松 1 月 21、28 日致上海市市長吳鐵城函，以及國民政府的指示和上海市政府的覆函，分見外務省編《日本外交文書・滿州事變》第 2 卷第 1 冊、東京、1981、8、15—16 頁；中央檔案館等編《日本帝國主義侵華檔案資料選編・九・一八事變》，中華書局，1988，第 530—531、534—535 頁。

15　《日本外交年表竝主要文書（1840—1945）》下冊、195—196 頁。

戰協定。2月2日，日本參謀部和軍令部決定增兵上海，命令陸海軍協同作戰。進攻上海的日軍先由中將植田謙吉指揮。戰鬥開始後，十九路軍作戰英勇，張治中率新編第五軍的三個團也開赴上海支援。在中國軍隊取得節節勝利時，十九路軍的槍彈和軍餉卻無以為繼。18日，植田向第十九路軍軍長蔡廷鍇發出最後通牒，要求中國軍隊停止軍事行動。[16] 遭中方拒絕之後，日軍於20日在廟行發動總攻擊，但遭到了失敗。23日，日本決定再向上海增派第十一、十四師團，組成「上海派遣軍」，以大將白川義則為司令官，從3月1日起以優勢兵力再度發動強大攻勢。中國軍隊的艱苦抗戰得不到繼續增援，在腹背受敵的情況下，被迫轉移至昆山第二道防線，日軍也停止進攻。

3月14日開始，中國外交部次長郭泰祺與日本駐華公使重光葵在英國駐上海總領事館進行談判。英、美、法及義大利的代表列席協商。5月5日，中日兩國代表簽訂了《上海停戰及日方撤軍協定》，規定：（1）「中國軍隊在本協定所涉及區域內之常態恢復，未經決定辦法以前，留駐其現在位置。」「日本軍隊撤退至公共租界暨虹口方面之越界築路，一如中華民國二十一年一月二十八日事變以前」；（2）中日雙方設立「共同委員會」，「列入與會友邦代表為委員」。[17]

協定的簽署雖然使中日結束了在上海地區的戰爭狀態，但是關於中國軍隊在上海駐兵的規定嚴重損害了中國主權，也表現了國民政府在對日交涉中的妥協立場。

九一八事變後，國際聯盟理事會根據中國政府的要求決定派遣調查團赴中國東北進行調查。國聯調查團以英國前駐印度總督李頓（V. B. Lytton）伯爵為團長，於1932年3月14日抵達中國進行調查。在這期間，中國政府對日本炮製偽滿傀儡政權表示了堅決的反對態度。3月12日國民政府發表宣言：對於東三省成立的傀儡政府，始終認為叛亂機關；對於其一切非法行為，絕對不能承認，並應由日本政府負其全責。9月17日，中國駐日公使蔣作賓就日本承認偽滿洲國事，奉命向日本外務省提出抗議照會。[18]

---

16　〈植田致蔡廷鍇通牒〉、〈村井致上海市長通牒〉，《歷史檔案》1984年第4期。
17　該協定的中文本載《日本帝國主義侵華檔案資料選編・九・一八事變》，第631—634頁；日文本及英文本載《日本外交文書・滿州事變》第2卷第1冊、331—338頁。
18　秦孝儀主編《中華民國重要史料初編——對日抗戰時期　第六編　傀儡組織》（1），中國國民黨黨史會，1981，第53—54、117—120頁。

10月2日，調查團的報告書在日內瓦、南京、東京三地同時發布。[19] 報告書認定了日本發動九一八事變的計劃性和占領中國東北的非法性，指出了東北偽政權的傀儡性質；在強調中國對東北主權的同時又承認日本在滿洲的「特殊」地位與權益。報告書主張恢復東北在九一八事變前的狀態，否認維持偽滿洲國的現狀，提出了日本仍占優勢地位的「國際合作」主張。中國政府對報告大體滿意，但日本外務省則於11月21日發表長篇意見書予以駁斥。[20]

12月12日，國聯大會決定成立專門處理中日爭端的十九國委員會，根據李頓調查團報告書起草有關決議。1933年2月17日，十九國委員會通過《國聯特別大會關於中日爭議報告書》，堅持中國在東北的主權和不承認偽滿洲國等重要觀點。[21] 中國代表表示接受報告書，日本代表則予以抵制和抗議。在2月24日的國際聯盟特別大會上，由於報告書以42票贊成、1票（日本）反對的結果獲得通過，日本代表松岡洋右發表了反對宣言後退出會場。3月27日，日本發表退出國際聯盟的通告，昭和天皇發表了退出國聯的詔書。[22]

## 日本分離華北與長城抗戰

九一八事變後，日軍以毗鄰東北的熱河省與長城地帶為基地，開始向華北地區進行擴張。1933年1月3日，日軍占領山海關，接著決定「經略熱河計畫」，提出「要使熱河省名符其實地成為滿洲國的領土」。[23] 2月17日，宋子文、張學良等視察承德防務，將東北軍和撤進熱河的義勇軍餘部組織起兩個集團軍，在2月23日關東軍兵分三路入侵熱河省的時候分別抗擊日軍。但是，由於李守信部開城納敵，孫殿英部先行撤退，第四軍團馮占海部雖拚死抵抗，仍未能守住赤峰。在日軍進攻下，熱河北部大部分淪陷。防守南線的萬福麟部6個步兵師也未能阻擋日軍進犯的鋒芒，傷亡慘重，被迫撤進關內，熱河南部也落於敵手。中路日軍第八師團第四旅團從錦州出發，次日即占領北票。在向朝陽進犯中，由於前線中國守軍投敵，三十八旅不得已撤出戰鬥，致朝陽淪陷。3月4日，坐鎮承德的湯玉麟棄城逃跑，熱河全境淪陷。日軍3

---

19　中文本見《國際聯合會調查團報告書》，中華民國國民政府外交部譯製，1932。
20　《日本外交文書·滿州事變》第2卷第1冊、291—360頁。
21　秦孝儀主編《中華民國重要史料初編——對日抗戰時期　第六編　傀儡組織》（1），第418—448頁。
22　《日本外交文書·滿州事變》第3卷、511、614—621頁。
23　參謀本部編、稻葉正夫解說《滿州事變作戰經過の概要 滿州事變史》、140—141頁。

月4日進占承德後分兵進攻長城各口，國民政府第一次公開組織的熱河抗戰失利。

　　熱河失陷後，日軍進逼長城一線，出現了平津危機、華北危機的局面，社會各界呼籲蔣介石北上指揮抗戰。南京政府意識到局勢的嚴峻，決定繼續採取「一面抵抗，一面交涉」的方針，以軍政部部長何應欽取代張學良任軍事委員會北平軍分會委員長職務，調集中央軍3個師，與當地東北軍、西北軍部隊組成3個軍團，在長城一線對日軍進攻進行頑強抗擊。日軍在飛機、重炮、戰車的配合下分別向長城沿線的古北口、喜峰口和冷口發起攻擊，二十九軍將士在喜峰口、潘家口堅守7天7夜，打退日軍數次強攻；關麟徵所部二十五師和東北軍王以哲部在古北口血戰3晝夜；商震部黃光華師在冷口與日軍浴血搏殺，使陣地失而復得。但4月初日軍調整部署再次撲向長城各口，中國守軍陸續失利，日軍占領長城沿線。

　　在北平、天津隨時有陷落危險的形勢下，5月3日，國民政府設立行政院駐平政務整理委員會，以蔣介石盟兄黃郛為委員長，開始與日本祕密接洽。但從7日開始，關東軍繼續進行「華北謀略」的關內作戰，向長城一線和灤東地區發動攻勢，所以黃郛只能在關東軍武力的壓迫下與對方進行停戰協議的談判，5月31日，在日方壓力下簽署了《塘沽停戰協定》及備忘錄，還口頭允諾了日方希望的四項要求。[24]

　　日軍根據《塘沽停戰協定》在中國的撤軍線和長城線（不含）之間的冀東地區製造了「非武裝區」，日軍在該地區「可用飛機或其他方法，以行視察，中國方面應行保護，並與以便利」（第二項）。冀東「非武裝區」從此成為日軍卵翼下的特殊地區和繼續入侵華北的基地。

　　1933年6月以後，日本以關東軍與中國華北當局進行《塘沽協定》善後談判的形式，繼續攫取在華北的利益，並迫使中國事實上承認了偽滿洲國的存在。[25]這期間，馮玉祥、吉鴻昌等率領同盟軍一度收復長城沿線的康保、寶昌、沽源三縣城，進軍多倫，但未能挽救危局。而日本則根據國際形勢和中日關係

24　以上文件及會議記錄，中文件見《中日外交史料叢編》（3），中國國民黨黨史會，1995，第178—184頁；日文件見小林龍夫、島田俊彥編《現代史資料7・滿州事變》、みすず書房、1964、522—527頁。

25　參見楊天石〈黃郛與《塘沽協定》善後交涉——讀美國所藏黃郛檔案〉，《歷史研究》1993年第3期。

的新變化制定新的對華政策。

　　1934 年 1 月 23 日，日本外相廣田弘毅在第 65 次議會上發表外交政策演說，表示反對中國政府尋求歐美大國和國際聯盟的援助與合作，接著向駐華各總領事發出了〈關於對華國際合作〉的「第 302 號密電」和〈關於對華國際合作的我方態度〉的「第 109 號密電」。[26] 4 月 17 日，外務省情報部部長天羽英二就反對中國爭取國際援助發表非正式談話，即所謂「天羽聲明」，暴露了日本企圖獨霸中國的本質，在國際社會引起軒然大波，被稱為「東亞門羅主義」。中國外交部在 4 月 21 日發表聲明表示反對。[27]

　　1935 年，日本按照既定的對華政策，在華北五省（河北、察哈爾、綏遠、山東、山西）地區，製造一系列事端，發動了華北自治運動，要求國民黨黨部和中央軍離開河北，企圖實現「華北特殊化」。華北軍分會代理委員長何應欽以與日本華北駐屯軍司令官梅津美治郎之間備忘錄和覆函形式對日方所提要求予以承諾，即簽署了《何梅協定》，[28] 察哈爾省代主席秦德純也以與日本奉天特務機關長土肥原賢二之間覆函形式同意日方要求，簽署了《秦土協定》。

　　《何梅協定》與《秦土協定》簽訂後，日本達到了驅逐國民黨中央勢力出冀察兩省的目的，並在察哈爾省延長了《塘沽協定》規定的中國撤軍線。此後，土肥原賢二以多田駿司令官助手的名義到華北建立「親日、滿的政權」，[29] 於 11 月 25 日在通州成立「冀東防共自治委員會」（後改稱「冀東防共自治政府」），「宣布自治」。按照南京政府的預案，何應欽在冀、察兩省及平、津二市設立以宋哲元為首的冀察政務委員會。

## 綏遠抗戰、西安事變與全面抗戰局面的來臨

　　《塘沽協定》簽訂以後，蔣介石於 1934 年 12 月發表了〈敵乎？友乎？——中日關係的檢討〉的長篇文章，向日本當局發出打破僵局、改善關係

---

26　島田俊彥、稻葉正夫編《現代史資料 8・日中戰爭 1》、30—33 頁。

27　周秀環編《國民政府外交部工作報告》（民國二十二年至二十六年），「國史館」，1999，第 75—77 頁。

28　秦孝儀主編《中華民國重要史料初編——對日抗戰時期　緒編》（1），第 682 頁；「若杉要致廣田外務大臣電」第 180 號（1935 年 6 月 10 日）、《日本外交文書（昭和時期 II）》第 1 部第 4 卷（昭和 10 年対中國關係）、東京、2005、349 頁。

29　土肥原賢二刊行會《秘錄　土肥原賢二》、芙蓉書房、1972、278 頁。

的呼籲。[30] 廣田弘毅外相在 1935 年 1 月發表了被稱為「不侵略、不威脅」的外交政策演說，兩國將公使館升格為大使館，關係一度「緩和」。

這期間，中國國際法庭大法官王寵惠在赴任途中曾與日本外相廣田弘毅會談，轉達中國政府改善兩國關係的意向，並提出了中方發展中日關係的三項原則。此後廣田外相與蔣作賓大使連續會談也提出「三原則」，即中國方面徹底取締排日言論和行動；事實上默認「滿洲國」的獨立，停止其反滿政策；在與外蒙接境地區與日本進行合作。[31] 但因日方不停止在華北的活動，談判終無結果。

1936 年 1 月，日本陸軍省向中國駐屯軍司令官發出《處理華北綱要》指示，強調華北政策的主要目標是實現「華北五省自治」，[32] 確認分離華北為國策。4 月，日軍將中國駐屯軍兵力由 1771 名增加到 5774 名。5 月 6 日，參謀總長給中國駐屯軍司令官發布命令，規定其任務是「確保自渤海灣海港至北平的交通，並保護華北主要各地的帝國官民」；監視中國方面對於《塘沽協定》的履行，[33] 同時加緊與冀察政權的「經濟提攜」，推動實行自主幣制，並繼續進行走私。8 月 11 日，日本內閣提出以分裂華北為中心的《對華實行策》和《第二次處理華北綱要》。[34]

在這一時期的綏遠抗戰中，傅作義指揮第三十五軍進攻並收復了被德王和日本特務機關盤踞的百靈廟，接著又收復大廟子，舉國上下民心大振，各地的勞軍慰問團紛紛來到綏遠，慰勞浴血奮戰的將士。中共中央和中華蘇維埃中央政府發表堅決支持綏遠抗戰的通電，並號召全國人民支援晉綏前線，中國抗日救亡運動再次高漲。

1936 年 7 月，蔣介石在國民黨五屆二中全會上宣布：「中央對於外交所抱的最低限度，就是保持領土主權的完整。任何國家要來侵害我們領土主權，

---

30  該文由蔣介石口授、陳布雷筆錄，以「徐道鄰」的名義，發表於 12 月 20 日南京出版的《外交評論》第 3 卷第 11、12 期合刊，轉見《中華民國重要史料初編——對日抗戰時期 緒編》（3），第 613—637 頁。

31  《日本外交文書（昭和時期Ⅱ）》第 1 部第 4 卷（昭和 10 年対中國關係）、25 頁。

32  《日本外交文書（昭和時期Ⅱ）》第 1 部第 5 卷（昭和 11—12 年 7 月対中國關係）、東京、2007、677—679 頁。

33  小林龍夫、島田俊彥編《現代史資料 7·滿州事變》、605 頁。

34  《日本外交文書（昭和時期Ⅱ）》第 1 部第 5 卷（昭和 11—12 年 7 月対中國關係）、89—91、742—747 頁。

我們決不能容忍。」這一表示意味著他的外交政策與以前有很大變化，即已經決心不簽訂承認偽滿洲國的協定和絕不容忍中國領土主權再被日本侵害。[35]而日本駐華大使川越茂則向中國外交部部長張群提出進行「取締排日」及「共同防共」等交涉。蔣介石在接見川越時提出：「我方所要求者，重在領土之不受侵害及主權及行政完整之尊重。故中日間一切問題，應根據絕對平等及互尊領土、主權與行政完整之原則，由外交途徑，在和平友善空氣中從容協商。」[36]但日方拒絕中方關於調整國交問題的五條希望，堅持「華北特殊化」和「中日共同防共」，致使四次談判均因意見分歧未獲結果。

　　從 1935 年起，蔣介石開始督飭軍事委員會及各部門進行抗戰的準備，所以在 1936 年的國防計畫中，將全國分為抗戰區、警備區、綏靖區、預備區，為了增強對日作戰能力，蔣介石決心整編軍隊，用三至四年的時間整理全國 60 個陸軍師，提高軍隊素質和戰鬥力，任命陳誠為陸軍整理處處長。1936 年 2 月，蔣介石責成張治中在中央軍校中以「高級教官室」的名義進行祕密的指揮對日作戰的準備，同時下令加強江防、海防及戰略工事的構築。這一時期，分布在各地的兵工廠得到了擴大生產和試製新式武器的命令，鐵路、公路建設的步伐也在加快。1937 年 3 月，國民黨中央執行委員會和中央政治委員會決定成立國防委員會，表明國民政府從國防決策機構方面開始進行調整。1937 年 3 月參謀本部修訂完畢的 1937 年度國防作戰計畫，規劃了即將到來的對日作戰的戰略方針，提出將敵人拒止於長城以北平津以東，適時反攻東北，恢復已失之土地的方針，並分別以甲、乙兩案，擬訂了消極與積極的兩種作戰態勢以及全面的備戰部署。[37]中國政府加速進行對日抗戰的準備，為全面抗戰創造了有利的條件。在 1937 年 2 月的國民黨五屆三中全會上，決定了「和平統一與停止內戰」的方針，對外第一次公開提出了「抗戰」的方針。這樣，就呼應了共產黨早先一直提倡的建立抗日民族統一戰線、全民族一致抗日的主張，中國共產黨在與國民黨繼續進行合作談判的同時，也在進行著全面抗戰的準備。

---

35　蔣介石：〈禦侮之限度〉（1936 年 7 月 13 日），中國文化大學、中華學術院編《先總統蔣公全集》，中國文化大學出版部，1984，第 1052 頁。

36　〈蔣介石接見川越談話紀要〉（1936 年 10 月 8 日），秦孝儀主編《中華民國重要史料初編——對日抗戰時期　緒編》（3），第 675 頁。

37　〈國民黨政府 1937 年度國防作戰計畫（甲案）〉、〈國民黨政府 1937 年度國防作戰計畫（乙案）〉，《民國檔案》1987 年第 4 期、1988 年第 1 期。

在全國抗日救亡運動高漲和中國共產黨「逼蔣抗日」方針以及綏遠抗戰勝利的影響之下，張學良、楊虎城率領的東北軍、西北軍，12 月 12 日在西安發動了對蔣介石的兵諫，並向全國提出了「停止內戰、一致抗日」的主張。西安事變爆發後，南京陷入混亂，有主張政治方式和平解決者，也有主張討伐張、楊和轟炸西安者，但民間「停止內戰、一致抗日」的呼聲十分強烈。經過周恩來等中共中央代表的艱苦努力，蔣介石基本接受了條件，達成了六項協議，並在張學良陪同下於 26 日回到南京。

西安事變和平解決後，國民黨召開五屆三中全會，討論調整對中共和對日政策問題，確定了停止內戰，與共產黨重新合作的方針，於 1937 年 2 月 21 日通過宣言，承認和平統一為全國共守之信條。接著蔣介石向報界發表談話，表示部分接受中共關於開放言論、集中人才和釋放政治犯的要求。此後，國共兩黨開始進行談判，就共產黨的地位、蘇區政府的存在、紅軍的改編等達成協議，中國時局發生了重大轉換。

## 二、日本擴大侵略與中國的全面抗戰

### 盧溝橋事變、淞滬會戰與南京保衛戰

1937 年 7 月 7 日晚，駐北平豐臺的日本華北駐屯軍稱其一名士兵在演習中失蹤，又聽到了槍聲，因此要求進入中國軍隊控制的宛平城搜尋。在遭到中方拒絕後，日軍於次日晨 5 時 30 分從沙崗炮擊宛平城。這樣，被稱為盧溝橋事變的這一事件揭開了中日全面戰爭的序幕。

7 月 8 日，日本陸相杉山元大將即命令京都以西各師團延期兩年復員，海軍部也做出「準備好機動兵力，以備對華緊急出兵」的決定。[38] 7 月 11 日，日本內閣公布《向華北派兵聲明》，擴大對華戰爭的聲音甚囂塵上，陸海軍均做出了擴大戰爭的準備。不過，杉山元此時預計可用一個月結束戰爭。

盧溝橋事變發生後，中日兩國曾通過當地駐軍和外交管道進行了短暫交涉，但日本在交涉期間不斷地向中國派兵，國民政府也只得派兵北上。7 月 28 日，日軍向北平中國軍隊發動總攻，很快占領了北平，隨後占領了天津，開始沿平綏、平漢、津浦鐵路侵入華北各地，戰爭局面迅速擴大。

---

38　防衛庁防衛研究所戰史室《支那事変陸軍作戰 1》、朝雲新聞社、1975、156 頁。

　　中國共產黨在盧溝橋事變後不久即發表通電，號召「全中國同胞、政府與軍隊團結起來，築成民族統一戰線的堅固長城，抵抗日寇的侵掠」。7月17日，蔣介石在廬山發表談話，提出「如果戰端一開，那就是地無分南北，年無分老幼，無論何人皆有守土抗戰之責任，皆應抱定犧牲一切之決心」。8月22日，中國工農紅軍改編為國民革命軍第八路軍；年底，南方紅軍改編為國民革命軍新編第四軍。9月22日，國民黨中央通訊社公開發表《中共中央為公布國共合作宣言》，23日，蔣介石發表《對中國共產黨宣言的談話》，國共兩黨合作抗日的局面形成。

　　1937年8月10日，日本海軍第三艦隊司令官長谷川清中將以陸戰隊隊員在上海虹橋機場被擊斃為由，調動所屬部隊趕到上海。12日，日本海軍軍令部又將原配屬華北派遣軍的第二航空隊轉隸長谷川指揮。同日，日本內閣批准了參謀本部制訂的增兵方案，由第十一師團和第三師團組成的一個軍迅速趕往上海。針對日本的軍事部署，中國軍事委員會也做了相應兵力調整。8月13日下午，中日兩軍在八字橋交火，戰鬥迅速擴大。

　　8月14日，國民政府發表《自衛抗戰聲明》，表示在上海與日本決戰，決不放棄領土，蔣介石並親任上海戰場最高軍事指揮官。15日，日本政府則發表聲明，宣布要「膺懲」中國軍隊。

　　8月23日，日軍增援部隊分別在吳淞海岸和長江川沙河口登陸，占領羅店、吳淞炮臺，並封鎖中國海岸線。中國守軍在寶山、羅店、吳淞等地與敵人展開了激烈的戰鬥，雙方傷亡慘重。10月，國民政府決定大規模增兵淞滬戰場，同時也得到了全國人民的支援。中國軍隊在戰鬥中湧現出許多可歌可泣的英勇事蹟。在會戰中，團附謝晉元率領「八百壯士」孤軍堅守蘇州河畔四行倉庫，雖被敵軍包圍但英勇不屈；寶山姚子青守備營500官兵誓與陣地共存亡。11月5日，日軍第十軍在杭州灣登陸，以第六師團沿滬杭鐵路進攻，另外一部直撲松江、楓涇，使中國軍隊處於腹背受敵的境地。為衝破敵人的包圍和保衛南京，蔣介石決定中國軍隊撤離。在相持達3個月的戰鬥中，致敵傷亡4萬餘，使日軍企圖在3個月內滅亡中國的計畫破產。

　　日軍在11月12日占領上海後繼續向西推進，進逼國民政府首都南京。12月1日，日本大本營正式下達「大陸命第8號」命令，命「華中方面軍司

令官與海軍協同，攻占敵國首都南京」。[39] 3 日，日軍上海派遣軍和第十軍計 10 萬餘兵力，在飛機、坦克和海軍兵艦的配合下，兵分三路實施圍攻南京的作戰計畫。

11 月 20 日，國民政府宣布遷都重慶堅持抗戰後，任命唐生智為南京衛戍司令長官，下轄 13 個建制師又 15 個團共 15 萬餘人負責保衛南京。中國守軍雖進行了英勇抵抗，但不敵日軍猛烈攻勢。12 月 4 日，蔣介石召集師以上將領訓話，勉勵軍人在唐生智統率下齊心禦敵，恪盡職守。到 12 月 12 日，日軍用強大炮火破城數處，中國軍隊被分割包圍，部分部隊與日軍開展巷戰，一些部隊被迫實施突圍，但撤退倉促無序，傷亡嚴重。13 日，南京淪陷。

由於日本海軍封鎖長江南京江面，中國守軍大都未能突圍。日軍開始對無辜市民和放下武器的士兵進行滅絕人性的大屠殺。大部分被俘中國軍人遭日軍集體屠殺。為搜捕「敗殘兵」，日軍僅僅根據男子的相貌來隨意判斷，因此，許多平民被誤作軍人而遭處置，被害人數難以統計。戰後同盟國在東京審判的判決書中稱：「被占領後的第一個月中，南京城裡發生了將近 2 萬起強姦案。」「在日軍隊占領後的最初 6 個星期內，南京城內和附近地區被屠殺的平民和俘虜的總數超過 20 萬人以上。」[40] 戰後在南京進行的中國國防部軍事法庭審判中則認定：在南京大屠殺中，被集體屠殺的人數達 19 萬之多，此外，被零星屠殺者 15 萬餘人，被害總數共 30 餘萬人。[41]

目擊了日軍在南京暴行的外國記者後來在美國《芝加哥每日新聞報》、《紐約時報》，英國《泰晤士報》、《曼徹斯特衛報》等報紙上連續報導了日軍在南京屠殺俘虜和平民的暴行，留在南京的西方傳教士和後來回到南京的英、美、德外交人員，也通過各種管道向外界報告了日軍在南京持續不斷的暴行，世界輿論為之譁然。

中日戰爭爆發後，中國呼籲國際社會制止日本對中國的侵略。7 月 16 日，中國政府向《九國公約》簽字國送交備忘錄，譴責日本破壞華盛頓《九國公約》

39　防衛庁防衛研究所戰史室《支那事變陸軍作戰 2》、朝雲新聞社、1983、109 頁。
40　〈遠東國際軍事法庭判決書〉，引自楊夏鳴編《東京審判》（張憲文主編《南京大屠殺史料集》7），江蘇人民出版社，2005，第 607—608 頁。
41　〈軍事法庭對戰犯谷壽夫的判決書及附件〉（1947 年 3 月 10 日），中國第二歷史檔案館藏國民政府軍令部戰史會檔案：593/870；引自胡菊榮編《南京審判》（張憲文主編《南京大屠殺史料集》24），江蘇人民出版社，2006，第 389 頁。

所規定的尊重中國主權與領土完整的原則。9月11日，出席國聯大會的中國代表顧維鈞正式向國聯祕書長遞交指控日本侵略的申訴書。[42] 10月6日，國聯大會通過由諮詢委員會提出的決議，認定日本違反《九國公約》和《非戰公約》所承擔的義務，建議召開《九國公約》成員國會議尋求解決中日衝突的辦法。 而在布魯塞爾召開的《九國公約》成員國會議上也通過了批評日本的行動「使整個世界感到不安和憂慮」的宣言。[43]

　　日本意識到無法在短期內「征服」中國後，開始以德國為仲介對中國進行勸降。1937年11月5日，德國駐華大使陶德曼（O. P. Trautmann）拜會蔣介石轉達日本苛刻的議和條件，[44] 蔣介石開始強調應以恢復到戰前狀態為條件，後表示可以德國提出各點作為談判基礎。可是，日本在攻陷南京後提高了談判條件，包括要求中國正式承認「滿洲國」以及承認日本在華北、內蒙古的地位與利益等，遭到國民政府的拒絕。1938年1月16日，日本近衛內閣發表聲明稱：「今後不以國民政府為對手」。[45] 18日，國民政府也發表聲明宣布：中國政府於任何情形之下，必竭全力以維護中國領土主權與行政之完整。任何恢復和平辦法，如不以此原則為基礎，絕非中國所能忍受；同時，不承認在日軍占領區域內的任何行政組織。德國調停宣告失敗。

## 日本軍隊的進攻與中國軍隊的防禦——從太原、徐州會戰到武漢保衛戰

　　日軍占領平津後，組建華北方面軍，下轄第一、第二軍，共8個師團，沿平綏、平漢、津浦鐵路繼續進攻。中國國民政府軍事委員會則以保定、滄縣為第一線；以安陽、濟南一線為第二線；以洛陽、鄭州、開封、徐州、淮陰一線為第三線部署了防禦。

　　在平綏路方面，日軍第五師團與關東軍察哈爾派遣兵團等部，從1937年8月開始發動攻勢，相繼占領了南口、張家口和大同。第二戰區司令官閻錫山下達保衛山西北部要地的命令，沿長城一線部署了國共雙方的兵力進行抵抗。

42　《顧維鈞回憶錄》第2分冊，中華書局，1985，第477—478頁。
43　《美國外交文件》，中國社會科學出版社，1998，第410—412頁。
44　秦孝儀主編《中華民國重要史料初編——對日抗戰時期　第六編　傀儡組織》（6），中國國民黨黨史會，1980，第113頁。
45　《日本外交年表竝主要文書（1840—1945）》下冊、386頁。

1937 年 9 月 22 日，日軍從靈丘向平型關逼近，與中國軍隊發生正面接觸。
9 月 25 日，八路軍第一一五師在平型關伏擊日軍第五師團輜重部隊，消滅日軍 1000 餘人。這是國共建立統一戰線後的首戰，受到蔣介石的嘉獎。10 月 1 日，日本統帥部命令第五師團向南進攻太原，並令第二十師團從正太路西進。第二戰區副司令長官衛立煌擔任前敵總指揮組織忻口防禦戰。國共兩黨軍隊在忻口戰役中相互配合，對日軍進行了 20 天的頑強抵抗，雖互有勝負，但太原終於失陷。此後，國民政府軍各部隊都開始了襲擊日軍的游擊戰，而以中國共產黨領導的八路軍在華北獨立自主地進行的游擊戰最有特色，逐漸開闢了敵後戰場。

日軍占領南京後，即企圖打通津浦鐵路，將南北戰場連接起來。徐州位於第五戰區司令長官李宗仁的防區，在李宗仁的組織指揮下進行了徐州會戰。

會戰第一階段，中方 6 個集團軍和兩個軍團與日方約 8 萬人對峙。第三集團軍總司令韓復榘為保存兵力不積極出擊，使日軍輕鬆占領了濟南。1938 年 1 月，蔣介石在漢口召開軍事會議，提出東面保持津浦線，北面保持道清線的以守為攻的抗戰策略，要求全力防守徐州，並處決抗戰不力的韓復榘，嘉獎了英勇抗戰的謝晉元、郝夢齡、佟麟閣等將領。會後，國民政府對軍事委員會進行改組，蔣介石任委員長，何應欽、白崇禧分別為正副參謀總長，徐永昌為軍令部部長，陳誠、周恩來、黃琪翔分別為正副政治部長。

1938 年初，日軍第十師團占據濟寧，分別沿膠濟線、津浦線向徐州進攻，日軍 4 萬人向徐州門戶臺兒莊發起進攻。李宗仁第五戰區奉蔣介石之命堅決迎擊，在臺兒莊與日軍展開激烈交戰。經半個月激戰，中國軍隊取得抗日戰爭開始後的重大勝利，阻止了日軍企圖打通津浦路的計畫。

4 月 7 日，日本軍隊從北平、天津、山西、綏遠、江蘇、安徽等方面集結 13 個師團約 30 萬人，計畫對徐州形成包圍，殲滅中國軍隊主力，占據蘭封以東的隴海線以北地區，占領包括徐州在內的津浦線及盧州附近。[46] 中國方面也將各戰場軍隊集中在徐州附近，約有 45 萬人左右，以後又增加到近 60 萬人。北線日軍在 4 月 18 日發動進攻，至 5 月中旬突破中國軍隊防線。南線日軍於 4 月 13 日北渡長江，5 月中旬也逼近徐州，完成了對徐州的合圍。考慮到下

---

46　《支那事變陸軍作戰 2》、45 頁。

一步保衛武漢的戰鬥計畫，5 月 15 日，國民政府軍事委員會決定放棄徐州決戰實施突圍，日軍遂於 19 日占領徐州。

日本大本營在策劃徐州會戰的同時，也計畫在當年初秋占領武漢，[47] 集結了 35 萬兵力及海軍艦艇 120 餘艘、飛機 500 餘架。當時，國民政府雖然遷往重慶，但武漢是軍事委員會所在地，是中國事實上的軍事、政治、經濟中心。徐州會戰進行時，國民黨臨時全國代表大會於 3 月在武漢召開，提出了《抗戰建國綱領》。軍事委員會確立了「應戰於武漢之遠方，守武漢而不戰於武漢是為上策」的方針，[48] 調集了參加武漢保衛戰的中國軍隊近 110 萬人、飛機近 200 架、艦艇 40 餘艘。另外，由一個轟炸機大隊和一個戰鬥機大隊組成的蘇聯援華志願航空隊也參加了作戰。

武漢會戰從 6 月開始進行了 4 個半月時間，由蔣介石親自指揮，第九和第五戰區參加，是戰爭開始以來投入兵力最多，持續時間最長，犧牲也最多的會戰，作戰地域包括以武漢為中心的周邊廣大區域。中國軍隊抗日情緒高漲，採取了不同於淞滬會戰的較靈活的周邊運動戰，各部隊積極出擊，但兵力消耗巨大。10 月 30 日，蔣介石發布《為國軍退出武漢告全國國民書》，指出：「蓋抗戰勝負之關鍵，不在武漢一地之得失，而在保持我繼續抗戰持久之力量」，號召全國同胞「寧為玉碎，不為瓦全」，繼續貫徹持久抗戰、全面戰爭、爭取主動之一貫方針，更猛烈奮進，造成最後之勝利。至 10 月 24 日蔣介石下令放棄武漢。

武漢會戰期間，日軍為了封鎖中國沿海，切斷華南方面的海外物資補給線，還向閩粵方向發動了進攻，並出動飛機轟炸廣東，占領了廈門及廣東南澳島。9 月 7 日，日本大本營決定由陸海軍協同進攻廣州。當時，駐紮這一地區的中國軍隊大部被抽調增援武漢會戰的戰場，廣東地區僅留 7 個師、2 個旅，兵力分散且裝備落後，未能做好防禦準備，致使日軍於 10 月 12 日在大亞灣輕易登陸。隨後，日軍北上攻占淡水、惠陽、博羅、增城，並於 21 日占領了廣州。

中日兩軍經過從忻口、徐州到武漢的會戰，都動員了大量的兵力。在一

---

47　《支那事變陸軍作戰 2》、44 頁。

48　國民政府軍令部檔案，載《抗日戰爭正面戰場》（上），江蘇古籍出版社，1987，第 646—650 頁。

年多的防禦作戰中，處於劣勢的中國軍隊進行了英勇頑強的抵抗，1938 年 10 月武漢會戰結束後，日軍想以壓倒的兵力和「速戰速決」的方針占領中國的計畫，在中國軍隊的頑強抵抗下受到嚴重挫折。日軍在占領廣州、武漢後，由於戰線拉長，兵力相對不足，再加上受到正面戰場和敵後戰場的兩面夾擊，日本政府和大本營被迫停止戰略進攻，轉為戰略保守態勢，力爭確保占領區。中國軍隊也無力在短期內進行戰略反攻，因此，在武漢會戰後一段時間內，中日雙方的戰事相對沉寂，中國抗日戰爭進入了戰略相持時期。

在忻口戰役中，國共兩黨兩軍進行了有效的合作。八路軍雖然沒有直接參加武漢會戰，但在山西開展的游擊戰則配合了國軍的作戰。

### 戰爭進入相持階段

1938 年末，日本政府連續發表第二和第三次近衛聲明，改變「不以國民政府為對手」的立場，但提出「建設東亞新秩序」的口號，企圖讓中國出現新的親日政權以取代蔣介石政權，在軍事上則採取「確保占領區，促使其安定，以堅強的長期圍攻的陣勢努力撲滅抗日的殘餘勢力」的方針。[49]

11 月下旬，國民政府軍事委員會在蔣介石主持下召開第一次南嶽軍事會議，確定了「轉守為攻、轉敗為勝」的第二期作戰方針，要求各戰區「連續發動有限度之攻勢與反擊，以牽制消耗敵人。策應敵後方之游擊戰，加強敵後方之控制與襲擾，化敵後方為前方……」[50]

在戰爭相持階段，正面戰場進行了 9 次大的戰役和近 500 次重要戰鬥，主要的戰役有南昌和隨棗會戰、兩次長沙會戰、桂南作戰、1939 年冬季攻勢作戰等。

1939 年 3 月起，日軍為鞏固對武漢的占領，在第十一軍司令官岡村寧次指揮下進攻作為「武漢安全圈」東南屏障的南昌，並在 3 月 27 日一度攻入南昌。國民政府軍事委員會命令第十九集團軍司令羅卓英統一指揮第三、第九戰區反攻南昌。在 4 月 23 日的激戰中，中國軍隊一度迫近南昌近郊，並占領飛機場、南昌車站。後因日軍不斷增援，中國軍隊死傷嚴重，停止了向南昌的進

---

49　臼井勝美、稻葉正夫編《現代史資料 9・日中戰爭》，402 頁。

50　秦孝儀主編《中華民國重要史料初編——對日抗戰時期　第二編　作戰經過》（1），中國國民黨黨史會，1981，第 568 頁。

攻。

　　南昌一戰，是抗日戰爭進入相持階段後中日軍隊的首次交鋒，由於中國軍隊戰略指揮上的失誤，最高指揮當局延誤戰機，反而使日軍首先發起攻擊，同時戰術上又犯了死拚陣地戰的錯誤，導致南昌失守。中國軍隊戰死 14354人，傷 17033 人，失蹤 10565 人，傷亡慘重。[51]

　　1939 年 5 月，日軍發動隨棗戰役，企圖趁中國軍隊換防的機會，消滅第五戰區主力及占領隨棗、襄樊及宜昌等戰略要地。中國軍隊組織力量反攻，雙方戰鬥激烈，一度收復了武漢周圍一些地區，與日軍在隨縣、棗陽一帶對峙。1939 年 5 月 20 日，日軍占領隨縣，但不得不從其他附近地區全線撤退，隨棗戰役結束。

　　武漢會戰後，中國第九戰區所屬的湖南一帶成為抗擊日軍、屏障西南的前哨陣地。1939 年 8 月 15 日，岡村寧次指揮的日軍第十一軍決定發動贛北、湘北部地方作戰，消滅第九戰區主力部隊，以強化「在華中建立中央政權」的勢頭。9 月 14 日，日軍集中第六、三十三、一〇一、一〇六師團及 3 個旅團共約 10 萬兵力，在贛北、湘北、鄂南三個方向，開始了對以岳陽至長沙之間為重點的中國軍隊的分進合擊，第一次長沙會戰爆發。

　　中國最高軍事當局制定了運動戰與陣地戰相結合的方針：贛北「改以游擊戰，消耗牽制敵人」；鄂南、湘北「以利用湘北有利地形及既設數線陣地，逐次消耗敵人，換取時間」，「誘敵深入於長沙附近地區，將其包圍殲滅之」。第九戰區在代司令長官薛岳指揮下，以 16 個軍 30 多個師共 40 萬人的兵力，採取逐次抵抗、誘敵深入的作戰方針，在湘、鄂、贛三省交界地區及長沙周圍地區，與敵人展開大規模的會戰。日軍由於彈藥給養接濟不及無法繼續新的進攻，導致在戰爭中失利，被迫撤退。中國軍隊在極大地消耗敵人有生力量的基礎上，粉碎了日軍消滅第九戰區主力的企圖，同時也保存了自己的主力，沒有丟失空間，可以說是取得了相持階段以來第一次重大勝利。

　　1939 年 10 月 10 日，國民政府軍事委員會發布《國軍冬季攻勢作戰計畫》。11 月下旬，蔣介石召開第二次南嶽軍事會議，決定在冬季攻勢作戰中，「切實於荻港、貴池、湖口間切斷長江交通，斷絕湘、鄂、贛後方敵人聯絡

---

51　張憲文主編《抗日戰爭的正面戰場》，河南人民出版社，1987，第 168 頁。

線」。之後，北起綏遠，南至桂南，直至次年的 2 月，各戰區向日軍發起了全線進攻，破襲敵人之交通線，襲擊敵人防線，給日軍以沉重打擊。日軍在冬季攻勢期間死傷 5 萬至 6 萬人。這是武漢會戰後，中國軍隊進行的第一次主動的出擊作戰，也是戰爭相持階段中國軍隊規模最大的一次進攻作戰。但是，由於戰線過長，兵力不足，冬季攻勢並未起到扭轉戰局的作用。

11 月 15 日，日軍在廣西欽州灣登陸，24 日占領南寧。中國軍隊為收復南寧在桂南與日軍反覆交戰，崑崙關戰役最為激烈。中國軍隊以 1 萬餘人傷亡的代價一度奪取崑崙關，但又被敵人占據。戰役持續一年之久，至 1940 年 10 月 30 日中國軍隊收復南寧，日軍退出桂南，戰役結束。崑崙關戰役是正面戰場取得的又一次重大勝利，也是抗戰以來中國軍隊正面攻堅戰的重大勝利。但中國軍隊也付出了沉重的代價，僅第五軍就有 11000 餘人負傷，5000 餘人犧牲，其中榮譽師傷亡達 3400 餘人。

1940 年，為了報復中國軍隊的反攻作戰，日軍第十一軍於 4 月中旬調集 20 萬重兵，在新任司令官園部和一郎的指揮下發起了棗宜會戰，企圖將第五戰區主力圍殲於棗陽、宜昌地區。第五戰區展開反攻，對深入棗陽周圍地區的日軍形成圍攻之勢。第三十三集團軍總司令張自忠率部東渡漢水進到棗陽以南地區圍殲日軍時，由於來往電報被日方截獲，導致軍番號和具體位置暴露，遭到日軍包圍。張自忠率部進行頑強抵抗，終因實力懸殊失利，張自忠受重傷殉國，成為抗戰以來中國軍隊親臨前線、戰死沙場的第一位上將銜集團軍總司令。日軍擊破張自忠部後加強攻勢，迅速推進。國民政府軍事委員會決定將第五戰區分為左、右兩個兵團分別由李宗仁、陳誠指揮保衛宜昌。6 月 11 日，日軍向宜昌城郊陣地展開全面攻擊，12 日宜昌陷落。此後中國軍隊雖然組織反攻，卻未能奪回宜昌，與日軍形成新的對峙局面。

棗宜會戰歷時近兩個月，中國軍隊傷亡很大，棗陽、宜昌曾經兩度易手。中國丟失了鄂北鄂西江漢平原富裕的產糧區，戰後，日軍以宜昌為軍事基地，不斷對重慶等大後方地區狂轟濫炸，對中國抗戰產生了極大的負面影響。但在戰鬥中，中國軍隊英勇無畏，以張自忠將軍為代表的中國愛國軍人偉大的抗戰精神極大地震撼了日軍。

1941 年 1 月，日軍第十一軍為了打通平漢鐵路南段，解除中國軍隊對信

陽日軍的威脅，又進行了豫南作戰。1月25日，日軍糾集重兵，分左、中、右三個兵團，向豫南發起進攻。中國第五戰區部隊以少數兵力正面拒敵，主力部隊分散兩翼，轉進日軍側背，伺機殲敵。戰至2月1日，日軍開始收縮回撤。中國軍隊隨之而反攻，至2月7日，各路日軍撤回至信陽附近。豫南作戰被日軍誇耀為「靈活、短距離截擊作戰」的成功戰例，其實日軍既定戰略意圖沒有實現。

但僅一個月後，中國軍隊就在上高戰役中給日軍所謂「成功戰例」以有力一擊。

1941年3月，日軍為了消滅中國第九戰區第十九集團軍主力，解除中國軍隊對南昌日軍的威脅，並進而突破進襲長沙的天險，發動了上高戰役。上高會戰是抗戰史上中日之間極為慘烈的一次戰役。中日兩軍在以上高為中心的數百里戰線上，血戰26天，最終日軍戰略企圖再度落空。

這一時期，國際形勢發生了重大變化。4月13日，日本與蘇聯簽訂《中立條約》後，暫時免除了兩線作戰的危險。6月22日，蘇德戰爭爆發，日本大本營決定放棄對蘇行使武力，不從中國抽調兵力，而在岳陽、臨湘地區集結約12萬人的兵力，在第十一軍司令官阿南惟畿指揮下，準備再次攻擊長沙，目的是打通粵漢線，消滅中國第九戰區主力。為保衛長沙，國民政府軍事委員會下令第三、第五、第六戰區對當面日軍發起攻擊，以牽制日軍集中；第九戰區由戰區司令長官薛岳指揮抗擊日軍進攻。

第二次長沙會戰從9月打到10月，歷時33天，據中方統計，日軍傷亡4.8萬餘人，被擊落飛機3架，擊沉汽艇7艘。而中國軍隊也傷亡慘重，據日方統計，中國軍隊遺棄屍體5.4萬具，被俘4300人。太平洋戰爭爆發後，日軍第十一軍為策應南洋方面及香港作戰，在阿南惟畿指揮下發起對中國第九戰區的再次進攻。為配合英美等盟國軍隊打擊日軍，國民政府軍事委員會於1941年12月9日令各戰區對日軍發起進攻，策應太平洋戰場盟軍對日作戰，遂開始第三次長沙會戰。

### 敵後戰場的游擊戰爭

抗戰爆發後，1937年8月22日，中共中央在陝北洛川召開擴大會議，

確立了放手發動群眾、實行全面抗戰的路線。針對敵強我弱的局面，會議規定八路軍的基本任務是建立根據地，發動人民群眾，開展獨立自主的游擊戰爭，牽制、消滅敵人，配合友軍作戰。會議確定了到敵人的後方去發動群眾性游擊戰爭，與日軍進行持久作戰的方針，同時在廣大鄉村地帶開闢抗日根據地。

太原失陷後，八路軍結束了配合友軍進行正面作戰的任務而轉入敵後，分別依託五臺山、呂梁山、管涔山、太行山創建敵後抗日根據地。從 1937 年底到 1938 年上半年，第一一五師一部創立了晉察冀邊區根據地，一一五師師部則率第三四三旅創建了晉西南抗日根據地，第一二〇師創建了晉西北抗日根據地，第一二九師及一一五師之一部創建了晉冀豫抗日根據地。在冀南、冀東、冀魯豫邊和山東等平原地區也開展了游擊戰。

八路軍力量的迅速發展，給華北日軍造成了很大威脅。1938 年，日軍多次調兵進攻晉冀豫根據地，八路軍主力避敵鋒芒，轉至外線尋機作戰，粉碎了日軍圍攻，根據地得到進一步發展。在此期間，八路軍也配合友軍開展作戰。1938 年初，配合第二戰區反攻太原作戰，切斷了同蒲路。在徐州會戰和武漢會戰期間，八路軍在華北敵後頻繁出擊，牽制和打擊日軍。

在華中地區，南方八省 14 個地區的紅軍游擊隊改編為新四軍，葉挺為軍長。1938 年 4 月，整編後的新四軍由粟裕率先遣支隊前往敵後進行戰略偵察，新四軍主力隨後迅速跟進。先遣支隊於 6 月破壞了南京至鎮江的鐵道，以阻京滬之敵，使日軍的一列火車出軌，接著又在鎮江西南的韋崗伏擊日軍的車隊，取得挺進江南的第一場勝利。此後，新四軍在敵後進行游擊戰，不僅嚴重地威脅了日軍的指揮中心，破壞了敵人的交通補給，迫使敵人不僅不能從占領區內抽調人力物力支援正面戰場作戰，還不得不從正面戰場抽調力量到後方保護交通運輸線和補給基地，有力地削弱了正面戰場敵人，使其腹背受敵，首尾難顧，戰略機動性受到限制，給正面戰場的中國軍隊減輕了壓力，創造了打擊和殲滅敵人的機會。按照中共中央要求的「迅速發展游擊戰爭」的方針，為了便於領導和指揮，新四軍先後成立了江北、江南兩個指揮部，在廣闊的華中敵後戰場上，獨立自主地領導抗日軍民與日軍展開游擊戰爭，開闢華中敵後戰場。

從 1938 年至 1940 年，日軍對晉察冀抗日根據地進行了長時間、大規模

的「掃蕩」，邊區軍民英勇抗戰，多次粉碎了日軍的瘋狂進攻，鞏固並擴大了晉察冀抗日根據地。1940 年 8 月，八路軍以晉冀豫等抗日根據地為依託，集中 104 個團的兵力，發動了以破襲華北日軍交通線為目標的百團大戰。此役從 8 月 20 日開始，至 12 月 5 日結束，作戰範圍主要在正太路，同時也在同蒲路、平漢路、津浦路、北寧路及附近公路線展開。百團大戰分三個階段。從 1940 年 8 月 20 日至 9 月 10 日為第一階段，作戰的主要目標是破壞日軍主要交通線正太路。在這期間，八路軍進攻娘子關，徹底破毀了井陘煤礦，轉戰於淶源、靈丘一帶。9 月 22 日至 10 月上旬為第二階段，主要任務是擴大第一階段戰果，重點轉向破擊鐵路兩側日軍建立在抗日根據地範圍內的據點，主要戰鬥集中在榆社、遼縣地區和同蒲路的北段。第三階段從 10 月 6 日至 12 月 5 日，主要任務是反擊日寇對抗日根據地的「掃蕩」。反「掃蕩」的戰鬥主要在太行、太嶽、平西、北嶽和晉西北等各敵後抗日根據地進行。前後進行戰鬥 1824 次，殲滅日軍 2 萬餘人，一度造成日軍賴以運輸兵力和物資的華北主要交通線的癱瘓。

百團大戰是抗日戰爭中八路軍在華北地區發動的一次規模最大、持續時間最長的具有戰略進攻性的戰役。華北敵後的抗日軍民通過浴血奮戰，破壞了日軍在華北的主要交通線，收復了被日軍占領的部分地區，迫使日軍以更多的兵力轉向後方，推遲了日軍南進的步伐。這一戰役對鼓舞全國人民奪取抗戰勝利的信心和提高共產黨、八路軍的聲威具有積極意義。

1941 年到 1942 年兩年間，日軍集中大量在華兵力，對抗日根據地軍民進行瘋狂的「掃蕩」、「清鄉」和嚴密的封鎖，中國共產黨領導的敵後抗日根據地進入了異常困難的階段。1941 年初，日軍把「徹底肅正華北治安」作為對華作戰的重要內容，在對華北根據地進行「掃蕩」、「討伐」的同時，又連續三次發動了「治安強化運動」。太平洋戰爭爆發後，日軍對華北根據地進行更加頻繁的「掃蕩」，曾創造了一個月內「掃蕩」作戰達 1682 次，平均每天有 56 次之多的紀錄。[52] 僅 1941 年一年，日軍對華北根據地進行的千人以上的「掃蕩」達 69 次，萬人至 7 萬人以上的「掃蕩」達 9 次。其戰術也由以前的分進合擊改變為「鐵壁合圍」和「梳篦清剿」。1942 年，日軍對華北根據地

---

52　防衛庁防衛研究所戦史室《北支の治安戦 2》、朝雲新聞社、1971、37 頁。

的「掃蕩」更加頻繁，千人以上的掃蕩達 77 次，萬人至 5 萬人的「掃蕩」達 15 次之多。[53] 同時日軍又發動了第四、第五次「治安強化運動」。

1942 年 5 月 1 日，日軍對冀中平原抗日根據地發動「五一大掃蕩」，將冀中分為 4 個「合圍區」進行「分區清剿」、「拉網掃蕩」、「鐵壁合圍」，並以大部隊突擊奔襲，連續合擊。面對優勢兵力的敵人，冀中軍區主力跳出包圍圈，從外線打擊敵人。冀中軍民利用山川、平原、河流等各種地理條件開展游擊戰，創造了地道戰、地雷戰、麻雀戰、圍困戰、破襲戰等戰術。在戰鬥中，雖然主力部隊突圍，但根據地被分割，大部分淪為敵占區。在太行山區的八路軍總部和中共北方局也遭到日軍攻擊，突圍時，八路軍副參謀長左權犧牲。

與華北日軍相呼應，華中日軍對華中抗日根據地也發動了「掃蕩」，特別是對江南抗日根據地進行了兩次大規模的「清鄉」。在「掃蕩」過程中，日軍對抗日根據地實施殘酷的燒光、殺光、搶光的「三光政策」，並修建隔離壕溝、碉堡，不斷對根據地進行蠶食，使敵後抗日根據地軍民受到嚴重的損失。新四軍軍部提出了堅持華中敵後抗戰、加強根據地各項建設的任務，對敵展開了長期的反「掃蕩」、反「清鄉」鬥爭。

1943 年，國際反法西斯戰爭形勢發生重大變化，盟軍在歐洲戰場取得了一系列對德國法西斯作戰的勝利。在太平洋戰場上，日軍也遭到盟軍的打擊。各根據地趁著有利的國際形勢，在敵後戰場上，廣泛發動人民群眾參加抗戰，開展普遍的敵後游擊戰爭。1943 年，晉察冀根據地軍民兩次粉碎了日軍發動的「冀西作戰」。1943 年 4—5 月，晉冀魯豫邊區又粉碎了日軍的「太行作戰」。7 月，八路軍一二九師發動衛南戰役，消滅了大量偽軍，並建立了衛南、濱河、滑縣等抗日政權。8 月 18 日，冀南區和太行區人民武裝發動林南戰役，開闢豫北、太南新的抗日根據地。

總之，在 1943 年，華北、華中、華南根據地軍民取得了一系列反「掃蕩」、反「清鄉」鬥爭的勝利，消耗了日軍的有生力量，根據地逐步得到恢復與發展，到 1943 年底，華北、華中和華南抗日根據地得到了迅速的發展，根據地人口上升到了 8000 多萬人，抗日武裝力量上升到 50 萬人左右，為 1944 年的局部反攻奠定了基礎。

---

53　軍事科學院軍事歷史研究部：《抗日戰爭史》下卷，解放軍出版社，2005，第 73、79 頁。

從 1944 年開始，日軍為挽回其在東南亞戰場上的敗勢，不斷從中國戰場抽調兵力，派往太平洋戰場。與此同時，為了打通大陸交通線，日軍在數千公里的戰線上發動了「一號作戰」，分散投入大量的兵力，使其在華北、華中地區的兵力進一步削弱，因此在敵後戰場上日軍不得不由攻勢轉為守勢，從而為敵後抗日根據地的發展提供了有利時機。八路軍、新四軍和根據地廣大軍民，積極主動地向日軍發動攻勢作戰，擴大根據地。

正面戰場的防禦作戰和敵後戰場的游擊戰，重挫了日本侵略者的狂妄氣焰，粉碎了其速戰速決的戰略企圖。由於中國堅持抗戰，使日本逐漸陷入了「中國泥潭」而不能自拔。

但是這一時期，抗日陣營內部，特別是國共兩黨不時因各種原因導致矛盾激化，經常發生局部衝突。1940 年 10 月，國民政府要求位於黃河以南的中共領導的八路軍、新四軍一律進入黃河以北地區與日軍作戰。然而，1941 年 1 月 6 日，當新四軍軍部及所屬部隊奉命北上途經皖南時遭到國民黨軍隊襲擊，新四軍軍長葉挺被俘，新四軍番號被取消。但由於中日戰爭正在激烈進行中，皖南事變並未上升成內戰。事變後不久，新四軍重建軍部，蔣介石也表示以後「絕無剿共軍事」，維持合作抗日局面。因此，自皖南事變發生後到抗日戰爭結束，國共之間雖然也發生過摩擦，但兩黨合作抗日的大局始終未變。

日本在中日全面戰爭開始後，為了掩蓋其侵略本質，一直謀求建立由「適合實現日華敦睦關係的有力人物自主充任首腦」的傀儡政權。1937 年 12 月 14 日在北平成立「中華民國臨時政府」，由王克敏充任「行政委員會委員長」，不過該政權僅局限於華北地區。與此同時，在張家口、大同、歸綏分別建立了「察南自治政府」、「晉北自治政府」、「蒙古聯盟自治政府」，到 1937 年 11 月聯合成立「蒙疆聯合委員會」，1939 年 9 月改稱「蒙疆聯合自治政府」，以德穆楚克棟魯普為「主席」。

在華東地區，1937 年 12 月成立了「上海大道市政府」。1938 年 1 月成立了「南京自治委員會」。2 月 14 日成立了以梁鴻志為首的「中華民國維新政府」。為推動南北偽政權的聯合，1938 年 9 月 22 日，由梁鴻志、王克敏宣布成立「中華民國政府聯合委員會」。

1938 年 2 月，汪精衛通過國民政府外交部亞洲司司長高宗武等人與日本

祕密接觸。11 月，汪精衛的代表高宗武、梅思平與日方代表影佐禎昭、今井武夫在上海會談（重光堂會談）。在得到可出面組成「中央政權」的承諾後，汪精衛於 12 月 19 日出走河內，29 日公開提出「和平建議」。1940 年 3 月 30 日，以汪精衛為首的偽國民政府在南京成立。

在鼓動汪精衛進行所謂「和平運動」的同時，日本還加強與蔣介石「和平談判」的策劃與實施。但由於在中國承認「滿洲國」、日本撤回駐華軍隊及蔣汪合作等重大問題上的分歧無法彌合，「和平工作」沒有進展，到 1940 年 10 月，日本與重慶方面的祕密交涉中止。

## 三、中國抗日戰爭與世界反法西斯戰爭的融合

### 世界反法西斯同盟國陣營的形成與中國戰場

1940 年 9 月 27 日，日本駐德國大使來棲三郎與德國外長里賓特洛甫（Joachim von Ribbentrop）、義大利外長齊亞諾（Gian Galeazzo Ciano）在柏林正式簽署三國同盟條約，三國同盟關係正式確立。

1941 年 6 月 22 日，蘇德戰爭爆發。日本方面本來也有趁蘇德戰爭的進展向蘇聯實施武力以解決「北方問題」的「北進」計畫，但由於關東軍尚無法與蘇聯遠東軍抗衡，中國戰場上的作戰又牽制了日軍主力部隊，所以「北進」難以實施。但隨著日本對中國戰爭的擴大和將勢力深入印度支那地區，與英美的矛盾則越來越明顯，美國凍結日本在美財產，英國廢除了英日通商條約，荷屬東印度廢除荷日石油協定，使日本感到壓力與威脅。於是，日本大本營提出了「加強對英美戰爭的準備」的《帝國陸軍作戰綱要》，[54] 加快實施「南進」戰略。東條英機組閣後，在 11 月 5 日的御前會議上正式決定對美、英、荷開戰，12 月 1 日，天皇批准向南方進攻的命令。12 月 7 日（星期日）清晨（夏威夷時間），日本海軍聯合艦隊經過精心策劃，偷襲美國夏威夷珍珠港海軍基地及美、英、荷在太平洋的屬地，並對美英宣戰，太平洋戰爭爆發。次日，美、英、加、荷、新西蘭、自由法國等國向日本宣戰。9 日，中國國民政府對日宣戰，但中國與日本事實上的戰爭狀態已有四年半之久。

在珍珠港事件中損失嚴重的美國急切期待中國軍隊向日本軍隊發起全面

---

54　服部卓四郎《大東亜戦争全史》第 1 冊、東京：原書房、1996、186 頁。

攻勢，中國遂開始與英美等國建立反日軍事同盟，在重慶建立了中英美三國組成的聯合作戰機構。[55] 中國的抗日戰爭在更廣闊的領域展開。1942 年 1 月初，美、英、蘇、中四國領銜，26 個國家簽署的《聯合國家宣言》宣布協同作戰，「不與敵國締結單獨之停戰協定或和約」。[56] 宣言的發表標誌著國際反法西斯統一戰線正式形成。反法西斯陣營成立後，根據羅斯福的提議，蔣介石擔任中國戰區盟軍最高統帥，[57] 證明中國的抗日戰爭贏得了世界各國的尊重。

　　太平洋戰爭爆發後，英國在遠東及東南亞的殖民體系迅速瓦解。繼香港淪陷，英軍復於 1941 年底退出馬來半島，日軍於 1942 年 2 月攻占新加坡。3 月 7 日仰光陷落，5 月緬甸英軍撤入印度，6 月初日軍直叩印度的大門。僅半年，英軍在東南亞棄地失城，望風披靡，處境十分被動。事實上，英國在遠東只能仰賴中國抵抗日軍。

　　日軍偷襲珍珠港，使美英與日本驟然敵對。在世界反法西斯戰爭的格局中，中國的地位日益重要。這時，中國已同日本單獨進行了四年多戰爭，粉碎了日本迅速滅亡中國的企圖，並在中國領土上拖住了 85 萬左右日軍；而太平洋戰爭初期，美英軍隊又節節失利，日軍步步緊逼。為了扭轉頹勢，英美一面組織力量抵抗和反攻，一面設法推動中國加強抗戰，以拖住日軍。因此，美英通過軍事援助的方式對中國的抗戰表示支持。1942 年，美國向中國提供 5 億美元貸款，英國也對中國提供了財政援助。

　　中國成為世界反法西斯陣線的重要成員後，美英為了聯合中國共同抗擊日軍，於 1942 年 10 月 9 日通知中國政府，願意立即放棄在華治外法權及有關權益，並準備儘快與中國政府進行談判，以便締結放棄在華治外法權及解決有關問題的條約。10 月 24 日，美方向中國駐美大使館提交了美中條約草案。30 日，英國駐華大使向中國外交部遞交英中條約草案。隨後，中國外交部提出修正案。經過兩個多月談判，終於在 1943 年 1 月 11 日，分別在華盛頓簽署中美新約，在重慶簽署中英新約。中美新約共 8 條。中英新約正文 9 條，附加 4 條。5 月 20 日，中美、中英正式交換批文，條約即日生效。

---

55　建立聯合機構的建議由蔣介石提出，得到羅斯福贊成，原計劃由中、英、美、蘇、荷五國成員組成，因蘇聯致力於對德作戰、荷蘭並不積極，所以主要是中英美三國。

56　《反法西斯戰爭文獻》，世界知識出版社編印，1955，第 34—36 頁；Robert E. Sherwood, *Roosevelt and Hopkins. An Intimate History* (New York: Harpers and Brothers, 1948), pp.448-451.

57　中國戰區的範圍還包括印度支那及泰國。

　　美英廢除對華不平等條約後，促使享有對華不平等條約特權的巴西、加拿大、挪威、荷蘭、比利時等國，相繼宣布放棄在華特權。1943 年 8 月 20 日，中巴友好條約在里約熱內盧簽字；10 月 20 日，中比新約在重慶簽字；11 月10 日，中挪新約在重慶簽字。1945 年 4 月 14 日，中加新約在渥太華簽字。

　　廢除不平等條約後簽訂的新約，取消了近代以來列強通過壓迫中國而獲取的各項不平等特權，包括中國人最為反感與痛恨的治外法權和租界制度新約規定，其他影響中國主權而此次新約未涉及的問題，可按國際公法和現代國際慣例，隨時會商解決。這樣，一個世紀以來作為中國對外關係基礎的不平等條約體系終於崩潰，中國取得了在國際社會中的平等地位。當時，中國社會各黨派、各群眾團體及全國各族人民都為簽訂新約而歡欣鼓舞，中國共產黨中央委員會曾發表《關於慶祝中英、中美間廢除不平等條約的決定》，指示各根據地都要慶祝不平等條約的廢除。

　　為了應付美英和重慶方面的廢約簽約，日本方面不得不在 1943 年 1 月向汪偽政府表示將一些地方的租界移交給汪偽政府，也對在中國東北的偽滿傀儡政權表示要廢除「治外法權」。

　　1942 年初，日軍進攻英國統治的緬甸，占領包括仰光在內的緬甸大部後，切斷了中國西南對外交通的唯一道路滇緬公路。根據與英國的《共同防禦滇緬路協定》，中國派出 10 萬遠征軍援助駐緬甸英軍，與日軍激戰。遠征軍新三十八師一一三團受命衝入被日軍包圍的仁安羌，救出包括英軍統帥亞歷山大（Harold Alexander）上將在內的 7000 名英軍以及美軍傳教士和新聞記者等500 餘人。師長戴安瀾、孫立人分獲英美政府授予的勳章，中國軍隊在盟國心目中的地位大大提高。[58] 但由於日軍投入強大兵力，加上英軍配合不力和指揮方面的問題，傷、亡、病減員超過一半的遠征軍未能扭轉戰局頹勢。其主力穿越深山密林，突破日軍堵截，歷盡千辛萬苦退回雲南省，日軍隨即尾追進入雲南境內，因怒江上的惠通橋被炸斷才中止進攻，與中國軍隊隔江對峙。

　　中國對外的陸路、海路交通被切斷後，對中國的供給線只剩下從印度恩帕爾飛越世界屋脊喜馬拉雅山抵達雲南的駝峰空運。美國通過駝峰空運提供

---

58　1992 年原英國首相柴契爾夫人特地拜訪一一三團團長劉放吾，感謝 50 年前解救英軍的壯舉。見洛杉磯《世界日報》1992 年 4 月 12 日。

物資，許多美國飛行員為此犧牲了年輕的生命。由陳納德（C. L. Chennault）將軍組織的美國志願援華航空隊（飛虎隊）參加中國戰場的作戰，對於奪回制空權發揮了重要作用。為恢復對中國的陸路和海路運輸線，史迪威（J. W. Stilwell）於 1942 年 7 月提出收復緬甸計畫，開始訓練完全美式裝備的中國遠征軍 16 個師。

## 積蓄力量，準備對日本的戰略反攻

太平洋戰爭爆發後，日本急切希望儘快改變陸軍主力被牽制在中國戰場的局面，在加強與汪偽政權關係的同時，對國民政府採取軟硬兩手策略，一方面加大進攻力度以「摧毀重慶政權的抗日意志」，另一方面則繼續推動「和平工作」；對敵後根據地則強化「治安戰」，力圖通過「掃蕩」撲滅敵後抗日力量，「確保占領地域」。[59]

由於擔心中國軍隊與盟軍在廣州、香港聯合行動，日軍在 1941 年 12 月下旬到 1942 年 1 月中旬集中 12 萬人，由第十一軍司令官阿南惟幾指揮發動太平洋戰爭爆發後在中國的第一次大進攻即第三次長沙作戰。但第九戰區中國守軍奮力抵抗，切斷日軍補給線，形成對日軍的反包圍，日軍緊急從太原調來的解圍部隊也遭阻截。日軍主力部隊在被分割後遭到攻擊，損失慘重。中國軍隊取得太平洋開戰後盟軍方面的第一次大勝仗。

1942 年 5 月，日軍為阻止美國利用華中機場對其本土進行空襲而實施浙贛作戰，日軍細菌部隊還出動飛機在金華一帶散布細菌，引起霍亂流行。在破壞機場、鐵路和公路後，日軍大部於 8 月下旬退回杭州、南昌。日本在 1942 年還曾策劃進攻重慶的作戰，企圖通過攻陷重慶迫中國屈服。但由於日軍在太平洋戰爭中兵力不足的問題十分嚴重，被迫從中國戰場抽調兵力補充，使其對重慶作戰的準備不得不作罷。[60] 1943 年在正面戰場上，還進行了鄂西作戰和常德作戰。日本軍隊在這些作戰中曾大規模使用毒氣武器，常德一度失守。但中國軍隊作戰準備充分，很快又對常德日軍形成包圍態勢，中國空軍的轟炸破壞了日軍後方補給，常德不久即為中國軍隊奪回。

---

59　日本防衛廳戰史室編撰《日本軍國主義侵華資料長編——「大本營陸軍部」摘譯》（中），
　　天津市政協編譯委員會譯，四川人民出版社，1987，第 671 頁。

60　《日本軍國主義侵華資料長編》（中），第 533—672 頁。

　　從 1943 年開始，中國和美國的空軍飛機完全奪取了在華南上空的制空權，可以襲擊在臺灣新竹的日軍機場，威脅了日本的海上交通。接著，美國 B-29 轟炸機飛臨日本本土進行空襲，給日軍造成巨大威脅。為挽回不利局面，日本把從國內拼湊的 14 個步兵旅團、7 個野戰補充隊（相當於步兵聯隊）悉數運來中國。再加上從偽滿抽調的兵力和原在華北、華中、華南的軍隊，共投入 51 萬人，從 1944 年 4 月起進行了被其稱為「百年罕見的大遠征」，即豫湘桂戰役（日本稱「一號作戰」或「打通大陸作戰」），企圖消滅中國軍隊「骨幹力量」，「摧毀重慶政權繼續抗戰的意志」，迫使其退出戰爭，從而擺脫日軍的戰略困境。[61]

　　豫湘桂作戰開始時期，國民政府尚陶醉於長沙和常德會戰的勝利喜悅中，對日軍攻勢強悍程度估計不足，結果從河南到廣西、貴州節節敗退，日軍在 8 個月時間裡長驅 2000 多公里，打通了京漢、粵漢和湘桂線，占領了河南、湖南、廣西、廣東等省的大部和貴州的一部分，總面積在 20 多萬平方公里，人口達 6000 多萬。這一地區分布的鎢、銻、鉛、鋅、水銀等重要礦產資源均被日本奪得，衡陽、零陵、寶慶、桂林、柳州、丹竹、南寧等 7 個空軍基地和 36 個飛機場被日軍占領，國民政府損失嚴重。但日本的兵力和作戰物資消耗也十分嚴重，雖形式上打通了南北交通線，但並未成為通行走廊，南方軍隊被隔斷的局面未得到改變，盟軍飛機從中國機場起飛空襲日本本土的威脅也未能消除。戰役結束後，日軍兵力不足、物力枯竭的矛盾更加突出，不得不迅速從面上撤退，僅控制若干點、線。

　　1943 年 10 月，為打通中印公路，中國派出的遠征軍與美軍聯合開始在緬甸北部的反攻戰。這時，擔任中國戰區參謀長和駐華美軍總司令的史迪威因與蔣介石矛盾嚴重而被召回，由魏德邁（A. C. Wedemeyer）接任。根據魏德邁的建議，在昆明成立了統一指揮西南各戰區部隊的中國陸軍總司令部，開始進行反攻的準備。中國遠征軍於 1944 年 5 月修復惠通橋強渡怒江成功，兵分兩路：一路攻向騰衝，於 9 月 14 日完全克復該城，並全殲敵軍；另一路向龍陵挺進，與日軍於 6、8、11 月三次爭奪龍陵，戰鬥進行得十分殘酷，雙方均有重大傷亡，最後遠征軍於 11 月 3 日攻克龍陵，20 日收復芒市。在這期間，中

---

61　〔日〕服部卓四郎：《大東亞戰爭全史》第 3 冊，張玉祥等譯，商務印書館，1984，第 1099 頁。

國軍隊進攻日本盤踞的松山陣地的攻堅作戰，被稱為抗日戰爭中單次戰役歷時最久、耗費彈藥最多、戰況最慘烈的戰役。中國駐印軍和中國遠征軍在緬北、滇西作戰歷時一年多，艱苦卓絕，取得了完全的勝利，也是正面戰場反攻作戰的經典戰役。

　　1943 年 10 月 28 日，羅斯福現實地看到了中國在世界反法西斯戰爭中的作用，遂邀請蔣介石赴開羅參加中美英三國首腦會議，討論遠東問題。三國首腦在開羅討論的問題涉及政治、反法西斯戰爭東方戰場的進展和三國配合作戰等方面。11 月 23、25 日，羅斯福與蔣介石的兩次長時間會晤主要討論了政治問題，包括：（1）關於中國的國際地位，羅斯福表示從太平洋戰爭以來他的一貫想法就是，中國應作為四大國之一參加此後的國際機構，蔣介石欣然接受。（2）關於戰後日本天皇的地位。蔣介石表示，應該尊重日本國民的自由意志，去選擇他們自己的政府形式。（3）關於對日本的軍事管制。羅斯福談到，戰後對日本的占領應該以中國為主。蔣介石考慮到戰後中國的實際狀況，認為中國尚難承擔此項責任，表示應以美國為主，如有需要，中國可以協助。（4）關於賠償。蔣介石提議戰後日本以實物，如機器、戰艦、商船、火車頭等運華，作為賠償的一部分。（5）關於領土。兩位領導人同意東北四省（包括遼東半島及大連、旅順）與臺灣、澎湖戰後均應歸還中國。（6）關於中美戰後合作。羅斯福提議雙方做出適當安排，採取互助辦法，維持太平洋的安定和平，防止侵略。蔣介石表示旅順軍港可供兩國共同使用，中國歡迎美國軍艦駛入中國港口。（7）關於朝鮮、越南和泰國。他們同意朝、越戰後獨立，泰國恢復獨立地位，但沒有討論具體方案。（8）關於中國的國共問題。羅斯福建議國共在戰爭時期即建立聯合政府；蔣介石同意邀請共產黨參加政府，前提是美國可以保證戰後蘇聯尊重中國東北的邊界。（9）關於中蘇關係。蔣介石表示戰後可以向蘇聯做出一些讓步，如大連可成為國際共管的自由港，向蘇聯開放，但要求蘇聯只能支持中央政府，不能支持共產黨。[62]

　　12 月 1 日，《開羅宣言》正式發表。宣言表示「三大盟國決心以不鬆弛

---

62　秦孝儀主編《中華民國重要史料初編——對日抗戰時期　第三編　戰時外交》（3），中國國民黨黨史會，1981，第 500—505 頁；梁敬錞：《開羅會議與中國》，香港亞洲出版公司，1962，第 39—41 頁；Elliott Roosevelt, *As He Saw It* (New York: Duell Sloan and Pearce, 1946), pp.164-166；Sumner Wells, Seven Decisions That Shaped History (New York: Harper and Brothers, 1951), pp.151-154.

之壓力，從海、陸、空諸方面加諸敵人」，直至日本無條件投降，這對日本一切離間盟國的誘降企圖是致命打擊，對中國抗戰軍民是極大鼓舞。宣言莊嚴宣告：「三國之宗旨，在剝奪日本自 1914 年第一次世界大戰開始以後在太平洋所奪得或占領之一切島嶼，在使日本所竊取於中國之領土，例如滿洲、臺灣、澎湖群島等，歸還中國。」[63] 這一聲明使中國人民收復失地的神聖使命得到了莊嚴的國際保障。

太平洋戰爭爆發以後，日軍針對中共領導的根據地連續推行了五次「強化治安運動」，使其進入了極端困難的時期。[64] 1942 年 5 月 1 日開始的對冀中抗日根據地的「鐵壁合圍」大「掃蕩」，持續時間長達兩個月，由華北方面軍司令官岡村寧次親自部署指揮，實施「縱橫合擊」、「輾轉剔抉」等辦法，企圖消滅八路軍主力。在日軍保護下，各地建立偽政權，擴大偽軍，以摧毀農村抗日秩序。在日軍的殘酷「掃蕩」下，抗日根據地的規模大大縮小，人口由 1 億人下降到 5000 萬人，大片根據地變成了與日軍進行拉鋸戰的游擊區，根據地政權面臨十分險惡的形勢，出現了嚴重的困難局面，八路軍、新四軍也由 50 萬人減少到 40 萬人。[65] 但是，中國共產黨領導軍民進行了頑強的反「掃蕩」，充分發動群眾，正規軍與民兵、自衛隊並肩作戰，採取了地雷戰、地道戰、交通戰、麻雀戰、水上游擊隊等一整套人民戰爭的戰略戰術，使日軍的「掃蕩」不能達到目的。1943 年，日軍仍一再對敵後抗日根據地進行「掃蕩」，但華北、華中和華南抗日根據地軍民積累了經驗，在粉碎日軍「掃蕩」和「清剿」過程中根據地有所恢復，有的還有了發展。1944 年，世界反法西斯戰爭開始進入大規模的戰略反攻階段。中共中央華北局提出「積蓄力量，準備反攻，迎接勝利」的方針，華北各敵後根據地打開了對敵鬥爭的新局面。在華中戰場，新四軍也展開了積極的反攻。到 1945 年，日軍在敵後戰場已處於守勢。

進入 1944 年，日本敗局的徵兆越來越明顯。小磯國昭組閣後，急切希望

---

63　復旦大學歷史系中國近代史教研組編《中國近代對外關係史資料選輯（1840—1949）》下卷第 2 分冊，上海人民出版社，1978，第 202 頁。

64　中央檔案館、中國第二歷史檔案館、吉林省社會科學院合編《細菌戰與毒氣戰》，中華書局，1989，第 436—438 頁。

65　中共中央黨史研究室：《中國共產黨歷史》上卷，人民出版社，1971，第 583—584 頁。

與中國媾和，以所謂「忍痛捨棄戰爭成果」的方案為釣餌，[66] 誘使蔣介石脫離反法西斯陣營，但是沒有成功。日本政府通過其他一些途徑試圖與重慶國民政府單獨媾和，或請蘇聯居間斡旋，也都沒有結果。

　　1945 年正面戰場的主要作戰是 3—4 月的豫西鄂北戰役和芷江戰役，這是因為岡村寧次制定了「向中國西南腹地挺進突入」的計畫。但日軍在豫西鄂北的戰鬥中傷亡重大，只好停止進攻。日軍爭奪芷江中國第九戰區空軍基地的戰鬥也遇到中國軍隊的堅決抵抗，雖然投入了五個師團和一個混成旅團，但仍無進展，只好在遭到重大傷亡後敗退。

## 抗日戰爭的勝利與日本的失敗

　　1945 年 2 月上旬，美、英、蘇三國首腦在蘇聯黑海之濱雅爾達舉行會議，就蘇聯在歐戰結束後兩至三個月內參加對日作戰達成協議，但也附加了損害中國主權的條件，即「外蒙古（蒙古人民共和國）的現狀須予維持」；「大連商港須國際化，蘇聯在該港的優越權益須予保證，蘇聯之租用旅順港為海軍基地須予恢復」；「對擔任通往大連之出路的中東鐵路和南滿鐵路應設立一蘇中合辦的公司以共同經營」。[67] 蘇聯在這裡以舊俄帝國權益的繼承人自居，美英則在未徵得中國同意的情況下，便對蘇聯做了有損中國主權的許諾。7 月，國民政府代表宋子文、蔣經國等與史達林和蘇聯外長莫洛托夫等舉行了艱難的談判。儘管中國方面做了努力，但實際上已無迴旋餘地。8 月 14 日，中蘇基本按照雅爾達協定的框架達成《中蘇友好同盟條約》及有關協定。

　　1945 年 4 月 25 日，在舊金山舉行聯合國制憲會議。50 個國家的 282 名代表參加了會議。會議由四大國首席代表輪流擔任主席，以英、法、俄、中、西班牙五種語言為正式語言。中國代表團由 10 人組成，包括中共代表董必武。6 月 25 日，全體大會一致通過《聯合國憲章》及國際法院規約。26 日，各國代表在《聯合國憲章》的 5 種文本（中、英、俄、法、西）上簽字。 1946 年 1 月 10 日至 2 月 14 日， 第一屆聯合國大會在倫敦舉行，聯合國正式成立，其組織系統開始運作。

　　1945 年 7 月 17 日至 8 月 2 日，美、英、蘇三國在柏林郊區的波茨坦舉

---

66　《日本外交年表竝主要文書（1840—1945）》下冊、605—606 頁。
67　《國際條約集（1945—1947）》，世界知識出版社編印，1959，第 8—9 頁。

行戰時第三次首腦會議。7月26日，發表了由美國起草、英國贊同並邀請中國參加的《波茨坦公告》，敦促日本「立即無條件投降」，但日本採取不予理睬的「默殺」態度。8月6日，美國在日本廣島投下第一顆原子彈，造成重大傷亡，引起日本朝野震動。8月9日零時，蘇軍分三路向中國東北的關東軍發起進攻，並同時進攻朝鮮北部、庫頁島南部及千島群島。

蘇聯出兵後，日本最高戰爭指導會議關於是否接受《波茨坦公告》仍爭論不休。9日上午11時30分，美軍在長崎投下第二顆原子彈後，天皇才終於在10日凌晨做出接受《波茨坦公告》的決斷。15日中午，天皇親自宣讀的《終戰詔書》錄音向日本全國播出，侵華日軍總司令岡村寧次及其部下也收聽了天皇的「御音」。當天下午，岡村向全體侵華日軍下達了向盟國投降的訓令。8月16日19時7分，侵華日軍停止戰鬥行動。

9月2日，在停泊於東京灣的美國「密蘇里」號戰列艦上舉行日本向盟國正式投降儀式。重光葵外相代表日本政府、梅津美治郎參謀總長代表大本營在投降書上簽字，中國代表徐永昌將軍與各盟國代表簽字接受投降。第二次世界大戰結束。

侵華日軍投降儀式於9月9日在南京中央軍校大禮堂舉行，何應欽正式接受岡村寧次率部投降。中國戰區日軍分16個地區陸續向中國軍隊投降，到9月中旬大體結束。東北的日軍——關東軍從8月18日起即開始向蘇軍投降，8月22日關東軍總司令官山田乙三向蘇軍正式履行了投降手續。

10月25日，臺澎地區日軍投降儀式在臺北公會堂（現更名中山堂）舉行。日軍代表安藤利吉等向中國陸軍受降主官陳儀正式投降。儀式結束後，陳儀立即發表廣播講話聲明：「從今天起，臺灣及澎湖列島，已正式重入中國版圖，所有一切土地人民政事，皆已置於中華民國國民政府主權之下。這種具有歷史意義的事實，本人特報告給中國全體同胞及全世界周知。」中日甲午戰爭後根據不平等條約割讓給日本的臺灣及澎湖列島，歷經中國人民半個世紀的鬥爭，終於又回到了祖國懷抱。

## 四、戰後審判及戰後問題的處理

### 戰後審判與日本戰爭責任的逃避

　　1946 年 1 月 19 日，駐日盟軍總司令麥克阿瑟（Douglas MacArthur）發布成立遠東國際軍事法庭的特別宣言，同時以盟軍總司令部一般命令第一號的名義，公布了由 5 章 17 條構成的《遠東國際軍事法庭憲章》（Charter of the International Military Tribunal for the Far East）。[68] 在此之前的 1945 年 12 月 8 日，設立了以美國人基南（Joseph Keenan）為局長（首席檢察官）的國際檢察局（IPS），到 1947 年，檢察官的人數已經為 487 人，美國檢察官最多時達 76 位，檢察活動也是以他們為中心進行的。2 月 15 日麥克阿瑟任命各國提名的法官，並同時任命澳大利亞法官韋伯（William Flood Webb）為首席法官。[69] 東京審判的法官是根據法庭的條例，由簽署受降文件的 9 個國家的成員組成。後來為與遠東國際委員會的構成國相適應，追加了印度和菲律賓的法官。中國國民政府派法學家梅汝璈、向哲濬分別擔任法官和檢察官。[70] 為了配合中方法官和檢察官的工作，國民政府還選拔了一批熟悉法律和英語的人才前往日本，包括國際法顧問吳學義、桂裕、鄂森、倪征燠等。[71] 開庭前，日本方面組成了以鵜澤總明為團長、清瀨一郎為副團長的辯護團。[72]

---

68　Charter 本可譯為「根本法規」或「組織法」，此處依據當年中國參與審判的法官和檢察官的習慣譯為憲章。

69　威廉・韋伯爵士（1887-1972），澳大利亞最高法院法官、法官團主席。由於他在本國公務繁重，以致曾有一個月以上在審判過程中缺席的情況。各國法官分別是：美國麻省最高法院首席法官約翰・派翠克・希金斯（John P. Higgins），1946 年 7 月改為密朗・克萊墨爾（Major-General Cramer）；中國立法院立法委員梅汝璈（法律顧問吳學義）；英國蘇格蘭最高法院法官派翠克・德富林勳爵（Hon Lord Patrick）；蘇聯最高軍事法院成員伊凡・密切葉維支・扎拉揚諾夫（Major-General I. M. Zarayanov）；加拿大最高法院法官愛德華・斯圖爾特・麥克杜格爾（Edward Stuart McDougall）；法國巴黎首席檢察官及軍事法官亨利・柏爾納爾（Henri Bernard）；澳大利亞最高法院法官威廉・韋伯（Sir William Webb）；荷蘭烏特勒支大學法學教授貝爾特・羅林（Professor Bert Roling）；印度加爾各答大學法學院講師拉達賓諾德・帕爾（Radhabinod Pal）；新西蘭軍法處長艾里瑪・哈維・諾斯克羅夫特（Harvey Northcroft）；菲律賓律政司、最高法院成員德爾芬・哈那尼拉（Colonel Delfin Jaranilla）。

70　《申報》1946 年 1 月 5 日。

71　據倪征燠回憶：「1946 年初冬，我回國不久，當時在東京任遠東國際軍事法庭中國檢察官的向哲濬回國述職……他不僅是例行地彙報工作，而且是前來要求增派人員去東京支援，且急如星火。」

72　清瀨一郎 1884 年生於兵庫縣，1908 年畢業於京都帝國大學法科大學。1920 年當選為眾議院議員。當選初期主張普選，反對治安維持法，被稱為「自由主義左派」。但逐漸向國家主義傾斜，戰爭中積極支持日德意三國同盟，為大政翼贊會等翼贊體制的骨幹。戰後他雖

　　東京審判中判斷戰犯罪責的三項基本原則是：第一，國際法規定的「通行的戰爭犯罪」；第二，計畫、準備、發動或實施侵略戰爭，或違犯國際條約、協定或諾言之戰爭，或參與為實現上述任何戰爭之一種的共同計畫或同謀的「反和平罪」；第三，在戰前、戰爭中針對任何平民的屠殺、滅絕、奴役、強制遷移以及其他非人道行為的「反人道罪」。根據這一原則，法庭確定審理 28 名日本甲級戰犯，從 1946 年 4 月 29 日開始對東條英機等人正式起訴，共開庭 818 次，到 1948 年 11 月 4 日開始宣讀遠東國際軍事法庭判決。在這期間形成法庭紀錄達 48000 頁，判決書達 1231 頁，檢察方與辯護方共提出證據 4336 件，雙方提供證人 1194 人，其中有 419 人出庭作證，是繼紐倫堡審判之後人類歷史上又一次規模最大的國際審判活動。東京審判對於國際關係的發展，對現代國際法若干重要原則的確立，對維護戰後世界和平都產生了深遠影響。

　　在東京審判中，日本對中國的侵略罪行得到了部分追究和審理。如日本對中國的軍事、經濟侵略；南京大屠殺等日本軍隊對中國人進行的殘暴的屠殺；推動麻醉劑、鴉片的生產和流通等罪行。但是與日本軍隊在中國的活動比較起來，追究不夠充分，留下了許多問題。特別是對於日本軍隊在中國共產黨控制地區的重大的戰爭犯罪，幾乎沒有進行揭露和追究，其中代表性的如「三光作戰」和強制性地抓勞工，日本軍隊違背國際公約在中國進行的細菌戰和化學戰的責任也逃脫了追究。麥克阿瑟在占領統治日本時很重視有效地利用天皇的問題，因此也免除了天皇的戰爭責任。對日本這些戰爭責任追究的不徹底成為以後影響中日關係的重要的歷史問題。

　　在被審判的 28 名甲級戰犯中，除松岡洋右、永野修身因痼疾而亡，大川周明「精神失常」中止審訊外，其餘 25 名被告經審判認定都犯有共同策劃和陰謀破壞和平的戰爭犯罪。法庭判處東條英機等 7 名人犯絞刑，判處其餘 19 人無期和有期不等的徒刑。1948 年 12 月 23 日對東條英機等 7 人執行死刑。

---

然受到剝奪公職的處分，但沒有影響他以律師的身分對東京審判中的被告辯護。由於他在戰爭中曾擔任過陸軍省國際法顧問，所以被指定為東條英機的主辯護律師。他在審判結束後回日本政界，曾擔任民主黨政務調查會長，第三次鳩山內閣文部省大臣。A 級戰犯嫌疑岸信介當首相的時候，他還作為眾議院議長，在審議日美新安保條約的時候，令員警進入而強行通過。雖然他關於審判管轄權的發言幾近狡辯，但是直到今天，他的謬論仍被戰後日本的右翼作為攻擊東京審判的法律根據。

此時，冷戰局面在東亞已經開始尖銳化，美國失去了追究日本戰爭犯罪的熱情，東京審判也就此結束。其他甲級戰犯嫌疑人被迅速釋放，有的後來搖身變成了日本政治家。

與東京審判進行的同時，在各受害國內也組成了共 48 處軍事法庭，對乙、丙級日本戰犯進行審判。中國在南京、上海、廣州、北平、太原、濟南、徐州、漢口、瀋陽和臺北等城市組成了 10 處軍事法庭，對日本戰犯進行審判，共處理戰犯案 605 件，涉及戰爭犯罪 883 人。其中判處死刑 149 人，判處有期、無期徒刑 355 人。由於冷戰和中國內戰開始，乙丙級審判也結束了。侵華日軍總司令官、頭號侵華戰犯岡村寧次被宣布「無罪」釋放，匆匆回國，其他在押的日本戰犯也同時轉移日本服刑，變相釋放。

## 戰後賠償及日本人遣返

當戰爭還在進行過程中，國民政府即著手進行戰爭損失的調查，以備在戰後作為對日索賠之依據。1943 年 11 月開羅會議期間，蔣介石就與美國總統羅斯福談到把日本的一些工業設備和車船設備等移交中國充作賠償的問題。[73] 1944 年 3 月 19 日，軍事委員會參事室草擬了《戰後對日媾和條件綱要》，初步提出對日索取軍費賠償和經濟賠償的若干原則。[74]

1946 年底美國政府開始考慮簽署對日和約問題，在對日和約初稿（「博頓草案」）中本來有關於「賠償和讓與」的問題，但是，由於美蘇在國際問題上的對立越來越嚴重，美國出於自身戰略利益的考慮，開始單方面宣布中止日本的拆遷賠償，並考慮與日本單獨媾和的方式。1951 年，美國一手操縱的對日媾和會議在排除中國的情況下於舊金山市召開，並在 9 月 8 日簽署了《舊金山對日和約》。在戰爭賠償問題上，和約一方面表示日本應對其戰爭中造成的損害及痛苦給盟國以賠償，但同時又表示「如欲維持可以生存的經濟，則日本的資源目前不足以全部賠償此種損害及痛苦，並同時履行其他義務」，因此各受害國除了扣留日本在本國的財產充作賠償外，只可以要求日本提供勞務性服務，即勞務補償，作為修復所受損害的費用，除此之外，各盟國及其國民放棄對日本的一切戰爭賠償要求。

73　上海人民出版社編《德黑蘭、雅爾達、波茨坦會議記錄摘編》，上海人民出版社，1974，第 448 頁。

74　中國第二歷史檔案館館藏檔案：761/226。

　　蔣介石對美國放棄賠償的原則起初並不完全贊成，表示「要中國完全放棄賠償要求是困難的」。[75] 但由於需要美國的援助而不能違背美國的意志，在美國承諾予以援助的條件下，蔣後來也同意「放棄一切賠償要求」。但是這一「放棄」導致戰爭遺留問題的產生。

　　戰爭結束之前，日本在中國戰區（東北三省除外）以及臺灣、澎湖、越南北部所部署的軍隊，人數達 128 萬人，[76] 再加上日僑，總數在 200 萬人以上。此外，在中國東北待遣返的日僑約 110 萬人，這樣，等待遣返的日本戰俘及僑民總數達 310 餘萬人。盟軍方面與中國方面協商提出了中國戰區日人撤退方案，規定：日人從中國內地到港口的手續由中國陸軍總司令部負責，中國戰區美軍司令部的任務是為中國政府擔任顧問，並在中國陸軍總司令部及中國政府與美國第七艦隊、盟軍總部間維持聯繫。美國第七艦隊利用美國海軍船隻和盟軍總部的日本運輸隊負責海運日人返國，中國戰區美軍司令部有決定日人自中國各港口撤退先後之權。在美國不斷督促以及提供交通設施的情況下，開始了在華日本戰俘和僑民的遣返工作。到 1946 年 9 月 20 日，自中國遣送回國的日本人總計為 2711951 人，其中軍人有 1231251 人，平民 1480700 人。[77]

　　戰後留在中國的日本軍人及平民被遣返後，還遺留了大量的武器彈藥及軍事裝備，作為戰利品為進攻東北的蘇聯紅軍和中國軍隊所接收。但是，日軍也知曉化學戰的反人道性，在投降時仍視化學戰為高度機密，極力掩蓋其資訊，並將大量化學武器遺棄在中國領土上。但是，化學武器中的化學毒劑可以長時間存在，而化學武器經長時間遺棄會出現毒劑洩露，產生對環境的汙染和人員的傷害，所以遺棄化學武器問題是戰後遺留的重要問題。不過在冷戰環境下，這一問題始終沒有得到解決。直到 1999 年，中日間簽訂了處理遺棄化學武器的備忘錄，這一問題才開始解決。

　　從 1945 年取得抗日戰爭的勝利，到今天已經走過了 70 年。雖然自抗戰勝利，中國社會各界始終關注思考抗日戰爭的意義，以及抗戰在中國近代歷史中的地位和影響，但是人們今天的思考，要比以往的認識深刻許多，豐富許多。因為中國的抗日戰爭是中華民族走向復興的轉捩點。

75　《顧維鈞回憶錄》第 9 分冊，第 28 頁。
76　〔日〕古屋奎二：《蔣總統祕錄》第 1 冊，中央日報社翻譯出版，1974，第 8 頁。
77　梁敬錞：《馬歇爾使華報告書箋注》，中研院近代史研究所，1994，第 184、197 頁。

　　近代以來，由於中國政治的腐朽與經濟的衰退，無法遏止西方列強的侵略與壓迫，在一次次的列強進攻面前敗下陣來。中國人民從不甘心忍受列強的欺凌，面對列強的侵略，掀起過一波又一波的反帝鬥爭，這些運動標誌著中國社會新的生產力、新的階級、新的思想和主義的出現，使中國社會在經濟、政治、思想、文化各方面出現了新的積極向上的因素，出現了半殖民地半封建社會從「沉淪」轉而「上升」的趨勢，但是，一次次的鬥爭，都不幸地以失敗告終，中國人民復興中國的夢始終未能實現。

　　抗日戰爭的勝利是近代以來中國第一次取得的對外戰爭的勝利。由於中華民族建立了抗日統一戰線，在十分艱苦的條件下與侵略者進行殊死搏鬥，成為國際反法西斯戰線中重要的一環，獲得了國際社會的尊重。正是在這樣的背景下，中國人民的奮鬥終於取得了成效：列強強加給中國的不平等條約被廢除；中國收回了曾被日本侵占的領土——東北和臺灣，成為聯合國的創始成員國和常任理事國，重新確立了世界大國的地位。可以說，抗日戰爭的勝利完成了近代中國從「沉淪」到「上升」的轉變，復興中國的夢想開始成為現實。所以說，抗日戰爭是中華民族走向復興的樞紐。

　　中國在爭取復興的過程中最重要的歷史經驗，是堅持民族團結反對民族分裂。中國人民抗日戰爭的勝利，集中顯示了愛國主義和民族團結的蓬勃偉力。在波瀾壯闊的全民族抗戰中，全體中華兒女萬眾一心、眾志成城，各黨派、各民族、各階級、各階層、各團體同仇敵愾，共赴國難。長城內外，大江南北，到處燃起抗日的烽火。在抗日民族統一戰線的旗幟下，以國共合作為基礎，一切不願做奴隸的中華兒女毅然奮起，同日本侵略者進行了氣壯山河的鬥爭。正是基於全國人民的團結奮鬥，抗日戰爭才成為近代以來中國反對外敵入侵第一次取得完全勝利的民族解放戰爭。

　　中國人民抗日戰爭的勝利，深刻揭示了自強是國家自立的根本保證。戰爭是實力的較量，國與國之間的戰爭，更是綜合國力的較量。當年，孫中山先生痛感中國積貧積弱、任人宰割的悲慘狀況，喊出了振興中華的口號。而內部分裂、政治腐敗、經濟落後的中國則只能遭受戰爭的苦難。近代中國百年屈辱的教訓和抗戰勝利後建設發展的經驗從正反兩個方面充分說明，強大國力是國家免受外來侵略和壓迫，並自立於世界民族之林的根本保證。

# 第十二章 戰時外交：從苦撐待變到大國擘畫

　　1937 年 7 月，當中國孤軍抵抗日本發起的全面戰爭時，沒有人能確切地知道中日之戰的道路通向哪裡。儘管戰爭雙方對於最終結局都有著自己的最佳及最低預期，但八年後，戰爭的結果大大地超出了雙方最初的預期。侵略者鎩羽而歸，重新退回到被盟軍縮小了範圍的日本國土上。勝利者不僅收復失地，更以一新的面目出現在世界政治舞臺上。戰前在國際舞臺上默默無聞的總是充當龍套角色或受氣角色的中國，八年之後，從國際舞臺的邊緣地帶一躍而進入中心地帶，成為新的國際組織的核心成員，對國際事務擁有了重要的發言權。中國的國際地位發生了八年前任何人都無法想像的巨大變化。可以說，中國在這八年中取得了近代百餘年間最大的外交成就。

## 一、爭取國際社會的廣泛支持

　　20 世紀 30 年代，中日兩國在經濟、軍事實力及國家動員能力等方面差距明顯。戰爭開始後，日本很快取得了軍事戰場上的優勢。作為戰爭發動者及戰場優勢方，日本竭力排除國際社會的干預，力圖把中日戰爭解釋為僅僅是中日兩國之間的事情，壓迫中國做出重大妥協。而對中國而言，則恰恰相反，中國外交的首要任務便是喚起國際社會對日本侵華戰爭的關注，爭取國際社會對中國的支持。

　　事實上，在這個已經形成了一定程度的世界市場及相對穩定的勢力均衡的時代，中日戰爭不只關乎中日兩國的利益，它廣泛地涉及列強在中國在遠東的利益。此時，與遠東事務有密切關係且可發生重要影響的國家大致可分為三

---

* 本章由王建朗撰寫。

類：一是英美法等國，它們是第一次世界大戰後所形成的遠東華盛頓體系的締造國，希望維護由它們起著主導作用的現存的國際秩序，反對任何以武力變更現狀的企圖；二是德國，作為第一次世界大戰的戰敗國，它被排斥於凡爾賽——華盛頓體系之外，隨著實力的增長，它要求打破既有的世界秩序；三是世界上唯一的社會主義國家蘇聯，它受到整個資本主義世界的排斥，無論是與英美法，還是與德意日以及與中國，都存在著矛盾，但日本的擴張與強大將對其遠東地區構成最主要的威脅。這三類國家是當時世界上最具影響力的國家，也是有可能在遠東採取干預行動的國家。

中國的戰時外交，就是要明智而妥善地處理與這三類國家的關係，爭取一切可能爭取的力量。正如外交部部長王寵惠所概括，國民政府的外交原則是「多尋與國，減少敵國，其國家與我利害相同者，當與之為友，其國家利害相反者，當使之不至與我為敵。」[1]

## 爭取德國中立

從戰略上來說，德國是日本的天然盟友。德國要顛覆歐洲秩序，日本要顛覆遠東秩序，它們在戰略上具有一致性。但中國政府並未放棄努力，仍竭力爭取德國至少保持中立，阻緩德國迅速倒向日本。

從自身利益考慮，德國也不希望日本擴大在中國的戰爭。一是中德關係在戰前有長足發展，尤其是在軍事領域的合作發展得極為迅速。中國的軍火供應大部分也來自德國。1936 年，中國從德國訂購的軍火武器占其輸入軍火武器的 80％。而德國國防工業所必需的一些稀有金屬，進口總量的一半以上來自中國。[2] 德國希望中德關係繼續發展。二是德國期望日本日後能在遠東對蘇聯發揮戰略箝制作用，而一旦發動對華侵略，日本的主要兵力將被牽制在中國，沒有能力來對付蘇聯。德國還擔心日本擴大侵華戰爭會助長共產主義在中國的發展。德國外交部給駐日大使狄克遜（H. Dirksen）的一封電報表明了這一看法。該電指出：「（反共產國際）協定的目標不是在第三國的領土上與布爾什維克主義作戰。相反，我們認為日本的行動是與反共產國際協定背道而馳的，因為它將阻礙中國的團結統一，導致共產主義在中國的進一步蔓延，

---

1　余偉雄：《王寵惠與近代中國》，臺北，1987，第 96 頁。
2　William C. Kirby, *Germany and Republican China* (Stanford University Press, 1984), pp.137, 213.

其最後結果將驅使中國投入蘇聯的懷抱。」德國外交部明確指出「日本人沒有任何理由期望我們贊同他們的舉動」。[3]

國民政府也很注意利用日本侵華有利共產黨發展的說法來取得德國的支持。中國駐德大使程天放曾對德國外交部部長牛拉特（B. K. Neurath）表示：「日本侵略中國就是替共黨製造機會，世界上真正反共的國家，應該出來阻止日本的侵略。」[4]國民政府的其他要員亦曾多次向德國表示，如果日本一定要滅亡中國，中國將倒向蘇聯。德國對中蘇關係的明顯改善和蘇聯對華援助的增加惴惴不安，不願其在華地位被蘇聯取而代之。

因此，在中日戰爭初期，德國仍決定保持中立的態度。在此方針下，德國繼續維持對中國的軍火供應。據估計，在戰爭爆發的前 16 個月中，平均每月有 6 萬噸的軍火經香港運入中國。其中，德國軍火約占 60％。根據德國資料，德國易貨供應中國的作戰物資，1936 年為 23748000 馬克，而 1937 年則增為 82788600 馬克。另據 1938 年 7 月 5 日美國國務院遠東司〈中國輸入軍火備忘錄〉統計，自盧溝橋事變以來，在各國輸入中國的武器中，德國無論是在數量上還是在品種上都占據第一位。[5]同時，總數達 30 人之多的德國駐華軍事顧問仍在繼續活動。德國軍事顧問積極參與了中國作戰計畫的制定，他們對華北、華東的作戰都提出過設想和計畫。日本因此向德國不斷提出抗議。

1938 年 2 月，德國內閣改組，內閣中比較親華的國防部部長、經濟部部長等都被撤換，此後，德國下令撤出在華軍事顧問、對華禁運軍事物資，及要求中國在德軍事留學生回國。但對華禁運軍事物資的命令並未嚴格執行，因為中德之間存在著互利互惠的關係，德國向中國輸出武器，中國則向德國輸出其所需要的軍事原料。據統計，1938 年德國從中國進口鎢砂 8962.2 噸，超出了 1937 年的進口量，占該年鎢砂進口總量的 63％；從中國進口桐油 7293噸，占該年進口總量的 99.7％。即使到 1939 年，德國從中國獲得的鎢砂在 1—8 月也達到了 3700 噸，占同期進口量的 50％。在這同時，德國的軍火和武器

3　〈德國外交部致狄克遜電〉（1937 年 7 月 28 日），*Documents on German Foreign Policy, 1918-1945*, Ser. D, vol.1, London, 1949, pp.742-743.

4　程天放：《使德回憶錄》，正中書局，1979，第 210 頁。

5　〈韋爾備忘錄〉（1938 年 4 月 23 日），*Documents on German Foreign Policy, 1918-1945*, Ser. D, vol.1, pp.852-853; *Foreign Relations of the United States (FRUS)*, 1938, vol.3 (Washington, 1954), p.214.

等也通過易貨形式不斷流入中國。[6]

## 爭取蘇聯援助

　　作為中日兩國唯一的鄰居大國，蘇聯對中日雙方的力量消長最為敏感，其地理位置的臨近，也便利其採取最為直接的干預行動。因此，蘇聯因素受到國民政府的高度重視。儘管中蘇之間有著極大的意識形態的分歧，國家關係前幾年曾經破裂，而蘇聯又一直是中國共產黨的支持者，但國民政府還是決定立即調整中蘇關係。

　　盧溝橋事件發生不久，蔣介石便對立法院院長孫科和外交部部長王寵惠表示，如果事態擴大，可能會演變成一場中日之間的全面戰爭。在這場全面戰爭中，「最關鍵的因素」是與蘇聯達成協議，由蘇聯供應軍事裝備並締結一個中蘇互助條約。[7] 孫科與王寵惠立即趕赴上海，與蘇聯駐華大使鮑格莫洛夫（D. Bogomoloff）就中蘇訂約之事進行商談。然而，蘇聯此時不願與中國討論互助條約。鮑格莫洛夫坦率地說，如果現在與中國簽訂這樣的互助條約，即意味著蘇聯必須參戰，日本就很可能進攻蘇聯。鮑格莫洛夫提議中蘇簽訂一個互不侵犯條約。

　　但國民政府起初對締結一個在其看來僅具象徵意義的中蘇間的互不侵犯條約不感興趣，擔心這種條約徒然刺激日本，刺激英美法，而中國得不到實質性的好處。但蘇聯堅持要訂立這一條約，並把能否獲得蘇聯物資的援助與訂立這一條約掛起鉤來。圍繞是否要簽訂互不侵犯條約問題，中蘇之間進行了反復磋商。最終，中國為儘快獲得蘇聯的軍事物資而做出讓步。8 月 21 日，中蘇簽訂互不侵犯條約。

　　隨著互不侵犯條約的簽訂，軍事供貨的障礙終告消除。8 月 27 日，中蘇達成協議，蘇聯同意向中國提供價值 1 億元法幣的軍事物資。11 月，蘇聯援華的第一批飛機運抵蘭州，此時正值中國軍隊在淞滬作戰失敗之際，中國空軍損失慘重，蘇聯飛機的到來給中國空軍帶來了新的力量。

　　由於財政困難，一時難以支付向蘇聯訂購大批軍用物資的費用，中國希

---

6　〔英〕阿諾德·托因比等編《大戰與中立國》，上海電機廠職工大學譯，上海譯文出版社，1981，第 65—68 頁。
7　孫科：《中蘇關係》，中華書局，1946，第 16 頁。

望從蘇聯獲得貸款。1938 年 3 月 1 日，中蘇訂立第一次貸款協定，由蘇聯向中國提供 5000 萬美元的貸款，供中國向蘇聯購買各種物資。1938 年 7 月，中蘇訂立第二筆信用貸款協定，貸款總額仍為 5000 萬美元。1939 年 6 月 13 日，中蘇訂立第三次易貨貸款協定，貸款金額為 1.5 億美元。這樣，在抗戰前期，蘇聯同意向中國提供的貸款，總數高達 2.5 億美元。利用這些貸款，中國從蘇聯購得了大批軍事物資。

在爭取蘇聯物資援助的同時，中國還曾爭取蘇聯出兵參戰。在最初一段時間，蘇聯政府對這一問題未予明確拒絕。它總是一面婉拒中方的現時參戰要求，同時又給中國保留在將來可以爭取實現的某種希望。11 月 11 日，史達林在會見楊傑和張沖時表示：「若中國不利時，蘇聯可以向日開戰」，但又強調指出目前蘇聯不宜對日開戰，「故蘇聯對日本之開戰須等待時機之到來」。此後，伏羅希洛夫（K. Voroshilov）還曾對張沖表示，當中國抗戰到了「生死關頭」時，蘇聯將出兵參戰，絕不坐視中國失敗。[8]

中國在進行南京保衛戰及武漢保衛戰之時，曾多次提出希望蘇聯出兵的請求，但均遭婉拒。中國政府終於意識到，蘇聯實際上是不可能出兵參戰的。

儘管爭取蘇聯全面軍事介入的努力未獲成功，但中國還是獲得了蘇聯局部的暗中的軍事支援。在中國急需獲得空軍作戰人員之時，蘇聯派遣空軍志願人員來華作戰。1937 年 11 月，第一批蘇聯空軍人員到達蘭州。12 月，蘇聯空軍人員投入戰鬥。抗戰期間，蘇聯先後派遣了 2000 名空軍志願隊員來華作戰。他們對打擊日軍、阻緩日軍的進攻做出了重大貢獻，200 多名蘇軍官兵為之獻出了生命。此外，蘇聯還在中國開辦空軍訓練基地，對中國飛行技術人員進行強化訓練。據統計，到 1939 年底，蘇聯幫助中國空軍訓練飛行員 1045 人、領航員 81 人、無線電發報員 198 人、航空技術人員 8354 人。[9]自 1938 年始，蘇聯軍事顧問大批來華，在中國建立了比較完整的軍事顧問體系。他們對中國軍隊的戰術訓練、掌握現代化武器的技能，以及某些戰略計畫的制訂都做出了有益的貢獻。

---

8　〈楊傑、張沖致蔣介石電〉（1937 年 11 月 12 日）、〈張沖致蔣介石電〉（1937 年 11 月 18 日），秦孝儀主編《中華民國重要史料初編——對日抗戰時期　第三編　戰時外交》（以下簡稱《戰時外交》）（2），中國國民黨黨史會，1981，第 335—336、338 頁。

9　中國社會科學院近代史研究所編《國外中國近代史研究》第 11 輯，中國社會科學出版社，1988，第 393 頁。

### 依靠英美法

英美法不希望現存的國際體系在武力的背景下發生變化，儘管在抗戰初期英美法給予中國的實際援助比較少，但中國政府認為，它們將來一定是中國的主要盟國。因此，國民政府堅持不懈地積極開展對英美法的工作，竭力向它們強調中日戰爭對遠東和國際安全的重大影響，期望引起關注，藉列強之力壓迫日本，使中日問題獲得較為公正的解決。

對英美法的外交循兩條途徑而展開，除雙邊交涉外，訴諸由英美法主導的國際組織也是中國外交的一個重要活動舞臺。國際聯盟是中國的首選目標。9 月 12 日，中國代表團正式向國聯遞交申訴書，指出日本正以武力侵犯中國領土完整與政治獨立。根據國聯盟約第十條和第十一條，此種事件實已關係到國聯全體成員國，因此，國聯應對此採取必要行動。經過若干輪的討論與會外磋商，10 月 6 日，國聯大會通過決議，指責日本對中國採取的軍事行動「不能根據現行合法約章或職權認為有理由，且係違反日本在九國公約及巴黎非戰公約下所負之義務」。決議對中國的抗戰表示了一定程度的同情和支持，聲明「大會對於中國予以精神上之援助，並建議國聯會員國應避免採取一切結果足以減少中國抵抗之能力，致增加中國在現時衝突中之困難之行動」。[10]

由於美國不是國聯成員國，國聯會議提議召開九國公約簽字國會議來討論中日衝突。九國公約簽字國會議於 11 月 3 日在布魯塞爾召開，11 月 15 和 24 日分別通過了兩個宣言。宣言針對日本要用武力「使中國放棄現行政策」的企圖，指出「在法律上根本不存在任何國家動用武裝力量去干涉他國內政的根據」，並向中日雙方建議「停止戰爭，並改取和平程序」。[11] 國聯會議和九國公約簽字國會議，無論是在向中國提供物資援助還是在對日實施制裁方面，都未能取得中國政府所期望的實質性的進展。但其對中國道義上的援助仍具有積極意義，它為以後的物資援助打下了基礎。

抗戰前期，中國不遺餘力地宣揚「世界和平不可分割」、局部侵略將危及整個人類的思想，將中日戰爭與世界安全緊密掛鉤，促使各國關注中日戰爭。1938 年 2 月 21 日，蔣介石在致世界反侵略和平大會的電文中指出：「蓋

10　「中華民國外交問題研究會」編《盧溝橋事變前後的中日外交關係》，臺北，1964，第 359—362 頁。
11　*FRUS, Japan*, part 1, pp.410-412.

中國作戰，不獨求民族之解放，不獨求領土之完整，實亦為全世界各國之共同
安全而戰也。日本踐踏條約如糞土。既保證鄰國疆土之完整於先，乃食言興師
任意侵略於後，其毀滅信義，若不加以膺懲，則世界此後所遭逢之浩劫，恐將
為人類歷史所罕見。」[12] 中國政府在各種場合向世界指出，日本侵略一日不制
止，遠東及世界和平即一日不能維持，「世界和平不可分割，一部分之利害，
即全體之利害，故每一國家謀世界之安全，即所以謀自國之安全，不可不相與
戮力，以至於保障和平，制裁侵略，俾東亞已發之戰禍，終於遏止，而世界正
在醞釀中之危機，亦予以消弭」。[13] 中國呼籲西方大國為維護世界的和平而及
早出面干預遠東的戰爭。

　　中國政府所闡述的觀點與美國總統羅斯福的「防疫隔離演說」異曲同工，
且更為強烈和直接。中國較為成功地向世界表明，抗戰不僅是中國的，也是世
界的。中國所擔當的不僅是民族自衛的角色，也是世界和平與安全維護者的角
色。中國的呼籲與日本對英美權益的不斷侵犯，使英美逐漸意識到日本對世界
和平的威脅，意識到中國的抵抗對於世界安全的意義。

　　抗戰爆發之前，中國在英美眼中只是一個原料產地與產品市場而已，在
戰略上無足輕重。但隨著戰爭的進行，英美逐漸意識到，中國是抵抗侵略的前
哨，如果中國被打敗，日本絕不會在中國止步，日本將會向南方擴張，與西
方國家發生衝突。因此，支持中國的抵抗是極為重要的。這樣，以往被忽視
的中國巨大的潛在資源逐漸得到重視，原來只是被作為原料產地和產品市場的
中國被賦予了戰略性的意義，成為其對外戰略中具有重要意義的一環。遠東司
官員范宣德（J. C. Vincent）在 1938 年 7 月 23 日提出的備忘錄很具有代表性，
備忘錄認為：「中國的抵抗不致崩潰，不僅對中國而且對我們以及其他民主國
家來說都是極為重要的」，建議在不致捲入戰爭的限度內，美國「現在不應放
過任何增強中國的抵抗意志和抵抗能力以阻止日本征服中國的企圖的機會」。
針對一些人一味害怕捲入中日衝突的想法，備忘錄指出，如果英美坐視日本取
勝，日後必將南進的日本勢必會與英美發生衝突，而英美現在向中國提供援
助，其捲入衝突的可能性，將比其坐視日本勝利後再與日本衝突的可能性要小

12　秦孝儀主編《先總統蔣公思想言論總集》卷 37，中央文物供應社，1984，第 169—170 頁。
13　〈中國國民黨臨時全國代表大會宣言〉（1938 年 4 月 1 日），榮孟源主編《中國國民黨歷
　　次代表大會及中央全會資料》下冊，光明日報出版社，1985，第 466 頁。

得多。作者的結論與以往流行的孤立主義觀點截然不同：積極的對華援助反倒比袖手旁觀更少捲入的可能。[14]

正是在這一對華認識變化的基礎上，羅斯福最終批准了商討已久的對華貸款計畫。12 月 15 日，美進出口銀行公開宣布 2500 萬美元的「桐油貸款」。英國也採取了相同的步驟，12 月 19 日，英國宣布給中國貸款 50 萬英鎊。次年 3 月 18 日，英國又宣布向中國提供 500 萬英鎊的平衡基金貸款，以穩定中國的法幣價值。與此同時，英美法政府還分別向日本政府遞交了照會，表示將堅守九國公約的原則，不承認日本宣稱要建立的「東亞新秩序」。

基於英美實力的消長變化及對華政策的差異，抗戰初期中國的外交側重點做出了一個重大調整：對美外交取代對英外交，居於中國外交的首要地位。近代以來，英國長期以列強的帶頭人身分出現在中國。但至此時，英國的國力限制及歐洲時局的牽制實際上已使英國在遠東處於一種虛弱狀態，它已沒有能力再在中國充當首席列強的角色。圍繞著遠東危機的若干次交涉活動也表明，沒有美國的積極參與，英國不肯也不能有所作為。中國政府意識到了這一變化，日益重視對美外交，並在 1938 年中逐步完成了外交重點的轉變。

1938 年 6 月，蔣介石對有可能對遠東發生影響的英美俄等大國做了一番比較分析，他認為：「英國老謀深算，說之匪易。俄國自有國策，求援無效。惟美為民主輿論之國，較易引起義俠之感。且羅斯福總統確有解決遠東整個問題之懷抱。如輿論所向，國會贊同，則羅總統必能有所作為」。蔣介石提出的外交方針是：「應運用英美之力，以解決中日問題」，「對俄應與之聯絡」，「對德應不即不離」。[15] 1938 年 9 月，孔祥熙在致新任駐美大使胡適的電文中明確指出了美國在列強中的領頭地位。孔叮囑說：「此次使美，國家前途利賴實深，列強唯美馬首是瞻，舉足輕重，動關全域，與我關係尤切。」[16] 這表明，到 1938 年底，中國已最終確立了以對美外交為首要重點的外交方針。

## 二、反軸心國政策的明晰與推動美英援華制日

日本在亞洲發動侵華戰爭不久，德國也在歐洲採取了擴張行動，歐洲局

---

14　*FRUS, 1938*, vol.3, pp.234-237.

15　張其昀：《黨史概要》第 3 冊，中央文物供應社，1979，第 973—974 頁。

16　〈孔祥熙致胡適電〉（1938 年 9 月 22 日），中國社會科學院近代史研究所中華民國史組編《胡適任駐美大使期間往來電稿》，中華書局，1978，第 1 頁。

勢日趨緊張。德國的擴張，無論是對英法，還是對蘇聯都構成了威脅。為了應付德國的威脅，1939年春夏，蘇聯與英法就訂立歐洲集體安全條約展開談判。但是，雙方均缺少緊迫感，談判進展並不順利。國民政府認為，蘇聯與英法結盟，符合中國的利益，因為它將使歐洲安定，使英法蘇有餘力關注遠東問題。因此，中國積極推動蘇聯與英法的談判。

　　蔣介石多次致函史達林，力促其與英法早日訂約，安定歐洲。同時，蔣介石也對英方強調，英蘇軍事同盟應立即無條件訂定。蔣介石在會見英國駐華大使卡爾（Archibald C. Kerr）時指出，歐戰一旦爆發，日本必將參戰，英國不應相信日本將不參加歐戰的保證，而應立即與蘇聯成立軍事協定，以抑制希特勒。這樣，「歐洲和平可期，而遠東亦可獲安定。否則，德、俄妥協局勢一經造成，不惟英倫三島告急，恐印度亦將岌岌可危矣」。[17] 當然，中國希望遠東問題也能列入蘇聯與英法的討論範圍。1939年4月，蔣介石致電正在訪蘇的立法院院長孫科，要求他在「英俄合作交涉時，請俄當局勿忘遠東，應同時提出，並望能促成中、俄、美、法在遠東具體之合作」。[18]

　　然而，國際風雲變幻莫測，當國民政府還在幻想英法蘇將訂立條約時，突然傳出了令世人意想不到的消息。8月22日，蘇聯宣布與以往視為對頭的德國簽訂互不侵犯條約。蘇聯此舉，不僅令西方國家大為震驚，也使中國政府深感意外和緊張。蘇德條約簽訂後，歐洲加速了滑向戰爭的進程。9月1日，德國大舉入侵波蘭。9月3日，英法對德宣戰。歐洲戰爭爆發。

　　如何應付歐戰爆發後的新局面？在最初的一段時期中，國民政府高層的認識並不統一。在德國入侵波蘭的次日，蔣介石召集行政院長孔祥熙、外交部部長王寵惠、軍委會參事室主任王世杰、國防最高委員會祕書長張群、參謀總長何應欽、國民黨中央執委會祕書長兼中統局長朱家驊等人，討論今後的外交方針。據王世杰日記記載，孔祥熙、王寵惠、張群、朱家驊等人均主中立，但蔣介石主張對德宣戰。

　　蔣介石為什麼主張宣戰？在9月2日的日記裡，蔣介石比較詳盡地研究了中國的應對方針。他認為，歐戰如果擴大，中國外交方針最要緊的是要注意

17　秦孝儀總編纂《總統蔣公大事長編初稿》卷4（上），中國國民黨黨史會，1978，第350頁。
18　〈張沖致蔣介石〉（1939年4月21日）、〈蔣介石致孫科〉（1939年4月），秦孝儀主編《戰時外交》（2），第401、409頁。

兩點：「（一）不使日寇加入歐戰為第一義。（二）不使俄日妥協為第二義。」
蔣介石對歐戰結果的判斷是「勝利必屬英法」，因此，中國須提前加入英法陣
線，以阻止日本突然宣布站到英法一邊。蔣介石的目標是：「我國對歐戰政策
之惟一主旨，端在參加民主陣線，以為他日媾和時，必使中日戰爭與歐戰問題
同時連帶解決也。」[19]

　　在歐戰爆發後的一段時期內，蔣介石幾乎每天都召集高級軍政要員會商
應對方針，大體上，蔣介石仍傾向於對德宣戰，儘快明確加入英法陣線，但其
他要員則主張謹慎表態。王世杰曾提出偏向於蔣的折中方案，即不採取對德宣
戰這樣的激烈措施，但以召回駐德大使這樣的方式來表明立場。蔣介石表示同
意。

　　召回駐德大使的主張，儘管得到了蔣介石的支持，但還是碰到了困難，
因為外交部部長王寵惠及其他要員對此有不同看法。對於歐洲戰爭，王寵惠力
主中國不必立即有所表示，他尤其反對做出明顯的表示。張群、朱家驊等也不
主張做明顯的表示。9月7日，王寵惠在蔣介石的催促下，曾向中國駐德使館
發出召陳介大使回國述職的命令。但第二天孔祥熙便令王寵惠致電駐德使館，
取消此前召回陳介的電令。

　　儘管對德宣戰的提議未獲高級幕僚的贊同，但蔣介石仍想以某種方式來
表明中國立場，以便將中日戰爭與歐洲戰爭聯繫起來。9月8日，蔣介石在與
幕僚晚餐時提出，中國政府應對歐洲戰爭發表一個宣言，明白地表示中國的立
場。但徐永昌、孫科等人仍表示反對。徐對蔣介石進言：「離間國際事，吾人
無此能力，亦不應做」，「發表宣言宜從緩」。[20]

　　蘇聯因素是國民政府在考慮對歐戰方針時需要仔細掂量的重要因素，難
以確定的蘇德之間的曖昧關係，使國民政府在決定對德政策時遲疑不決。9月
17日，蘇軍揮師進入波蘭，與德軍形成夾擊波軍之勢。對此，德國宣傳部宣
稱，蘇軍向波蘭進擊曾得到德方的充分同意，明確無誤地給世人以蘇德合謀的
印象。當日晚飯時，蔣介石終於表示，國際形勢變化太大，對外宣言一節作罷。

　　這樣，歐戰爆發後，國民政府雖然在總體上仍然堅持了走英美路線的戰

---

19　《蔣介石日記》，1939 年 9 月 2 日，原件藏美國斯坦福大學胡佛研究所檔案館。藏所下略。
20　《徐永昌日記》第 4 冊，1939 年 9 月 11 日，中研院近代史研究所，1991。

略，但並未明確地站到英法陣營一邊，對德國採取了富有彈性的留有餘地的政策。國民政府的這一國際戰略選擇，在 1940 年夏又經歷一次不小的波動。

1940 年 5 月，法國淪陷，英法聯軍在歐洲大陸慘敗，英國本土也陷於德國的狂轟濫炸之下。在德軍取得巨大軍事勝利的形勢下，國民政府內部就是否還應堅持聯英，還是改行聯德，出現了不同聲音。

7 月 2 日，國民黨五屆七中全會上，外長王寵惠報告了最近日本壓迫英國在香港及緬甸問題上讓步的情況。孫科表示，如果英國對日妥協，接受日本人的要求，「吾人只有取西北路線，積極聯絡蘇德，德在歐洲已操勝券，吾人更應派特使前往，除外交外，並應發生黨的關係。英國在歐已無能為力，必將失敗也。」不少人對孫科的提議報以掌聲。[21]

對此，蔣介石表示，既定的外交政策現在不必變更，中國應繼續對英美友好的方針，同時，對德外交可盡力加強。根據這一思路，7 月 6 日，國民黨五屆七中全會通過的決議案確定了如下方針：「對於英法，盡力維持固有之關係；對德意等國不僅以維持現存友誼為滿足，更宜積極改善邦交，以孤敵勢。」[22]

7 月 7 日，朱家驊致函德軍總參謀長凱特爾（keitel）。朱在函中竟表示「此次貴國國防軍在歐戰中之成就，使余十分興奮」。他希望德國能利用目前取得的成就，「使歐戰早日結束，得以在世界和平工作上，作更進一步之偉大貢獻。尤其在遠東方面，希望貴國特別注意，從新認識。」該函還讚揚德國在困境中努力奮起的精神及德軍與同盟國軍隊作戰的情形，稱其發人深省，是對中國人奮發自振的良好教育。[23]主張改行聯德政策，並非只是朱家驊等少數親德人士的想法，國民政府中不少人士支持這一主張。7 月 18 日，孫科在國防最高委員會會議上再次提出親蘇聯德的方針，便得到很多人的附和。

關於這場國際戰略之爭的情況，相關史料並不多見，但從蔣介石後來的回憶中可以看到這一爭論似乎還頗有波瀾。蔣介石在 1941 年初回憶道：去年六七月間，當英法慘敗，德國大勝之時，「我中央外交方針，幾乎全體主張聯

21　《王子壯日記》第 6 冊，1940 年 7 月 2 日，中研院近代史研究所，2001。

22　榮孟源主編《中國國民黨歷次代表大會及中央全會資料》（下），第 635 頁。

23　〈致德國總參謀長 Keitel 大將書〉，《朱家驊先生言論集》，中研院近代史研究所，1977，第 657—659 頁。

德，而孫哲生、白健生等為尤烈，總以為美國外交，絕不可靠也。」當時他不贊成大家的主張，表示他本來也是主張對德親善的，過去當德日防共協定發表及德承認偽滿之時，他曾不顧中央各委反對，力主不與德絕交，「惟此次則決不能因德之大勝，而更求交好，徒為人所鄙視也」。但一些人仍對蔣的看法不以為然，蔣遂直率批評這些人「以前之反德太過，與今之親德太急，前後主張，皆不合理，且此時親德，決不能由我強求而得親也」，主張「暫處靜觀，以待其定，再決方針」。蔣在回憶此一爭論時為他當時的堅持感到慶幸：「如余當時不堅持，聽健生等之言，而違美聯德，則英、美近日不僅不願與我合作，其必聯倭以害我，我處極不利之地矣！」[24]

有關聯英還是聯德的戰略之爭未能持續太久。因為，1940 年 9 月，德意日三國同盟宣告成立，德國與日本正式形成軍事同盟關係。面對既成事實，國民政府內主張聯德的聲音至此不得不平息下來。

歐戰爆發後，蘇聯對中國的援助規模逐漸減少。而另一方面，隨著蘇德關係的明朗化，蘇日關係也朝著和解的方向發展。經歷了張鼓峰和諾門罕兩次重大軍事失敗的日本，已切實感到蘇聯軍事力量的強大，準備調整日蘇關係，以誘使蘇聯停止對華援助。日本與蘇聯間開始了祕密接觸。

國民政府對蘇日之間的動向十分關注，一再向蘇方表示反對的立場。1940 年 12 月 1 日，蔣介石直接致函史達林，直陳蘇聯對日妥協的危害，指出它必將造成各國競相對日妥協，而使日本達到侵略目的。蔣介石指出：「蘇聯如對日本妥洽進一步，則英、美對日本之遷就必更進兩步，如此英、美必將先於蘇聯而對日妥洽，而日本大陸政策乃完成矣。」中國駐蘇大使邵力子曾這樣向蘇方形容蘇日妥協的影響：「果有此約，對於中國人民精神上之打擊將甚於一千架敵機之轟炸。」[25]

不幸的是，蘇聯在對日調整關係上自有其戰略考慮，中國的擔憂和勸說並不能改變蘇日接近的進程。為避免一旦遭受德國進攻時出現腹背受敵的局面，蘇聯需要在遠東穩住日本。1941 年 4 月 13 日，蘇聯與日本簽訂《蘇日中立條約》，雙方約定：「保證維持兩國之間的和平與友好關係」，「如締約

24　潘光哲、黃自進編《困勉記》下冊，「國史館」，2011，第 756—757 頁。

25　〈蔣介石致史達林電〉（1939 年 12 月 1 日）、〈邵力子致陳布雷電〉（1939 年 10 月 19 日），秦孝儀主編《戰時外交》（2），第 356—357、383 頁。

一方遭受來自一個或幾個第三國的攻擊時，締約另一方保證在整個衝突時期內保持中立。」最為引人注目的是作為條約附件而同時簽署的共同宣言。蘇日雙方在宣言中聲明：「蘇聯保證尊重滿洲國的領土完整和不可侵犯，日本保證尊重蒙古人民共和國的領土完整和不可侵犯。」[26] 蘇聯對訂立這一條約顯然感到比較滿意，史達林甚至親自前往莫斯科火車站為前來簽約的日本外相松岡洋右送行，並接連三次擁抱松岡。史達林的這一送別規格史無前例，其意無非是向世人表明蘇日條約的重要性。

在蘇日妥協中，中國的領土和主權成了別國妥協和交易的籌碼，無論是蘇聯承認日本以武力奪取的東北，還是日本承認被蘇聯勢力實際控制的外蒙，都嚴重侵犯了中國的主權。國民黨最高當局對蘇日妥協並非沒有預感，但蘇日妥協的尺度遠遠超過了中方的預想。蘇日中立條約與宣言全文公布後，國民政府對蘇日條約居然含有這樣的內容感到震驚和難以接受。宋子文在拜會美國總統羅斯福時即表示：「我國對俄日中立條約亦可料到，惟承認滿洲外蒙古一條，出乎意外，影響我軍心民氣殊巨。」[27]

4 月 14 日，國民政府外交部就蘇日條約發表聲明：「查東北四省及外蒙之為中華民國之一部，而為中華民國之領土，無待贅言。中國政府與人民對於第三國間所為妨害中國領土與行政完整之任何協定，決不能承認，並鄭重聲明：蘇日兩國公布之共同宣言，對於中國絕對無效。」[28] 次日，《中央日報》發表社論，批評蘇日條約，指出中國受日本侵略是舉世所共知的事實，按照中蘇互不侵犯條約的規定，在中日戰事未終了之前，蘇聯不應與從事侵略的日本締結任何協定，而對中國抗戰產生不利的影響。外蒙為中國領土，乃確定不可更易的事實；偽滿是日本所操縱的傀儡組織，為舉世所昭知的事實，蘇日之間「這種侵犯中國領土主權的第三國相互間的聲明，當然無效」。社論並對日本遵守條約的可信度提出疑問，奉勸蘇聯認清，「暴日對於國際條約，向無信義，朝訂夕廢，習為固常。今日如希圖逃避其在三國盟約上的對德義務，不得已而與蘇聯簽訂協定，一旦環境變遷，勢必將採取與協定相反的行動了無疑義」。[29]

26　《國際條約集（1934—1944）》，世界知識出版社編印，1961，第 304 頁。
27　葉惠芬編注《蔣中正總統檔案・事略稿本》第 46 冊，「國史館」，2010，第 65 頁。
28　秦孝儀主編《戰時外交》（2），第 390 頁。
29　《中央日報》1941 年 4 月 15 日。

　　考慮到仍要繼續爭取蘇聯的物資援助，國民政府並不想因此事而使中蘇關係大大惡化，因此，它對日條約的反應總體上來說是謹慎和克制的，並採取了相應的輿論控制措施。國民黨中央宣傳部內部下達關於蘇日中立條約的宣傳要點，要求宣傳機關及報紙雜誌在討論此事時要切實注意：對蘇應力避攻擊口吻，以免損害蘇聯的感情，造成反蘇印象，並且不必連篇累牘評述此事。文件還具體規定了公開評論的提法和宣傳口徑，要求輿論界不要涉及蘇聯簽訂此約的動機。關於東北和內蒙古問題，文件指示應根據中國外交部的聲明和中蘇間的條約來表示惋惜與不滿之意。國民黨中宣部還提醒外交人員注意此點。中宣部部長王世杰在致駐美大使胡適電中表示：「日、俄協定事，除由外部就滿蒙問題聲明立場外，我將不對蘇作其他批評，以免造成反蘇印象，為敵利用。請密囑有關人員注意。」[30]

　　經過十餘天的觀察和思考後，蔣介石從最初的沮喪中恢復過來。4月24日，蔣介石向各地軍政要員發出密電，通報了他對條約的判斷。蔣介石認為，該條約的訂立並非日本外交的成功，而是蘇聯外交的成功，「此約之訂立，其主動全在蘇聯，亦可謂為蘇聯對日計畫之成功。其於敵寇，實有害無利，且適足以增加其失敗之因素」。蔣認為蘇聯訂立此約的用意不外四點：（1）為欲消滅日本海軍而策動其南進；（2）為欲消滅日本在我東北之陸軍，不得不鼓勵其南進或轉用於中國之戰場；（3）為預防德國攻擊蘇聯，消除其東顧之憂；（4）其最深刻用意，則在以此舉而動搖德意日三國同盟的基礎，使德國認清日本之不惜背盟棄信，因而加深對日之疑忌。蔣介石認為，日本只是在表面上獲得一紙空文，而在實際上失去一個最有力的盟友，其為失敗已不言而喻。[31]

　　在努力維持中蘇關係的同時，中國政府更為看重的是發展與英美的關係。歐戰爆發後，面臨戰局的不斷惡化，英國在遠東的對日妥協有所發展，最為嚴重的妥協事件是從1940年7月開始的滇緬路禁運。在日本一再發出的武力威脅之下，正陷入保衛英倫本島苦戰的英國接受了日本的要求，同意對中國的國際交通線滇緬路實施軍事物資禁運三個月。這是英國在抗戰時期對日本做出的最重大的也是最後一次妥協。中國政府一面提出嚴正抗議，一面積極爭取英國三個月後恢復開放，防止出現禁運長期化的不利局面。

30　〈王世杰致胡適電〉（1941年4月15日），《胡適任駐美大使期間往來電稿》，第101頁。
31　葉惠芬編注《蔣中正總統檔案・事略稿本》第46冊，第121—123頁。

　　1940 年 10 月，英國本土已經度過最危急的時期。英國決定重開滇緬路，其對華政策轉趨積極。10 月 14 日，英國大使卡爾在與蔣介石會談時表示：「英國國策今已改變」，現在來討論中英兩國合作問題一定會有結果。卡爾主動提出，英國方面可派重要軍官來華與中方討論軍事合作問題。他建議中國向英國提出提供武器彈藥和飛機等軍事裝備的要求，中國還可以要求英國對華貸款 100 萬英鎊。作為回報，中國可以考慮派遣壯丁三四十萬人協助英國作戰，或在日本進攻馬來亞及新加坡時，以大軍攻擊廣州地區，牽制日軍南下。[32]

　　於是，與英美的軍事合作問題提上議事日程。11 月 9 日，中方提出《中英美三國合作方案》。方案提出，中英兩國訂立同盟，並要求美國參加，如美國無意參加，亦須先徵得美國對此項同盟的支持。該方案提出的三方協作的具體事項是：英美共同或分別借款給中國，總額為 2 億—3 億美元；美國每年以信貸方式售給中國戰鬥機 500—1000 架，其他武器的數量及種類另行商定；英美派遣軍事與經濟、交通代表團來華，組織遠東合作機關，這些代表團的成員可由中國政府聘為顧問；英美或其中任何一國與日本開戰時，中國陸軍全部參戰，中國全部的空軍場所都歸聯軍使用。[33] 中方顯然高估了英方此時的合作意願。英國尚不想刺激日本發動對英戰爭，無意在與中國合作的道路上走得如此之遠。英方對這一合作方案未能做出積極反應。

　　1941 年 2 月，丹尼斯（L. E. Dennys）少將出任英國駐華武官。此後，中英展開了有關軍事合作問題的實質性討論，其主要內容有英國訓練和指揮中國游擊部隊及英國空軍的援華問題，但雙方在何時為合作實施起點的問題上意見分歧。中方要求把日本進攻雲南或新加坡均作為起點，屆時英國須向中國提供空軍援助，中國則向英國提供陸軍援助。英國則堅持以日本進攻新加坡為中英合作的起點，始終拒絕以日軍進攻雲南為合作起點的建議。但為了表示對中國的支持，英國決定將其在美國商訂的 144 架戰鬥機讓予中國。

　　實行特定區域的聯防符合中英兩國的共同利益，雙方商討了這一重要問題。1941 年春，中國軍方組織了對緬甸、印度、馬來亞的考察。中國緬印馬

---

32　〈蔣介石與卡爾談話記錄〉（1940 年 10 月 14 日），秦孝儀主編《戰時外交》（2），第 38—41 頁。

33　〈蔣介石致郭泰祺電附件〉（1940 年 11 月 9 日），秦孝儀主編《戰時外交》（2），第 51—52 頁。

軍事考察團成員包括陸、海、空三軍將校，軍事委員會辦公廳主任商震任團長，軍事委員會參謀次長林蔚任副團長。考察團於 2 月初出發，歷時 3 個月之久，遍搜有關緬印馬的經濟、政治、軍事資料，形成了 30 餘萬言的《中國緬印馬軍事考察團報告書》。考察團判斷，日軍在攻占馬來亞、新加坡後會進攻緬甸，中國軍隊應及早入緬布防。但英方對此持不同看法，認為日本不敢輕易向英國挑釁，只會去截斷中國境內的滇緬路，因而不同意中國軍隊先行入緬。

1941 年 7—8 月，商震等與丹尼斯連續舉行了 4 次關於聯合軍事行動的具體問題的商談。8 月中旬，雙方就組訓 15 連游擊部隊，協防香港、緬甸等問題達成初步協定。英方還同意為中國飛機在緬甸的裝配、飛行訓練和射擊演習提供便利。中方同意，當日本進攻香港時，中國軍隊將在華南臨近地區出擊以協助英方防守香港。當日軍進攻緬甸時，中國軍隊將從雲南出擊緬甸，攻擊日軍的側背。

相比之下，國民政府更為倚重中美關係。歐戰爆發後，中美關係逐漸向中方所期望的方向發展，並展現出比中英關係更具積極性的前景。美國逐步擴大對日本「道義禁運」的範圍。1939 年 9 月 26 日，羅斯福要求有關企業停止向日本出口 11 種原料。12 月上旬，美國政府又將「道義禁運」的範圍擴大到製造飛機所用的主要金屬鋁、鎂、鉬等，並禁止提供生產航空汽油的方法、設備和技術資料。

1940 年 6 月，法國向德國投降。日本利用這一時機，迫使法屬印支當局接受日本要求，切斷滇越鐵路，同時向英國施壓，要求封閉滇緬路。7 月 2 日，美國政府頒布第一道禁運令，將下列物資列入需申請出口許可證的範圍：（1）一切武器彈藥、軍事裝備；（2）非常時期戰略物資，包括鋁、鎂等原料；（3）飛機零件、裝備、附件、光學儀器和金屬加工機械。7 月 25 日，羅斯福又宣布對航空燃料、潤滑油和廢鋼鐵的出口實行許可證制度。

8 月，日本威逼法國同意日本軍隊進入印度支那北部，並在邊境地區越境挑釁，施加軍事壓力。中國外交部在得知日法正進行談判的消息後，指示胡適敦促美國政府「催禁全部廢鐵與普通汽油，並採取其他更有效之行動」。[34]

---

34　〈外交部致胡適電〉（1940 年 9 月 10 日），《胡適任駐美大使期間往來電稿》，第 68 頁。

美國也感到事態嚴重，多次對日本對印支的無理要求提出警告和抗議，但日本置若罔聞。9月下旬，日本軍隊開進印度支那北部。鑑此，美國政府於9月26日宣布對廢鋼鐵實行全面禁運。

　　1941年7月25日，日軍進入印度支那南部，南進姿態已然顯示。26日，美宣布凍結日本在美國的全部資產。8月1日，美國事實上實施了包括石油在內的對日全面禁運。對此，英國與荷蘭積極配合。英國同時宣布凍結日本在英國的資產，並廢止日英通商航海條約和日印通商條約。荷屬東印度也宣布凍結日本資產，並取消了當時仍有效的與日本的石油合同。日本資源短缺，石油80％以上依靠進口。美英荷等國所採取的石油禁運措施對日本是一個致命打擊，迫使日本在或停止戰爭或孤注一擲中做出選擇。

　　在逐步加大對日制裁力度的同時，美國逐漸加大其對華援助的力度。1940年4月，中美達成數額為2000萬美元的滇錫借款協定，10月，又達成2500萬美元的鎢砂借款協定。11月，美國政府宣布對華提供價值1億美元的巨額貸款。這一貸款分為兩部分，一半為金屬貸款，一半為平準基金貸款。1941年2月，中美簽訂5000萬美元金屬借款協定，4月，簽訂5000萬美元的《平準基金協定》。

　　美國政府也逐步公開了它的反軸心國立場。1940年12月29日，羅斯福在白宮發表了著名的新年爐邊談話，指出軸心國統治世界的計畫正威脅著美國的安全。在這一談話中，羅斯福提出了著名的「我們必須成為民主制度的偉大兵工廠」的口號。[35]「民主兵工廠」一詞就此叫響。1941年3月8日，美國國會通過《租借法案》。3月15日，羅斯福發表演說，讚揚億萬中國人民所進行的反對日本侵略的艱苦卓絕的偉大戰爭。羅斯福公開表示，中國一定會得到我們的援助。美國對華援助逐漸由經濟層面提升到軍事層面。4月，羅斯福批准將價值4500萬美元的軍事器材作為首批援華租借物資。稍後，羅斯福正式發布《租借法案》適用於中國的聲明，並宣稱保衛中國是保衛美國的關鍵。

　　1941年4月15日，羅斯福總統祕密簽署了一項不對外公開的行政命令，允許美國的預備役軍官和美軍航空部隊退役軍官前往中國，參加由前空軍軍官陳納德（C. L. Chennault）組織的美國志願航空隊，協助中國抗日。陳納德組

---

35　《羅斯福選集》，關在漢譯，商務印書館，1982，第261—269頁。

建空軍志願隊的行動由此而獲得了白宮頒發的通行證。這是抗戰爆發以來美國政府第一次允許美國軍人援助中國。7月10日，110名飛行員、150名機械師和其他一些後勤人員作為第一批美國志願隊隊員離美赴華。8月1日，中國政府發布命令，正式成立中國空軍美國志願大隊。該大隊由美國志願人員和中國人員共同組成，下轄3個驅逐機中隊。陳納德擔任志願大隊指揮官。8月，美國決定派出以馬格魯德（John Magruder）將軍為團長的軍事代表團，該代表團不僅負責對華租借物資事宜，還承擔在雙方高層軍事當局進行溝通的任務。這樣，在太平洋戰爭爆發之前，美國已開始走上軍事援華的道路。

## 三、大國地位的爭取與確立

太平洋戰爭的爆發，完全符合中國的戰略期望，中國終於與美英蘇等世界強國一同立於反軸心國的陣營，中國的抗戰與世界戰爭連到了一起。戰爭的勝敗已不再是問題，儘管還要付出艱辛的努力。太平洋戰爭爆發後，中國外交的主要目標已不只是爭取盟國支持，其注意力逐漸轉移到改善中國的外交地位爭取中國的大國地位上來。

中國的大國意識看起來似乎是突然間出現的，但又是一個必然的結果。儘管反軸心國國家有20多個，但此時實際承擔著主要作戰任務的只有4家。中國作為與軸心國作戰最久的國家，又是牽制著日軍巨大兵力的國家，成為主角之一，也是自然。1942年1月，二十六國聯合宣言的發表，及蔣介石出任盟軍中國戰區最高統帥，統一指揮中國、越南、泰國境內的盟軍作戰，便預示了中國地位的極大提升。二十六國宣言由美、英、蘇、中領銜簽署。在近代以來的國際活動中，中國基本上是在別人擬定的多邊國際條約上簽字，有時甚至不得不在有損自身利益的條約上簽字，而今以領銜國的身分簽署國際文件，這是從未有過的事情，令中國朝野各方頗感自豪。二十六國宣言簽署時，美國總統羅斯福對宋子文表示，歡迎中國為四強之一。[36]

蔣介石在1942年1月的日記中寫道：

> 二十六國共同宣言發表後，名義上且以美英俄華為中心，於是我國列為四強之一。再自我允任中國戰區統帥之後，且越南、暹羅亦列入本

---

36　〈宋子文致蔣介石電〉（1942年1月1日），葉惠芬編《中華民國與聯合國史料彙編——籌設篇》，「國史館」，2001，第4—5頁。

戰區內，於是國家與個人之聲譽與地位，實為有史以來開空前惟一優
勝之局也。

　　當然，面對著這一不久前尚無法想像的尊崇地位，蔣介石也流露出了惶
恐，「甚恐有名無實，盜虛名而受實禍，能不戒懼乎哉！」[37]

　　社會各界也為這一地位的提升而感到歡欣鼓舞，很快認同四強的說法，
期望中國承擔起大國角色。《中央日報》社論稱：「這的確是歷史上空前未有
的大事」。「在今日整個世界之中，我們已是四強之一，中美英蘇不但是現在
反侵略陣線的四大主力，並且是未來重建新世界的四根支柱。在我國歷史上，
我們的國際地位從未有達到這樣高峰」。[38]當然，人們也意識到，中國國際地
位的真正提升，還有待於自己更多的努力。《大公報》的一篇文章便有些自我
警醒的意識：

　　　　自去年十二月九日我們對日德意宣戰，今年元旦參加反侵略同盟，我
　　　　們已正式踏上世界政治舞臺，今後世界戰時與戰後的大大小小問題我
　　　　們都得參加；參加得力，我們可以一躍而為列強之一員，參加不力以
　　　　至失當，將永遠做一個三四等國家。這一點，我們應該以極大的警惕，
　　　　做今後的努力。[39]

　　中國爭取大國地位的努力，從兩個方面齊頭並進。一是充分發揮一個地
區大國的作用，對國境以外的事務展現其關懷，發揮其影響，對周邊國家的抗
日活動給予力所能及的支持，塑造一個合格的大國形象。二是努力在國際組織
體制上尋求確定中國的大國地位，在對戰後國際組織的設計中，確保中國擔任
重要角色。

## 積極發揮大國作用

　　派遣中國軍隊到境外作戰是中國努力發揮大國作用的一個重要部分。近
代以來的中外間戰爭基本上都是在被侵略的中國境內進行的，在這些戰爭中，
中國一次次地喪失了主權。自甲午戰爭敗於新起的日本後，中國軍隊再也沒有
境外作戰的記錄。即使是在第一次世界大戰期間，作為參戰國的中國除了勞工

---

37　《蔣介石日記》，1942 年元月「反省錄」。
38　〈華府偉大的決定〉，《中央日報》1942 年 1 月 6 日。
39　〈反侵略同盟與中國〉，重慶《大公報》1942 年 1 月 5 日。

之外，也未實際派出作戰部隊參戰。對於戰爭，中國避之猶恐不及，境外作戰自是不可想像的。但中國邁出了這一歷史性的一步。太平洋戰爭爆發不久，為協助英軍防守緬甸，中國派出精銳部隊中國遠征軍第一路軍入緬作戰。此外，中國還有派出遠征軍第二路軍進入越南作戰的計畫，但後未實現。儘管中國戰場本身也急需兵員，但中國以反法西斯戰爭全域為重，將盟國共同的戰事視為自己的戰事。

緬甸防守戰中，中國遠征軍雖英勇作戰，但由於中英之間缺少戰略配合，戰鬥以盟軍的失敗而告終。中國遠征軍損失慘重。緬戰失敗後，部分中國軍隊退往印度，在那裡經過整訓和擴充，組建了中國駐印軍。從 1943 年末開始，以中國駐印軍為主體，盟軍發起了緬北反攻戰。這是盟軍在亞洲大陸的最早反攻。這一作戰取得重大勝利，1945 年春緬北地區收復，中緬之間的交通線被重新打通。

作為東亞大國，中國重新負起了對地區鄰國的道義責任，支持朝鮮和越南人民的抗日鬥爭，支持他們在戰後取得獨立。中國支持朝鮮人民的抗日鬥爭活動由來已久，抗戰時期，則給予了更為全面的支持。尤其是太平洋戰爭爆發後，中國政府明確提出扶助其建立獨立國家的方針。1942 年 7 月，國民黨中央常務委員會成立了高級別的朝鮮問題專案小組。8 月，專案小組提出應於適當時機承認一直流亡於中國的大韓民國臨時政府。為此，國民政府展開活動，尋求美國的支持。美國政府起初對此有不同考慮，承認之事不得不暫時從緩，但國民政府仍積極推動各國承認朝鮮獨立。開羅會議上，中方提出了保障朝鮮戰後獨立的要求。蔣介石首先在與羅斯福的討論中達成共識。羅斯福同意，戰後應使朝鮮獲得自由與獨立。至於如何使朝鮮重建自由與獨立，則應由中美兩國協助朝鮮人民達成目的。英方曾對中美方案提出修改意見，提出將草案中戰後「使朝鮮成為一自由與獨立之國家」改為「使朝鮮脫離日本之統治」。中國代表指出，如僅言「脫離日本統治」而不言其他，則將為未來遺留重大問題，應在現在就決定朝鮮將來的獨立地位。中方強調，在公報中寫明此點，「甚為重要」。[40] 在中方的堅持和美方的支持下，保證戰後朝鮮獨立的內容被明確寫進了開羅宣言。

---

40　〈王寵惠呈蔣介石開羅會議開會日誌〉（1943 年 12 月），秦孝儀主編《戰時外交》（3），
　　第 532 頁。

對越南獨立運動的支持稍有不同。越南獨立運動所要擺脫的是法國的殖民統治，受對法關係的制約，戰前中國對越南獨立運動的支持是有限度的，抗戰爆發後一段時期仍是如此。法國在歐洲戰敗後，法越當局與日本合作，中國對越南獨立運動的支持遂轉趨積極。中國開辦了各種訓練班，為越南獨立運動培訓大批青年骨幹。這些青年後來成為獨立運動的主要力量。中國政府積極扶持越南各革命團體在中國境內的活動，並努力予以協調。太平洋戰爭爆發後，中國公開表示支持越南獨立運動。1942 年 10 月，在中方的協調下，越南各民族主義團體在柳州聯合成立越南革命同盟會。開羅會議上，蔣介石曾向羅斯福提議，中美應共同努力幫助越南戰後取得獨立地位，並發表宣言，宣布越南戰後獨立，但此議未獲積極回應。對中國對越南獨立運動的支持，法國維希政府和戴高樂領導的「自由法國」都提出了抗議。蔣介石對此批示的對應之策是「置之不理」。[41]

比較起來，如果說對朝越緬的支持在某種程度上尚有歷史因素的影響，那麼，考察中國對英印事務的介入，對探討大國意識的發展更有意義，因為印度並非歷史上與中國有朝貢關係的國家，且正處於英國的殖民統治之下，中國對英印事務的介入反映了中國國際意識的增強與國際角色的轉變。

1942 年 2 月，蔣介石一行訪問印度，希望勸說處於尖銳對立中的印英當局與國大黨做出妥協。這一出訪本身便具有非同尋常的意義，這是近代以來中國領導人第一次走出國門，並參與他國事務的調解。在十餘天的訪問中，蔣介石與印英當局、國大黨及有關各方人士進行了廣泛的接觸，希望印英當局允許印度取得自治領地位，並保證其戰後獨立；希望國大黨暫緩提出獨立要求，放棄不合作政策。

但是，英國政府對中國居然介入英印事務持排斥心理。邱吉爾在給印度總督電中表示，英國政府不會同意讓一個外國元首來充當英國國王兼印度皇帝的代表與甘地（M. K. Gandi）等人之間的仲裁人。而國大黨則仍堅持英國應立即將印度主權交還印度國民。由於英印雙方立場嚴重對立，蔣介石此行未能取得成果。蔣介石在離印前發表的《告印度國民書》中一面呼籲印度國民積極支持反侵略戰爭，同時呼籲英國政府儘快賦予印度國民政治上的實權。

---

41 參見羅敏〈抗戰時期的中國國民黨與越南獨立運動〉，《抗日戰爭研究》2000 年第 4 期。

1942 年 8 月，國大黨全國委員會通過了《英國政權退出印度》決議，並號召民眾展開不服從運動。印英當局隨即逮捕了甘地等國大黨領袖。蔣介石對此甚為不安，但苦無干預實力，便向美國發出呼籲。蔣急電羅斯福，指出印度局勢如此發展，「勢將成為同盟國在遠東之極大挫敗，而予全盤戰局以極險惡之影響，如再任事態更形惡化，中恐軸心國之聲勢大為增強，而同盟國在此戰爭中所公認之目標，將不再為世人所重視，其揭示之主義，亦將失精神上之意義」，主張「同盟國應不辭任何代價，將保證各種族自由、正義之誠意，以實際行動昭告於世界」，希望美國出面干預印度局勢。同時，蔣會見英國駐華大使薛穆（H. J. Seymour），對衝突加劇表示關切，希望能和平解決。蔣坦承，他對印度人民求取自由之期望，實表十分之同情，希望由英國主動提出調解，請美國出面斡旋，並期望英國向國大黨方面保證，「英於戰後必允印度獨立」。[42]

邱吉爾反對盟國介入印度問題。他在 8 月 31 日致蔣介石電中表示，英國難以接受美國總統來調停英印關係。邱吉爾並將英國與印度之間的問題比之於中國的國共兩黨問題，意在反對外部干涉。蔣從邱吉爾電中看到了背後「威脅性的詞意」，但也無可奈何，表示「只有置之一笑而已」。然而，儘管反殖政策在印度問題上遭遇挫折，但國民政府仍矢志堅持。9 月 15 日，蔣在研究對英美外交方針時表示：「以印度自由與亞洲各民族平等協和，為對英美外交方針之基礎」。[43]

開羅會議時，中方在提案中曾主張「中、美、英、蘇聯合發表宣言，保證印度於戰後立即獲得自治領地位，並於戰後若干年內獲得獨立，其時期於戰後會商決定」。[44] 但開羅會議未能接受中方的主張。

反對殖民主義並非僅僅針對英國。主張在戰後終結殖民地制度，是中國社會輿論的主流意見，也是國民政府在戰時一項非常重要的政策堅持。1944 年 7 月，中國國民外交協會所擬《戰後世界和平書》指出：殖民地的爭奪，為戰爭原因之一，「故欲確保世界之永久和平，則殖民政策包括各國委任統治

---

42　秦孝儀總編纂《總統蔣公大事長編初稿》卷 5（上），中國國民黨黨史會，1978，第 176、177 頁。

43　《蔣介石日記》，1942 年 9 月 15 日。

44　〈國防委員會祕書廳擬在開羅會議上提出的戰時政治合作方案〉（1943 年 11 月），秦孝儀主編《戰時外交》（3），第 505 頁。

制度在內，必根據大西洋憲章之原則，最後達到廢除之目的；至最低限度亦必須加以修正改良，逐漸達到自治。」；「殖民地制度，斷無永久保持之必要，現有一切殖民地，務使其於最短期間能獨立自主。」該文件提出，軸心國及非軸心國的殖民地可區別對待，前者於戰後立即交由國際治理，後者於戰後由國際會議根據各地的文化、經濟情況限於若干年內必須取得自主與獨立。這一建議後來成為國民政府的政策，並影響了盟國戰後對殖民地的處置。[45]

## 尋求確立大國地位

一般認為，美國對戰後國際組織的建立起著主導性的作用。雖說確實如此，但其他國家所付出的努力亦不應被忽視。事實上，在美國提出戰後構想的同時，中國也提出了自己的設想，對於建立戰後國際組織，確保四大國在國際組織中的地位都進行了認真的思考。

國民政府有關建立戰後國際組織問題的考慮，比我們過去所認為的要早得多，涉及內容也比較廣泛，絕不只是單純地呼應美國提出的構想，而是有著自己的主動思考。太平洋戰爭爆發不久，中國就開始關注戰後和會及建立國際組織的問題。人們引第一次世界大戰後的巴黎和會為鑑，那時中國雖作為戰勝國參加和會，卻失望而歸。《大公報》的一篇社評指出，現代國際史上屢次證實的一個教訓是，「取得戰場勝利易，取得和議勝利難」。尤其是第二、第三等的勝利國，很容易在和平會議上遭遇失望，上次歐戰後的中國與義大利就是例子，「這次我們萬不容不有些遠慮」。社評建議盟國間建立一個戰後世界安全機構計畫委員會，統籌具體辦法；建議中國在國防最高委員會之下，設立戰後國際安全設計處，延攬人才，制定中國提案。[46]

人們開始提出關於未來國際組織的若干設想。1942 年 7 月 4 日，內設於國防最高委員會的國際問題討論會提出了《國際集團會公約草案》。該草案初步提出了戰時做出重大貢獻的四大國在戰後理應發揮特殊作用的想法：「和約成立後，應由中、英、美、蘇及其他盟國共同擔任和約之執行及戰後和平之保障。中、英、美、蘇為反侵略之主要國家，既因共同奮鬥而再造和平，對於戰後執行和約，保障和平，匪但理所當然，且抑責無旁貸。」[47]

---

45 中國國民外交協會：〈戰後世界和平意見書〉，《中央日報》1944 年 7 月 7 日。

46 〈反侵略同盟與中國〉，《大公報》1942 年 1 月 5 日。

47 〈國際集團會公約草案要點〉（1943 年 7 月 4 日），葉惠芬編《中華民國與聯合國史料彙

除了強調中美英蘇四大國的特殊地位外，該草案還從另一方面設計了確保中國進入理事會的制度，提出以人口因素決定理事會成員的設想。草案提出：「理事會由人口最多之八會員國及其他七會員國之代表組織之。前項人口最多之八會員國，由大會以出席會員國過半數指定之，其他七會員國由大會以出席會員國過半數選舉之。」草案認為，過去國際聯盟組織欠缺，權力過小，不能發揮效用。理事會往往行動遲緩，貽誤事機。因此，應對理事會的活動方式加以改革，「將理事會改為常設，各代表長川駐會，以便隨時應付事機。」[48]

關於新的國際組織的權力，鑑於過去國聯的軟弱無力狀況，各國都出現了建立強有力的國際組織的呼聲。此時，在相關國家的討論中，有主張成立邦聯或世界政府者。美國有人提出的方案便主張各國空軍國際化，將各國空軍隸屬國際組織，供國際員警部隊使用。對此，國內的討論也頗為熱烈，且一般都主張新的國際組織應擁有更大的權力。有人提出，空軍國際化仍不夠，「當更進一步，使海軍之主力亦隸屬於國際組織」。因為沒有海空軍的配合，陸軍便不能從事侵略性的進攻。各國應將大部分軍機及巨型軍艦、潛艇等移交國際組織，並規定以後除國際組織外，不准加造。那麼，誰來統率使用國際武力呢？人們提出：「美英中蘇四國此次既為正義而戰，戰後為維持世界和平，於不得已有實施國際員警權之必要時，自必能始終維持正義，故以統率及使用此項國際軍用機軍艦之責委諸四國國籍之人民，實際上本無可慮。」但是，為昭大信及公允起見，對於向守中立的國籍人民應盡可能多予任用。[49]

朝野各方都參加了這一討論，總的傾向是希望有一個強大的權威的新組織，在這個組織中，中美英蘇具有特殊地位。人們認為，四大國應在戰後發揮領導作用：「全世界幾年血戰的結果，毫無疑義的，已經證實了世界上最有力的四個國家為中國，英國，美國，與蘇聯。負擔起正義陣線的先鋒，為掃蕩暴力主義盡了最大使命的這四個國家，在戰後，一定也要形成新勢力的中心，為建設新世界體系而發揮最大的作用……戰後新世界的建立過程中，在世界組織最高機構方面，一定要以中、美、英、蘇四國為領導力量。」[50] 作為曾經有

編——籌設篇》，第 71 頁。

48　〈國際集團會公約草案要點分解〉（1943 年 7 月 4 日），葉惠芬編《中華民國與聯合國史料彙編——籌設篇》，第 75 頁。

49　王雲五：〈戰後國際和平問題〉，《東方雜誌》第 39 卷第 4 號，1942 年。

50　汪叔棣：〈戰後世界機構論〉，《東方雜誌》第 39 卷第 13 號，1943 年，第 4 頁。

過被壓迫經歷的國家，人們當然堅持所有國家一律平等的一般原則，但同時，又注意強調大國的特殊責任，主張「在未來國際和平機構中大小會員國一律平等原則之下，承認大國特別的權利與責任」。[51]

1944 年 7 月，軍事委員會參事室主任王世杰向蔣介石報呈該室參事周鯁生所擬的《國聯約章草案》，該草案綜合了此前討論所提出的若干設想，並使之更為合理化，更具操作性。草案強調：「每一會員國在大會中只有一投票權，其代表人數得視其在國際事務上之重要性定為一人至五人」。各會員國的代表名額由大會根據該國的領土面積、人口、資源及其他政治文化因素決定之，「理事會由美、英、蘇、中及大會選出之其他五會員國之代表組成之」。[52] 這一方案賦予四大國毋庸置疑的理事國地位。

在籌建聯合國的過程中，中國將自己視為東方民族以及世界弱小民族的代表，努力爭取戰後國際關係朝著平等與正義的方向發展，初步展現了作為一個負責任的大國的形象。1944 年 6 月蔣介石致羅斯福的一封電報，非常鮮明地反映出國民政府此時的自我定位。蔣介石在表示中國將參加籌建聯合國的會議時稱：「蓋東方人民如無代表，則此會議將對於世界之一半人類失去其意義也。」這裡，中國已當仁不讓地以東方國家的代表自居。[53]

## 四、戰後版圖的構想與實踐

隨著中國國際地位的改善與提高，中國關於戰後版圖的構想也在不斷發生變化。戰爭初期，作為單純的自衛作戰，中國的目標不過是要恢復七七事變前的狀態。伴隨著戰爭的持久進行與戰況的改善，中國的戰爭目的發生著變化。尤其是在成為盟國的主要作戰國之後，中國開始考慮更長遠的利益，其版圖構想也發生了較大變化。

國民政府對於版圖的考慮包含不同的層次，既包括對敵國領土的剝奪，也包括對盟國殖民政策的質疑；既包括對失土主權的恢復，也包括對邊疆主權的強化。國民政府的版圖構想，實際上包括了三個方面的內容：一是從敵國日本手中收復失土，納入這一部分的失土範圍，先後有不同變化；二是對盟

---

51　杜光塤：〈論重建世界和平的基本問題〉，《東方雜誌》第 39 卷第 14 號，1943 年，第 19 頁。
52　〈王世杰呈蔣介石新國聯約章草案〉（1944 年 7 月 13 日），葉惠芬編《中華民國與聯合國史料彙編——籌設篇》，第 133 頁。
53　〈蔣介石致羅斯福電〉（1944 年 6 月 2 日），秦孝儀主編《戰時外交》（3），第 828 頁。

國收復失土，期望將戰前早就丟失的現為中國盟國所擁有或控制的國土收回；三是強固邊疆，終止新疆與西藏地區的游離狀態，在這一狀態的背後均有外國勢力的存在。

## 對日收復失土：東北、臺灣、琉球

日本所侵占領土，依其侵占時間之先後可分為三種類型：一是 1931 年「九一八」後淪陷的東北；二是 1894 年甲午戰爭後割讓的臺灣；三是 1879 年被日本吞併的曾是中國藩屬國的琉球。這三類領土的性質也大不相同。東北地區一直是在中華民國的版圖之內，只是在日本關東軍的刺刀之下扶植了「滿洲國」。臺灣則是在中華民國成立之前，便已通過國家間條約割讓給了日本，民國政府此前並未表示不承認這一條約。琉球則是一內政自主的國家，是同時向中國和日本朝貢的兩屬國家。這三類領土的不同屬性，使國民政府對它們有不同的考慮，提出收復的時間也有所不同。[54]

可以說，收復 1931 年喪失的東北一直是國民政府心中沒有放棄的目標。在戰前及戰爭初期，日本曾多次逼迫國民政府承認「滿洲國」。尤其是在抗戰前期的不同管道的歷次中日祕密交涉中，日方提出的基本條件之一，就是要求國民政府承認「滿洲國」。但是，蔣介石對此始終未表同意。更準確地說，蔣介石採取了一種模糊態度，既不表示承認，也不明確否認。蔣的這一模糊做法，曾令一些學者據此指責其準備出賣東北。

隨著戰局由最初的節節退守而進入相對穩定的相持階段，蔣介石在 1939 年開始考慮東北問題。從蔣介石日記中可以看到，在 1939 年 6—8 月，蔣已在考慮東北的政府機構與人選問題。[55] 1940 年 5 月 3 日，國民政府宣布恢復東北四省政府，任命萬福麟為遼寧省主席，鄒作華為吉林省主席，馬占山為黑龍江省主席，繆澄流為熱河省主席。這一任命，顯示了國民政府收復東北失地的決心。

1940 年 9 月 18 日，蔣介石在《「九一八」九週年紀念告全國同胞書》中公開提出了收復東北的要求：「我們九年來忍苦奮鬥，三年餘奮勇抗戰的目

---

54　嚴格來說，琉球難以用「收復」一詞。但當時廣泛使用該詞，如今且無合適之詞可以替代，故仍沿用之。

55　《蔣介石日記》，1938 年 6 月 14、17 日，8 月 13 日。

的，就為要恢復我們國家的獨立主權和領土，要解救我們三千餘萬的東北同胞」。[56] 這應是抗戰以來中國政府最明確的要收回東北的公開表述。

收復東北問題一經公開提出，便作為不可動搖的基本要求而堅持下來。這一中國人看來天經地義的要求，要付諸實現也並不那麼簡單。國民政府不僅要面對日本，還要面對日後將成為自己盟友的國家。在這一問題上，蘇聯和英美的態度又各有不同。蘇聯在蘇日中立條約中直接承認了「滿洲國」。而在英美那裡，對是否支持中國收回東北，也都存在著雜音。蔣介石不得不對到訪的英美人士反復強調，中國必須收回東北。總之，看似最為簡單的收復東北問題，其實並不那麼簡單。

中國政府明確提出收復臺灣的時間則要比提出收復東北晚一些。以往不少研究認為，蔣介石 1938 年 4 月在國民黨臨時全國代表大會的演講中便提出了收復臺灣的要求。但細讀蔣介石的演講，不免覺得這一論斷有些勉強。蔣介石在演講中是這樣說的：總理在世時曾為本黨定了一個革命的對策，就是要「恢復高臺、鞏固中華」；「因為高麗原來是我們的屬國，臺灣是我們中國的領土，在地勢上說，都是我們中國安危存亡所關的生命線，中國要講求真正的國防，要維護東亞永久的和平，斷不能讓高麗和臺灣掌握在日本帝國主義者之手。」[57] 這裡顯然說明的是先總理的願望，表達的是不能讓朝鮮與臺灣掌握在日本手裡的願望，但並未明確說明現政府的政策是要求收復臺灣。因此，很難將其視為收復臺灣的政策宣示。

翻檢抗戰前期的蔣介石日記，尚未發現蔣認真考慮過臺灣收復問題。這一時期，國民黨中央黨部倒是展開了面向臺灣的工作。1941 年 2 月，在中央黨部的協調下，時在大陸活動的臺灣各抗日組織組成臺灣革命同盟會。同盟會的會章明確提出：「本會在中國國民黨領導下，以集中一切臺灣革命力量，打倒日本帝國主義，光復臺灣，與祖國協力建設三民主義新中國。」[58]

即使是太平洋戰爭爆發後的最初一段時期，蔣介石仍未提出收復臺灣問題。珍珠港事件後不久蔣所擬訂的一份計畫顯示了這一點。這一計畫列舉了中

---

56　秦孝儀主編《先總統蔣公思想言論總集》卷 31，第 220—228 頁。

57　〈對日抗戰與本黨前途〉（1938 年 4 月 1 日），秦孝儀主編《先總統蔣公思想言論總集》卷 15，第 187 頁。

58　林忠：《臺灣光復前後史料概述》，皇極出版社，1983，第 21 頁。

國應向盟國提出的政治經濟方面的要求，其政治方面的要求包括：「甲、對英要求其承認西藏九龍為中國領土之一部；乙、對俄要求其承認外蒙新疆為中國領土之一部；丙、東四省、旅大南滿要求各國承認為中國領土之一部；丁、各租借地及治外法權與各種特權及東交民巷等皆須一律交還中國，與取消一切不平等條約。」[59] 這是目前所見到的太平洋戰爭爆發後最早的一份涉及戰後中國領土的計畫。這些要求涉及西藏、香港、外蒙、新疆、東北等領土，但臺灣尚未被列入。

但一個月後，外交部在 1942 年 1 月底提出的一份戰後方案中提出了收復臺灣問題。該方案確定，戰後對日處置「對於既往之清算，以恢復甲午以前狀態為標準，期我領土之真正完整」，其關於領土的基本原則有：「東四省與其他淪陷地區，應予收回」，「臺灣及澎湖列島，應同時收回」。[60] 1942 年 4 月，重慶掀起了一個聲勢頗大的光復臺灣宣傳運動，國民政府的許多要人都參加了這一運動，或發表廣播演說，或撰寫文章。至此，收復臺灣已成為中國社會的共識。

與收回東北相比，收回臺灣所引起的雜音自是又多了不少。無論是在美國的新聞界，還是在美國軍政人員內部，都有各種的議論，主張國際共管臺灣的方案被公開地討論著。但國民政府堅持收復臺灣的要求，積極展開活動，並獲得了盟國最高領導人的支持。開羅會議後，以中美英三國宣言的形式宣告臺灣歸還中國。[61]

琉球的情況與前兩者又有所不同，它在歷史上只是中國的藩屬國而已。如果不是因其被日本所占，所謂收復問題大概也就不會提起。在很大程度上，收復琉球更多的是出於抑制日本日後可能的擴張的考慮。因此，琉球問題的提出，不僅在時間上比前兩者更晚一些，而且對是否應提出收復琉球的問題，在國民政府內部意見並不一致。甚至蔣介石本人在不同的時間段想法也不一樣，有時表示要收回，有時避而不提。

---

59　《蔣介石日記》，1941 年 12 月 20 日。

60　〈外交部修正擬定解決中日問題之基本原則〉（1942 年 1 月 29 日），中國第二歷史檔案
　　館編《中華民國史檔案資料彙編　第五輯　第二編外交》，江蘇古籍出版社，1997，第
　　101 頁。

61　學界對來自英美各方面的雜音及中國的應對，對《開羅宣言》的產生等問題已有很多研究，
　　此處不再贅述。

　　抗戰前期，很少有人提出琉球問題。太平洋戰爭爆發後，外交部在 1942
年 1 月提出的關於戰後處置問題的方案中，提出了琉球問題。該方案所確定
的對日處置的主旨是：「在不使軍閥政治復活之條件下，尊重日本固有領土主
權之完整」。基於這一主旨，該方案主張琉球仍然置於日本版圖之內，但須對
日本的權力加以限制。該方案提出「琉球劃歸日本，但須受下列兩項限制：（1）
不得設防，並由軍縮委員會設置分會加以監督。（2）對於琉球人民，不得有
差別待遇，一切應遵照少數民族問題原則處理。」[62] 外交部試圖通過琉球不得
設防的限制來對日本加以防範。

　　有關琉球的設想，在 1942 年發生了變化。為杜絕日本利用琉球再事侵略
的可能，不少人主張將琉球從日本的統治下分離出來。對琉球從日本分離出來
後的前途又有兩種意見，一是使其成為一獨立國家，一是歸屬中國。時任外交
部亞東司長的楊雲竹與代理亞西司長的徐淑希等人認為，儘管琉球曾納入中國
的朝貢體系，但它在被日本吞併之前已經是一個半獨立的國家。它與臺灣不
同，而與朝鮮類似。中國對琉球的傳統權利在 20 世紀是早已過時的東西。因
此，中國不應要求收回琉球，唯一現實的辦法是將這些島嶼從日本獨立出來。

　　但外交決策層則一度偏向於收歸中國。1942 年 11 月 3 日，外交部
部長宋子文在重慶舉行記者招待會。有記者問，戰後的中國領土是恢復到
「九一八」以前狀態，還是甲午戰爭以前的狀態？宋明確表示：「中國應收回
東北四省、臺灣及琉球，朝鮮必須獨立。」[63]

　　國民政府的最高領導顯然贊成收回琉球。蔣介石 1942 年 11 月 9 日的日
記列出了預定與美方商討的 10 個方面的內容：「甲、長期同盟；乙、東三省
與旅大完全歸還中國；丙、臺灣、琉球交還中國；丁、軍港、海空軍基地、共
同設備（30 年為期）；戊、安南共扶；己、泰國仍予獨立；庚、印度戰後獨立；
辛、緬甸與南洋各國共扶；壬、外蒙歸還中國，予以自治；癸、中美俄同盟。」[64]
這也是歷次計畫中最為全面的一份，東北、臺灣、琉球、外蒙古皆列入其中。
但是，蔣對收回琉球的迫切程度，顯然又與東北、臺灣等有所不同。在他有關

---

62　〈外交部修正擬定解決中日問題之基本原則〉（1942 年 1 月 29 日），《中華民國史檔案
　　資料彙編　第五輯第二編　外交》，第 101 頁。
63　〈宋外長談話〉，重慶《大公報》1942 年 11 月 4 日。
64　《蔣介石日記》，1942 年 11 月 9 日。

收回領土問題的數篇日記中，琉球時而提及，時而不提。可見，收回琉球並不
是蔣介石始終如一的堅定要求。

　　一直到開羅會議前，在軍事委員會參事室與國防最高委員會祕書廳為開
羅會議所準備的文件中，最初還曾提出收回琉球的主張，但後來都改為從日本
的占領下獨立出來。蔣介石本人的態度也發生了變化，決定不提出收回琉球問
題。甚至當羅斯福在開羅會議上主動提出琉球問題時，蔣介石也未表現出積極
態度。[65]

### 對盟國收回失土：外蒙、香港

　　1942 年 10 月中英開始新約談判時，中方曾希望收回香港新界，英方堅
決反對。最後是中方做出讓步，回避了香港問題，新約才得以簽訂。當時，在
談判中受挫的蔣介石曾發狠說戰後將以武力收回香港。但當勝利終於到來時，
中國並沒有採取武力收回的措施。關於國民政府對香港政策，學界已有較多研
究，本節略而不述，這裡著重探討外蒙古問題。

　　自民初中國失去對外蒙古的控制權後，外蒙長久地脫離中國，中國對它
只是保留了一個名義上的宗主權。蘇德戰爭爆發後，蔣介石產生了收回外蒙的
想法。1941 年 7 月 31 日，即蘇德戰爭爆發一個月後，蔣在日記中便將「一、
戰後收回蒙新計畫之準備；二、對邊疆政策之確定」列入最近要做之事。[66] 蔣
在 8 月的大事預定表列上了制訂「西北與東北外蒙之政策與戰略」的內容。

　　蔣的幕僚此時也提出了應抓緊時機進行交涉的建議。蔣介石的顧問拉鐵
摩爾（Owen Lattimore）在 1941 年 9 月提出的一份關於外蒙與新疆問題的節略
中指出，現在是中國與外蒙及蘇聯交涉的最好時機，因為蘇聯在歐洲軍事損
失極重，力量已被削弱，假如中國能利用這一時機與蘇聯訂立防守同盟，使
外蒙承認中國主權，則日本在東北各省軍事上即受牽制，中蘇皆可從中獲益。
拉鐵摩爾認為「現在之時機，誠不可多得，若不利用，或一去不復返矣」。而
在蘇聯國勢危急的情況下，外蒙也較易就範。[67] 但這一建議對於中蒙間獲得共

---

65　中國對琉球問題的態度變化，參見王建朗〈大國意識與大國作為——抗戰後期中國國際角
　　色定位與外交努力〉，《歷史研究》2008 年第 6 期。

66　《蔣介石日記》，1941 年 7 月 31 日。

67　〈呈蔣委員長建議書〉（1941 年 9 月），「國史館」藏《蔣中正總統文物・革命文獻——
　　對美外交・拉鐵摩爾顧問聘用經過》：002-020300-035-015。

識的估計顯然過於樂觀。蔣介石讀後批曰：「外人條陳，對我終不切實際也」。[68]

　　珍珠港事件爆發後，收回外蒙的要求比較明確地提了出來。在前述 1941 年 12 月 20 日及 1942 年 11 月 9 日的兩篇最為系統的關於領土問題的日記中，蔣介石都提出了外蒙問題：「對俄要求其外蒙、新疆為中國領土之一部」，「外蒙歸還中國，予以自治」。瀏覽蔣介石日記，在蔣歷次提及的應收復領土中，最核心的也是提及最多的有三塊：東北、臺灣、外蒙古。[69]

　　國民政府當然知道，外蒙問題的關鍵在蘇聯。此時，對蘇聯的判斷頗為樂觀，認為蘇聯是可以改變態度的。1943 年 4 月，蔣介石與新疆外交特派員吳澤湘談論新疆與俄國問題時，吳便表示：「俄國對外蒙態度，仍認為我之領土，而其事實則重視我國將來本身之實力如何而定。」蔣亦由此認為：「俄國對華野心雖大，其必因我抗戰堅忍不可屈服這民族性關係，而已改變其原定政策矣。」[70]

　　國民政府認為，美國在這一事情上或許能助一臂之力，因此，它努力爭取美國的支持。開羅會議上，蔣介石與羅斯福談到了外蒙問題。蔣表示：俄現占外蒙是為防倭，如倭寇消滅，則西伯利亞無憂，外蒙應歸還中國。為使蘇聯安心，蔣還承諾中國將來不在外蒙移駐重兵。羅斯福當時對此未明確表態，只是表示戰後將建立國際員警，屆時邊疆皆無駐兵必要。但羅斯福並未置之不理，後來在德黑蘭會議上曾跟史達林提起過外蒙古問題。1944 年 1 月底，駐美大使魏道明向蔣報告：羅斯福囑其轉達，他在德黑蘭與史達林商談遠東問題時提及外蒙古。史達林稱外蒙古為游牧民族，俄不想久占，而對千島群島與南庫頁島，則非歸還於俄不可。[71]

　　然而，國民政府的估計太過樂觀了。蘇聯不僅沒有放棄外蒙古的想法，相反，卻要把外蒙古脫離中國統治的狀態合法化。1945 年 2 月，挾出兵遠東對日作戰籌碼的蘇聯與有求於它的美英，在雅爾達會議上背著中國就外蒙古問題做出決定。在此後進行的中蘇談判中，中方只得無奈地確認了這一決定，外蒙古至此徹底完成了脫離中國的獨立進程。

---

68　周美華編注《蔣中正總統檔案‧事略稿本》第 47 冊，「國史館」，2010，第 139 頁。
69　參見前引《蔣介石日記》，1943 年 1 月 29 日。
70　《蔣介石日記》，1943 年 4 月 29 日。
71　《蔣介石日記》，1944 年 1 月 22 日、1943 年 1 月 31 日〈上星期反省錄〉。

在外蒙古問題上，蔣介石並非不想反抗，促使他做出放棄決定的根本原因，是他強烈地意識到，中國實力不濟，難以與蘇一戰。他認為：「如我因此不惜與俄一戰，則在此八年戰事以後人力、物力疲乏萬分，政策與宣傳幾乎為俄共所籠罩之中，萬不能如七七對日抗戰時之容易把握也。故今日之情勢，無論對內、對外，惟有用政治與外交方法求得諒解與解決也。因此，對俄政策惟有妥協與諒解之一途。」在蔣眼裡，中國此時根本沒有能力再與強大的蘇聯作戰，除了妥協，實在是別無選擇。因此，莫如放棄外蒙，而換取蘇聯尊重中國對東北與新疆主權的承諾。[72]

## 強固邊疆：新疆、西藏

國民政府在考慮對日及對盟國收復失土的同時，也開始考慮加強對已在相當程度上失控的主要受盟國勢力影響的邊疆地區的控制。太平洋戰爭爆發不久，蔣在日記中明確寫到「對新疆與西藏問題，應乘世界戰爭期間解決為便」。在1942年1月初的「本月大事預定表」中，蔣介石將「新疆西藏收復之計畫」的制定列入當月工作。到1月底時，蔣表示，「對新疆與西藏統一之方略已定」，惟實施方略尚需等待機會。[73]

民國以來，遠處西北的新疆與中央關係逐漸疏遠。在盛世才統治時期，新疆與蘇聯的關係異常密切。盛世才本人祕密成為聯共（布）黨員，甚至曾向蘇聯提出新疆加入蘇聯的主張。中央政府鞭長莫及，其號令無法進入新疆。但蔣介石仍對盛世才寄予某種期望，等待多疑的盛世才與蘇聯發生衝突的機會。

這一機會在1942年春到來，1942年3月，盛世才以其弟盛世騏被殺案為由，掀起逮捕浪潮。經過酷刑，審出了一個據稱準備發動暴動的陰謀組織，而這一陰謀組織的主犯便是蘇聯駐迪化總領事巴庫林（A. B. Bakulin）等人。盛世騏案中，盛世才逮捕了300多名蘇聯人員和中國共產黨在新人員。

重慶方面注意到了新疆突然發生的這一變化。蔣很快確定了不計前嫌的扶盛方針：甲、安定盛世才內向之心；乙、保障盛地位；丙、對俄好意之表示；丁、警告俄員勿在新倒盛；戊、對俄表示中央願與俄重訂新疆有關條約；己、准盛入國民黨；庚、派朱常駐新疆；辛、派我外交次長赴新與俄外次相見；壬、

---

72　《蔣介石日記》，1945年7月28日。
73　《蔣介石日記》，1941年12月29日、1942年1月〈本月反省錄〉。

新疆劃入第八戰區範圍之明令時間。7月13日，蔣介石與朱紹良研究對新疆方針。蔣計畫採取三個步驟：甲、派兵入疆助盛平亂，鞏固省政；乙、劃新疆歸入第八戰區，丙、與俄交涉徹底解決各案。[74]

9月1日，前往迪化的中央代表朱紹良與盛世才達成協定，藉助盛世才加強中央在新疆的影響力。雙方決定：成立國民黨新疆省黨部，發展國民黨組織，盛世才任國民黨新疆省黨部主任委員；遴選新疆幹部進國民黨中央訓練團，盛世才任中央訓練團新疆分團主任、中央軍校第九分校主任；在新疆傳播三民主義；新疆在對外政策方面與中央一致；盛世才擔任第八戰區副司令長官，新疆由此納入中央統一的戰區體系中。

蘇聯在新疆享有各種成文和不成文的特權及特殊利益，重慶政府決心對蘇聯的這些特權加以限制或取消。1942年10月5日，盛世才向蘇方遞交備忘錄，要求除蘇聯外交官員外，其他所有在新疆的蘇聯人，包括軍事顧問、軍事教官、財政顧問、技術專家、工程師、醫生、錫礦人員與探測人員，以及駐紮哈密的紅八團部隊，在三個月內全部撤離新疆。蘇聯對此曾抵制了一段時間，至1944年春，除外交人員外，蘇聯在新人員全部撤離回國。

與此同時，中央勢力逐漸進入新疆。1943年4月，朱紹良調6個徒手新兵團入新，交由盛世才訓練。9月，胡宗南部第十八混成旅兩個團進駐哈密。此後，大批中央軍部隊陸續入新，第二十九集團軍司令部總部於1944年春移駐哈密。國民黨的黨政、經濟、文教等各方面人員也大量進入新疆，滲透到新疆的各個部門。重慶政府還制定了比較優厚的派新工作人員待遇辦法，以鼓勵內地人員入新工作。

對於新疆主權的收復，蔣視為國民政府的極大成功。在1942年的年度「總反省錄」中，蔣如此評價：

> 新疆省主席兼督辦於七月間公開反正歸順中央，效忠黨國，而河西走廊馬步青軍隊亦完全撤退於青海，於是蘭州以西直達伊犁直徑三千公里之領土，全部收復，此為國民政府成立以來最大之成功，其面積實倍於東北三省也。[75]

---

74　《蔣介石日記》，1942年7月11日〈本星期預定工作課目〉、1942年7月13日。
75　《蔣介石日記》，1942年〈總反省錄〉。

　　1944 年，盛世才又起異心，蔣介石不再遷就，迫使盛世才辭職，調往重慶，任命吳忠信擔任新疆省政府主席。至此，新疆長期游離於中央政令之外的局面被徹底改變，新疆重新回到中央的直接控制之下。

　　西藏的情況有所不同。太平洋戰爭爆發後，西藏地方當局的離心傾向不斷發展。1942 年 7 月 6 日，西藏突然宣布成立「外交局」，並通知國民政府蒙藏委員會駐藏辦事處處長孔慶宗：「自本日起一切事件請處長向該外交局接洽，勿直接與噶廈提說」。[76] 西藏地方當局此舉無疑是將中央視為外國政府。

　　由蔣介石日記可以得知，處理西藏問題的方案在 1942 年 7 月中旬已經形成，蔣在 7 月 18 日記曰：「經營西藏方案亦已核定」。蔣介石提出：「對西藏以政治統制為本，軍事為輔」，如果用兵，最多西至黑河，東至昌都為止，不可以軍事直占拉薩，「只要藏政歸中央統治，不受外國牽制足矣。中央之所以必須統制西藏者，其宗旨全在解放藏民痛苦，保障其宗教與生活自由，而不被外國所愚弄與束縛而已。」蔣介石意識到西藏不同於內地，應該採取不同的管理方法：「審核西藏政策，決予以高度自治權，惟外交與國防應統一於中央。」[77]

　　由於西藏地方當局動作不斷，國民政府逐漸感到，解決西藏問題，除政治手段外，必須施加一定的軍事壓力。1943 年 4 月，因西藏當局停止漢藏驛運，重慶政府命令青海、西康和雲南的軍隊向西藏邊界開進，向西藏當局施加軍事壓力。青海馬步芳部數千人開往青藏邊界，但西康和雲南的軍隊並未採取行動。

　　英國一直將自己視為西藏的庇護者，得知重慶政府調動軍隊的消息後，英國政府便對中國方面施加外交壓力。5 月 7 日，英國大使薛穆造訪中國外交部，對調兵之事表示關切。宋子文當即回答說：「一國之內部隊之調遣，實與另一國無關」，希望英方不要再提此事。但薛穆仍辯稱：「西藏與中國其他部分不同，似係自主。」外交部將此事向蔣介石做了報告，蔣在外交部報告上批曰：「西藏為中國領土，我國內政決不受任何國家預問。英國如為希望增進中英友誼，則勿可再干涉我西藏之事。如其不提時，則我方亦可不提；如其再提

<hr>

76　〈孔慶宗致蒙藏委員會〉（1942 年 7 月 6 日），中國藏學研究中心等合編《元以來西藏地方與中央政府關係檔案史料彙編》第 7 冊，中國藏學出版社，1994，第 2841 頁。

77　《蔣介石日記》，1942 年 8 月 28 日、1943 年 1 月 14 日。

此事，應請其勿遭干預我國內政之嫌，以保全中英友誼。」[78]

　　5月12日，蔣介石接見西藏駐重慶辦事處主任阿旺堅贊等。蔣要求西藏地方遵辦五件事：（1）協助修築中印公路；（2）協助辦理驛運；（3）中央政府駐藏辦事處商辦事情直接與噶廈商量，不經「外交局」；（4）中央人員入藏，凡持有蒙藏委員會護照者，須照例支應烏拉；（5）在印華僑必要時須經西藏內撤。蔣介石表示，如西藏能對此五事遵照辦到，並願對修路、驛運負保護之責，中央軍隊當不前往，否則，中央只有自派軍隊完成，「中央絕對尊重西藏宗教，信任西藏政府，愛護西藏同胞。但西藏必須服從中央命令，如發現西藏有勾結日本情事，當視同日本，立派飛機轟炸。」[79] 蔣介石對西藏的這一嚴厲態度可說前所未有。

　　在中央政府的強硬姿態面前，西藏當局做了一些退讓。西藏召開民眾大會，做出決議，其要點為：要求西藏當局向中央聲明，「外交局」非新創機關，但中央如仍繼續拒絕接洽，擬讓步，另設機關與駐藏辦事處往還；中印公路，仍以神意反對測修；有關假道運輸，如經玉樹一線，道路被破壞時由西藏自修；關於西藏與日本勾結之事，要求西藏當局向中央嚴重申辯，予以澄清；西藏應與中央保持感情，不應與中央西藏辦事處斷絕關係。[80] 於是，西藏當局做出妥協，同意繼續經由西藏的駄運，保證貨物經過西藏時不受搶掠等。

　　抗戰期間，重慶政府在西藏問題上未有進展。重慶政府決定暫時擱置西藏問題，除內政因素外，對英外交也是一重要的影響因素。此時，重慶政府不想與英國搞僵，期望英國在反攻緬甸作戰上有所作為，「對西藏決定放寬一步，不加虛聲威脅，故不派飛機偵察昌都，勿使刺激投英，亦勿刺激英國。此時惟一要旨為使英國無口可借，而能共同履約，打通滇緬路交通，一切的一切皆應集中於此一點也。」[81]

　　抗戰後期，國民政府在確立中國戰後版圖方面做了不少工作。從結果來看，似可以說，對日易，對盟國難。對日處置，只要戰爭取得勝利，中國作為

78　〈外交部為英國干涉中國軍隊調動事呈文及蔣介石批示〉（1943 年 5 月 10 日），《元以來西藏地方與中央政府關係檔案史料選編》第 7 冊，第 2850—2851 頁。

79　黃玉生等編著《西藏地方與中央政府關係史》，西藏人民出版社，1995，第 262 頁。

80　〈蒙藏委員會致軍事委員會電〉（1943 年 6 月 14 日），《元以來西藏地方與中央政府關係檔案史料選編》第 7 冊，第 2851 頁。

81　《蔣介石日記》，1943 年 7 月 24 日。

戰勝國收復失土，不是難事。但要從同是戰勝國的且中國有所仰仗的盟國那裡獲得失土，那就困難得多了。

　　縱觀近代以來的中國外交，從根本上來說是被動性的，儘管有時也不乏若干主動採取的動作，但從本質上來說，仍主要是基於對自身權益的保護和規復的反應性動作。抗戰時期，中國外交已經超越反應式外交，外交的主動性前所未有。中國積極主動地參與國際事務。戰爭給中國帶來了災難，也給中國帶來了機遇。在舊的國際秩序崩解的過程中，中國抓住了機會，積極參與新的國際秩序的再造，由一個舊體系中的弱者成為新的國際體系的參與締造者。當然，對於戰時中國國際地位的提高，其評價必須恰如其分。雅爾達協定與其後中蘇談判的進程和結果便說明，儘管中國的國際地位有了空前提升，但要真正成為一個與盟國其他三強平起平坐的大國，還有很長的路要走。

# 第十三章　汪精衛政權登場與落幕

　　日本為統治中國，在侵略過程中銳意製造的偽組織，非自汪精衛政權始。
1937 年 7 月的盧溝橋事變，為日本帝國主義繼六年前製造九一八事變進而強
占中國東北之後，全面侵華戰爭之總爆發。事變一起，日本政府即制定一整套
侵占策略，隨著戰爭形勢的進展，也不斷修正與調整其策略，甚至改弦更張。
初時，日本採取速戰速決之策，欲藉軍事優勢，在短時間內一舉滅亡中國；
當計策受挫，隨即改用軍事攻擊與政治誘和並行策略，脅迫中國政府屈服。
及被迫進入戰略相持階段時，又施展在占領區扶植受其支配之偽政府的伎倆，
分裂中國，以達到永遠占領中國領土之目的。括而言之，日本為了併吞中國，
擅長政略與戰略相互運用，往往於攻城掠地的同時，輔以政治誘降、經濟掠奪
的手段，在占領區各要地扶植任由其驅使的各色偽政府，以達到「分割統治」、
「以華制華」、「以戰養戰」的終極目標。

## 一、惡鄰入侵　製造異形組織

　　孫中山、蔣介石與日本關係深厚，都曾忠告日本政府，應維持兩國友好
邦誼，共同促進亞洲的和平繁榮。然而日本軍閥霸權主義作祟，一直覬覦中國
之廣土富源，蠶食不足，繼以鯨吞。在華日軍不時藉故製造事端，繼以武力步
步進逼，阻止中國的統一與建設。1931 年 9 月，日本關東軍製造九一八事變，
宣告其罔顧國際視聽，悍然走上併吞中國的首途。不幸肩負守土重責的張學
良，錯估形勢，在幾未抵抗之下，斷送廣大的東北領土。嚴重外患，加上各種
與中央對抗的政治勢力，使國民政府面臨空前艱巨的挑戰。1934 年秋，時任

---

* 本章由邵銘煌撰寫。

軍事委員會委員長的蔣介石撰著〈敵乎？友乎？〉一文，以法律學者徐道鄰名義發表於《外交評論》，忠告日本放棄侵略，與中國合作努力，共謀亞洲永久和平與福祉。其語重心長，受到國內外注視，但日本軍閥毫不予理會，反變本加厲，肆意侵擾華北，朝「華北特殊化」以控制華北的目標前進。日本政府亦曲意縱容，與中國為敵。國難當前，一些媚日分子卻甘為日本鷹犬。1932 年 3 月，日本侵占東北後，挾持清廢帝溥儀僭立「滿洲國」；進而拉攏殷汝耕於 1935 年成立「冀東防共自治政府」、德王於 1936 年僭立「蒙古軍政府」。日本為強固占領果實而製造的異形組織，在中國土地上登場，開啟先河。

八年抗日戰爭，攸關中華民國存亡與民族絕續，團結禦侮、抗戰到底固為基本國策。但無可諱言，只要發生戰爭，議和避戰聲浪亦會隨之而起，意志動搖者甚至甘願迎合敵人。日本侵略者詭計多端，沿襲和、戰兩手策略，積極物色可用之人，誘脅拉攏，扶植成立供作驅使的偽組織，以分化削弱中國的抗戰力量。抗戰初期，日軍在占領區重施故技。關東軍進一步要控制內蒙古，製造「滿洲國」第二，1937 年，先後在張家口成立「察南自治政府」、在大同成立「晉北自治政府」、在歸綏成立「蒙古聯盟自治政府」。日本為了便利而有效操控起見，又主導統合蒙地區的三個組織，於是年 11 月在張家口成立「蒙疆聯合委員會」。[1] 但是，日本最後目的未達。次年 9 月，經侵華日軍精心策劃，由「蒙疆聯合委員會」演變而來的「蒙古聯合自治政府」宣告成立，以張家口為「首都」，德王擔任「主席」，日人金井章次續任最高顧問。

日軍占領平津後，由華北方面軍主導，1937 年 12 月在北平出現以王克敏為首的「中華民國臨時政府」，統轄平津和華北等地區，以五色旗為「國旗」。[2] 1938 年 3 月，在日本華中派遣軍主導下，南京又出現以梁鴻志為首的「中華民國維新政府」，管轄蘇、浙、皖三省區和京、滬兩特別市，同樣以五色旗為「國旗」。[3] 實際上，各地區的偽組織各自分立，不相統屬，均聽命

---

1　蒙疆聯合委員會下設總務委員會及金融、產業、交通三個專門委員會。總務委員會是最高權力機關，由三個自治政府各派三名、兩名、兩名委員擔任委員會委員，但委員人選均由關東軍內定。關東軍司令官可向聯合委員會推薦最高顧問一名、參議一名、各專門委員會顧問兩名。初由金井章次任最高顧問並代理總務委員長。聯合委員會之決議，必須經過最高顧問及關係各顧問的合議。

2　臨時政府以王克敏為「行政委員長」，下設議政、行政、司法三委員會，1940 年，汪精衛政府成立後，改稱「華北政務委員會」，由王揖唐任委員長。

3　「維新政府」以梁鴻志為「行政院長」、溫宗堯為「立法院長」。「行政院」下分設內政、外交、財政、實業、交通、教育、綏靖、司法等部，多位閣員曾在北洋政府中出任要職，

於當地的日本占領軍。那些甘為侵略者利用的，不外乎仍對權位難以忘情的過氣政治人物。日本軍閥看準他們的弱點，故容易運作成功。在各偽政府中，均安置日籍政治、軍事、財政等形形色色顧問，日本顧問才是幕後操控的影武者。如「維新政府」與日方簽訂祕密協定，規定「維新政府」未經與顧問協議，不得施行其政務。「行政院」會議內容及決議案，均由顧問事先按日方意見定調。連偽官員的生活都會受到日本顧問的監視。這種毫無獨立自主性的媚日組織，美其名曰「政府」，有的還冠上「中華民國」名號，不啻為異形，又當如何稱呼？

征服中國，掠取資源，獨霸亞洲，方為日本發動戰爭的終極目標，絕不以在占領區扶植成立幾個偽組織為滿足。在抗戰陣營，隨著軍事節節敗退，對國家前途益感憂心者，亦抱持一絲和平想望，出而暗與日方祕密接洽和談的可能性。1938 年 10 月，廣州、武漢失陷前後，和談之議紛起，即領導抗戰的蔣介石也一度猶豫，探測日本議和之實質。是年 11 月 2 日，武漢、廣州陷落後第三天，蔣在日記裡寫下一段心事：「既知持久抗戰是民族惟一出路，為何復有徘徊遲疑？此心既決，毋再為群疑所撼！勉之！」[4]從中透露內部有「群疑」之士，也就是政府內各方面主和的官員。以國民黨副總裁、國民參政會議長汪精衛為核心的主和派，更是積極，加快謀和腳步。兩個月之後，他們不計後果，潛離重慶，轉往淪陷區上海，展開「和平建國」行動。在日本刻意扶持之下，汪氏統合華北「臨時政府」與華中「維新政府」，於 1940 年 3 月以「還都」南京儀式成立「中華民國國民政府」，與重慶的中華民國政府分庭抗禮，且與「滿洲國」互稱友邦。日本分化中國行動，達至高峰。

## 二、抗戰洪潮中的暗濤

日本為確保其發動侵華戰爭所攫取的利益，急於早日結束所謂「中國事變」，而在軍事攻掠的同時，又施展誘和謀略，依時間觀察，約可分為兩大階段。一是 1937 年 7 月至 1938 年 1 月，以國民政府軍事委員會蔣介石為對象，「陶德曼調停」即其重點工作。二是 1938 年 1 月至 12 月，日本政府發表「不以國民政府為對手」聲明，收買舊軍閥、政客為其所用，主要進行兩項誘和

---

或為過氣的政治人物，已不具社會號召力。1940 年 3 月，其併入汪精衛「國民政府」。

4　《蔣介石日記》，1938 年 11 月 2 日，斯坦福大學胡佛研究所藏。藏所下略。

工作：一為「宇垣工作」，因堅持以蔣介石下野為先決條件，致無任何效果；二為「土肥原工作」，以起用中國「第一流人物」，建立「穩固新興政權」為重點任務。北洋時代政軍界人物靳雲鵬、吳佩孚，以及與孫中山及民國建立均有淵源的唐紹儀，皆成為日本物色的目標，惟以各種因素，亦無結果。此外，日本還多方拉攏國民政府方面要員如孔祥熙等，其中以汪精衛為對象的誘和工作最為成功，經日汪雙方人物頻頻交手，促成後來汪記政權的誕生。

抗戰軍興，抗戰到底固為中國政府應變的基本方策，但是中國只應戰而不求戰。初期政府於抗戰同時，一面訴諸《九國公約》之國際組織，尋求國際正義支持，以制裁日本的侵略行為；也曾在維持主權完整與國家獨立自由的大前提下，接受第三國調和。但在國際姑息主義與日本專斷自為的影響下，兩者都沒能發生實際效應。隨日軍攻勢進展，蔣介石雖亦曾期盼外交調解，惟其抗戰到底信念並未改變。這從他自上海保衛戰後期至武漢保衛戰期間對幾件事的處置和反應，可以反映出來。一是，1937 年 11 月淞滬會戰末期，日本發動第一波和平攻勢，委託德國駐華大使陶德曼（O. P. Trautmann）居間調停，孔祥熙等要員視之為「天賜良機」，蔣介石則虛與委蛇，終不為所動；二是，1938 年 6 月武漢會戰前，義大利大使柯萊（Giuliano Cora）出面，透過汪精衛調和，仍為蔣拒絕；三是，孔祥熙私下派代表與日方暗中交涉，躍躍欲試，遭蔣阻止；四是，高宗武擅自赴日密訪，蔣嚴斥其荒唐誤事，不可原諒；五是，9 月 30 日唐紹儀在上海遭軍統人員刺殺身亡，隔天，蔣自記感想：「唐紹儀在滬斃命，實為革命黨除一大奸。此賊不除，漢奸更多，偽組織與倭寇更無忌憚矣。總理一生，在政治上之大敵，為我黨革命之障礙，以唐奸為最也。」[5]

茲舉高宗武為例，做進一步說明。高宗武本為外交部亞洲司司長，1938 年 2 月受命赴香港搜集日本情報而辭去職務。他在港設立日本問題研究所，對外稱「宗記洋行」，以為掩護；因此與日方西義顯、松元重治、伊藤芳男等人建立交流管道，曾幾次返武漢報告工作。後來在國民黨中宣部代部長周佛海與日人鼓動之下，高宗武逾越職權，潛赴東京，探詢日方求和之真意及條件。高氏於 6 月 23 日由香港啟程，經上海，7 月 2 日晚抵達橫濱，為安全計當夜又由西義顯護送至東京，7 月 9 日，自東京動身，赴橫濱登船返香港。回到香

---

5　《蔣介石日記》，1938 年 10 月 1 日。

港後，高自知違法，無以交代，遲至 22 日下午，始派周隆庠將赴日活動有關日記及會談記錄等文件，帶回漢口，交由周佛海轉呈汪精衛與蔣介石。高宗武深入敵營的行為，汪氏事先知曉；蔣則被蒙在鼓裡，及得知消息，斥責「高宗武荒謬妄動，擅自赴倭。此人荒唐，然亦可謂大膽矣！」他又提醒自己：「注意：高宗武行蹤與處置」，「注意：高特赴倭」。當他「接高報告，知其誤事不淺也」。[6] 兩三天後，蔣又責問陳布雷：誰允許高宗武去日本的？遂指示斷絕與高宗武關係，停發其所有活動經費。[7] 或謂：如無蔣介石默許，高宗武不敢私訪日本。由蔣之反應與處置觀之，此種說法純屬臆度之詞。

儘管蔣介石抗戰態度堅定，然而在侵略吞併與絕不妥協的對抗之中，仍激現一道伏流，暗潮洶湧，爭鬥不止。日方的誘和謀略，不曾中止過，反而趨於多元化，軍事及外交部門高層或親自差遣官員，或假手新聞、財經、教育界等民間人士，布下多條誘和線索，分進合擊。類此政治謀略，日方皆冠以「工作」稱號。提到抗戰初期對日謀和，一般人都熟悉汪精衛一派人的活動。此乃由於他們最後背離國民政府，另立南京「和平政權」，震動國際視聽。其實，除汪精衛一線外，其他類似的謀和活動，或因試探性質居多，較少受人注意。綜合中日文資料來看，至少還有幾條路線：（1）孔祥熙路線——賈存德、馬伯援對萱野長知，喬輔三對中村豐一；（2）何應欽路線——蕭振瀛、雷嗣尚對和知鷹二；（3）張群路線——胡霖、張季鸞對神尾茂。可見對日謀和並不是汪精衛一班人的專利，而是代表當時一部分人亟求和平解決的心理傾向。孔祥熙就是一個明確主張把握議和機會的代表。

蔣介石明知日方謀略旨在倒蔣、分化，有時卻也禁不住想要探求虛實。他雖然對孔祥熙的謀和活動屢電遏止，但自己也親自掌控過幾次對日祕密談判。[8] 最明顯事例，是經由軍部代表、華北駐屯軍高級參謀和知鷹二與戰前曾活躍於華北一時的蕭振瀛，在香港祕密交涉的「蕭振瀛工作」。此一工作，由日方發動，接觸對象為軍政部部長何應欽。1938 年 6 月中旬，日本大本營及御前會議決定實施武漢、廣州作戰，進取中國心臟地區武漢，逼使中國屈服而推出一波和平攻勢。惟不同於其他謀和交涉，這是由日本軍部策動的一項工

6　《蔣介石日記》，1938 年 6 月 24、26 日，7 月 9、22 日。

7　周佛海：〈中日事變祕聞——我的鬥爭記〉，中國國民黨中央文化傳播委員會黨史館藏。

8　參見楊天石《找尋真實的蔣介石——蔣介石日記解讀》，香港三聯書店，2008，第 253 頁。

作。6—7 月，雙方代表數度接觸，及 10 月下旬日軍攻占廣州、武漢，11 月初交涉便告停止。

就謀和活動言，「蕭振瀛工作」具有三個特點：一是軍部對軍部，中方由蔣介石與何應欽共同指導；[9]二是中方準備「和平實現步驟」、「宣言原則」、「停戰協定」、「腹案大綱」等文件，堪稱有備而來；三是蔣介石參與程度較深，不僅授予「面諭」，而且親自修正會談文件。但蔣的基本立場明確而堅定，諄諄訓令蕭振瀛：必須堅守原則，要求日本絕對尊重中國行政主權及領土完整，一切恢復盧溝橋事變以前狀態。這也是他自陶德曼調和以來對日問題的一貫立場。而何應欽願意被動伸出觸角，亦自有其慎重考慮，一則重施緩兵故伎，以阻泥日軍進取武漢的軍事行動；二則刺探敵方情報，探取日軍登陸華南的消息，且從日方提出條件，詳加分析，作為應戰決策參考。因此，何故意提出明知日方不可能接受的議和方案，如恢復盧溝橋事變以前狀態、取消南北偽組織、停戰撤兵等條件，圖使日本知難而退。[10]

由於這是日本軍部主導的工作，蔣介石認為性質特殊，所以親自指導，介入較深。其事後自省「為何復有徘徊遲疑」之語，亦即指此一事。等到日軍攻下廣州、武漢，乃知又只是一場騙局，蔣即中止接觸，從此不再對和議存有任何幻想。汪精衛則反其道而行，與日方接洽趨於主動積極。對於和戰態度及立場，二人從此分道揚鑣。

## 三、汪精衛逆流而行

1938 年 10 月，廣州、武漢相繼失陷，兩個月後，汪精衛等主和人士潛離重慶，步上「和平建國」的不歸路。在日本扶持之下，汪精衛統合華北「臨時政府」、華中「維新政府」及「蒙古自治聯合政府」，於 1940 年 3 月建立南京「中華民國政府」，成為淪陷區最大的一個異形組織。1945 年 8 月，日本戰敗投降，「滿洲國」與汪記政權隨之垮臺。汪精衛為何會不顧名節而走上與侵略者共舞的歧途，甘為日本征服中國過程中的一顆棋子？性格使然，貪圖

---

9　從蕭振瀛致蔣介石與何應欽函，可以證實。其於 10 月 1 日致蔣介石信謂：「雷局長嗣尚再到香港後，一切商談悉遵指示，慎密嚴正之範圍，勉力進行」；10 月 20 日致何應欽電報又說：「此次交涉經過，統於皓亥電詳陳。所有談判表示，完全遵照先後面諭電諭範圍，不敢逾越。」見「國史館」藏《蔣中正總統檔案》。
10　邵銘煌：〈蕭振瀛工作〉，紀念七七抗戰六十週年學術研討會會議論文，臺北，1997。

權位，或欲有所為？應予探討，究明真諦。

## 「精衛」烈士情結

　　汪精衛，本名兆銘，字季新。其一生在政壇上扮演過多重角色。清季革命時期，是一位文采斐然、膽識勇毅、熱血奔騰的青年；民國初年，曾經是奔走調和各方勢力的魯仲連；孫中山去世後，汲汲營營於黨權與政權，反常成為結派鬥爭的要角。抗戰前的他，以行政院院長之尊，與蔣介石共同擔負起「安內攘外」之任；抗戰時期，他位居國民黨副總裁、國民參政會議長的高位，卻與敵國日本從祕密談判議和到出走建立政權，終遭到漢奸、賣國賊之譏評，而葬送名譽事業。

　　就本性言，青年汪精衛已經充分表現出浪漫主義的情懷，從他留學日本、參加革命、在同盟會機關報《民報》使用「精衛」筆名，即可察知有效法中國古神話「精衛填海」的痴絕。而其極致不外乎 1910 年 4 月自東京赴北京，謀刺清攝政王的暗殺行動。終汪一生，人們鮮呼「兆銘」本名，反而習稱「精衛」之號，實由此而來。不過，汪精衛的鐵血暗殺，並非興起衝動，而是有跡可尋。早在《民報》第 9 號上著文駁斥康梁派「革命可以生內亂說」時，汪精衛就慨然宣示過：「使吾儕以報國之故，殺身流血，而後人繼起，得藉乎以光復宗國，則含笑以入九泉，當亦無怍。」[11] 雖然暗殺具有嚇阻的宣傳效果，也有助長群眾起義之聲勢，但汪精衛最初並不迷信這種霹靂手段，認為暗殺是「小兒」之見，只能作為最後武器，[12] 意即時機才是決定行動的前提要件。同盟會成立以後，革命條件大為改善，1907—1910 年，接二連三在兩廣、雲南地區發動六次起義，屢遭挫敗，部分志士深咎痛責，甚至消沉沮喪。孫中山認為：「經過六次失敗，精衛頗為失望，遂約合同志數人入北京，與虜酋拚命。」[13] 除此原因，還有兩個因素的作用：一為 1907 年，同盟會內部曾因日人饋贈孫中山一筆款項，請他離境事，引起一場攻訐紛爭；一為 1909 年，清廷推出「預備立憲」新措施以收攬民心，壓制革命之氣焰。汪精衛目睹這些革命黨內外形勢的變化，判斷最後一擊時機已經到來。

---

11　《民報》第 3 冊，中國國民黨黨史會影印，1969，第 1289 頁。

12　精衛：〈希望滿洲立憲者盍聽諸〉，《民報》第 2 冊，第 670 頁。

13　孫中山：《孫文學說》，秦孝儀主編《國父全集》第 1 冊，中國國民黨黨史會，1973，第　501 頁。

1909 年 1 月，汪精衛從新加坡潛回香港，觀念轉趨激烈，決定行暗殺之舉，為準備工作，曾經兩度往返日本。夏間，他並與黃復生、黎仲實、喻雲紀、陳璧君、曾醒、方君瑛等 7 人，合組暗殺小團體，在香港設立祕密機關，試驗彈藥爆炸。為了製造較穩定安全而有效力的炸彈，他們特別向巴黎的吳稚暉請教，乞速傳授良法，[14] 可見對暗殺行動之態度十分認真。但是，孫中山、黃興、胡漢民等對他們並不認同，多方勸阻。胡漢民回憶說：「精衛自河口失敗後，遂有行個人暗殺之決心，余屢規止之。及往日本東京，力言暗殺之無濟，與吾輩所宜致力於革命事業者……精衛答書，惟言所志已決，他不置辯。」[15] 次年 1 月，北上行事前，汪復致書孫中山與南洋同志告別，說明此行在「使灰心者復歸於熱，懷疑者復歸於信……弟等之為此事，目的在於破敵，而非在於靖內變也。所以靖內變之道，亦不外於此」。[16]

汪精衛對這種幾近自戕的刺殺行為，有其一套「炊飯」理論。在行動前夕，他署名「守約」在《民報》第 26 號上發表〈革命之決心〉一文，激勵革命黨人要培養「義理之勇」，具備「不畏死」、「不憚煩」兩種道德，並用「炊飯」作譬喻。文謂：

> 不畏死之勇，德之烈也；不憚煩之勇，德之貞者也。二者之用，各有所宜，譬之炊米為飯。盛之以釜，熟之以薪。薪之始燃，其光熊熊，轉瞬之間，即成煨燼。然體質雖減，而熱力漲發，成飯之要素也。釜之為用，水不能蝕，火不能熔，水火交煎逼，曾不少變其質，以至於成飯。其煎熬之苦至矣，斯亦成飯之要素。[17]

革命之效果，一如「成飯」，革命黨人不管為「薪」或為「釜」，都必須合力炊飯，等飯熟了，就可讓「嗷飢而待哺」的四萬萬人民共同享用。這一篇文字固在勉勵黨人，實際上正是汪個人內心的寫照，且已暗自以「薪」為志，故在臨行前，特再向胡漢民解釋暗殺理由，說：

> 欲犧牲其身者，其所由之道有二焉：一曰恆，一曰烈。恆乎烈乎？斯

---

14 蔡德金、王升：《汪精衛生平紀事》，中國文史出版社，1993，第 9 頁；〈汪精衛致吳稚暉函〉（1910 年），中國國民黨黨史會藏《吳稚暉檔案》。

15 《胡漢民自傳》，羅家倫主編《革命文獻》第 3 輯，中國國民黨黨史會，1978 年再版，第 402 頁。

16 馮自由：《中華民國開國前革命史》第 2 冊，世界書局，1971，第 232 頁。

17 《民報》第 8 冊，第 4072 頁。

二者欲較其難易，權其輕重，非可一言盡也。譬之治飯，盛米以釜，束薪燒之。釜之為用，能任重，能持久，水不能蝕，火不能熔，飽受煎熬，久而不渝。此恆之德也，猶革命黨人之擔負重任，集勞怨於一躬，百折不撓，以行其志者也。薪之為用，炬火熊熊，頃刻而爐，故體質雖毀，而熱力漲發，飯以是熟。此烈之德也，猶革命黨人之猛向前進，一往不返，流血溉同種者也。[18]

汪深知此行必無生還之望，遂血書「我今為薪，兄當為釜」留別胡漢民以明志。其欲藉數人之微力，搏倒大清，明知不可為而為，非浪漫何以致之！此浪漫情懷，不斷反映在汪精衛之行事上。其詩詞中反復出現「不望為釜望為薪」的堅決，亦足以印證。直到抗戰初期，不顧一切出走求和，乃其「為薪」志念之總爆發。1944 年 11 月，胡適在美國得知汪病死日本消息，深有感觸，認為汪精衛一生吃虧在他以「烈士」出身，故終身不免有「烈士」的情結。汪總覺得「我性命尚不顧，你們還不能相信我嗎？」胡適在抗戰之初，曾是周佛海南京寓所「低調俱樂部」的成員，一度主張議和，後來出使美國，態度丕變，然其對汪精衛行事的觀察，可謂鞭闢入裡。

### 汪精衛的和戰轉折

平情而論，汪精衛在抗戰初期是堅持抗戰的。他在公開場合不時發表義正辭嚴的講話，諸如：「現在已到了最後關頭，除了一致抗戰以外，沒有第二句話可說。全國軍人要站在一塊，全國民眾也應站在一塊，大家要為國家民族的生存而奮鬥抗敵，至死不渝。」「中國今日受日本帝國主義的侵略，窮凶惡極，無所不用其極，唯有抗日才能爭取國家民族的生存，唯有全國同胞一致的自動犧牲之精神，從事抗戰，才能爭取最後的勝利。」「我們誓必繼續的將所有血汗都榨出來，以前的及現在的所有將士所有人民的血汗，合流一起成為江河，撲滅盡侵略者的凶焰，洗滌盡了歷史上被侵略的恥辱。」汪甚至大聲疾呼「為國家民族生存而死是光榮的」，「當漢奸傀儡是不成材料的無賴」。[19] 激

---

18　轉引自雷鳴《汪精衛先生傳》，政治月刊社，1944，第 55 頁。

19　汪精衛言論，分見〈廬山談話會第二期第二次共同談話速紀錄〉，劉維開選編〈廬山談話會議紀錄選輯〉（續），《近代中國》第 107 期，1995 年，第 63 頁；〈繼續犧牲加緊生產〉，載徐達人《汪精衛罵汪兆銘》，嶺南出版社，1939，第 12 頁；〈救國公債〉，南京《中央日報》1937 年 9 月 7 日，第 3 版；黃美真、張雲〈汪精衛集團的投敵〉，復旦大學歷史系中國現代史研究室編《汪精衛漢奸政權的興亡——汪偽政權史研究論集》，復旦大學出

越之情，不下於當時其他的激昂抗戰言論。

　　但是汪精衛信心不足，憂心於國力不繼，內復有中共伺機坐大，外且乏國際正義有效之制裁力量。因此，面對節節敗退的抗戰情勢，愈感焦慮，故主張抗戰的同時，仍不宜放棄謀求和平解決之道。1938 年 1 月中旬，陶德曼調和失敗，日本政府片面發表今後「不以國民政府為對手」聲明，隨即召回駐華大使。中日正式外交中斷。這是主和人士最不願意見到的局面。在周佛海策動下，先後派出外交部亞洲司人員董道寧與高宗武祕密赴日，與軍政要員會面，直接探詢日方真實態度，邁出對日謀和腳步。6 月，日本透過意使柯萊仲介調和，汪精衛亦派交通部次長彭學沛與意國駐漢口參事官祕密接洽，且擬就一致日本首相近衛文麿以表達謀和誠意的函稿，並報告蔣介石。蔣勸阻他不可寫信，才中止進一步接洽。不過，當時汪精衛主和有其基本立場，同年 7 月 2 日，國民黨國防最高會議常務委員會議討論如何應付英使調停事時，汪重申：「我國為被侵略國，自始即未嘗拒絕調停。對九國公約之調停如是，對德大使個人之調停亦如是。調停關鍵只在條件如何，合則接受，否則即敵人進攻已越武漢，亦不能接受。」[20] 所謂條件，即須以不妨害中國的獨立與生存為前提。顯示汪主張議和，是有基本原則，非為和而和。謂其抗戰伊始即主張賣國求和，實有失公允。

　　1938 年 10 月，廣州、武漢相繼失守，汪精衛意志明顯動搖。當武漢危急之際，汪精衛先後接見德國海通社記者及英國路透社記者，發表談話，表示中國從未關閉第三國調停之門，願意隨時和平，端視日本提出之條件是否能為中國接受而定。11 月 11—19 日，高宗武、梅思平兩人銜命與日本軍部代表影佐禎昭（陸軍省軍務課課長）、今井武夫（參謀本部中國班班長），在上海「重光堂」展開祕密談判，20 日簽訂《日華協定記錄》，一稱為「重光堂密約」，確定議和基本條件和脫離重慶主和的具體步驟，成為促成汪精衛日後出走的關鍵。11 月 26 日，梅思平回到重慶。在上清路汪公館，包括陳璧君、周佛海、陶希聖、陳公博等主和人士，密集會商對策。汪精衛一度猶豫不決，「會商多次，不能達到最後的決定，陳璧君乃堅決主張就走」。[21] 最後陳璧君臨門

　　　　版社，1987，第 51 頁。

20　〈國防最高會議常務委員會議紀錄〉（1938 年 7 月 2 日），中國國民黨黨史會藏。

21　陶希聖：《潮流與點滴》，傳記文學出版社，1970，第 166 頁。

一腳，注定汪日後的命運。

　　汪原定 12 月 8 日藉口赴成都演講，乘機飛往雲南昆明，不料蔣介石突由桂林返抵重慶，只好緊急展延。12 月 18 日，是一個時機。當日上午，蔣介石召集在渝公務員訓話，大罵人心萎靡，精神不振，禁令以後不准嫖、賭、跳舞、茶酒館揮霍，如有發現，定加嚴懲，並限制每部每院只許一部汽車，應節省物資。[22] 汪精衛不必聽訓，悄偕家屬潛離重慶，成功置身國外的河內，毫無顧忌提出議和訴求。汪精衛之謀和行動得以遂行，原因不外有二：一是他們與日本的交涉不完全受蔣介石監督，獨立自主性強，而其他條路線的謀和都在蔣監控之下，適可而止；二是他們的對手是日本軍部當權實力派，擁有主導對華政策的實權。

　　1939 年 1 月 1 日，國民黨舉行新年團拜後，接著召開中央委員談話會，討論對汪精衛出走的處置。馮玉祥出席了會議。他事後回憶道：會中提到「汪精衛飛走了」，「曾仲鳴被人打死了」，也有人說：「蔣介石、汪精衛唱雙簧」。持唱雙簧說的理由，認為汪精衛離開重慶之前兩個星期，汪夫人帶同家屬和行李乘專機先走了。當時重慶交通完全在軍統局管制之下，人民出境購買機票都要辦理登記，經過審核，高級官吏更要取得蔣介石批准。汪精衛與曾仲鳴、林柏生等多人搭乘專機飛昆明，事先既沒有政府與黨部交付任何任務，戴笠豈有不先報告蔣介石之理？謂汪精衛是潛逃出重慶，斷不可能。[23] 此一懷疑，主要是針對蔣介石的抗戰立場而發，日方也對汪精衛在河內觀望不前有過不解。但據各方文獻，包括蔣介石自記「殊所不料」、「拂袖私行」[24] 及其他政要之記述，證實無人事先得知汪精衛出走的資訊。是年 3 月發生河內刺汪案，不無藉以破除「唱雙簧」之疑心。

## 河內風暴　汪蔣決裂

　　汪精衛與蔣介石，都是追隨孫中山革命救國的熱血志士。二人文韜武略，各有千秋，均頗受孫中山倚重。孫中山在世時，他們的關係和融。論資歷，汪在蔣之上，更能親近孫中山。1925 年 3 月孫中山去世後，汪脫穎而出，登上國民黨領導高位。一年之後，兩人出現裂痕。1926 年 3 月中山艦事件，成

22　《在蔣介石身邊八年——侍從室高級幕僚唐縱日記》，群眾出版社，1991，第 81 頁。
23　馮玉祥：《我所認識的蔣介石》，新潮社文化事業公司，2012，第 140、141 頁。
24　《蔣介石日記》，1938 年 12 月 21 日。

為汪蔣分裂之關鍵。事件結果，導致汪勢衰而蔣勢盛，原來要迫蔣離粵，反變成汪赴法國養病。此後，汪蔣的分合，引起黨內風波與政局動盪。著者如：（1）1927 年 4 月，汪由歐返國，拒絕與蔣合作，形成寧漢分裂對立之局。（2）1929—1930 年，汪系改組派發起成立中國國民黨護黨革命大同盟，展開反蔣鬥爭，進行倒蔣運動。蔣介石斥改組派為國民黨叛徒。國民黨也永遠開除汪精衛黨籍。汪蔣交鋒，反蔣勢力大集結，演變成中原大戰與擴大會議的政治風暴。（3）1931 年 5 月，蔣主導湯山事件，引發支持胡漢民人士反彈，造成寧粵失和。汪亦聯合反蔣各派，重演倒蔣戲碼。雙方對立，劍拔弩張，因九一八事變發生，才化解一場同室操戈。

外患當前，蔣汪盡釋前嫌，共赴國難。1935 年 11 月，汪遇刺重傷，遠赴歐洲療養，西安事變後始返國。抗戰前的四年間，蔣汪真誠合作，厲行「安內攘外」政策，乃二人關係僅見的最和諧的一個時期，為國家建設與抗戰準備費盡心力。1937 年 7 月，全面抗戰爆發，蔣汪對於和戰態度或有差異，初期仍能維持如戰前一般的合作關係。一年多之後，廣州陷敵，武漢撤守，二人和戰立場明顯分歧。汪不顧一切堅持走自以為是的「救國道路」，到國境之外，公開倡議和運，背離抗建國策。蔣汪關係陷入緊張，逐步走向破裂邊緣。

1938 年 12 月 18 日，汪精衛離開重慶飛至昆明，次日再飛抵河內，並按計畫於日本首相近衛文麿發表所謂的第三次對華聲明後，30 日自香港發出前一日已擬定的響應近衛聲明的「豔電」，建議國民黨總裁蔣介石及中央主事者以近衛聲明為基礎，展開與日本議和談判，謀事變之早日解決。1939 年 1 月 1 日下午，國民黨緊急召開五屆臨時中常會，決議永遠開除汪精衛黨籍，並撤除其一切職務。理由是他在抗戰急要關頭，擅離職守，匿居異地，傳播違背抗戰建國國策。海內外隨後也掀起一片申討汪精衛「豔電」議和主張的聲浪。當晚，遠在河內的汪精衛獲得情報，原本期待國民黨能夠善意接納議和主張落空，換來的卻是對他嚴厲的黨紀處分，所以與附從諸人心情「俱頗黯然」，「大家都沉思了一晚」，因此決定暫守沉默，靜觀事態。[25] 面對國民黨的處分，汪精衛也沒有做出任何反應。

此後，汪精衛對於未來行止面臨重大抉擇。一是日本內閣異動，引誘他

---

25　雷鳴：《汪精衛先生傳》，第 354 頁。

出走的近衛首相下臺，新的平沼騏一郎內閣組成，對華政策是否改變陷於不明狀態；二是國民黨中央唯恐事態惡化，密派中央要員谷正鼎攜帶護照和旅費，於 2 月中旬前往河內，懇勸汪赴歐休養。對前者，他於 2 月初召請高宗武自香港趕至河內，經數日密集商議，再度遣派高宗武赴日本。高於 2 月 21 日抵日，3 月 16 日回到香港，先後與影佐禎昭、前首相近衛、首相平沼、有田外相及板垣征四郎、多田駿、松岡洋右等軍政要員晤談，打探日方新動向。至於後者，谷氏使命顯然沒有達成。[26] 汪由於尚在等待日方決定，且期盼國內擁護人士的表態聲援，故無意接受政府赴歐的安排。

　　高宗武回到香港，由於舊疾復發，沒能親往河內覆命，而是將報告交陳璧君帶去。高報告指出，日本對交涉解決中日問題，不夠誠懇，日方所有允諾只有一個目的，要汪做他們的傀儡。從這時起，高想方設法勸汪中止與日本談判。可是，報告送達汪手上時是 3 月 20 日，第二天便發生槍擊血案。時間會如此湊巧，讓高宗武不由得懷疑是日本人操作的離間手段，目的是讓汪蔣決裂，逼汪走上絕路。[27] 河內軍統局幹員於 19 日接到行動命令，21 日凌晨，潛入汪精衛住所，採取鋤奸行動。但刺殺汪精衛不成，反而誤殺了汪的親信祕書曾仲鳴，且傷及其他親屬，令汪精衛極度痛憤。汪於是月 27 日發表〈舉一個例〉一文，為主和言行提出強烈辯解，甚至公開 1938 年 12 月初漢口國防最高會議討論陶德曼居間斡旋調和的機密會議記錄。[28] 汪之舉動完全出於報復性的情緒反應，竟至不惜與國民政府決裂。另一方面，日本政府此時也已決定，支持汪精衛到日本占領區組建一個受其控制的「中央」政權，作為逼迫重慶國民政府妥協的籌碼，隨後於 4 月初即派影佐禎昭一行數人潛赴河內，解救汪精衛等人。汪精衛 4 月下旬離開河內，5 月初安抵上海，在日方完全保護下，展開一連串籌建政權的工作。

　　河內爆發汪精衛遇刺案，結果是汪隨從祕書曾仲鳴被槍擊身亡。汪方一口咬定蔣介石是這宗刺殺事件的背後主謀。直到半個世紀後，當年出身軍統局幹員的陳恭澍發表《河內汪案始末》，[29] 細說從前，但其間仍有蹊蹺。河內一

---

26　〈蔣中正致白崇禧電稿〉（1939 年 2 月 24 日），「國史館」藏史料。蔣介石長電謂：「谷正鼎由河內回渝，稱汪仍主和，並不願赴歐云，恐無可救藥矣。」

27　高宗武著、陶恆生譯注〈深入虎穴〉，《傳記文學》第 89 卷第 6 期，2006 年，第 107—108 頁。

28　汪精衛：〈舉一個例〉，原稿藏國民黨黨史會。

29　陳恭澍：《河內汪案始末》，傳記文學出版社，1983。

擊，汪幸運躲過一劫，但激憤不平，決心離開河內，走上漢奸賣國的不歸路，
自毀人格與名節。渝方除汪不成，反逼其靠向日敵，樹立「和平政權」，究係
欲擒故縱，抑純屬意外，或另有文章？高宗武懷疑是日方詭計，提出另一種可
能性。河內血案係軍統幹員奉命所為之說，雖有陳恭澍著書為證，但是從已公
開的主導者戴笠的檔案，找不到直接證據，期盼水落石出之一日。可議的是，
隱居香港的高宗武，自陷於戴笠指派軍統幹員密切監視、伺機加以制裁的險境
而不察。[30]

## 四、陷「都」重見「國民政府」

1939 年 5 月初，汪精衛抵達上海後，召集同志，謀劃與日議和事宜，31
日赴日本磋商收拾時局辦法。就國民政府立場，汪精衛在河內發表「豔電」，
言行毀法亂紀，但僅施予黨紀處分，即使各方通電要求政府嚴予通緝，繩以國
法，政府並未實行。迨汪等進入上海，與日本密切交往，國民政府認定其所
為已實質構成通敵罪行。6 月 8 日，蔣介石主持國防最高委員會第八次常務會
議，討論中央執行委員會、國民政府轉送海內外各級黨部、民眾團體、各省臨
時參議會的文電，以及監察院呈為汪兆銘背叛黨國請予明令通緝以肅紀綱案，
決議由國民政府明令通緝。[31] 蔣在會議記錄上簽名，正式對汪採取國法懲處。
汪雖在日人保護之下，但渝方的暴力制裁行動從未放鬆過。

### 日本梅機關操作與失算

從河內到上海，對汪精衛等主和派所謂「和平運動」而言，係一大轉變。
其與日本距離縮短，行動更加主動積極。而國人與國際產生的印象，即是汪
派已經和日本達成默契，必將採取進一步的妥協行動。金雄白（筆名朱子家）
不諱言：「汪氏在上海那一段時期，儘管對外標榜的是和平運動，但敏感的上
海人，都明白將是在淪陷區建立政權的前奏。」[32] 國民政府亦已完全瞭解汪等
脫離重慶的真正企圖在於另組政權。

汪派於 1939 年 5 月下旬擬定「收拾時局的具體辦法」。其要旨以收攬人

---

30　軍事委員會調查統計局（簡稱中統）的檔案，由軍事情報局保存，其中一部分與「國史館」
　　合作，完成數字化，以《戴笠專檔》提供參考。尚未公開的部分，值得密切觀察。
31　〈汪兆銘通敵叛國案〉，中國國民黨黨史館藏《國防最高委員會檔案》。
32　朱子家：《汪政權的開場與收場》第 1 冊，春秋雜誌社，1960 年第 4 版，第 37 頁。

心為先決條件，因此不變更政體和法統，而以變更「國策」為收拾時局之要務。日本政府為援助汪派樹立「中央」政權之準備工作，於 8 月 22 日在上海設立「梅機關」，由影佐禎昭主持一切，直接聽命於日本政府。機關成員來自海軍的須賀彥次郎、外務省與興亞院的矢野征記及清水董三、民間人士犬養健；也有新聞界人士如同盟社的松元重治、神尾茂，朝日新聞的大田宇之助，上海日報的波多博等多名參加。[33] 此後，在梅機關極力扶植下，汪記政權的建立，得以逐步向前進展，所採取的具體步驟分別是：訪問日本，取得認可；與華北、華中既有政權磋商統合事宜；成立「中國國民黨」，召開全國代表會議，承襲黨統；四處拉攏附和分子，儲備政府人馬；與日本會談，簽訂「和平密約」，獲得支持。

　　在汪記政權籌建過程中，最關鍵的一個步驟，非談判密約莫屬。主動提議談判的是日方，而雙方談判的依據，即《中日新關係調整綱要》及附件，也由日方擬訂提出，其中必含有強烈的帝國主義侵略成分。梅機關成員多認為：如果以此草案為基礎與汪精衛談判，會令人懷疑日本的信義，對日本至為不利，即使汪精衛接受，對「和平運動」不見得會奏效，宜把草案送回，請求日本當局重新考慮。[34] 犬養健更指稱：該草案完全以強化日本的占領政策為著眼點，倘使付諸實行，則華北事實上形同獨立，南方的海南島也歸屬日本海軍，世界上恐怕再無出其右的傀儡政權。[35] 梅機關長影佐禎昭一睹草案，「不禁為之黯然失色」。他與今井武夫直覺：這是由於權益思想作祟，日本政府各省乘機附加不少條款；這個草案赤裸裸地暴露了為帝國主義設想之要求。[36] 其實，這些引汪精衛出走之始作俑者的事後說詞，徒然表露出他們的偽善面目而已。

　　日汪雙方談判，日方以影佐禎昭為首，汪方以周佛海為首，分兩個階段進行。第一階段，1938 年 11 月 1—12 日，間續舉行 7 次談判；第二階段，12 月 28—30 日簽字。談判地點，先是在六三花園，後來改在愚園路 60 號。談判採取祕密方式，且相約談判內容絕不對外洩露，故稱「內約談判」。日方

33　黃美真、張雲編《汪精衛國民政府成立》，上海人民出版社，1984，第 42 頁。梅機關位於上海北四川路，因日人稱其辦公處所為「梅華堂」而得名，日本參謀本部以其負責扶植汪政權工作，故稱之為「梅工作」。見影佐禎昭〈曾走路我記〉、白井勝美編《現代史資料 13‧日中戰爭 5》、東京：みすず書房、1966、372 頁。

34　影佐禎昭〈曾走路我記〉、白井勝美編《現代史資料 13‧日中戰爭 5》、377 頁。

35　犬養健《揚子江は今もれている》、東京：中央公論社、1984、196 頁。

36　《今井武夫回憶錄》，天津市政協編譯委員會譯，中國文史出版社，1987，第 110—111 頁。

擬訂的《中日新關係調整綱要》草案，主要包含「調整原則」、「調整要項」及「調整綱要附件」等項，牽涉範圍至為廣泛，條文繁複。綜合言之，汪方代表在談判中，對於若干問題討價還價，要如關於日軍駐紮與撤兵問題、日本在經濟上的獨占問題、日本派遣顧問問題、「華北政務委員會」的權限問題等。經過連續幾天談判，由於在「駐兵」等 17 項重要問題上不能達成協議，會談只得中止。影佐禎昭 11 月 16 日返日，報告談判情況。12 月 8 日，興亞院會議決定：為使汪精衛的「中央政府」能夠成立，打開僵局，應由梅機關負起責任，在為將來正式談判預留餘地的情況下，盡可能採取措施調整彼我雙方意見。[37] 影佐接到指示後重返上海，對汪方軟硬兼施，一面嚴肅忠告，迫令就範；一面花言巧語，甚至對汪精衛流下同情的眼淚。汪大受感動，認為「影佐還是有誠意」的。[38] 汪決定接受日方要求，並電召陳公博到上海參與談判。12 月 18—20 日，陳公博與梅機關的海軍代表須賀彥次郎，就廈門及海南島等沿海島嶼問題，經過 6 次談判，達成協議。

周佛海與日方暗中接洽，12 月 28 日再開談判。汪方本有陳公博、周佛海、梅思平、林柏生、陶希聖 5 人參加；陳公博於當日匆促離滬，陶希聖也決意不出席。至 30 日，汪方由周佛海、林柏生、梅思平，日本梅機關由影佐禎昭、須賀彥次郎、矢野征記、犬養健等，共同簽訂所謂《調整中日新關係協定文件》，內容包括《中日新關係調整綱要》和「祕密諒解事項」兩個部分。其中除《中日新關係調整綱要》之外，另附「調整中日新關係之基本原則」、「調整中日新關係之具體原則」及「祕密諒解事項」8 件。陶希聖事後披露：日方提出的條件，所包含的地域，從黑龍江到海南島，所包含的事項，下至礦業，上至氣象，內至河道，外至領海，大陸上則由東南以至於西北，這一切的一切，毫無遺漏地由日本持有或控制。[39] 此一密約成為汪政權成立後與日本簽訂正式條約的基礎，具有關鍵作用。

日汪密約的簽訂，日本取得夢寐以求而在「臨時」、「維新」政府尚未能完全奪得的權利，十足揭示日本扶植汪記政權的野心。可是，此一極機密文件，就在日方得意之際曝光了。先是在談判接近尾聲，12 月 21 日，國民黨中

37　堀場一雄《支那事變戰爭指導史》、東京：時事通信社、1962、325 頁。

38　陶希聖：《潮流與點滴》，第 173 頁。

39　陶希聖：〈日本對所謂新政權的條件〉，載汪大義編撰《汪日密約》，嶺南出版社，出版時間不詳，第 45 頁。

統局策劃、由女幹員鄭蘋如等執行的刺殺「76 號」特工首腦丁默邨的鋤奸行動發生，雖以失敗收場，卻是轟動滬上的桃色風波，日後甚至成為張愛玲寫作《色戒》的題材。更讓日汪震驚的是，日汪簽訂《調整中日新關係協定文件》之後 4 天，即 1940 年 1 月 3 日，主和派中堅人物高宗武與陶希聖，竟相偕潛離上海，前往香港。這兩個事件相差 13 天，時機頗耐人尋味。高陶幡然脫離，係高宗武的決定，約陶希聖一起行動。高宗武自從隨汪精衛到上海後，因察覺和平運動已經變質，意在扮演踩剎車角色。而日汪雙方也發覺高宗武的可疑行徑，對他有所設防。因此，日汪密約談判桌上就沒有高宗武的影子。但談判依據的文件草案，高宗武不僅有機會看過，而且機巧地密攝一份私存，顯示預謀出走的準備與決心。[40]

　　日汪密約談判之前，1939 年 10 月，高宗武即已透過軍事委員會江浙行動委員會主任委員杜月笙派駐上海的代表徐采丞，至香港請杜月笙設法安排出走上海。杜氏認為高宗武一旦脫離汪精衛，並揭露和平內幕，對抗戰前途當會產生重大影響，於是親往重慶，面報蔣介石。後經兩個多月祕密策劃，眼見事機即將成熟，杜月笙、徐采丞同赴重慶報告。12 月 18 日下午，蔣介石接見杜，與談汪事。[41] 陳布雷也得知杜月笙是來談上海統一組織活動事。[42] 三天後，蔣又見另一位神祕客黃溯初。黃氏是高宗武的浙江溫州同鄉，高父高玉環的至友。[43] 他非常同情高宗武的處境，懇勸高應盡快擺脫日汪陣營。由此觀之，高宗武脫離上海事，已箭在弦上，等待最後時機。

　　高宗武決定離滬後，前往法租界環龍路陶希聖寓所，相約一同赴港。陶希聖參加密約談判，深知日本包藏禍心的偽善，故當汪日於 12 月 30 日簽訂《中日新關係調整協定文件》時，乃稱病不出席簽字。1940 年 1 月 1 日，陶希聖為免啟人疑竇，仍「抱病」到愚園路汪精衛寓所拜年。1 月 3 日上午，高宗武按照徐采丞、萬墨林等人的安排，離開法租界寓所，登上美國輪船「胡佛總統」號。陶希聖則乘車到南京路國泰飯店前門，下車後進入大廈，出後門，再搭計

---

40　高宗武著、陶恆生譯注〈深入虎穴〉，《傳記文學》第 89 卷第 6 期，2006 年 12 月。溯初，本名黃群。1939 年 2 月，高宗武奉命再度赴日探詢情況時，曾造訪黃氏傾談，隱然有異志。

41　《蔣介石日記》，1939 年 12 月 18 日。

42　《陳布雷先生從政日記稿樣》，1939 年 12 月 23 日記事，東南印務出版社承印。

43　《蔣介石日記》，1939 年 12 月 21 日。

程車直駛黃浦灘碼頭，登上「胡佛總統」號，與高宗武會合。1月5日，二人安抵香港。[44] 1月7日，高宗武會見杜月笙、黃溯初之後，即致信蔣介石，並附上密件，函謂：

> 頃晤玉笙（杜月笙號——引者注）、溯初兩先生，得悉鈞座愛護之情無以復加，私衷銘感，莫可言宣。宗武於五日抵此，回顧一年以來，各方奔走，只增慚愧而已。今後唯有杜門思過，靜傾尊命。先此奉達，並託玉笙先生代陳一切。另帶上密件共三十八紙，照片十六張，敬請查收。[45]

接下來是密件揭露的時機，蔣介石指令中央通訊社社長蕭同茲坐鎮香港執行，由於陶希聖眷屬尚留在上海，為了其安全起見，不宜立時發布。及1月21日，陶眷經杜月笙、萬墨林協助安抵香港。次日，香港《大公報》頭版，以醒目標題披露《日支新關係調整要綱》的譯文，第三版整版又刊登原文照片，同時還登載高宗武、陶希聖致《大公報》的信函和發給汪精衛等人的電報。

高宗武、陶希聖的脫離，有其各自原因，且經過一段時間醞釀，連梅機關與「76號」特工總部都被蒙在鼓裡。杜月笙在其中運籌帷幄，發揮很大作用。高陶二人出走，確實帶給汪精衛以重大打擊，尤其是揭露密約之舉，使汪等自詡的「和平運動」陷入困境。汪精衛痛責高陶舉動係「變亂」行為。[46]《大公報》披露密約當日，汪精衛正在搭船前往青島，將與王克敏、梁鴻志會談南北組織合併事途中，一接到陳璧君告急電報，「焦可灼萬狀」。是晚，周佛海幾乎「徹夜未睡」，憤然表示：「高、陶兩人，今後誓當殺之。」1月23日下午，周看到高陶致《大公報》信後，「不禁髮指」，對日人犬養健和清水董三談及此事，「憤極之餘，不禁泣下」。[47] 連金雄白後來在香港撰述汪政權史事時，依然不忘貶抑高陶以洩恨，直指二人為叛徒，因為爭不到好名位才脫離，作為報復。[48]

44　萬墨林：《滬上往事》第1冊，中外雜誌社，1977年再版，第177—178頁。
45　〈高宗武呈蔣委員長1月7日函〉，「國史館」藏《蔣中正總統檔案》。
46　〈汪精衛日記〉（1），《檔案與歷史》總第11期，1988年，第2頁。
47　蔡德金注《周佛海日記》（上），中國社會科學出版社，1986，第233頁。
48　朱子家：《汪政權的開場與收場》第1冊，第51頁。

## 「國民政府」「還都」南京

　　高陶事件，掀起一時風浪，但僅限在心理層面的擾亂，並無助於阻止汪精衛組建「和平政權」的進程。日本梅機關仍力挺到底，1940 年 3 月，汪精衛以「還都」南京形式建立「國民政府」，標舉「和平、反共、建國」旗幟。有汪政權總策劃師之稱的周佛海，回顧「和平運動」的發展，稱至此約略分為三個階段：離開重慶，為第一期之始；離香港到上海，為第二期；由上海回到南京，為第三期，也是最後階段，目的即在國民政府之「還都」。[49] 所謂「還都」，不外乎宣示「新政府」乃承襲國民政府法統而來，只是由重慶遷回南京，並非另立政權。因此，「國民政府」仍奉國民政府主席林森為名義上的主席。其實，這只是混淆視聽的障眼手法而已。

　　1940 年 1 月 25 日，汪精衛與王克敏、梁鴻志在青島會談結束，翌日便和周佛海、梅思平商組「國民政府」「還都籌備委員會」事宜。汪於 27 日返抵上海，立即設立「還都籌備委員會」，著手各項準備工作。委員會由汪派與「維新政府」聯合組成，祕書長由汪記國民黨中央黨部祕書長褚民誼出任，副祕書長為「維新政府」內政部部長陳群。但在正式「還都」之前，還需要召開一次「中央政治會議」，決定政府組織與人事。易言之，「中央政治會議」及「還都」的籌備工作，是同時並進的。3 月 17、18 日，汪派人士紛紛抵達南京，準備參加將於 20 日召開的「中央政治會議」。不料，就在開會前一天，梅機關的犬養健奉日本派遣軍總司令部總參謀長板垣征四郎的命令，傳達主張將組府延至 4 月 15 日的旨意。汪派對突如其來的改變頗感洩氣，深恐再次延期將置組府計畫於破產地步。可見「還都」之事，汪精衛不能做主，端視日本的態度而定。周佛海即約見影佐禎昭，正告以「如果延至 4 月 15 日，此間必崩潰，故最遲不能過 3 月 31 日」。3 月 23 日「中央政治會議」結束次日，汪精衛在南京發表廣播講話，宣稱「國民政府」將「還都」南京；其重大使命，就是實現和平，實施憲政。由於「國民政府」的成立，「和平運動」進入一個新階段，今後要統一起來進行，盼望反對「和平運動」的人來贊成，使和平趕快普遍於全國。[50]

49　《周佛海日記》（上），第 267 頁。
50　汪精衛：〈國民政府還都的重大使命〉，《汪主席和平建國言論選集》，「中央電訊社」編印，1944，第 108—113 頁。

　　汪精衛「還都」南京時日之所以一再遷延，癥結在於日本的誠意。汪組府之同時，日方尚派代表與重慶接洽和平，如姜豪、司徒雷登（J. L. Stuart）之穿針引線。但真正發生作用的，是日本中國派遣軍總司令部主導，在香港與渝方自稱「宋子良」者進行代號「桐工作」的談判。顯而易見，日本有意以汪成立「國民政府」為棋子，要脅渝方。重慶主事者將計就計，虛與委蛇，藉以擾亂汪的組府。「桐工作」自 1939 年 11 月起展開，至 1940 年 3 月，歷時 4 個月，日方連「宋子良」真實身分都還難以確定。3 月 24 日，在香港的日方代表鈴木卓爾接獲重慶方面答覆：「關於承認滿洲國問題，政府內部的意見形成對立，不易決定，確定之答覆，希延期到四月十五日。」日本政府期望落空後，遂認為汪組府已準備就緒，倘再延期，恐將引起參加者動搖，甚至發生脫離的情況。[51] 至此，中國派遣軍總司令部分析渝方缺乏謀和誠意，懷疑是破壞新「政府」的謀略，[52] 終於決定 3 月 30 日為「國民政府」「還都」的日期。

　　3 月 30 日上午，「國民政府」代理主席汪精衛率領各院部及委員會人員在南京寧遠樓舉行就職典禮。「國民政府」發表宣言，聲稱：「國民政府」根據「中央政治會議」決議，「還都」南京，當堅決執行「中政會」鄭重決議之實現和平、實施憲政兩大方針，革除個人獨裁，摧陷廓清階級鬥爭遺毒，克日實現民意機關之設立、地方自治之舉辦，以及國民大會之召集、憲法之制定頒布等事項；並且自稱係唯一合法的「中央政府」，重慶方面對內發布法令，對外締約，皆屬無效。[53] 還都前夕，「維新政府」於 3 月 29 日宣布解散。30 日，「臨時政府」也聲明取消，「華北政務委員會」同時成立。可議的是，在如此重要的時刻，既無各國使節祝賀，連日本派遣軍總司令西尾壽造也遲至翌日上午，才往「國民政府」表示祝賀之意。日本政府不過發表一些應酬式聲明或談話而已。是日，重慶國民政府外交部照會各國，鄭重聲明：「汪偽組織純為日本用以侵略中國主權，破壞國際間法律秩序之傀儡工具，其任何行為當屬無效。中國政府與人民絕對不予承認」；並重申整肅綱紀、伸張國法前令，通緝陳公博、溫宗堯、梁鴻志、王揖唐、趙正平、趙毓松、諸青來、劉郁芬、王克敏等 77 人。[54] 全國各界亦紛紛通電聲討。

51　《今井武夫回憶錄》，第 142 頁。
52　堀場一雄《支那事變戰爭指導史》、383 頁。
53　《國民政府還都宣言》，中國國民黨黨史會藏原件。
54　秦孝儀主編《中華民國重要史料初編——對日抗戰時期　第六編　傀儡組織》（以下簡稱

　　汪派脫離重慶抗戰陣營，私與日本謀和，並擅赴日軍占領區籌組政權，經過一年三個月之奔走，終以「還都」形式，在南京僭立汪記「國民政府」，其直接統治地域，包括以南京、上海、杭州、蚌埠為中心的蘇浙皖地區，武漢及其周邊地區，廣州及珠江三角洲，江西南昌、九江地區，及後來的以徐州為中心的淮海地區。這些地區政治、戰略、經濟等方面，都具有重要性。[55] 但日本誘使汪派出組政權，真正意圖乃在裂解中國抗戰陣營，達到不戰而屈人之兵的目的。事實證明，抗戰營壘並未因汪精衛脫離而瓦解，抗日戰爭也沒有因「國民政府」「還都」而止息。中日事變的結束，仍在未定之天。

## 五、汪記政權坐困愁城

### 與虎謀皮

　　汪記政權襲用中國國民黨與國民政府的名號和建制，使用中華民國的國歌與國旗。但由於日本堅持，只好在國旗上方附加一上書「和平、反共、建國」的三角形黃布條以示區別。如此「國旗」樣式，甚是怪異，而有「豬尾巴」之戲稱。日本政府自始至終把議和當作謀略在進行，毫無實現和平之誠意。汪記政權縱使成立，百般設法爭取獨立自主地位，也無濟於事變之及早解決。從其過程中發生的四個事例，可以獲得充分證明。

　　其一，近衛文麿之巧詐。1938 年 11 月，汪日雙方代表在上海「重光堂」會談，簽訂「日華協定」，記錄中載明日本於和平達成兩年內撤兵的承諾，次月近衛發表的第三次聲明中，就遭軍部壓力而片面取消此一事關重大的條文。當時，汪精衛已經置身河內，無可挽回。況且，近衛首相又如此湊巧宣布下臺。很明顯的，這是日本施展的欺詐手段。汪精衛過於相信日本謀和誠意，初嘗苦果。

　　其二，影佐禎昭的坦白。影佐是主導誘降汪精衛的核心人物，先後任職於參謀本部謀略課及陸軍部中國課。汪精衛自河內抵達上海後，影佐又是梅機關的主持人，專責協助汪精衛建立南京「國民政府」。他曾坦白地告訴日本駐香港總領事田尻愛義，日方進行的「和平工作」，其實只是一種「幫助戰略

---

　　《傀儡組織》）（3），第 193 頁。

55　余子道等：《汪偽政權全史》上卷，上海人民出版社，2006，第 3 頁。

的謀略工作」而已。簡言之，就是以分化中國內部，另立一個親日反蔣政權，潰滅抗戰勢力為總目標，而汪精衛只是其總體戰略中的一顆棋子。當「內約」談判遇到瓶頸之際，影佐不惜流下「鱷魚的眼淚」，打動汪精衛。其居心叵測，汪如有知，將情何以堪。

　　其三，「桐工作」的阻撓及拖延承認政權。汪精衛政權以「還都」南京形式建立前後，日本軍部正與重慶國民政府緊鑼密鼓地在香港祕密進行談判，一再藉故拖延汪政府的成立及其對汪政府的承認。日方此一依違兩端的謀略，無非要用汪組府一事來威脅國民政府就範，與其進行和平談判。另一方面，實由於尚未簽訂正式條約之故。由於汪方強烈要求，自 7 月 5 日至 8 月 31 日，雙方代表在寧遠樓舉行「中日調整邦交會議」，共進行 16 次會議。[56] 這次談判的條約，可謂「內約」的正式條約化，儘管條款在形式上不盡相同，實質卻一成不變。會議結束，條約也草簽了，日本仍然諱言承認。

　　汪方甚感不耐。11 月 18 日，周佛海由影佐禎昭陪同親赴東京，向有關當局催促承認之事。日本政府終於醒悟受到玩弄，不再等待重慶國民政府響應，27 日通過全部條約，決定 30 日舉行簽約儀式。11 月 30 日，汪精衛以「國民政府」主席身分與阿部信行共同簽訂《關於中華民國日本國間基本關係條約》及附屬文書。重光葵形容這是「一個莫明其妙的複雜而離奇的協定書」。[57] 汪又與日本及偽滿洲國代表臧式毅簽署《中日滿共同宣言》，聲明「三國」互相承認。汪記南京政權，至是取得日本政府的正式承認，距 3 月成立已經 8 個多月，對汪來說，可謂侮辱至極。正式簽約同日，國民政府通令懸賞幾萬元，緝拿汪精衛，令文謂：

> 汪精衛即汪兆銘，通敵禍國，觸犯懲治漢奸條例，前經明令通緝在案。該逆久匿南京，依附敵人，組織偽政府，賣國求榮，罔知悔悟。近更僭稱國民政府主席，公然與敵人簽訂喪權辱國條約，狂悖行為，益見彰著，亟應盡法懲治，以正觀聽。為此重申前令，責成各主管機關，嚴切拿捕，各地軍民人等，並應一體協緝。如能就獲，賞給國幣十萬元，俾元惡歸案伏法，用肅紀綱。[58]

56　《中日調整邦交會議》16 次會議記錄，中國國民黨黨史會藏原件。
57　〔日〕重光葵：《日本之動亂》，徐義宗、邵友保譯，南風出版社，1954，第 182 頁。
58　秦孝儀主編《傀儡組織》（3），第 195 頁。

外交部亦發表嚴正聲明：日汪所訂非法條約均屬無效，他國如有承認偽組織者，當認為最不友誼之行為，即與之斷絕外交關係。汪精衛為了確立政權地位，不得不吞忍日本之欺妄，處境維艱。

其四，不同甘只共苦的「大東亞戰爭」。1941 年 12 月 8 日，日軍突襲美國海軍基地珍珠港，啟動自稱的「大東亞戰爭」。美英旋即對日本宣戰，太平洋戰爭從此發生，此距中國抗戰已經四年。日本在深陷中國戰場不能自拔時，又另闢太平洋戰場，以美英為敵，無異飲鴆止渴。此一戰爭不僅促成世界反侵略陣線結盟，共同致力抵抗侵略國家，有利於國民政府的抗戰形勢，更是汪政權走向覆亡命運的分水嶺。

汪精衛政權依附於日本帝國主義，命運息息相關。「大東亞戰爭」開始後，一年之間，日軍勢如破竹，所向披靡。汪政府甚受鼓舞，1942 年 5 月特派「外交部長」褚民誼專使日本，祝賀日本的勝利。當時，汪精衛基於生命共同體的認知，以及對日本必勝的憧憬，發表「同生共死」以迎合日本歡心的聲明，主動積極爭取參加日本人心目中的「聖戰」。日本政府始則不認為汪政權具有參戰資格與實力，一再拖延阻拒，迨日本在太平洋戰場形勢由盛轉劣，才基於擴大掠奪戰略物資以養戰的利益考慮，於 1942 年 12 月制定「對華新政策」，而改弦易轍，勉強同意其參戰要求。[59] 1943 年 1 月，汪精衛政權經過一年多努力爭取，如願以償地參加「大東亞戰爭」，正式向英美宣戰，也因此從日本政府手中獲得若干包著糖衣的權益，如收回租界、撤廢治外法權、取消「國旗」旗桿上附加的黃色三角飄帶等。

汪政權參戰後，扮演後方基地角色，協力「聖戰」，推行若干示好的具體措施，如調整為戰時體制、厲行統制經濟、嚴格管制糧食和戰略物資、改造民心思想、發動獻金及收回廢金屬運動及節約儲蓄運動等；此外，也進行軍事動員與部署。但是不論汪政權如何效力，日本不放心也不允許其派軍投入戰場。所以汪精衛並沒有同享勝利的甜果，只能承受負擔，對於日本之漠視，徒呼奈何。汪精衛「同生共死」的初衷，已注定走向與日俱亡的末路。

---

59　石源華：〈論日本對華新政策下的日汪關係〉，慶祝抗戰勝利五十週年兩岸學術研討會會議論文，中國近代史學會與聯合報系文教基金會，1995 年 9 月。

## 身不由己

汪政權成立之後，事實上並未能像一般政權正常運作。梅機關推動汪政權成立，完成任務後，主要成員分別受聘為汪政府顧問。影佐禎昭出任「軍事委員會」最高顧問，須賀彥次郎任海軍首席顧問，谷荻那華雄、晴氣慶胤等任軍事顧問。重光葵曾奉派出任駐汪政權「大使」，他坦白地指出：汪政府內之中央政治及地方行政機構，均受日本方面之三層監督：一是日籍顧問及職員的內部指導；二是「興亞院」及其在各大城市設立之「聯絡部」的外部指導；三是駐在該地陸海軍的綜合監督。其「結果，好干涉他人閒事的日本人與厭惡干涉的中國人，絕不能融洽」。[60] 由於日本多方箝制，汪政權一切設施自然窒礙難行。陳公博在戰後的自白書中，也指證日本不願汪政府在淪陷區有效行使治權的事實。他說：汪精衛是以誠意對待日本的，而且近衛既已聲明並無滅亡中國之心，因此日本應當讓汪政權統一南北，使它得到行政上的自由，使它建立強有力的軍隊以維持治安，使它支配一切經濟以保持國家人民的元氣，使它可以自由處置貪官汙吏，使人民安居樂業，使它可以保護人民，免受日本憲兵的非法逮捕。但這些都只是汪精衛的理想而已，陳公博進一步謂：「而日本的見解那就大不同了。許多軍隊和官吏曾受日本支持的，他們不得不繼續支持；至於貪汙與否，與日本無關，有時或者因為貪汙，他們才更容易利用。至於南北對立，更是他們奪取物資的機會。軍隊不必強有力，只須能夠做到日本人步哨為已足。」[61]

可見，理想與現實之間總會有差距。汪精衛身處敵營之中，雖欲有一番作為，然以弱者的誠心，面對暴日的野心，談何容易？1940 年 10 月，汪記政權成立半載，難以施展的情況未見改善。負責與日本折衝最力的周佛海，不得不採取行動。一是約晤影佐禎昭及犬養健，正色告以：「國民政府還都半載，一事無成，中、日國民均將冷淡。還都本意原在作一中日合作模範，使重慶悔悟抗戰之不必要……為促進和平計，日本不宜拿得太緊，須任國民政府自由發展，且援助之……故日本目前除強化國民政府外，無他法。」周特別請影佐返回東京後向日本當局轉達。二是接見日本《朝日新聞》記者，坦稱「國民政府」半年來成績並不佳，如此下去，實不能忍受；並強調必須使「國民政府」強化，

---

60　〔日〕重光葵：《日本之動亂》，第 258 頁。

61　陳公博：〈八年來的回憶〉，載《陳逆公博罪行錄》，時事新報出版部，1946，第 15 頁。

在管轄區內做到獨立自主，否則「國民政府」為無意義。[62]

　　除了以言辭表達對汪政權強化的熱切希望之外，汪精衛更親自出馬，率同周佛海、林柏生、周隆庠等人，於 1941 年 6 月赴日訪問，直接爭取日本政府的實質強化措施，獲致三項主要收穫。第一，與日本首相近衛文麿發表共同宣言，說明「國民政府」務必在政治上、軍事上、經濟上、文化上提供中日提攜協力之具體的事實，使民眾得了然於中日合作、東亞復興為兩國國民之共同使命；日本政府亦對之為更進一步的援助，俾「國民政府」能發揮其獨立自由之機能，以努力於分擔東亞新秩序之責任。第二，日本提供「國民政府」以 3 億日元貸款。第三，由於日本斡旋，歐洲軸心國家，由德意首倡，相繼承認「國民政府」，計有羅馬尼亞、斯洛伐克、克羅地亞、西班牙、匈牙利、保加利亞、丹麥等 9 國，強化其「國際地位」。[63]

　　要言之，汪政權之欲求強化，無日本在政策上的支持則毫無可能。在日本許可下，汪政府先後推行「東亞聯盟運動」、「新國民運動」及「清鄉工作」等三項措施，其共同目標都在促進其政權的強化。汪謂：「國民政府為什麼要強化呢？其意義要使之強有力，能將和平基礎樹立起來，逐步拓展，以達到全面和平。然則，強化國民政府不是國民政府自私自利的動機，而是為能更負責任更迅速的完成使命起見，如此則中央與地方應如身使臂，如臂使指，完成其為整個的體制，方才於強化之目的無悖。」[64] 這三項強化政權的措施，在「大東亞戰爭」之後推行更加積極。汪精衛有意藉此提高對淪陷區的統治力，其實，背後都還要接受日本指導，僅以「清鄉工作」為例加以說明。它是汪政權成立後進行的一件最具體和重大的工作，傾注「國民政府」政治、經濟、軍事、文化、教育各方面力量的大建設。[65]

　　汪政權名義上為統一的中央政權，實際上權力有限。「華北政務委員會」名為「國民政府」轄下地方機關，卻仍唯日軍馬首是瞻，與汪政府貌合神離，各自為政。嚴格言之，汪政府初期所能管轄的區域，包括原屬「維新政府」的

---

62　《周佛海日記》（上），第 384、387 頁。
63　《中國國民黨第六屆中央執行委員會第四次全體會議紀錄》（1941 年 11 月），中央執行
　　委員會祕書廳編印，中國國民黨黨史會藏。
64　汪精衛：〈怎樣強化國民政府，怎樣實現和平〉，《汪主席和平建國言論選集》，第 236 頁。
65　林春暉：〈一年來清鄉工作的回顧〉，載佘子道、劉其奎、曹振威編《汪精衛國民政府「清
　　鄉」運動》，人民出版社，1985，第 48 頁。

蘇、浙、皖三省及京、滬兩市而已。[66] 針對這一情況，最高軍事顧問影佐禎昭於 1941 年初提議以「清鄉」為因應對策，汪精衛欣然接納。日本之所以提出「清鄉」方案，其政治目的不外有三：增強汪政府的政治力，以協助日本加強對占領區的控制；剷除敵對勢力，以鞏固日本在長江下游地區的占領；封鎖抗戰區的經濟，以滿足日本對國防物資的搜取。這才是日本以「清鄉工作」為手段，向汪政府獻策之根本所在。[67]

1941 年 3 月 24 日，汪政府通過設立「清鄉委員會」案，特派汪精衛兼委員長，陳公博、周佛海兼副委員長，李士群兼祕書長。該委員會與「行政院」、「軍事委員會」是平行機關，權限頗大，地位也很高。汪政府自 4 月中旬起，積極策劃有關「清鄉工作」的活動。7 月開始，在汪政府勢力範圍內出現一種奇異的景象，即用連綿數十里長竹籬笆隔絕而成的區域，稱之為「清鄉區」。汪政府仰賴日軍武力協助，自 1941 年夏至 1945 年夏，在封鎖區內分期進行「確立治安、改善民生」的工作。汪精衛對「清鄉」抱著極大的期望，每期「清鄉」都實地視察。在李士群主持「清鄉工作」時，在肅清敵對分子與增加財稅方面收到績效，尤其是對重慶國民政府地下組織的打擊甚大，逼使軍統局在 1943 年夏向周佛海下達制裁李士群令。日方對李士群的跋扈亦表不滿，乃與周佛海聯手設計，削減其權力，並於 1943 年 9 月將其毒死，汪精衛也無法制止。總體而言，「清鄉工作」反造成內部政治鬥爭及民眾生活困擾，未能達到預期效果。1943 年 5 月，汪政府撤銷「清鄉委員會」，將所有「清鄉」事務改歸「行政院」統率辦理。汪政權強化統治力的設想化成泡影。

## 六、樹倒猢猻散

1945 年 8 月，美國先後在日本廣島、長崎投下原子彈，造成 20 多萬人死亡。日本政府終於承認落敗事實，天皇於 14 日宣布接受同盟國提出的波茨坦宣言，無條件投降。汪政權完全依靠日本侵略者扶植，其存在自始至終與日本帝國主義的命運緊密結合在一起。日本無條件投降，已日暮途窮的汪政權驟失依靠，隨之土崩瓦解。

---

66　朱子家：《汪政權的開場與收場》第 1 冊，第 139 頁。
67　晴氣慶胤《上海テロ工作 76 號》、東京：每日新聞社、1980、190 頁。

## 日暮途窮　人心思漢

珍珠港事變發生，美英對日本宣戰。此事件對汪精衛、周佛海等「和平運動」核心分子而言，不啻為一打擊。周佛海曾經向一同斡旋「和運」的日方人士伊藤芳男坦承當初主張和議之失策，蓋由於他們據以行動的兩點認識：（1）以為日軍必繼續攻占重慶、西安及昆明等地，（2）以為日美或日俄戰爭必不致發生，均經事實證明錯誤。[68]受周佛海吸收參加汪政權的金雄白記述：汪精衛潛抵上海，與日人接觸後，始悉日人無悔禍之心；自日本偷襲珍珠港，汪更清楚最初對國際形勢所做的判斷有了劇變，失敗的命運已經注定，且對同志則常以熱淚來表示內心的痛苦。金氏進一步透露：

> 從汪政權建立後，汪氏的心境日趨惡劣，屢屢在公開場合中，不期而涕泗滂沱。在會議桌上，偶有根觸，以無法自制而至於拍臺擲椅，肝火熾盛到極點，遂使心境影響了他的形態。三數年間，我看到他漸漸地蒼老了、憔悴了，尤其在閱讀文件時，架上了一副老花眼鏡，已無復如前之翩翩風度。[69]

果如金氏所述，則日本帝國主義日趨落敗的形勢，當為汪政權前景投下不祥陰影。面對難以挽救的危局，汪精衛心理上的悽愴與絕望也就不難理解。

汪記政府中，除汪氏以外，十九縱情聲色。[70]當汪政權走向日暮途窮之時，內部更暴露出腐敗的亂象。陳公博、周佛海本來就是生活糜爛之徒，此時更是盡情縱樂，醇酒婦人、唱平劇，無所不為。周佛海自稱這是為了「排愁遣悶，徒圖一時麻醉，不願常想前途風浪之險惡，想亦無益。挽狂瀾於將倒，個人亦無此力也」。[71]上行下效，中下層的人亦多如此。連為汪政權辯護最力的金雄白，都毫不掩飾自己縱情聲色，謂：「因為自維死期不遠，心理上有了變態，要趁未死之前，盡量享樂。有人看到我帶了成群的女侶，過著豪華的生活，以為我是得意忘形。」[72]

與此同時，汪政權內部派系矛盾也愈演愈烈。成立之初，內部已形成以陳璧君為首的所謂「公館派」，和以周佛海為首的所謂 C.C. 派，兩派一直明

---

68　《周佛海日記》（下），第 742 頁。
69　朱子家：《汪政權的開場與收場》第 2 冊，第 157、174 頁。
70　朱子家：《汪政權的開場與收場》第 2 冊，第 106 頁。
71　《周佛海日記》（下），第 1133 頁。
72　朱子家：《汪政權的開場與收場》第 3 冊，第 53 頁。

爭暗鬥，互爭權位。隨著政權發展，派系再分立。1944 年 3 月，日本駐南京汪政權「大使」谷正之曾分析其內部的派系組織：首分非國民黨和國民黨兩大系統。非國民黨成員沒有影響力，國民黨系統擁有軍事力量。國民黨系統包括汪精衛派和周佛海派；汪派再分為公館系、新公館系、汪直系、改組系。公館系，以陳璧君為核心，包括她的朋友和親屬，如林柏生和下屬幹部；新公館系，包括李士群；汪直系由褚民誼和與汪個人有關係者組成；改組系，以陳公博為中心。周佛海派，又分成二系，一為 C.C. 系，丁默邨屬之；一為以梅思平為中心。

　　更值得注意的是，周佛海、陳公博兩大要角眼看情勢不妙，早就暗中派人與重慶國民政府聯絡，表達悔過之意。根據 1947 年 3 月 26 日國民政府減刑令，周佛海自 1941 年已向政府「屢經呈請自首」。[73] 1942 年 10 月，周佛海派滲入汪政權內部的軍統人員程克祥往重慶面見戴笠局長和蔣介石，表明心跡。次年 5 月初，程返抵上海，攜回戴笠的親筆信，表示准其戴罪圖功，同時又帶來電臺、密碼和報務人員，從此，周佛海與戴笠正式取得聯繫。[74] 他完全聽從重慶指揮，不僅為重慶方面保釋被捕人員，探送日軍情報，使中央有所準備；且探刺日軍物資所在，使盟軍容易轟炸或地下工作人員容易破壞。1944 年 4 月底後，戴笠與周佛海的往來更加密切，戴告訴周佛海：「日後勝利時，一定要『布置軍事，配合反攻』」。[75]

　　陳公博與周佛海有所區別。他長期追隨汪精衛，在投敵後深感前途渺茫，為了給自己留一條後路，背著汪精衛，與戴笠進行聯繫。戰後陳氏妻子李勵莊在申述狀中言稱，早在 1940 年戴笠就曾密電指示陳「掩護地下工作人員」，「詳報汪氏與敵所訂密約內容及交涉經過」，陳公博當即答覆照辦，「一切如約屢行」。[76] 後來，戴笠還準備在陳住處設立電臺，由於日軍氣焰正熾，防範較嚴，加上陳公博在偽政權中的地位，此一計畫未能實現，雙方聯繫隨即中斷。「立法院」副院長繆斌，不讓陳周二人專美於前，1942 年 1 月，因私通重慶被發覺，汪精衛大感意外而予以究辦，幸重光葵出面說情，繆才又改任

73　秦孝儀主編《傀儡組織》（4），第 1624—1625 頁。
74　周佛海：〈簡單的自白〉，載《周佛海日記》（下），第 1284 頁。
75　《周佛海日記》（下），第 1285 頁。
76　黃美真主編《汪偽十漢奸》，上海人民出版社，1986，第 181 頁。

「考試院」副院長。[77] 彼等投機行為，誠所謂「人在曹營心在漢」，充分反映汪政權內部一種浮躁現象，尤其在汪精衛死後，愈加明顯。1945 年 2 月，「安徽省長」林柏生透過李品仙向重慶輸誠，足以說明汪政權內部充斥末日心態。李品仙報告蔣介石謂：「最近盟軍在太平洋節節勝利，北平、南京各地漢奸大勢已去，為顧全其身家性命計，派人前來聯繫，願助我反攻。目前皖偽省長林逆柏生派人持函來立聯繫，若我方准其悔悟，則另派專員前來洽商。」[78]

## 汪精衛之死與政權潰散

1944 年 11 月 10 日，日本「大東亞戰爭」局勢明顯惡化之際，汪精衛病故於日本名古屋，主要原因是身體遭槍擊的舊創復發，雖經日本醫生全力診治，仍舊無效。汪精衛於 1935 年 11 月中國國民黨召開四屆六中全會時，遭南京晨光社記者孫鳳鳴狙擊，經過救治，一顆子彈一直留在背脊裡，至 1943 年 8 月，誘發骨髓腫症。同年 12 月，南京日本陸軍醫院為汪施行手術，取出子彈頭，但病情未見好轉。次年 3 月 3 日，在陳璧君及子女汪文惺、汪文彬、汪文悌等 20 人護同下，汪搭乘專機赴日本名古屋帝國大學附屬醫院就醫。日本醫生再次為他施行手術，但無力回天。汪病逝於「友邦」土地上，結束了其 62 年的生命。所謂「精衛填海，終成冤禽」，汪自號「精衛」，竟爾成讖！

當時，民間對他的死因，或疑為日人毒斃者。[79] 雖屬無稽，亦令人聯想日人之陰險。重慶《大公報》評論道：「汪逆之死，像似一件大新聞，而嚴格說來，實半文不值。汪逆降敵，甘做傀儡，其人縱生，也早死去。今日之死，不過繼心死而後又身死而已。」[80] 諷刺意味濃，道出一般人心裡的話。汪精衛死後 20 年，1964 年 2 月，香港出現一份題為〈最後之心情〉的文件，據云乃汪去世前一個月，自知病將不起，在病榻上口授全文，由夫人陳璧君謄正者，或稱之為「汪氏對國事最後之遺囑」。[81] 至今，這份文件只見標題「最後之心情」為汪精衛題署之外，尚未發現其手稿，即使陳璧君謄正之稿，亦迄未披露。

77　上坂冬子《我は苦難の道行く：汪兆銘の真實》下卷、東京：講談社、1999、180—181 頁。
78　秦孝儀主編《傀儡組織》（4），第 1535 頁。
79　朱子家：《汪政權的開場與收場》第 5 冊，第 121 頁。亦有一說係由戴笠派某醫生潛入醫院，在藥劑中置毒致死。參見良雄《戴笠傳》上冊，傳記文學出版社，1982 年再版，第 190 頁。
80　重慶《大公報》1944 年 11 月 13 日。
81　汪精衛：〈最後之心情〉，見朱子家《汪政權的開場與收場》第 5 冊，第 156—164 頁。

故有學者斷定這是出於金雄白偽造的文件，[82] 其真實性如何，仍有待查證。

汪遺體運回南京後，停放於「國民政府」大禮堂，舉行公祭。「國民政府」成立「哀典委員會」，以陳公博為主任委員，王克敏、周佛海、褚民誼為副主任委員。11 月 14 日，明令舉行「國葬」。23 日，舉行安葬大典，葬汪於南京明孝陵前的梅花山。是日，周佛海日記寫道：「嗟乎，一棺付身，萬事皆了！今日目視汪先生靈櫬入土，覺是非恩怨到此已煙消雲散，吾輩何必認真以自尋煩惱？至汪先生，今雖蓋棺，尚不能論定是非功罪，當以今後時局轉移為依歸也。」[83] 但是，汪精衛後來連「一棺」也不保，其墳墓於 1946 年 1 月下旬被國軍七十四軍工兵部隊爆破，棺材、屍體運往清涼山火葬場火化，屍骨無存。

汪精衛先日本敗戰而死去，得逃國法懲罰，堪稱僥倖。綜觀其一生，經歷三次大難不死：一不死於革命時期謀炸清攝政王載灃不成被囚之時，二不死於 1935 年在南京為孫鳳鳴的狙刺，三不死於 1939 年 3 月河內黑夜的亂槍，最後竟寞寞以終，客死異域，恐非其所料。汪精衛建立南京政權，或許也冀圖有所作為，但畢竟屈身敵國屋簷下，不得不仰人鼻息，凡所行事皆受日本控制與干擾，洵難施展。面對巧詐成性、霸氣凌人的日本侵略者，縱欲爭取些許利權，有若與虎謀皮。結果是中日戰爭並未因汪精衛的努力而獲得提早解決，淪陷區人民生活地位也沒有明顯改善。汪精衛的所謂理想，到頭來終成幻想。

語謂：樹倒猢猻散。汪精衛一死，政權頓失重心，人心惶惶。先是，汪決定赴日就醫之際，陳公博、梅思平、周佛海三人經日本醫生密告，已得知汪病所患者為脊骨瘤，十九不能痊癒，赴日醫治不過盡人事而已。三人「聞之泣下」，為此聚談六七小時。周佛海記述其事，謂：

> 談及汪先生奔走一生，在國家未統一之前，萬一不幸，實太傷心；且萬一不幸之事竟不幸發生，公博與余當此難局，決難應付。以汪先生之歷史及資望，尚不能打開局面，何況吾輩？……細想今後治安如何維持？民生如何安定？公務員生活如何保障？精神如何振作？對外所謂作戰物資如何供給？百孔千瘡，均無一良策以救濟之。欲逃避責任而不可

82  吳學誠：〈汪偽政權與日本關係之研究〉，中國文化學院碩士學位論文，1980，第 273—279 頁。

83  《周佛海日記》（下），第 1112 頁。

能，終夜徬徨，不知所措，苦矣！[84]

　　彼等對前途感到悲觀，信心動搖。汪精衛赴日之前，倚枕力疾作書，將政務預為安排：「銘患病甚劇，發熱五十餘日，不能起床。盟邦東條首相派遣名醫來診，主張遷地療養，以期速痊。現將公務交由公博、佛海代理。但望速早痊癒，以慰遠念。」[85]汪指定在他易地治療時期，由陳公博代理「主席」一職，周佛海主持「行政院」。未料，汪此去一病不起，「國民政府」遂賴陳周共同扶持，至曲終人散。

　　汪精衛於病逝次日，消息由日本使館傳至南京，偽政府內部一度陷於慌亂失措之中。周佛海於汪入殮當日哀歎道：「既傷逝者，復念存者，今後之困苦危難，覺天下之大無容身之地也。」其深曉大勢已去，此後意志更加消沉，嘗謂：「顧念大局，危險萬狀。掀天撼地之大風浪即將來臨，吾輩斷無法渡此驚濤駭浪，必為大浪沉於海底。久之不能成睡。一了百了，一死而已。」[86]

　　汪精衛死後，陳公博於 11 月 20 日就任「行政院長」及代理「主席」之職，發表聲明：「今後當奉行汪精衛手訂之政策，凡汪生前之設施，皆為今日之設施，無論戰爭如何推移，時局如何迫切，均將決不動搖。」[87]但是，偽政府內部矛盾衝突益趨表面化。陳公博就任代理「主席」之前，周佛海屬下竭力反對陳任第一高位，堅決主張周應當仁不讓，認為與陳公博共事，較與汪精衛更難，如果讓其繼任汪精衛的職位，必將後悔。陳上臺之後，不僅周佛海一派反對，也引起其他派系的不滿。褚民誼向周佛海大發牢騷，表示堅辭「外交部長」，陳公博「凡事不使之預聞，跑龍套毫無意義」，林柏生也提出辭職。周佛海直稱：「最近汪先生直系之褚民誼、林柏生對公博總攻擊，假使余任行政院長，若輩搗亂自在意中，今公博如此，真出意外也。」其後，梅思平又向周佛海報告，對陳公博被廣東派包圍深表憤慨。周佛海亦認為「公博立場固困難，但對廣東派長此遷就，政府恐將解體也。」[88]這種內部派系傾軋，一直到偽政權覆滅為止。

　　至於淪陷區的情況就更加惡化。日軍為了戰爭需要而進行漫無止境的掠

84　《周佛海日記》（下），第 995 頁。
85　朱子家：《汪政權的開場與收場》第 2 冊，第 178 頁。
86　《周佛海日記》（下），第 1108、1127 頁。
87　蔡德金、李惠賢編《汪精衛偽國民政府紀事》，中國社會科學出版社，1982，第 257—258 頁。
88　《周佛海日記》（下），第 1113—1114、1117 頁。

奪和窮凶極惡的搜刮，以棉花及紗布為例，「日人必欲竭澤而漁，真令人憤慨不已也」，[89] 致使淪陷區經濟衰敗，物價飛漲。1945 年 2 月，周佛海根據過去物價上漲趨勢，推測至 10 月米價將漲至每石萬元，使社會民生陷於極端苦難的深淵。連日本也不得不承認：「當時在汪政權之治下，因應付日本對外戰爭之協力，及日本戰勢之惡化，民眾疲憊已極，經濟情況日趨惡劣。」[90] 這是檢驗汪精衛「和平建國」至關重要的一點。

## 幕落石頭城

1940 年 3 月 31 日，「國民政府」成立次日，周佛海與共策「和平工作」的日友談話，對一年來努力竟達目的，彼此甚為欣慰，得意地在日記中寫道：「國民政府還都，青天白日滿地紅旗重飄揚於石頭城畔，完全係余一人所發起。」[91] 然而，日後命運則全操諸日本侵略者手中。及汪精衛一死，別稱石頭城的南京，顯現一股日薄西山的蒼涼感。陳公博、周佛海等人曾為政權的苟延而掙扎苦撐，同時也在盤算若日本投降如何實現與重慶合流。1944 年 12 月，陳公博再次向重慶傳達「情勢許可後，當執鞭相從」的心意；次年春，又化名「周進」，提交一份「剿共」報告。重慶方面立即將中共軍隊在各地區的番號及指揮員姓名製成詳表，轉交陳公博。陳即參酌該表，布置江蘇、蘇北、浙江三省防務。[92] 5—6 月，陳公博又與國民政府第三戰區司令長官顧祝同等取得聯絡，互派高級代表「商量軍事合作，共同剿共」。[93] 7 月初，軍統局上海站的電臺被日軍憲兵隊破獲，人員遭逮捕。站長陳祖康向陳公博求援，經陳出面與上海特務機關及憲兵隊交涉，才又交回電臺及人員。

日本敗局已定，汪記政權覆亡命運不遠。「考試院」副院長繆斌使出最後一搏，充當和平密使，於 1945 年 3—4 月赴日活動，竟導致日本政局震盪、首相小磯國昭下臺的結果。繆斌明知日汪末路已近，仍執意出而謀和，無怪乎被譏為一幕迴光返照的「醜劇」。8 月 14 日，日本天皇宣布無條件投降，日本政府駐南京「大使」谷正之通知陳公博，告以日本已決定投降。陳立即致電在上海的周佛海，促速至南京商量後事。16 日下午，陳公博主持「中央政

89　《周佛海日記》（下），第 1114 頁。
90　〔日〕服部卓四郎：《大東亞戰爭全史》第 4 冊，軍事譯粹社翻譯出版，1978，第 7 頁。
91　《周佛海日記》（上），第 276 頁。
92　黃美真主編《汪偽十漢奸》，第 182 頁。
93　《陳逆公博罪行錄》，第 16 頁。

治委員會臨時會議」，報告日本無條件投降，和平既已實現，「國民政府」自
應宣告解散；並決定將「中央政治委員會」改為南京臨時政務委員會，「軍事
委員會」改為治安委員會，負責指揮辦理各部門結束事宜及維持各地方治安，
以靜待中央政府接收。陳公博擔任兩個委員會委員長，周佛海、王蔭泰副之。
是晚，「國民政府」解散宣言播出。至此，汪記政權曲終人散，「國民政府」
走入歷史。

　　陳公博逃亡之前，試圖為最後自救的努力，致函蔣介石，提醒注意江浙
一帶的中共軍隊活動，為免淪陷區落入共產黨之手，請求對一些將領如海軍司
令凌霄、第三師師長鮑文霈、南京憲兵司令陳皋等人，授予名義，以安其心。
陳同時懇求任命他為南京中央陸軍軍官學校校長。[94] 陳一相情願的做法，沒有
得到響應，愈感到生命無安全保障。8 月 24 日，日本派遣軍副總參謀長今井
武夫面見陳公博，報告「國民政府」善後處理的態度，以及副參謀總長冷欣將
於 26 日抵南京布置受降事宜，並詢問其出處。陳當面表示暫時赴日的希望。
今井答允協助安排。25 日晨，陳公博偕同妻子李勵莊及私人祕書莫國康、「行
政院」祕書長周隆庠、「安徽省長」林柏生、「實業部長」陳君慧等一行 7 人，
在日軍小川哲雄中尉護送下，乘機逃離南京，飛抵日本山陰縣的米子。為掩人
耳目，其後陳公博一行隱姓化名，偽稱「東山商店一行」，避居京都金閣寺古
剎。[95]

　　陳公博逃亡第四天，8 月 29 日，日本同盟社發表一則離奇新聞：「南京
政府」代主席陳公博昨日自殺受傷，本日因傷重而斃命。死訊傳至國內，輿論
譁然。為了澄清事實，9 月 8 日，國民政府令陸軍總司令何應欽，向日本派遣
軍總司令岡村寧次提出備忘錄：「查陳逆公博等皆為中華民國之叛國罪犯，希
貴官負責轉致日本政府速予逮捕，並解交南京總司令部為要。」[96] 10 月 3 日，
陳公博被引渡回國。

　　同時，國民政府接獲日本聲明接受波茨坦宣言後，8 月 11 日，蔣介石下令：
淪陷區各軍應就現駐地點，負責維持地方，乘機贖罪，努力自新；非其命令，

---

94　〈陳公博致蔣委員長函〉（1945 年 8 月 19 日），轉見《汪精衛漢奸政權的興亡——汪偽
　　政權史研究論集》，第 463 頁。

95　〈陳公博亡命日本記〉（下），《傳記文學》第 29 卷第 3 期，1976 年，第 61 頁。

96　《中國戰區中國陸軍總司令部處理日軍投降文件彙編》上卷，中國陸軍總司令部編印，
　　1945，第 90 頁。

不得擅自移動駐地，並不得受未經許可之收編。次日，戴笠受命委任周佛海為
軍事委員會上海行動總隊總指揮，令其指揮「稅警總團」、「浙江保安隊」等，
負責維持上海市及滬杭一帶治安。[97]此外，政府為能順利接收淪陷區，針對汪
偽政府軍政要員做出處置，接連發出多道命令：任命任援道為南京先遣軍司
令，負責京蘇一帶治安；任命丁默邨為浙江省軍事專員，負責浙江省及杭州市
的治安；任命「華北綏靖軍司令」關致中為暫編第一路軍總司令，「第二方面
軍」孫良誠為第二路軍總司令，「第三方面軍」吳化文為第五路軍總司令，「第
四方面軍」張嵐峰為第三路軍總司令，「第五方面軍」龐炳勳為晉冀魯豫「剿
共」總司令，「第六方面軍」孫殿英為第四路軍總司令，負責暫時維持治安，
靜待國軍到達。

　　國民政府對於一切附敵組織的態度是一貫的。1934 年 3 月，偽滿洲國僭
立，國民政府昭告中外，嚴懲此等漢奸賣國行為，絕不寬貸。1937 年 12 月，
王克敏的「中華民國臨時政府」成立，國民政府嚴厲斥責，明令「凡在日軍非
法占領區域，甘心附敵，參加偽組織者，決按漢奸治罪條例查明通緝嚴辦」。[98]
抗戰之初，基於事實需要，國民政府於 1937 年 8 月公布施行《懲治漢奸條
例》，翌年 8 月重行修正，通令全國遵行。抗戰勝利後，因處理漢奸案件標
準未定，各地辦理情形不免分歧。1945 年 11 月，國民政府再次修正公布《處
理漢奸案件條例》11 條，同年 12 月，又制頒《懲治漢奸條例》16 條，對漢
奸的量刑做具體規定，包括判處死刑、無期徒刑、有期徒刑以及拘役、罰款等
項，並規定漢奸案件應迅速審判並公開之。[99]戰後漢奸審判，即根據上述法律
為之。

　　國民政府一面辦理接收工作，一面在各地展開懲治漢奸行動。負責逮捕
任務的，先是陸軍總司令部，後來為統一事權，則由軍統局戴笠主持。戴笠奉
命後，軍統局內設立肅清漢奸案件處理委員會，並在上海、南京、北平、濟南、
太原、開封等 25 個地區設立分會，分別執行。戴笠深知漢奸問題複雜，處理
不當，反不利於政府，主張依法逮捕審訊之餘，傾向採「政治尤重於法律」立
場，但部分中央政府官員及中共皆極力反對。[100]偵捕行動自 9 月下旬起展開，

97　周佛海：〈簡單的自白〉，載《周佛海日記》（下），第 1286 頁。
98　〔日〕古屋奎二：《蔣總統祕錄》第 11 冊，中央日報社翻譯出版，1978，第 166—167 頁。
99　《國民政府公報》1945 年 10—12 月，中國國民黨黨史會藏。
100　張霈芝：《戴笠與抗戰》，「國史館」，1999，第 464—473 頁。

至 1946 年 3 月初，據戴笠呈報稱：「自奉命主持逮捕全國各地漢奸以來，已捕獲三千三百七十八名」。[101] 1946 年 3 月，戴死於空難，對肅奸工作不免有所影響。

漢奸案件之審判，從 1945 年冬開始，審訊期間，萬眾關注。汪精衛僭立南京政權過程中，附和者經政府通緝在案者數以百計，戰後經逮捕審訊，依情節輕重，一一受到法律制裁。第一個被以漢奸罪快速處決的是繆斌。1946 年 4 月 8 日，高等法院以「通謀敵國、圖謀反抗本國」罪名判處他死刑，5 月 21 日執行槍決。[102] 這第一槍，聲震石頭城，不啻為汪記政權宿命之宣告。

對日八年抗戰為中華民族存續的關鍵之戰。在歷史長河中，就像一道浩浩洪流，民族正氣滾滾。發動戰爭的責任在日本，中國被迫應戰，以解決爭端，是非不得已的手段，其目的仍在期求兩國的和平。其間，有些人隨著侵略者吹奏的和平魔笛起舞，出而與其代理人暗通款曲，形成本章所述之歷史過程。

古今中外，只要發生戰爭，必然就有人主戰有人避戰，避戰者心態不一，有人主張採取和平方式消弭戰火，以減少生民塗炭之苦難。主戰、主和遂成為勢不兩立的堅持。在敵患當前、國難深重關頭，主戰，代表正義；主和，往往被冠上降敵賣國的標誌。陶希聖，抗戰初期曾經力主和議，追隨汪精衛出走海外，到淪陷區上海，協謀組建「和平政權」，後來在關鍵時刻幡然改變立場，脫離上海，攜出密件向國民政府輸誠，重回抗戰陣營。他統稱主和人士的通敵行為，是抗戰的一股「亂流」。亂者，非正道也，寓有貶抑的含義。惟就史論史，其行徑固違背民族大義，但是他們的謀和活動僅能隱祕為之，因此不如謂之為「暗流」更為允當。日本侵略者拋出和談議題，則率出於謀略，即非戰火的戰爭，日籍學者藤井志津枝統稱之為「誘和」，蓋以諜報工作視之。

儘管謀和與誘和稱法不同，性質也有很大差異，但是這股暗流幾乎與抗戰相始終，即使到侵略者日本敗象畢露之時，仍有人不死心，試圖做最後努力，挽回頹局。唯一不同的是，發動者來自日本及汪精衛政府高階官員，他們合演一齣荒謬劇，國民政府將計就計，竟導致日本內閣大風波，首相被迫下臺。充當「和平」密使的繆斌，戰後成為國民政府懲治漢奸首遭處決的對象，

---

101　〈戴笠呈蔣主席三月七日電〉（1947 年 3 月 7 日），「國史館」藏《蔣中正總統檔案》。
102　重慶《中央日報》1946 年 5 月 23 日。

其真相至今仍遺留下可供遐想的空間。繆斌的奔走謀和，無異為諸多暗流中的一股逆流，最終還是免不了被抗戰洪流淹沒的命運。

歷史是一個不斷發展的過程，不易看到它的起點，也不知道將終止於何時。洪流之下，暗流起伏，它們都構成歷史的一部分，也起過或大或小的波濤。探求歷史真相者，豈能不寄予關注並清楚交代之？歷史上每逢外侮臨頭，主戰一向代表正義愛國，受到昂揚民氣的竭誠擁戴；主和則象徵懦弱媚敵，必招致人民強烈抨擊和唾棄。抗戰期間，汪精衛選擇了後者，甘冒投敵禍國之罵名，跳入火坑。由於唱和汪精衛「和平運動」的一夥黨政要員，與蔣介石於公於私都有關係，因此外界懷疑如未獲蔣介石默許，他們絕無法脫離重慶，甚至有汪蔣唱雙簧之說，實則出自臆測乃有心者造謠之成分大。蔣介石自盧溝橋事變起，明知武器軍備等一切物質力量遠不如日本，仍堅持抗戰到底方策，雖一度猶豫不前，終仍堅持到底。他深信只要抗戰到底，則國際形勢終必轉變，而日本亦終必歸於失敗。蔣素知汪精衛有主和的言行，但絕未料到竟會不顧一切出走。事實上，汪氏出走，所有改組派成員，除陳璧君和曾仲鳴外，聊無一人知道。[103] 孫科亦稱汪精衛潛行前，中樞任何人皆不知。[104] 核心要角的周佛海坦言：「心中常覺抱歉者，即離渝未曾事先請示蔣先生，但如請示，則必不能離渝。當時余抱大的政治理想，故冒大不韙，逕行離渝。」[105]

日本運用和平攻勢，分別向國民政府黨、政、軍、特、文化各界重要人士招手，進行和談交涉，亦引起相關人士響應，但大都能固守抗戰立場，終未能為其所惑，使日方徒勞無功。唯一成功的是對汪精衛的「和平工作」，卻也未能為它發揮分裂抗戰陣營、弱化蔣介石領導威信的效果。和諧乃蒼生萬物共存的法則，和平更是人類共榮之正道。當國與國之間不幸引發戰爭，相互摧毀時，生靈必遭塗炭。由於人性泯除不了貪婪，戰爭或為永難避免的夢魘。弱勢一方，總有一些奢想和平而暗中與敵方接觸交涉的人。他們的舉止，絕不能見容於激昂的民氣。儘管它是不見天日的暗流，歲月會沉澱一切，暗流終也會發出微潺聲響。

汪記政權自 1940 年 3 月 30 日以「還都」形式僭立於南京起，至 1945

---

103　黃美真、張雲編《汪精衛集團投敵》，上海人民出版社，1987，第 446 頁。
104　《關於汪精衛叛國》，新新出版社，1939，第 31 頁。
105　《周佛海日記》（下），第 989 頁。

年 8 月 16 日終隨日本戰敗而潰散，歷時 5 年 4 個月又 17 天。惟在僭立之前，已經過兩年多之密謀策劃，故綜觀汪記政權整體演進過程，從醞釀、登場、發展，以迄落幕，幾與八年抗戰相始終，形成抗戰史的一環，不能因其附和侵略者而視若無睹。何況廣大的淪陷區，除偽滿洲國之外，都在其統治之下，論抗戰史，更不應置之不理。

汪記政權之成立是抗戰時期震撼國內外視聽一大事件，究其所以造成如此震撼的主要原因，不外乎二端：其一，始作俑者一批人，汪精衛、周佛海、陶希聖、陳璧君、高宗武、梅思平、陳公博等均位居黨政要職，且與領導全民抗戰的蔣介石公私多有關係；其二，汪精衛及其一班人係由抗戰陣營脫出，進入日軍占領區，直接與日本方面洽談和平條件，繼而僭立全國性的「中央政權」。與日本在占領區就地取材，扶植的異形組織，不可相提並論。

彼輩甘冒大不韙與侵略者合作，所持的理由是：設法早日結束戰爭，為淪陷區的中國人民著想，使其減輕受日軍凌虐並改善其生活。他們在心理上容或有此種意念，卻是基於不正確觀察而產生的錯誤判斷。此可由兩點評論之。

其一，他們誤信日本有謀和誠意。以 1938 年 12 月 22 日的近衛聲明為例。彼等認為該聲明所述各點，如不割地、不賠款，絕不是亡國的條件；而且它經過日本五相會議、內閣會議、御前會議通過，並公開發表於世界，所以日本不致再變更政策，也不至於言不由衷，日後再於聲明各點之外提出苛刻條件；日本當局和有識之士對中日和平是具有誠意的。在這樣的認知之下，彼等認為，為何不立即和平？為何要抗戰到亡？[106] 所以汪精衛在「豔電」中聲稱日本對於中國無領土要求，尊重中國主權及行政之完整，而一旦與日方真正折衝時，才發覺其實不然，近衛三原則不過是和平攻勢中的香餌而已。

1940 年 1 月《中日新關係調整綱要》暴露於世，舉世譁然。其條件之嚴苛廣泛，遠超越彼等想像，陶希聖既悔又恨地函告胡適：「不意盧溝橋事變之後，一念之和平主張，遂演至如此之慘痛結果也。」[107] 即顯示彼等對日本觀察之錯誤。周佛海言：「和平運動至汪先生『豔電』前後，空氣極佳，自高、

106　周佛海：〈回憶與前瞻〉，載《周佛海日記》（下），第 1223 頁。
107　〈陶希聖致胡適函〉（1940 年 1 月 15 日），梁錫華選注《胡適祕藏書信選》，遠景出版
　　事業公司，1982，第 181 頁。

陶事件以後，突轉惡化。」蓋即此之謂也。[108] 後來簽訂的所謂《中日基本關係條約》，內容不脫上述綱要範圍，甚至還增添若干條款，據金雄白憶述：

> 汪氏等行抵京滬，置身虎穴，一旦與日本直接交涉，受到了咄咄逼人的反應，以及目睹了各地日軍的蠻橫情形，而日方所提「中日基本條約」的苛刻，已使汪氏等恍然於從前的判斷完全錯誤了。所以當汪氏與阿部信行簽訂條約的一天，汪氏會在眾目睽睽之下，淒然下淚。[109]

如此觀之，汪精衛等人為追求偽政府「獨立」、「自主」地位所做的努力，於置身虎穴中，唯有任人擺布而已。

其二，他們對局勢觀察偏差，過度悲觀。周佛海事後坦稱，他深感過去在武漢、重慶，對於日本估計過高，對於中國估計過低，而於美國動向認識亦不清。由於觀察誤謬，始有「和平運動」之產生，因這一念之差，百劫不回。[110] 易言之，因其判斷誤差，認為抗戰前途無望，而力主唯有以和平談判方式才是解決中日事變之要途。然而，殊所未料的事實，卻是他們用盡力氣建立「和平政權」，結果戰爭依然在進行，事變也未提早獲得解決。1941 年 1 月，太平洋戰爭爆發後一個月，汪精衛曾告訴日本新任駐南京偽使重光葵，最希望的就是使中日事變先得到解決。可是「回想起來，時至今日，還沒有能達成這一志向，真是遺憾」；又說，他本想完成一種消防人員的作用，才跳出來的，但是，不僅沒有能發揮消防的功效，火勢反而更加旺盛起來，感到非常慚愧。[111]

汪精衛等人依據錯誤判斷之所作所為，雖言仍欲謀有利於國家，有利於淪陷區人民，但自然會是心餘力絀。根據美國政府一項調查報告指出：在淪陷區，民眾囤積食物和日用品情形，比重慶國民政府統治區要普遍。自 1943 年起，兩個地區的通貨膨脹開始競賽，至 1944 年達至嚴重階段，此後淪陷區通貨膨脹的情況，則較諸國民政府統治區還要惡劣許多。[112] 另外，日本一資料亦顯示，由於日本在中國占領區不斷消費物資，同時每年還要運回龐大物資供給日本國內，而日本相對運到占領區的物資卻極少，只有增發紙幣，必然導致

---

108　《周佛海日記》（上），第 251 頁。

109　朱子家：《汪政權的開場與收場》第 1 冊，第 159 頁。

110　《周佛海日記》（上），第 585 頁。

111　〈重光葵關於同汪精衛會談情況的報告〉，《檔案與歷史》總第 13 期，1988 年，第 32 頁。

112　John Hunter Boyle, *China and Japan at War 1937-1945: The Politics of Collaboration* (California: Stanford University Press, 1972), p.315.

通貨膨脹。自 1943 年，占領區的通貨膨脹呈現嚴重情勢，特別是華中，多數中國人為了投機，囤積各種生活必需品。日本方面採取的對策，是針對市場上大宗商品，也是投機對象的棉紗棉布強制收購，而以金塊支付一部分費用。為此，同年 7 月，日本政府運送 25 噸金塊到中國，以支應收購需要，期能緩和通貨膨脹，但是杯水車薪。進入 1945 年以後，為了準備美軍登陸中國的防禦工事，及汽油替代品酒精的生產設備，迫使增發「中儲券」，每日用運輸機從日本運來「中儲券」數十億元，不足時還自東京繞道朝鮮用火車輸送。至日本投降時，上海的物價指數約為事變以前的10萬倍，米一石價格高達百萬元。[113]

　　從以上兩項客觀資料可知，日本因戰局頹勢已成，加緊對占領區中國物資的搜刮，導致人民生活痛苦遽增。汪記政權人人自危，如何還有心力改善淪陷區人民生活。語云：「覆巢之下無完卵」，依附日本侵略者操弄而登臺者，終必也隨帝國主義的敗降而垮臺。

---

113　鹿島平和研究所編《日本外交史（24）大東亞戰爭・戰時外交》、東京：鹿島研究所出版會、1974、332 頁。

# 第十四章　國民黨統治的衰頹

　　1946 年國共內戰爆發之時，蔣介石和國民黨多數高級領導人信心滿滿，認為可以在三個月至多六個月內打敗共產黨，並且認為只要打敗了共產黨，其他經濟和政治的問題都不難解決，國民黨的一黨壟斷執政地位也可以繼續維持。但是，形勢的發展卻並不如蔣介石的預期。事實上，在內戰爆發不到一年之際，國民黨就在經濟、軍事、政治等方面遭遇重大挫折。1947 年 2 月的黃金風潮，引致通貨膨脹高企，社會動盪；從 1947 年 2 月到 5 月，國民黨軍在軍事進攻的重點戰場山東屢遭挫敗，損兵折將，影響到國民黨內外的「剿共」信心；1947 年 5 月爆發的「反飢餓反內戰反迫害」學生運動，遍及國統區各大都市，動搖了國民黨統治。面對如此局面，蔣介石決定實行「戡亂動員」，採取各種強力措施，暫時維持了穩定。進入 1948 年以後，形勢對國民黨越發不利。從 1948 年 5 月到當年年底，因為「行憲國大」的召開，導致國民黨內的政治亂局；因為金圓券幣制改革，導致財政經濟的崩潰；因為淮海（徐蚌）會戰的失敗，國民黨軍機動主力部隊基本被殲。在短短大半年的時間裡，國民黨在政治、經濟、軍事三個方面都遭遇慘重的失敗，面臨著極為嚴峻的挑戰。可以說，國民黨統治的衰頹至此已不可逆轉，國民黨已經基本失去了其賴以與共產黨爭勝的實力和資本。

## 一、「行憲」引發的政治亂局

　　1946 年 12 月 25 日，國民黨主導的「制憲國大」通過《中華民國憲法》，並於 1947 年 12 月 25 日正式施行。此時內戰正酣，國民黨就在內戰的外部環

---

* 本章由汪朝光撰寫。

境下，一方面實行「戡亂動員」，加強「剿匪」軍事和鎮壓異己；另一方面緊鑼密鼓地籌備進行民意代表選舉，以便召開「行憲國大」，實現「還政於民」的「憲政」。

國民黨原先的施政是在一黨治下的「訓政」，如今提出實行「憲政」，而「憲政」與「訓政」究有區別，在「憲政」體制下，總要做些民主的表面文章，因此，「戡亂」與「行憲」本不無矛盾之處。「戡亂」要求限制人民自由，加強全面統制；而「行憲」則要求保障人民權利，放鬆對社會的控制。正因為如此，國民黨內不少人擔心因「行憲」而影響「戡亂」，對「行憲」態度消極。白崇禧建議，「行憲國大」應予展期，俟軍事勝利後再開。戴季陶認為：「在全國動員之時期，是否宜於舉行大選，是宜詳加考慮」；浙江、廣東、河南、熱河等省參議會亦致電蔣介石，主張不必「在內亂未息之際，粉飾太平」，建議暫不召開「行憲國大」。國民黨中常會經過研究後認為，用黨政軍全力辦選舉，不可不慎重；以各地競選情形，選舉完畢後，本黨內部一定分崩離析，民（社）青（年）兩黨因不滿選舉結果而橫生枝節，何能集中力量「戡亂」；再者，一切問題均決定於「剿匪」之勝敗，勝則遲選亦無妨，敗則選舉雖十分美滿亦無補於土崩瓦解。但他們也認為，憲法實施程序由國大通過，延期無異違憲；如果宣布停止選舉，將使國內外輿論對本黨的懷疑益深；而且黨內問題由來已久，如因此而蒙違憲之名，本黨地位將益形低落。1947 年 11 月初，國民黨祕書長吳鐵城將中常會的意見呈報蔣介石，請其做最後決定。蔣介石的想法不無矛盾之處。他一方面認為：「本來就現在的情形而說，共產黨如此囂張，社會民生如此不安，我們惟有集中力量，消滅共匪，根本就不應舉辦選舉，以分散剿匪的注意力」；但另一方面，實行「憲政」又是國民黨多年宣稱追求之目標，繼續「訓政」將面臨較大的內外壓力，「為要適應環境，不得已而舉辦選舉」。蔣因此決定，選舉不能停辦，如期舉行為宜。[1]

「行憲」的基礎是進行各項選舉，1947 年下半年先後舉行了國大代表、立法委員、監察委員和各地方參議會的選舉。因為國民黨長期執政，獨占政權，中共和民盟又被排除在選舉之外，國民黨在選舉中沒有真正有力的競爭

---

1 《蔣中正總統檔案・革命文獻・戡亂時期（戡亂軍事概況——一般策劃與各方建議・三）》第 14 冊，第 512、529—530 頁，藏「國史館」；秦孝儀主編《中華民國重要史料初編 第七編 戰後中國》（2），中國國民黨黨史會，1981，第 813—815 頁；秦孝儀主編《先總統蔣公思想言論總集》卷 22，中國國民黨黨史會，1984，第 204—215 頁。

者，這樣可以使其通過選舉展示「民主」而非真正實行民主。但在選舉過程中，國民黨也遇到了令其頗為頭疼的問題，一是如何協調黨內競爭，二是如何與青年黨和民社黨協議代表名額的分配。

由於國民黨的一黨獨大地位，所謂競選基本就是國民黨的黨內競爭。蔣介石在國民黨六屆四中全會上曾就選舉提出指導方針，強調必須由黨提名，不能自由競選，但選舉必須公開。為此，國民黨中央確定競選的基本方針是：黨內相互競選只在提名階段行之，一俟候選人決定，不得再有自相競爭言行；候選人必須由黨提名登記，本黨黨員必須投本黨候選人之票，違者將受處罰。[2]但是，不能「自由競選」與「公開選舉」本身即不無矛盾，不少有心參選的國民黨人對不能「自由競選」非常不滿，便藉「公開選舉」為由自行其是；國民黨各派系和各地方集團均企圖爭取在選舉中獲得更多席次，結果，在大半年的時間裡，國民黨上下為選舉牽扯了大量精力，並因選舉結果的「公平」與否而矛盾四起，乃至爭得不可開交，甚至不顧「戡亂之大局」，這說明國民黨中央的控制力已經急劇衰落。

國民黨黨內既在競選上有著激烈的競爭，而在協調與青年黨和民社黨的關係方面，也是矛盾重重。青年黨與民社黨擔心，在國民黨長期壟斷權力資源的情況下，他們無法以「自由競選」獲勝，因此提出國民黨應給他們分配一定的代表名額並確保其當選。這又引起國民黨內強烈的反對意見，認為青、民兩黨的主張違背「民主」原則，是政治「分贓」；尤其是國民黨各級地方黨部，因為代表名額直接關係他們的切身利益，故反對聲浪更為強烈。但是，國民黨為避免在選舉中演獨角戲，只能同意分配部分名額給青、民兩黨，以非「民主」的方式行「民主憲政」，這種近乎滑稽的「行憲」就是當時「民主」的真實寫照。

1947年10月30日，國民政府公布《修正國大代表與立法委員選舉罷免法》，規定：國大代表，50萬人以下之縣市選舉1人，超過者每增加50萬人增選1人；立法委員，300萬人以下之省市選舉5人，超過者每增加100萬人增選1人；經政黨或500人以上提名，可競選國大代表；經政黨或3000人

---

2　〈國民黨六屆四中全會速記錄〉，中國國民黨黨史會藏檔：6.2/71.3；中國第二歷史檔案館編《中華民國史檔案資料彙編　第五輯第三編　政治》（2），江蘇古籍出版社，1999，第654—658頁。

以上提名，可競選立法委員。11 月 21—23 日，由 47 個省市及蒙古 18 盟旗、西藏 3 選區和職業團體的 2.5 億選民，投票選舉國大代表，凡不能辦理投票者，在鄰近區域或指定處所照規定程序辦理，最後選出國大代表 3045 人。

此次國大代表和立法委員採用直接與無記名單記法選舉，選民需要在選票上寫出被選舉人的姓名，在當時識字率不高的情況下，不懂書寫的選民勢必要請人代書，既違選舉之祕密原則，又使舞弊之舉較易發生；選民憑選舉權證領取選票，投票時並未嚴格核對選票與其本人是否相符，為舞弊大開方便之門；在廣大的小城鎮與鄉間，普通民眾對選舉之事懵懂無知，只能任人代辦或操縱。據時人揭露，在選舉中「操縱把持以及偷天換日之醜態，不一而足」；民社黨領導人張君勱「強調此次選舉僅是騙人戲法，包辦選舉，扣留選票，塗改選票違法事，不勝枚舉，此實盜竊民主」。在國民黨基本控制地方政權和政治資源的情況下，青、民兩黨的候選人落選者甚眾，未能占滿事先分配的名額。由於地方利益之所在，一些國民黨中央提名的候選人也落後於地方支持的未提名候選人，由此又加劇了國民黨內部的地域和派系矛盾。[3]

國大代表的選舉結果，與青年黨和民社黨的期望相差甚遠，令他們甚為不滿，認為國民黨違背事先的諾言，要求兌現兩黨的代表名額。為了不破裂與兩黨的關係，對外展示國民黨的「民主」誠意，12 月 5 日，國民黨中常會通過《政黨提名補充辦法》，決定在分配給青、民兩黨的選區，已當選的國民黨代表須讓與青、民兩黨，未經提名之黨員當選者亦須退讓。結果引來國民黨內一片譁然，不少輿論也頗不以為然，在競選舞弊的醜聞之外，動用行政方式改變選舉結果成了此次選舉中又一齣滑稽劇，並為國民黨內部矛盾之升溫火上澆油。若干已當選為國大代表但又被要求讓出的國民黨員向國民黨中央陳情請願，表示他們當選的資格不能由政黨或行政機構撤銷，孫科也承認「此次選舉太遷就事實，精神上已與憲法相違背」。12 月 29 日，國民黨中常會決定維持既有決定，即凡未經中央提名當選者必須放棄，否則撤銷其當選資格，開除黨籍。[4]但是，國民黨的所謂紀律處分此時已不能壓服黨員對權位的追求，

---

3　中國社會科學院近代史研究所中華民國史研究室編《中華民國史資料叢稿》增刊第 5 輯，中華書局，1979，第 162 頁；金沖及：《轉折年代——中國的 1947 年》，三聯書店，2002，第 465 頁。

4　天津《大公報》1947 年 12 月 26 日；《申報》1947 年 12 月 30 日；中國國民黨黨史會藏檔：6.3/137.23、138.1。

在國民黨中央開除黨籍的嚴令之下，諸多未經提名的當選代表仍不願退出，此事一時懸而未決。

國大代表選舉之爭執已成僵局，立法委員之選舉又至。1948 年 1 月 21—23 日，立法委員選舉在各地舉行，最後選出 773 人。監察委員則由各省市議會、蒙藏地方議會（尚未成立）及海外僑民團體選舉，共選出 150 人。選舉的結果，更是大大出乎青年黨和民社黨之預料。雖然選舉前國民黨中央已有嚴厲的指示，但青、民兩黨當選為立法和監察委員者各不過 10 餘人，遠不及事先協議的名額，使兩黨有受騙上當之感。他們公開指責國民黨是「黨高於國、私重於公」；「若唯恐一黨之失其專政，則又何必開國大辦選舉？」有民社黨人用一則比喻辛辣地形容了國民黨的態度：「有人約你吃飯，說是誠意相邀，請他到家一敘，等到飯罷起身，忽然索討飯帳，你問他不是來約你去吃的嗎？他說不管，吃飯還有白吃的嗎！」[5] 這確是在國民黨一黨獨大之下，名為參政、實為幫閒的青年黨和民社黨形象與地位的真實而生動的寫照。

國民黨中央對青、民兩黨代表名額一事頗為頭疼。選舉結束後，再改變結果更為困難，有進一步引發黨內分裂的危險，且有違背「民主」原則之議；而不予改變又可能進一步刺激青、民兩黨的異議，使所謂黨派合作更加名不副實。對於此種頗為尷尬的局面，國民黨中央權衡利弊，決定儘量滿足青、民兩黨的要求，以便使「行憲」不至於因此半途而廢。1948 年 1 月 30 日，國民黨中常會決定，當選之國民黨員非經正式提名者，均由中央指派委員召集談話，切實勸讓。2 月 4 日中常會又決定，退讓者可得總裁或中央黨部的書面獎勵和一定的經濟獎勵，否則將予以黨紀處分。此次選舉當選代表中需要讓予青、民兩黨者不過 160 餘人，但這些當選代表就是不願「顧全大局」，直至「行憲國大」召開在即，已被下令退讓的國民黨國大代表，仍拒不理會中央命令，逕行向國大報到，而青年黨和民社黨代表則以不出席國大相威脅。為避免破裂與青、民兩黨之關係，3 月 27 日，蔣對國民黨代表訓話，表示「將行使黨章所賦予總裁之最後決定權」，由選舉總事務所直接頒發當選代表證書，以免紛爭。在蔣介石表態後，青年黨和民社黨同意出席國大，但國民黨代表這次對蔣也不給面子，多位被要求退讓的代表發起絕食抗議，另有 1322 名代表連署

---

5　方慶秋編《中國民主社會黨》，檔案出版社，1988，第 366 頁。

提議，要求接受這部分代表參加國大。最後，大會主席團決定將他們作為列席代表，享有正式代表除表決與投票之外的其他權利，總算使這個喧騰多時、鬧得沸沸揚揚的代表名額問題最終落幕。就是為這樣的「民主」，國民黨從上到下有大半年時間被牽扯其中，結果非但沒有加強黨內團結，轉變內外觀感，反使黨內外對選舉結果均不滿意，加劇了各種矛盾衝突，選舉結果不是加強而是削弱了國民黨的執政力量，實為得不償失。[6]

1948 年 3 月 29 日，第一屆國民大會在南京國民大會堂開幕。此次國大的唯一任務是選舉總統與副總統，但是國民黨籍代表總嫌國大的權力過小，亟思有所修正，在國大開幕後，他們首先動議修改國大「議事規則」，因此增加了「得聽取政府施政報告，檢討國是，並得提出質詢建議」的規定。為此，國大連續多日聽取國民政府各部門負責人的施政報告，並進行質詢。

4 月 9 日，蔣介石向大會報告國民政府的施政方針。針對與會代表最關心的經濟和軍事問題，蔣在報告中做了重點說明。在經濟方面，他承認情況「確係相當嚴重」，「大多數人民生活窮困，生產萎縮，而形成經濟失調的現象」；但他又聲稱：「法幣的準備非常充足，金融的基礎非常鞏固。金融基礎的鞏固，就證明我們經濟的基礎並未動搖。」在軍事方面，他承認國民黨軍損失不少，但又強調「本著二十餘年來統兵作戰的經驗，省察軍事實際的情形，對於剿匪軍事，確實非常樂觀」。[7] 與會代表在質詢中對如何解決問題也拿不出什麼辦法，會議通過的議案多為老調重彈，無濟於事。

國大開會期間，由與會代表 1200 人連署，提請制定《動員戡亂時期臨時條款》，授予總統「緊急處分權」。制憲國大通過的憲法對總統權有較多的限制，但國民黨尤其是蔣介石本人對此一直不能忘懷，因為如照憲法之規定，總統基本上為虛職，權力主要在行政院。蔣介石既要當總統，而又不願當虛職總統，為此，國民黨繞了個彎子，以「戡亂動員」為「非常時期」，需要權力集中，以便令行禁止為由，提議制定「臨時條款」，既賦予總統更大的權力，又避免修憲之批評，而且要求「必須通過」。4 月 18 日，國大通過《動員戡亂時期臨時條款》，規定「總統在動員戡亂時期，為避免國家或人民遭遇緊急危難，

---

6　上海《大公報》1948 年 2 月 5 日、3 月 28 日；《白崇禧先生訪問紀錄》，中研院近代史研究所，1984，第 848、854—856 頁。

7　《第一屆國民大會實錄》，國民大會祕書處編印，1947，第 116—119、147—175 頁。

或應付財政經濟上重大變故，得經行政院會議之決定，為緊急處分」；「動員戡亂時期之終止，由總統宣告，或由立法院咨請總統宣告之」。[8] 此一修改「以寥寥數語之特別規定，動搖整個憲法之精神」，因為經此修改後，總統實際可以行政命令的方式，逕行決定一切重大事宜，等於擁有幾乎是無限的權力；而且因為「動員戡亂」時期的終止與否由總統決定，也就是說，只要總統願意，他可以無限期地擁有「緊急處分權」。「臨時條款」的通過，為蔣介石出任總統掃清了障礙，也滿足了蔣繼續獨攬大權、個人專斷之願望。

此次國大的重頭戲是選舉總統和副總統。3 月 25 日，國民政府公布《總統副總統選舉罷免法》，規定國大代表 100 人以上可連署提出總統或副總統候選人，以無記名投票形式選舉，並以代表總額之過半數同意為當選；如在首輪投票中無人過半數，則就得票多之前 3 名投票；如經兩輪投票仍無人過半數，再就得票多之前兩名投票，並以得票多者當選。[9]

關於總統人選，無論就實力、就關係、就人望，自非蔣介石莫屬，本無懸念。只是蔣本人故作姿態，在選前提出推薦胡適為總統候選人。4 月 4 日，在國民黨中執會臨時全會討論總統候選人問題時，蔣介石表示自己將不參選，並提出總統候選人最好是非國民黨員及參選的五項條件，即富有民主精神及民主思想，對中國歷史文化有深切瞭解，對憲法能全力擁護並衷心實行，對國際問題國際大勢有深切瞭解，忠於國家富於民族思想。但與會者多知此不是蔣之真心話，因為蔣同時表示，他將尊重黨之決策，接受黨之命令。言外之意，不是他要當總統，但如果黨一定要他當，那又另當別論。蔣在私下裡就總統權力問題對張群說了真心話，張領略於心，告訴中央全會的與會者：「不是總裁不願意當總統，而是依據憲法規定，總統是一位虛位元首，所以他不願處於有職無權的地位。如果常會能想出一個補救辦法，規定在特定期間，賦予總統以緊急處置的權力，他還是要當總統的。」所謂「補救辦法」，就是後來國大通過的《動員戡亂時期臨時條款》。有了此項條款，總統可以為所欲為，蔣介石便再也不提不當總統了。事後他還作態向胡適表示「歉意」，將胡適未能成為候選人歸結為「不幸黨內沒有紀律，他的政策行不通」。4 月 6 日，國民黨中執會臨時全會一致通過決議，以代表依法連署提名的方式推舉蔣介石為總統候

---

8　上海《大公報》1948 年 4 月 19 日。
9　南京《中央日報》1948 年 3 月 26 日。

選人。[10]

　　4月16日，國大公告有2489人連署提名蔣介石為總統候選人。為了避免由蔣一人自說自話唱獨角戲，又有109人連署提名資深國民黨人居正為總統候選人。選舉的結果當然毫無懸念。19日，蔣介石以2430票（過半數為1523人）當選為總統，居正以269票落選。

　　與總統競選的波瀾不驚相比，副總統競選卻是一波三折，波瀾迭起。根據憲法的規定，除了在總統缺位時繼任，或總統因故不能視事時代行其職權外，副總統沒有其他權力，不過為總統的虛職副手。國大開幕前，蔣介石一是關注總統權力的憲法規定，以保持他的個人專斷權力；二是關注與青年黨和民社黨的協調，以做足「民主」的文章；對於副總統人選，蔣事先並未有所規劃，以致演成後來的亂局。

　　最早表示參加副總統競選的是北平行轅主任李宗仁。1947年11月，傅作義出任華北「剿總」總司令之後，華北軍政事務在「戡亂」名義下由「剿總」負幾乎全部責任，李宗仁幾無事可做，故亟思挪位；由於李宗仁的政治態度較為溫和，形象較為清新，得到了一些自由派人士的好感與美國人的青睞，政治上有一定的資本；隨著國民黨全盤形勢的日漸惡化，蔣介石失敗的可能性正在浮現，從而為既有軍事實力又有一定聲望的桂系提供了問鼎中央的可能。所以對李宗仁而言，在旁人眼中有職無權的副總統，恰恰成了他進可攻退可守之舞臺。1948年1月初，李宗仁公開表示參選副總統。其後，國民黨元老于右任、軍屆元老程潛、東北耆老莫德惠、民社黨領導人徐傅霖等先後宣布參選。據李宗仁自己估計：「由於我本人潔身自處，作風比較開明，所以尚薄負時譽，黨內外開明人士都把我看成國民黨內民主改革的象徵。我如加入中央政府，領導民主改革，自信可以一呼百應，全國改觀」；而于右任已經「年邁」，程潛「對黨國的功勳似尚不足與我比擬」；至於莫德惠和徐傅霖為國民黨外人士，實力和名望更不足慮。因此，李宗仁宣布參選後信心十足，頻頻露面亮相，向外界說明其政策主張，成為幾位副總統參選人中呼聲最高的一位。[11]

10　中國社會科學院近代史研究所中華民國史組編《胡適來往書信選》下卷，中華書局，1980，第190頁；《胡適的日記》第16冊，1948年3月30日—4月8日，遠流出版公司，1990；秦孝儀總編纂《總統蔣公大事長編初稿》卷7（上），中國國民黨黨史會，1978，第70—71頁；程思遠：《李宗仁先生晚年》，文史資料出版社，1980，第5頁。

11　《李宗仁回憶錄》下冊，政協廣西壯族自治區委員會文史資料委員會，1980，第873、

　　經過多年的「削藩」，抗戰勝利後有實力與蔣介石中央相爭的唯有桂系，而且桂系與蔣還有歷史過節，蔣不能容忍其身邊出現這樣咄咄逼人的競爭者，眼看李宗仁競選的風頭越來越健，蔣介石方才開始部署副總統競選事宜。他本想勸李宗仁退出競選，但被李回以事先已徵得其同意，此時不便半途中止。國民黨內曾有副總統候選人應由黨提名之動議，但經國民黨中央多次討論無法達成共識，各派系主張不一，幾位副總統候選人已投入競選，他們均反對黨提名的方式。為了避免引起分裂，國民黨最後決定總統副總統候選人均由連署提名方式產生，但「自由競選」的結果是演成國民黨的激烈內鬨，造成了國民黨幾近公開的分裂。

　　考慮到李宗仁競選的風頭正健，其他幾位候選人均無法與之抗衡，蔣介石倉促決定推出孫科與李宗仁競爭。孫科長期擔任國民黨中常委兼立法院院長，1947 年 4 月又出任國民政府副主席，他與蔣的關係原來並不十分密切，此次因為對付桂系的緣故，蔣介石將孫科推到前臺，在由黨提名的主張受挫後，即下令陳立夫主持的黨務系統，全力為孫助選，結果在客觀上形成了李宗仁與孫科對決的局面。

　　4 月 20 日，國大公布副總統候選人名單，為孫科、于右任、李宗仁、程潛、莫德惠、徐傅霖。23 日進行副總統選舉，在 2760 張有效票中，李宗仁得 754 票，孫科得 559 票，程潛得 522 票，于右任得 493 票，莫德惠得 218 票，徐傅霖得 214 票，均未過代表總額的半數。根據選舉法的規定，24 日就得票多數之前三人再度投票，在 2724 張有效票中，李宗仁得 1163 票，孫科得 945 票，程潛得 616 票，仍無人過半數。兩次投票的結果，雖然無人當選，但李宗仁均位居前列，前景看好。這樣的結果頗令蔣介石不滿，他親自出面全力支持孫科，令黨務系統發動各路人馬為孫拉票，其手下人還散布李宗仁「親共」及「戡亂不力」的言論，李宗仁受到越來越大的壓力。24 日晚，程潛因蔣介石要其退選之表示而宣布退出競選，李宗仁隨後以「有人以黨之名義壓迫統制，使各代表無法行使其自由投票之職權。以此情形競選，已失其意義」為由，在 25 日晨也宣布退出競選。至此，孫科雖成為唯一的副總統候選人，但他自覺如此情況，即便當選亦無趣，也在 25 日中午宣布退出。副總統選舉一時難

884—886 頁。

產，大會只能暫時休會。[12]

幾位副總統候選人相繼退出，令已經當選的總統蔣介石頗為難堪。缺了副總統，他這個總統角色也演不下去，蔣只能緩和對李宗仁的反對態度。他召見白崇禧，表示他並不袒護任何一方，要白向李轉達他的意見，希望李繼續參選。隨後，國大主席團以不能在選舉過程中放棄競選為由，推胡適等敦請李宗仁等繼續競選。經此一番你來我往之較量，李宗仁、孫科、程潛均表示聽候大會決定，恢復參選。4月28日，大會繼續副總統選舉投票，在2711張有效票中，李宗仁得1156票，孫科得1040票，程潛得515票，仍無人過半數。根據選舉法的規定，李宗仁和孫科將在最後一輪投票中以簡單多數決定誰當選。29日，國大進行副總統選舉關鍵性的最後一輪投票，結果在2733張有效票中，李宗仁得1438票，孫科得1295票，李宗仁當選為副總統。

副總統選舉塵埃落定，桂系自然興高采烈，而蔣介石心情鬱悶亦為必然。在蔣大力公開支持下，孫科仍然落選，說明國民黨中央尤其是蔣介石個人的權威與控制力已經嚴重削弱。美國大使司徒雷登認為：「作為國民黨統治象徵的蔣介石，已經大大地喪失了他的地位。大多數的學生甚至毫不客氣地認為他是完蛋了。」最後一輪選舉，不少原來支持程潛的原三青團系統代表因為對黨團合併的不滿，沒有遵照國民黨中央的指令支持孫科，而是投了李宗仁的票。青年黨和民社黨因為對國民黨在代表名額分配問題上出爾反爾的不滿，也支持了李宗仁。主持選舉事宜的黨務系統負責人陳立夫認為：「有很多代表對中央很不滿意，本來他們不會去幫助李宗仁的，那時對中央不滿的都去幫助他了。中央不希望李宗仁被選出來，大家偏要把他選出來。這一下意氣用事就出了毛病。」[13]經過激烈的爭鬥，李宗仁在副總統選舉中獲得了成功，但可以預見的是，作為總統的蔣介石對不聽命於自己的副手不會有信任，而蔣李之間的互不信任，對正處於危機之中的國民黨更是兩敗俱傷。

5月1日，歷時一個多月的「行憲國大」在完成各項議程後，舉行了閉幕典禮。20日，蔣介石和李宗仁在南京宣誓就任中華民國總統和副總統。從此以後，延續了21年的國民政府成為歷史名詞，總統府成為中華民國的最高權

---

12　《文史資料選輯》第60輯，中華書局，1979，第36—42頁；《李宗仁回憶錄》，第890—891頁。

13　《民國檔案》1991年第4期；《成敗之鑒——陳立夫回憶錄》，正中書局，1994，第359頁。

力機構。

第一屆國民大會的召開，看似使國民黨完成了從「訓政」到「憲政」的過渡，可以對外宣稱自己是通過「民意」選舉而獲得執政權的執政黨，但實則對此等「民主」政治秀的本質，外界一清二楚，國民黨和蔣介石仍然是政府的絕對主宰，權力完全掌控在他們手中。不過，國民黨和蔣介石當時可能沒有完全意識到的是，這次選舉的進行和國大的召開，卻在「民主」的名義下，使國民黨受到嚴重的內傷，加劇了中央和地方以及各派系之間的矛盾衝突，國民黨中央和蔣介石的威望尤其是實際的控制力急劇下降。本就軟弱渙散的國民黨，經此之後更加四分五裂，在與團結一致的共產黨的軍事政治等方面的爭奪中，更難以形成合力，不能不處於下風，從而成為其政治頹勢的表徵。

## 二、幣改造成的經濟崩潰

內戰再起後，軍費開支劇增，法幣的過量發行問題始終無法解決，經濟形勢急劇惡化，導致 1947 年 2 月黃金風潮的爆發及宋子文的黯然離職。此後，國民黨當局實施經濟緊急措施，企圖穩定經濟和市場，但巧婦難為無米之炊，在收支不平衡日趨嚴重的情況下，無論採用何種方法，都改變不了赤字財政的現狀，結果只能是鈔票越印越多，通貨膨脹越來越嚴重，法幣的支付功能發生越來越大的危機。

進入 1948 年，國民黨軍事不斷失利，控制地域在縮小，物資產出在減少，而貨幣發行還在大量增加，財政金融形勢更趨惡化，赤字占支出的總數超過 3/4，軍費支出又接近支出總額的 70％，政府開支幾乎全靠印鈔票，法幣幾乎失去支付功能，瀕臨崩潰的邊緣。

對於如此嚴峻的經濟形勢，蔣介石不能不考慮採取更嚴厲的措施應對。5月，蔣介石出任總統，翁文灝受命組閣，蔣認為「應速謀徹底改革之道，方能挽救此危局」；考慮「經濟以改革幣制為本，如以已有現款與美援物資為基金，而將原有通貨存儲收兌發行新幣」。[14] 他令財政部部長王雲五草擬幣改方案，準備以此解決經濟困難的局面。

秉蔣命研究幣制改革方案的王雲五為無黨派人士，1946 年 5 月出任經濟

---

14　《蔣介石日記》，1948 年 6 月 10、24 日，原件藏美國斯坦福大學胡佛研究所檔案館。藏所下略。

部部長，翁文灝內閣成立後，任行政院政務委員兼財政部部長。他認為：「政府縱不想改革幣制，也不得不改，則不如早為之計，而作自動的與有計畫的改革」；但是他也認為：「此須剿匪軍事有把握，方能實施。否則軍費無限制開支，而失地日多，匪患日熾，人心動搖，即斷不能辦幣制改革。而軍方首長，皆謂軍事絕對有把握，並可於幾個月內，即可將北方匪患肅清，於是方敢放手做去。」他擬訂的幣改方案，以廢止法幣、改用新幣為主要內容，期以強力手段推行，管制經濟，扭轉危局。[15]

金圓券幣制改革的醞釀過程「十分保密，除了極少數人接觸並審議過此議案外，外界並沒有研討過」。但即便如此，在事先知其事的高官中仍不乏反對派，「對於改革幣制與經濟緊急措施尚未能統一意見」。[16] 只是當時的經濟形勢已到了不改則難以為繼的地步，在國民黨決策體制基本是由蔣個人說了算的情況下，幣制改革勢在必行。惟也正因如此，此次幣改事先不僅未經過十分認真詳盡的規劃、討論和準備，而且刻意保密，缺乏國民黨上下一致支持的心理與物質準備，從而也醞就了其後失敗的結局。

7月29日，蔣介石在浙江莫干山召見翁文灝、王雲五、中央銀行總裁俞鴻鈞、外交部部長王世杰等討論幣改方案，決定從速實行幣制改革。據時人回憶，蔣介石對翁文灝言：「軍事完全由我自己主持，與行政院無關。財政方面，應以財政部為中心，中央銀行幫同處理。同心協力來挽救十分艱難的局面。」[17] 8月上旬，在王雲五的主持下，擬訂了幣改實施的各項具體方案。13日，蔣介石決策「幣制改革決於下旬實施」。[18]

8月19日，國民黨中央政治委員會開會，通過幣制改革案。其後，行政院召開臨時會議，亦通過幣改案。20日，蔣介石以總統名義發布《財政經濟緊急處分令》，同時公布《金圓券發行辦法》、《人民所有金銀外幣處理辦法》、《中華民國人民存放國外外匯資產登記管理辦法》和《整理財政及加強管制經濟辦法》，宣布實行幣制改革，主要內容為：（1）以金圓券取代法幣，金圓券1元含金0.22217克，折合法幣300萬元；發行以20億元為限，十足

15　王雲五：《岫廬八十自述》，商務印書館，1967，第 495—510 頁。
16　《蔣介石日記》，1948 年 7 月 10 日。
17　全國政協文史資料研究委員會編《法幣、金圓券與黃金風潮》，文史資料出版社，1985，第 53 頁。
18　《蔣介石日記》，1948 年 7 月 13 日。

準備，法幣須在 11 月 20 日前兌換為金圓券。（2）禁止黃金、白銀和外幣的流通、買賣或持有；所有個人和法人擁有之黃金、白銀和外幣，應於 9 月 30 日前兌換為金圓券，凡違反規定者一律沒收並予懲處。（3）國人存於國外的所有外匯資產，凡超過 3000 美元者，應於 12 月 31 日前申報登記；除保留部分用於日常生活外，均應移存於中央銀行或其委託銀行，未經核准不得動用；違反者處 7 年以下徒刑並處罰金，沒收其外匯資產，告發者給予沒收資產的 40％作為獎勵。（4）嚴格管制物價，所有物品及勞務以 8 月 19 日價格為准，不得議價；實施倉庫檢查並登記，從嚴懲處囤積居奇者。[19]

　　與《財政經濟緊急處分令》的發布相配合，行政院於 8 月 22 日成立金圓券發行準備監理委員會，「掌金圓券發行準備之檢查保管及金圓券發行之監督事宜」，由浙江第一商業銀行董事長、上海銀行公會主席李銘任主任委員；又於 25 日成立經濟管制委員會，由院長翁文灝掛帥，負責物價管制、取締投機囤積非法經營、調節物資供應、金融管理等策劃督導事項。[20] 在各重要經濟區域設立經濟管制督導員，其中最重要的上海區，督導員為央行總裁俞鴻鈞，由蔣經國協助。為了督促幣改的進行，蔣介石電令各省市政府，要求「同德同心，通力合作，俾此重大措施迅收最良效果」；「設或陽奉陰違，怠忽職守」，「中央亦必嚴厲處分，決不稍存姑息」。蔣同時發表書面講話，希望民眾「全力擁護改革幣制的政策，徹底執行管制經濟的法令。如有少數人不顧大局，只圖私利，因襲法幣貶值時期的作風，操縱新幣，為投機壟斷的工具，以危害其信用，那就是破壞我全國人民的生計，也就是我全國人民的公敵，政府自必依據國家總動員法令及刑事法規，視同賣國的奸匪，予以嚴厲的制裁」。[21]

　　上海是當時中國最大的工商業城市，集中了全國近半的現代工業生產和大半的金融業，金銀外幣與物資儲藏也最為豐富，能否在上海順利以新幣替代舊幣、控制物價並回收足量的金銀外幣，是此次幣改成敗的關鍵所在，所以國民黨將幣改的實施重點放在上海，並以全力推動。一時間，上海經濟風起雲湧，並牽動政治風向，成為全國矚目之中心。

---

19　《總統府公報》第 80 號，1948 年 8 月 20 日。
20　《總統府公報》第 80 號，1948 年 8 月 20 日。
21　潘振球主編《中華民國史事紀要（中華民國三十七年〔一九四八〕七至十二月份）》，「國史館」，1995，第 232—233、236—239、242—244 頁。

　　此次幣制改革的主要內容，一是發行新幣並回收金銀外幣，二是嚴格管制物價，而前者之成功與否，很大程度上又視物價能否穩定，以重建市場信心。此前上海多次物價管制的失敗，使不少人對此次物價管制並不抱什麼希望，也使負責上海「督導」工作的蔣經國深感壓力之大。蔣經國認為：「自新經濟方案公布之後，一般人民對於幣制的改革以及經濟的管制，多抱樂觀的心理，而政府人員則多抱懷疑的態度……搞亂金融市場的並不是小商人，而是大資本家和大商人。所以要嚴懲，就應從『壞頭』開始。」[22] 他將投機囤積、操縱物價、貪贓枉法的商人和官吏視為「後方的敵人」，號召大家「共同起來制裁他們，消滅他們」；強調「無論何人在法律面前應當一律平等……在上海應當做到不管你有多少的財富，有多大的勢力，一旦犯了國法，就得毫不容情的請你進監獄，上刑場」。[23] 一時間，上海的經管工作顯得頗為轟轟烈烈。

　　蔣經國慷慨激昂的言辭和雷厲風行的做法起初頗有令人耳目一新之感。蔣經國掃除貪腐、執行經管的強硬做派，也得到不少上海市民的認同，因為他們手中的金銀外幣無多，更希望物價穩定，生活安定。幣改之初，曾經一日數變的價格在嚴格管制下得以基本穩定，加上政府的強力宣傳和推動，使得金圓券的兌換情況起初還算理想。金圓券首發的 8 月 23 日，上海收兌的金銀外幣約為 100 萬美元，三天共收兌 600 萬美元，其中大部分是平民百姓的貢獻。

　　但是，金銀外匯的大頭主要掌握在資本家手中，而他們對幣改的態度顯然有相當的保留，大多數人起初處在觀望之中，並未按規定兌換金銀、登記外匯資產。上海因其經濟發達而成為當時中國資本家階層最為集中的城市，他們對國民黨當政給予多方支持，也曾從中獲取相當的經濟利益。但是，上海資本家與國民黨的關係在戰後有了很大變化。因為國民黨的經濟統制政策壓縮了民營資本的發展空間，使他們滿懷怨言；因為惡性通貨膨脹嚴重影響經濟的正常運轉，使他們對國民黨的治國能力產生懷疑；加上國民黨官員的貪汙腐敗，不以市場通行規則，而是利用特權，以權勢操縱經濟，也使他們嘖有煩言，他們與國民黨政府的關係處在疏離之中。經濟緊急處分令發布後，登記外匯、嚴控物價的諸項規定，使上海資本家的正常經營難以為繼，而且他們深知，以當時的政治經濟軍事狀況，幣改幾無成功可能，交出金銀外匯只能是有去無回，

22　《蔣經國自述》，湖南人民出版社，1988，第 167—168 頁。
23　《申報》1948 年 8 月 24 日；上海《大公報》1948 年 8 月 27 日。

因此紛紛以軟磨硬抗對付幣改，而國民黨繼之以逼迫和威脅的手法令他們就範，更使他們大起反感與不滿，成為他們與國民黨關係的分水嶺。

上海資本家對幣改的觀望不定與消極抵制，令蔣經國頗為惱怒，痛責「若干商人在當面對你說得好好的，而背後則是無惡不作」。「銀行多做投機買賣，不曉得發了多少橫財。現在要他們將外匯拿出來，都不大情願。」「上海有少數商人，實在太壞了。」[24]為此，蔣經國在9月初以「囤積居奇、操縱黑市交易、擾亂金融秩序」等為由，先後下令拘捕申新紡織集團負責人榮鴻元、鴻興證券負責人杜維屏（上海聞人杜月笙次子）、紙業公會理事長詹沛霖、中國水泥公司常務董事胡國梁、美豐證券公司總經理韋伯祥等，同時對油業公會理事長張超、米業公會理事長萬墨林（杜月笙的總管）、永安紡織集團負責人郭棣活等予以警告。這些人都曾經是當政者的座上賓，杜月笙更是在1927年為蔣介石的四一二「清黨」立下過汗馬功勞，如今卻落得如此下場，在上海資本家群體中引起的震動可想而知。

撇開其他因素不論，蔣經國在上海實施嚴格的經濟管制，確有以此平抑物價、穩定經濟的意圖，並在幣改之初取得了一定的成效。問題在於，強令限價違背了經濟規律，限價後工廠因原料來源缺乏而減產停工；商店進貨困難，只能以銷售存貨維持；外地物資和原料因限價而不願運進上海，攸關民生的大米入滬數量從每日數千石劇降為數十石。這些情況必然導致市場和民心恐慌，發生搶購，動搖限價。9月9日，行政院公布《實施取締日用重要物品囤積居奇辦法補充要點》，規定個人和商家購買物品均不得超過三個月用量，違者即以囤積論；工廠商號存儲之成品貨品，如不儘量供應市銷或抬價出售者以居奇論，物品沒收併科罰款。[25]此舉旨在以行政手段壓抑民間購買行為，維持物價的平穩，卻使工商業界叫苦連天，因為他們的存貨被要求以限價出售，以維持市面供應，賣一件便賠一件，但又不能大量採購或採購不到限價的原料，生產因此而無法繼續。因為限價的因素，物品價格被控制在較低水準，又因為對紙幣的不信任，人們都希望將手中的紙幣換成實物，加以大量游資麇集於滬，因此市場銷售空前活躍，各種物品均被大量搶購，上海百貨業的存貨基本賣光。有限的貨品無法抵擋充斥於市的貨幣，這樣，一方面是商家惜售或售空，

---

24　《蔣經國自述》，第172、174頁。
25　《總統府公報》第98號，1948年9月9日。

另一方面是買貨存物、投資投機活躍，買與賣脫節，價格攀升便不可避免，從而不斷衝擊著限價的規定。

9月30日為原定金銀外幣兌換的截止日，此時共回收黃金160萬兩，白銀801萬兩，銀元1683萬元，美元4468萬元，港幣7960萬元，[26] 其中上海回收的黃金和美元數量幾占總數的70%。雖然幣改初期管制物價及回收金銀外幣的情況尚稱良好，但實際已有徵兆預示幣改前景的不容樂觀。10月1日，財政部通令將金銀外幣的兌換期限延長兩個月，說明兌換情況不如當局之預期，而且使當局再次失去了信用。此舉被徐永昌評論為：「如此無信，急切攫取人民現金之心情畢露，敗壞國事至此，無賴可笑尚屬餘事。」[27] 此令公布後，各地即出現搶購潮。據時人記載：上海「人心惶惶，拚命搶購物資。各商店人潮洶湧，軋得水洩不通。」「一般小戶人家，則競向糧食、醬園、柴店、南貨店購買米、油、醬、糖、肥皂等日用物品。一連十天光景，店家的櫥窗全都搶空了。走進大小商店猶如進了冷廟，雖有觀光的香客，但沒有菩薩，這種局面苦壞了家無宿糧的人家。他們滿街奔跑，到處排隊，還是顧到了頭，顧不了腳，不是愁米，就是愁菜、愁柴。號稱國際商埠的上海，竟生了癱瘓病。」北平「搶購之風瀰漫全市。米麥糧食店早已十室九空，香菸黑市漫天叫價，一日數變……熱鬧市中心的王府井大街，六時許即一片黑暗，家家鐵門緊閉」。據北大學生羅榮渠記載：「到處商店食鋪都關門閉戶，打開的鞋店只擺了幾雙最蹩腳的下等貨給人看。香菸、麵包、罐頭、肉類都差不多絕跡了，有的話，再貴也有人搶著買……社會秩序要混亂了，為時想不遠了吧？」[28]

面對經管頓挫的困境，蔣經國確實是「進退兩難」。他基本上依靠行政和高壓手段實施經管，對各種複雜的關係考慮不夠，行事有操切魯莽之處，不僅得罪了大資本家，而且其手下任意查抄物資的舉動，也使不少小商人有自危感；及至限價難以為繼，百物短缺，市面蕭條，普通市民原先對他的好感也在逐漸消失。種種矛盾的交織演變，終以揚子公司舞弊案發而使蔣經國的「打虎」遭遇重挫，幣制改革與經濟管制的失敗隨之而來。

---

26　《中華民國史檔案資料彙編　第五輯第三編　財政經濟》（以下簡稱《財政經濟》）（2），第363—367頁。

27　《徐永昌日記》第9冊，中研院近代史研究所，1991，第128頁。

28　羅榮渠：《北大歲月》，商務印書館，2006，第371、381頁。

揚子公司為孔祥熙公子孔令侃所辦，一向以其特權套購外匯、買空賣空、牟取暴利而為世人所側目。此次蔣經國到上海實施經管，其手下多次檢查揚子公司的倉庫，發現存貨甚多，如何處理，頗費蔣經國思量。在眾目睽睽之下放過揚子公司，對外界無法交代，也影響其公眾「形象」，難以推動經管的執行；而要查處他的表兄弟孔公子，其難度亦可想而知。實際上，蔣經國對此早有認知。還在幣改醞釀期間，蔣經國就曾對蔣介石談及：「甚以上海金融投機機關無不與黨政軍要人有密切關係，且作後盾，故將來阻力必大，非有破除情面，快刀斬亂麻之精神貫徹到底不可也。」[29] 幣改開始後，他的手下發現揚子公司「倉庫裡面所囤的貨物，都非日用品，而外面則擴大其事，使得此事不易處理，真是頭痛」。[30]

不過，還不等蔣經國克服「頭痛」，對孔令侃拿出「快刀斬亂麻」的強硬手腕，孔令侃已有風聞，他趕緊找到其小姨媽宋美齡向蔣經國說項，未能說通後，他又說動宋美齡搬出蔣介石親自干預，而蔣介石又不能不考慮各種複雜的政治、經濟和親緣關係，對孔家手下留情。此時正值國共東北會戰的緊要關頭，蔣介石於軍務倥傯之中仍不忘徇私情，於 10 月 8 日自北平直飛上海，訓示蔣經國放過孔令侃。9 日，孔令侃由宋美齡陪同面見蔣介石，在外界對孔家揚子公司案議論紛紛、眾聲喧譁之際，蔣介石接見孔令侃的意味再明白不過了。在當天的日記中，蔣介石將揚子公司舞弊案歸為「反動派更借題發揮，強令為難，必欲陷其於罪，否則即謂經之包蔽，尤以宣鐵吾機關報攻訐為甚。余嚴斥其妄，令其自動停刊」。[31] 18 日，蔣介石又就監察委員調查揚子公司不法舉動事致電上海市市長吳國楨謂：「關於揚子公司事，聞監察委員要將其開辦以來業務全部檢查，中以為依法而論，殊不合理，以該公司為商業而非政府機關，該院不應對商業事業無理取鬧。如果屬實，則可囑令雇聘請律師，進行法律解決，先詳討監察委員此舉是否合法，是否有權。一面由律師正式宣告其不法行動，拒絕其檢查，並以此意約經國切商，勿使任何商民無事受屈也。」[32] 在蔣介石的干預下，蔣經國對揚子公司舞弊案一反其公開查處的表白，在日記中說：「××公司的案子，弄得滿城風雨。在法律上講，××公司是

29　《蔣介石日記》，1948 年 7 月 2 日。
30　《蔣經國自述》，第 185 頁。
31　《蔣介石日記》，1948 年 10 月 9 日。
32　《蔣中正總統檔案・籌筆・戡亂時期》第 16280 號，藏「國史館」。

站得住的。倘使此案發現在宣布物資總登記以前，那我一定要將其移送特種刑庭。總之，我必秉公處理，問心無愧。但是，四處所造成的空氣，確實可怕。凡是不沉著的人，是擋不住的。」[33] 他不能違逆蔣介石的意見，只能說揚子公司在法律上是「站得住的」，他自己是「秉公處理，問心無愧」的，只是外界「滿城風雨」所造成的空氣「確實可怕」。不過，「可怕」的究竟是外界的空氣，還是國民黨的作為，大概蔣氏父子也是心知肚明。

揚子公司舞弊案的實質，非為私人公司舞弊之個案，而關係到國民黨是否能以此為開端，認真查處權勢集團長袖善舞、營私舞弊之勾當，確立國民黨自身的公正公平形象，不僅為社會各界，也為國民黨內所關注。徐永昌「聞蔣先生日前亟亟到滬，十之八九因孔大少不法囤集等問題，蔣夫人速其訪滬解圍云云」。[34] 蔣介石的機要祕書周宏濤回憶說：「我風聞這天蔣公為了揚子公司囤積居奇案，在夫人的要求下召見經國先生，垂詢上海金融管制執行情形，經國先生原本要法辦經營揚子公司的負責人孔令侃，因而擱置，僅將貨品充公。」[35] 如雷震所言：「不平則鳴，今日社會不公平之現象，如不能糾正，則國民黨之政權不易維持。即以改革幣制而論，一般人咸云，政府決心收集私人外匯、黃金、白銀，但必須先收集孔宋之此類資產，不然則不足以昭信於人。」[36] 揚子公司舞弊案因蔣介石的干預而煙消雲散。蔣介石格於一損俱損一榮俱榮之家族親緣關係，對孔氏家族曲以維護，在國事和家事的天平上，他選擇了偏向家事，令不少人為之極度失望，蔣經國也承認：此案「未能徹底處理，因為限於法令不能嚴辦，引起外界的誤會。同時自從此事發生之後，所有的工作都不能如意的推動了，抵抗的力量亦甚大」。[37]

經歷了 10 月的搶購風潮，限價實際已難以為繼；再經歷了查處揚子公司舞弊案的頓挫，蔣經國既無力也無顏再推動所謂的「打虎」運動。他不能不承認：「經濟管制的工作，發展到今天，確實已到了相當嚴重的關頭。一般中產階級，因為買不到東西而怨恨。工人因為小菜漲價，而表示不滿。現在到了四

33 《蔣經國自述》，第 188 頁。
34 《徐永昌日記》第 9 冊，第 139 頁。
35 周宏濤口述、汪士淳撰寫《蔣公與我：見證中華民國關鍵變局》，天下遠見出版公司，2003，第 54 頁。
36 《雷震全集‧雷震日記》（1），桂冠圖書公司，1989，第 50 頁。
37 《蔣經國自述》，第 191 頁。

面楚歌的時候，倘使不能堅定，即很快就會崩潰。」[38]

　　自 10 月中旬起，市場限價雖還在維持，但可售貨品寥寥無幾，商店貨架空空落落，限價已失去其意義，幣制改革也已成強弩之末。雷震「出街購零星對象，見街上有許多店鋪關門，有一部分雖未關門，而窗櫥則空空如也，市民搶購之風仍不稍戢。凡有貨物之店，市民排隊搶購，金圓券流通市面太多，實為一重大之原因」。[39] 已經推遲兩個月結束的金銀外匯收兌情況更是慘澹，10 月份收兌黃金 5 萬兩，白銀 103 萬兩，銀元 672 萬元，美元 329 萬元，港幣 187 萬元，[40] 尚不及此前兌換數的零頭，排隊兌換金銀的場景早已被排隊搶購物資的場景所替換，兩種場景轉換之速，正說明社會人心之變。

　　儘管蔣經國堅持繼續執行限價政策，但政治高壓終無法抵擋經濟規律，限價政策已難以為繼。10 月 24 日，蔣介石在北平召見翁文灝，「談經濟問題甚久，情形日非，商鋪空室藏貨，人民排隊擠購，尤以糧食缺乏為最可慮耳」。[41] 蔣對是否堅持限價政策似已動搖。28 日，行政院舉行經管會議，「大家都主張讓步，決定糧食可自由買賣，工資可調整，百物都可合本定價。換句話說，一切都照舊放任了」。[42] 29 日，翁文灝攜補充經濟改革方案見蔣介石，蔣認為「經濟改革計畫與金圓政策似已完全失敗，以限價已為不可能之事，則物價飛漲比前更甚，尤其糧食斷絕難購，最為制命傷也」，遂於當晚「召黨政高級幹部商討經濟問題，市況與社會，幾無物資，又絕糧食，若不放棄限價，恐生民變，故決定改變政策也」。[43] 31 日，行政院通過《改善經濟管制補充辦法》，決定糧食依照市價交易，紗、布、糖、煤、鹽由主管機關核本定價，其他物品授權地方政府管理，實際放棄了限價政策。此後，被壓抑多日的市場價格立即強力反彈，米價一度暴漲近百倍，從 1 石 20 元直漲至 2000 元。11 月 5 日蔣經國辭去上海經管督導員職，他在上海執行經濟管制的工作尤其是其「打虎」行動，以轟轟烈烈開場，以幾無所成收場，只能在無可奈何中黯然離開了上海。

---

38　《蔣經國自述》，第 191 頁。
39　《雷震全集‧雷震日記》（1），第 79 頁。
40　《財政經濟》（2），第 363—367 頁。
41　《蔣介石日記》，1948 年 10 月 30 日。
42　《蔣經國自述》，第 196 頁。
43　《蔣介石日記》，1948 年 10 月 30 日。

　　金圓券幣制改革的兩大支柱是限價和發行限額，限價既已放棄，發行限額事實上也無法維持。11 月 11 日，蔣介石公布《修正金圓券發行辦法》，規定金圓券的發行數額另以命令定之，即承認原定發行限額無法維持，從而為通貨膨脹的更趨惡性化打開了閘門。該項辦法將金圓券 1 元的含金量改為 0.044434 克，即一舉貶值 80％，與此相呼應，金圓券與各種硬通貨的官價兌換比例均有較大幅度之下降。

　　金圓券幣制改革失敗，行政院院長翁文灝和財政部部長王雲五都不能不提出辭職。11 月 26 日，孫科接翁文灝出任行政院院長。至於金圓券幣制改革的真正決策者，蔣介石在公開場合從未承擔過任何責任，他是這樣評價幣改失敗的：「自金圓券發行以來，中下級人民皆以其所藏金銀外鈔依法兌券，表示其愛國與擁護政府之真誠，不料軍事著著失敗，經濟每況愈下，物資枯竭，物價高漲，金圓貶值，於是人民怨聲載道，對政府之信用全失……失敗主義者瀰漫，實為從來所未有也。只有持志養氣，堅定信心，仰賴上帝之護佑，民族主義之必勝而已。」[44] 這是「欺人」，還是「自欺」，恐怕只有蔣本人才能解讀了。

　　幣制改革失敗後，金圓券發行數量便如脫韁之馬，貶值速度之劇烈，創下世界貨幣史的奇觀。幣改後不過 9 個月的時間，至 1949 年 5 月 24 日，金圓券發行數已達 679459 億元，再加本票 145706 億元，共 825165 億元，為其最初發行限額的 4 萬多倍。與此相對應的是物價狂漲，當月上海物價指數為幣改之初的 500 多萬倍，9 個月的上漲幅度接近於前 12 年的總和。當月米價最高為 1 石 3 億元，黃金 1 兩兌價接近 50 億元，美金 1 元兌價超過 8000 萬元。金圓券「信用日益低落，各地紛紛自動以銀元、外幣、黃金乃至實物等計值交換或流通，若干地區已視金圓券為廢紙」。[45]

　　國民黨推行金圓券幣制改革的本意，政治實多於經濟，法幣信用全失，不改無以為繼；財政一籌莫展，不改無法維持；經濟瀕臨崩潰，不改難以運轉。如此發展，其必然後果只能是國民黨喪失其執政地位，故幣改不能不行之。蔣

44　《蔣介石日記》，1948 年 11 月 3 日。

45　中國科學院上海經濟研究所、上海社會科學院經濟研究所編《上海解放前後物價資料彙編》，上海人民出版社，1958，第 43—44 頁；《財政經濟》（3），第 920—921 頁；中國銀行總管理處編《外匯統計彙編》初集，1950，第 264 頁。

介石曾經解釋其決策幣改的緣由是：

> 再三思維，如能先挽救軍事，則其他黨務、經政皆不難逐漸補救。否則，
> 軍事不能急求成效，則不如先在後方著手，如能穩定經濟，則後方人心
> 乃可安定，前方士氣亦可振作。然後再謀軍事之發展。只要軍事能轉敗
> 為勝，則黨中叛徒與政治反動者皆必俯首就範，不成問題矣。故對黨
> 務決暫維現狀，緩圖改革，一俟經濟改革有效，立即全力從事於軍事，
> 以期有濟於黨國也。[46]

國民黨強行推出金圓券幣制改革，政治考量占了首要地位。

然以政治手段解決經濟問題，最終仍然無法避免經濟規律的報復，因為
「以非經濟的辦法，應付病危的經濟，全係既無把握又無準備的賭博性質之決
策，只能短期的麻醉，但求僥倖的成功。卒致失人心，傷元氣，毀國信」。[47]
當金圓券幣制改革失敗時，素有民間輿論風向標之稱的《大公報》發表評論說：
「因為改革幣制，因為限價政策，因為物價強抑而復漲，全國人民消耗的元氣
是太大了，上海工商業所受的損失，不過是其中較為顯著的一例而已。」《大
公報》的評論質問道：「但是從其中獲到利益的究竟是誰呢？」答案自然對國
民黨不利，因為在《大公報》論者的心目中，獲利者只能是官僚豪門，他們「不
是逍遙海外，即是倚勢豪強如故」。[48] 國民黨及蔣介石既不能嚴密準備、慎微
決策於前，又不能體察民意、善始善終於後，先天不足、後天失調的短命的金
圓券幣制改革，自然也就成為國民黨執政時期失去社會人心的標誌性事件之
一。

金圓券幣制改革，給豪門帶來的或是獲利的「狂歡」，而給民眾留下的
卻是無比慘痛的記憶。不過是短短的七八十天，升斗小民以辛苦和血汗積攢的
金銀外匯（或許還是他們的全部家當）便化為幾張轉瞬即成廢紙的金圓券而
成烏有，甚而不少資本家大戶也受了相當的損失。浙江大學校長竺可楨在幣
改之初將其個人存有的 800 美元兌換為金圓券，在幣改失敗後他說：「無人
敢信任政府矣。目前政府之所以不能取人民之信用，由於每次立法結果使奉
公守法之人處處吃虧，而橫行無忌的人逍遙法外，如揚子公司孔令侃即其例。

---

46　《蔣介石日記》，1948 年 9 月 3 日。

47　洪葭管編《中央銀行史料》下卷，中國金融出版社，2005，第 1297 頁。

48　上海《大公報》1948 年 11 月 7 日。

更有何人願守法？從此遂使奉公守法之人亦要偷盜犯法，此所謂率天下之人而盡歸於偷盜也。如此政府安得不失敗哉！」[49] 著名文化人儲安平對當政者的炮轟可謂時論之代表：「多少老百姓的血汗積蓄，就滾進了政府的腰包裡去。政府拿這些民間的血汗積蓄，去支持他的戡亂，使所有國家的一點元氣，都送到炮口裡轟了出去！」「一個只要稍微有點良心的政治家，對此能熟視無睹，無疚於中嗎？」他直截了當地批評國民黨的統治：「七十天是一場小爛汙，二十年是一場大爛汙！汙爛汙爛，二十年來拆足了爛汙！」[50]

面對民眾的怨言和憤怒，無論是支持還是反對金圓券幣制改革的國民黨高官其實都是心知肚明。反對幣改的吳國楨回憶說：「關於金圓券，所有的問題歸結起來只有一點，就是它激怒了中國民眾的各個方面、各個階層，以致他們群起而攻擊國民黨政府。」[51] 推動幣改的蔣經國也承認：「每次想起人家將金鈔兌了之後，今天是如何的在怨恨我，真是慚愧萬分！」[52] 金圓券幣制改革不僅完全沒有達到其推出時最初的預想，而其最大的政治意義，就是使國民黨在其統治重心所在的城市徹底失去了信用和人心，在上自資本家下至平民百姓的眼中，無論誰當政也較國民黨為好似乎成了定論，這對企圖通過幣改而挽救病入膏肓的財政經濟進而繼續維持其執政地位的國民黨而言，實為莫大之失敗。

## 三、決定性的淮海（徐蚌）會戰

就在金圓券幣制改革失敗的 1948 年 11 月，國民黨軍在東北遼瀋會戰中亦徹底失敗。隨後，解放軍兵鋒直指華北和徐淮地區，國共兩軍即將進行的淮海（徐蚌）會戰，將直接決定國民黨政權的命運。

1948 年 9 月 24 日，國民黨軍失守濟南，作為南京門戶、轄轂中原之要地的徐淮地區，隨之面臨著解放軍的強大壓力。10 月下旬，國民黨統帥部判斷中共下一步的軍事行動將指向徐淮地區，而此時徐州「剿總」所轄部隊分布在隴海路西起鄭州東至海州的近千里戰線上，成一字長蛇陣布局，態勢不利，

---

49　《竺可楨全集》第 11 卷，上海科技教育出版社，2006，第 246 頁。
50　儲安平：〈一場爛汙〉，《觀察》第 5 卷第 11 期，1948 年。
51　裴斐、韋慕庭訪問《從上海市長到「臺灣省主席」（1946—1949 年）——吳國楨口述回憶》，上海人民出版社，1999，第 67 頁。
52　《蔣經國自述》，第 198 頁。

國防部因此主張將部隊向徐州集中，並得蔣介石的首肯。24 日國防部下令孫元良兵團放棄鄭州，向徐西撤退；劉汝明部放棄開封，向蚌埠撤退；將黃百韜、李彌兵團部署於徐東，邱清泉、孫元良兵團部署於徐西，第三、第四綏區部隊守備臺兒莊和商丘，以徐州為核心，構成十字形陣勢，實施內線作戰；同時令黃維兵團追隨中野跟進，配合徐州作戰。蔣介石認為徐州「剿總」司令劉峙的才幹與人望不足以指揮未來的大戰，他原本屬意白崇禧指揮徐州作戰，準備任命白統一指揮華中和徐州戰區。但白對在徐淮地區指揮作戰積極性不高，而且徐淮地區多為蔣介石嫡系部隊，白事實上也指揮不動，因此婉拒了蔣的命令。

　　11 月 5 日，國民黨軍參謀總長顧祝同匆匆趕到徐州，召集軍事會議，進行會戰部署，決定徐淮地區的部隊由杜聿明指揮（在 11 月底徐州「剿總」撤到蚌埠前，杜聿明的指揮仍受到劉峙的牽制），將第十六兵團孫元良部 3 個軍從商丘調到蒙城，保障徐蚌段西側；第二兵團邱清泉部 4 個軍集結在安徽碭山和河南永城，掩護徐州西翼；商丘第四綏區劉汝明部 2 個軍移駐臨淮關（後改為第八兵團）；第十三兵團李彌部 2 個軍由徐東碾莊南移至安徽泗縣、靈璧機動；撤銷海州第九綏區，所屬 1 個軍海運撤上海（後因運輸工具不足改歸黃百韜部）；第七兵團黃百韜部 5 個軍（加入徐州和海州各 1 個軍），由徐東新安鎮移至運河西，掩護徐州東翼；第三綏區馮治安部 2 個軍放棄山東臨城和棗莊，退守臺兒莊及其以南運河地區，掩護徐州北翼；第一綏區周喦部 3 個軍防守蘇北淮陰和揚州一線；徐州「剿總」直接指揮的 4 個軍部署在徐州、蘇北、淮北與蚌埠；十二兵團黃維部 4 個軍自駐馬店開阜陽集結，由國防部直接指揮；東北三十九軍和五十四軍轉運蚌埠，準備加入徐淮作戰。[53] 國民黨統帥部在徐淮地區集結重兵，擺出了一副決戰架勢（國民黨戰史由此將這次作戰定名為徐蚌會戰），但他們對中共將要開始的作戰行動的規模與打法仍缺乏準確的預估與判斷，調整部署的時間過遲，各部隊的行動也不夠迅捷，只能在部署尚未最終完成的情況下應戰。

　　中共方面，進行淮海戰役是主動之所為。舉行淮海戰役的設想最早由粟裕提出，他認為國民黨軍在蘇北兩淮（淮陰和淮安）地區的兵力較為空虛，

---

53　該書編審組編《淮海戰役親歷記》，文史資料出版社，1988，第 53—54 頁；「三軍大學」編《國民革命軍戰役史第五部——戡亂》第 5 冊，「國防部史政編譯局」，1989，第 142—143 頁。

攻打兩淮可以迫使國民黨軍分兵增援，為以後渡江南進創造條件，因此早在 8 月下旬就提出華野南下攻占兩淮的方案。濟南戰役結束後，9 月 24 日，粟裕致電中共中央軍委和華東局及中原局，建議舉行淮海戰役，第一步攻占兩淮，第二步攻占海州連雲港，以此逼使國民黨軍分兵增援，改善中原戰局。劉伯承和陳毅亦同意粟裕的意見。25 日毛澤東致電粟裕等，認為「舉行淮海戰役，甚為必要」，但對作戰方案提出了自己的意見，認為第一階段應打黃百韜兵團，第二階段再打兩淮，第三階段打海州連雲港，以此作為一個大戰役，「可以打通山東與蘇北的聯繫，可以迫使敵人分散一部兵力去保衛長江」，便於下一步進行徐州作戰。28 日，毛澤東又致電粟裕、劉伯承、陳毅等，進一步明確「淮海戰役第一個作戰並且是最主要的作戰是箝制邱李兩兵團殲滅黃兵團」。這樣，毛澤東就將粟裕原先提出的舉行戰術規模的兩淮作戰即「小淮海戰役」，初步改為進行戰略規模的徐淮會戰即「大淮海戰役」，以首先殲滅國民黨軍重兵集團作為戰役的中心任務。毛澤東的設想體現了他的戰略眼光。黃百韜兵團防守徐東，態勢較為孤立，有利於分割殲滅，而在不動黃兵團的情況下，無論是打兩淮還是打海州都將受其牽制，不如首先打黃兵團更為有利；打黃兵團又將面對邱清泉、李彌兵團的增援，戰役規模勢必擴大，有可能發展成兩軍的大規模會戰。因此，10 月 11 日，毛澤東致電華野和中野領導人，提出了關於淮海戰役各個階段作戰中心、兵力部署、作戰步驟等等的全盤構想：第一階段集中兵力殲滅黃百韜兵團，完成中間突破；第二階段攻殲海州和連雲港；第三階段在兩淮方面作戰；戰役全過程須歷時一個半月到兩個月，兵力部署以攻擊和打援並重為基本原則，並造成圍攻徐州態勢，引致對手錯判，使邱、李兩兵團不敢全力東援；同時以中野部隊進行戰略配合，牽制白崇禧集團；得手後即開闢蘇北戰場，打通蘇北和山東聯繫，再以主力西出淮河流域作戰，次年春夏打到長江邊，秋季進行渡江作戰。10 月 22 日，毛澤東又提出由中野「舉行徐蚌作戰，相機攻取宿縣、蚌縣（蚌埠），堅決徹底乾淨全部地破毀津浦路，使敵交通斷絕，陷劉峙全軍於孤立地位」。[54] 中野在淮海戰役中的作用也從廣大地域內的戰略配合改為一定區域內的戰役協同，最後又改為直接加入

---

54　中共中央黨史資料徵集委員會編《淮海戰役》第 1 冊，黨史資料出版社，1988，第 47─50 頁；《毛澤東文集》第 5 卷，人民出版社，1996，第 157 頁；《毛澤東軍事文集》第 5 卷，軍事科學出版社、中央文獻出版社，1993，第 19、26、118─129 頁；《毛澤東選集》第 4 卷，人民出版社，1991，第 1351─1352 頁。

戰場作戰。在毛澤東的決策下，由華野和中野協同一致，共同舉行大規模的淮海戰役，在徐淮地區殲滅國民黨軍重兵集團的設想逐漸成形。

11月上旬，根據當面國民黨軍正在調整部署的情況，粟裕、劉伯承等均判斷徐州國民黨軍可能南撤，戰場形勢將出現重大變化，因此提出進行淮海戰役的新設想。8日，粟裕致電中共中央，認為「如果能在江北大量殲敵，則造成今後渡江的更有利條件」，建議華野在殲滅黃百韜兵團後，不必以主力向兩淮進攻，「而以主力轉向徐（州）固（鎮）線進擊，抑留敵人於徐州及其周圍，爾後分別削弱與逐漸殲滅之」；「在戰役第一階段之同時，應即以一部破壞徐蚌段鐵路，以阻延敵人南運。」粟裕等的建議得到中共中央的高度重視。9日，中共中央軍委兩次致電陳毅、鄧小平和粟裕，指示他們：「徐州敵有總退卻模樣，你們按照敵要總退卻的估計，迅速部署截斷敵退路以利圍殲是正確的」；部署華野迅速殲滅黃百韜兵團，中野立即出擊宿縣，截斷津浦路宿（縣）蚌（埠）段；提出「現在不是讓敵人退至淮河以南或長江以南的問題，而是第一步（即現在舉行之淮海戰役）殲敵主力於淮河以北，第二步（即將來舉行的江淮戰役）殲敵餘部於長江以北的問題」；「望你們按照上述方針，堅決執行，爭取全勝」；「應極力爭取在徐州附近殲滅敵人主力，勿使南竄」。11月16日，中共中央軍委明確指示：「此戰勝利，不但長江以北局面大定，全國局面亦可基本上解決。」[55] 至此，淮海戰役由中共最初設想的攻克兩淮海州的局部戰役，發展為殲滅黃百韜兵團並開闢蘇北戰場，打通蘇北與山東聯繫的具有決戰性意義的戰役，再發展為以徐州為中心，在東起江蘇海州，西至河南商丘，北起山東臨城，南至安徽淮河的廣大地域內，以連續作戰方式主動尋殲國民黨軍重兵集團，基本消滅國民黨軍江北主力，為全國勝利奠定基礎的大規模戰略性決戰。

由於即將舉行的淮海戰役的規模大大超出了粟裕原先的設想，已經成為華野中野兩軍共同參加的大規模會戰，10月31日，粟裕主動提出請陳毅和鄧小平統一指揮此次戰役。11月1日，中共中央軍委指示「整個戰役統一受陳鄧指揮」，指揮部署「由陳鄧臨機決定」。次日陳鄧覆電提出，因通信工具太弱，粟裕方面仍由軍委多直接指揮。11月16日，隨著戰役規模的擴大和形勢

55　《淮海戰役》第 1 冊，第 131—132 頁；《毛澤東軍事文集》第 5 卷，第 182—184、231 頁。

的發展，中共中央軍委電示，中野和華野必須準備在現地作戰 3—5 個月，彈藥民工需要巨大，必須統籌解決，指示由劉伯承、陳毅、鄧小平、粟裕、譚震林組成淮海戰役總前委，以劉、陳、鄧為常委，鄧小平為總書記，「可能時開五人會議討論重要問題，經常由劉陳鄧三人為常委臨機處置一切」。[56] 淮海戰役的指揮機構於此底定。

10 月 23 日，粟裕發出淮海戰役預備命令，11 月 4 日發出戰役命令，要求各部按預定部署行動，於 6 日黃昏向前線開進，8 日晚統一發起戰鬥。11 月 7 日，中共中央軍委致電粟裕，指示「非有特別重大變化，不要改變計畫，愈堅決愈能勝利。在此方針下，由你們機斷專行，不要事事請示」，表示了對前方指揮員的高度信任。[57]

11 月 5 日，徐州「剿總」發現華野主力南下徵象，遂令各部按當日剛剛決定的戰役預案開始轉移行動。6 日，華野各部開始戰役行動，10 個縱隊從山東南部浩浩蕩蕩分多路南下，西線 3 個縱隊直插徐東，分割黃百韜兵團與徐州的聯繫；東線主力 7 個縱隊由隴海路東段直指新安鎮兩側；3 個縱隊自蘇北北進隴海路。此時，第三綏區馮治安部在華野的強大壓力下退守臺兒莊運河線。第三綏區副司令何基灃和張克俠均為中共祕密黨員，根據中共的指示，他們在 8 日率所部第五十九軍和七十七軍 2.3 萬餘人在徐州以北的賈汪起義，致運河防線門戶洞開，華野主力迅速經此南下，從而贏得了重要戰機。

駐守徐東隴海路新安鎮一帶的黃百韜兵團在戰前的處境最為危險。黃百韜認為其「四面八方均有敵情，備左則右寡，備前則後寡，無所不備，則無所不寡」；而且「國防部作戰計畫一再變更，處處被動，正是將帥無才，累死三軍」；不過他仍寄希望於被圍後其他兵團來救，因為「這次戰事與以前戰役性質不同，是主力決戰，關係存亡」，不然「同歸於盡，誰也走不了」。[58] 但事實與黃百韜的期望相距甚遠。在接到徐州「剿總」的轉移命令後，因等候接應第九綏區自海州西撤，黃兵團在新安鎮多留了一天，至 7 日才開始向徐州方向運動。開始西撤後，由於自海州隨行的機關、學校、「難民」等地方人員數萬人夾雜其間，致撤退隊伍臃腫，行進緩慢，在通過運河鐵橋時又因通行能力

---

56　《淮海戰役》第 1 冊，第 103、107、111、164—165 頁。

57　《淮海戰役》第 1 冊，第 117—120、129 頁。

58　《淮海戰役親歷記》，第 190、69 頁。

不足，而且事先缺乏周密準備，沒有架設更多的浮橋，大大影響了行進速度。為了分流部隊，加快行進速度，黃百韜命令六十三軍南進至窯灣渡河，結果被華野蘇北兵團北進部隊截擊，於 11 日被殲。

華野部隊迅速南下後，徐州「剿總」總司令劉峙驚慌失措，為保證徐州的安全，令部署在徐東曹八集的李彌兵團西撤，拉大了與黃兵團的距離，也使黃兵團失去了有力的掩護與接應，致其完全陷於孤立。11 月 9 日，黃兵團大部渡過運河，並於當晚到達碾莊圩地區。由於部隊倉促撤退，在行進途中隊形混亂，黃百韜下令在原地休整一天。所謂兵貴神速，在對手大軍逼近時，黃兵團卻因人為的原因犯下一個又一個錯誤，行動遲緩，態勢愈加不利。10 日晚，華野西線部隊占領徐東大許家至曹八集一線，並與自蘇北北上的部隊會合，截斷了黃兵團向徐州的退路，東線部隊則自隴海路兩面迅速進擊，於 11 日基本完成了對黃兵團的包圍。

黃兵團被圍後，11 月 10 日，蔣介石在南京召開緊急會議討論戰局，決定黃兵團在碾莊圩固守，邱清泉兵團全部和李彌兵團一部自徐州東援；李彌兵團主力守徐州；孫元良兵團推進至津浦路夾溝至符離集地區，屏障徐州側翼安全；劉汝明兵團集結在固鎮、宿縣地區，保障津浦路的安全；調中原的黃維兵團至徐淮地區，將淮北的 2 個軍和東北調來的 2 個軍組建為第六兵團，由李延年指揮，自蚌埠北進。這樣，國民黨軍就在徐淮地區集結了 7 個兵團，包括其五大主力之第五軍和十八軍，為全面內戰爆發以後國民黨軍最大的一次集結行動，企圖在徐淮地區與中共部隊決戰，挽救嚴峻的軍事形勢。

黃百韜兵團退守的碾莊圩地區，在方圓 10 餘公里的範圍內分布有大小不等的若干村莊，由於地處徐淮平原開闊地帶，缺乏制高點的支撐，對於防守並不十分有利，但李彌兵團在此駐守時築有比較完善的工事，黃兵團入駐後又加以改進，構成了以地堡為骨幹、以交通壕相溝通的環狀防禦陣地。經過調整部署，加上國民黨統帥部正調動邱清泉、李彌兵團增援以及空軍的支援，黃百韜起初自信可以堅守相當時日。華野本希望以連續攻擊打散黃兵團的部署，爭取速戰速決，自 11 月 11 日起以 5 個縱隊向黃兵團發起猛烈攻擊，結果遇到黃兵團的頑強防守，傷亡較重，進展不大，不得不轉入逐點爭奪的陣地攻堅戰。14 日，粟裕召集參戰各部主官會議，傳達中共中央軍委關於此役準備 20 萬人

傷亡，以及戰爭可因此縮短一年的指示。會議總結了戰鬥打響後的經驗，調整了部署，決定採取先打弱敵、亂其部署的戰法，首先攻殲較弱的四十四軍和一〇〇軍；在作戰方法上，強調進行夜戰和近戰，以大膽穿插瓦解對手的防守，並集中炮火支持。[59] 經過調整後，16 日晚華野部隊發起新的攻勢，戰至 18 日殲四十四軍和一〇〇軍，同時縮小了對二十五軍和六十四軍的包圍圈。

黃百韜兵團被圍後，邱清泉兵團和李彌兵團一部受命東進援救黃兵團，但在華野的堅強阻擊下，邱、李兵團的推進速度緩慢，戰至 11 月 15 日，邱、李兵團仍未有突破。為了給下一步作戰創造條件，中共中央軍委一度指示華野放緩對黃百韜兵團的攻擊，並將阻擊部隊適當後撤，以此誘使邱、李兵團東進，切斷其與徐州的聯繫，「徐圖殲滅」。17 日，邱、李兵團進至徐東大許家一線，同時黃維兵團已進至徐西南蒙城，劉汝明兵團進至徐南固鎮，李延年兵團在其後跟進。中共根據國民黨援軍正向徐州集中的情況，為了確保戰役第一步目標的實現，令華野儘快解決黃百韜兵團。19 日晚，華野對碾莊圩黃兵團部發起總攻，黃百韜被迫率殘部轉移到大院上六十四軍軍部，企圖繼續固守待援，但在解放軍的猛烈攻擊下，黃百韜兵團已無力再堅持。21 日晚，二十五軍殘部在突圍中被殲。22 日黃昏，黃百韜率六十四軍殘部突圍失敗，自殺身亡，黃百韜兵團 5 個軍 12 萬人至此被全殲。

在華野圍殲黃百韜兵團的同時，中共中央即在部署下一步的作戰任務。津浦路是徐州同南京聯絡的交通要道，也是徐州國民黨軍的補給大動脈。位於津浦路徐州蚌埠之間的宿縣，扼津浦路通往南京之門戶，又是徐州國民黨軍的後方補給基地，但防禦卻十分薄弱。中共在戰役尚未開始時即注意到宿縣的重要戰略地位，賦予中野「相機攻取宿縣」的任務。隨著淮海戰役規模的擴大，為了切斷國民黨軍退守淮河的通路，全殲徐淮地區的國民黨軍，11 月 10 日，中共中央軍委指示陳毅和鄧小平，要求中野「應集中全力攻取宿縣，殲滅孫元良，控制徐蚌段，斷敵退路，愈快愈好，至要至盼」。[60] 15 日，中野發起對宿縣的攻擊，並於次日下午全殲守軍，從而切斷了徐州國民黨軍的後方補給線和退路。所謂牽一髮而動全身，攻占宿縣是中共在淮海戰役期間下出的又一著好棋，國民黨軍最終將為輕易丟失宿縣而付出慘重的代價。

59　該書編寫組《粟裕軍事文集》，解放軍出版社，1991，第 409、446—450 頁。
60　《毛澤東軍事文集》第 5 卷，第 190 頁。

國民黨統帥部在徐蚌會戰開始後，決策調駐守中原的第十二兵團 4 個軍及 1 個快速縱隊共 12 萬人馳援徐淮戰場。十二兵團所轄的 4 個軍多為國民黨軍精銳部隊，尤其是十八軍更為國民黨軍精銳主力，全副美械裝備，能攻善戰，自全面內戰開始後一直是中共華野和中野部隊的勁敵。11 月 8 日，十二兵團自駐地河南駐馬店、確山一帶出發，一路向東北方向，經新蔡、阜陽、蒙城直奔徐州，但因為所攜重裝備較多，道路崎嶇，又需要涉越多條河流，且不斷受到中共地方部隊的襲擾，行動並不快捷，14 日才到達阜陽。此時黃百韜兵團在碾莊圩處境危急，邱清泉、李彌兵團的援救行動進展不大，徐州國民黨軍甚感兵力不足，蔣介石和劉峙均將黃維兵團視為救急的生力軍，因此連電黃維，令其急進。但直至黃百韜兵團被殲，黃維兵團仍在徐州百餘公里開外。所謂遠水不解近渴，這支被蔣介石視為救急的勁旅，不僅沒能解黃百韜之圍，而且很快就陷入自身難保之境。

得到黃維兵團出動的情報後，11 月中旬，中共中央軍委要求中野在部署跟進、扭擊、側擊，盡力延遲其行進速度的同時，必須部署正面阻擊黃維兵團，「不得誤事」。中野遂部署在黃維兵團行進所經之地的地方武裝徹底破壞沿途的道路、橋梁和渡口，並以各種方式襲擾黃維兵團，遲滯其行進速度；同時部署主力部隊在蒙城方向正面阻擊黃維兵團，並自渦陽方向出擊黃維兵團側翼，還準備對付劉汝明、李延年兵團的北進。劉伯承率中野司令部也於此時到達河南永城，同陳毅、鄧小平等會合，共同指揮下一步的作戰行動。

11 月 18 日，黃維兵團到達安徽蒙城地區，李延年兵團亦在準備自蚌埠北進。此時華野在北線對黃百韜兵團的圍殲進入最後時刻，而邱清泉和李彌兵團在救援黃百韜兵團時，採取密集部署陣勢，其後尾始終不脫離徐州後方，使華野一時無法徹底切斷其後路，尋得下一步戰機。衡諸戰場情況，黃維兵團係遠道而來，態勢相對孤立，較易圍殲。因此，劉伯承、鄧小平和陳毅在 19日致電中共中央軍委，建議華野力爭迅速殲滅黃百韜兵團，然後以一部兵力監視邱清泉、李彌和孫元良兵團，而以尚未使用的部隊協同中野殲擊黃維、李延年兵團，並認為「這個步驟最為穩當」，「似為上策」。軍委於當日回電同意劉鄧陳的意見。23 日，劉伯承、鄧小平和陳毅根據北線黃百韜兵團已被全殲，南線李延年、劉汝明兵團遲遲不進的情況，致電中共中央軍委，認為「殲擊黃維之時機甚好」，提議以中野全部及華野一部攻殲黃維兵團，認為「只要黃維

全部或大部被殲，較之殲滅李（延年）、劉（汝明）更屬有利」。次日軍委覆電「完全同意先打黃維」，要求華野「派必要兵力參加打黃維」，並指示「情況緊急時，一切由劉陳鄧臨機處置，不要請示」。[61] 華野和中野合力先打黃維兵團的方針由此確定，淮海戰役的進程亦由初戰而進入中盤。

11月23日，蔣介石在南京召集國防部高官會議討論戰局。此時黃百韜兵團已覆滅，徐州部隊的態勢不利，與會者多主張退守淮河，但因宿縣丟失，徐蚌交通中斷，如何將徐州部隊撤到淮河一線又成了新的問題。國防部提出，以徐州主力南進，黃維、李延年兵團北進，南北夾攻宿縣，打通津浦路，實行守江必守淮的戰略。[62] 為此，國防部命令已進至蒙城的黃維兵團繼續向宿縣方向前進，其兵團後尾離開蒙城後，與蚌埠方向的己方部隊漸行漸遠，正好落入中共預設的戰場內，態勢更趨不利。在黃維兵團正面阻擊的中野部隊，根據部署，自23日起從南坪集且戰且退，於24日中午誘使黃維兵團主力渡過澮河。過河後，黃維即發現中野部隊出現在其兵團四周，對其形成包圍態勢，遂急令部隊再回頭渡過澮河，企圖迅速脫離戰場，向蚌埠方向的李延年、劉汝明兵團靠攏，避免被圍殲之命運。但是黃維兵團後撤時，行進秩序十分混亂，而且在中野部隊陣前做橫向移動，也使部隊脫離戰場非常困難，結果於25日被中野包圍在宿縣東南的雙堆集地區。

十二兵團被圍之初，黃維決定在中野的包圍圈尚不夠嚴密之際向南突圍。11月26日下令集中4個師，於次日晨首先向雙堆集東南方向打開通路。擔任先頭突圍任務的八十五軍一一〇師師長廖運周，是長期潛伏在國民黨軍內部的中共祕密黨員，他在得到突圍命令後即與中共聯繫，於27日晨突圍發起時率部起義，跟進其後的突圍部隊猝不及防，遭到中野部隊的截擊，突圍行動遂以失敗告終。此後黃維每天均派出數團兵力向東南方向做突圍嘗試，但始終未能打開缺口。28日，參謀總長顧祝同改令黃維就地固守待援，致黃維兵團又成一盤死棋。

黃維兵團突圍失敗，部隊轉入就地固守，局促在以雙堆集為中心、方圓10餘公里的狹小地域內。此地為平原地帶，缺乏制高點，黃維在兵團被圍後，即下令構築以雙堆集為中心，以地堡為支撐，以壕溝相連接的環狀工事網。為

---

61　《淮海戰役》第1冊，第167、171、175—177、189、197頁。
62　《郭汝瑰回憶錄》，四川人民出版社，1987，第333頁。

了解決築工材料不足的困難，黃維兵團又利用所攜的重裝備，將隨行的汽車坦克裝上泥土，構成較為堅固的核心工事，一面固守，一面心急如焚地等待增援部隊的早日到來。

　　黃維兵團被圍後，國民黨統帥部決定調邱清泉和孫元良兵團自徐州向南，李延年和劉汝明兵團自固鎮向北，沿津浦路南北對進，既解黃維兵團之圍，又可打通津浦路，撤退徐州部隊。11 月 26 日，邱清泉和孫元良兵團各出動 2 個軍向南攻擊。華野在殲滅黃百韜兵團後，即調動 8 個縱隊的兵力南下，在徐州南面津浦路沿線構築了寬數十公里的弧形陣地，採縱深梯次配備，阻擊國民黨援軍。雙方展開激烈戰鬥，國民黨援軍的前進速度甚為遲緩，離雙堆集在50 公里開外。此後由於國民黨統帥部決定棄守徐州，北線國民黨軍暫停攻擊，準備轉進。南線李延年兵團位於離雙堆集不到 30 公里的龍王廟，劉汝明兵團在固鎮，對中野構成的壓力最大。但李延年和劉汝明擔心己部安全，不願出力作戰，尤其是劉汝明，因為出身西北軍，自覺一直不受國民黨信任，作戰更是滑頭，輕易不願打硬仗。自徐蚌會戰打響後，劉汝明一直避戰，稍遇戰鬥即後撤，力圖保存實力。劉部南撤固鎮時，劉峙曾叮囑他務必在宿縣留下 1 個師，以加強宿縣的防禦，他卻陽奉陰違，並稱：「他們老是想宰割我這點部隊，如果要派一個師出擊，我這個兵團還有什麼作戰力量？」[63] 李延年、劉汝明兩部雖受命北進援救黃維兵團，但作戰非常謹慎，始終不願脫離蚌埠後方。粟裕曾計畫集中華野 5 個縱隊，分割李、劉兩部，爭取割離並包圍李延年兵團再圖殲滅，但李延年發現華野企圖後，在 11 月 26 日下令迅速後退，放棄固鎮，撤至淝河以南蚌埠一帶，劉汝明兵團則撤至懷遠及淮南礦區，拉大了與黃維兵團的距離。12 月 4 日，因杜聿明集團在北面被圍，自身難保，蔣介石嚴令李延年、劉汝明兵團繼續北進，但在華野和中野的頑強阻擊下，至 15 日黃維兵團覆滅，距其還有 30 餘公里。黃維兵團覆滅後，顧祝同於 16 日令李、劉兩部迅速脫離，轉進淮河，實行機動守備。李延年兵團隨後退至臨淮關和懷遠，劉汝明兵團退至蚌埠以南。

　　中野包圍黃維兵團後，對其固守能力一度估計不足，準備以速戰速決方式解決黃維兵團，結果造成了較大傷亡。11 月 29 日，毛澤東致電劉伯承、陳

63　《淮海戰役親歷記》，第 464—466 頁。

毅、鄧小平，提出「解決黃維兵團是解決徐蚌全敵六十六個師的關鍵，必須估計敵人的最後掙扎，必須使自己手裡保有餘力，足以應付意外情況」。根據圍殲黃百韜兵團的經驗，12月4日毛澤東又指示劉陳鄧：「對於戰鬥力頑強之敵，依靠急襲手段是不能殲滅的，必須採取割裂、偵察、近迫作業、集中兵力火力和步炮協同諸項手段，才能殲滅。」鑑於國民黨統帥部正調動徐州、蚌埠兩個方向的援軍救援黃維，攻擊黃維兵團的部隊面臨著兩方面的壓力，如不能及時圍殲黃維兵團，俟國民黨援軍趕到後，可能陷於被動，因此總前委決定，從北線華野部隊中再抽調部分兵力及華野全部炮兵增援中野，爭取在較短時間內殲滅黃維兵團；同時由華野在北線繼續圍住杜聿明集團，在南線盯住李延年、劉汝明兵團，俟解決黃維兵團後，再由中野對付南線，華野解決北線。這一方針被劉伯承形象地解釋為：吃一個（黃維兵團）、挾一個（杜聿明集團）、看一個（李延年、劉汝明兵團）。[64]

　　12月5日，總前委發出對黃維兵團的總攻令，以中野3個縱隊為東集團，擔任主要突擊；中野2個縱隊及華野1個縱隊為西集團，中野和華野各1個縱隊為南集團，擔任協同進攻；得手後各部合力總攻雙堆集；要求「各部應不惜以最大犧牲保證完成任務，並須及時自動的協助友鄰爭取勝利」。6日下午，中野和華野對黃維兵團發起有重點、多方向的總攻擊，不斷向其核心守備陣地推進。經過激烈的戰鬥，13日，黃維兵團被壓縮至雙堆集周邊數里的核心陣地，糧彈缺乏，軍心動搖。當日，總前委調整部署，再調華野2個縱隊加入南集團的進攻。14日夜，南集團攻占雙堆集臨時機場，黃維兵團部受到直接威脅，黃維決定「四面開弓，全線反撲，覓縫鑽隙，衝出重圍」。15日黃昏，十二兵團餘部分頭突圍，但突圍部隊隊形混亂，已無力衝出嚴密的包圍圈。15日晚，十二兵團4個軍12個師及1個快速縱隊共12萬人被全殲（其中1個師起義），黃維等高級將領被俘。

　　國民黨軍黃維兵團被圍，南北兩線援軍均無進展，津浦路交通斷絕，徐州又成死棋，所謂徐蚌會戰難以為繼。11月28日，蔣介石在南京召集軍事會議，研討戰局。此時，蔣介石已將可用之兵幾全部投入徐淮戰場；華北部隊正面臨中共東北野戰軍進關的強大壓力，進退兩難；西北部隊距離遙遠，調動緩

---

64　《毛澤東軍事文集》第5卷，第291、317頁；《淮海戰役》第2冊，第17頁。

不濟急；唯一可調用兵力的華中地區，白崇禧又對蔣的命令陽奉陰違，軟磨硬抗，一時也調不出更多的兵力。為了保住徐州所餘的 3 個兵團，蔣決定「放棄徐州，出來再打」。杜聿明認為：「要放棄徐州，就不能戀戰；要戀戰，就不能放棄徐州」，否則徐州的 3 個兵團也完了。他建議由黃維兵團繼續固守雙堆集，徐州部隊避開華野在徐州南面的阻擊陣地，先向西轉進，經河南永城再轉向南進，撤至安徽蒙城、阜陽間，依託淮河和蚌埠後方，再掉頭北進，解黃維之圍。杜聿明認為，這是個進可攻退可守的方案。事已至此，蔣介石也只有同意杜的方案，決定由劉峙率徐州「剿總」機關空運撤蚌埠，督促李延年、劉汝明兵團加速北進，杜聿明率邱清泉、李彌和孫元良兵團經徐西蕭縣第一步撤至永城，第二步轉進蒙城；同時調鄂西北宋希濂兵團 3 個軍轉運蚌埠，準備投入後續作戰。但蔣介石同意杜聿明的建議較為勉強，他並未完全放棄救援黃維兵團的意圖，這為其後他改變主意埋下了伏筆。

11 月 29 日南京軍事會議甫一結束，杜聿明於當晚飛回徐州，召集邱、李、孫等兵團主官開會，大家均認為只要實行「撤即不能打，打即不能撤」的原則，撤退是可以成功的，遂決定 30 日先行全面攻擊華野部隊，迷惑對手，然後實行「滾筒戰術」，各部逐次掩護，保持隊形，滾動行進。[65] 30 日晨，國民黨軍部隊、機關和隨軍撤退的地方人員 30 餘萬人開始撤離徐州。為了儘快脫離戰場，各兵團爭先恐後撤離既設陣地，既未發動大規模佯攻，掩護部隊也未盡到職責。數十萬人馬擁擠在徐州至蕭縣、永城公路沿途，行進緩慢。

在中野包圍了黃維兵團，邱清泉兵團南援又被華野阻擊之際，中共已經估計到徐州國民黨軍撤退的可能性，並預為部署阻擊方案。當華野判明杜聿明率部經徐西撤退時，其主力部隊的位置距杜集團大約還有一天的路程，粟裕當即於 12 月 1 日命令在杜集團正面的豫皖蘇軍區部隊用一切方法遲滯其行進，同時命令華野主力，以尾隨追擊、平行追擊和迂迴攔截的方式，晝夜兼程追擊杜集團。在一望無際的淮北大平原上，國共兩軍的千軍萬馬展開了一幅逃與追的壯觀畫面。杜聿明集團由於有大量機關及地方人員隨行，行進速度慢於華野追擊部隊，又因為種種原因耽誤了一些時間，至 4 日在永城被華野追上。如果杜聿明此時決心輕裝急進，還有脫離包圍的可能，但蔣介石又改變主意，

---

65　《淮海戰役親歷記》，第 28—32 頁。

於 12 月 2 日和 3 日連續電示杜聿明，停止西撤，改向南面濉溪口方向前進，解黃維兵團之圍。杜聿明明知實行此舉的嚴重後果，但又不敢以「將在外君命有所不受」的態度違抗命令，只好召集兵團司令會議，由大家共同決定如何應對。與會的第二兵團司令邱清泉個性強悍，自恃其部隊為精銳主力，尚可一戰，主張聽從蔣的命令向南打。在邱清泉的強勢態度面前，李彌和孫元良雖不主張打，但亦不便多說。至此，杜聿明亦只能決策遵蔣命改向南攻擊前進。4 日，杜電告蔣：「職不問狀況如何嚴重，決採逐次躍進戰法，三面掩護，一面攻擊，向東南作楔形突進，以與黃維會師。」6 日蔣電示杜聿明：「此時應覓匪主力所在方向，先行決戰，必須消滅匪之主力，乃可解決一切問題，南下自不成問題矣」。[66] 蔣介石的決策使得杜聿明集團停止在永城一帶改向南進，也使華野有更充裕的時間包圍杜集團，從而注定了杜集團其後被圍殲的命運。

杜聿明集團改變撤退部署後，杜決定採取「三面掩護、一面攻擊」之戰法，令李彌兵團在左，孫元良兵團在右，擔任掩護，以邱清泉兵團居中，自青龍集向濉溪口方向猛力攻擊前進。華野則集中主力，以正面阻擊遲滯其進攻，以三面圍堵縮小對杜集團的包圍，至 12 月 6 日已將杜集團全部包圍在永城東北的陳官莊、青龍集地區。此時杜聿明集團已基本失去攻擊力，即使是最為好戰的邱清泉，也不再堅持向南打的主張。6 日中午，杜聿明再度召集邱、李、孫開會，孫元良提議突圍，得到邱清泉的同意，李彌雖不置可否，但表示願聽從命令。杜聿明遂決定，3 個兵團於當日黃昏同時向西南方向突圍，到阜陽後再集結。因為突圍畢竟有違蔣介石的命令，會後不久杜聿明又覺此計不妥，擔心無論成功失敗蔣均將怪罪於己，決定撤銷計畫，而孫元良自作主張，自行率部突圍，結果所部 2 個軍大部被殲，僅孫元良隻身化裝脫逃。至此，杜聿明部 2 個兵團 8 個軍 20 餘萬人被圍在以陳官莊為中心、方圓不過 10 公里的狹小地域，重蹈黃百韜、黃維兩兵團之覆轍。

杜聿明本為國民黨將領中較具軍事眼光和指揮才能者，但在徐蚌會戰期間，他上受國防部、參謀本部和徐州「剿總」的掣肘，下有邱清泉等的牽制，始終不能獨立自如地貫徹自己的主張，尤其是國民黨軍最高統帥蔣介石，獨斷專行，朝令夕改，使得杜聿明無所適從，加以其個人在關鍵時刻的優柔寡斷，

---

66　秦孝儀總編纂《總統蔣公大事長編初稿》卷 7（上），第 189—193 頁；《淮海戰役親歷記》，第 34 頁。

終使全軍陷入被圍的困境。杜在被圍後電告蔣，望其「抽調大軍，集中一切可集中的力量與共軍決戰」。蔣在回電中卻告杜：「現無兵可增，望弟不要再幻想增兵。應迅速督率各兵團攻擊前進」。蔣介石曾計畫再從華中調動十四兵團宋希濂部增援徐蚌戰場，但因白崇禧作梗，部隊遲遲不能成行。12 月 15 日黃維兵團被殲後，國民黨統帥部因擔心李延年、劉汝明兵團再遭圍殲，令其後撤至淮河以南布防，杜聿明集團已完全陷於孤立無援之絕境。19 日，杜聿明派其參謀長舒適存飛南京要求調兵增援，但蔣介石告訴他：我已想盡辦法，華北華中西北所有部隊都被共軍牽制，無法抽調。目前唯一辦法就是在空軍掩護下集中力量，擊破一方，實行突圍，哪怕突出一半也好。27 日國防部指示杜聿明：「貴部於糧彈補足後，尋匪弱點，選擇有利地形及方向，集中主力，先擊破一面之匪，逐次躍進轉移脫離匪軍包圍，易地與匪作戰。」但杜聿明認為在沒有接應的情況下突圍是死路一條，又適值自 20 日起連續多日大雪，空投補給無法進行，杜集團數十萬人缺糧少彈，困守於一片冰天雪地之中，外有華野部隊的層層包圍，內則將無良策，兵無鬥志，所謂突圍之舉自無從提起。[67]

杜聿明集團被圍後，華野部隊經過 1 個多月的連續作戰，部隊減員較多，相當疲勞，加以糧彈等亦須補充，此時再要立即殲滅數十萬人的杜集團有一定困難。同時，平津戰役已經開始，如果迅速殲滅杜集團，有可能使國民黨決策海運華北部隊南撤。從戰略與戰術等多方面考慮，毛澤東在 12 月 11 日令淮海前線：「於殲滅黃維兵團之後，留下杜聿明指揮之邱清泉、李彌、孫元良諸兵團（已殲約一半左右）之餘部，兩星期內不作最後殲滅之部署。」14 日毛澤東指示粟裕：「整個就現陣地態勢休息若干天，只作防禦，不作攻擊。」此後，華野部隊在 20 天的休整期內，以 8 個縱隊繼續包圍杜聿明集團，以消耗較大的 7 個縱隊調至二線休整，補充兵員與幹部缺額，充實糧彈儲備，並加強對被圍國民黨軍官兵的政治攻勢。12 月 17 日，毛澤東為中野和華野司令部撰寫了廣播稿〈敦促杜聿明等投降書〉，以淋漓酣暢的文字，要求他們「立即下令全軍放下武器，停止抵抗，本軍可以保證你們高級將領和全體官兵的生命安全。只有這樣，才是你們的唯一生路。你們想一想吧！如果你們覺得這樣好，就這樣辦。如果你們還想打一下，那就再打一下，總歸你們是要被解決

---

67　《淮海戰役親歷記》，第 40—41 頁；軍事科學院軍事歷史研究部編《中國人民解放軍全國解放戰爭史》第 4 卷，軍事科學出版社，1997，第 342—343 頁。

的。」[68]

杜聿明集團撤離徐州時，為減輕負擔，只帶了一週的補給，被圍後，糧彈補給全靠空投，因多日風雪交加，空投停止，糧食供應不上，部隊連吃飯都成了大問題，加以天寒地凍，多數士兵飢寒交迫，逃亡投誠者甚眾。為了解決基本的溫飽問題，包圍圈內的糧食和馬、牛、羊、豬等家畜均被搜刮一空，最後甚至是狗、貓、田裡過冬的麥苗等，舉凡可食之物均被搜刮吃光。就在杜聿明集團是走是留一籌莫展之際，粟裕提出應乘杜集團未得充足糧彈補給、疲憊動搖之際發起總攻，並得到中共中央軍委的批准。1 月 2 日，粟裕下達總攻令，以 4 個縱隊為東集團，3 個縱隊為南集團，3 個縱隊為北集團，向杜聿明集團發動總攻，並首先以位於青龍集的李彌兵團為攻擊的重點。1 月 6 日下午，華野各集團同時發起總攻，迅速突入李彌兵團的陣地，李彌率殘部於次日被迫退至邱清泉兵團的防區，合力做最後的抵抗。杜聿明集團在華野的猛烈攻擊下，防區一縮再縮，各部隊紛紛失去聯絡，已無法再堅持。1 月 9 日晚，杜聿明、邱清泉、李彌等率部分頭突圍，華野發起圍殲戰。至 10 日下午，杜聿明集團全部被殲，徐州「剿總」副總司令杜聿明等高級將領被俘，第二兵團司令邱清泉戰死，唯十三兵團司令李彌脫逃。

淮海（徐蚌）會戰是國共兩軍戰略決戰的關鍵一役。此役歷時 66 天，國民黨軍動員了 7 個兵團 2 個綏靖區 34 個軍 82 個師 80 餘萬人，結果損失了 5 個兵團 1 個綏靖區 22 個軍 56 個師共 55 萬餘人，其中傷亡 17 萬人，被俘 32 萬人，投誠 3.5 萬人，起義 2.8 萬人；中共華東野戰軍動員了 16 個縱隊 1 個軍 4 個地方軍區，中原野戰軍動員了 7 個縱隊 3 個地方軍區，共 65 個師旅 60 餘萬人，結果損失了 13.7 萬人，其中陣亡 2.6 萬人，負傷 9.9 萬人，失蹤 1.2 萬人；國共雙方兵力損失之比約為 4 比 1。中共在淮海戰役期間動員的兵力實際少於國民黨，武器裝備也不如對手，結果卻是完勝國民黨，創造了戰爭史上的奇觀。毛澤東曾經興奮而形象地比喻說：淮海戰役打得好，好比一鍋夾生飯，還沒有完全煮熟，硬是一口一口地吃下去了。[69]

---

68　《中國人民解放軍全國解放戰爭史》第 4 卷，第 344 頁；《毛澤東軍事文集》第 5 卷，第 313、362、401、410、435 頁；《毛澤東選集》第 4 卷，第 1369—1370 頁。

69　《淮海戰役》第 1 冊，第 337—338 頁及書末附表；《中國人民解放軍全國解放戰爭史》第 4 卷，第 362 頁。

　　淮海（徐蚌）會戰結束後，國民黨軍可以動用的機動主力部隊基本被殲滅，失去了與共產黨爭勝負的軍事實力，加之財政經濟的崩潰，政治上的四分五裂，國共實力對比發生了根本的變化，國民黨由強而弱，共產黨由弱而強，國民黨統治由衰頹而走向終結，已經不是可能與否的問題，而是何時將要實現的現實預期。

# 第十五章　國民黨大陸統治的瓦解及其退臺

## 一、國民黨失去大陸的緣由

　　民國歷史上有許多耐人尋味者，蔣介石以較少的部隊打敗北京政府完成北伐統一大業，戰後中共軍隊再以較少的部隊打敗武器較精良、人數較多的國民黨軍隊。如何解釋這些問題？或許有學者會以歷史的必然論來解釋歷史發展中的一些現象，然而是否有一個必然的軌跡可循尋，其中的因素為何？或有以人民的選擇作為答案。但是，如果不是以後觀之見去觀察歷史，去評論人的選擇，或許說是被選擇，對於如此巨大的改變，總要有一些反思。這些反思可能面臨一些困境，最大者是解釋的分歧，內憂外患是常被提到的原因。蔣介石自己也認為是國民黨內部的問題，有些則從國際的觀點認為美國要負責，或有人認為是日本侵略的結果，更有從毀滅的種子的長遠角度去解釋；最大問題是立場與切入點，同情國民黨者與同情共產黨者，對內戰的責任、大陸政權的轉移因素的答案顯然就不同。

　　孔尚任《桃花扇・哭主》中有一段話：「養文臣帷幄無謀，豢武夫疆場不猛；到今日山殘水剩，對大江月明浪明，滿樓頭呼聲哭聲。這恨怎平。」再比對蔣介石在日記中的兩段反省：「高級幹部無能無方尚有何望」；「高級將領凡軍長以上者，幾乎多是貪汙怕匪。」[1] 這對於解讀當年國民黨政權的失敗，頗有意味。

　　1945 年 8 月 15 日，日本投降，蔣介石的聲望達到頂點，國內各地大肆

---

* 本章由林桶法撰寫。
1　《蔣介石日記》，1948 年 8 月 8 日、10 月 8 日。

慶祝，從城市到鄉村，從戰時的首都重慶到中共解放區的延安，人們興高采烈歡欣鼓舞慶祝勝利。慶祝的活動有由黨政機關推動者，亦有民眾自發慶祝者，陪都重慶地區報紙以號外的消息吸引民眾的關注，一份報紙甚至賣到 300 元，鞭炮價格漲了好幾倍，市民爭相走告，許多民眾在街上狂叫。上海的餐館掛出「慶祝勝利，八折廉價」的招牌，大賣「勝利套餐」、「勝利餅乾」、「勝利饅頭」等。許多行業紛紛以勝利做廣告，招攬顧客，其中以餐飲的廣告最多，上海的麗園餐館打出「勝利快餐」，揚子舞廳以「慶祝勝利、世界和平、中華民國萬歲、蔣委員長萬歲、茶資一律半價」，金安百貨公司以「慶祝勝利降價四折」。[2]

9 月 9 日，在南京中央陸軍軍官學校大禮堂，正式舉行中國戰區日本投降的簽字儀式，何應欽代表中國接受日本岡村寧次的降書。蔣介石將勝利歸於國民黨的努力。蔣在國內的權力與威望在 1945 年日本投降後達到頂點。

國際方面，自開羅會議以後，中國成為世界四強，蔣與羅斯福、邱吉爾、史達林並列為全世界最重要領導者，戰後蔣負責中國戰區包括越南北部的受降工作，美國以美軍及美援支持進行接收工作，日本的投降亦以國民政府為對象。蔣雖然不滿意美國的安排並沒有事先與其洽商，但大抵而言，美國希望中國建立一個以國民黨為中心的聯合政府，因此積極協助國府進行接收與遣俘的工作。

《中蘇友好同盟條約》簽訂後，蘇聯希望繼續與國民政府談判東北經濟合作問題，希望國共能合作，章百家認為中共同意參加重慶談判是因為史達林的壓力。[3]蔣觀察到蘇聯的對華企圖，認為如果國府依賴美國，蘇聯將會不擇手段破壞中國的建設，甚至製造中國的分裂。如果用武力壓制中共，則蘇聯必支持中共。因此，他在戰後之初，曾經主張對內、對外用政治與外交方法求得諒解與解決。

整體而言，蔣如能善用日本投降後的局勢，應大有可為。然何以短短四年中，他不但被逼下野，而且也失去大陸統治權，從「偉大的領袖」到「人民的公敵」，[4]這是中國近代史研究者積極想尋找的答案。

---

2　《申報》1945 年 8 月 26、23 日。

3　章百家：〈對重慶談判一些問題的探討〉，《近代史研究》1993 年第 5 期。

4　余敏玲：〈「偉大的領袖」VS.「人民的公敵」：從蔣介石形象塑造看國共宣傳〉，蔣介石

我們先從領導者的特質來做觀察。

作為領導者，蔣介石有許多正面的特質：其一，為人勤儉、不貪汙，雖有人將蔣歸為四大家族之首，其中含有許多負面的指責，但是，蔣對財務問題的處理，基本是出於維持其政權，而不只是為其個人的考慮，只是蔣個人的不貪汙不能像曾國藩所說的「風俗之厚薄繫乎一二人之所向」，他不能嚴格國民黨的紀律，國民黨不少官員仍然被認為是貪腐成風。其二，堅持民族主義，雖然有人批判蔣不抗日，但蔣還是能堅持民族主義，對日本侵略深惡痛絕，有抗日的決心，只是因準備不足和內外紛亂而暫時容忍妥協。蔣深知國際局勢的重要，在日記中不止一次強調：「中國外交政策惟求領土行政主權之完成。」但他也常抱怨美國干預中國內政，對美國的做法也有抵制。其三，有堅毅的性格，大部分的時間在籌謀國事，雖經歷不同的挫敗而都能堅持。蔣有信仰，面對各種變局，心情孤寂中能保持平靜。他自幼在孤兒寡母的環境中成長，受到許多不平等的對待，在政治上也經歷過三次被逼下野的窘境，然雖遇挫折，卻能從自省中再出發。其四，大量閱讀各種書籍，汲取精神營養。蔣的閱讀從傳統經典到實用哲學，東西兼具，古今兼備，甚至為研究黑格爾哲學的精神而失眠，對於中共整風文件亦極感興趣，善於運用這些書籍教化黨政軍要員，以達到「立言」的目標。

當然，蔣介石的性格中也有不少負面因素。蔣看重上層領導，不善於利用群眾，甚至反對群眾運動，有意強調自己超脫於群眾，保有統治者的權威，因此不能在中國這樣的人口大國，發動群眾支持其統治。從社會的觀點言，蔣是一位保守派，雖有反省的習慣，卻又不能即時改進，一犯再犯，常立志，又無法達成其志願。對於施政，蔣及國民黨雖有檢討，但往往流於形式，蔣日記中一再出現關於同樣錯誤的檢討文字。而且，蔣重視用嫡系與鄉黨，其重用的軍政要員幾乎都與黃埔軍校有關，另外其要員中浙江籍者甚多，許多侍從人員也是浙江籍，這與蔣重視的忠誠有關。

當然，僅從上述的個性因素，似乎很難看出蔣介石成敗的關鍵性原因。陳立夫認為：「抗戰勝利後，我們每一步棋都走錯了，檢討起來能怪誰？每樁大事都是總裁或最高國防委員會最後決定的。現在回憶這些痛苦的經過，太難

說了，誰該負責？當然我們不能把責任推給總裁一個人。」[5] 蔣有機會成為戰後中國走向世界的領導者，最後卻失去機會。蔣對失去大陸亦頗為自責，亟思反省，從 1949 年 6 月蔣在臺北出席東南區軍事會議，講「本黨革命的經過與成敗的因果關係」起，至 1952 年 10 月，向國民黨七大做政治報告止，三年多的時間，他在相關場合的演講中，直接或間接檢討 1949 年失敗原因，至少有 30 篇，約占同時期演講總數的 27％。[6] 其檢討大多與演講的場合及對象有關，如在政工會議上，強調組織訓練和宣傳比不上中共，在陸海空軍通信參謀人員訓練班上，強調通信人員沒有良好的技術，不明白自己的責任，是「剿共」戰事失敗重大的原因。其中有些切中時弊，有些則過於空洞。

總略而論，國共爭奪的轉捩點在戰後，此處僅羅列戰後導致蔣失敗的若干重要原因如下。

## 過於依賴美國

美國是戰後的強國，在遣返日俘依賴美國的輪船、運兵至接收地點、處理戰敗國家的問題等方面，國民政府須仰仗美國的支持，這些是可以理解的，但太依賴美援，則值得檢討。宋美齡對蔣介石對美的低聲下氣亦頗不以為然，蔣卻無奈地表示：「妻言：對人下氣吞聲，低頭笑臉之苦痛，誰知吾人今日之處境，拯救如此大國豈能如想像之易者。若吾人不負十字架則如何達成革命保種救人救世之任務乎。」[7] 表明其依賴美國有現實的需要。為何蔣在戰後需要美國的強力支援，一是美國為二戰後世界的主導國；二是戰後中國百廢待舉，經濟困窘，特別需要美國經濟的協助；三是戰後中國復員工作亟須仰仗美國。

然美國政府對於援華問題，內部因派別分歧而無明朗決策，此種分歧在政治上為民主黨與共和黨之爭，在軍事上為歐洲派（馬歇爾 G. C. Marshall、艾森豪 D. D. Eisenhower）與遠東派（麥克阿瑟 Douglas MacArthur、魏德邁 A. C. Wedemeyer）之爭。蔣瞭解美國內部的意見分歧，但他判斷美國不會改變對華援助的政策。

美國的對華態度，一方面要建立一個由美國主導的遠東秩序，希望中國

5　《成敗之鑑——陳立夫回憶錄》，正中書局，1994，第 340 頁。
6　劉維開：〈蔣介石對 1949 年失敗的檢討——以演講為中心的探討〉，《政治大學歷史學報》第 29 期，2008 年，第 88 頁。
7　《蔣介石日記》，1945 年 11 月 23 日。

不再發生內戰，支持建立一個以國民黨為首的聯合政府；另一方面要避免蘇聯主導中國政局。美援是美國干預外國事務的後盾，但在美國內部對於如何處理對華關係也有許多矛盾，魏德邁在 1945 年 11 月 10 日由美返華向蔣報告說，杜魯門總統雖然支持他，但參謀首長聯席會則不完全贊成，並強調美國軍隊不會介入中國的鬩牆之爭。

　　國民黨在內戰中失利，許多人將之歸咎於美國，然而蔣介石的重要幕僚董顯光則認為是全盤的問題，不是個別單獨的因素所致。但是，魏德邁在參加美國外交委員會聽證會時，直接提到美國應為失去中國負最大的責任。

　　如同余英時對費正清的評論：「費正清有關中美關係的各種言論，隱藏著二個絕對不變的一貫原則，第一是美國的利益，第二是現實主義」。[8] 其實這正是美國對外政策的重要考慮，這種矛盾表現在實際行動上，則是一方面發表聲明支持國民政府，另一方面逐步縮減及撤離美國在華的駐軍。由於美國的政策，使國民黨軍隊的武器補給大受影響，對於其信心的打擊則更大。美國從過度參與對華事務到逐步放棄對蔣支助，梁敬錞以「壓」、「拖」、「棄」、「斷」四個階段來形容戰後美國的對華政策。1949 年 8 月 5 日，美國國務院發布對華白皮書，將對付共產黨戰略上的失敗，歸咎於蔣政權的基本弱點。此舉無異表示美國放棄對蔣政權的援助，這對於國共勢力的消長自有某種程度的影響。

　　蔣介石處理中共問題，曾經希望依靠美國的調停。如果真由美國完全做主，中國內部可能會形成聯合政府，但蔣對美國的妥協都是有條件的，蔣不願意組織聯合政府，只得虛應行事，如此一來，反而失去獨立處理國內外事務的先機，是其失敗的最大原因之一。青年黨人張潤蒼（夢九）於 1950 年 6 月 6 日致函蔣介石，認為抗戰勝利以來，中國朝野過於重視美國外交，而忽視日本問題，實為失敗的原因。[9]

　　國共內戰之初，因為接受美國的調停，影響到國民黨軍隊士氣，而蔣介石則礙於國際情勢，不得不暫取委曲求全的態度，戰略方面因此受到美國的影響。而後來國共戰局愈演愈烈之際，東北的戰事關係整個戰局，倘無東北之

---

8　傅偉勳、周陽山主編《西方漢學家論中國》，正中書局，1993，第 1 頁。

9　「國史館」藏《蔣中正總統檔案‧特交檔案》：39000053。

敗，自無華北的局部和平，徐州會戰也不致全面敗北，或無其後大陸的易手。不過，東北的戰略是因為蔣介石的堅持，還是美國顧問團的意見，人們有不同的看法。美國方面多認為是蔣介石策略的失誤，史學家道克・巴尼指出：蔣不理會最好的軍事勸告，並派遣若干國民黨最現代化的部隊和裝備至東北，當時共產黨部隊則在那裡控制了大部分鄉村地帶，而且東北與大陸其他地區連接的補給和交通線脆弱不堪。[10] 換言之，蔣介石派軍隊到東北卻受其拖累。而蔣卻認為是受美國的影響，東北失利後，蔣指出：

> 軍事失敗的近因，乃是由於我們戰略的錯誤，我們政府誤信馬歇爾的調處，將最精良的國軍開到東北，以致內地空虛，各戰場上都感到兵力單薄，戰略上一經犯了錯誤，那在戰術上是無法補救的，何況我們一般將領對於戰術又毫無修養，對於剿匪戰術上又未能深切的研究，如此當然失敗的更快。[11]

其實美國對東北的戰略也非一致，最先魏德邁將軍建議蔣，先鞏固長城以南至長江以北的地區，防守華北的交通線，並提出「撤退東北國軍」的建議。當時在南京的美軍軍事顧問團負責人巴大維（David Barr）亦勸告蔣由東北撤退。馬歇爾為防止蘇聯勢力主導東北，則主張一定要守東北。最後以馬歇爾的意見為主，國民黨軍主力開往東北，然就整個戰局而言，如此做法卻有檢討的空間。蔣囿於配合美國的戰略，失去主動布防的機會。不僅東北如此，在國民黨軍大撤退的過程中，美國的影響大於蔣個人的考量。以青島的撤退為例，本來早在 1949 年 2 月，國民黨軍就準備從青島撤退，但美國不贊同，蔣只好妥協，暫不撤退，直到 6 月才撤退，這也影響到後來上海的撤退行動。過於依賴美國，為其對華政策所累，是蔣最後失敗的重要原因之一。

## 處理中共問題失當

蔣介石自「清黨」以後，一直以「剿共」為手段，即使在抗戰期間的聯共，亦是礙於局勢的妥協，並不是真正欲與中共合作抗日。抗戰後期蔣對美國要求其遷就中共，容納中共改組聯合政府主張，深不以為然。即使在美蘇的壓力下與中共接觸，蔣也認為應該變通，並下令各部隊對中共要特別警覺。

---

10　A. Doak Barnett, *China on the Eve of Communist Takeover* (New York: Frederick A Praeger 1963), p.11.

11　「國史館」藏《蔣介石總統檔案・事略稿本》，1949 年 12 月檢討。

　　蔣介石堅持不接受、不承認中共的態度，戰後更是如此，國民黨在戰後初期以各種方式刻意彰顯其擁有獨尊的法統，並以此將中共貶為國家法統下的地方勢力，以剝奪中共聲稱享有的受降接收權利，[12] 忽略了中共已經擁有百萬正規軍隊及 18 個解放區的強大實力。因此即使蔣在美蘇的壓力下，不得不邀請毛澤東等來重慶舉行會談，但其談判的原則是「政治與軍事應整個解決，但對政治之要求予以極度之寬容，而對軍事則嚴格之統一不稍遷就」。[13] 即使簽訂《雙十協定》，蔣也並不滿意，甚至嚴厲批判中共的要求，批評中共無「信義」。[14]

　　其後蔣介石雖應全國輿論的要求繼續召開政治協商會議，然國共內戰卻愈演愈烈。雖然在美國協調下有三次停戰協定，但停戰都是為了發動下一次的戰爭。國共不能合作，雙方各有其出發點，但蔣身為執政的領袖，如果認為合作無可避免，則應有最後妥協的合作方案；如認為政府不能容許中共的發展，一開始就要做完全戰爭的打算，而在美國的壓力下妥協，對與中共的戰爭反而不利。蔣最好的選擇，是絕對的戰爭與絕對的和平中選擇其一，而不是在戰後初期的不戰不和。「行政院長」閻錫山於 1950 年 2 月 6 日在聯合擴大總理紀念周做政治報告時，認為國民黨失敗的原因，是政略不及中共。蔣雖研讀一些中共內部的文章，早年也讀過共產主義的相關著作，其實他對中共的瞭解是膚淺的，對戰後中共的實力是漠視的。1945 年 10 月 13 日，蔣介石下達「剿共」密令，要求各軍努力「進剿」，以完成任務。直到國共內戰後期蔣仍以為可以打敗中共軍隊，1948 年元旦文告中還說可以在一到兩年內完成消滅中共的任務。如果這是策略上為激勵人或可解釋，但如果內心自我感覺良好，則是自欺欺人，這使得蔣在對中共的政略與戰略上都與現實有極大的差距。

## 蔣介石個人的領導風格

　　梁漱溟說：「我說內戰的主要責任在國民黨，國民黨高位者應當負責，自認失敗，對不起國家，對不起人民。」[15] 黃宇人認為，蔣以個人第一，權力第二，兒子第三，國家第四，其二十年之工作，完全為保持自己的權力。[16] 吳

12　汪朝光：《1945—1949：國共政爭與中國命運》，社會科學文獻出版社，2010，第 5 頁。
13　《蔣介石日記》，1945 年 8 月 27 日。
14　《蔣介石日記》，1945 年 10 月 11 日。
15　汪東林：《梁漱溟問答錄》，香港三聯書店，1998，第 112 頁。
16　《雷震全集》第 31 冊，桂冠圖書，1990，第 139—140 頁。

國楨直指蔣介石獨裁，並認為即使蔣下野到溪口，雖然沒有名義，實際上仍然是總統。原來的副總統李宗仁曾和廣西另一將軍白崇禧一起逼蔣下臺，他是代總統，但蔣仍是國民黨總裁，作為國民黨黨員的李宗仁，依舊要接受蔣的命令，李的內閣也是由蔣任命。至於軍事，李可以向他的部隊下命令，但絕不能命令其他部隊，即使命令，這些部隊的指揮官也會向蔣請示進一步的指令。[17] 對於蔣介石的責任，蔣經國曾經為其辯解，認為領袖的政策並沒有錯誤。一個領導者的失敗，有許多內外複雜的因素，但蔣的許多政治決策確實遭到批判。

有關蔣的性格，學者的看法不一。有的認為，蔣介石外表堅毅，性情剛烈，很怕內心空虛，所以身邊總需要好女伴。有的認為，正因為從小缺乏對人的基本信賴，養成蔣成年以後幽暗、多疑、敏感的性格和雪恥情結。9歲喪父以後，沒有父權的壓抑和阻礙，造成了他敢想敢做、不屈不撓的個性。[18] 然而其性格的養成除家庭、學校教育、同儕之外，環境亦有重要影響，蔣並非無朋友，除小時的玩伴與同學外，留日期間與陳其美、黃郛、戴季陶、張群等交好，但自擔任黃埔軍校校長之後，軍事方面長時期居於領導地位，與軍事將領之間處於長官與部屬或校長與學生之間的關係，公誼多於私情。蔣表現出敬重知識分子，也常邀請一些知識分子為其授課，如經濟學等，北伐統一後，有時邀集一些知識分子如胡適、徐復觀等商討問題，他們與蔣還是「君臣」的關係，不是諍友。

蔣介石的主見甚強，要求部屬絕對效忠、服從，自視甚高，具使命感，不信任部屬，有堅持與妥協並存的矛盾性格等。由於受過日本的軍事教育，他要求軍人絕對服從命令，當戰事發生時下令軍隊死守，而當將領不服從導致軍事失敗時，則要求以最高的軍紀進行處理，韓復榘被處死即是其例。由於自視甚高，其戰略不容懷疑，國共內戰時期，蔣對羅澤闓、杜聿明等退守瀋陽的戰略深不以為然。衛立煌就指責蔣介石用人是人人直接通天，弄得誰也不能統一指揮。劉斐也認為蔣過於自我中心。

蔣在位時指導戰局，一方面是對自己的自信，另一方面是對其他將領的

17 裴斐、韋慕庭訪問《從上海市長到「臺灣省主席」（1946—1949年）——吳國楨口述回憶》，吳修垣譯，上海人民出版社，1999，第80頁。
18 王奇生：〈從孤兒寡母到孤家寡人〉，呂芳上策劃《蔣介石的親情、愛情與友情》，時報文化出版社，2010，第17頁。

不信任。蔣下野後依然干預戰局，自 1 月 21 日引退回奉化至 4 月 24 日離開，
3 個月內，幾乎每天都有黨政要員造訪，少則停留一天，多則停留 10 天，有
時最多一天接見 9 人，以蔣的親信部屬如湯恩伯、吳忠信、張群、陳立夫、
王叔銘等較多，其他派系如張治中或西南軍系等甚少到此請益。對此司徒雷登
（J. L. Stuart）談道：

> 在同一時候，住在故鄉的蔣總統有祕書、警衛、長途電話及其他設備
> 來處理職務，晉見的人絡繹不絕。田園詩似的詞句描寫他如何徜徉山
> 水之間，訪問鄉間和善父老，逗著幼孫遊戲，並享受古代式的田園退
> 隱生活。事實上，他正做著軍事及一切其他方面的策略。[19]

蔣介石干預政軍事務，甚至直接指揮將領作戰。中國古語云：將在外君
命有所不受。蔣未必完全掌握一線作戰的情形，然而卻每一戰場都要督導指
揮，前線將領只得改變原有的戰略，不能應變也不敢應變是失敗的主因。負責
「剿共」的兩任參謀總長陳誠與顧祝同，只是執行蔣的決策而已。

蔣性格的另一問題是堅持中的妥協。蔣經常堅持自己的意見，如哪些地
方要戰哪些地方要守，到最後關頭卻又妥協。如東北戰局漸不利時，蔣有意將
主力撤往關內，但馬歇爾不同意，只好妥協，使國民黨軍主力被消滅。抗戰期
間有幾個城市到底要不要死守，蔣前後不一致。日本進攻南京時，蔣要求唐生
智至少死守三個月，後來見情勢不利，同意唐撤守。雖然同情蔣者認為局勢不
同必然要調整，但堅持中的妥協有時對戰局而言是致命傷。

## 黨政派系紛爭嚴重

國民黨的黨國大佬居正在 1950 年元旦舉行「開國紀念暨元旦團拜」時說
道：「我們過去的一切政治、軍事、經濟的失敗，固由腐化錯誤而成，然最
大的失敗，我們應該承認是黨的失敗所致。」[20] 這方面最明顯的是李宗仁副總
統的當選（原規劃為孫科）、立法院院長童冠賢的當選（原規劃為李培基），
甚至任命行政院院長都要考慮黨內派系的意見與平衡。

國民黨內派系之爭早在民國初期就存在。國民黨內成員複雜，有著不同

---

19　《司徒雷登回憶錄》，李宜培等譯，中央日報社，1955，第 141 頁。
20　臺北《中央日報》1950 年 1 月 2 日。

的政治主張和利益衝突。[21] 孫中山去世後，汪精衛、胡漢民、蔣介石既鬥爭也合作，鬥爭不僅是權力的角逐，也夾雜著某些理念的論辯，黨治與約法之爭，這三位領導者各有其支持的勢力，愈演愈烈。當蔣的地位逐漸穩定後，黨內傾軋再起，這次改以幾個擁蔣派系為中心而產生。1938 年由蔣所主導的三青團，成為國民黨的主要擁護者，卻也形成日後的黨團鬥爭。抗戰後期以蔣介石為中心的國民黨內部秩序逐漸呈現某種脫逸控制的傾向，戰後更為嚴重，陳立夫在國民黨丟失大陸之後成為箭靶，然黨團之爭非陳一個人或是 CC 系的問題，其中有路線、利益、團體之競逐在內。即使進行整併的革新運動，表面的問題似乎解決，但私底下的派系依然嚴重。這從國民大會代表的選舉就可看出端倪，選舉結果於青年黨、民社黨等第三勢力而言不盡理想，蔣為了達到平衡各黨派的目的，只得要求國民黨當選的代表退讓，這使原本缺乏核心精神、只有個人利益的國民黨當選者頗為不滿，甚至有抬棺抗議者，可知當時事態之嚴重，中央已不能掌控黨員。

此外，在「行憲」後行政院的改組過程中，考慮的人事安排不是適才適所，而是派系的平衡與蔣的意見，如此自無有魄力有擔當的任事者，長期把持黨務的 CC 系自然成為眾矢之的。國民黨失去大陸與黨內鬥爭有極大的關係。

### 軍事的失敗

國共自抗戰結束後衝突不斷，1947 年馬歇爾調停失敗之後，衝突更加白熱化。1 月 8 日美國總統杜魯門宣布馬歇爾調停任務結束返美，發表《對中國局勢之聲明》，對於國共雙方均感不滿，對蔣的指責尤甚。1 月 29 日，美國駐華大使司徒雷登宣布退出三人小組與軍事調處執行部，這兩個組織正式解散，在此之前是邊打邊談，從此之後是只打不談。同時國防最高委員會鑑於中共不斷擴張勢力，為消弭中共軍隊的「叛亂」，於 1947 年 1 月 18 日通過《全國動員令及戡亂條例》，授權政府立即執行（7 月 4 日正式發布全面「戡亂」令）。之後國共軍事衝突加劇，國民黨軍自 1947 年年中以後不再有絕對的優勢。據國防部次長秦德純稱：1947 年被中共軍隊所毀之國民黨軍計 187 個團，被俘團長以上軍官 148 人，陣亡團長以上 50 餘人。[22] 據中共方面資料，東北

---

21　參見金以林《國民黨高層的派系政治——蔣介石「最高領袖」地位是如何確立的》，社會科學文獻出版社，2009，第 2 頁。

22　《徐永昌日記》第 9 冊，1948 年 2 月 15 日，中研院近代史研究所，1991，第 19 頁。

自 1947 年 12 月發動冬季攻勢，到 1948 年 3 月結束，歷時 3 個月，殲滅國民黨軍 8 個師，並有 1 個師投誠，計 15.6 萬餘人，攻占城市 18 座，壓縮國民黨軍於長春、瀋陽、錦州三個孤立地區。

即使如此，國民黨軍在 1948 年初仍有其優勢，然毛澤東已經開始把原來打敗國民黨軍 5 年的時間縮短為 3 年。遼瀋戰役，國民黨軍損失 47 萬人，物資財力的耗費無法彌補，國際聲望下墜。反觀中共軍隊在東北全境已增加至 130 萬人，超過關內中共軍隊的人數，士氣高昂。平津戰役，國民黨軍損失 52 萬人。淮海戰役（徐蚌會戰），國民黨軍慘敗，總共 55.5 萬人被殲滅。三大戰役國民黨軍損失 150 萬人，且多為其精銳部隊，對國民黨軍部署長江防禦和全力反攻有嚴重影響，使之處於被動的防禦，加以許多將領帶兵投降，對國民黨軍的士氣及戰力打擊甚大。

三大戰役後，蔣介石被迫下臺，李宗仁冀望和平，中共早做渡江的準備。北平和談失敗後，中共軍隊即於 1949 年 4 月 21 日渡江，23 日攻下南京，5 月 27 日攻下上海，28 日國民黨軍自上海撤退。6 月 2 日，國民黨軍自青島撤退。接下來中共軍隊展開福建與廣東的攻擊行動，10 月 17 日攻下廈門，國民黨軍撤至金門，10 月 26 日中共占領廣東，自此東南地區全為中共所占，國民黨軍僅剩金門、大小陳島、一江山、舟山群島、海南群島等沿海諸島嶼。西南地區為國民黨軍最後所繫，蔣介石前往坐鎮，但其軍隊士氣大挫，將領投降者眾，11 月 21 日，國民黨決定將政府由重慶遷成都辦公，12 月 8 日，「行政院」決議「遷都」臺北，在西昌設總指揮。12 月底大陸地區絕大部分為中共所統治，國民黨軍全面退敗。

國民黨軍全面潰敗的原因甚多，無法就每一個戰役做細部的分析，只能綜合較大的原因進行探討。

其一，國民黨軍師長以上將領無作戰與犧牲的決心，缺乏戰鬥意志，畏縮遲疑，對命令不徹底奉行。蔣介石認為國民黨軍被俘高級將領甚多，缺乏同仇敵愾之意志。蔣經國認為是國民黨軍思想模糊，精神渙散所致。廖耀湘兵團於 1948 年 10 月 27 日黑山地區轉進時，既無計畫，又無部署，各部隊長不掌握部隊，反而隻身逃亡，如龍天武、潘裕昆等軍長隻身逃返瀋陽，置部隊於不顧，覓機飛北平逃跑。毛人鳳在檢討此戰役時，亦將矛頭指向衛立煌及一些

重要官員擅離職守。淮海戰役中，馮治安不願打頭陣，認為會犧牲，遇挫敗則投降，還振振有詞為投降找藉口。再如何基灃、張克俠等先後投共，這對國民黨軍打擊甚大。據統計，國共內戰期間，國民黨軍高級軍官（上校以上）投共的人數超過200人。投共與被俘不同，投共者大部分是對國共內戰無信心，對於國民黨軍士氣的打擊甚大，西南地區的盧漢與羅廣文、陳克非即是其例。

這種失敗主義，從傅作義被圍時可以看出。傅冀圖與中共達成局部和平以換取中共軍隊撤退，部隊調防猶豫不決，無法抵抗全面進攻的中共軍隊，北平方面並未發生戰鬥。1948年10月25日，傅作義與王克俊交換對北平及整個時局的意見，兩人的結論是「國民黨必敗，共產黨必勝」。自1948年11月，中共部隊接二連三打敗國民黨軍，12月24日，占領張家口，1949年1月15日攻占天津，戰敗的陰影對傅的壓力極大。

國民黨軍的投降不僅對士氣的打擊甚大，武器的損失也很慘重。東北第六補給區司令劉雲翼說，東北國民黨軍從未因彈藥缺乏而失一城一地，中共軍隊進城擄獲的武器數量可觀。趙勒軒《瀋陽一九四八》書中提到：國民黨軍在瀋陽遺留的彈藥，可以裝600節車皮。1949年國民黨軍撤出上海，留下子彈近1億發。國民黨軍精銳武器每為中共軍隊進占城池時所得。

其二，國民黨軍中的中共情報人員問題。國共內戰國民黨軍屢嘗敗機，將領也覺察到軍事機密時常外洩。徐永昌曾對秦德純說，國防部及徐州總部機要幹部中，似有敵諜潛伏。秦謂如郭汝瑰廳長與何基灃、張克俠等應多加注意。[23]再如東北「剿總」司令衛立煌的副祕書長兼辦公廳主任汪德昭、胡宗南身邊的親信機要人員熊向暉等，均為中共地下黨員。[24]傅作義女兒傅冬菊是共產黨員，在綏靖公署祕書杜任之策動下，傅開始與中共接觸。中共地下工作人員，不僅策動國民黨軍投共，對中共順利接管城市亦有許多幫助。

其三，軍系間相互猜忌、不協同作戰。東北保安司令長官杜聿明與軍長孫立人不合，地方人士對熊式輝不滿，士氣低落，人心動搖。1947年6月11日，中共軍隊圍攻四平街，熊式輝向國防部報告時談到，國民黨軍經多次會戰後，軍力耗損，既無增援，補充器材既少又遲，中共軍隊則增加迅速。杜

---

23　《徐永昌日記》第9冊，1948年11月17日，第160頁。
24　楊奎松：《國民黨的「聯共」與「反共」》，社會科學文獻出版社，2008，第674頁。

聿明在大勝之餘，國防部下令其冒險進攻，杜又與石覺、孫立人等重要將領，在戰略上意見參差，形成將帥失和，使形勢丕變。當時第一兵團主任祕書毛起鷃向蔣報告其軍隊為何會失敗撤入越南，特別認為是各軍觀望的結果。

不協同作戰在內戰初期就已發生，孟良崮戰役即是其例。當時張靈甫奉命死守孟良崮，附近有整十一、二十五、四十八、六十五等師和第七軍增援，周圍還有第五軍，整九、二〇、六十四師增援，可是當張部在孟良崮被圍時，有些部隊觀望不前，有些部隊移動緩慢，顯示國民黨軍相互支援出現問題。淮海戰役國民黨軍的慘敗亦是各自為政的結果。

其四，制度問題。國民黨軍的部隊只服從有淵源長官的領導，另派指揮將領常常無法調度部隊，軍事系統中嚴格的上下服從的制度關係往往形同虛設。如東北局勢緊張，派衛立煌去收拾殘局，但衛立煌根本指揮不動新一軍及新六軍。劉峙也指揮不動杜聿明、邱清泉等人的部隊。白崇禧更指揮不動駐信陽的黃維兵團。

軍隊的失敗與平時的治軍有關，徐永昌在 1948 年 9 月 26 日與熊式輝談話時即指出：「我們治軍的手法不改，即戰勝一、二次，亦無補於危亡，況屢敗乎，濟南之失，由於吳化文之叛變，吳固不致於叛變者，實有以驅之。」[25] 蔣介石在說明其軍隊失敗原因時亦說道：「我們今天失敗主要的原因，是由於我們軍事的崩潰。軍事之所以崩潰，是由於我們軍事上的制度——諸如教育制度、人事制度和經理制度，皆未能健全的建立起來。」[26] 監察制度即政工制度未能落實是關鍵。如 1949 年初，國民黨軍在解放軍發起的三大戰役中失敗後，各軍要求發餉的人數達 600 萬人，蔣為此相當生氣，認為怎可如此浮報。由於監察制度不能落實，軍中許多思想的亂象就無法控制，軍隊亦不知為何而戰為誰而戰，一到戰事的關鍵時刻，選擇的不是犧牲而是投共。

其五，戰略的問題。對於作戰的失敗，戰略指導相當重要，國民黨軍不論是三大戰役或中共渡江戰役、上海戰役，乃至最後的決戰，似乎都犯了指導錯誤的毛病。黃杰在檢討西南作戰時指出：1949 年 11 月中旬，在桂林參加長官公署作戰會議時，對保衛西南戰略曾堅決主張華中部隊應向西轉進靠攏黔

---

25　《熊式輝回憶錄》，明鏡出版社，2008，第 669 頁。
26　蔣介石：〈革命實踐研究院開學致辭〉，張其昀編《先總統蔣公全集》第 2 冊，中國文化大學，1984，第 1924 頁。

滇邊境，此案未獲採納，會議決定向南行動，結果部隊運瓊島計畫未成，反為中共各個消滅。如當時各兵團積極向西行動，接近滇黔邊境，守住左右江以東地區南北之線，以昆明、百色、龍州等地為大後方，則貴陽易手不致如是之速，昆明之政變不致釀成，川康部隊亦可向雲南集結，誠如是，則西南大陸今日猶有可為。[27] 這或許是後觀之見，但當時戰略幾乎都出問題，最主要與情報搜集有關。軍事的判斷基礎是情報，國民黨軍往往未能掌握中共軍隊的真實動向，進入交戰區找不到中共軍隊，卻處處都是中共軍隊，中共軍隊在暗，國民黨軍在明，常遭襲擊。

國共內戰中國民黨軍戰略失敗的首要問題是不能集中兵力，主力戰線拉得太長，每一個點都要兼顧，占領地區愈大，包袱越多，兵力越分散。中共的戰略是能打則打，不能打則暫取守勢，國民黨軍則不同，關內關外都要打，兵力明顯不足。郝柏村認為，在美國調停失敗後應集中兵力優勢在關內，關外宜採守勢。[28] 當國民黨軍速戰速決的戰略失敗後，改採戰略守勢，但又堅持固守已有的據點，給中共軍隊以各個擊破的機會。就 1948 年東北的戰局而言，國民黨軍夏季前應放棄長春，秋季前應放棄瀋陽，以營口、葫蘆島、秦皇島等港口為基地，後來全面防守，遭圍攻後連退路也被切斷，不僅影響東北戰局，華北戰局也受影響。

國民黨軍戰略的第二個問題是機動性不足。國民黨軍擁有空軍優勢，卻只能白天作戰，不習夜戰，一天只能行動 12 小時，中共軍隊雖無空軍，但隨時機動待命。空軍配合陸軍作戰是當時國民黨軍最優勢之處，但空軍也需有天時、地利之便，往往在最需空軍的時候，空軍卻未能予以有效支持，另常受制於陸空聯合作戰，轟炸的效果有限，接戰與否的主動權在中共。

戰略的第三個問題是戰略戰術不能有效執行。國民黨軍最先是想速戰速決，消滅中共軍隊在解放區的勢力，但一方面受限於美國的調停，不敢明目張膽地進攻，另一方面低估中共軍隊的實力，因此接戰時不能有效壓制對方。後來國民黨軍在全面「戡亂」時期，提出進行分區防禦戰及總體戰，但通常只是停留在口號上，分區防禦最後變成被各個擊破。

---

27　〈革命文獻・蔣總統引退與後方布置〉，「國史館」藏《蔣中正總統文物檔》：002000000433A。

28　《郝柏村解讀蔣公日記》，天下出版社，2011，第 227 頁。

　　反觀中共的戰略常與政略相配合，中共政略是希望以戰後現有的解放區為基礎，取得與國民黨相對的合法地位，因此爭取擴大占領區、獲得國際支持為其發展的重點；利用重慶談判、政治協商會議爭取有利的籌碼；以廢止國民黨一黨專政、建立聯合政府為手段，逐步邁向奪權的目標。中共以「鞏固華北、爭取東北、堅持華中」為其戰略部署，並制定了「向北發展，向南防禦」的戰略方針，不惜放棄部分南方根據地，將部隊依次北移，以便集中 10 餘萬主力控制熱、察，爭取東北，[29] 因此能化被動為主動，而當掌控優勢時，集中進攻毫不鬆懈。如遼瀋戰役後，國民黨軍以為中共軍隊會進行統合休整，來年春天（1949）再進攻平津，但中共軍隊於 1948 年底即集結進攻平津，使國民黨軍不知所措。

　　國民黨軍不能顧到點、線、面的結合，不論是進攻或防守容易流於單打獨鬥，中共軍隊則較能貫徹上級指示，多方配合，國共成敗立見。

## 官員貪汙與學運盪民心

　　國民黨的崩潰以軍事的崩潰最為嚴重，崩潰卻是從學運不斷與通貨膨脹所帶來人心動盪為起始。國民政府戰後在許多方面處理不當，接收貪汙為人所詬病。抗戰期間中國的損失雖然慘重，但日本投降時也留下相當龐大的資產，日本的企業及工廠有相當的基礎，如果接收復員得當，將是一筆大資產，接收復員的失敗是國民黨在大陸統治垮臺的重要原因之一。

　　民國以來國府統治城市的經驗較中共豐富，但接收卻犯了嚴重錯誤，出現所謂「五子登科」（車子、房子、金子、女子、票子）的弊端，引起淪陷區人民的痛恨，認為接收即劫收，接收反而變成嚴重的累贅。至 1947 年 6 月底，兩年來全國各地法院審理終結的貪汙案 16794 件，涉案公務人員 17454 人，已科刑罰者 6258 人（占被告總數的 37.5%）。貪汙成為風氣，所謂「眾官不貪，一官難貪，眾官皆貪，一官難清」。上海憲兵隊隊長姜公美，非法封占人民房屋、竊取物資，國防部最後判其死刑。政府亦有心導正，1945 年 9 月 25 日，蔣介石電上海市市長錢大鈞轉湯恩伯總司令，要求整頓上海地區的奢靡風氣，但難見成效。

　　在戰後貪汙的案件中，人們所關注的是孔宋家族的貪汙問題，其中最為

---

29　楊奎松：《毛澤東與莫斯科的恩恩怨怨》，江西人民出版社，1999，第 232 頁。

人矚目的是 1947 年的揚子、孚中公司案。1947 年 7 月 29 日，《中央日報》記者陸鏗報導，宋子文批准孚中暨揚子等公司結匯 3 億多美元，占國家同期售出外匯的 88%，轟動一時，傅斯年還曾以〈這樣的宋子文非走開不可！〉為題發文，要宋子文下臺。後來才發現，在報導數字時少了一個小數點，《中央日報》為此發表更正。7 月 31 日，《中央日報》發表〈孚中揚子公司結購外匯之實數啟事〉一文，證實「小數點上之錯誤」千真萬確：本報所載各公司結購外匯之數目，有數處漏列小數點，以致各報轉載時，亦將小數點漏列。孚中公司結匯實數為 1537787.23 美元，誤成了 153778723 美元，揚子公司結匯實數為 1806910.69 美元，誤成了 180691069 美元，兩家總數 3344697.92 美元，誤成了 334469792 美元。可是，因為大家不信任官媒，這樣的報導並無人注意，何況孔宋家族的貪汙之事早為大家所詬病。蔣在 8 月 1 日的日記中特別提到：「近日為宋家孚中、孔家揚子等公司，子文違章舞弊私批外匯案，余令行政院徹查尚未呈覆，而中央日報副編輯乃探得經濟部所查報之內容先行登載發表，並誤記數目以一百八十萬元美金記為一億八千萬美金，因之中外震驚，余嚴督財部公布內容真相稍息群疑。子文自私誤國殊為可痛，應嚴究懲治以整紀綱。」

除貪汙問題，頻繁的學生運動亦是一大問題。蔣介石及國民黨的領導者往往將學運歸之於中共從中策動，認為學生運動是中共運動學生的結果，但缺乏檢討是誰給中共運動學生的機會。戰後學運的原因，一是對淪陷區的學生，稱為偽學生，學生都必須參加甄審，對敵偽專科以上畢業及肄業學生之資格則分南京、上海、武漢、廣州、杭州、平津等六區進行甄審。對學生之甄審，分為畢業及肄業生兩部分辦理，畢業生甄審合格者，由教育部集中訓練 3─6 個月後始發給證明；另於北平、上海、南京、武漢、廣州、青島、瀋陽等 7 處，先後設立臨時大學補習班，收容敵偽專科以上學校肄業學生，予以補充訓練，並藉以進行甄審，引起淪陷區學生的強烈反彈。二是復員不力，僅將淪陷區遷出的學校搬回原址，就大費周章，廣大淪陷區各級教育的恢復、整頓與淨化更無效果。

蔣介石在談到戰後問題時，尤指責學生為中共所利用，蔣經國談大陸「淪

陷」原因時認為係青年學生受中共「蠱惑」。[30] 根據司徒雷登的調查，戰後大部分學生均贊成和平，反對分裂，且到了 1947 年初仍有 90％—95％的學生並不贊成中共，但隨著局勢的發展，卻有 50％的學生同情中共。因此中共的「利用」固為要因，但戰後復員的若干措施如遷校、甄審制度等問題未能妥善因應，加以經濟問題未能有效解決，造成通貨膨脹，國共爭鬥不斷，使青年學生對社會、政治、經濟等產生不滿，也為學生抗爭及學潮的重要誘因。正如陳之藩致胡適函中提到：這次的學潮鬧起來，一半是由教授幫閒，一半是由學生的操縱，一半是由當局的胡來。張其昀認為，學潮不能視為孤立的事件，學潮是一種病象，其病源在於中國的政治。[31]

　　當時的學生提出三反：反飢餓、反內戰、反迫害；三要：要民主、要自由、要吃飯，政府都無法滿足，使學生無法安心上課。以 1947 年言，193 所大專院校中有 82 校發生學潮，計約 150 次，影響所及，有一學期僅上課 6 週者。[32]

## 通貨膨脹

　　或有人認為國共的成敗在於土地政策，其實當時中共的土地政策並未影響到許多人及民心，最嚴重、影響全民最深的應是通貨膨脹，可以說這是國民黨崩潰的主因。陳立夫將大陸失敗的原因歸於財政金融沒有搞好，他認為：「財政上的失敗，是幫助共產黨把有錢的老百姓變成『無產階級』，是我們為什麼要到臺灣來的最大原因。」[33] 費正清 1945 年 10 月至 1946 年 7 月在中國逗留 9 個月，觀察到中國希望美援，認為蔣介石和國民黨控制的國民政府，由於濫發鈔票而造成通貨膨脹，進而導致更嚴重的貪汙腐化，已經喪失民心。[34]

　　造成戰後通貨膨脹的原因相當複雜，與財政赤字的增加、貨幣發行量增加、人心恐慌、囤積物資等因素有關。國民政府自 1945 年 12 月至 1949 年 6 月貨幣發行額，如表 15-1 所示。

---

30　李元平：《平凡平淡平實的蔣經國先生》，中國出版社，1988，第 188 頁。
31　中國社會科學院近代史研究所中華民國史研究室編《胡適來往書信選》下冊，中華書局，1980，第 389—390 頁。
32　南京《大剛報》1948 年 2 月 24 日。
33　《成敗之鑑——陳立夫回憶錄》，第 336—338 頁。
34　《費正清對華回憶錄》，陸惠勤等譯，上海新華書局，1991，第 358 頁。

## 表 15-1 貨幣發行情況

| 時間 | 發行額（法幣，10 億元） | 時間 | 發行額（金圓券，10 億元） |
|---|---|---|---|
| 1945—12 | 1032 | 1948—08 | 0.544 |
| 1946—06 | 2117 | 1948—09 | 1.202 |
| 1946—12 | 3726 | 1948—12 | 8.320 |
| 1947—06 | 9935 | 1949—01 | 20.87 |
| 1947—12 | 33189 | 1949—04 | 760.74 |
| 1948—08—19 | 604534 | 1949—06 | 130304.60 |

資料來源：中國人民銀行總行參事室編《中華民國貨幣史資料》第 2 輯，上海人民出版社，1991，第 596—597 頁。

　　除上述問題外，另有兩個問題，一是貨幣兌換問題。在兌換偽幣方面，高估法幣的幣值，有認為法幣兌換中儲券收兌的理想比值是 35—50 元兌 1 元法幣。由於高估法幣，低估偽幣，造成大後方的法幣大量流入沿海地區，購買黃金、美鈔、貨品，資金大量東流，西南地區因人口復員回家，貨品供應增加，產品滯銷，物價下跌，不久資金又回流，使物價暴漲。暴漲暴跌都不是經濟發展的常態。各城市匯兌率也未能統一。在武漢，法幣與中儲券的兌換比率是 1：40，在上海是 1：150，在南京為 1：200。如此一來，商人從中操控，使幣制大亂。

　　二是外匯問題。1948 年 10 月初，行政院院長翁文灝出席立法院祕密會議，說明全國物價波動情形及原因時認為：「金融外匯處理欠佳，致金融市場在改幣制後仍存在，實為物價上漲重要原因之一。金圓券有兩個敵人，一為中共軍隊，一為香港，前者公開叛亂，破壞經濟政策，後者為金融逃避所。」[35] 法幣與美元的匯率，同時間不同地點差異甚大，1946 年初，在天津，法幣與美元的匯率為 700：1，在上海為 1500—2000 元，投資者往來於兩大城市間，在天津買美元到上海拋售，如此一來，肥了商人，卻使物價呈現不穩。

　　1947 年後，物價全面上漲，各地漲幅不一，其中以太原、北平、天津等地最為嚴重。比較 1947 年與 1946 年同期，太原一年物價上漲 20 倍，北平上漲 16 倍，天津 13 倍，合肥、西安各 15 倍，青島 14 倍。上海自從 1947 年 2 月發生黃金風潮，不僅行政院院長宋子文黯然下臺，對物價的影響亦大，以上

---

35　香港《華商報》1948 年 10 月 19 日。

海及北平為例。

上海。法幣 100 元，1943 年可購買 1 隻雞，1946 年可購買 1 個雞蛋，1947 年只能購買 1/3 盒火柴。1947 年 2 月 12 日，蔣介石電令鄭介民赴滬查報，提到滬市美鈔 1 元竟值法幣 1.6 萬元，黃金 1 兩值 90 萬元，米 1 石已漲至 10 萬元以上，百物皆有價無市，而「奸黨」市儈復互相策應，盡其煽惑擾亂之能事，使得人心惶惶。這種情況到 1948 年 6 月還未改善，端午節將近，兼之各方法幣皆向上海流入，百貨暴漲，白米每石已至 700 萬元，美元 1 元兌換已漲至 150 萬元，經濟危險的程度比軍事更足憂慮。

北平。1945 年 1 月，大米每斤法幣 12 元，小米每斤 6 元，麵粉 30 元；1946 年 1 月，大米則漲為 184 元，小米漲為 88 元，麵粉 130 元。5 月，小米漲到 180 元，麵粉 320 元。[36]

雖然各地通貨膨脹的情形不一，但都造成不同程度的影響，公教人員及一般人民的生活大受波及。價格飆漲，受害較深的是所得固定的受薪階級，尤其是公教人員。公務人員的待遇，按行政院規定辦理，戰後初期生活還能基本不虞匱乏，然自 1946 年年中以後，所得不敷所需，行政院雖於 1946 年 10 月做出調整，仍趕不上通貨膨脹的速度，以致許多人被迫轉業，接收人員的貪瀆現象雖屬個人行為，但與生活壓力不無關係。教育部部長朱家驊檢討時談道：物價繼續上漲，使各級教育人員之生活迄難安定，政府發給各校之復員經費，亦不足以完成其預定修建計畫，不得不因陋就簡。此實本人深引為憾之事。[37]

此外，由於通貨膨脹，產生驚人的高利貸，在過去貨品暢銷物價膨脹的時候，工商業對於高利貸的負擔，還可勉力應付；此時貨物滯銷，成本增高，製成品的價格卻不能上漲，高利貸壓得一般工商業喘不過氣來，甚或陷於窒息，使工業生產無法計畫，民間企業寧可囤積材料而不願生產，倒賣之風盛行，資金不易籌措。

為遏止日愈嚴重的通貨膨脹，政府決定改革幣制與管制經濟，實施金圓券。1948 年 8 月，蔣按《動員戡亂時期臨時條款》賦予之緊急處分權，不經立法院同意即發布《財政經濟處分令》。蔣認為本來政府早有意改革，然因未

---

36　周啟綸：〈解放前天津物價飛漲民不聊生紀實〉，《天津文史資料選輯》第 5 輯，天津人民出版社，1979，第 145—154 頁。

37　朱家驊：〈教育復員工作檢討〉，《教育部公報》第 19 卷第 1 期，1947 年，第 7 頁。

子文、張群等人畏縮不決未敢執行，故此次決然實行幣制改革。

這次的改革，匯率為 300 萬法幣兌換 1 金圓，與美金的兌換比為 4：1，黃金每市兩兌金圓券 200 元，白銀每市兩兌 3 金圓。為建立人民對金圓券的信心，政府允諾金圓券的總發行量限定為 20 億元，規定「黃金、白銀、銀幣及外國幣券在中華民國境內禁止流通、買賣或持有」，只有中央銀行有權收兌、保管，持有者必須於 1948 年 9 月 30 日以前兌換成金圓券，過期未兌、未存者一經查出即予沒收。政府還規定人民可以選擇購買美金債券或折合成美金儲存於中央銀行；實施「限價政策」，各地物價一律凍結於 8 月 19 日之水準；禁止工人罷工、怠工。

這次幣制的改革，不僅是一次幣制的更新，更是一次管制經濟的重要措施，然由於發行量過大，按照規定的金圓券與法幣的兌換比值，當時發行的 600 億法幣，只需 2 億金圓券即可收兌，而法定金圓券限額定為 20 億元，金圓券的膨脹是必然的。美國駐華大使司徒雷登向其政府報告時指出：「20 億元金圓券的發行額，約等於目前通貨的 10 倍」，並預言通貨膨脹的力量可能達到無法控制的地步。[38] 收兌日期一延再延，使政府失去威信。金鈔的收兌期，原定為 9 月 30 日截止，民眾擔心非法持有金鈔，蜂擁至中央銀行兌換，中央銀行卻於 10 月 1 日發布公告：查收兌黃金、外幣展期至 10 月 31 日，收兌白銀、銀元、銀角，展期至 11 月 30 日。這種不守信用的做法，也使許多商業銀行心存觀望。

為了抑制通貨膨脹與防止不肖商人囤積，蔣介石認為上海是全國金融中心，整頓上海具有指標意義。早在幣制政策實施前，8 月 13 日，蔣認為實施幣制後必須加強督導，特於上海、天津、廣州三地設督導員，以俞鴻鈞為上海區經濟管制督導員，助以蔣經國、徐柏園；以宋子文為廣州區經濟管制督導員，霍寶樹協助督導；天津以張厲生為督導員，王撫洲協助督導。蔣經國到上海後雷厲風行，查緝囤積，後因揚子公司涉及孔家成員，最後黯然辭職。10 月 29 日，蔣介石承認：「經濟改革計畫與金圓券政策似已完全失敗。」蔣經國對此備感挫折，10 月 31 日離開上海返杭州寓所。11 月 2 日，蔣經國發表《致上海人民書》稱：「在七十天的工作中，我深感覺沒有盡到自己所應盡的責任，

---

38　《中美關係資料彙編》第 1 輯，世界知識出版社，1960，第 891 頁。

不但沒有完成計畫和任務，而在若干地方，反加上上海市民在工作過程中所感
受的痛苦……我懇切希望上海市民應用自己的力量不再讓投機奸商、官僚政客
和地痞流氓來控制上海。」[39] 蔣經國不得已辭去上海區經濟督導之職。其後上
海物價一日間突漲四五倍，尤以民生所關之米價為甚，而且無米可買，各地皆
鬧米荒，搶米風潮漸起。

通貨膨脹日漸嚴重，金圓券並沒有結束通貨膨脹，通貨膨脹成為連續劇，
金圓券的價值愈來愈低。1948 年 8 月，規定銀元 1 元換金圓券 5 角，8 個月後，
1949 年 4 月，銀元 1 元兌換金圓券 360 萬元，發行大面額 100 萬元的金圓券，
使印有蔣介石像的金圓券變成廢紙。1949 年 7 月，政府再改幣制，廢除金圓
券，發行銀圓券，規定金圓券 5 億元換銀圓券 1 元，影響民生甚巨。

其他還有審判漢奸引發的爭議。至 1948 年初，各省共審判辦結漢奸案 2.5
萬餘件，共有 4 萬餘人被舉為漢奸，近 1.5 萬人被判刑，但在審判中漢奸的標
準及認定引起爭議。此外國府對於第三勢力沒有善意的回應，加上戰後各項
復員不力等都使得蔣介石及其政府漸失人心。雖說軍事的失利是國民黨敗退
的主因，以上諸多問題亦有其重大影響。至於國際因素，如蘇聯的扶助中共、
日本侵華所導致的後遺症、美國對華態度的轉變等或有推波助瀾的效應，客觀
環境確實有許多不利的因素，但對於國民黨丟失大陸的統治權，蔣介石應負重
要責任。

## 二、黃金與重要文物遷臺

國共內戰後期，蔣介石有見於黨政軍都出現問題，開始思考重起爐灶，
國內亂象環生，他希望能找到一個較小而單純的地方再重新開始。1948 年 11
月 24 日蔣介石日記寫道：

> 與經國談時局，深歎黨政軍幹部之自私無能散漫腐敗，不可救藥，若非
> 復興民族重振革命旗鼓，欲捨棄現有基業，另選單純環境，縮小範圍，
> 根本改造，另起爐灶不為功。故現局之成敗不為意矣。

蔣介石在這裡雖沒有明指臺灣，但其意涵則甚為明顯。當時的臺灣地區，
共產黨勢力較小，蔣在 1946 年到臺灣視察，深感滿意。因此在蔣來臺之前即

---

39　《蔣總統經國先生言論著述彙編》第 1 集，第 483 頁。

做了若干規劃，人事上由蔣的嫡系陳誠掌臺灣省政，資源上將黃金及故宮重要文物遷臺，將軍隊的美式武器移置臺灣，並思考如何使臺灣成為三民主義的實驗省，欲圖再起。就具體做法而言，另起爐灶是要從多方面著手，包括黨的改造、嚴密組織、建立制度、軍隊人事的調整、黨政人事的調整等。

為了穩定「反攻」的基礎，以便重起爐灶，蔣介石最重要的安排是將中央銀行的黃金及故宮博物院等典藏的重要文物遷到臺灣。

## 黃金運臺

黃金運臺的問題，有許多人極有興趣，至今有爭議點：其一，黃金運臺的數量，從幾十萬兩到幾千萬兩的說法都有。其二，黃金運臺後的用途，有人認為作為臺幣的準備金，有人認為已經用於國共戰爭，所剩無幾。

本章所指的黃金，主要係指將儲存於上海中央銀行而後直接或間接運至臺灣的黃金。存於中央銀行的黃金從何而來，有人認為是中央銀行長期存放的黃金，但最重要的是 1948 年金融改革時收兌所得的黃金。

1948 年 8 月 23 日，中央銀行開始以金圓券兌換金銀外幣與法幣。第一天市民排隊，踴躍以金銀兌換金圓券，一天的匯兌，中央銀行即收兌黃金 7748.36 兩，白銀 8776.96 兩，銀元 28361 元，美鈔 819631.5 元，港幣 136702 元，共兌出金圓券 5013777.39 元。蔣介石對於幣制改革引起正面的迴響，民眾兌換踴躍，深感欣慰。

黃金、白銀、外幣的兌換截止期原定為 9 月 30 日，此後人民持有即為違法。上海 9 月 29 日、30 日是兌換的高潮，30 日兌出金圓券 3600 萬餘元。幣制改革期間收兌的黃金、白銀、外匯等總價值超過美金 4 億元。蔣在日記中也提到收兌的成果：「國家各銀行外匯皆已集存中央銀行，其總數共計一億餘美金，較改革幣制之前增加四千萬美金，又兩星期來人民以現金外幣來兌金圓新幣者約計共有五千萬美金，其數可觀，人民對政府之熱忱令人益感愧怍。」[40] 據王雲五的回憶，至 9 月底兌出的金圓券合計 6 億餘元。[41] 據翁文灝的報告，至 9 月底收兌淨收入折合美金 1.6 億多元。

1948 年底，雖然政府制定的金融改革計畫失敗，但中央銀行已完成收兌

---

40　《蔣介石日記》，1948 年 9 月 4 日。
41　王雲五：《岫廬八十自述》，第 536 頁。

黃金及白銀的工作。為確保這批黃金、銀元的安全，蔣介石決定將其運至臺灣保存。決定將這批黃金運臺，從多方面可印證決策者是蔣介石，中央銀行總裁俞鴻鈞只是執行者而已。央行的政策雖有其獨立性，但必須以政府的方針為依歸，運送黃金涉及許多層面，非央行可自行處理者，而且，俞鴻鈞做事基本是秉承上意，處理黃金運送亦不敢先斬後奏。資料顯示，1948 年 10 月初東北局勢對國民黨明顯不利，蔣幾次接見俞鴻鈞，開始做黃金運臺的部署，並於年底正式起運。在此同時，行政院院長孫科也知道控制中央銀行的重要性，1949 年 1 月 8 日，孫科於行政院會議中，以辦理存兌金銀措施失當為藉口，將中央銀行總裁俞鴻鈞予以免職，蔣深感痛心，接見吳鐵城副院長與財政部部長徐堪，囑其轉告孫科院長，不應發表俞鴻鈞總裁的免職令，對孫科頗有微詞，孫科的企圖未能實現。[42]

　　1949 年 1 月 10 日，蔣介石派蔣經國拜訪俞鴻鈞，希望其將中央銀行現金移存臺灣，以策安全。15 日，蔣介石再度接見俞鴻鈞和中國銀行總經理席德懋，指示中央、中國兩銀行外匯處理要旨，勿使兩行外匯消耗於無形，並為以後保留此一線生機。蔣先是要求俞鴻鈞妥善安排這些黃金與白銀，後又明確指示將這些黃金與白銀運送至安全地方（臺灣及廈門等地）。[43]

　　至於決定將黃金運臺的時間，應該是在 1948 年 10 月底金圓券改革失敗之後，當時因金圓券改革收兌了大量黃金、白銀，存放於上海的中央銀行。

　　黃金運臺大致分為四批，總共 300 餘萬兩黃金運抵臺灣。

　　第一批運送又分成兩次。1948 年 12 月 1 日，由上海海運至臺灣，由俞鴻鈞負責。基隆海關祕書課主任王樹德談道：「海星號在一九四八年下半年，突然接到總稅務司署的命令，先後兩次為國民黨政府財政部，運送黃金往廈門和臺灣。」[44] 12 月 4 日抵達臺灣，約 2004459 兩。

　　第二批於 1949 年 1 月由上海海運至廈門鼓浪嶼中央銀行，共 60 餘萬兩，其中 50 餘萬兩後輾轉運到臺灣，由吳嵩慶負責。1 月 10 日，蔣介石派蔣經國赴滬，指示將中央銀行國庫所存美鈔、黃金、銀元全部移存臺灣。此時中央銀行由劉攻芸負責，27 日蔣在溪口接見央行局長林崇鏞，商談中央銀行現金運

42　「國史館」藏《蔣中正總統檔案・事略稿本》，1949 年 1 月 9 日。
43　蔣經國：《危急存亡之秋》，1949 年 1 月 10、16 日。
44　王樹德：〈海關臨危受命的一項緊急祕密任務〉，《傳記文學》第 59 卷第 1 期，1991 年。

送廈門辦法，聽聞劉攻芸對此事面有難色，蔣感慨而言：「世人能明理識義，始終如一者誠難得也。」[45] 2 月 10 日，蔣介石的祕書周宏濤回報：「中央銀行存金已大部如期運往廈門、臺灣，現存上海者惟留黃金二萬兩（應為二十萬兩）而已。」[46]

第三批約於 1949 年 5 月中旬，由湯恩伯負責，由上海運至臺灣，約 19.2 萬兩。

第四批在 1949 年 10 月，從廈門將剩餘的黃金約 12.4 萬兩運到臺灣。

此外還有從其他地區將黃金運臺者，如 1949 年 2 月 7 日，由南京空運臺灣黃金約 55.4 萬兩，另有從美國運至臺灣者。總計前後從上海中央銀行運出的黃金大約 300 餘萬兩，其他地區 100 餘萬兩，合計 400 餘萬兩。

由於國共內戰如火如荼地展開，各方需款孔急，常將黃金用來支付軍事開銷。從 1948 年底自上海運出的黃金，有些並未運到臺灣，有些因應時局需要作其他的用途，並非完全存入中央銀行。1949 年 10 月 28 日蔣介石在臺召集非常委員會會議，「監察院院長」于右任及何應欽等參加，蔣特別報告國庫的存金目前為 152 萬兩，約等於 7500 萬美元，換算銀元約為 1.5 億銀元。

蔣對於運臺黃金的處置甚為慎重，令祕書長曹聖芬見林蔚文、陳誠，指示黃金運用三原則：一是必須用於「剿共」軍費；二是仍為改革幣制之基金，不宜過於分散；三是運存地點必須比臺灣更為安全。

這批黃金最重要的用途，一是於 1949 年年初及 6 月總共撥 80 萬兩（約值 5000 萬美元），作為臺灣銀行發行新臺幣的準備金。再加其他花費亦多，黃金庫存消耗頗巨，蔣日記記曰：「自去年臺幣改制充實基金以後本年（1950）五月間金融穩定未有重大變化，惟存金日漸減少，至七月間中央存金除臺行基金六十萬兩外，不足五十萬兩，乃竭力整頓稅收緊束先出，至年底尚有四十萬兩存金殊為難得。」[47]

將運臺的部分黃金撥交臺灣銀行，作為發行新臺幣的基礎，有助於穩定新臺幣。蔣經國稱：「政府播遷來臺初期，如果沒有這批黃金來彌補，財政

45　「國史館」藏《蔣中正總統檔案・事略稿本》，1949 年 1 月 27 日。
46　周宏濤口述、汪士淳撰寫《蔣公與我——見證中華民國關鍵變局》，天下文化出版公司，2003，第 94 頁。
47　《蔣介石日記》，1950 年〈工作反省錄〉。

和經濟情形，早已不堪設想了，那裡還有今天這樣穩定的局面。」[48] 國民黨政府遷臺初期的金融穩定，除了美援的因素外，運臺的黃金確實發揮重要作用。臺灣在 1948 年開始也面臨通貨膨脹的問題，1949 年 1—6 月，物價上漲1332%。自實施幣制改革後，通脹率開始下降，1951 年底通貨膨脹基本結束，與運臺黃金用於發行新臺幣的準備金有關。

　　二是用於支持戰局。當黃金安全運至臺灣後，大陸局勢緊急，軍隊缺乏糧餉，蔣介石乃指示可以存金支應，作為「剿共」之用，以穩定軍心。1949年 8 月底，從臺灣運送黃金 7 萬兩至大陸，其中 5 萬兩留穗，2 萬兩轉蓉。1949 年底，吳嵩慶等「財務署」人員將臺北的 5 萬兩黃金運至成都，即為支撐戰局。此外黃金也用於軍隊的資遣，但其中部分並非由臺灣運到大陸支應，而是由大陸各地所存的黃金直接支應。如 1949 年 11 月「國防部」討論軍隊資遣時，經「財政部部長」關吉玉同意，撥 5 萬兩黃金及 20 萬銀元，此即由重慶「中央銀行」所存的黃金撥付。

　　黃金運臺的全過程幾乎都由蔣介石所主導，李宗仁雖為代總統，卻無著力點，最先並不知上海中央銀行的黃金已運到臺灣，得知後，一方面要求不能再將黃金運臺，一方面則一再要求將黃金運回大陸。蔣稱黃金運臺係中央銀行總裁俞鴻鈞的決策，不但不將黃金運回大陸，還把中央銀行在上海最後僅有的黃金全部設法運到臺灣，李也深感無奈。孫科想要插手運臺黃金之事亦不得要領。

## 重要文物運臺

　　蔣介石準備遷臺時也注意到重要文物的運臺問題，其中較重要者包括國立故宮博物院、國立中央博物院、中央研究院歷史語言研究所典藏的重要文物，及中央圖書館的圖書等。這些文物圖書的遷移各有其負責者，如杭立武、譚旦冏、那志良等。

　　杭立武時任教育部政務次長、故宮博物院理事兼祕書及中央博物院籌備主任，加上其在抗戰時期有搬運文物至大後方的經驗，對於文物的遷運自然責無旁貸。他與故宮博物院朱家驊、王世杰、傅斯年、李濟等理事商量，並與兩院（故宮博物院及中央博物院）同人聯繫，向行政院院長翁文灝提議遷運。

---

48　蔣經國：《我的父親》，正中書局，1988，第 66 頁。

翁文灝為故宮博物院理事會理事長，建議召開理事會，共商決策。翁認為正值國共戰爭的緊要關頭，如果遷運故宮文物，不免擾亂人心，但他也無意阻止遷運工作的進行，同意和理事們舉行談話會。

有關中央圖書館重要文獻的遷移，蔣復璁常與教育部次長田培林、杭立武商議。田培林本來決定將中央圖書館遷至重慶，蔣復璁表示重慶不安全，主張搬到臺灣，杭立武十分贊成。遂由杭立武聯絡中央博物院、故宮博物院、中央圖書館、中央研究院四個單位的重要成員，包括杭立武、朱家驊、王世杰、傅斯年、徐鴻寶（故宮博物院副院長）、李濟等，於1948年11月10日在翁文灝的官邸舉行談話會。會中朱家驊以教育部部長的身分，提議將中央圖書館的文物一同運臺，同時傅斯年以中央研究院歷史語言研究所所長的身分提議，將該所文物隨同搬運。會上既有這些共識，翁文灝同意搬遷，蔣介石也同意這個決議，而且表示應儘量搬運，因此可以說，文物的遷運不是某一個人的主張，而是許多人共同的決定。

當時準備遷運的主要機關有國立故宮博物院、國立中央博物院、國立中央圖書館、中央研究院歷史語言研究所的文物圖書，以及外交部的檔案，由杭立武召集會議，請各機關各推代表一人，成立一個聯運機構，各單位代表公推杭立武主持其事。

遷運事宜決定後，各單位隨即分開辦理。中央博物院方面，12月4日，舉行第三屆理事會第三次會議，決定先選擇最重要的精品120箱運臺，其餘藏品，在交通可能的情況下陸續遷運。隨後，外交部也有部分重要檔案，包括國際條約的文件等隨同運臺；國立北平圖書館部分圖書，委託故宮博物院代運。[49]

至於遷運文物的選擇，由於交通安排不易，各單位都認為唯一標準是提選精品。故宮博物院方面，最先經由理事的談話會議，決定先運600箱為原則，而以參加倫敦藝展，後存於安順辦事處的80箱為主；其後再經開會，才決定將重要者全部運臺。其他各機關也各自挑選比較重要的物品。中央圖書館當時的藏書100多萬冊，不可能全部運走，蔣復璁請故宮博物院副院長徐鴻寶選

---

49　〈故宮博物院、中央博物院、中央圖書館遷臺經過〉，中研院近代史研究所藏朱家驊檔案：301-01-12-023。

定圖書，然後分 4 批運往臺灣。

　　杭立武先派楊師庚、芮逸夫到臺灣部署文物運臺事宜。遷運分三次進行，第三批文物運出後，本來還有第四批遷運計畫，因內部意見分歧，加以戰事緊急，遂告停止。

　　第一批遷運文物，後來由海軍總司令部派「中鼎」輪代為載運，1948 年 12 月 21 日，在南京下關裝船，22 日開航，各單位所交運箱數如下：故宮博物院 320 箱，3409 件，含古物 295 箱、圖書 18 箱、文獻 7 箱，這一批文物包括參加倫敦藝展的 80 箱；中央博物院 212 箱；中央圖書館 60 箱，主要是明以前的刻本、校本、手抄本；中央研究院 120 箱（該院記載連同其他公物實際運臺總數為 217 箱）；外交部重要檔案 60 箱。以上共計 772 箱。

　　各單位所派押運人員和運臺文物情況見表 15-2。

### 表 15-2 各單位押運者及重要文物數量

單位：箱

| 單位 | 押運者及數量 | | |
| --- | --- | --- | --- |
| | 第一批 | 第二批 | 第三批 |
| 故宮博物院 | 莊尚嚴、劉奉璋、申若俠；320 箱。 | 那志良、吳玉璋、梁廷煒、黃居祥；1680 箱。 | 張德恆、吳鳳培；1700 箱。 |
| 中央博物院 | 譚旦冏、麥志誠；212 箱。 | 李霖燦、周鳳森、高仁俊；486 箱。 | 索予明；150 箱。 |
| 中央圖書館 | 王省吾；60 箱。 | 蘇瑩輝、昌彼得、任簡；462 箱，另有北平圖書館 18 箱。 | 儲連甲；150 箱。 |
| 中央研究院 | 李光宇；120 箱。 | 董同龢、周法高、王叔岷；856 箱。 | |
| 外交部 | 余毅遠；60 箱。 | | |

資料來源：那志良著《撫今憶往話國寶——故宮五十年》，香港里仁書局，1984，第 201—206 頁。

　　第二批文物運臺時，因為海軍方面一時無法調派軍艦，決定租用商船，採包船的辦法，不搭其他乘客或貨物，以保證安全。當時由杭立武託友人向招商局接洽，租到了「海滬」輪。不過「海滬」輪何時到京，沒有明確時期，

如是反有充分時間供押運人員做準備工作，文物亦可從容選擇，所以精品的運出，多在這一批，箱數也以這一批為最多。

1949 年 1 月 3 日，「海滬」輪開到南京下關，4 日先裝故宮博物院及北平圖書館託運的文物，5 日裝其他機關的文物，6 日開船。各單位所託運的箱數如下：故宮博物院 1680 箱，其中包括古物 496 箱，圖書 1184 箱，四庫全書即是其中重要的部分；中央博物院 486 箱；中央圖書館 462 箱，這批圖書主要是善本圖書；北平圖書館 18 箱；中央研究院 856 箱（該院記載連同其他公物實際運臺總數為 929 箱，亦有記為 934 箱）。以上共計 3502 箱。

各單位所派押運人員如下：故宮博物院那志良、吳玉璋、梁廷煒、黃居祥；中央博物院李霖燦、周鳳森、高仁俊；中央圖書館蘇瑩輝、昌彼得、任簡；中央研究院董同龢、周法高、王叔岷。這一批的押運工作，原本請故宮博物院理事徐鴻寶率領，徐臨時因事未能成行，改由各參加機關押運人員共同負責。

第三批文物運臺，因中央研究院歷史語言研究所的文物已運完，參加這批遷運工作的，只有故宮博物院、中央博物院及中央圖書館。1949 年 1 月 9 日三機關代表在中央博物院開會商討，初步決定這一批共運 2000 箱，其分配數量是：故宮博物院 1700 箱、中央博物院及中央圖書館各 150 箱。

1 月 14 日，中央博物院第三屆理事會第四次會議在南京朝天宮召開，由王世杰擔任主席，出席者有朱家驊、傅斯年、胡適、翁文灝等，杭立武代表徐鴻寶、洪蘭友代表張道藩出席，並有陳雪屏、曹志宏、班鎮中等列席，會議決議盡可能將留於朝天宮的 4000 餘箱文物遷運臺灣。

這一次由杭立武籌得運費 60 萬金圓，本來預定照第二批辦法，包租商船，惟當時京滬一帶情勢緊張，輪船公司忙於軍運，無法供給一般機關所需，只好再度商請海軍協助，海軍總司令桂永清指派運輸艦「崑崙」號擔任這一任務。

這一批各機關實際運臺的箱數是：故宮博物院 972 箱，其中古物 643 箱、圖書 132 箱、文獻 197 箱；中央博物院 154 箱；另有中央圖書館 122 箱。故宮博物院及中央圖書館都有箱件不能上船，而中央博物院所裝，反較預定數為多，其中有汪精衛贈日皇翡翠屏風等 4 箱。

這一批文物，各機關所派押運人員如下：故宮博物院張德恆、吳鳳培；中央博物院索予明；中央圖書館儲連甲。這一批的押運工作，本已決定請故宮

博物院文獻館館長姚從吾率領，姚因事提前去臺，遂仍照第二批辦法，由各機關所派押運人員共同負責。各機關也仿照前例，發給押運人員派令及通行證。

除了上述 4 批運臺文物外，1949 年 5 月，教育部中華教育電影製片廠之器材 400 餘箱，由滬運抵臺中；重慶撤退時，河南省博物館於抗戰時期運渝古物，經教育部選擇精品 38 箱搶運至臺，寄存臺中；江西省教育所有古物 182 件亦放該處。

當時的遷運決策，僅以中央博物館、故宮博物院、中央研究院歷史語言研究所、中央圖書館等幾個較重要的單位為主，許多地方博物館的文物都沒有列在考慮之內，因此許多重要文物未遷運臺灣。

在當時情況下，政府及相關人員對於重要文物的搶運態度是一致的，雖然在遷移過程中出現一些問題，但做出的遷移決定並非倉促。茲將抗戰及國共內戰期間重要文物的遷移情況做一比較（見表 15-3）。

**表 15-3 抗戰及國共內戰重要文物遷移的比較**

|  | 抗戰時期 | 國共內戰時期 |
|---|---|---|
| 重要典藏機關 | 故宮博物院、中央博物院及江蘇省立圖書館。 | 故宮博物院、中央博物院、中央圖書館、中央研究院歷史語言研究所、河南博物館等機關。 |
| 籌劃及遷移時間 | 1931 年九一八事變後進行籌劃，第一批 1933 年 2 月啟運。 | 蔣介石下野前籌劃，1948 年 12 月第一批啟運。 |
| 分批遷徙 | 五批先遷運上海（1933.2.6—5.15），再運南京（1936.12.8—12.17），三批分運西南寶雞、漢中及西南等地（1937.8.14—12.8）。 | 三批直接遷運來臺（1948.12.21、1949.1.3、1949.1.28） |
| 遷運的弊端與損壞 | 易培基案。 | 銅器、瓷器破損，圖書霉爛者，傳有弊端，查無事實。 |
| 計畫 | 有計劃。 | 有計劃。 |
| 主事者 | 易培基、馬衡、王世杰等故宮博物院理事。 | 杭立武、王世杰、翁文灝、朱家驊、傅斯年、蔣復璁等故宮博物院理事。 |

| 交通 | 火車為主（運往陝西寶雞），配以水運（運往漢口），另以汽車轉運。 | 輪船為主，配以空運（重慶、河南博物館的重要文物）。 |
|---|---|---|
| 分地遷徙 | 先遷上海，再遷南京，再遷西南，陸路從陝西寶雞再到漢中、成都、峨眉，水運至重慶至宜賓及樂山。 | 從南京到臺灣基隆，轉運楊梅、臺中糖廠，轉運至臺北。 |
| 未運出者 | 存京文物包括故宮博物院、中央博物院及江蘇省立圖書館，總計19550 箱，搶運出 16655 箱。 | 與南遷箱數相比運臺者僅 1/4。 |
| 裝運原則 | 赴倫敦參展後直運南京，故宮內重要文物全部裝箱。 | 故宮博物院先運倫敦藝展的 80 箱，加之其他精品共 120 箱，以及中央博物院先選最重要精品 120 箱為第一批。 |
| 安置 | 匆促。先猶豫，後建庫房，進行安置。 | 匆促。先派人查勘地點，進行安置，再行遷移。 |

　　重要文物遷臺與抗戰時期遷移後方，其實都有波折，尤其戰後運臺，內部反對聲浪甚大，師生反目、長官與部屬爭執者時有所聞，由於蔣介石重視文物遷運，因此得以完成。而有些文獻，如國史館部分檔案，因未受重視，隨機關流轉，最終未能運臺，對海峽兩岸的歷史研究者各有其利弊。

## 三、撤退來臺及重起爐灶

### 政府機關的撤退

　　對於蔣介石及國民黨政府來到臺灣，有認為是一種有計畫的政治撤退，也有認為是倉促逃亡，是大崩潰。這樣兩極化的說法都不完全準確，當時政府機關的遷移既非完全沒有計劃，也不是計畫周詳，而是根據時局的轉變在不斷策劃，進行調整。

　　首先就蔣介石來臺經過言，蔣於 1949 年 1 月 21 日被逼下野後即回浙江奉化老家，極少出外活動，但仍運籌帷幄，許多黨政軍要人紛往溪口取經，溪口反成為政治中心，當時蔣沒有完全預料到時局的快速變化，臺灣不是其考慮的唯一退路。蔣在引退之前曾做若干軍事部署，先守長江，長江不保，全力守

上海；上海被占，再將重心移廣州、重慶及臺灣。臺灣、重慶、廣州、上海等都是其布防的重點。蔣在 1946 年來臺灣考察，對臺灣的印象甚佳，認為臺灣未受中共影響，是一「淨土」，但決定來臺的時間甚晚，而非 1948 年底就已經做出決定。1949 年 3 月 18 日，蔣開始計畫將政府遷至臺灣。4 月 21 日中共軍隊渡江後，4 月 25 日蔣離開溪口，但仍把希望放在大陸地區特別是上海地區的防守上，在沿海地區遊歷並觀局勢之變化。直到 5 月戰局漸不利之後，蔣乃決定來臺，5 月 17 日抵達澎湖，26 日轉往高雄。

　　蔣介石下野前後亦曾考慮行政院的遷移。行政院院長孫科為因應戰局，擺脫李宗仁的控制，決定將行政院遷至廣州，蔣亦支持孫科。1948 年 11 月左右，行政院開始做遷移部署。1949 年 1 月 7 日，行政院會議決議將各機關核心移至廣州，將大部分人員疏散於各地或南京以外各附屬機關。蔣下野後，有關機關的遷移更為積極，行政院決議自 2 月 5 日正式遷至廣州，其他部會亦陸續移到廣州辦公。當時為何不直接遷至臺灣？最重要的是，國民黨認為戰局還有可為，如直接遷至臺灣影響民心士氣及國際關係甚大，因此只得逐步搬遷，但也因此造成府院及各部會間不同調的窘境。最先李宗仁反對行政院遷廣州，立法委員的意見亦不一致，外交部雖決定隨行政院遷廣州，但重要國家的外交使節紛紛回國，不隨政府遷至廣州。

　　中共軍隊渡江後，廣州局勢開始緊張，行政院於 5 月 30 日提出「中央機關分地辦公疏運辦法」，6 月開始陸續遷移。9 月 7 日，政府宣布遷都重慶，9 月底，許多機關已遷至重慶、海南各地，有些物資則直接運往臺灣。本來蔣介石的戰略思想是，控制川滇，把大西南作為後方，確保臺灣，以貫徹其改造黨政軍，成為三位一體的主張，維持一個清一色的小朝廷。然由於大西南地區軍事將領異心，加上中共已做多方部署，使重慶岌岌可危。

　　重慶危急之際，蔣介石於 11 月 14 日由廣州至重慶，坐鎮指揮，加緊部署西南「剿共」軍事。22 日，國民黨為加強重慶軍事部署，俾使其成為西南反共軍事中心，決定將行政機關遷蓉辦公，28 日國民黨政府正式遷至成都，12 月 8 日，又召集緊急會議，決議遷至臺北，在西昌設大本營統率陸海空軍，在大陸繼續與中共作戰。12 月 9 日，「行政院」舉行來臺後第一次政務會議，決定「總統府」及「行政院」址設於介壽館辦公，並派機至蓉接運留蓉人員。

空總隨即派17架飛機飛蓉接運。[50]至此，國民黨政府正式遷臺，「五院十二部」人員於12月初陸續到臺。

## 軍事大撤退

本節所說的撤退，是指國民黨在短期內以較大規模將部隊遷移臺灣而言。由這些部隊的撤退過程也可說明，當時軍隊不是完全崩潰瓦解，但也不完全是按規劃有秩序的撤退，每個地區軍隊的撤退考慮各不相同。自1949年4月21日中共軍隊渡江之後，國民黨軍隊即節節敗退，各地撤退情形見表15-4。

### 表15-4 國民黨軍隊撤退情形

| 地區 | 時間 | 主官 | 人數 |
|---|---|---|---|
| 上海 | 1949年5月15—26日 | 湯恩伯 | 5萬餘人 |
| 青島 | 1949年4月26日—6月2日 | 劉安祺 | 10餘萬人，部分到上海轉海南及東南地區 |
| 海南島 | 1950年4月23日—5月2日 | 薛岳 | 5萬餘人 |
| 舟山 | 1950年5月13—18日 | 石覺 | 軍民共計約14萬人 |
| 大陳 | 1955年2月8日—2月底 | 劉濂一 | 3萬餘軍民 |
| 越南富國島 | 1953年5月16日—6月28日 | 黃杰 | 3萬餘軍民 |
| 緬甸 | 1953年11月7日—1954年5月9日 | 李彌 | 分三批，6000餘軍民 |

總計自1949年5月開始到1955年2月，撤退來臺的軍隊40餘萬人，連同原在臺駐防的部隊10餘萬人，來臺的軍隊數近60萬人。

1.上海撤退。1949年5月的上海戰役，持續的時間不長。中共軍隊於1949年4月21日渡過長江，隨後進逼上海。5月23日，上海守軍將領湯恩伯呈蔣介石的親筆函寫道：上海作戰本日下午態勢稍有變化，三十七軍核心陣地被「匪」突破三處，情勢頗為惡劣，今晚如無適當之處置，有全軍覆沒之可能，故決改守黃浦江西岸，交警部隊之紅橋、新橋亦被「匪」突破，已令增加部隊反撲中。交警及三十七軍均無作戰經驗，交戰即慌，部隊甚易混亂，

---

所幸意志尚堅定。上海作戰之指導，有以下三項之原則：甲、上策，給「匪」以嚴重之打擊後，轉出三五萬人，保留以後革命之資本；乙、中策，完全為爭取精神上之勝利，拚光；丙、下策，不戰而退或不戰而亂。[51]

湯恩伯此時已考慮全面撤退問題，傾向趕快撤出。5 月 25 日，蔣介石指示蔣經國赴上海面告湯恩伯：縮短原定戰線後，再圖安全撤退，如能固守仍應不撤，撤退武器與物資，如來不及應設法毀滅，不使其落入中共之手。26 日，湯恩伯下令全面撤退，中共軍隊占領上海。當時擬撤退 7.6 萬人，並已有詳細的計畫，但實際撤退過程受到多重因素的影響，據後來的統計資料，應為 5 萬餘人。

上海的撤退過程存在諸多問題。第五十四軍軍長闕漢騫向俞濟時報告時指出：「本軍滬西作戰未蒙重大犧牲，而於轉進時反遭受劇烈損失。」第八師副師長許志雨指責當時石覺司令未盡責，如撤退部署荒謬、分配船隻失宜等，使許多官兵無法順利撤退來臺。但蔣介石對湯恩伯能按計劃撤退仍感滿意。[52]

2. 青島撤退。青島撤退分兩次，第一次在 1949 年 2 月，是未成功的撤退，本來撤退船隻及部隊都已經分配妥當，從規劃言相當周密，並考慮了情報與船艦的安排問題，但因美國的反對，撤退行動暫緩。第二次撤退的決定與兩項因素有關，一是美國答應增援青島但並未完全實現，二是中共軍隊渡江後上海情勢緊急，有增援之必要，蔣介石與劉安祺研究青島棄守問題，蔣主張早撤，不再為美國守門上當。5 月 14 日，蔣下令劉安祺撤退。6 月 2 日，青島守軍全面撤退，蔣在日記中記載：青島劉安祺部安全撤退，毫無損失，乃為不幸中之幸，惟今後對華北、東北空軍之活動基地全失。[53] 此次撤退由於有大量軍艦支持，加以美軍的協助，撤出大約 10 萬人，分別撤至舟山群島、海南和臺灣。

3. 海南撤退。海南島在 1949 年年底大約有 10 萬軍隊，海南防衛軍總司令薛岳，下轄第一路李玉堂，第三十二軍趙琳；第二路李鐵軍，第六十二軍李宏達，海口警備司令黃保德；第三路容有略，第六十四軍張其中，第四軍薛仲述；第四路陳驥，第六十三軍莫福如，瓊南要塞陳衡。海南並無堅固的

---

51　〈湯恩伯呈蔣介石函〉（1949 年 5 月 23 日），《東南戡亂作戰經過概要（一）》，檔案管理局檔案：0038/543.6/5090/1，第 227—230 頁。

52　〈陸軍第九十九師轉進臺灣經過報告書〉，檔案管理局檔案：38/543.4/7421/2。

53　《蔣介石日記》，1949 年 6 月 4 日。

防禦工事，張發奎對守海南島認為毫無希望，加以美軍又不肯保證後勤支持，蔣介石在復行視事後為此特別飛往定海一帶勘察，並與美國顧問柯克（Charles Cooke）討論自海南島撤退問題，但柯克並不贊成從海南島撤退。1950 年 4 月 19 日，蔣命柯克與海軍司令桂永清前往海南視察，命令海空軍加強增援，以阻止中共軍隊渡海，並為謹慎起見，要求柯克做好宣傳工作，使中共不知國民黨軍隊要從海南島撤離。4 月 23 日之後，國民黨軍隊陸續自海南島撤退，大約撤出 5 萬人。5 月 2 日，解放軍占領海南島。

4. 舟山撤退。1949 年 5 月，當上海為中共軍隊占領之後，國民黨擬定了《臺灣防衛戰及各項準備要綱》，要綱指出，為不使臺灣陷於孤立，務使長山島、嵊泗列島、舟山群島及溫州、福州、廈門、汕頭等地沿海要點及島嶼，構成一個防衛整體，以掩護整補，準備「反攻」。5 月 27 日，毛人鳳向蔣介石報告：湯恩伯部人員已撤至定海、舟山群島。同日湯恩伯電蔣報告：第五十二、第七十五、第五十四、第二十一軍以及第九十九師炮兵兩個團已抵定海，並令二十一軍及五十四軍和九十九師兩個炮兵團前往臺灣，五十二軍稍事增補後開往廈門，七十五軍留定海，由浙江綏靖總司令周喦指揮整補。隨即成立舟山防衛司令部，由周喦兼防衛司令官。7 月蔣召見石覺，令其為舟山防衛司令官，指揮浙東軍事。[54]

1950 年 5 月 13 日，蔣介石致電其空軍副總司令王叔銘、海軍第二艦隊司令黎玉璽、舟山防衛司令官石覺等將領，指示定海撤退要領。當時以「美援及日本賠償物資運輸計畫」為代名，海空軍全力支持，出動的船隻分別由基隆、高雄等地出發：基隆港 5 月 5 日開出 5 艘，11 日開出 9 艘，12 日開出 5 艘；高雄港 10 日開出 5 艘，11 日開出 9 艘；另外從左營及金門開出 5 艦；加上其他徵用的民間商船，共計 58 艘。本預定 5 月 14 日開始撤退，因霧大不便行動，接運各艦多未到達，5 月 16 日才正式開始撤退，並由蔣經國親自接運，共計官兵 136774 人及民眾 3000 人（有 14 萬人、15 萬人等不同說法）連同裝備全部撤出。中共對於解放舟山群島甚感欣慰，但也有一些遺憾。張震談道：我軍共殲敵 1.2 萬餘人，打破了國民黨對長江的封鎖，對華東地區的經濟建設和海防的鞏固具有重要意義。遺憾的是，我們沒有能夠將敵軍的主力殲滅在舟

---

54　《石覺先生訪問紀錄》，中研院近代史研究所，1986，第 327 頁。

山群島。[55]

國民黨為何決定將軍隊從舟山群島撤退，解放軍有精闢的分析：其一，由於海南島的解放，臺灣本島失去防禦的左觸角，而舟山群島也距臺灣較遠，維持海上補給十分困難。其二，舟山群島前線，解放軍已長期準備，以及海空軍力量的發展，使國方感到舟山將處於解放軍的強大攻勢之下，決定趁解放軍未發起攻擊前撤退，避免被殲。其三，國方擔心部署過於分散，共產黨軍隊會趁臺灣兵力空虛之機，越島攻擊臺灣本島。

5月19日，解放軍全面占領舟山全島，國方對此次撤退行動的檢討是：船隻不夠、將領對撤退意見不一、撤退過程有抓兵之事等。當然，能將十幾萬人撤退也屬不易。至此，國民黨方面在大陸沿海僅剩大陳、金門、馬祖等群島。

5. 大陳島的撤退。1951年3月，蔣介石派他的左右手胡宗南進駐大陳地區，擔任江浙「反共救國軍」總指揮兼浙江省「主席」。當時胡宗南剛從國方在大陸的最後據點西昌離開不到一年，是最後撤離大陸的國方高級將領。胡宗南的長子胡為真回憶說：主要是為避免引起中共的注意，中共不知道我父親到了大陳，他用的名字是秦東昌，秦是秦朝的秦，也就代表他以前在西安，陝西的簡稱就是秦，東昌就是東邊昌盛，我父親一開始在西安的住所，叫作東昌門一號，再來東昌這兩個字也代表東邊正在起來的意思，所以他取了這名字秦東昌，中共一直不知道，到了守大陳的末期才知道。[56]

在胡宗南的正規軍尚未進駐大陳之前，整個大陳島主要以游擊部隊為主，其中三十六縱隊是「國防部」正式賦予「反共救國軍」番號的游擊部隊，這支隊伍是由人稱「大陳王」的上大陳人王相義擔任隊長，有1000多人，由美國的西方公司提供武器與情報，執行游擊任務。1953年7月韓戰結束時，浙江沿海絕大部分島嶼是共產黨的勢力範圍，國方只剩漁山（突擊第五大隊駐守）、北江和南江的一江山（突擊第四大隊、第二大隊之第四縱隊、炮兵中隊駐守）、上下大陳的大陳島（突擊第四大隊、四十六師駐守）、披山（突擊第一、第三大隊駐守）、北麂和南麂（突擊第六大隊駐守）等共8個島嶼。

1955年1月國方失去一江山後，距離一江山南方不到8海浬的大陳島失

---

55　《張震回憶錄》，解放軍出版社，2003，第404頁。

56　胡為真演講，臺北政治大學人文中心舉辦「民國人物與史事」演講會，2014年6月11日。

去了屏障，戰爭一觸即發，是年的農曆新年，大陳居民是在防空洞裡度過的。大陳是蔣介石瞭望故鄉最近的島嶼，也是他和故鄉最後的聯結。一江山戰役後，美國為了避免西太平洋戰事再起，建議並且協助國民黨撤離大陳。大陳是防還是要撤，失去一江山後，「國防部長」俞大維必須立刻對大陳情勢做出判斷。幾經掙扎後，蔣介石終於在 1955 年 2 月 7 日，發表了為大陳撤退《告海內外軍民同胞書》。整個大陳撤運，是以「金剛計畫」為代稱，撤離日被命名為 D-Day，就是 1955 年 2 月 8 日。

2 月 8 日上午，臺美海軍混合艦隊集結在大陳周邊海域，蔣經國和最後留在大陳的部隊，在島上舉行了最後的升旗典禮。當時預計撤走的正規部隊有 1 萬人，游擊隊 4000 人以及 4 萬噸的軍用物資，這是國民黨據守的最後一塊浙江領土。2 月 11 日，上下大陳島、漁山列島和南麂列島 16487 名百姓和 1.8 萬軍人全部撤退到臺灣。這是國共內戰背景下的最後一波遷移。當然，在「金剛計畫」之外，1955 年 2 月 25 日，國方還完成了「飛龍計畫」，這是大陳列島最南端的一座小島南麂島的撤離計畫。至此，國民黨保有的大陸沿海島嶼只剩金門、馬祖等島。

6. 越南富國島的撤退。所謂留越國方軍隊係指 1949 年 12 月底至 1950 年 2 月初，因國共內戰失敗，陸續退入越南的國方殘餘部隊。這些殘餘部隊包括湖南黃杰第一兵團殘部、白崇禧轄下廣西諸部民團、貴州綏署二七二師余啟佑部及國民自救軍劉範吾等殘部、自雲南退出的第二十六軍彭佐熙殘部、華中戰區第十七兵團劉嘉樹在廣西作戰失利後的殘部等。當時入越的軍隊約計 3 萬人，其中以黃杰的第一兵團為主，包括第十四軍成剛部、第七十一軍李秉綱部、第九十七軍蔣當翊部等，大約 1.5 萬人，占總數的一半。各部軍隊進入越南的途徑不一。

1949 年 12 月 9 日，第一兵團司令黃杰接到「東南軍政長官」陳誠電示：併力西進，先入安南，保有根據地，相機行事，留越轉臺。黃杰於 12 月 11 日進入桂越邊區愛店附近，派外事處長毛起鵷與法國洽商假道轉進來臺事宜，獲得法諒山邊防司令康斯坦（Constans）同意，並簽訂三項協議：（1）同意入境後將武器交法方封存，至離境時再交還攜返臺灣；（2）同意假道返臺，由法方派船送至臺灣，停留期間一切安全及給養概由法方負責；（3）同意入境

之一切部隊及省防軍等，概由黃杰指揮。此後，因為種種原因，陸續退入越南的軍隊在越滯留有年，未能及時返臺，後集中駐紮在富國島。[57]

　　1953 年初，臺灣有關部門提出具體的撤退留越軍隊計畫，如海軍方面提出「海運搶運留越國軍運輸計畫」，「國防部」提出「接運留越國軍運輸補給勤務實施計畫」（代名「富臺計畫」）[58]，「財政部」亦編列預算全力支援「富臺計畫」所需的經常費及臨時費等。1953 年 5 月底，留越軍隊開始分 7 批撤退，第一批 3 艘登陸艦運載 4374 人，於 6 月 1 日抵達高雄；第二批租用商輪，6 月 5 日抵高雄，載運約 3000 人；第三、四、五、六、七批分別載運 4040 人、4716 人、5058 人、4885 人、3050 人。[59] 至 6 月 28 日最後一批抵臺，總共出動 20 艘運輸船隻，多數為商船，每隔 3—5 天出發一批，歷經 44 天完成，共載運 3 萬餘人。

　　7.駐緬甸軍隊撤退回臺。1949 年 12 月 10 日，雲南的盧漢宣告投共，發布「雲南起義通電」，扣留李彌（第八軍軍長）、余程萬（二十六軍軍長），隨後於 16 日釋放李彌，兩軍相繼往滇南轉進。臺灣「國防部」本來發布第二十六軍撤至海南島、第八軍留在滇境，因西南局勢岌岌可危，第二十六軍正從蒙自機場開始撤退時，解放軍已向機場進攻，第二十六軍主力只得退入越南，該軍九十三師二七八團進入緬甸。第八軍主力在元江附近被解放軍擊潰，餘部二三七師七〇九團進入緬甸，進駐猛陽，改組為「雲南省游擊軍總指揮部」，1951 年 2 月又改組為「雲南省反共救國軍總指揮部」，進駐大其力（Tachileik）一帶。

　　中國大陸對於李彌部隊退緬後的整訓非常關注，1952 年 1 月 25 日，正式照會緬甸政府，要求緬方於短期內將李部驅逐出境。1 月 28 日，緬甸政府外長吳敏登（U Myint Thein）在聯合國大會發言，指控臺灣、泰國和美國支持緬境的李彌部隊，要求友好國家協助驅離李部。李彌對此不予理睬，而在克拉克美軍基地與美國梅利爾少將（Frank Merrill）及唐英（Frank Dorn）會晤，討論行止。美國提出三項建議：進擊雲南、進入越南、堅守原地，李認為第

57　〈毛起鵬留越軍交涉活動〉，中研院近代史研究所檔案館藏《外交部檔案》：026/0004。

58　〈接運留越國軍運輸補給勤務實施計畫〉，《富國島留越國軍——史料彙編（3）》，「國史館」，2007，第 98—110 頁。

59　〈留越國軍遣返臺灣〉，中研院近代史研究所檔案館藏《外交部檔案》：026/0020。

三項最可行，美國暫時同意，要求李彌將部隊潛伏緬甸待機。隨後，緬甸政府在北京的壓力下，不斷在國際場合指責李彌部隊進行侵略。美國駐臺「大使」藍欽（K. L. Rankin）亦連續到「外交部」瞭解並表達美國國務院的關切。[60]

1953 年 3 月 25 日，緬甸政府向聯合國祕書處提出「緬甸聯邦所提關於中華民國政府侵略緬甸之控訴」，聯合國隨後於 4 月 23 日通過將李部撤出緬境的決議案。美國則不斷向臺灣「外交部」施壓，認為李彌部隊滯留緬甸已造成東南亞的不安，削弱了該區域的反共力量，希望臺灣將該部隊撤回。1953 年 5 月 22 至 11 月 7 日，臺、美、緬、泰四方在曼谷舉行聯合軍事委員會，歷經 6 個月，主要針對李彌部的撤退問題進行討論。美國根據聯合國決議提出《實施聯合國 1953 年 4 月 23 日決議之協議草案》，李彌雖有意見，但礙於情勢，只得於 9 月 10 日及 10 月 12 日簽下「撤退協議」和「撤退計畫」。曼谷四方聯合軍事委員會開始籌劃執行撤退任務。[61]

撤退行動的第一階段自 1953 年 11 月至 1954 年 2 月，共撤出 2000 餘人；第二階段自 1954 年 2 月至 3 月，共撤出 3000 餘人；第三階段至 1954 年 5 月 9 日全部完成，撤出近千人，總計撤出 6000 餘人。

綜觀以上幾次撤退過程，其實都有許多問題，曾遭到各方的指責。如對於舟山的撤退，美國方面有許多人表示不滿。美國記者伊立思（Ellest）於 1950 年 5 月著有臺灣專論兩篇〈臺灣——沒有退路的海島〉、〈舟山之撤退顯示臺灣之不戰而棄〉，霍華德報系撰述員盧索爾（Loursorel）著有〈舟山之放棄已增加臺灣之危機〉，都對臺灣從舟山撤退深不以為然。海南撤退時，則發生自己的軍隊相互攻擊之事。[62] 此外，來臺後部隊在陳誠的主導下，為因應臺灣地區的安全，必須卸下武器，周至柔對此並不贊同，撤退來臺部隊對此規定也有不滿，但亦無奈。

國民黨遷臺初期，臺海局勢確實相當不穩。韓戰（朝鮮戰爭）發生後，有學者認為韓戰救了臺灣，然美國第七艦隊協防著重於亞太地區的整體安定，絕非完全支持蔣介石。1949 年臺灣島內的軍隊僅約 10 萬人，如中共軍隊加

---

60　〈緬甸在聯大控我留緬國軍〉，中研院近代史研究所檔案館藏《外交部檔案》，1953 年 3 月 2 日會議記錄，文件號 121.1/0006。

61　本段及下段，見覃怡輝《金三角血淚史》，聯經出版公司，2009，第 165—168 頁。

62　〈國外對我評論資料匯〉，「國史館」藏《陳誠副總統檔案》：008-010602-00013-005。

強島嶼攻擊，加上蘇聯空軍的協助，於國民黨而言，臺海安全確有危機，因此將軍隊相繼從沿海地區及滇緬、越南等地撤退，並一度考慮自金門撤退，其目的即在鞏固臺灣的安全，也確實有其成效。

### 遷臺初期蔣介石的重起爐灶

蔣介石敗退來臺後深自反省，先從黨內進行改造，1950 年 3 月 1 日復行視事後，開始進行黨政軍全面的整頓與改造。

其一，黨的改造。國民黨改造的重點，包括派系的整頓、黨員的重新教育、人事的掌控、決策的落實等，革命實踐研究院、總裁辦公室為改造的基本核心。1949 年 8 月 1 日，總裁辦公室正式成立，加強控制與訓練、恢復「革命精神」是其重點。國民黨改造的重點有以下幾個方面。一是加強總裁的權力。國民黨派系問題被蔣介石視為在大陸失敗的主因，1950 年，在蔣的主導下，改造的第一步，便是停止第六屆中央執監委員會的職權，而由國民黨授權蔣介石遴選 15—25 人成立中央改造委員會代替之。總裁權力極度伸張。二是整頓 CC 系。1950 年 7 月 26 日，蔣宣布中央改造委員會名單，16 位改造委員中，有 8 位屬三青團派，5 位為蔣的私人幕僚，與 CC 有關的，只剩下張道藩、谷正綱、胡健中，CC 領導人陳果夫、陳立夫兄弟不在其中，陳立夫甚至在中央改造委員會正式成立前一天，被蔣下令限期離臺。三是加強黨對各機關的控制力。蔣在 1952 年 9 月 17 日日記中寫道：「以黨領軍之精神，領導者乃負責之意，軍隊之人事與經理應由黨負責，從中主持，更應為其黨員與下級同志主持公道，保障與加強其權位也。」四是加強黨部重要幹部的訓練。成立革命實踐研究院，要求重要幹部必須經過再訓練，蔣幾乎每月甚至每週都到革命實踐研究院發表演說。

其二，軍隊組織與制度的改革。1949 年 6 月 21—27 日，在臺北召開東南區軍事會議，出席者共計 180 餘人，包括東南區陸海空軍各將領與黨政重要人員，以及中央主管業務之黨政軍重要幹部。會議由陳誠擔任主席，蔣介石於 6 月 24 日蒞會致辭，並指示陳誠整理來臺軍隊，尤應管束散兵游勇。6 月 26 日，蔣出席東南區軍事會議總理紀念周時指出：「我們在軍事屢敗之餘，到臺北來舉行總理紀念周，實在覺得慚愧萬分！……在目前這一個階段，問題的中心尤其在於軍事。軍事不能支持，則其他政治經濟的改進，都無法實現；

反之，如果軍事能夠穩定發展，則其他一切政治經濟的措施，都可以按日計程的推動。因此我們一般高級將領今後所負的責任，特別的重大。」[63]

　　東南區軍事會議通過許多重要決議案，諸如：（1）組織東南軍政長官公署，統一指揮轄區內軍事政治；（2）設立革命實踐學院，訓練黨政高級幹部，重建革命基礎；（3）統合陸海空勤教育設備，實施各兵種聯合教育，並舉行聯合演習；（4）確立臺灣為「復興」基地，將嵊泗列島、舟山群島、福州、廈門及臺灣構成一個防衛整體；（5）改組政工組織系統為幕僚機構，分別於軍事機關、部隊設置政治部（處）、政治幹事或政工服務員等。[64] 其中尤以第一點「組織東南軍政長官公署」及第四點「確立臺灣為復興基地」特別引人矚目。這是首次在軍事會議中明確將臺灣立為「復興基地」，標誌了臺灣在未來反共戰爭中的特殊地位；而同年 8 月 15 日東南軍政長官公署的成立，以及由蔣介石心腹陳誠出任軍政長官，不僅使包含臺灣在內的東南各省有了統一的軍政指揮機關，甚且蔣對臺灣防務的戰略規劃也更能貫徹執行，無異為日後武力的重建揭開序幕。軍隊組織制度改革還包括政工制度的改革、軍隊的整編與整訓、軍隊人事的調整、軍隊制度的建立等，「鞏固臺灣安全」是第一重要的考慮，「反攻大陸」亦是來臺初期的重要企圖。

　　蔣介石決心徹底改革軍隊政工制度，其六項目標包括：政治幕僚長制的確立、監察制度的確立、保防工作的加強、軍隊黨務的恢復、四大公開的實行、政治訓練的革新。為進行改造，1949 年 10 月成立項目小組，以黃少谷、谷正綱為召集人，黃、谷會同政工局局長鄧文儀，由政工局提供相關資料，進行研討。黃、谷於 1949 年 11 月 26 日呈上《日前呈報改革政工制度一案》，即開始政工制度的改革。美國一再表示不認同政工的擴權，但蔣則不苟同美國的看法，對於政工制度頗為滿意，肯定蔣經國實施政治部對團長以上忠貞程度的調查。

　　軍隊方面，進行部隊整編，孫立人負責陸軍的整訓，但也需經「國防部長」、「參謀總長」、「行政院長」甚至「總統」的核准，特別是陳誠的角色

---

63　蔣介石：〈本黨革命的經過與成敗的因果關係〉，《蔣總統思想言論集》卷 19，第 325—334 頁。

64　〈作戰計畫及設防〉，「國史館」藏《蔣中正總統文物 · 特交檔案》：002-080102-00008-003。

最為重要。陳誠在 1949 年至 1950 年代先後擔任臺灣省主席、「東南軍政長官」、「行政院長」等職，多次推動整編工作。

東南軍政長官公署成立後，進行第二次整編，其當時下轄福州綏署、舟山指揮部、臺灣防衛部、澎湖防衛部、廈門警備部及第六、第八、第十二、第二十一兵團，將各部隊從 21 個軍編併為 16 個軍。10 月金門之戰後又有第三次整編，隸屬單位更為精簡，下轄僅有舟山指揮部、臺灣及金門防衛部、澎湖防守部，各部隊從 16 個軍編併為 11 個軍。撤臺後軍隊額數縮定為 60 萬人，其中陸軍為 42 萬人。來臺部隊經過初步的整編，將留存的軍隊番號全部撤銷，至 1950 年只留重新編組的 12 個軍、39 個師。

軍隊整編的具體措施還有以下兩點。

（1）軍事主官任期制及輪流制。重要的主管官任職過久，不惟易於專擅，且難以促進新生。在美軍顧問團的建議下，軍中各單位的主要官員實行任期制，有兩年者，有三年者，任期屆滿必須連任者，須經「總統」核准，方得連任一次，此制自 1952 年開始實施。[65] 此外，參謀總長一職，本來在大陸時期無一定的任期，亦無三軍輪流擔任的傳統。1950 年代，為避免參謀總長一職皆由一個軍種人員擔任，改為由三軍輪流擔任，先後任職者有周至柔（1950—1954，空軍）、桂永清（1954，海軍，任內逝世）、彭孟緝（1954—1957，陸軍）、王叔銘（1957—1959，空軍）、彭孟緝（1959—1965，陸軍）等，形成了輪流擔任的傳統。

（2）退役及退輔制度。遷臺後的軍隊亟須調整，來臺的官兵因年齡及身心等因素，有些已不適合繼續服役，加速軍中的新陳代謝確有其必要，因此，建立一項完整的退除役制度成為急迫之舉。「國防部」人事業務講習班第三期綜合座談會的結論中指出：「退除國軍老弱方能確保國軍精壯」，士兵退役後能轉業的輔導轉業，不能轉業者，設「榮譽之家」作為他們終身安置所在。1952 年 10 月 22 日公布《陸海空軍軍官在臺期間退除實施辦法》，分別制定軍官、士官、士兵退除法令，內容包括現役官兵退伍除役的程序、待遇的原則與標準及輔導安置的辦法手續等，初步確立了退除役制度。隨之成立「行政院退除役官兵輔導委員會」，負責具體工作事項。

---

65　《陳誠先生回憶錄——建設臺灣》（上），「國史館」，2005，第 260 頁。

其三，重要人事的調整。蔣介石一直認為大陸的失敗原因之一為派系的鬥爭與人事制度的不健全，來臺者不論是政治或軍事領導者，雖以蔣的嫡系居多，但依然延續大陸時期的派系鬥爭，令蔣深為不滿，整飭人事便是其重起爐灶的重點。

臺灣省主席方面，蔣介石下野前即安排陳誠接掌省政，取代原來的魏道明，陳誠即進行各方面的布局。陳誠權力甚大，包括軍隊的整訓，雖由孫立人負責，但大的方針都由陳掌控。蔣要陳誠接任東南軍政長官，但桂系極力反對，何應欽亦有疑慮，6月的東南軍政會議決議設東南軍政長官公署，遲至8月15日才正式成立。蔣下野期間雖與陳誠往來頻繁，但有些事情蔣對陳誠亦有所不滿，如陳誠拒絕以糧餉支持福建，令蔣甚為生氣。陳誠主臺期間雖有許多重要措施，如實施入境管制、整頓公營事業、實行三七五減租、改革幣制等，然基於蔣對陳的上述不滿，加上遷臺後要加強與美國的關係，特別是需要美援，1949年12月15日，蔣改組臺灣省政府，21日由吳國楨接任臺省主席。

吳國楨的接任完全是「外交」的考慮，卻引起臺灣省議會的不滿，蔣為平息紛爭，接見20餘位臺省議員代表，並接見省民政廳廳長蔣渭川，囑其自動請辭，反對聲浪才逐漸平息。但吳國楨掌省政並未帶來美援，反而自恃美國支持，造成更多的人事問題。首先是吳國楨反對陳誠擔任「行政院院長」，陳任「院長」期間，許多職務因為一島「兩府」（省府與「國府」）時有重疊及衝突；其次由於財政問題雙方又起衝突，雙雙請辭，蔣對此深感無奈。

1953年1月，時任臺灣省主席的吳國楨，以健康欠佳為由，辭去省主席職務。蔣先未批准，後因美國不斷探詢蔣的意思，加以吳的態度傲慢，終於在4月10日正式批准其辭職，由俞鴻鈞接任省主席，吳悄然離臺赴美。1954年2月7日，吳國楨接受美國電視臺的專訪，批評國民黨的一黨專政。

蔣介石到臺灣後的幾個重點：鞏固臺海安全、黨政軍的人事調整、制度的建立、「反攻大陸」、確立「外交」的地位等，前三者在1950年代算是成功的，但後兩者則未能完成。蔣的「反攻大陸」還是植基於美援上，「外交」地位也與美國的支持與否關係密切，因此難有突破。蔣在臺灣重起爐灶，幾十年後來看，只能維持「小朝廷」的局面，且由於過分的思想箝制，特別是雷震案（1960年9月）後，國民黨的控制力更為強化，更為威權，使自由主義遭

到嚴重挫敗，這也是其形象受到指責的原因之一。

　　歷史在橫與縱的發展中，不論是社會、經濟或文化、政治等，都有許多的聯結，不是一個政治結構的改變，或是一項重大措施的實施與變革可以完全切割，其中都有一段相當漫長的過渡期，或者可以說都有其延續性。這樣的延續有時是正面的，有時則是負面的作用，1950 年代的臺灣，正處於此種延續與斷裂交錯發展的環境中。遷臺後，蔣介石雖力圖重新整頓，但在整頓中再度出現大陸時期所留存問題的反彈，特別是人事糾葛嚴重，吳國楨事件（1954）、孫立人事件（1955）、毛邦初案等；又如統治精英間的恩怨，如陳誠與吳國楨、吳國楨與蔣經國、蔣經國與桂永清等，牽涉複雜。有人認為國民黨是被經濟拖垮，被中共打垮，被學運鬧垮，但從來臺初期的一些現象中，也可看出國共內戰期間蔣介石失去大陸的統治有其複雜的原因。

國家圖書館出版品預行編目資料

兩岸新編中國近代史—民國卷 / 王建朗、黃克武 編-- 初版.
-- 臺北市：蘭臺出版社, 2021.11
　冊；　公分. --（中國近代史研究叢書；2）
　ISBN 978-986-06430-6-0(全套：平裝)

1.民國史

628　　　　　　　　　　　　　　　110008814

中國近代史研究叢書 2

# 兩岸新編中國近代史—民國卷（上）

作　　者：王建朗、黃克武 編
編　　輯：張加君
美　　編：沈彥伶
校　　對：楊容容、古佳雯
封面設計：塗宇樵
出 版 者：蘭臺出版社
發　　行：蘭臺出版社
地　　址：台北市中正區重慶南路1段121號8樓之14
電　　話：(02)2331-1675或(02)2331-1691
傳　　真：(02)2382-6225
E－MAIL：books5w@gmail.com或books5w@yahoo.com.tw
網路書店：http://5w.com.tw/
　　　　　　https://www.pcstore.com.tw/yesbooks/
　　　　　　https://shopee.tw/books5w
　　　　　　博客來網路書店、博客思網路書店
　　　　　　三民書局、金石堂書店
經　　銷：聯合發行股份有限公司
電　　話：(02) 2917-8022　　傳 真：(02) 2915-7212
劃撥戶名：蘭臺出版社　帳號：18995335
香港代理：香港聯合零售有限公司
電　　話：(852)2150-2100　　傳真：(852)2356-0735
出版日期：2021年11月 初版
定　　價：新臺幣2000元整（平裝，套書不零售）
ISBN：978-986-06430-6-0

原出版單位中國社會科學院社會科學文獻出版社，
授權臺灣大通書局發行繁體版，
臺灣大通書局再授權蘭臺出版社出版發行。